D1723807

F. J. Stumpfl

Kriminalität Pathorhythmie Wahn

Psychosomatisch-dynamische Strukturgesetzlichkeiten menschlicher Handlungen
in Konfliktsituationen

Springer-Verlag
Berlin Heidelberg New York 1975

Friedrich Josef Victor Stumpfl
Professor der Psychiatrie und Neurologie an der Universität
Innsbruck, Facharzt für Psychiatrie und Neurologie, Gerichts-
psychiater beim Landesgericht Wien und bei den Kreisgerichten
Wiener-Neustadt und Korneuburg

ISBN 3-540-07267-5 Springer-Verlag Berlin Heidelberg New York
ISBN 0-387-07267-5 Springer-Verlag New York Heidelberg Berlin

Library of Congress Cataloging in Publication Data.
Stumpfl, Friedrich. Kriminalität, Pathorhythmie, Wahn. Bibliography: p.
Includes index. 1. Criminal psychology. I. Title. HV6080.S87 364.3 75-12714

Satz, Druck und Bindearbeiten: Universitätsdruckerei H. Stürtz AG, Würzburg

Meiner Frau

Vorwort

...in den Tiefen wird alles Gesetz
Rainer Maria Rilke (Briefe)

Der Mensch als ein Handelnder ist schon vor aller subjektiven Stellungnahme, vor jeder Möglichkeit, eine Position zu beziehen, angewiesen auf seine Geschichtlichkeit in Familie, Sippe, Stamm, Volk und Kultur. Seine Reaktions- und Wahlmöglichkeiten sind noch zusätzlich durch die ihm schon vor seiner Reife zugewiesenen Rollen in diesen Zusammenhangsbereichen, die er ausbauen oder ablehnen, aber nicht vertauschen kann, eingeengt. Und er ist ebenso und doch wieder anders angewiesen auf seine Lebensgeschichtlichkeit in Ontogenese, Phylogenese, Reifungsgesetzlichkeit und seelisch-geistiger Entwicklung. Das besagt, die unteilbare Gestalthaftigkeit seiner Individualität und seines Verhaltens ist ihrer Struktur nach polymer, nämlich angewiesen auf fugenlos sich entwickelndes und gestaltendes Zusammenwirken verschiedener Systeme und Funktionsbereiche.

Diese das Handeln tragenden, schwebenden Gleichgewichte und gleitenden Koordinationsprozesse stehen zueinander nicht im Verhältnis der Kausalität, die nur in Form von Ordinaten wirksam ist, die in verschiedenen Winkeln zu den Interferenzen und Koordinationen angeordnet sind, sondern einer Relation von Ketten und kristallartigen mehrstufigen Mustern miteinander verknüpfter und sich voneinander wieder lösender Ereignisse. Diese Ereignisse bestehen nur für eine kurze Zeit, für einige Augenblicke. Sie sind nichts Materielles aber auch nichts Gleichbleibendes wie Charaktereigentümlichkeiten. In seiner Lebensgeschichte ist der Einzelne in seiner Bewegung an eine ganz bestimmte Stelle gebunden, sei es in seiner Familiengeschichtlichkeit, in seiner Anteilnahme am Denken und Schaffen in einem umschriebenen Kulturbereich oder in den Rhythmen seiner biologischen Entwicklung. Überall besteht Bindung an den Gesamtzusammenhang. Diese Einbettung in eine zeitliche Stetigkeit an jeweils bestimmter Stelle erfordert eine differentielle Analyse der zeitlichen Verknüpfungen wesentlicher Entwicklungslinien, die sich in einem konkreten Handlungsablauf schneiden; Entwicklungskurven und Kurven von Interferenzen und ihren Rhythmen in ihren Beziehungen zu diesen Schnittpunkten in einer konkreten (delinquenten) Handlung darzustellen und damit die Vielzahl der Bewegungsformen in einem bestimmten Zeitpunkt und an einem Ort einsichtig zu machen, erfordert schließlich Ausbildung einer eigenen Methodik, die an Falldarstellungen zu entwickeln ist und als Pragmatographie bezeichnet werden könnte. Bei einem solchen Vorgehen sind pathopsychologische Symptome und Syndrome und allgemeine Emotionen und kognitive Prozesse gleichsam die Farbumschläge, die uns signalisieren, daß, wann und wo ein Strukturwandel stattgefunden hat.

Unser Wissen über die Bedingungskonstellationen, die geeignet sind, eine Kriminogenese in Gang zu setzen, ist sehr umfassend, wie sich am Beispiel der Forschungen von Sturup und Widmer in Dänemark, von Sluga und Spiel in Österreich und vor allem von E. und Th. Glueck in Amerika nachweisen läßt. Es fehlt uns aber ein Einblick in die Dynamik, der diese einzelnen Faktoren und Faktorengruppen unterworfen sind. Wir suchen die archimedische Struktur, die es erlaubt (deren energetische Funktion es ist), die Vielfalt menschlicher Handlungen aus den Angeln zu heben.

„Die adäquateste Reaktion ist aber immer die Tat." Geht man von diesem Wort Freuds aus, dann erkennt man, daß sich das Inerscheinungstreten der differenzierten Teile und Systeme nur in einer Konfliktsituation konstelliert, deren Signal die Tathandlung ist. Der in der Tathandlung zum Ausdruck kommende innere Widerstreit gestattet es, einen Blick hinter die Kulissen der Einheit des Ichs zu tun, nämlich in die lebensgeschichtlichen Zusammenhänge der konfliktbedingten Ich-Entwicklung.

Unser Ausgangspunkt ist eine systematische Analyse der menschlichen Handlung, wobei der delinquenten Handlung, weil aktenkundlich festgelegt, durch Zeugenaussagen in ihren Schattierungen illustriert, durch Krankengeschichten, Strafakten, Erziehungsberichte, Vorgutachten und eigene Untersuchungen durchleuchtet, die Stellung eines Paradigmas zugebilligt werden kann. Von Gebsattel hat das Handeln des Menschen als die Vitalkategorie seines Verhaltens bezeichnet. Er unterschied bei der ärztlichen Handlung drei Sinnstufen: die elementar-sympathetische Sinnstufe des Angerufenseins durch die Not eines Begegnenden (Unmittelbarkeitsstufe). Die Sinnstufe des eigentlichen ärztlichen Überlegens, Planens, Handelns, die diagnostisch-therapeutische Sinnstufe (Entfremdungsstufe des Verhältnisses); und schließlich eine die vorhergehenden Weisen der Begegnung umfassende Sinnstufe, die Stufe der Partnerschaft von Arzt und Krankem (personale Stufe des Verhältnisses). Diese drei Sinnstufen ärztlichen Handelns werden in der hier vorgelegten Arbeit auf den Delinquenten angewendet. Auch bei ihm stoßen wir in den wiederholten Untersuchungen auf die Not des Begegnenden, auch ihm entfremden wir uns bei der Ausarbeitung der Befunde und des Gutachtens im Überlegen, Diagnostizieren und in der Strukturanalyse seiner Verhaltensgeschichte, und wir begegnen ihm schließlich auf der Sinnstufe humaner Partnerschaft, nicht nur, wenn wir einen lebenslänglich Verurteilten begutachten und sein Leben überblicken, sondern in jedem einfachen Fall schon im Gespräche über die Beziehung zu seiner Mutter oder über die Schicksale seiner Kindheit.

VIII

Dabei stoßen wir auch bei Delinquenten überall auf soziale Strukturen, auf die Entwicklung von Konzepten zur Verwirklichung seiner selbst, d.h. auf dieselben konstruktiven Impulse, die wir auch an nichtdelinquenten Persönlichkeiten beobachten können, und versuchen zu erkennen, welche Störsyndrome und Strukturabwandlungen zu den Dekompensationen und Defizienzerscheinungen geführt haben, aus denen delinquentes Verhalten (gesetzmäßig) als Möglichkeit entspringt. Die Dynamik, die es hier zu entschlüsseln gilt, ist nur dem Rüstzeug der klinischen Pathopsychologie im Sinne von JASPERS sowie einer psychoanalytisch vertieften Entwicklungs- und Emotionspsychologie in Verbindung mit einer Reifungsbiologie und Neuropsychologie zugänglich. Das hat BÜRGER-PRINZ schon 1942 klar gesehen, als er die Herauslösung des verbrecherischen Geschehens aus seinen Vorbedingungen mit dem Hinweis forderte, man werde dann auf Gesetze stoßen, die sich abstrahieren lassen, die trotz der so weitab von allem Normalen liegenden Inhalte, an denen sie sich auswirken, durchaus allgemeine Gesetze menschlicher Handlungsweisen überhaupt sind. In den hier vorgelegten Untersuchungen wird versucht, auf diesem Weg zu einer Grundlagenforschung der Kriminologie vorzustoßen.

Dabei verdanken wir entscheidende Anregungen den Forschungen zum Problem des Gleichgewichts von P. SCHILDER und von PIAGET, den genialen Untersuchungen über die Koaktionen verschiedener Rhythmen von VON HOLST, ferner den entwicklungspsychologischen Forschungen zur Ich-Bildung von R. A. SPITZ und den Untersuchungen über die Probleme der phasischen Psychosen von BÜRGER-PRINZ, sowie, last but not least, der Fortführung der JASPERS'schen Psychopathologie durch K. CONRAD, P. BERNER, W. JANZARIK, H. HELMCHEN u.a. Von besonderer Bedeutung waren die Forschungen zu den depressiven Syndromen seit der Veröffentlichung von WEITBRECHT zur endoreaktiven Dysthymie.

Wichtige Hinweise verdanken wir der Lernpsychologie und der Neuropsychologie (BENEDETTI). Unter den Juristen sind wir vor allem R. SIEVERTS und F. NOWAKOWSKI zu Dank verpflichtet.

Das meiste verdanke ich meiner Frau, ihren wertvollen Hinweisen und Anregungen, ihren Ideen, ihrer aufbauenden Kritik.

Die methodischen Voraussetzungen für diese Untersuchungen resultieren aus den kinderpsychiatrischen und jugendpsychiatrischen Erfahrungen, die wir als Leiter von Erziehungsberatungsstellen und psychiatrischen Kinderstationen, an Erziehungsanstalten und bei Jugendgerichten sowie an einem Institut für vergleichende Erziehungswissenschaften in den Jahren von 1941–1959 gewonnen haben.

Schließlich darf auch erwähnt werden, daß wir auf jahrzehntelange eigene Forschungen an Delinquenten uns stützen und mit dieser

Untersuchung an Zwillingsstudien zum Problem der Konflikt-kriminalität aus dem Jahr 1936 wieder anknüpfen können.

Den verantwortlichen Herren der österreichischen Justizver-waltung spreche ich für die wertvolle Unterstützung meinen aufrichtigen Dank aus.

Herrn Architekt Dr. F. Prey danke ich für die mühevolle An-fertigung der Graphik zum psychodynamischen Interferenzmodell und dem Springer-Verlag für seine vorbildliche Gestaltung und Ausstattung des Buches.

Gesucht ist ein eigentliches Seinkönnen des Daseins, das von diesem selbst in seiner existentiellen Möglichkeit begrenzt wird. Und: „Die Bezeugung soll ein eigentliches Selbstseinkönnen zu ver-stehen geben." — So schrieb HEIDEGGER 1928. Uns geht es hier um die Bedingungskonstellation und die strukturelle Genese dieses Selbstseinkönnens bis hinauf zum Selbstkonzept (ROGERS) und dem Willen zum Sinn (FRANKL).

Wien, im Juli 1975   F. J. STUMPFL

X

Inhaltsverzeichnis

XIII

Teil I

Theorie der Kriminalität

Einleitung

Man hat lange und auch teilweise mit Erfolg versucht, die Ursachen der Kriminalität rein empirisch aufzuspüren. Es hat dabei an Theorienbildungen nicht gemangelt, denen man bei aller Einseitigkeit eine gewisse Größe des Entwurfs, wenn man etwa an LOMBROSO denkt, nicht absprechen kann. Neuerdings hat GLUECK eine solche Theorie gefordert und davon gesprochen, daß es darauf ankäme, Verlaufsgestalten zu eliminieren, um zu jenen Mechanismen vorzudringen, die wirksam sind, wenn es zu einem kriminellen Verhalten kommt. An diese Gedanken soll im folgenden angeknüpft werden. Handelt es sich doch gerade bei dem, was man unter Gestalt versteht, um Phänomene, die schon im Physiologischen — es sei nur an den Wahrnehmungsprozeß erinnert — greifbar sind und bis weit hinein in psychologische und geistige Zusammenhangsbereiche ihre Wirkungen erkennen lassen. Nun ist kriminelles Verhalten wohl einer der komplexesten Begriffe, noch wesentlich komplexer als etwa die Begriffe Geisteskrankheit, Neurose oder Konstitution. Hieraus ergibt sich, daß mit erheblichen Schwierigkeiten zu rechnen ist, eine Theorie aufzustellen, die offen genug ist, um allen Zusammenhangsbereichen von einfachen Automatismen bis zu Willensentscheidung und geistigen Akten gerecht zu werden, und dennoch zugleich als eine geschlossene Theorie dasteht, die den Anforderungen der Kriminologie entspricht und die praktische und soziale Arbeit zu fördern vermag.
Eine solche Theorie kann wohl nur eine biologische, d.h. eine das gesamte Leben des Menschen umgreifende und zugleich dynamische sein.

Im Verlaufe von mehr als vier Jahrzehnten bin ich immer wieder auf die Tatsache gestoßen, daß der Vorgang der Kriminogenese an bestimmte Wendepunkte des Lebens geknüpft ist, also gleichsam bestimmte Insertionsstellen hat und daß es dabei zu einer eigentümlichen Verflechtung oder Interaktion von Konflikten mit Störungen kommt, die auf frühere Konflikte oder Krisen hinweisen.

Ich werde etwa von einem Kollegen angerufen wegen eines siebzigjährigen, geistig vollkommen frischen Mannes, der in seinem Ort sehr angesehen ist und ein besonderer Freund des dortigen Abtes. Obwohl wohlhabend, hat er ein Paar Schuhe gestohlen. Auf meine Frage nach etwaigen sonstigen Störungen erfahre ich, daß er vor einigen Jahren wegen endogener Depression in Behandlung stand.

Gewiß handelt es sich hier um ein besonders einfaches Beispiel, aber gerade dieses ist geeignet, um vom Einfachen zum Komplexeren fortzuschreiten. In allen derartigen Fällen läßt sich nämlich zeigen, daß bestimmte Überlagerungs- oder Umschichtungsvorgänge im affektiven Bereich mit konkreten Konflikten oder mit biologischen Reifungsvorgängen zusammentreffen. Den vordergründigen Ablaufsweisen entsprechen also hintergründige Mechanismen, und erst aus der Interaktion zwischen diesen beiden Zusammenhangsbereichen wird eine Determinationsstufe erreicht, auf der gewisse Handlungen möglich sind.
Es ist nun gleichgültig, ob man in der Kriminalität etwas Normales oder Abnormes erblicken will. Das gilt in gleicher Weise auch für Persönlichkeiten, die nicht im psychiatrischen oder psychopathologischen Sinn abnorm sind. Es geht also darum, diese komplexen Interaktionen in

einem Begriffsschema zugänglich zu machen und in einer zugleich offenen und geschlossenen Theorie, im obigen Sinn, zusammenzufassen.

Im folgenden soll mit der Entwicklung der Theorie begonnen werden, um dann in einem zweiten Teil die Arbeitshypothesen für die unterschiedlichen Sachbereiche vorzulegen. Dabei kommt es uns darauf an, die Kontrollmöglichkeiten durch Hypothesen so weit zu fördern, daß im Laufe unseres Vorgehens gewisse Korrekturen das Fortschreiten von vorläufigen zu mehr oder weniger endgültigen Formulierungen fördern können.

Voraussetzungen

Es ist eine alte Erfahrungstatsache, daß man bei Delinquenten die verschiedensten Abnormitäten gehäuft findet. Es fragt sich nur, was für ein Hinweis aus solchen Befunden entnommen werden kann. Die richtige Deutung dieser Befunde steht bisher offenbar noch aus. Wenn man etwa unter Rückfallsverbrechern gewisse Psychopathentypen im Sinne von KURT SCHNEIDER und bei einmal Bestraften andere Typen relativ gehäuft findet, so fehlt hier jenes entscheidende Etwas, das uns verständlich macht, warum gerade dieser Psychopath, gerade dieser Epileptiker, Schwachsinnige, Schizophrene oder Depressive kriminelle Handlungen gesetzt hat, während in so vielen anderen Fällen die gleichen psychopathischen, psychotischen oder sonst pathologischen Persönlichkeiten niemals zu kriminellen Handlungen gekommen sind.

Koinzidenz von Eigenschaften

Man hat an eine Koinzidenz von Eigenschaften gedacht und versucht, durch mehrdimensionale Untersuchungen, neuerdings auch durch Faktorenanalysen, dem Problem näherzukommen.

Alle diese Versuche sind jedoch von vornherein zum Scheitern verurteilt, und das aus verschiedenen Gründen. Erstens, weil ihnen keinerlei theoretische Konzeption zugrunde liegt. Dann aber auch deshalb, weil es sich bei kriminogenetischen Vorgängen um äußerst subtile und wandelbare dynamische Prozesse handelt, die mit Eigenschaftsbegriffen, auch mit Korrelationen und überhaupt mit rein statischen Denkansätzen grundsätzlich nicht zu' fassen sind.

In meinen Untersuchungen über Erbanlage und Verbrechen und in den Zwillingsuntersuchungen über die Ursprünge des Verbrechens liegt schon der Ansatzpunkt für eine Theorie der Kriminalität, wenn auch verborgen.

Psychopathen sind Gefühlsgestörte (K. SCHNEIDER). Wenn also Kriminelle überwiegend Psychopathen, also abnorme Persönlichkeiten im Sinne von K. SCHNEIDER sind, so besagt das, daß Störungen in den Bereichen der Affektivität und Emotionen an jenen Ursprungspunkten zu suchen sind, von denen Entwicklungen ausgehen, welche geeignet sind, die Möglichkeiten eines kriminellen Verhaltens auf eine relativ hohe Wahrscheinlichkeitsstufe zu stellen. Gefühle und emotionale Vorgänge sind so ziemlich das Flüchtigste und Wandelbarste, sie lassen sich weder typologisch noch sonstwie durch Methoden statischen Denkens fassen.

Konfliktkriminalität

Auf der anderen Seite besagt der Ausdruck Konfliktkriminalität, den ich unter dem Eindruck der Beobachtungen an Zwillingspaaren gewonnen habe, daß Entwicklungsvorgänge und Reifungsvorgänge, man kann letzten Endes sagen kritische Lebensphasen bzw. Lebenskrisen, in ihren vielfältigen Zusammenhängen mit biologischem und emotionalem Geschehen zu inneren, aber auch zu äußeren Konflikten führen können. D.h. also, Kriminalität ist nicht nur durch gleichsam kurzwellige psychologische Prozesse, sondern vielmehr durch ihr Zusammenwirken mit langwelligen, lebensgeschichtlich über Jahre hin sich erstreckenden Rhythmen in der Verlaufsgestalt ihres Entstehens gekennzeichnet.

Das Zusammenwirken dieser beiden dynamischen Prozesse in einem konkreten Feld, in einer effektiven Lebenssituation darzustellen, fordert offenbar einen Rückgriff auf eine Anthropologie der menschlichen Handlung überhaupt. Hier stehen wir vor einer neuen Schwierigkeit. Eine systematische Analyse der menschlichen Handlung liegt bisher nicht oder doch nur in Ansätzen vor, etwa bei O. SCHWARZ oder bei A. GEHLEN. Nun müßte allerdings eine Theorie der Kriminalität zugleich eine Theorie der menschlichen Handlung sein. Welches Gebiet in Medizin oder Psychologie wäre wohl besser dazu geeignet oder eher dazu berufen, diese systematische Analyse der menschlichen Handlung zu leisten, als die forensische Psychiatrie.

Hier vereinen sich nahezu alle Voraussetzungen, die an ein solches Vorhaben zu stellen sind, vor allem schon der gleichsam experimentelle Charakter: ein Handlungsablauf wird plötzlich herausgeschnitten aus einem Lebenslauf, wird beleuchtet in zeitlich oft weit auseinanderliegenden und divergenten Darstellungen des Delinquenten, wird dargestellt in den verschiedenen Blickwinkeln und Verzerrungen der Zeugenaussagen. Er ist aber auch objektiv abzulesen an tatsächlichen Veränderungen, zu denen die Tat, sei es an anderen Personen, sei es an Gegenständen, geführt hat. Letzten Endes wird er hineingestellt in eine umfassende Lebensgeschichte, unter Umständen auch illustriert durch Krankengeschichten, Handlungsabläufe aus anderen Strafakten, Berichte aus Erziehungsheimen oder aus Schulen, psychologische und fachärztliche Untersuchungen und Testuntersuchungen, alles vorgenommen an derselben Persönlichkeit, die dem Gerichtspsychiater in wiederholten eingehenden Untersuchungen zur Verfügung steht. Hier handelt es sich um ein ausgesprochen dynamisches Geschehen, auch wenn man absieht von den gegensätzlichen Positionen, die Rechtsanwalt und Staatsanwalt einnehmen, und von der übergeordneten Funktion des Richters.

Der Gerichtspsychiater sieht den Menschen schon primär viel anschaulicher als etwa der Kliniker. Das Geschehen in der Klinik ist beinahe statisch, denn gerade dann, wenn die eigentliche Dynamik wieder beginnt, das Zustandsbild abklingt, wird der Patient wieder entlassen. Der Patient ist in der Klinik ruhiggestellt, alles ist dem Gesichtspunkt der Krankheit und ihrer Heilung untergeordnet. Demgegenüber sieht der Gerichtspsychiater den Menschen gleichsam immer in Bewegung, auch dann, wenn er etwa in einem Zivilverfahren, in einem sich oft über Jahre erstreckenden Prozeß, seine Handlungsfähigkeit oder in einem Entmündigungsverfahren seine Geschäftsfähigkeit zu beurteilen hat. Aber gerade auch die statische klinische Beobachtung ist naturgemäß eine wertvolle und entscheidend wichtige Grundlage für seine Beurteilung.

Hier liegen enge Beziehungen zu einer Anthropologie, die den Menschen nicht nur in biologischer Hinsicht als das handelnde Wesen zum Gegenstand hat. Auch zeigt sich hier die eigentümliche Beziehung, die die Stellung des Gerichtspsychiaters mit der Stellung des Arztes verbindet. Die Not des Menschen in Gestalt der Krankheit ist in vielfältiger Weise in Wechselbeziehung mit der Not, die ihn auf moralischer und sozialer Ebene bedrängt. Je tiefer man geht und je reicher die Erfahrungen sind, die man sammelt, desto deutlicher wird, daß kriminelles Verhalten im wesentlichen immer auf irgendeine besondere Weise mit Vereinsamung oder sogar mit Ausstoßung aus der Gesellschaft zu tun hat. Tatsachen, die hinter der Aggression oft gar nicht so sehr verborgen sind, sondern ganz offen zutage treten.

Eine wichtige Erfahrung ist auch, daß kriminelles Verhalten bei Geisteskranken genauso wie bei „Gesunden" an gewisse zusätzliche Voraussetzungen gebunden ist, daß mit anderen Worten auch der Geisteskranke nur unter besonderen Umständen, in gewissen Situationen und unter einmaligen individuellen Voraussetzungen zu kriminellen Handlungen neigt. Die präpsychotische Persönlichkeit, die präpsychotischen Konflikte sind hier genauso bedeutsam wie die Umwandlungen und Strukturveränderungen, die in der Psychose zustande kommen. Man wird also von einer Theorie der Kriminalität erwarten müssen, daß sie nicht bloß für normale und psychopathische, sondern auch für geisteskranke Rechtsbrecher Gültigkeit hat.

Definition der Gesundheit

So wie rein statistische und überhaupt statische Betrachtungsweisen überholt sind, kann auch der Normbegriff, von dem wir ausgehen, nicht vom Durchschnitt her bestimmt werden. Hier ergibt sich eine neuerliche Schwierigkeit schon im Ansatz. VON GEBSATTEL spricht in seiner Arbeit „Zur Sinnstruktur der ärztlichen Handlung" über die Gesundheit in Anknüpfung an SCHELLING, bei dem es heißt, „Krankheit entsteht immer aus der Erektion eines relativ Nicht-Seyenden über ein Seyendes", von einem *dynamischen Schwebezustand des gesunden Lebens,* das immer aus der Bedrohung durch niederziehende Gewalten emporsteigt und sich im Dasein wie durch ein Wunder erhält. „Krankheit ist dann der partielle oder der totale Sieg dieser Bedrohung". Er weist darauf hin, daß die Konzeption von SCHELLING sich in auffallender Weise mit der des HIPPOKRATES deckt.

Bis hierher folgen wir VON GEBSATTEL und stimmen ihm zu, wenn er das Handeln des Menschen als die Vitalkategorie seines Verhaltens bezeichnet. In dieser Sicht ist Gesundheit eine fortwährende Leistung, eine rastlose Abwehr der sich im Leben vielschichtig ergebenden Möglichkeiten seiner Einschränkung.

Bedeutsam ist VON GEBSATTELS Hinweis, daß für die elementaren Funktionen der Lebensfristung, wie Atemzug, Herzschlag und Essen dasselbe gilt wie für die höheren Funktionskreise des menschlichen Seelen- und Geisteslebens bis hinauf zu den Entscheidungen seines Gewissens.

Entwicklung der Theorie

Die Voraussetzungen einer Theorie der Kriminalität liegen in einer begrifflich festgelegten Konzeption der menschlichen Handlung als Vitalkategorie des Verhaltens und ihrer Verbindung mit wissenschaftlich fundierten Konzeptionen jenes dynamischen Schwebezustandes, der dem gesunden Leben schon seit der Auslegung des Krankheitsphänomens durch HIPPOKRATES zugeschrieben wird. Es liegt auf der Hand, daß tragfähige Begriffe nicht einfach der Erfahrung entnommen werden können. Die Begriffe dürfen auch nicht axiomatisiert sein, um ihren Anwendungsbereich nicht empfindlich einzuschränken. Bei meinen Untersuchungen an Delinquenten, die bei genauerer Erhebung oder in der Vorgeschichte ein depressives Geschehen erkennen ließen, konnte ich beobachten, daß die Kriminogenese bzw. der kriminogene Strukturwandel regelmäßig an stärkere Umschläge bzw. an einen ausgeprägten Syndromwandel gebunden war. Etwa an Schwankungen nach einer endogenen Phase ins Zwischenfeld, das durch die endogene Depression auf der einen Seite und durch neurotische Gestaltungen auf der anderen Seite (PETRILLOWITSCH) gekennzeichnet ist, oder durch eine momentane Schwankung vom Submanischen ins Depressive etwa bei einer juvenilen Zyklothymie. Derartige Beobachtungen haben mich veranlaßt, dem Begriff des Syndromwandels und allgemeiner überhaupt dem Begriff des Gleichgewichts größere Aufmerksamkeit zu schenken. Der Begriff eines dynamischen Schwebezustands des gesunden Lebens und seine Bedrohung in elementaren, aber auch in höheren Funktionskreisen legen die Auffassung nahe, daß das Zusammenwirken bzw. die Koordination verschiedener Funktionen im Bereich verschiedener Zusammenhangsbereiche, also jeweils der Gleichgewichtszustand, für das Verhalten und letzten Endes auch für die menschliche Handlung von maßgeblicher Bedeutung ist.

Wir gehen also davon aus, daß auch delinquentes Verhalten bzw. kriminelle Handlungen, wenn auch in sehr komplexer Weise, auf das Zusammenwirken physiologischer, psychologischer und geistiger Gleichgewichtszustände bzw. ihrer Störungen hinweisen. Wenn man unter dem Denken ein inneres Handeln versteht, so kann man davon ausgehen, daß dieses Gleichgewicht und seine Störungen selbst auf Koordinationen der Handlungen verweisen.

Wir verstehen unter Struktur ein System von Ganzheitsgesetzen, die an partiellen Systemen nachgewiesen werden können. Wir verstehen unter Gestalt ein irreversibles System, das nicht additiv zusammengesetzt ist, und wir verstehen schließlich unter Gleichgewicht ein mobiles Gleichgewicht, also etwas essentiell Aktives, das Kompensation und Aktivität gleichermaßen umfaßt. Zu diesen Begriffen kommen noch die der Entwicklung und der Reifung.

Mit diesen Begriffen lassen sich Gleichgewichtszustände und entsprechende Störungen im physiologischen und emotionalen Bereich bis hin zum moralischen Gleichgewicht einer Persönlichkeit umschreiben und charakterisieren und mit Störsituationen oder Störfeldern in Beziehung setzen. Diese Begriffe sollen nun in Auseinandersetzung mit verschiedenen Zusammenhangsbereichen und den aus ihnen erzielten wissenschaftlichen Ergebnissen entwickelt werden. Leider fehlt in der Psychiatrie und Psychopathologie der Gleichgewichtsbegriff so gut wie vollkommen. Auch der Begriff der Labilität wird nur beschreibend und nebenher gelegentlich erwähnt. Dagegen spielt der Gleichge-

wichtsbegriff bei JEAN PIAGET eine tragende Rolle, worauf wir noch näher zurückkommen.

ERICH VON HOLST hat in seinen genialen Untersuchungen an den Flossenbewegungen des Fischpräparates gezeigt, daß es möglich ist, aus der unbeschränkten Mannigfaltigkeit des zentralnervösen Geschehens auch eine große Vielfalt von Erscheinungen auf ein Zusammenspiel ganz weniger, wohl definierter Faktoren zurückzuführen. Die Komplikation der zentralen Leistung beruht danach nicht auf der Zahl qualitativ verschiedener Kräfte, sondern auf der Mannigfaltigkeit ihres Zusammenwirkens, d.h., „auf der Vielfalt möglicher dynamischer Gleichgewichte".[1] Die Gesetze zentralnervösen Geschehens und seine so wichtigen Koordinationen beruhen auf der Eigentätigkeit des ZNS und seiner spontanen inneren Ordnungskräfte mit ihren eigenen charakteristischen Prozessen. Gesetzmäßigkeiten, die durch die alte Reflexologie und die klassische Physiologie nicht erfaßt werden konnten. VON HOLST hat absolute Koordinationen, völlige gegenseitige Unabhängigkeit und relative oder gleitende Koordinationen nachgewiesen, wobei bei diesen letzteren die Einzelbewegungen, unter sich von beliebig verschiedener Frequenz, durch gesetzmäßige Periodenbildungen eine gewisse funktionelle Bindung untereinander erkennen lassen, die von einer kritischen Übergangszone aus von absoluter Ordnung zu völliger Beziehungslosigkeit abgleitet. Diese Koppelungsphänomene und ihre koordinierenden Faktoren sind, und das ist in unserem Zusammenhang wichtig, von ganz allgemeiner Bedeutung und ließen sich auch beim Menschen in Gestalt von Koordinationsregeln nachweisen (JUNG). Es ergaben sich sonach Beziehungen zwischen niederer Lokomotions- und höchster Hirntätigkeit, was

---

[1] E. VON HOLST: Die relative Koordination als Phänomen und als Methode zentralnervöser Funktionsanalyse. Erg. Physiol. **42**, 228–306, 1939.

noch durch einen unerwarteten Fund VON HOLSTS illustriert werden mag.

Nachdem er die einfacheren Periodenbilder, soweit es ging, analysiert hatte, untersuchte er die Fülle komplizierterer Schwingungsformen, die auftreten, wenn drei oder vier verschiedene, gleichzeitig tätige Rhythmen ihr Kräftespiel entfalten. Dabei zeigten sich in der Vielfalt des funktionellen Wirkungsgeflechtes neue allgemeinere Regeln, die vorher im begrenzten Rahmen unsichtbar geblieben waren. Diese Regeln und Sätze, welche über die funktionellen Grundzüge zentralnervöser Organisation bestimmte Aussagen machen, waren den Gesetzen der alten Reflexphysiologie völlig wesensfremd, sie hatten eine auffällige Ähnlichkeit, ja teilweise Gleichheit mit gewissen Regeln eines Zweiges der menschlichen Psychologie, nämlich der „Gestaltlehre". Diese Lehre macht bekanntlich Aussagen darüber, in welcher Weise objektiv gegebene optische oder akustische Strukturen zentral verarbeitet und geordnet werden. VON HOLST fügt hinzu: „Übereinstimmende Aussagen über die zentralnervöse Arbeitsweise, also hier wie dort, trotz der fundamentalen Unterschiede in Objekt und Methode, die bislang jeden Versuch, Vergleiche zu ziehen, verboten hatten!"

Es bestätigt sich hier, was VON GEBSATTEL schon von den elementaren Funktionen sagte, daß es auch von den höheren Funktionskreisen des menschlichen Seelenlebens in analoger Weise gelte.

Wie oben erwähnt, begegnet man in der Psychiatrie und Psychopathologie dem Gleichgewichtsbegriff so gut wie nie. Eine in diesem Zusammenhang wesentliche Ausnahme bilden die Schlußfolgerungen, die P. SCHILDER aus den Forschungen von MAGNUS u. DE KLEYN und seinen eigenen Untersuchungen über sog. Stellreflexe am Menschen abgeleitet hat. Nachdem der Gleichgewichtsbegriff in unserer Theorie eine tragende Rolle spielt, müssen wir auf diese Untersuchungen näher eingehen.

Mobiles Gleichgewicht

Geht man von den lebenswichtigen Funktionen der Orientierungen aus, die als Ausgangslage für eine Handlung eine Normalstellung intendieren, etwa so wie die Normalstellung der Hand die Greifstellung ist (SKRAMLIK), so ergeben sich Analogien

und darüber hinaus Zusammenhänge, die auch für solche Koordinationsstörungen relevant sind, denen man bei der kriminellen Handlung begegnet. Jede aktive oder passive Bewegung hat eine Abänderung des Gesamtkörpers zur Folge, wobei der Stellreflex, wir würden sagen der Koordinationsmechanismus, immer wieder dahin tendiert, den Körper in eine Gleichgewichtslage zurückzubringen. GOLDSTEIN nannte das *induzierte Tonusveränderungen.* Untersuchungen am Menschen über die Abänderung bewußter Erlebnisse durch Gleichgewichtsveränderungen am Körper und durch Abänderungen der Außenorientierung führten SCHILDER zu der Auffassung, daß das Gleichgewicht im allgemeinen nicht durch Erlebnisse höherer Bewußtseinsstufen vermittelt wird. Wahrscheinlich sind auch die lediglich körperlichen Mechanismen mit Bewußtsein „primitiver Art" verbunden. Diese Mechanismen (Haltungs- und Stellreflexe) sind reversibel. Es besteht eine allgemeine Tendenz des Körpers, immer wieder jene Normallage anzustreben, von der aus zweckmäßige Handlungen möglich sind. In dieser Tatsache manifestiert sich bereits das Prinzip des mobilen Gleichgewichts. Die Fülle der Regulierungen, welche durch Haltungs- und Stellreflexe, also in Gestalt komplizierter Koordinationen, dem Körper zugehen, sind Voraussetzung für das Zustandekommen jeder menschlichen Handlung. Diese ist immer als Ganzes aufzufassen, welches auf eine bestimmte Situation zielt.

Die Untersuchungen von MAGNUS u. DE KLEYN, GOLDSTEIN und SCHILDER können als Ansatzpunkt einer Anthropologie der menschlichen Handlung bezeichnet werden. Schon SCHILDER hatte, ähnlich wie VON GEBSATTEL, erkannt, daß alle diese Gesetzmäßigkeiten auch für die höheren psychischen und geistigen Funktionen Gültigkeit haben. Der Handelnde ist getragen von einem Streben nach Sinnerfüllung (V. FRANKL) und zugleich betroffen von der Bedeutung („meaning"), durch die seine jeweilige Position ausgezeichnet ist. Zu erinnern ist hier an die Ergebnisse von HULL, der zwischen Reiz und Reaktion (intern) vermittelnde Glieder annimmt, deren Funktion sich darin erschöpft, Hinweisreize für folgende Reaktionen zu sein. Diese internen Zwischenglieder haben für das Verhalten eine entscheidende Bedeutung (repräsentative Vermittlungsprozesse). Hier setzt nämlich die Funktion des sprachlichen Verhaltens ein, mit ihren Wirkungen auf den Gesamtablauf des organismischen Verhaltens.

Gleichgewicht ist nach SCHILDER nur als Antwort auf eine äußere Situation zu verstehen. Wenn wir im folgenden vom mobilen Gleichgewicht ausgehen, so ist damit immer eine reale äußere und innere Situation vorausgesetzt. Störungen entstehen beim Menschen dadurch, daß intermodale Beziehungen, etwa die optischen und haptischen Sinneseindrücke betreffend, einander nicht entsprechend zugeordnet werden können. Es kommt also zu einer Störung der Koordinationen. Dem Widerstreit zwischen den Daten der Außenwelt und dem Wissen vom eigenen Körper im Hinblick auf das physische Gleichgewicht entsprechen auf psychischer Ebene sehr verschiedene Antagonismen oder Synergismen. Etwa die zwischen primärer Wertangelegtheit der Person und der Feldsituation, deren sie im Positionsschema gewahr wird. SCHILDER hat schon 1927 hervorgehoben, daß die Gesetzmäßigkeiten für das Psychische und für das Physiologische nicht voneinander verschieden sind, daß es auch kortikale Regulierungen des Gleichgewichts gibt und daß man erwarten darf, daß von den höheren Funktionen auch die tieferen beeinflußt werden. In diesem Sinne sind etwa neurotischer und organischer Schwindel nicht verschieden, wobei der neurotische Schwindel Ausdruck dafür ist, daß verschiedene seelische Erlebnisse unvereinbar sind. Das physiologische Problem kehrt gleichsam im psychologischen wieder. „Die Gleichgewichtshaltung baut sich in komplizierten Staffeln im Organismus auf, deren letzte und umfassendste im Psychischen zu suchen sind. Gleichgewicht

wird so von einem physiologischen Problem zu einer moralischen Aufgabe." Diese Worte SCHILDERS gelten, so kann man hinzufügen, in doppeltem Sinn, sie gelten für die Anpassung des Delinquenten und für die gesetzgeberischen und sozialen Maßnahmen, die in den Institutionen der gesellschaftlichen Ordnung verankert sind.

Entwicklung und Reifung

Möglichkeiten der Entwicklungsstörung

Aus der Vielfalt möglicher dynamischer Gleichgewichte im Sinne VON HOLSTs als Ausdruck der Mannigfaltigkeit des Zusammenwirkens relativ weniger Fähigkeiten, Widerstände zu überwinden und Veränderungen zu setzen, und dem großen Komplex des Gleichgewichts als moralische Aufgabe im Sinne von SCHILDER können nur einige Zusammenhangsbereiche herausgegriffen werden, die für die Genese des Handelns wesentlich sind. Schon die Gegensätze von biologischer Reifung und psychologischer Entwicklung erfordern eine Fülle von Koordinationen, die man bei einem gesunden heranwachsenden Kind gar nicht wahrnehmen kann. In seinem Essay über die Geschichte der zivilen Gesellschaft aus dem Jahre 1776 verglich A. FERGUSSON die menschliche Natur mit einem Meteor, "which shines only, when it is in movement, and as a result of friction". Nach FERGUSSON ist der Mensch ein progressives, immer in Gruppen und in einer großen Variation von Situationen auftretendes aktives Wesen, „most miserable when idle and alone". Wir begegnen hier schon dem Moment der ständigen Wandlung und Verwandlung. Es ist deshalb verständlich, wenn etwa CONRAD für die körperlich begründbaren Psychosen die Bezeichnung „Zustandsbild" abgelehnt hat und meinte, daß sogar ihre Beschreibung als Wandlung, als in der Zeit ablaufendes Geschehen, mit seinen verschiedenen Stadien noch viel zu statisch gedacht sei, da es sich stets um die Auseinandersetzungen eines lebendigen Organismus handle, also um einen Kampf um die Existenz.

Eine solche innere Auseinandersetzung zwischen zwei verschiedenen Zusammenhangsbereichen vielfältiger Wirkungskreise sehen wir auch zwischen Reifung und Entwicklung ständig am Werk. In Anbetracht der Eigenständigkeit des zentralen Nervensystems und seiner spontanen inneren Ordnungskräfte reagiert der intakte Mensch ganz unvorhersehbar auf einen bestimmten Reiz (oder eine bestimmte Situation). Das tatsächliche Problem liegt woanders: warum antwortet der veränderte, der gestörte Mensch auf bestimmte Reize nur noch mit bestimmten Reaktionen? Warum gibt es hier „Auslöser", die bei intakten Individuen nicht in Betracht kommen?

Dies setzt allerdings schon eine bestimmte Entwicklungsstufe voraus. WADDINGTON (1940) konzipierte Entwicklung als ein Fortschreiten von der Instabilität zur Stabilität. Dem entspricht das Konzept der Ich-Identität (ERIKSON 1955). Nun ist, worauf SPITZ hingewiesen hat, in der psychischen Entwicklung die Vorbedingung eines neuen Verhaltens immer die Bildung einer höheren Stufe der Organisation oder die Störung einer schon vorhandenen. Also die Konsolidierung einer neuen Struktur. Mit zunehmender Differenzierung ist normalerweise Integration verbunden, mit pathologischer Entwicklung dagegen die Vorstellung eines zunehmenden Entwicklungsungleichgewichts mit Fixierungen. Entwicklung schreitet nun nach SPITZ in Form einer Sinuswelle fort, die die Differenzierung der psychischen und physischen Fähigkeiten symbolisiert. Dabei läßt sich für die ersten Lebensjahre nachweisen, daß an bestimmten Kulminationspunkten diese Fähigkeiten, Anpassungen, mentalen Operationen zu einer neuen psychophysischen Organisation höherer Stufe zusammengefaßt werden (Integra-

tionsstufen). Dazu fiel auf, daß die Wendepunkte der psychischen Entwicklung mit den Reifungsprozessen körperlicher Art verbunden waren.

Diese Entwicklung schreitet später in verschiedenen Dimensionen fort, nämlich Körperbewegung, sinnliche Rezeption, Sozialverhalten, Lernen, Materialbeherrschung und geistige Produktion. Diese von CHARLOTTE BÜHLER und H. HETZER herausgestellten Dimensionen bleiben bei relativ gleichbleibender normaler oder pathogener Umwelt invariant. Die Konstanz des Entwicklungsprofils ist also ein Indicator für die Beschaffenheit der Umweltbedingungen. Zweierlei Entwicklungsstörungen sind hier möglich. Die eine ergibt sich, wenn die altersangemessene Entwicklung in einer bestimmten Periode nicht stattfinden kann: das Nachholen auf späterer Stufe ist schwierig oder unmöglich. Denn das Entwicklungselement kann sich mit den Reifungstendenzen nicht mehr organisch verbinden. Eine zweite Möglichkeit besteht in einem Auseinanderklaffen der beiden Rhythmen, beispielsweise durch Reifungshemmungen.

Pathologische Entwicklungen sind durch Ungleichzeitigkeit von Reifung und Entwicklung gekennzeichnet. Die psychische Entwicklung ist dabei auf der einen Seite im Gleichgewicht mit der Affektzufuhr, auf der anderen Seite mit der körperlichen Reifung. Bei Störungen entwickeln sich kompensatorisch abweichende Strukturen, die gewissen Entwicklungselementen auch späterhin den Zutritt zur Integration unmöglich machen (Defekte in der Ich-Bildung als Ausdruck von Gleichgewichtsstörungen in der Entwicklung). Die Synchronizität von Reifungs- und Entwicklungsvorgängen kennzeichnet also eine besondere Kategorie des mobilen Gleichgewichts.

Dabei sehen wir schon hier, daß der feinste Indicator für solche Störungsvorgänge im affektiven Verhalten des Individuums zu suchen ist (bzw. in den Ich-Zuständen). Die adäquaten Anpassungen, die in der Kindheit und im Jugendalter erworben werden, können unter besonderen Bedingungen, z.B. in Konfliktsituationen oder länger andauernden Krisen, gestört werden oder es können schon früher Fixierungen und Kompensationen durch Superposition oder im Sinne eines Magneteffekts verstärkt werden. Die damit verbundenen Einengungen der Verhaltensmöglichkeiten verschiedenster Art gehen fast regelmäßig mit jenem Strukturwandel einher, der dem Prozeß einer Kriminogenese vorangeht.

Kompensation und Koordination

Mehr als in klinischen Bereichen wurde die zentrale Bedeutung des Gleichgewichtsbegriffs in der Pädagogik erkannt. So hat PIAGET diesem Begriff eine zentrale Bedeutung in der Kinderpsychologie zugemessen. Er definierte das Gleichgewicht durch die Kennzeichen der Stabilität und wies darauf hin, daß Gleichgewichtszustände in der Physik und in der Chemie auf Transformationen beruhen, die in gegenläufigem Sinn wirksam sind und sich kompensieren. Von ihm stammt der Begriff des mobilen Gleichgewichts, den wir mit gewissen Modifizierungen übernehmen. Vor allem sprechen wir nicht von Kompensationen, denen in der Psychiatrie ein etwas anderer Sinn unterlegt wird, sondern wir gebrauchen den Begriff der Koordination im Sinne von ordnenden Voraussetzungen der jeweiligen Gleichgewichtszustände. Der Begriff der Kompensation ist der Psychopathologie bzw. den Erfahrungen der klinischen Psychiatrie vorbehalten. Er besagt, daß Dekompensationen und Störungen der Anpassungsformen, die durch Störfelder oder auch durch Zerstörungen im Bereich des Gehirns hervorgerufen werden, auf anderer, in der Regel niedrigerer Ebene ausgeglichen (rekompensiert) werden können. Koordination bedeutet in unserem Zusammenhang Zusammenordnung verschiedenartiger Aktivitäten in gleichen oder verschiedenen Zusammenhangsbereichen (Systemen), also auf höhe-

rer Ebene, Kompensation hingegen eine Reaktion auf eine Störungsfolge durch ausgleichende Neuordnung auf niedrigerer Ebene. Gegenüber Kompensationen und Dekompensationen stellen also die Koordinationen eine besondere Gruppe von Ausgestaltungen und Überformungen der Störsituationen dar, wobei das Subjekt mit einer Situation durch Widerstand oder kreative Aktivitäten fertigzuwerden vermag. Daneben wären noch die rein pathischen Reaktionen zu nennen, die durch ein Hinnehmen oder Erleiden sich von anderen Reaktionsweisen abheben.

Anpassung und Libido

Eine gewisse Verwandtschaft zeigt der Begriff des mobilen Gleichgewichts mit den Erscheinungen, die man als Anpassung bezeichnet hat. Die allgemeine Fähigkeit und psychische Energie, die den Anpassungserscheinungen zugrunde liegt, hat H. HARTMANN mit FREUD als Libido bezeichnet. Er versteht darunter eine quantitative Größe im Sinne einer Energie solcher Triebe, welche mit all dem zu tun haben, was man als Liebe zusammenfassen kann (FREUD). Nun tut man gut daran, den Begriff Trieb beim Menschen in einem so erweiterten Zusammenhang zu vermeiden. Der Trieb bedarf beim Menschen stets der Verstärkerfunktion des Affektes (der Gefühle), man kann, von seltenen pathologischen Fällen abgesehen, von einer durchgehenden Vorherrschaft der Emotionen (Gefühle) über die Triebe sprechen. Die Integration der beiden Teilsysteme Trieb und Emotion miteinander in der Gesamtpersönlichkeit, die das Affektsystem allerdings auf Triebsignale angewiesen sein läßt, ist selbst wieder eines jener Gleichgewichte, auf denen zweckmäßige Handlungen aufbauen müssen.
Gefährdet ist hier das Gleichgewicht durch die außerhalb des zentralen Programms (Image) mit seinem Rückkoppelungsprozeß liegenden „frei beweglichen" Affekte (Leidenschaften) und ihr potentielles Des-

organisationsvermögen. Hierher gehören Niederlage oder Zerrüttung der Persönlichkeit sowie pathologische Entwicklungen im Sinne von BÜRGER-PRINZ.

Destruktion

Destruktion ist, nach unserer Auffassung, nicht auf eigene „Destruktionstriebe" zurückzuführen, wie sie die Psychoanalyse angenommen hat, auch nicht auf einen Aggressionstrieb „sui generis", wie ihn etwa LORENZ postuliert, sondern sowohl auf spezifische Denaturierungen und Desäquilibrierungen, also rein dynamische Vorgänge, die zu bestimmten Formen von Gleichgewichtsstörungen geführt haben, als auf ihren personalen oder apersonalen Gestaltungen (Individualgeschichte, Reifungsstörungen usw.). Auf Destruktivität als untergrundige Möglichkeit menschlichen Verhaltens (KUNZ) kommen wir noch zurück.

Genetische Faktoren

Die Erbanlagen als solche, abgesehen von den Bedingungs-Konstellationen spielen, von gewissen Sonderfällen abgesehen, in der Kriminogenese keine entscheidende Rolle, wenngleich ihre Bedeutung für die Entwicklung der Persönlichkeit kaum überschätzt werden kann. Aber sie sind eine mehr oder weniger abschätzbare gegebene Größe, ähnlich wie Intelligenz. Praktisch sind sie eine besondere Form von Unbestimmtheitsrelation, einer Erscheinung, auf die noch zurückzukommen ist. Die Schwierigkeit besteht nämlich darin, daß auch die Wirksamkeit der Gene nur dynamisch gedacht werden kann. In den spezialisierten Zellen höherer Organismen sind nur 30% aller Gene aktiv, der Rest des Erbmaterials ist stumm. Im Laufe der Entwicklung werden bestimmte charakteristische Genmuster aktiviert. Nach neueren Auffassungen kann jedes Gen nur durch eine bestimmte Kombination einfacher

chemischer Stoffe seiner unmittelbaren Umgebung „geöffnet", d.h. aktiviert werden. Die Koordinationsmöglichkeiten werden durch Hormone gesteuert. Alle diese Vorgänge sind so komplex und so verborgen, daß sie im vorliegenden Zusammenhang weder vordergründig noch zentral von praktischer Bedeutung sind.

Zu bedenken ist auch, daß somatologisch erbbedingte Krankheitsbilder und genetisch bzw. entwicklungspsychologisch bedingte sich sehr ähnlich sein können, so daß im Einzelfall die Entscheidung sogar unmöglich werden kann. In unserem Zusammenhang ist wesentlich, daß die reifungsbiologischen Vorgänge überwiegend als erblich aufzufassen sind.
Der Gegensatz und die Gleichgewichtszustände, die zwischen Entwicklung und Reifung geknüpft sind, sind daher vorwiegend im Kindheitsalter, Jugendalter und in späteren biologischen Krisenzeiten besonders zu beachten. Naturgemäß darüber hinaus in seelischen Krisenlagen und im Zusammenhang mit einschneidenden Begegnungen. Es handelt sich um Gleichgewichtsformen, die immer wieder und erneut durch Lebenskrisen und Konfliktsituationen auf die Probe gestellt werden und vorwiegend dort in ihren Mechanismen sichtbar werden, wo eine Störung nicht überwunden wird und eine Koordination auseinanderbricht. Erst auf einem pathologischen Hintergrund werden sie in der Regel deutlicher greifbar.

Begegnung als Prinzip des Psychischen und Unbestimmtheitsrelation

Unbestimmtheitsrelationen

Aus der großen Fülle möglicher Gleichgewichte im Sinne von Haltungen, auf denen sich menschliches Handeln aufbauen kann, wurden bisher nur einige wenige aufgezeigt. Nun liegt der Einwand nahe, diese ganze Fülle sei unerforschbar und unberechenbar und daher nicht geeignet, für eine Theorie der Kriminalität die tragenden Fundamente zu liefern. Dieser Kritik kann hier nur mit einem vorläufigen Argument begegnet werden. Wir wissen niemals vorher, wie sich ein Mensch in einer Situation verhalten wird, wenn er noch nie in einer solchen Situation war und diese nach seinem ganzen bisherigen Lebenslauf weit außerhalb des Bereichs einer wahrscheinlichen Realisierung liegt. Wir haben es aber mit Delinquenten zu tun, mit einem Experiment also, das noch dazu gleichsam unter unseren Augen abgelaufen ist. Wenn wir die Situation genau erforschen, aus der heraus es zu einer bestimmten Handlung gekommen ist, und ebenso seine biographische Vorgeschichte, wissen wir, wie dieser Mensch in einer konkreten Situation gehandelt hat und welche Gleichgewichtsstörungen seinem Handeln vorausgegangen sind. Es sind also bereits bestimmte Störfaktoren, Störfelder, Begegnungen, Objektverluste, Motivationen und psychische Entwicklungen, die aus der Fülle möglicher Gleichgewichtsstörungen und Entwicklungen herausgegriffen sind und uns Hinweise auf ganz bestimmte Syndrome und Wirkzusammenhänge anbieten.

Dennoch soll dieser Einwand Anlaß zur Besinnung sein, die die Frage nach einer prinzipiellen Begrenztheit unserer objektiven Erkenntnismöglichkeit ins Auge faßt. Dabei stößt man, ähnlich wie die neuere Physik, sehr bald auf eine Unbestimmtheitsrelation. Die Physik kann die Naturvorgänge im atomaren Bereich nicht mehr in der gleichen Weise begreifen wie solche in der klassischen Mechanik. Die Anwendbarkeit der gewohnten Begriffe wird durch die sog. Unbestimmtheitsrelation eingeschränkt. Für den weiteren Verlauf der Dinge können nur Wahrscheinlichkeiten vorausgesagt werden. Nicht mehr objektive Ereignisse, sondern Wahrscheinlichkeiten für das Eintreten gewisser Ereignisse können in mathematischen Formeln festgelegt werden. Es ist nicht mehr das faktische Geschehen, sondern die Möglichkeit zum Geschehen, die *Potentia*, die strengen Naturgesetzen unterworfen ist.

Wenn wir einmal von den mathematischen Formeln absehen, so klingt das, als wäre die Rede von der sozialen Prognose verschiedener Delinquententypen. Auch da denkt niemand an exakte Vorhersagen, sondern nur an Wahrscheinlichkeiten, bestenfalls an den Nachweis gesetzmäßiger Möglichkeiten zum Rückfall oder zur Resozialisierung. Wir wollen aber gar nicht von Gesetzmäßigkeiten sprechen, es genügt uns, von Grundstrukturen im Aufbau des menschlichen Handelns in seinen verschiedenen Abwandlungen zu reden und zu fragen, inwieweit sie einer wissenschaftlichen Objektivierung grundsätzlich zugänglich sind. Das führt dazu, zunächst einmal nach der Art der Unbestimmtheitsrelation zu fragen, die menschliches Handeln und damit ganz allgemein den Gegenstand der Psychologie auszeichnet. Man geht dabei am besten von dem wesentlichen Punkt aus, der es dann erlaubt, die Unbestimmtheitsrelationen im einzelnen abzuleiten.

Begegnung mit dem Du

Die immer noch weit verbreitete Meinung, den Menschen als ein vorhandenes Ding mit Eigenschaften zu sehen und die Welt als Ganzes in der Wirklichkeit unseres Bewußtseins zu vermuten, verkennt, daß Begegnung ein entscheidendes Prinzip des Psychischen ist. In der gegenseitigen Konfrontation einer Begegnung mit dem Du, im Absolutheitsanspruch jeder echten Begegnung (D. von USLAR) liegt ein den Menschen plötzlich Überfallendes, ein Ereignis, das ihn aus den Bezügen des alltäglichen Zusammenlebens völlig herausreißt und etwas gänzlich Neues beginnen läßt. Diese absolute Einmaligkeit der Begegnung mit dem Du läßt dessen Welt zugleich zu unserer Welt werden.

Ich untersuchte eine 38jährige Frau, die, ohne ihre Familie zu kennen und nur von einer entfernten Verwandten zusätzlich etwas betreut, in einem Waisenhaus aufgewachsen war und sich dabei durchaus wohl fühlte. Mit fünfzehn Jahren kam sie zu ihrer Mutter und zu ihren Brüdern, die sie vorher nicht gekannt hatte; ihr Vater war gefallen. Die Mutter war ihre Mutter und doch keine Mutter, die Brüder waren ihre Brüder und doch keine Brüder. Sie konnten einander nicht verstehen. Es kam bei dem Mädchen zu Angst- und Erregungszuständen und sie war von ihrem achtzehnten bis zu ihrem 36. Lebensjahr mit kurzen Unterbrechungen immer wieder unter der Diagnose Schizophrenie in Anstalten. Viele Ärzte hielten allerdings an der Auffassung fest, daß es sich nur um eine schwere neurotische Entwicklung handelte. Mit 37 Jahren lernte sie einen 66jährigen Witwer kennen. In ihm fand sie alles, einen rücksichtsvollen Lebensgefährten, einen schützenden Vater, ein absolutes Du, und ihre Erregungszustände traten seither nicht mehr auf.

Wir sehen an diesem Beispiel die Wirkungen einer negativen Begegnung, einer Konfrontierung mit dem Nichts (Nicht-Mutter usw.) und eine positive Begegnung, die Begegnung mit dem absoluten Du, und erkennen die Grenzen psychologischer Vorausberechnung.

Nun ist diese Unbestimmtheitsrelation in gewissen Grenzen objektivierbar und hat damit gegenüber der Unbestimmtheitsrelation der modernen Physik doch allerlei voraus. Sie entspringt daraus, daß der Mensch nicht in erster Linie das Subjektive ist, das dem einzelnen Ich und der einzelnen Person zugehört. Auch ist sein Leben nicht bloß eine Entwicklung von Dingen, die schon von vornherein festliegen, sondern ein offener Horizont von Möglichkeiten mit der Offenheit für neue Entwicklungen. Diesem fällt immer wieder etwas in Gestalt von Begegnungen zu, neben der Begegnung des absoluten Du auch bloße Alltagsbegegnungen.

Mit Recht hat VON USLAR darauf hingewiesen, daß die Dauerhaftigkeit und Stabilität einer Beziehung sich aus den Augenblicken echter Begegnung speist. In einer ursprünglichen Begegnung kreuzen sich zwei Lebensläufe und „in diesem Augenblick ist die Lebensgeschichte identisch". Ihre Uhren sind gleichgestellt. Wir leben hier in einer höheren Gleichzeitigkeit, als es sonst der Fall ist.

Damit ist für die Frage des mobilen Gleichgewichts ein außerordentlich wichtiger Punkt getroffen.

Begegnung und Konflikt

Unsere Untersuchung selbst ist hier an einem entscheidenden Gleichgewichtspunkt zwischen naturwissenschaftlicher Objektivierung und dem Versuch, dem Wesen des einzelnen Menschen gerecht zu werden, angelangt. Gerade aber im Aushalten dieser Gegensätze ist der Ermöglichungsgrund psychologischer Erkenntnis zu suchen, und VON USLAR hat in diesem Sinn Begegnung als ein Prinzip des Psychischen bezeichnet, und zwar als ein Erkenntnisprinzip.

Damit ist, so scheint es, der eingangs erhobene Einwand widerlegt. Aus der Unbestimmtheitsrelation entspringt sogar eine neue entscheidende Erkenntnisquelle, die allerdings hohe Anforderungen an den Untersucher stellt. Die Forderung nämlich, über bloß routinemäßige, rein statische oder statistische Methoden hinweg zu jenen dynamischen Prozessen vorzudringen, welche in ihren strukturellen Gegensätzen zu objektivieren und zugleich in lebendiger Begegnung wieder aufzuheben sind. Es zeigt sich in einer Art Spiegelung, daß der Untersucher, welcher dem mobilen Gleichgewicht eines zu objektivierenden Subjekts nachspürt und in personaler Begegnung gegenübertritt, sich vor die Aufgabe gestellt sieht, selbst aus einer gesicherten Ausgangsposition einer fachlich fundierten und moralisch ausgewogenen Gleichgewichtslage sein Handeln zu entwickeln. Gleichgewicht als Forschungsgegenstand ist hier zugleich Gleichgewicht als moralische Aufgabe.

Für die Theorie der Kriminalität und die Prognosestellung bei Delinquenten ergeben sich einige methodische Hinweise. Der Konflikt zwischen den Ansprüchen verschiedener Begegnungen, denen sich kein Mensch entziehen kann, wie etwa im Widerspruch zwischen dem Einzigkeitsanspruch der Begegnung und der Vielheit möglicher Beziehungen, ruft hier auf höchster personaler Ebene wieder jene Fülle von Gleichgewichten auf den Plan, der wir schon bei den physiologischen Untersuchungen VON HOLSTS begegnet sind. Der von einer wirklichen Begegnung Getroffene kann aus der Fülle und Kraft dieses Augenblicks nach vielen Seiten ausstrahlen und bei anderen Menschen eine Resonanz erzeugen, er kann aber auch an den Widersprüchen scheitern. VON USLAR hat die Fülle der Beziehungen mit einer Vielfalt seiner Valenzen verglichen. Diese Vielfalt mit ihren Konfliktmöglichkeiten ist vielleicht nirgends so anschaulich geschildert worden wie in ECKERMANNS Gesprächen und in GOETHES selbstdarstellenden Werken. Dieser Gegenstand harrt noch einer psychologisch vertieften und historisch fundierten Darstellung, vor allem unter dem Gesichtspunkt der Ausbalancierung und der Steuerung vom Geistigen her, auf die schon P. SCHILDER hingewiesen hat. Diese Steuerungsprozesse lassen sich gerade an den tiefen Leidenschaften und Affekten dieses wahrhaft großen Menschen deutlich machen.

GOETHE schrieb kurz nach dem Tode SCHILLERS: „Bei dem Zustand meines Körpers und Geistes, die nun aufrecht zu bleiben aller eigenen Kraft bedurften, wagte niemand die Nachricht von seinem Scheiden in meine Einsamkeit zu bringen. Er war am neunten verschieden, und ich nun von allen meinen Übeln doppelt angefallen" (1805). G. SCHMIDT interpretierte dies als Scheu vor Verstorbenen, wir meinen aber, daß es der Ausdruck der Ursprünglichkeit des in der Absolutheit einer Begegnung erscheinenden Du ist. Es ist die tiefe Verwandlung in jeder Partnerbeziehung, das Wirklichsein eines Geschehens, das durch uns hindurchgeht, die Konfrontation als eigentliche Wirklichkeit. Es ist der absolute Anspruch des Du, der uns aus der Bahn wirft, die vollkommene Identität mit dem Du.

G. SCHMIDT hat in seiner Schrift „Die Krankheit zum Tode" dieses Phänomen als Neurose verkannt, als eine „Krankheit zum Tode". Allenfalls könnte man, wie matt auch dieser wissenschaftliche Ausdruck hier wirkt, von einem interpersonalen Feldwechsel („shift"), von einer Abwehr der lebensbedrohenden Identität sprechen, wohl aber nicht von Verzweiflung, was mit dem bekannten Wort von KIERKEGAARD gemeint ist.

Anders hätte wohl Goethe bei seiner Leidenschaftlichkeit den Tod seines Freundes nicht überwinden können. Das ist aber keine Flucht in Krankheit, sondern echte Krankheit, „echter" als manches körperliche Leiden.

Begegnungsmechanismen und Kriminogenese

Kennt man die Unbestimmtheitsrelationen, die sich aus einer Begegnung herleiten lassen, dann erschließt sich der Zugang zu einer Fülle von Erscheinungen, die bei jeder Kriminogenese von großer Bedeutung sind. Es ist eine immer wieder begegnende Erfahrung an Kriminellen, daß ähnliche Situationen und ähnliche Verhaltensweisen in einer geradezu an Wiederholungszwang erinnernden und über Jahre in gleichen Gestalten wiederkehrender Weise wie in einer langatmigen Dünung ablaufen. Genaueres Zusehen läßt erkennen, daß es sich um ein Spezialphänomen der allgemeinen Gesetzmäßigkeit handelt, wonach in allen unseren Begegnungen auch etwas aus unseren früheren Beziehungen sich wiederholt, wobei diese dann ihren Nachglanz — oder ihre späten Schatten — in die Gegenwart hereinwerfen. In diesem Sinn ist, mit den Worten von USLARS, Lebensgeschichte eine Begegnungsgeschichte, in der sich vieles wiederholt. Das aus der Begegnungsgeschichte heraus gestaltete Bild des Partners setzt sich aus den Zügen vieler verschiedener Menschen zusammen. Das kreisende Zurückkommen auf vergangenes Erleben und Geschehen hat bei Delinquenten sehr häufig die Wirksamkeit eines Circulus vitiosus, dessen Durchbrechung durchaus nicht im Bereich des Unmöglichen liegt. Eine nähere Bestimmung der jeweiligen Punkte der Wiederkehr erlaubt sogar eine individuelle Prognose der Möglichkeiten. Liegen diese Punkte im Bereich emotional-kognitiver Mechanismen und Prozesse, so wird der Erfolg eines therapeutischen Eingriffs schwerer zu realisieren sein als dort, wo die Wiederkehr an komplexere Situationen und Positionsschemata geknüpft ist.

Damit ist in einem besonderen Zusammenhangsbereich die Aufgabe der Forschung schon umrissen. Es kommt darauf an, die Wendepunkte früherer und aktueller Begegnungserlebnisse und ihre Beziehung zu den Erlebnisfeldern zu analysieren, um so das kriminelle Verhalten auslösende Störungen und Konflikte herauszuarbeiten. Schon FREUD hat diese Zusammenhänge gesehen und von einer Übertragung früherer Beziehungen auf solche der

Gegenwart gesprochen. Studien zur Kriminogenese sind auf eine Kenntnis der Partnerbeziehungen des Delinquenten und auf die in der Lebenserfahrung gewonnenen Mechanismen angewiesen, auf eine Analyse der in diesen Bereichen waltenden Gleichgewichte mit ihren Störungsbedingungen.

Die Auslöser schöpferischer Aktivität, deren Anregung ein wichtiges Moment in der frühkindlichen Entwicklung ist, bei delinquenten Persönlichkeiten durch eine Analyse oder auch auf Grund der personalen Begegnung herauszugreifen, ist bei jedem Resozialisierungsversuch von großer Wichtigkeit. Man muß sich dabei vergegenwärtigen, daß das eigenschöpferische Durchspielen von Grundmustern, die Erprobung biologischer Werte in Kindererzählungen und Kindergeschichten, alles Dinge, die die Aktivität des Kindes ermutigen, in ähnlicher Weise, wenn auch nunmehr im Bereich des Sports oder der Arbeit, auch für die Ermutigung von Delinquenten und für die Aktivierung der in ihnen schlummernden kreativen Momente von großer Relevanz ist. Auch dieses Durchspielen biologischer Werte in der Kindheit und im späteren Alter gehört noch in das Kapitel Unbestimmtheitsrelation und Begegnung. Es ist ohne eigentlichen Anfang und auch ohne Ende in die Lebensgeschichte eingebettet. Es reicht vor allem auch hinein ins rein Biologische. So ruht das Kommunikationssystem Mutter-Kind nach R. SPITZ sogar auf einer phylogenetischen Anlage, nämlich der Kommunikation mit Hilfe bestimmter Verhaltensweisen, die einen zirkulären Resonanzprozeß einleiten, der in Abwandlungen bis zur Pubertät fortdauern kann. Das Kind nimmt Zeichen und Signale auf und gestaltet schon im ersten Lebensjahr den phylogenetischen Anteil der Sprache. Dieser die Funktion der Affekte prägende Kommunikationsprozeß ist für Denken, Handlung und wohl sogar für die Entfaltung und Aktivierung von Genmustern und somit auch für die ganze Kindheit und für spätere Reaktionsbereitschaften von

außerordentlich prägender, aber in erster Linie entfaltender Bedeutung. Anamnestisch ist naturgemäß über diese Prozesse nur wenig Gesichertes in Erfahrung zu bringen. Und doch kann man über die Stellung und die Einstellungen zur Mutter wenigstens aus dem späteren Leben nicht genug Daten eruieren, um das Wesentliche dieser Beziehungen erfassen zu können. Man ist dann oft in die Lage versetzt, Wiederholungen der Begegnungsgeschichte des Delinquenten festzustellen und gegebenenfalls auch für die Tatzeit in gewisse Zusammenhänge Einsicht zu gewinnen.

Bewußtes und Unbewußtes

Synthetische Funktion des Bewußtseins

Die Erscheinungen der Begegnung und der Kommunikation sind aufs engste verbunden mit den Prozessen der Identifikation und der Projektion. Der Delinquent kann in eine pathologische Entwicklung hineingedrängt werden, wenn ihm tatsächlich Unrecht widerfahren ist und dieser Umstand bagatellisiert wird. Die Strafe wird dann als neuerliches Unrecht erlebt. In dem jedem Individuum immanenten obersten Steuerkreis, der Gerechtigkeit — die nach THOMAS VON AQUIN nicht allein den Menschen in sich selbst ordnet, sondern das Leben der Menschen miteinander —, bildet sich eine Art Wiederholungszwang, etwa in Gestalt einer querulatorischen Entwicklung. Man übersieht meist die ungeheuerlichen Ungerechtigkeiten, die z.B. Michael Kohlhaas angetan wurden, bevor er zu wüten begann, und denkt dann nicht an die zwar viel kleineren, aber ebenso schmerzhaften Ungerechtigkeiten, die mancher einzelne zu erleiden hat.

Das hier schon berührte Selbstbewußtsein führt dazu, sich zu vergegenwärtigen, daß die Unterscheidung von Bewußtseinsinhalten und dem Prozeß des Bewußt-Seins, also des Bewußtseinsganges, verschiedenen Aktivitäten des Nervensystems entspricht und daß ihre Wechselwirkung viel komplexer ist als Introspektion und allgemeine Terminologie erwarten lassen. Physiopathologie und Physiologie des Thalamus, der Substantia reticularis, des limbischen Systems, des Temporallappens usw. haben ganz neue Perspektiven eröffnet, auf die hier nicht näher eingegangen werden kann.

Alle diese Prozesse und Wechselwirkungen verbinden, man könnte fast sagen verlöten den Menschen mit seiner Umwelt. Es ist deshalb verständlich, daß unmittelbare Schäden verschiedenster Art, von Traumen bis zu innersekretorischen Vorgängen, in erster Linie Bewußtseinsprozesse stören und verändern. In der Psychiatrie sind diese Störungen, sofern sie organisch begründbar sind, bekannt unter den Bildern der exogenen Reaktionstypen (BONHOEFFER) bzw. als reversible und irreversible Syndrome. Höhere Funktionen können dabei abgebaut oder verändert werden im Sinne eines physiologischen Funktionswandels, „tiefere" Schichten können stärker ins Spiel kommen und zu einem Wandel der aktualgenetischen Aufbaufunktionen führen. Hieraus ergeben sich horizontale und vertikale Strukturprobleme (J.H. BURCHARD), psychosomatische Probleme, Fragen der Verdrängung und anderer Mechanismen, die im Lichte der Aktphänomenologie HUSSERLS, der Ganzheitspsychologie, der Gestaltpsychologie und der Emotionspsychologie unter Berücksichtigung der autochthonen vorgeformten Schablonen (Reaktionstypen) an die einzelnen Fälle von Krankheitsbildern oder individuellen Entwicklungen heranzutragen sind.

Psychopathologische Mechanismen

Die hier isolierbaren psychischen Phänomene, in sich beweglich und veränderlich, sind dadurch wesentlich charakterisiert, daß sie, entsprechend der Grundfunktion des Bewußtseins, die Verbindungen zur Umwelt verändern. Das Hineintragen von Kausalvorstellungen und Kausalverbindungen in diese rein strukturellen Beziehungen ist, ähnlich wie in der Atomphysik, abzulehnen (BÜRGER-PRINZ 1930, BURCHARD 1965). Das Hervortreten neuer Ordnungen aus „Zerfall" und „Abbau" läßt spezifische „gefügehafte Ganzheiten", Strukturen als „Gestalten" sichtbar werden, die nicht voneinander abgeleitet sein können, vielmehr auf eine andere Beziehung des Geschehens, auf eine Abwandlung der Sinnbezüge hinweisen. So kann an die Stelle eines Sinnbezuges eine ganz eingeengte Beziehung zwischen einer Störung des Individuums und elektiv festgelegten Objekten treten. Wir sprechen nicht von einer kausalen, sondern von einer strukturellen Beziehung des Motivs (BÜRGER-PRINZ). Es erhebt sich die Frage, welche Bedeutung das noch erreichbare Außen für das System der Strukturen „innen" hat (BURCHARD). Hier können wieder Auslöser (TINBERGEN, LORENZ), die beim intakten menschlichen Handeln kaum eine Rolle spielen, wirksam werden.

Bezieht man diese Strukturabwandlungen auf „Handlungen", dann ergibt sich, daß diese auf Gleichgewichtslagen und Ordnungsschichten niedrigen Niveaus „fußen" und deshalb das Niveau des Gleichgewichts im Bereich höherer psychischer Funktionen oder gar der „moralischen Aufgabe" nicht mehr erreichen können.

Wenn man etwa bei einem „Räuber", der nach Abbüßung von zwei Jahren seiner Strafe an einem Hirntumor erkrankt und bald darauf stirbt, autoptisch feststellt, daß ein Astrozytom vorlag, von dem die eine Hirnhälfte schon ganz durchwachsen war, und wenn man weiß, daß es sich dabei um einen äußerst langsam wachsenden Tumor handelt, kann man rückblickend sagen, daß der Täter schon zur Zeit der Tat auf ein niedrigeres Bewußtseinsniveau abgesunken war, mit Antriebsveränderungen bzw. Antriebsschwächen. Man hätte schon an der Tat bzw. ihrer Begehungsform, an der Art seines passiven Verhaltens gegenüber einem Partner, der ihn zu seinen Handlungen aufforderte und ermunterte, die Bewußtseinsstörungen und Antriebsstörungen ablesen und in einer psychiatrischen Untersuchung bestäti-

15

gen können. Da abnorme Mechanismen und Störungen der Bewußtseinsfunktionen auch im normalen Seelenleben auftreten können, man denke nur an die Delikte in Schlaftrunkenheit, läßt sich sagen, daß ohne Kenntnis der exogenen Reaktionstypen und der in ihrem Umkreis liegenden Formen abgeänderter Ordnungen und Strukturgesetzlichkeiten, d.h. ohne umfassende psychiatrische und neuropsychologische Kenntnisse, auch die Handlungsabläufe beim sog. „Normalen", also beim Geistesgesunden, in ihren dynamischen Zusammenhängen nicht beurteilt werden können.

Jede psychopathologische Veränderung ist eine Veränderung der Struktur und erfordert die Kenntnis dieser Strukturen und ihrer Abwandlungsmöglichkeiten. Es gibt hier nirgends scharfe Grenzen zwischen normal und pathologisch. Zum Teil handelt es sich um besondere Automatismen, die z.B. auch bei bewußtseinsklaren Fällen von Demenz ausgelöst werden können. Es handelt sich dann um Umstrukturierungen des Bewußtseins, gegebenenfalls um ein Aufgehen in einer isolierten Objektbeziehung. Häufig werden Vorstellungsinhalte in die Realität hineinverarbeitet. Auch der Verwirrte ist, entgegen den Konzeptionen von H. Ey, noch „welthaft" ausgerichtet.

Bei Störungen des Bewußtseins — und solchen Störungen kann jeder Gesunde durch irgendeine passagere Hirnschädigung, z.B. eine Durchblutungsstörung, unterworfen werden — kommt es, lange vor dem Zerfall in inkohärente Einzelhandlungen, zu Strukturveränderungen und Niveauverschiebungen seiner relativ starken Ausgangslagen, auf denen sich das Verhalten und das Handeln des Menschen aufbaut bzw. von denen es sich abstößt. Gerät ein solcher, auf verändertem Niveau mit Reduktion der Gleichgewichtsmöglichkeiten, in einen Konflikt, kann es zu bestimmten Formen kriminellen Verhaltens kommen, weil in den höheren Funktionsbereichen des Wertens und Entscheidens keine relativ stabilen Haltungen bzw. Ausgangslagen mehr zu Verfügung stehen. Die Bedeutsamkeit der Situation wird nicht mehr mit dem ursprünglichen Persönlichkeitsniveau, sondern auf einem niedrigeren Strukturniveau erfaßt · (Objektverschiebung). Die Sinndeutung ist dementsprechend gleichfalls niveaumäßig und strukturell abgeändert.

Faßt man zusammen, so ergibt sich, daß die synthetische Funktion des Bewußtseins, die alle Niveaulagen und Strukturen der Bewußtseinsvorgänge und ihre Intentionalität (Husserl) verknüpft und überformt, vielschichtige Ausgangslagen, man kann sagen ein ganzes System von Grundhaltungen zum Aufbau sinnvoller Handlungen vermittelt. Man kann sich diese Niveaulagen wie die Etagen von Ästen auf einer riesigen Tanne vorstellen, wobei der Stamm und die Zwischenräume der Astkränze die Bewußtseinslagen, die vertikalen bzw. horizontalen Ausbreitungen Emotionen symbolisieren, und alle diese Prozesse, wie in Kreisungen und Schwingungen sich stets verwandelnd, in Bewegung sind. Das Ineinanderpassen organischer Antriebs- und Bewußtseinsstörungen und aktenmäßig belegter Abweichungen des Verhaltens bei einer Tathandlung, im oben genannten Beispiel also Passivität bzw. Suggestibilität, ist vergleichbar einer experimentellen Versuchsanordnung bei einer Verhaltensreaktion am Tier. Die Kriminogenese besteht darin, daß eine abgewandelte Haltungslage und Reaktionsbereitschaft und ein abnormer Reiz, also etwa die Suggestion oder Aufforderung zu einem Tun von außen, zusammenfällt. Hirntumorkranke oder anders Hirngeschädigte und in ihren Bewußtseinsstrukturen abgeänderte Menschen neigen nicht stärker zu kriminellen Handlungen als andere, aber es gibt spezifische oder typische Arten von Störsyndromen, die im Durchgang die Möglichkeiten zu kriminellem Tun zahlenmäßig emporschnellen lassen.

Wahrnehmungs- und Gedächtnistransformation

Wenn im folgenden vom Unbewußten gesprochen wird, so denken wir weniger an die Verarbeitung von Erlebnissen, die der Interaktion zwischen menschlicher Situation mit Triebbedürfnissen entspringen (Psychodynamik), als an die relativ elementaren unbewußten Verhaltensfragmente im Sinne der Neuropsychologie, die Berührungspunkte besonders mit der früheren Psychoanalyse hat (Assoziationspsychologie). Aus neueren experimentellen Ergebnissen ist zu entnehmen, daß eine Fülle von motorischen Alltagsreaktionen sich auf unbewußter Ebene abspielt (unbewußtes Wahrnehmen). Ebenso gibt es unbewußte Konditionierungen, die z.B. in leichten Abwehrbewegungen zum Ausdruck kommen. Wahrnehmungs- und Gedächtnistransformationen sind abhängig von Lebensgeschichte, Bildung und Persönlichkeit (MORUZZI). Selektive Bindung der Erinnerung geht einher mit affektiver Blockierung anderer Gedächtnisinhalte (Verdrängung). Wesentlich ist, daß Emotionen und Affekte uns in ihrem Ursprung nicht bewußt sein müssen, aber dennoch das retikuläre System aktivieren, wodurch die Einschätzung von Distanzen, von Farbintensitäten, von der Zahl konstituierender Elemente beeinflußt wird. Bedeutsam ist im vorliegenden Zusammenhang, daß unterschwellige Wahrnehmungen von Affekten und mimischem Ausdruck eine mächtige Quelle unbewußter Einstellungen, Abwehrhaltungen usw. darstellen, also im psychischen Bereich eine ähnliche gleichgewichtserhaltende Funktion ausüben wie im physiologischen Bereich die Koordinationsgesetze (VON HOLST) und die sog. Haltungs- und Stellreflexe (SCHILDER). Die reziproken Wirkungen sind psychodynamisch nur intuitiv erfaßbar, sie sind aber der experimentellen Untersuchung am Tier im Sinne einer quantitativen Erfassung zugänglich. Ich habe dieses „mimognostische System" an anderer Stelle als ein System erblicher Instinktansätze eingehender analysiert. Wo diese Schutzwirkung des Unbewußten versagt, sind die Möglichkeiten von Entwicklungen im Sinne einer Kriminogenese erhöht. Die verschiedenen psychischen Funktionen sind über weit ausgebreitete neuronale Kreisläufe in den verschiedensten Hirnregionen integriert, so etwa die emotionalen Vorgänge in der unipolaren Dimension der psychophysischen Aktivierung der Formatio reticularis. Alle diese Steuerungen und reziproken Wirkungen arbeiten mit komplizierten Konditionierungen, konditionierten Angstreaktionen, Erwartungswellen und Korrelationen. Die Regulationen des Verhaltens in diesem Bereich sind dadurch charakterisiert, daß sie auf Funktionsteile eingestellt sind und mit automatisch-unbewußter Sicherheit ablaufen.

Zeitmoment und Affektverbrechen

Die höheren Formen der Regulation des Verhaltens, die zur Meisterung komplexer Situationen unentbehrlich sind, erfolgen über das Bewußtsein. Diese Regulationskreise unterscheiden sich von der niederen Regulationsform durch ihre hohe Komplexität, obwohl auch auf der Ebene der letzteren Gesamtregulationen niederer Ordnung möglich sind. Im Gegensatz zu FREUD stellt man sich dabei heute vor, daß das Unbewußte nicht bloß aus einer ungebundenen Fülle gemischter libidinöser Impulse besteht, sondern viele das Bewußtsein ergänzende und kompensierende Funktionen entfaltet und dabei selbst über eine strukturierte Organisation verfügt. Einige Tatsachen verdienen es, hier besonders hervorgehoben zu werden. Es geht hier um das so wichtige Zeitmoment. Periphere Reizungen brauchen nach B. LIBET, unabhängig von ihrer Intensität, 0,5 sec, um bewußt zu werden, dagegen erfolgen motorische Reaktionen auf sensible Reize, und sonach gegebenenfalls auch Handlungsbruchstücke, schon in Zeiträumen bis zu 0,05 sec. Diese Reaktionen erfolgen sonach lange bevor der Organismus Zeit hat, Gedächtnisspuren zu speichern. Hieraus ergibt sich die interessante Tatsache, daß nicht nur im Bereich der Atomphysik, sondern auch im Bereich der Mikroanalyse der menschlichen Handlung die Gegenwart nicht ein dimensionsloser Zeitpunkt ist, sondern eine gewisse Erstrekkung, bei uns von etwa 0,45 sec, hat. Wenn ich eine Linkskurve leicht schneide, so daß ich fast schon in der Mitte einer nicht sehr breiten Straße fahre, so reagiere ich, vorausgesetzt, daß ich ein erfahrener Autofahrer bin, durch ein blitzartiges Bewegen des Lenkrades lange, bevor mir die Begegnung eines entgegenkommenden Wagens bewußt wird, den ich erst nachträglich, wenn ich ihn bereits passiere, registriere. Wir schieben also gleichsam, wie die Erde, vor unserem Bewußtsein eine Atmosphäre vor uns her. So wie diese durch die Grenzschicht dieser Atmosphäre vor dem Hagel von Meteoren relativ geschützt ist, sind wir es durch die Schnelligkeit unserer unbewußten Reaktionen. Man denke an die Reaktion des Augenblinzelns, die viel rascher erfolgt, als das Bewußtwerden der Annäherung eines Gegenstandes.

Fraglos ist diese Tatsache bei den sog. Affektverbrechen von großer Bedeutung. Ein Mann vom Typus melancholicus im Sinne von TELLENBACH, der nie zu einer Aggression fähig war und auch unter dem Pantoffel seiner Frau nie an eine Aggression dachte, kann auf Grund der diesem Menschen eigentümlichen unbewußten Aggressionsbereitschaften auf die Bedrohung mit einer Hacke durch seine Frau schlagartig reagieren, ihr die Hacke entwinden und mit ihr auf sie einschlagen, lange, bevor ihm und der von Erwartungswellen vollkommen freien Frau dieser Vorgang auch nur bewußt werden konnte.

Man sieht aus diesem Besipiel, daß man bisher das Problem der Affektverbrechen ganz anders und, wie ich meinen möchte, falsch, angepackt hat. Es geht bei den sog. Affektverbrechen nicht so sehr darum, daß sich Emotionen angespeichert haben oder künstlich vom Subjekt durch Hineinsteigern verstärkt worden sind, als vielmehr darum, daß schlagartige Umschläge im Sinne eines Syndromwandels so kurze Zeiten beanspruchen, daß die Frage des Bewußtseins und seines Fehlens in einem ganz anderen Sinn aufgeworfen sein kann. Hier zu besseren Abgrenzungen zu gelangen, wird sicher möglich sein, denn beim bewußten Hineinsteigern in Aggressionsgefühle ist naturgemäß der Wille mehr oder weniger deutlich beteiligt. Geht aber

von der Situation ein maßgeblicher Reiz aus, erhebt sich die Frage, ob die ganze Tat einem ausgelösten Mechanismus, also aus Handlungsbruchstücken, entsprungen ist, die dann durch partielle Rekapitulationen im Sinne von Hinweisreizen bei mangelnder Repräsentation im Sinne eines Mediatisierungsprozesses fortgelaufen sind. Es ist natürlich eine andere Frage, ob ein solcher Täter plötzlich betroffen innehält, was man auch sehen kann, und sofort Hilfsmaßnahmen einleitet, oder die Handlung bis zur Endgestalt durchlaufen läßt. Es wird auf die Ausgangshaltung und die emotionalen Strukturen überhaupt ankommen, ob hier noch eine Dispositionsfähigkeit zum Tragen kommen konnte oder nicht. Die Begriffe früher oder später sind wahrscheinlich auch hier in engen zeitlichen Grenzen nicht mehr zu definieren. In der Atomphysik ist es ja so, daß gewisse Experimente sogar zeigen konnten, daß Prozesse in kleinen Zeiten zeitlich umgekehrt ablaufen können, als es ihrer kausalen Reihenfolge entspricht. Die Vorstellungen des Determinismus kommen hier nicht mehr zum Tragen. Amüsanterweise hat RUSSEL allen Ernstes gemeint, es könnte Wesen geben, die sich an die Zukunft erinnern und daraus die Vergangenheit erschließen müssen.

Koordination von Bewußtem und Unbewußtem

Unbewußtes im neuropsychologischen Sinn und Bewußtsein bilden eine große Einheit, die sich teilweise mit den gleichnamigen Polen im Sinne der Psychoanalyse überschneidet. Erlebnisfeld und Selbstbewußtsein sind stets durch Unbewußtes mitkonstituiert. Vergangenes ist im Psychischen niemals streng „vergangen", denn im Erlebnisfeld entreißt Bewußtsein dem Gedächtnis jene Bestände innerer Erfahrung, welche zur Gestaltung der jeweiligen Aktualität gebraucht werden. Unbewußtes als eine Modalität, in welcher Seelisches ist, ohne zu erscheinen, oder als das erscheint, was es nicht ist, darf nicht darüber hinwegtäuschen, daß auch das Problem des Bewußtseins noch weitgehend im Dunkel liegt (RICOEUR). In unserem Zusammenhang ist festzuhalten, daß Bewußt-Sein auch auf den tiefsten Stufen des Unbewußten nicht ausgeschlossen ist, wie auch umgekehrt in den spirituellsten Formen des Seelischen Unbewußtes gegenwärtig bleibt. Die Auseinandersetzung der höheren und niederen Instanzen hat H. EY als einen Kampf bezeichnet, der Ausdruck des Seelischen schlechthin sei. Er spricht von einer ontologischen Konfliktkonstanz. In unserem Zusammenhang ist vorzuziehen, hier von Koordinationen bewußter und unbewußter Mechanismen und Prozesse, also von einem Gleichgewichtssystem, das mit der vertikalen Durchgängigkeit für kognitive und emotionale Vorgänge mehr oder weniger identisch ist, zu sprechen. Wissenschaftlich zugänglich sind uns diese Beziehungen durch die Methoden und Begriffssysteme der klinischen Psychopathologie (Psychiatrie) und der Emotionspsychologie. Vom Standpunkt unserer Theorie, wonach die Möglichkeit zu kriminellem Verhalten komplexe Voraussetzungen hat, im Sinne eines Zusammenwirkens vordergründiger Konflikte oder Störsituationen mit hintergründigen Strukturwandlungen und Gleichgewichtsstörungen im Bereich der psychischen Ordnungssysteme, wäre zu fordern, daß ein Ansteigen der Möglichkeiten zur Kriminogenese gerade an den Umschlagstellen zu finden ist. Auf normalpsychologischem Gebiet wird diese Arbeitshypothese bestätigt durch die Beobachtungen über kriminelles Verhalten in Schlaftrunkenheit, also beim Übergang vom Traumbewußtsein zum Wachbewußtsein (G. SCHMIDT).

Fortführung der Theorie

Enantiodromie

Wir haben gesehen, daß die Möglichkeit kriminellen Verhaltens und schon kriminogenetischer Entwicklungen überall dort erhöht wird, wo Gleichgewichtsstörungen, die verschiedenen Zusammenhangsbereichen entsprungen sind, zueinander in eine Wechselwirkung im Sinne von Verstärkung oder Magneteffekt treten. Wir sind ferner ausgegangen von jenem Schwebezustand des gesunden Lebens, den VON GEBSATTEL als dynamisch bezeichnet und der für die Vitalkategorie menschlichen Verhaltens, das Handeln, von basaler Bedeutung ist. Da menschliches Handeln sich immer gleichsam von einem solchen Plateau *relativer Gleichgewichtslage* auf ein Ziel hin oder auf einen Zweck katapultieren muß, wird diese relative Gleichgewichtslage oder Haltung seine wesentliche Voraussetzung. Wir sind dann zum Begriff des Gleichgewichts gelangt und haben ihn im Anschluß an PIAGET im Sinne eines mobilen Gleichgewichts abzugrenzen versucht. Dieser Begriff hat sich als äußerst komplex erwiesen, gleichsam als das Ergebnis ständiger gegenläufiger Schwingungen oder Kreisprozesse, die vom Physiologischen rhythmischer Bewegungen über die Koordinationen der Haltungen („Stellreflexe") nach SCHILDER bis in die höchsten psychischen Funktionen hineinreichen und uns schließlich als Aufgabe, im Sinne eines moralischen Gleichgewichts, entgegentreten. Nun gibt es wohl für diese Formen mobilen Gleichgewichts keine bessere Bezeichnung als das schon von Heraklit geprägte Wort *Enantiodromie*. Es umfaßt mit einem einzigen Blick das wunderbarste aller psychologischen Gesetze, nämlich die *regulierende Funktion der Gegensätze*. Enantiodromie, das ist das Entgegenlaufen, die Erscheinung, daß sich alles einmal in sein Gegenteil verkehrt, von der feinsten Schwingung der Fischflosse bis zum psychischen Funktionswandel und zu den Umschlägen im geistigen und kulturellen Leben. Beschränken wir unseren Blick auf den handelnden Menschen als einzelnes Individuum in der Gruppe und in der Gesellschaft, dann erkennen wir, daß sie uns nur dort sichtbar wird, wo er nach FERGUSSON nach Art eines Kometen in lebhafter Bewegung ist. Wir verstehen, daß in ganz ähnlicher Weise von HERAKLIT die Seele, also die lebendige Kraft, welche die Griechen mit diesem Wort meinten, mit dem Feuer in engste Beziehung gebracht wurde.

Im vorliegenden Zusammenhang ist hervorzuheben, daß alle diese Gegenläufigkeiten im Sinne eines umfassenden Enantiodromiegesetzes beim Gesunden, also in jenem dynamischen Schwebezustand, den wir als mobiles Gleichgewicht bezeichnet haben, gleichsam unsichtbar und unbemerkt bleiben, solange keine Störungen auftreten oder sofern wir nicht größere Zeiträume ins Auge fassen. Dann allerdings sehen wir Rhythmen des Wachstums, der Reifung und auch hier die Gegenläufigkeiten gegenüber der Entwicklung und die Umschläge in gewissen entscheidenden Lebensphasen und -krisen.

Anisorropie

Wir brauchen weiters einen Begriff, um die gleichsam normalen Bewegungen, Schwingungen und Kreisprozesse von solchen abzugrenzen, die durch Störungen bedingt sind und somit als Bewegungen gekennzeichnet sind, die abnorm, pathologisch bzw. als Gleichgewichtsstörungen sich zu erkennen geben. Dieser Begriff soll ebenso umfassend sein wie der der Enantiodromie. Im Griechischen bedeutet Rhopé die Neigung, Senkung, allmähliche Bewegung nach unten, etwa ähnlich dem gleitenden Gleichgewicht im Sinne von VON HOLST. Gleichgewicht heißt im Griechischen Isorropie. Daraus ergibt sich für Ungleichgewicht oder Störung der Enantiodromie die Bezeichnung Anisorropie.

Wir sprechen also im folgenden von Anisorropie, wenn in irgendwelchen Zusammenhangsbereichen physiologischer, neuropsychologischer, psychologischer oder personal-geistiger Art die natürliche Enantiodromie in ihrem Ineinandergreifen bzw. in ihren Gestaltkreisen (VON WEIZSÄCKER) oder Wirkungskreisen (K. SCHNEIDER) gestört ist. Nun haben wir aber gesehen, daß sich diese Störungen in verschiedenster Weise auswirken können, ohne im geringsten etwas mit Kriminalität zu tun zu haben, ja eine solche auch nur zu begünstigen. Der Erfahrene weiß, und neuere Untersuchungen haben das bestätigt, daß etwa Geisteskranke ebenso häufig zu kriminellem Verhalten neigen wie Geistesgesunde, woraus sich ergibt, daß sowohl zu den psychotischen Störungen als auch zu den Neurosen, die man bei asozialem Verhalten Psychopathien nennt, noch etwas hinzutreten muß, um die Möglichkeit einer Kriminogenese signifikativ ansteigen zu lassen.

Nach unserer Theorie ist es nun so, daß zu den jeweiligen Störungen der Enantiodromie bzw. des in ihr beschlossenen mobilen Gleichgewichts in irgendeinem Zusammenhangsbereich noch andere Störungen hinzutreten müssen, und zwar je nachdem solche aus „höheren" oder aus „niedrigeren" Funktionsbereichen als denen der Primärstörungen. Um zum Ausdruck zu bringen, daß ein Zusammenwirken im Sinne einer Superposition oder eines Magneteffekts zwischen Gleichgewichtsstörungen aus verschiedenen Teilbereichen erforderlich ist, damit eine Determinationsstufe oder eine gleichsam schiefe Ausgangslage (gleitende Koordination) erreicht wird, von der aus ein kriminelles Verhalten möglich ist, sprechen wir von *polymerer Anisorropie*.

Zur Erläuterung ein einfaches, aber konkretes Beispiel: Eine unbescholtene, mit einem Lokführer verheiratete Frau begeht einen Ladendiebstahl. Die eingehende Erforschung des Lebenslaufes und der Persönlichkeit ergibt keinerlei Psychopathie oder sonstige psychopathologische Symptomatik. Es zeigt sich aber, daß sie als Kind unter zehn Geschwistern die stets verwöhnte Prinzessin auf der Erbse war. Zur

Zeit der Tat war sie in eine Lebenskrise hineingeraten, der Mann war als Lokführer viele Nächte fort, die Ehe war kinderlos, unbewußt suchte sie wohl nach einem Sinn des Lebens. Neben den vielen, regulär erstandenen Waren hatte sie noch etwas Wertvolles hinzugenommen, was ihr, gleichsam unbewußt, als Prinzessin noch zustand. Man sieht hier den Rückgriff auf ganz bestimmte Punkte ihres früheren Lebenslaufs, nämlich den der Verwöhnung im Augenblick einer mehr oder weniger verdrängten, nur von latenten depressiven Strukturen markierten Lebenskrise. Es sind also zwei Störfaktoren, die an sich gar nichts miteinander zu tun haben, zwischen denen es im Moment einer Blockierung des „Willens zum Sinn" zu einer Verstärkerwirkung (Magneteffekt) auf dem Wege unbewußter Wechselwirkungen kommt.

In diesem Zusammenhang sei darauf hingewiesen, daß es bei normalen Kreisprozessen und Gegenläufigkeiten des mobilen Gleichgewichts beim Durchgang durch äußere Störfelder, aber auch im Verlauf von Entwicklungsvorgängen, unter anderem durch Zuwendung der Aufmerksamkeit oder durch Angst, zu Störungserscheinungen in ihrem natürlichen Ablauf kommen kann. FRANKL hat solche Störungen durch die paradoxe Intention zu heilen gelehrt und damit gezeigt, wie man in die regulierende Funktion der Gegensätze durch ärztliches Handeln und durch geistige Akte eingreifen kann. Rückblickend auf das obige Beispiel könnte man formulieren, daß jede kriminelle Handlung einen Versuch darstellt, die komplexe Form der Gleichgewichtsstörung oder Dekompensation bewußt oder unbewußt auf dem Weg einer Übertragung früherer oder primitiverer Beziehungsetzungen zu kompensieren. Oder sie stellt ein unmittelbares Ergebnis von Superpositionen oder Magneteffekten im oben näher bezeichneten Sinn dar. Da jede „Störung" im weitesten Sinn eine Insertionsstelle benötigt, führt erst das Zusammenwirken zweier oder mehrerer gestörter Funktionskreise zu inneren Situationen, auf denen sich gesetzmäßig kriminelle Verhaltensweisen („Gestalten") aufbauen können. Diese bereits in sich komplexen inneren Situationen sind identisch mit jener gleitenden Koordination, die wir unter dem Begriff polymere Anisorropie zusammenfassen. So wie in der modernen Physik sind es auch hier nicht Fakten, sondern Möglichkeiten, welche Gesetzmäßigkeiten unterworfen sind. So wie dort gilt in den mittleren Bereichen des Alltagslebens nach wie vor das Gesetz der Kausalität, nicht aber in jenen feineren Bereichen, die es allein gestatten, auf echte Gesetzmäßigkeiten im Sinne der Kriminogenese vorzustoßen (s. u.)

Arbeitshypothesen der polymeren Isorropie und Therapiemöglichkeiten

Diese Arbeitshypothesen werden davon ausgehen, daß entsprechend der Vielgestaltigkeit der gestörten Gleichgewichte und ihrer Superpositionen und Interferenzen die Prognose vielstufig determiniert ist. Eine solche *polymer differenzierende*, d.h. die Art des Zusammenwirkens einzelner Störungsbereiche berücksichtigende *soziale Prognose* methodisch zu erarbeiten, erfordert eine über die klinisch-psychiatrische, psycho-pathologische und typologische Diagnostik hinausgehende systematische Analyse des sozialen Feldes und der situativen Faktoren. Dazu zählen der Syndrom- und Feldwechsel einschließlich seiner Vorgeschichte sowie die Begegnungsgeschichte. Es erfordert eine ständige Korrelation von Positionen, die einerseits im Gespräch mit dem Delinquenten im Sinne mitmenschlicher Begegnung, andererseits im Abstand zu sämtlichen erarbeiteten Daten, welcher den Raum für eine sachgerechte Beurteilung freigibt, gewonnen werden. Es müssen alle Sinnstufen offen gehalten sein, die VON GEBSATTEL als Unmittelbarkeitsstufe, Entfremdungsstufe und personale Stufe bezeichnet hat. Das Aushalten des Widerspruchs zwischen ärztlicher Haltung und der als eines Helfers der Rechtsprechung ist das Schwierigste und zugleich Reizvollste in der forensischen Psychiatrie.

Der Einwand, daß sich Prognosen erst post hoc stellen lassen, ist insofern hinfällig, als nur solche Fälle in Frage kommen, die zumindest schon einmal delinquent geworden sind. Aus dieser Delinquenz läßt sich im Sinne unserer Theorie derjenige Weg rekonstruieren, der über das Zusammenspiel partieller Gleichgewichtsverluste mit ihren gegenseitigen Interferenzen und mit dem Sozialfeld, über die Wirkungskreise interpersonaler Synchronisierungen und über die Übertragung früherer Beziehungen Zusammenhänge erschließt, die einfach nichts anderes sind als die in einem bestimmten Zeitpunkt möglich und wirksam werdende Kriminogenese selbst. Die gesetzmäßigen Möglichkeiten einer Kriminogenese werden naturgemäß nicht durch die Begehungsform bestimmt, es kommt also nicht auf die Art des Deliktes an, sondern sie werden bestimmt durch die individuelle, durch eine spezifische polymere Anisorropie charakterisierte Superposition oder Magnetwirkung. Hieraus ergibt sich die Unterscheidung zwischen konstanten und inkonstanten Störungen der Enantiodromie. Ich kann also schon bei dem einmalig bestraften Delinquenten die konstanten Störungen eliminieren, im obigen Beispiel wäre es die Verwöhnungssituation, und daraus schließen, daß auch in Zukunft ähnliche oder auch andere Störsituationen (Krisen) kriminogen wirken können. Hier darf darauf hingewiesen werden, daß in leichteren Fällen naturgemäß die Versprachlichung dieser Zusammenhänge und ihr Erkennen durch den Delinquenten schon allein die Rückfallsmöglichkeit ausschließen kann. Jene Fälle, in denen das besonders schwierig ist bzw. bei denen Versprachlichung aus Gründen der Primitivität oder anderen nicht möglich ist, erfordern komplexere Therapieformen (z.B. Verhaltenstherapie). Wir denken etwa an die Behandlungsformen der sog. Haltlosen in Dänemark (STURUP). Eine polymer differenzierende soziale Prognose wird dementsprechend über die diagnostischen Feststellungen hinaus konkrete Hinweise liefern müssen, die für soziotherapeutische und verhaltenstherapeutische Maßnahmen unter Berücksichtigung besonderer Gefahrenmomente und gefährdender Konstellationen von Bedeu-

tung sind. Naturgemäß können die Ordnungsformen und Koordinationen und ihre Zusammenhangsformen in den verschiedenen Bereichen psychophysischen Geschehens niemals in ihrer Gesamtheit erfaßt werden. Die Aufgabe kann jeweils nur darin bestehen, zwei oder mehrere gestörte Bereiche herauszuarbeiten und die übrigen Modalitäten der Koordinationen nur ganz grob biographisch zu charakterisieren. So wie nach VON HOLST das Zusammenwirken von drei oder vier verschiedenen, gleichzeitig tätigen Rhythmen am Fischpräparat dazu geführt hat, aus der Vielfalt möglicher dynamischer Gleichgewichte ganz wenige, wohl definierte Faktoren zu isolieren, ergeben sich auch aus unserer Theorie verhältnismäßig wenige Regeln und Gesetze. Dementsprechend ist auch die Zahl jener Gestalten, Verlaufs- und Handlungsgestalten, in die die interferierenden Störungsmechanismen einmünden, verhältnismäßig gering und übersichtlich. Die konkreten Handlungsabläufe, also etwa Diebstahl oder Mord, kommen auf recht verschiedenen Wegen zustande und erfordern daher unabhängig von diesen äußeren Erscheinungsformen spezifische, auf die hintergründige Störungsart gerichtete Maßnahmen.

Arbeitskonzeption

Aktion und Interaktion

Faßt man auch den Begriff der Struktur rein dynamisch im Sinne relativer oder kompensatorischer Gleichgewichtslagen in Teilsystemen, beispielsweise im Sinne depressiver Strukturen bei einer asthenischen Persönlichkeit oder paranoider Strukturen in einer depressiven Reaktionslage, so entspricht man der Anforderung der Arbeitsmethode, einen möglichst engen Konnex zwischen theoretischer Forschung und praktischer Aktion zu realisieren. Eine solche Arbeitsmethode ist dann in einem doppelten, wenn auch erweiterten Sinn experimentell: sie geht von Handlungsformen aus, die als solche nicht auf natürlichen Reaktionen oder auf Krankheitsvorgängen beruhen, sondern gleichsam wie ein Experiment der Natur aus Situationen, Begegnungen, Störfaktoren, Syndromwandel und den entsprechenden pathischen oder spontanen Antworten des Subjekts entspringen. Zugleich nehmen wir durch Exploration, soziale Maßnahmen und ärztliche Einwirkung Einfluß auf dieses Geschehen (Untersuchung, Freiheitsstrafe, soziale Trends). Es handelt sich sonach um eine operationale Methode im Sinne einer engen Verknüpfung zwischen natürlichem Gang der Ereignisse und gewissen Außeneinwirkungen. Dabei verstehen wir im Gegensatz zu den amerikanischen Methoden (*action research* und *operational research*) unter Aktion die konkreten einzelnen Aktionen und Interaktionen im Bereich des intrapsychischen Geschehens des Individuums einschließlich der Interaktion mit seinem Sozialfeld und dem Untersucher. Die Methode bleibt im wesentlichen im psychologischen bzw. psychophysiologischen Bereich, ist also in ihrer Ausrichtung eine streng biologische, wobei allerdings auch die geistigen Vorgänge in ihrer Lebensbezogenheit (biologische Werte) eingeschlossen sind.

Aus dem Ineinandergreifen von Wirkzusammenhängen verschiedener Zusammenhangsbereiche ergibt sich, daß dieses zentrale Geschehen in der Eigentümlichkeit emotionaler Vorgänge zu suchen ist, die stärker als andere, etwa Vernunft, Intelligenz oder Trieb, und ganz anders als etwa Wahrnehmungs- und Bewußtseinsvorgänge sind. Sie beruhen auf einer entscheidenden Synthese, Gleichgewichtslagen in ständig wechselnder Art zur Verfügung zu stellen, auf denen sich menschliches Handeln aufbauen kann. Es steht also die Psychologie und Pathologie der Emotionen, d.h. des Gemüts und der Affektivität, man könnte auch sagen des Phasischen schlechthin, im Zentrum oder am Beginn unserer Arbeitshypothesen.

Biologische Phasengesetzlichkeiten

Die biologischen Phasengesetzlichkeiten, die man bei den sog. phasischen Psychosen, wie bei Zyklothymie, bei den Melancholien und den verschiedenen Formen endoreaktiver Depressionen, am reinsten beobachten kann, lassen nach unserer Theorie erwarten, daß gerade an den Umschlagstellen jene Ansatzpunkte liegen, an denen die Kriminogenese eines Handlungsablaufs einsetzt. Tatsächlich sind wir von solchen Beobachtungen, insbesondere bei Depressionen verschiedener Nosologie, ausgegangen und haben insofern die hier vorgelegte Theorie bestätigt gefunden.

Ich-Schwäche

Die Psychologie der Gefühle bzw. ihre Pathopsychologie beschränkt sich keineswegs nur auf die phasischen Psychosen. Gefühle sind Zustände des Ichs, „unmittelbar erlebte Ich-Qualitäten oder Ich-Zuständlichkeiten" (LIPPS), zu denen auch Triebe und Strebungen zählen. Die Ich-Psychologie ist am weitesten vorgetrieben worden durch FREUD und neuerdings durch FEDERN. Ihr verdanken wir wesentliche Einblicke in den Verlauf der Schizophrenien. Da die Faktoren der früheren Ich-Genese noch wenig bekannt sind, wurde der Begriff der „unspezifischen Disposition" im Sinne von SCHULTZ-HENCKE eingeführt, worunter eine mögliche Bedingung für die Entwicklung zur Ich-Schwäche verstanden wird. Ich-Schwäche ist sonach Symptom einer Entwicklung und als solche unter dem Aspekt der Ergänzungsreihen zwischen Anlage und Umwelt zu sehen. Als mangelhafte Fähigkeit des Ichs zur Triebneutralisierung und zur Errichtung von Gegenbesetzungen ist Ich-Schwäche dasselbe wie mangelnde Ich-Strukturierung. Es erhebt sich hier die wichtige Frage, ob es auch im Bereich der Ich-Entwicklung, ähnlich wie bei phasischen Psychosen, eine Rhythmik dynamischer Gleichgewichte gibt, also gewissermaßen gegensätzliche oder sich gegenseitig ergänzende Ich-Zustände bzw. -Gefühlszustände. Auf diese Frage ist bei der Besprechung der Hypothese zur Kriminogenese bei Schizophrenie näher einzugehen (S. 170). Eine vorläufige Zusammenfassung ergibt die Formulierung: Kriminalität ist immer Konfliktkriminalität, nicht nur bei Erstkriminalität, wie ich früher (1936) angenommen habe, sondern auch beim Rückfall. Für die Kriminogenese ist (in der Regel) das Zusammenspiel von wenigstens zwei bis vier Gleichgewichtsstörungen in verschiedenen neurophysiologischen, psychischen oder pathopsychologischen Zusammenhangsbereichen erforderlich. Die Kriminogenese beruht auf einer Summation oder einem Magneteffekt der jeweils gestörten psychischen oder neurophysiologischen Rhythmen und Ablaufsformen nach Gesetzlichkeiten, die aus dem Zusammentreffen biologischer und psychischer Reaktionsbereitschaften, ihrer Konditionierungen und der Positionalität des Individuums sich ableiten lassen.

Emotionale Faktoren

Die große Vielfalt von Erscheinungen im Bereich des kriminellen Verhaltens ist also auf das Zusammenspiel ganz weniger wohl definierter Faktoren und ihrer Störungen zurückzuführen. Ebenso beruht die Vielfalt möglicher psychodynamischer Gleichgewichte auf einem Zusammenspiel weniger Faktoren, das Gegenstand der Untersuchungen zur Kriminogenese ist.

Auch emotionale Vorgänge lassen sich als ein eigentümliches Zusammenspiel vielfältiger, mehr oder weniger differenter psychophysischer, zuständlicher und prozessualer Momente begreifen, die als Erleben, Verhalten, physiologische Reaktion in verschiedener Weise aufeinander abgestimmt sind. Ihre differenzierende Erfassung ist Voraussetzung für das Studium der Kriminogenese. Der funktionelle Zusammenschluß psychischer und physischer Momente mit der Komplexität der konstituti-

ven Faktoren bei lockerer Fügung, mit wechselndem Vorrang und Variabilität nach Art und Zahl, erfordert einen stetigen Kontakt mit den Ergebnissen der Emotionspsychologie.

Im Vordergrund steht dabei das unmittelbare Betroffensein einer Person durch eine sachliche und sozial beschaffene Feldsituation, wobei Gefühle als soziale Phänomene verstanden werden, die sich auf die soziale Mitwelt beziehen (EWERT). Die emotionalen Vorgänge müssen in ihrer Prägung zu personalen und feldsituativen Regionen einem Nachvollzug des Beobachters methodisch zugänglich gemacht werden. Das zentrale Regulationszentrum für das Moment Angenehm-Unangenehm ohne festlegbarem Grund-Folge-Verhalten im Limbischen System und die Dimension der psychophysischen Aktivierung, repräsentiert durch die neurophysiologischen Aktivitäten der Formatio reticularis (gesamtorganismische Energiemobilisierung), repräsentieren gleichsam die Vertikalität oder das durchgreifende Prinzip, die sowohl für emotionale Vorgänge als auch Gleichgewichtsprozesse im Sinne der „moralischen Aufgabe" (SCHILDER) grundsätzliche und grundgesetzliche Ähnlichkeiten oder Gemeinsamkeiten erwarten lassen.

Gegenintuitives Verhalten

Wenn nun nach unserer Theorie der entscheidende Ort des Gleichgewichts in höheren und nicht niederen Bereichen zu suchen ist, ist dennoch unser Bemühen und Suchen primär auf die neurophysiologisch gebundenen psychischen Mechanismen des Unbewußten und auf den emotionalen Untergrund gerichtet. Das hat seinen guten Grund darin, daß in der Regel die Ursache-Wirkungs-Beziehung viel zu eng gezogen wird. Diese höchsten seelischen und geistigen Funktionskreise beeinflussen und prägen von Anfang an, worauf schon SCHILDER hingewiesen hat, mit einer unendlich feinen Rhythmik und ständigen

Abstimmung die eigene zentralnervöse Spontaneität und damit auch die niedrigeren Wirkungskreise. Wir müssen also diese dem Subjekt meist verborgenen Phänomene kennen, wollen wir die Handlungsbereitschaften in ihrer individuellen Besonderheit erfassen Denn es geht an erster Stelle darum, gegenintuitive dynamische Vorgänge in den Griff zu bekommen. Jene Vorgänge, die anders ablaufen als in der Vorstellungswelt des Menschen (z.B. Richter). Die rationale Erfassung des gegenintuitiven Verhaltens und seine intuitive Verarbeitung durch den Untersucher soll durch unsere Theorie der Kriminalität freigelegt werden. Das erfordert aber eine Untersuchung der gesamten Ursache-Wirkungs-Kette, um eine Ausgangsbasis für die Beurteilung, aber noch nicht diese selbst, zu bekommen.

Möglichkeiten einer Axiometrierung des Syndromwandels

Versucht man, vom Einzelnen zum Allgemeinen fortzuschreiten, so zeigt sich, daß, analog zu komplexeren dynamischen Systemen, schon in physiologischen Bereichen Regler eine primitive Art von „Intelligenzleistung" hervorbringen. Der Regler vergleicht den Sollwert (W) mit der zu regelnden Größe, dem Ist-Wert (X). Je nach Abweichung dieser beiden Größen voneinander wirkt der Regler mit der Stellgröße Y derart auf den Prozeß ein (Prozeß = Regelstrecke), daß die Abweichung im Laufe der Zeit wieder kompensiert wird. Ist $X_{(t)} = W_{(t)}$, so ist das System in Ruhe bzw. *im Gleichgewicht*. Meist wirken jedoch Störungen aus der Umwelt (Z) auf die Reglerstrecke ein, so daß das Gleichgewicht gestört wird und der *Ausgleichsprozeß* von neuem beginnen muß. Der Regler vergleicht ein von außen gegebenes Ziel (W) mit der zu regelnden Größe, dem Ist-Wert (X). Der Ist-Wert wird von einem Meßorgan erfaßt und an ein Summationsglied weitergeleitet. Dieses subtrahiert den gemessenen Ist-Wert vom Soll-Wert (W) und leitet das Differenzsignal an den eigentlichen „Regler" in strengem Sinn (Soll-Ist-Vergleich). Im Regler wird dieses Differenzsignal so verarbeitet, daß das Ziel ($X_{(t)} = W_{(t)}$) möglichst optimal erreicht wird. Das Stellglied dient dazu, das energetisch relativ schwache Differenzsignal am Output des Reglers derart zu verstärken, daß es als Stellgröße (Y) in den Prozeß der Regelstrecke mit beliebig großen Kräften einwirken kann.

Eine Anwendung dieser hier nur angedeuteten Methode zur Untersuchung komplexer dynamischer Systeme (FORRESTER) auf dem Gebiet der Kriminogenese wäre eine dankenswerte Aufgabe, die durchaus im Bereich des Möglichen liegt. Denn die unendliche Vielgestalt der Ordnungsformen zwischen den einzelnen Koordinaten und Koordinationssystemen ist an entscheidende Wendepunkte einer konkreten Entwicklung geknüpft und auf wenige Möglichkeiten reduziert. Diese Phänomene sind grundsätzlich einer quantitativen Analyse im Sinne gleitender Koordinationen zugänglich. Es geht deshalb im Ansatz um die Bestimmung *kritischer Übergangszonen* von absoluter Ordnung zu gleitenden Koordinationen oder zu völliger Beziehungslosigkeit. Solche Übergangszonen sind in der Psychiatrie unter dem Begriff des Syndromwandels bekannt und durch SPIEGELBERG neuerdings in den Vordergrund des Interesses gerückt worden.

Zur Situation in der Kriminologie

Das Augenmerk unserer theoretischen Besinnung richtet sich auf das Strukturgesetz des jeweiligen individuellen Handelns. Wer das Strukturgesetz an der lebendigen Gestalt kennt, wird sich auch zur Prüfung der Frage berechtigt halten, welche Reaktionsweisen und Aktionen sie unter nicht vorhergesehenen Lebensbedingungen erhalten würde. Und er wird auch in der Lage sein, über die Belastungsgrenzen verbindliche Angaben zu machen, denen eine dominierende Wirkung in der Tatsituation nicht abzusprechen ist.

Prognoseforschung

Es ist erwähnenswert, daß die jahrzehntelangen Bemühungen um eine soziale Prognose von SH. und E. GLUECK gerade zu dem Punkt hingeführt haben, von dem wir hier ausgehen, nämlich zur Forderung, lebendige Gestalten und sich wandelnde Strukturen zu erfassen. Im allgemeinen hat die Prognoseforschung bisher zu wenig greifbaren Ergebnissen geführt. Ob es daran liegt, daß man vielfach von rein statischen Begriffsbildungen ausgegangen ist, was CONRAD auch im klinischen Bereich kritisiert hat, oder daran, daß man die Ursachen zu nahe bei den Wirkungen suchte, soll hier nicht entschieden werden. Vielfach wurden bloße Fakten als Faktoren bezeichnet, und die Typisierungen blieben im rein Soziologischen („Tunichtgut", „Gangster", „Vagabund"), man begnügte sich mit Feststellungen über die Art des Deliktes, über die Familienverhältnisse oder gebrauchte Bezeichnungen wie Berufsverbrecher. Ähnlich wie hier standen auch bei der Faktorenanalyse einzelne Begriffe oder „Eigenschaften" oft recht heterogen und beziehungslos nebeneinander. Ähnliches gilt von den Ansätzen von seiten der klinischen Psychiatrie. Man registrierte die Art der Delikte, die bei Depressiven oder bei Epileptikern vorkamen, ohne über die zugrundeliegende Dynamik, über die eigentlichen Ansatzpunkte und über das Zusammenspiel der verschiedenen möglichen Gleichgewichte und ihrer Störungen nachzudenken. Ich habe keine Arbeit gefunden, die von der Frage ausgegangen wäre, in welchen Stadien etwa eines epileptischen Geschehens es zu kriminellen Handlungen kommt und in welchen nicht, in welchen Stadien einer Depression und unter welchen sonstigen Voraussetzungen es bei Depressiven, Schizophrenen, hirnorganisch Gestörten zu jener Entwicklung kommt, die dann gestalthaft in irgendeine Begehungsform einmündet. Gerade diese Fragestellung ist aber die fruchtbare, wie im Abschnitt über die Hypothese im einzelnen ausgeführt wird (S. 43).

In einer Hinsicht brachten allerdings die psychiatrischen Bemühungen einen entscheidenden Fortschritt. In meinen frühen Untersuchungen (STUMPFL 1935, 1936) hatte ich die Psychosen ausgeklammert. Die gerichtspsychiatrischen Erfahrungen hatten dann aber gezeigt, daß die Kriminogenese bei Geisteskranken ganz ähnlichen, vielfach sogar leichter durchschaubaren Gesetzmäßigkeiten folgt als etwa bei abnormen Persönlichkeiten, neurotischen Zuständen verschiedenster Art und bei Jugendlichen. Eine Bestätigung dieser Beobachtungen erblicke ich in den Ergebnissen einer epidemiologischen Untersuchung von HÄFNER u. BÖKER über geistesgestörte Gewalttäter. Es zeigte sich dabei, daß ohne Berücksichtigung der Altersschichtung der Anteil Geisteskranker und Geistesschwacher an den Gewalttätern in der Größenordnung des Erwartungswertes liegt, wobei allerdings gewisse Schätzungen eine Rolle spielen, die aber nach meinen Erfahrungen durchaus der Realität entsprechen. Analog haben Untersuchungen von RITZEL u. RITTER über Zusammenhänge zwischen Epilepsie und Delinquenz zu dem Ergebnis geführt, daß sich die Delinquenz der Anfallskranken zwar deutlich vom Bevölkerungsdurchschnitt abhebt (2,92% gegen 1,66%), daß aber die Beteiligung der Epileptiker an den von ordentlichen Gerichten behandelten Verkehrsdelikten wesentlich geringer ist und daß sie nicht vermehrt zu Affekt- und Gewaltkriminalität neigen. Schon STUMPFL u. CONRAD haben früher darauf hingewiesen, daß das soziale Absinken die Kriminalitätsneigung der Epileptiker beeinflußt. Die wesentliche Frage allerdings, ob kriminelles Verhalten in bestimmten Phasenabschnitten unter dem Einfluß bestimmter situativer Faktoren usw. einsetzt, wurde nicht gestellt. Nach meinen Beobachtungen muß dies vor einem Anfall in der Phase gesteigerter vegetativer Spannungszustände oder im psychomotorischen Anfall bejaht werden. Die Ergebnisse von HÄFNER u. Mitarb. konvergieren mit dem Versuch von SH. und E. GLUECK, die Persönlichkeitszüge bei jugendlichen Kriminellen nach ALLPORT zu fassen und dabei in einem multidimensional-eklektischen Ansatz im Rahmen einer interdisziplinären Zusammenarbeit zu einer Modellvorstellung zu gelangen (mit Berücksichtigung der fast unauflösbaren dynamischen Verflechtung von geschichtlich gewordenen und situativen Teilbedingungen). Bei diesem *multiple causation approach* unter Berücksichtigung der zugrunde liegenden Plurikonditionalität wurde Delinquenz bei Jugendlichen definiert als wiederholte Handlungen, die nach dem Gesetz Straftaten sein würden (*unrevelling juvenile delinquency*). Bei diesen jugendlichen Menschen sind die dynamischen Gleichgewichte noch besonders labil, sie sind gleichsam noch „supermobil". Das erschwert die Analyse einer Kriminogenese und erleichtert sie zugleich. Es ist schwieriger, konkrete und klare individuelle Profile auszuarbeiten, da Jugendliche aus mangelnder Selbsterfahrung meist entweder zu wenig oder zu viel verbalisieren. Es ist jedoch leichter, die allgemeineren gröberen Relationen abzuheben, denn die faktischen Relationen lebensgeschichtlich und konstitutionell gewordener Gleichgewichtsstörungen in den verschiedenen Bereichen des Aktivitätsniveaus sind ein vereinfachter Schlüssel plurikonditionaler Momente.

Struktur- und Syndromwandel

Dyssynchronien bei Jugendlichen

Die Probleme der Passage durch Pubertät und Nachpubertät haben immer schon das Interesse der Kriminalisten auf sich gelenkt. E. KRETSCHMER hat Untersuchungen an Lehrlingsbewerbern durchgeführt und die Entwicklungslinie verschiedener Reifungsprozesse verfolgt. Bedeutsam ist, daß er sein Augenmerk besonders auf die Frage der Synchronie und Asynchronie lenkte und besonders Gewicht darauf legte, nicht bloß Akzelerierung und Retardierung, sondern die „Abstimmung der

einzelnen Reifungslinien", der körperlich-seelischen Entwicklungslinien aufeinander, quantitativ zu bestimmen. Sein Hauptaugenmerk war allerdings auf etwas ganz anderes gerichtet, als wir es hier tun, nämlich auf Berechnung von Standardwerten, auf Bestimmungen von Abweichungen und ihre Korrelation zu psychischen Verhaltensweisen. KRETSCHMER erkannte ganz richtig, daß asynchrone Jugendliche, wir würden sagen, Jugendliche mit gestörten Korrelationen und Gleichgewichten zwischen Reifung und Entwicklung, erhöht gefährdet sind. KRETSCHMER u. HIRSCHMANN sprachen von einem puberalen „Instinktwandel" und meinten damit eine Unregelmäßigkeit des Übergangs von der Instinktbindung an die Eltern zum Aufbau des normalen sexuellen Verhaltens. Wir möchten den Begriff Instinkt und Instinktwandel wegen seiner Unklarheit, ja Unrichtigkeit in der Anwendung auf den Menschen lieber vermeiden und erblicken in diesen wichtigen Befunden KRETSCHMERS Hinweise auf emotionale Störungen und auf Störungen der Ich-Entwicklung bzw. der Ich-Genese. Auch die Bezeichnungen wie „Durchbrüche, Ausnahmezustände, oder Triebdurchbrüche" scheinen uns zu unbestimmt und auch zu vieldeutig, um so mehr, als etwa der Begriff Ausnahmezustand in der klinischen Psychiatrie eine ganz spezifische und zum Teil andere Bedeutung bzw. einen anderen Sinngehalt erlangt hat und eigentliche Instinkte beim Menschen so gut wie ganz fehlen. Immerhin hat KRETSCHMER genau das anvisiert, was wir hier mit den Begriffen Koordination, mobiles Gleichgewicht, Strukturwandel und Syndromwandel herausheben und in den Mittelpunkt der Fragestellung rücken. KRETSCHMER hat auf die großen biologischen Wendepunkte und Umbruchstellen in Pubertät, Involution, Klimakterium, beginnendem Senium usw. immer wieder hingewiesen und das Dynamische der Entwicklungen hervorgehoben. Dadurch haben forensische Bemühungen um Affektkrisen, Primitivreaktionen, Heimwehreaktionen, Brandstiftungen und andere impulshafte Reaktionen neue Anstöße erfahren.

HIRSCHMANN hat auf erlebnisbedingte Triebablenkungen und Prägungen in der Frühpubertät hingewiesen und von Triebdelikten gesprochen, die sich auf den „Instinktumbau" in der Pubertät zurückführen lassen. Es ist aber so, daß Reifungsdysynchronien vielfach oder sogar in der Regel bereits Folgeerscheinungen oder koinzidentialkorrespondent zu psychischen Entwicklungsstörungen sind und jedenfalls immer in Zusammenhang mit der Steuerung in höheren psychischen und geistigen Bereichen, also auch mit den Ich-Funktionen, gesehen werden müssen. Es ist allerdings zuzugeben, daß es hier besonders schwierig ist, „die Mühe des Begriffs auf sich zu nehmen" (K. SCHNEIDER), da es sich um Erscheinungsweisen handelt, die sich nicht in dem Rahmen einer JASPERS-schen Psychopathologie begrenzen lassen. Reifungshemmungen an sich sind zunächst durchaus wertneutral. Erst Situation, personaler Bezug, spontane Aktivitäten bestimmen darüber, ob solche Dysynchronien sich sozial positiv oder negativ auswirken. Auch geht es im Jugendalter nicht um eine Ablösung von den Eltern als vielmehr um eine Abwandlung und Reifung in den Beziehungen, also allenfalls um neue Übertragungsmechanismen, nicht aber um einen Neuaufbau des Instinktbezugs zum anderen Geschlecht.

Symbolhandlungen — nichtverbalisierte Selbstdarstellung

Es ist wohl kein Zufall, daß die Forschungen KRETSCHMERS ähnlich wie die von SH. u. G. GLUECK zu demselben Ansatzpunkt hingeführt haben. KRETSCHMER hat davon gesprochen, daß man den Anfang und das Ende eines solchen (in einem Ausnahmezustand zustande gekommenen) Triebdurchbruchs genau feststellen könne. Er hat allerdings nicht näher analysiert und begrifflich ausgearbeitet, was unter einem „Triebdurchbruch" oder „Ausnahmezu-

stand" zu verstehen ist. Es besteht immer die Gefahr, daß solche Termini, ähnlich wie der Instinktbegriff in seiner Übertragung auf den Menschen, das eigentliche Problem eher verstellen, z.B. die Frage nach der Selbstdarstellung im Handeln. Gerade bei jugendlichen Delinquenten findet man nicht selten eine Unmittelbarkeit des Handelns, die auf phylogenetische Gesetzmäßigkeiten hinweist, welche erst im Laufe des Lebens überformt und verdeckt werden. In der Kriminologie spricht man meist von Symbolhandlungen, nach GRUHLE dadurch gekennzeichnet, daß der Tatbestand weder auf eine bestimmte Absicht noch auf ein einfühlendes Motiv zurückzuführen ist. Die Tat stellt hier gleichsam eine andere Ausdrucksweise, nach FREUD eine andere „Niederschrift" dar. Dabei ist zu bedenken, daß ein gewisser Symbolgehalt vielen Handlungen zukommt und wirkliche „Einfühlung" ohne fachliche Kennerschaft etwas sehr Problematisches ist. Mit dieser im vorliegenden Zusammenhang gemeinten anderen Ausdrucksweise ist ein direktes Agieren anstelle von Denken oder Verbalisieren, also der Gegensatz zu einer überlegten Handlung, dem Sekundärvorgang, also zum Vorbewußten und zum Bewußten, gemeint. Jedoch nicht im Sinne einer sog. Affekthandlung, ein Begriff, der aus der Populärpsychologie stammt und daher besser vermieden werden sollte. Dieses Verhalten erinnert an das stark emotional betonte Erleben bei nichtzivilisierten Völkern, das sich viel mehr im Leiblichen und im unmittelbaren „Handeln" abspielt. Die Verankerung im Mythos und in der Sphäre des Kults ist gleichbedeutend mit einer Verankerung in der Sphäre des Handelns und nicht im Bereich des Denkens.

Auch bei kriminellen Handlungen kann die Selbstdarstellung in der Handlung in den Vordergrund treten, und zwar nicht nur in psychotischen Zuständen und Grenzbereichen. Als Beispiel sei die Tat eines sechzehnjährigen Jungen aus einem damals noch unerschlossenen Bauernland angeführt: Dieser erschoß gleichsam spielerisch nach der Entarbeit im Zimmer ein neunzehnjähriges Mädchen, dem er vorher noch ein Buch gezeigt und neben dem er die ganze

28

Zeit gesessen hatte, mit dem Gewehr. Er hatte dieses Mädchen ohne ihr Wissen geliebt und die Tat an dem Tag begangen, an dem sie das Dorf endgültig verlassen wollte, um in die Stadt zu ziehen. Die Tat — er traf ins Herz — war reiner Ausdruck erlebten Leidens, nichtverbalisierbaren „Herzeleides". Sie war durch keinerlei Vorfälle oder sonstige Situationen provoziert, ausgenommen den bevorstehenden Abschied und die Unerreichbarkeit der Geliebten.

Gewiß findet man in derartigen Fällen immer irgendwelche Vorgestalten (STUMPFL), im vorliegenden Fall harmlose und gelegentliche, aber ganz isolierte Aggressionen gegen weibliche Personen. Aber sie werden erst im Rückblick als solche erkennbar, sie stellen also keine Vorentscheidungen dar. (W. DE BOOR).

Bei Jugendlichen sind es Disharmonien und Gleichgewichtsstörungen, die aus dem Fehlen eines harmonischen Ausgleichs der beiden verschiedenen Entwicklungslinien der Ich-Entwicklung im Sinne von FREUD bzw. FEDERN auf den einzelnen Stufen der psychosexuellen Entwicklung resultieren. Das gilt auch für den hier geschilderten Fall, dem die väterliche Hand fehlte und bei dem subdepressive Strukturen zur Entwicklung kamen. Wir werden auf diese Störungen beider Entwicklungslinien im Bereich der Ich-Zustände noch näher zurückkommen. Dazu kommt, daß in diesen Altersstufen und im Bereich der neuen Organisatoren, die in den Pubertätsjahren im Bereich des Ich-Kerns das Gefühl von Einheitlichkeit hinsichtlich Kontinuität, Kontiguität und Kausalität auf einer neuen Entwicklungsstufe aufbauen, besondere Formen von Ich-Störungen auftreten, die die Identitätsfindung erschweren und bei der Kriminogenese eine wesentliche Rolle spielen. In diesen Krisenzeiten kommen in Konfliktsituationen auf Grund von Regressionen phylogenetisch vorgeprägte Ausdruckshandlungen, Symbolhandlungen, Dranghandlungen und Kurzschlußreaktionen zum Tragen. Auch z.B. Heimwehreaktionen, deren Strukturanalyse bestimmte Störungen dynamischer Gleichgewichte in ihrer Wechselwirkung mit spezifischen Störfeldern erkennen läßt. Das Handeln verkörpert hier unmittelbar solche Mächte, ähnlich den Kultspielen primitiver Völker, und läßt einen eigentlichen Motivationsprozeß vermissen. Dieser Funktions- und Strukturwandel im Bereich der Pubertätskrisen ist verantwortlich dafür, daß Symbolhandlungen weder auf eine bestimmte Absicht noch auf ein einfühlbares Motiv zurückzuführen sind.

Bedeutung organischer
und psychischer Gleichgewichtszustände
für das menschliche Handeln

Versuchen wir im Sinne P. SCHILDERS am Beispiel des Schwindels einen Schritt weiter zu kommen. Das optisch-sensibel-vestibuläre Koordinationsprinzip, kurz, das optisch-vestibuläre System, mit seiner Schaltstellung in der Formatio reticularis und den Verbindungen zum Kerngebiet des N. vestibularis, zum Kleinhirn, zu den Augenmuskelkernen, zum optischen System mit den Areae 17–19, zu den Blickzentren, aber auch zum Rückenmark, kann in seiner ganzen Kompliziertheit und innigen Verflechtung zentralnervöser und peripherer Strukturen auf verschiedene Art gestört werden, wobei Schwindelerscheinungen im Sinne Menièrescher Syndrome auftreten. Das System kann alteriert werden durch Gefäßerkrankungen, Tumoren, entzündliche und traumatische Affektionen, epileptische Anfälle, funktionelle Insuffizienzen, Innenohrläsionen u.a.m. Die psychischen Gleichgewichtssysteme übertreffen dieses System an Komplexität wohl um ein Vielfaches. Ist es schon schwierig, wie REISNER gezeigt hat, otogene und „neurologische" Schwindelzustände zu explorieren, so ist bei „psychischen Gleichgewichtsstörungen" zu bedenken, daß das Tertium comparationis, das heißt der Schwindel, hier als einheitliches Phänomen gar nicht gegeben ist. Das Schwanken, also etwa der Schwankschwindel, um im Bild zu bleiben, wirkt sich in einem Wechsel der Handlungsbereitschaften aus, vielleicht auch in irgendwelchen psychosomatischen Symptomen.

Der Schwerpunkt liegt in einem Grenzbereich, nämlich in den Wechselbeziehungen zu situativen und vor allem interpersonalen Gegebenheiten. Das Problem ist, im Vergleich zum „gewöhnlichen" Schwindel, in eine neue Dimension gerückt.

Die Veränderung der Gleichgewichtslage und der Aktivität, die Ausgangspunkt für das Handeln ist, hat ihre Schaltstellen zwar auch in der Formatio reticularis, aber die Dimensionalität der Störungsmöglichkeiten wird jetzt repräsentiert durch die ganze Tiefendimension der Emotionen (Gefühle), durch die Entwicklungslinien des Ichs und durch die Bewußtseinsstörungen im weitesten Sinn. Auch personale Haltungen und ihre unbewußten Verknüpfungen mit neuropsychologischen Prägungen, vor allem aber die Integrationskraft der Ich-Funktionen spielen eine Rolle.

Aspekte der Psychopathie und Kriminogenese

Es stellt sich die Frage, ob der Reduktion möglicher Gleichgewichte in pathologischen Fällen (Psychosen, Psychopathien, epileptische Spannungszustände, endokrine Psychosyndrome usw.) auch eine Reduktion bei sog. „normalen Fällen" entspricht. Wir vermuten, daß aus der unendlichen Komplexität relativ wenige und zahlenmäßig überschaubare Strukturveränderungen und Störgestalten hervortreten bzw. realisiert werden. Was anders ausgedrückt bedeutet, daß eine wissenschaftliche Erfassung der in Störsituationen zutage tretenden Gesetzmäßigkeiten grundsätzlich möglich ist. Und zwar auch bei den sog. „normalen Kriminellen" —, ein Begriff, der nach dieser Auffassung keine Relevanz mehr besäße.

Diese Auffassung entspricht aber nicht dem Vorurteil, wonach ein genereller oder gar absoluter Unterschied zwischen delinquenten und nichtdelinquenten Individuen anzunehmen sei, sondern dem unterschiedlichen Denkansatz gegenüber dem Begriff einer Durchschnittsnorm. Wo

Gleichgewichts- und Koordinationsstörungen im Bereich des Psychischen plötzlich auftreten oder nicht behebbar sind, tritt entweder Abnormisierung ein, d.h. es beginnt eine abnorme Entwicklung, oder es kommt zu Wechselwirkungen mit bestehenden potentiellen Labilitäten, zu Superpositionen oder Magneteffekten, zur Insertion an einem Locus minoris resistentiae.

Es ist kein Widerspruch zu dem vorhin Gesagten, wenn man sich daran erinnert, daß bei aller individuell einmaligen Komplexität der Ausgangspositionen menschlichen Handelns und seiner Koordinationsformen dennoch ein Zug fast allen kriminellen Handlungen gemeinsam ist, nämlich der des „verkürzten Weges". Kriminelles Handeln gleicht fast immer dem Einschlagen eines unerlaubten oder gefährlichen „Abkürzungsweges". Diese Wegverkürzung, meist nicht gegen äußere Widerstände, sondern unter ihrer Umgehung, ist eine so alltägliche Erfahrung, daß man nicht fehl gehen wird, eine tiefere Gemeinsamkeit bei zugleich eher oberflächlicher Lokalisation dieses Phänomens zu postulieren. Also an einem Punkt, der nahe der Umschlagstelle zu suchen ist, welche zwischen äußerer Verlaufsgestalt des Alltagsverhaltens und innerer Problemverarbeitung gelegen ist. Wie sehr gerade hier das in seinen Strukturen unendlich Komplexe durch das ganz Einfache gefaßt werden kann, lehren die angelsächsischen, dänischen und schwedischen, auf der Lerntheorie fußenden Versuche, jugendliche Delinquenten durch Verhaltensmodifikationen zu resozialisieren.

Resozialisierung durch Verhaltensmodifikation

Dabei hat sich gezeigt, daß eine bedeutsame Bedingung erfolgreicher Resozialisierung davon abhängig ist, daß Toleranz gegenüber verzögerter Belohnung erworben wird (MICHELL 1958, 1961). Also z.B. Arbeitseinsatz ohne direkte unmittelbare

Gratifikation. Ferner daß Delinquente in ihrem Verhalten durch Strafe nicht so gut kontrollierbar sind wie Nichtdelinquente (EYSENCK). Bestrafung bedingt bei nichtdelinquenten Jugendlichen eher richtige Reaktion als Belohnung, delinquente Jugendliche dagegen lernen richtige Reaktionen eher unter Belohnungsbedingungen (RICHTER u. RATLIFF 1971). Hieraus wurden Methoden positiver Verstärkung zum Erwerb prosozialer Verhaltensweisen entwickelt (SLACK, SCHWITZGEBEL u. KOLB), wobei außer Belohnung in Form von Geld auch Nahrungsmittel und soziale Verstärker verbaler Natur angewendet wurden.

Man wird nicht übersehen, daß alle diese Techniken nicht viel mehr als Wegbereiter sind für starke persönliche Bindungen, die sich zwischen dem Jugendlichen und der Versuchsperson anbahnen, welche dann auf andere Personen „übertragen" werden können, die, wie die Versuchsleiter, älter, besser erzogen oder als Autoritäten schlechthin erkennbar sind. Die Verringerung antisozialen Verhaltens in seiner Häufigkeit durch solche Methoden beruht sonach letztlich auf einer recht komplexen Methode, welche Vordergründiges, wie lernmethodisches Vorgehen, mit Verbesserung der Umweltbedingungen (Ansprechen der „extrinsic motivation") und personaler Führung (Identifikation und Übertragung) in einer nach außenhin schlichten Einfachheit verbindet, und zwar unter Außenbedingungen, die eine praktische Arbeit sehr begünstigen. Aber das Wesentliche ist hier der Strukturwandel im Bereich der „intrinsic motivation" durch personale Führung. Daß dabei zugleich individuelle Wertsysteme und Persönlichkeitsdefekte ignoriert werden, ist zusätzlich ein Moment, die allgemeine Entwicklungstendenz des jungen Menschen, für voll genommen zu werden, sozial-kollektiv zu verstärken. So kann delinquentes Verhalten „verlernt" werden. Es ist amüsant, zu hören, daß bei diesen Versuchen eine größtmögliche Ähnlichkeit zwischen den delinquenten Jugendlichen und den aus einer größeren Gruppe ausgewählten Leitern angestrebt wurde, um auf dem raschesten Wege eine Identifikation zu erzielen. Damit wird der Tatsache Rechnung getragen, daß die Identifikation des Kindes mit seinem Elternteil durch die Gemeinsamkeiten des Genbestandes erheblich begünstigt wird. Es ist, wie Untersuchungen zur Struktur und Veränderung von Kommunikationsmustern zwischen jugendlichen Delinquenten und ihren Eltern gezeigt haben, möglich, unabhängig von diagnostischen Kategorien tatsächlich ihr soziales Verhalten zu registrieren und durch Umstrukturierungen der Umweltbedingungen zu verändern (STUART 1971). Das „individuelle Problem", das in derartigen Untersuchungen bestimmt wird, entspricht wohl der konkreten Konfliktlage bzw. den Koordinationsstörungen in unserem Sinn, Teilprobleme den einzelnen Störzonen oder Störfeldern.

Die Anwendung von Verstärkung und Strafe, entsprechend den Prinzipien des operanten Konditionierens, beginnt mit einer Definition der Verhaltensweisen, die zu verstärken sind. Es folgt die Auswahl der verstärkenden Reize und schließlich das Programmieren der Verstärkungsabhängigkeiten. Meist bezieht sich das erste experimentelle Vorgehen auf Verhaltensweisen bei der Arbeit und in der Schule. Eine hohe Häufigkeit positiver Verhaltensweisen nimmt sofort ab, wenn auf sie nicht mit Erfolg oder Mißerfolg reagiert wird (TYLER u. BROWN 1967). Delinquentes Verhalten erfordert daher eine klare und zuverlässige, *immer wieder neu überprüfte* Verhaltensbeobachtung und den Entwurf eines Verhaltensmodifikationsprogramms mit genauer Festlegung seiner Prinzipien und Begriffe, vor, während und nach einer entsprechenden Modifikation. Verzichtet wird dabei möglichst weitgehend auf Begriffe der herkömmlichen Therapie, die Verhaltensprobleme einschließlich Delinquenz an „innere" Probleme des Delinquenten knüpfen. Auffälliges Verhalten wird ebenso wie Delinquenz weitgehend aus bisherigen mangelnden

Lern- und Bildungsmöglichkeiten erklärt, die durch gezielte, streng nach Prinzipien der Lerntheorie orientierte Verfahren ausgeglichen werden. Nach dem Prinzip der sukzessiven Annäherung wird delinquentes Verhalten zu reduzieren versucht und andererseits das Repertoir von Verhaltensweisen so erweitert, daß sich die Möglichkeiten angemessener Verhaltensrealisationen steigern (BARKEY u. EYSERT 1972).

Relation möglicher dynamischer Gleichgewichte zu kriminellem Verhalten

Es ist bemerkenswert, daß sich hier die Praxis mit unserer Theorie unmittelbar berührt. Dieses Vorgehen besagt nämlich, daß kriminelles Verhalten von einer Einengung der Gleichgewichtsmöglichkeiten begleitet ist. Was hier geschieht, ist sonach im Grunde nichts anderes als ein Versuch, durch Magneteffekt und Superposition im Sinne VON HOLSTs eine stark reduzierte Gruppe möglicher dynamischer Gleichgewichte zu beeinflussen, sie neu zu koordinieren und dabei zugleich die Vielfalt möglicher dynamischer Gleichgewichte wieder herzustellen, also die Gleichgewichtslage wieder zu normalisieren. Dabei sind diese Gleichgewichte naturgemäß nicht als physiologische im Sinne VON HOLSTs, sondern als psychische im Sinne SCHILDERS zu verstehen. Wobei nicht übersehen werden darf, daß einfache Mechanismen sozialer Verstärkung mit hochkomplexen Vorgängen personaler Kommunikation, Begegnung und Identifikation gekoppelt sind, daß sie letztlich von oben durch Einwirkung auf die beiden Entwicklungslinien des Ichs im Sinne FREUDS gesteuert sind. Es werden hier letzten Endes nur SCHILDERS Vorstellungen in praxi angewandt. Wir stoßen hier auf die Frage, ob nicht die Reduktion möglicher dynamischer Gleichgewichte und damit der Möglichkeiten angemessener Verhaltensrealisation proportional ist der Zunahme der Zahl der Möglichkeiten eines plötzlichen Syndromwandels und damit zu destruktiven Einfällen und Handlungen, sowie umgekehrt kreative Einfälle hinsichtlich der Möglichkeiten ihrer Entstehung der Vielzahl möglicher dynamischer Gleichgewichte und persönlicher Erfahrungen proportional sind. Hieraus ergeben sich gewisse Gegensätze zwischen delinquentem und kreativem Verhalten schon hinsichtlich ihrer Genese. Die Einengung möglicher dynamischer Gleichgewichte und damit der Zahl angemessener Verhaltensmöglichkeiten kann durch Anlagen, Reifungsstörungen, Umweltbedingungen und Schicksale zustande kommen. Dabei ist es richtig — allerdings nur da —, auf Umweltbedingungen sozialer und personaler Natur das entscheidende Gewicht zu legen und von anderen Faktoren zunächst einmal abzusehen, wenn es um delinquente Jugendliche geht, wie es die angelsächsischen und skandinavischen Verhaltenstherapeuten getan haben.

Autokinetisches Phänomen

Die Erfolge dieser Therapie an Jugendlichen stehen offenbar in engem Zusammenhang mit dem autokinetischen Phänomen (SHERIF 1935), wonach individuelle Positionen in Gruppenarbeiten einer Kollektivierung weichen. Nur wirklich starke Persönlichkeiten sind resistent genug, diesem sozialen Druck zu widerstehen. Demgegenüber sind mit größter Wahrscheinlichkeit geordnete kreative Leistungen individuelle Leistungen. Wobei man allerdings zwischen Kreativität schlechthin und kreativen Leistungen unterscheiden muß.

Kreativität und Destruktivität

Beim Kind schon zwischen destruktiven und konstruktiven Einfällen zu unterscheiden, ist wenig sinnvoll, da erstere sich erst allmählich im Laufe der Entwicklung und Reifung als solche zeigen. Sie treten mit zunehmendem Erwerb mannigfaltiger Verhaltensmöglichkeiten immer mehr in den Hintergrund, ohne allerdings ganz zu verschwinden. Destruktive Einfälle können allerdings hervortreten, wenn es bei einem Jugendlichen zu Einschränkungen des Aktivitätsniveaus kommt. Einschränkung des Aktivitätsniveaus besagt, daß anstelle vieler möglicher Gleichgewichtszustände, d.h. vieler äquilibrierter mobiler Ausgangsbasen, von denen aus Handlungsgestalten entworfen werden, nur noch wenige oder eine verfügbar ist. Die Art der Einschränkung des Aktivitätsniveaus bei einem Jugendlichen näher zu bestimmen, ist gleichbedeutend mit einer näheren Bestimmung der wenigen Elemente oder Subsysteme, die noch in absoluter Koordination (Koaktion) arbeiten. Eine solche Reduktion möglicher dynamischer Gleichgewichte steht im polaren Gegensatz zur Kreativität, worunter wir nach OERTLER (1971) den Bedingungskomplex von Leistungen verstehen, die neu (originell) und demzufolge selten sind und eine Bereicherung für Gesellschaft und Kultur darstellen. Destruktivität (destruktiver Einfall, destruktives Handeln) wäre dann ein Bedingungskomplex von Leistungsveränderungen und Leistungsausfällen mit Handlungsgestalten, die nicht originell und demzufolge auch häufiger sind und sich vorwiegend aus Reaktionsbereitschaften zusammensetzt, die eine Schmälerung oder Bedrohung der Gesellschaft und Kultur darstellen. Kreativität ist ausgezeichnet durch die Verfügbarkeiten und Aneignung vieler Arten von Regelhierarchien, Destruktivität durch eine Reduktion oder durch einen Verlust von Regelhierarchien. Der Prozeß der Kriminogenese geht in der Regel mit einer Einbuße oder Reduktion der Verfügbarkeit über Regelhierarchien einher, beim Jugendlichen ist er oft mit einer schon primär mangelhaften Aneignung solcher Regelhierarchien verbunden. Das ist aber identisch mit einer Reduktion möglicher dynamischer Gleichgewichte. Wichtig ist auch das Ergebnis, daß eine geordnete kreative Tätigkeit nur beim einzelnen Individuum unbegrenzt, in der

Gruppe aber nur begrenzt möglich ist (H. FISCHER 1972). Geht es um ein mechanisches oder statistisches Prinzip, ist die Lösung von Problemen in Gruppen von Vorteil (Organisation der Arbeiter), jedoch tritt die Originalität in den Hintergrund.

Hinsichtlich der Kreativität sind die durch das Zentralnervensystem ermöglichten Verknüpfungen in der Regel nicht ausgeschöpft. Man hat deshalb daran gedacht, bei Kriminellen etwa durch größere Betätigung der linken Körperextremitäten, durch individuellen Unterricht oder durch Psychopharmaka passiv erscheinende Gehirnregionen zu beleben. Wahrscheinlich sind bei Delinquenten weniger die figuralen oder symbolischen als vielmehr die semantischen Inhalte, also Bedeutungen und Bedeutungszusammenhänge, reduziert. Dem rein lerntheoretischen Ansatz der erwähnten angelsächischen und skandinavischen Arbeiten ist deshalb ein kreativitätspsychologischer Aspekt unter besonderer Berücksichtigung autokinetischer Phänomene hinzuzufügen. Der Schwerpunkt liegt jedoch bei jugendlichen Delinquenten auf dem Versuch, Strukturen und Kommunikationsmuster in ihren Beziehungen zu den Eltern zu verändern. Ob es gelingen wird, durch „leichte" Umstrukturierungen der Umweltbedingungen das Sozialverhalten jugendlicher Delinquenten zu verändern, wie S. RITZEL u. G. RITTER meinen, muß zunächst dahingestellt bleiben.

Wechselbeziehung der Funktionsschichten zueinander

Die Möglichkeiten auf diesem Feld sind noch nicht ausgeschöpft und in ihrer gesamten theoretischen Tragweite wohl noch kaum erkannt. Die neueren psychologischen Forschungen der letzten Jahre haben gezeigt, daß zerebrale Strukturen durch Funktion gefördert und geprägt werden. Daß Funktionen durch organische Strukturen ermöglicht werden, ist nur die eine Seite. Meine Erfahrungen sprechen dafür, daß primär materielle Ursachen delinquenten Verhaltens nur bei einer geringen Zahl der Fälle dem Fehlverhalten zugrundeliegen. Dieses wird ganz überwiegend und in der großen Mehrzahl der Fälle durch primär psychische Ursachen ermöglicht und gefördert. Psychische Momente bedingen bei Psychopathien, Neurosen und Psychosen auch Störungen der sexuellen Selbstidentität. Auch durch Hirnschäden können dieselben Störungen hervorgerufen werden (HEATH). Die Entstehung vieler psychopathologischer Phänomene ist sonach „dichotomisch" bedingt (BENEDETTI). GELLHORN hat gezeigt, daß trotz des Umfangs an biologischen Befunden primär auslösend die Störungen und Deformierungen des interindividuellen Raumes sind. BENEDETTI hat mit Bezug auf diese Störungen, die sich bis in psychosomatische Bereiche verfolgen lassen, von Kommunikationskrankheiten gesprochen. Diese durch Syndromwandel charakterisierten Abläufe mit ihren Phasen und Umschlägen auch im Bereich der Psychopathie sind nach meinen Feststellungen bevorzugte Punkte, die den Weg für einen kriminogenen Strukturwandel freigeben.

Das Gehirn ist besonders im Bereich der Rinde, weniger in den subkortikalen Strukturen, durch Funktionen formbar und prägbar (SPERRY) und kann nach EY als das einzige Leibesorgan bezeichnet werden, welches sich durch seine Entscheidungen weiterformt. Dieses Sich-weiter-Formen erfolgt zu einem ganz wesentlichen Teil über die Mechanismen und Erlebensformen der personalen Begegnung. Es läßt sich also sagen, daß die realitätsnahen Bemühungen zur Resozialisierung jugendlicher Delinquenten in England und Skandinavien psychiatrisch und neurobiologisch begründet werden können. Dabei zeigt sich, wie schon P. SCHILDER angenommen hat, daß in den frühen Stadien der Entwicklung die Abhängigkeit der oberen Funktionsschichten von den unteren, später aber die der unteren von den oberen überwiegt. Es entwickeln sich

im Laufe des Lebens neue Organisatoren im Sinne von SPITZ, neue Organisationsprinzipien (BENEDETTI). Die Ausbildung der dendritischen Synapsen ist abhängig von der Tätigkeit ganzer Neuronengruppen, beispielsweise von jenen Tätigkeiten, die vom Erlernen und Betätigen der Sprache ausgehen. Funktion bedeutet hiernach unmittelbar Ausbildung der organischen Struktur und organische Struktur erscheint als Kristallisationspunkt der Funktion (BENEDETTI). Wenn sonach durch ein systematisches Training von festgeformten Persönlichkeiten, die als Vorbild akzeptiert werden, bei delinquenten Jugendgruppen Veränderungen der Verhaltensstrukturen resultieren, ist es berechtigt anzunehmen, daß dieser Vorgang, eine hinreichende Dauer und Kooperation vorausgesetzt, auch zu feineren organischen Strukturveränderungen im obigen Sinn führt. Damit sind wir wieder bei jenem Punkt angelangt, den wir durch eine Verminderung möglicher (rhythmischer) psychischer Gleichgewichte definiert haben, und können nun sagen, daß unter gewissen höchst komplexen Voraussetzungen eine solche Verminderung wieder rückgängig gemacht, ja sogar die Zahl der möglichen Gleichgewichte über die Ausgangslage hinaus vermehrt werden kann. Man kann sich diesen Vorgang vorstellen als eine faktische Beeinflussung rhythmischer Vorgänge im Bereich von Neuronengruppen und Gruppen der benachbarten Zellen, wenn man damit die erfolgreiche Fixierung einer Verhaltensänderung meint. Denn naturgemäß sind psychische Strukturen und ihre Gleichgewichte zunächst als interpersonal zu denken, also im Zusammenhang mit jenen Gleichgewichten, die in der Gruppe vorgelebt werden.

Diese rückwirkende Formung biologischer Strukturen durch interindividuell differenzierte psychische Funktionen weist darauf hin, daß das gesamte interindividuelle Medium des Lebens zum Zentralsten gehört, daß also auch die Körperoberfläche, früher als „Peripherie" bezeichnet, einen Bereich markiert, der den zentralnervösen Vorgängen ihre eigentliche Richtung verleiht PENFILED, BENEDETTI, W. GREY).

In der klinischen Psychiatrie versteht man unter Syndromwandel den zeitlich unmittelbaren Wechsel zweier somatischer oder psychischer Syndrome sowie einen „shift" vom Psychischen zum Somatischen. Häufig sieht man, daß ein organisches Syndrom durch einen Konflikt oder durch eine Belastungssituation initiiert wird. Dabei kann ein körperliches Syndrom, z.B. Asthma, von einem psychischen, z.B. Depression, gefolgt sein. Im Verlauf einer Neurose sieht man häufig einen solchen Syndromwandel. Es gibt auch Synchronizität oder Syndromverschmelzung und -verschiebung zum Pathologischen hin. Schließlich gibt es noch den „transpersonellen shift", früher in der psychiatrischen Literatur als Induktion bezeichnet. Überall findet man eine Verflechtung konstitutionell-genetischer, zerebral-neurogener und psychosoziogener Faktoren bzw. Einwirkungen (SPIEGELBERG). Häufig wird ein solcher Syndromwandel übersehen, bei Längsschnittbetrachtungen zeigt sich aber, daß diese Phänomene durchaus keine Seltenheiten sind. Beim Studium der Kriminogenese kommt ihnen die Bedeutung von Signalen zu und darüber hinaus die Bedeutung von Modellen für Gleichgewichte und Gleichgewichtsstörungen in differenzierten seelischen Bereichen mit plötzlichem Wechsel des Verhaltens ohne gröbere psychopathologische oder psychosomatische Begleiterscheinungen.

Endogenität und Positionalität

Positionalität

Unter Positionalität ist die dominierende unmittelbare Aktionsstellungnahme eines Individuums in seiner inneren oder äußeren Gesamtsituation zu verstehen, die aktuelle Struktur der Beziehung, welche die Person mit ihrer Welt (Situation, Denkinhalten) auf Grund des Aktionsplanes unterhält. Es handelt sich um die aktuelle Beziehungsstruktur, die gelebt wird (FRIJDA, 1956). Die energetische ungerichtete emotionale Intentionalität wird durch die Lagebefindlichkeit Gottschaldt und Bezogenheit auf eine soziale Struktur auf eine bestimmte Situation ausgerichtet, wobei „Gleichgewicht" die Voraussetzung einer zweckmäßigen Handlung ist.

Endogenität

Jenes dabei betroffene Etwas ist wohl das Ich, der Ich-Kern, zugleich aber in ihm und oft sogar vor ihm etwas Somatisches, eine Physis in ihrer Spontaneität, das letzten Endes in den rhythmischen Impulsen der Nervenzellen seine faßbare Resonanz findet. Dieses Somatische wird meist unter den Begriff der Endogenität gefaßt, die aber hier nicht als Erbradikal, sondern als Phasengesetzmäßigkeit mit prinzipieller Reversibilität zu verstehen ist. Auch verbinden wir mit dem Begriff des Endogenen nicht die Vorstellung von Kausalreihen im Bereich des tatsächlichen Vorganges, sondern die einer Unbestimmtheitsrelation, die für den weiteren Verlauf nur die Wahrscheinlichkeiten, d.h. die Möglichkeiten, voraussagen läßt. Es handelt sich um Möglichkeiten zum Geschehen, um Determinationsstufen, und erst diese Möglichkeiten sind strengen Naturgesetzen unterworfen. Zu diesen Möglichkeiten und Gesetzmäßigkeiten gehört das Auftreten von Gestalten bei Zusammenwirken von drei oder vier Rhythmen (VAN HOLST). Nach PLANCK kann auch die atomare Struktur als Ausdruck mathematischer Gestalten aufgefaßt werden. Auch das Rätselhafte der Endogenität, deren Wesen bisher nach VON BAEYER noch von keiner psychopathologischen Schule oder Richtung überzeugend gedeutet wurde, könnte unter dem Begriff des Gestaltwandels gesehen werden, und zwar im Sinne von Gleichgewichtsstörungen im Zusammenwirken komplexer psychischer Systeme. Wobei einmal das Zusammenspiel der Ich-Funktionen im engeren Sinn, einmal das der biologischen Rhythmen im weiteren Sinn primär betroffen ist.

TELLENBACHs Begriff des *Endon* als Ursprung oder Herkunft, als das von dem Ursprünglichen am Menschen Kündende, hat auffallende Beziehungen zu unserem in Anschluß an P. SCHILDER und PIAGET entwickelten Vorstellungen vom mobilen Gleichgewicht. TELLENBACH spricht der Endogenität einen reinen Geschehenscharakter zu, vor allem in den so schwer zugänglichen Reifungsprozessen, wobei er auf GRUHLEs Begriff der Impulsivität verweist und vom Endogenen als von dem „Stabilen" („das vom Fließen getragene Verweilen im So-sein-Müssen") spricht. Er betont, was uns besonders wichtig erscheint, daß das Endon am Menschen das sei, was seine Selbigkeit zeitigt. Das heißt es sei die vom Ursprung her sich entfaltende Physis, nicht im Gegensatz zum Psychischen, sondern als umfassender Inbegriff der Natur, wie er in GOETHES morphologischen Schriften geprägt wurde: das in uns zur Natur gewordene Welthafte, unsere Daseinsgestalt Verändernde, einen Gestaltwandel Herbeiführende. Wir sind hier wieder beim Gestaltwandel, bei der Bildung und Umbildung „organischer Naturen", beim „Werden" (GOETHE), angelangt. Folgerichtig faßt TELLENBACH die endogenen Psychosen als Folgezustände einer Bedrohung des Endon auf, wenn ihm Existenzweisen aufgedrängt werden, die es nicht existieren, denen es aber auch nicht ausweichen kann. TELLENBACH spricht auch von einem Geschehensrhythmus und verweist auf die Störungen des Schlafrhythmus und anderer Rhythmen, die nicht nur bei endogenen Psychosen, da allerdings regelmäßig, zu beobachten sind.

Es gibt nun, wenn man den Syndromwandel in engerem klinischem Sinn dem Gestaltwandel im weiteren gegenüberstellt, solche Umbildungen auch im Erleben des Alltags. So beschreibt KIERKEGAARD sein morgendliches Wohlbefinden, das, Punkt ein Uhr seinen Höhepunkt erreicht: „und (ich) ahnte das schwindelerregende Maximum, der Körper hatte seine irdische Schwere verloren, jede Funktion genoß ihre volle Befriedigung, jeder Nerv war für sich wohlgestimmt — da fängt plötzlich in meinem linken Auge etwas zu jucken an, was es war, ein Staubkorn, ich weiß es nicht; das aber weiß ich, daß ich im selben Augenblick hinabstürzte in einen Abgrund der Verzweiflung". Solche Umschlagspunkte haben zweifellos eine große Bedeutung im Leben schöpferischer, aber auch durchschnittlicher Menschen. Diese Umschlagspunkte sind die Tore, durch welche Impulse schöpferischer Arbeit, aber auch kriminogenen Strukturwandels entlassen werden, welch letzterer als Delinquenz in Erscheinung tritt. Was das Kreative vom Destruktiven unterscheidet, ist die Determinationsstufe in Verbindung mit dem Aktivitätsniveau, von denen aus der Durchgang durch solche Umschlagspunkte erfolgt, anders formuliert, die Zahl der möglichen Gleichgewichte, die an solchen Punkten Quantität in Qualität umschlagen läßt. Ein solcher Syndromwandel kann auch darin bestehen, daß von einem gewissen biologischen Punkt ein Umschlag auf eine frühere Ebene eines analogen Punktes der Lebensspirale erfolgt.

Aktualgenese in einer situativen Zuspitzung wird bei niedrigem Aktivitätsniveau (d.h. bei verminderter Zahl der Gleichgewichtsmöglichkeiten) im Zusammentreffen mit einer aus einer längeren Entwicklung resultierenden Determinationsstufe gegebenenfalls eine erhebliche Erhöhung der Möglichkeiten eines Auftretens kriminogener Impulse beinhalten. Es kommt deshalb auch außerhalb eines eigentlichen Aktionsplanes einer solchen Spontankoordination eine erhebliche kriminogene Bedeutung zu. Man sieht in solchen Fällen, wie ein einziges Wort, eine Geste, ein einen Symbolwert gewinnender Gegenstand schlagartig die Handlungskette auslösen kann.

In diesem Zusammenhang ist zu berücksichtigen, daß Ereignisse primär keineswegs durch Denken, sondern durch Handlungen registriert werden (PIAGET), angefangen von den Augenbewegungen bis zur manuellen Nachbildung. Die objektive Ordnung wird mit Hilfe einer den Aktionen selbst inhärenten Ordnung begriffen. Diese ordnende Aktivität kann somit direkt und unmittelbar durch Störungen getroffen und „deformiert" werden, wenn das Aktivitätsniveau entsprechend erniedrigt ist.

Für das Verständnis des Symbolgehalts krimineller Handlungen ist davon auszugehen, daß das symbolische Spiel ungefähr gleichzeitig mit der symbolischen Sprache auftritt, jedoch unabhängig von ihr, und dabei Quelle kognitiver und affektiver Vorstellungen ist. Die verschiedenen Typen der Symbole (verschobene Nachahmung, geistiges Bild als Symbol des Gegenstandes bzw. verinnerlichte Nachahmung) entspringen alle der Nachahmung, und zwar von der Sprache unabhängig. Der Ursprung des Denkens selbst ist nach PIAGET in der Symbolfunktion zu suchen, die durch eine Differenzierung zwischen Bedeutungsträgern und Bedeutung gekennzeichnet ist. Jede Wahrnehmung und Anpassung besteht aus einer solchen Zuordnung von Bedeutungen in einem großen System, und diese Zuordnung erfolgt durch das Signal (konditioniertes Verhalten). Wir sehen dementsprechend bei reduziertem Aktivitätsniveau und durch subjektive „Bedrohlichkeit" charakterisierter Positionalität nicht nur eine Verminderung möglicher Gleichgewichte, sondern auch eine Einengung des Systems der Bedeutungen, also eine Reduktion der kognitiven Anpassung. Gegenstände erlangen Signal- und Symbolwerte, eine zufällig dalehnende Hacke, ein zufällig am Tisch liegendes Messer, eine offen dastehende Kasse gewinnen in diesem Zusammenhang Symbolfunktion, werden zum Bedeutungsträger. Es manifestiert sich dabei in der Tathandlung eine Regression auf Signale mit determinierter Symbolfunktion. Zugleich wird durch diese Art der aktualgenetischen Umstrukturierung die Möglichkeit einer Verbalisierung und damit der tiefgreifenden Umgestaltung ausgeschaltet, die die Sprache mit dem Denken vornimmt, indem sie dessen Gleichgewichtsformen durch bessere Schematisierung und mobilere Abstraktion verfestigt und vermehrt.

Diese Zirkelbildungen und Feed-back-Phänomene ermöglichen es, scheinbar unverständliche Handlungsabläufe und damit auch jenes bekannte Wort: „denn das Gute, das ich will, tue ich nicht, sondern das Böse, das ich nicht will, das tue ich", zu verstehen.

Eidopojese

Auch die schon erwähnte Selbstgestaltung und Strukturveränderung durch eigenes Denken, die man beobachten kann, wenn ein Täter zuerst einmal „sein Gemüt einer langen und gründlichen Vorbereitung unterwirft, ehe er der Sache näher tritt" (STEINBECK), kennzeichnet Vorgänge, deren Nachweis nur davon abhängig ist, wie weit man in der Lebensgeschichte zurückzugehen vermag, um auf solche Mechanismen zu stoßen.

Diese Mechanismen sind nichts anderes als der Ausdruck jenes inneren Geschehenscharakters, den wir nicht als Endon bezeichnen möchten, sondern als das Gestaltende, jene Eidopojese (griech. εἶδος: Gestalt), die im Verborgenen, im Unsichtbaren wirksam ist und uns nur für Augenblicke einsichtig werden kann, wenn wir solche Umschlagstellen oder auch „shifts" in ihrer Beziehung zum Handeln einer genaueren Analyse unterziehen. „Zur Natur gewordene" Werthaltungen und welthafte Inhalte gehören hierher, aber auch jene spontanen Gestaltungsvorgänge, die vor allem Personalen und Apersonalen, und ohne von ihm „abzuhängen", eine phylogenetisch vorgeordnete Urgerichtetheit auf ein mobiles Gleichgewicht erkennen lassen.

Analog den logischen Operationen, die in zwei Etappen erfolgen — zuerst durch konkrete Operationen, die nur elementare Strukturen bilden, dann erst über die Bildung vollständiger methodischer Systeme —, entspringt auch das sozial relevante Verhalten primär Koordinationen zwischen Handlungen, bevor sie in verbale Form übertragen werden können. Das heißt, bevor sie in ein einheitliches System eingegliedert werden. Diese tiefere Schicht, deren Natur sensomotorisch ist, wird im Syndromwandel und darüber hinaus ganz allgemein im Strukturwandel freigelegt und ermöglicht eine Art spontaner aktualgenetischer Gestaltung sukzessiver Handlungen, die nicht in eine Gesamtheit von Systeme verknüpfenden Transformationen eingebettet sind, weder simultan noch insimultan. Damit ist noch nichts über ihre Bewußtseinsfähigkeit bzw. über die Fähigkeit einer entscheidenden Stellungnahme ihnen gegenüber ausgesagt. Sie stehen, wenn nichts Besonderes hinzutritt, ·potentiell unter der Einwirkung des limitativen Wollens im Sinne von W. KELLER. Die Frage der Zurechnungsfähigkeit oder -unfähigkeit muß daher erst anderen Zusammenhangsbereichen entnommen werden. Zu den gröberen Formen von Umschlägen, zu dem, was man als Syndromwandel bezeichnet hat, gehören auch Phasen im Rahmen eines epileptischen Geschehens, Reifungskrisen, Störungen im Bereich interpersonaler Rhythmen (Objektverlust), hysterische Ausweitung bei synkopalen Anfällen, Schlaftrunkenheit und vieles andere. Hier im Bereich des Pathologischen läßt sich, wie so oft, eine Gesetzmäßigkeit, die auch im sog. normalpsychologischen Bereich gilt, viel leichter nachweisen. Der Ansatz beim Syndrom- und Strukturwandel ermöglicht vor allem die Einführung exakter Maßstäbe anhand von Kurven, in denen die Zeitpunkte der Tat, des Syndromwandels und die Wirksamkeit von Störsituationen eingezeichnet werden können. Unseres Erachtens ist das auch der einzige Weg, der zu einer brauchbaren sozialen Prognose führen kann. Eine gute Prognose wird allerdings in vielen Fällen identisch sein mit resozialisierenden Maßnahmen unter personaler Führung im Sinne eines Gruppentrainings bzw. einer Psychotherapie. Für die Anthropologie der menschlichen Handlung, des Menschen als eines Handelnden, ergeben sich aus einer Strukturanalyse der Kriminogenese, die nur eine Spezialform der Genese gerichteter Handlungen überhaupt ist, neue Akzente.

Die Gleichgewichtszustände im Bereich der Ich-Funktionen

Norm ist für uns da gegeben, wo eine harmonische Koordination psychischer Systeme vorliegt. Eine solche Harmonie ist beim Menschen von äußerster Komplexi-tät, so daß die Gesetzmäßigkeiten, die diese Systeme zusammenhalten, ebensowenig sichtbar zu machen sind wie in einem ruhig dahinströmenden Fluß schraubenförmige Bewegungen, Gestaltsgrenzflächen oder rhythmische Wirbelbildungen. Im Bereich des Pathologischen liegen die Verhältnisse einfacher, es sind Abwandlungen, Vereinfachungen des normalen Geschehens.

Ur-Ich und Real-Ich

Die Funktionen des Ichs als höchste und übergeordnete Systeme der psychischen Gleichgewichtsordnung sollen hier nur so weit besprochen werden, als es zum Verständnis der Kriminogenese bei nichtschizophrenen Delinquenten erforderlich ist. Ausgangspunkt kann hier nur das Modell SIGMUND FREUDS sein, weil seine Persönlichkeitstheorie die leistungsfähigste ist (TOMAN 1954, POHLEN 1967) und weil Ansätze zu einer eigentlichen Ich-Psychologie nur von hier aus mit Erfolg entwickelt worden sind. Das Ich ist mit der Welt auf zweifache Weise verbunden, einmal über das Ur-Ich, entstanden auf der (primär) narzißtischen Stufe, zum anderen über die „objektlibidinöse" Beziehung, der durch Erfahrung zu korrigierenden „Objektvorstellung". FREUD hat von zwei „Niederschriften" gesprochen: die eine geht von dem egokosmischen Ich-Zustand aus, dem Ur-Ich, die zweite vom „Real-Ich". Vom Ur-Ich her entwickeln sich jeweils in antithetischer Gebundenheit mit phasenspezifischen Triebzuständen Ich-Zustände, die genau wie einzelne Stufen der Trieborganisation der Verdrängung verfallen (FEDERN), im schizophrenen Prozeß aber wiederbelebt werden. Darin kommt es, wie POHLEN in seinen Strukturanalysen gezeigt hat, zu einer Aktualisierung früherer Ich-Zustände bei regressiver Auflösung der Ich-Grenzen. Daher das Durch- und Nebeneinander von Körper-Ich-Zuständen, die ganz verschiedenen Entwicklungsstufen und doppelten und multiplen Personalitäten usw. angehören. Eingebettet in diese Ich-Gefühlszustände sind die jeweils diesen Zuständen entsprechenden „Niederschriften" als Sprachzustände (FEDERN).

Interpersonale Beziehung als Ausdruck der doppelten „Niederschrift"

In unserem Zusammenhang scheint uns die Auffassung POHLENs besonders wichtig zu sein, wonach der Mensch in allen seinen späteren interpersonalen Beziehungen jeweils in dieser doppelten „Niederschrift" lebt, woraus sich ergibt, daß sich ein Stück archaischer Ich-Aktivität, differenziert auf den einzelnen Stufen der psychosexuellen Entwicklung, erhält und gerade unsere „Harmonie" und Reife ausmacht. Das bedeutet, daß zwei Entwicklungslinien aufsteigender Differenzierung, eine narzißtische (vom Ich ausgehende) und eine „objektlibidinöse" (vom Es und den Trieben ausgehende) sich gegenseitig in der möglichen Vollendung der Person bedingen. Dadurch lebt der Mensch — nach POHLEN — in zwei möglichen Beziehungs- und Sprachwelten. Der Schizophrene aber erhält seine besondere Empfänglichkeit für die unbewußten Prozesse im Anderen auf dem Boden dieser von ihm vorwiegend bewußten ersten Niederschrift, von der primär-narzißtischen Sprach- und Beziehungswelt, die den Anderen „einheitlich mit dem eigenen Ich umschließt". „Im unbewußten Anteil unseres Ich versammelt sich also das ganze frühere Ich." Die jeweiligen Stufen der körperlichen und seelischen Ich-Entwicklungen muß man sich als zunehmende Identifizierung mit seinem eigenen Körper bzw. mit den Funktionen seines Ichs und den im Ich enthaltenen Objekteindrücken vorstellen, bis hin zur körperlichen und seelisch-geistigen Identität der Person (Identitätsfindung). Hiernach gibt es also zwei Gedächtnisse, zwei Sprachwelten, eine Gefühlssprache und eine Zeichensprache, je nach der „Niederschrift" im Sinne FREUDS.

Die harmonische Verbindung dieser beiden Welten (Sprachwelten) im Einzelnen ist nun zweifellos eine jener Grundstrukturen, von denen aus seelisches Gleichgewicht überhaupt erst ermöglicht wird. Sie ist u.E. die Grundstruktur des mobilen Gleichgewichts.

Bedeutsam ist ferner, daß die Einheit des Ichs (Ich — Es — Über-Ich), seine „ineinanderfließende" Zustandsweise, nur in der Konfliktsituation dazu führt, daß differenzierte Teile in Erscheinung treten, als Ausdruck des Widerstreits der Teile, so wie umgekehrt die Entfaltung des Ichs rein dialogisch erfolgt: im Dialog von Körper und Psyche, Ich und Selbst, Ich und Anderer.

Rhythmische Einstimmung

POHLEN bezeichnete den körperlichen Austrag des (intersubjektiven) Dialogs als „Grund" jeder „Auseinandersetzung", als eine „rhythmische Einstimmung". Wir fügen hinzu, daß die Kindheit von hier aus gesehen dem „Stimmen" eines Instrumentes verglichen werden kann, der Erwachsene hat also immer schon eine lange „Einstimmung" hinter sich. Er ist ein gestimmtes — oder auch verstimmtes — Instrument, eingestimmt auf bestimmte Rhythmen und Gleichgewichte.

Aber auch in anderer Hinsicht lassen sich die Funktionen des Ichs unter dem Gesichtspunkt der Rhythmik betrachten. Wir denken an FEDERNs Beschreibung der Ortriogenese des Ichs, an seinen täglichen Auf- und Abbau zwischen Schlafen und Wachen mit den Vorgängen eines täglichen Auf und Zu der Ich-Grenzen. Hierher gehört sonach auch das Phänomen der Delinquenz in Schlaftrunkenheit, wobei Gestalten, Haltungen, Personen aus dem durch den Schlaf psychoseähnlich veränderten Ich-Zustand mit den Personen und Situationen der Realtität vermengt werden, weil die Ich-Grenzen stellenweise gleichsam noch offen sind.

Das Ich — ein pulsierendes Organ

Die Ich-Psychologie als Wissenschaft von den Ich-Strukturen im Sinne von Gefügeordnungen des Daseins in einem integralen Gesamtzusammenhang steht noch in den ersten Anfängen. POHLEN gelangte bei seinen Forschungen über die Strukturlehre des Ichs zu der Anschauung des Ichs als eines sich ausdehnenden und zusammenziehenden Organs. Diese Anschauung von Füllung und Leerung ließ ihm das Ich als pulsierendes Organ erscheinen. Schon FREUD hatte das Bild eines Protoplasmatierchens gebraucht, das seine Pseudopodien ausstreckt, um die „Objekte" zu umschließen, oder sein Pseudopodium wieder einzieht, und er hat damit über die Phänomene der verschieblichen Ich-Grenzen eine grundsätzliche Aussage gemacht. Wenn das „reife" Ich die größte Weite der Ich-Grenzen hat und zugleich in seinem „Ich-Gefühl" der Welt (mitmenschlicher Erfahrung) gegenüber von geringster „Ausdehnung" ist, im Gegensatz etwa zum „mythischen" Ich des Schizophrenen, haben wir es auch hier im Bereich der Ich-Funktionen mit mobilen Gleichgewichtszuständen zu tun, die in lebendiger Wechselbeziehung mit der Realität stehen und deren Erforschung als Aufgabe vor uns liegt.

R. SPITZ hat für die Veränderungen in den entscheidenden Entwicklungsphasen der beiden ersten Lebensjahre die Bezeichnung Organisator gewählt unter Berufung auf die Ergebnisse der experimentellen Embryologie SPEMANNS. Dieser hatte gezeigt, daß die ortsgemäßen Reaktionen der Keimstücke in der Art ihrer Verknüpfung mit nichts so viel Ähnlichkeit haben wie mit jenen vitalen Vorgängen, die wir die psychischen nennen. In allen diesen Konvergenzen zu unseren Erfahrungen und zu den Tatsachen exakter Forschungsmethoden (VON HOLST, SCHILDER), von denen wir ausgegangen sind und die um das Problem des mobilen Gleichgewichts kreisen, erblicken wir eine Bestätigung der von uns eingeschlagenen Forschungsrichtung.

Nicht die sozialen, neurotischen oder psychotischen Konflikte und Strukturveränderungen als solche, sondern ihre besonderen Interferenzen untereinander oder mit einer Regression oder irgendeinem anderen Krankheitsgeschehen bewirken ein ganz bestimmtes, gestaltendes Geschehen, das wir als Kriminogenese bezeichnet haben. Dabei wird eine Determinationsstufe erreicht, die als Ausgangslage ein spezifisches Ungleichgewicht repräsentiert, von dem aus das delinquente Verhalten möglich ist. Durch die für den kriminogenen Strukturwandel charakteristische Senkung des Aktivitätsniveaus im Sinne einer Reduktion der Zahl möglicher Gleichgewichte (auf 2–3) entsteht im Handelnden eine Tendenz, sich auf die „erste Niederschrift" zurückzuziehen, ähnlich, aber strukturell doch ganz anders als beim Schizophrenen. Daher der erhöhte Symbolgehalt und die „Unverständlichkeit" des Tuns, auch für den Handelnden selbst (oft schon unmittelbar nach der Tat).

Als Beispiel sei ein Paralysekranker beschrieben, der sechs Monate nach Ausbruch der diagnostisch unerkannt gebliebenen Krankheit eines Nachts an Autos Scheibenwischer abbrach und zu einem Bündel vereint unter dem Arm trug, während er mit einem Ziegelstein die Rücklichter einschlug. Schließlich ergriff er eine Straßenbaulampe und verließ den Ort seiner Handlung. Dabei zeigte es sich in diesem Zusammenhang als wesentlich, daß ihm, dem aus Ungarn Ausgewiesenen, unmittelbar vorher von seiner Betreuerin und Hausfrau eröffnet worden war, daß sie ihn auf Drängen ihres Mannes nicht mehr bei sich wohnen lassen könne. Die Reaktion dieses Kranken, sein sprachloses Hinstarren und stundenlanges Verharren am Treppenabsatz und anschließend seine Tathandlungen lassen erkennen, daß das ganze Handlungsgeschehen die Sinnlosigkeit seines künftigen Daseins symbolisiert und zugleich im Augenblick der Interferenz eines lebensbedrohenden Konfliktes mit einem lebensbedrohenden Krankheitsprozeß Gestalt angenommen hat, wobei klinisch noch gar keine Demenz greifbar war, wohl aber schon eine Labilität der steuernden Ich-Funktionen und der Ortriogenese des Ichs. Man erkennt hier, wie selbst bei einer Erkrankung des Gehirns von so zerstörendem Charakter wie bei progressiver Paralyse die tieferen Funktionen immer von höheren beeinflußt und gesteuert werden, wobei allerdings deutliche Schatten weit vorausgeworfen werden, lange bevor eine organische Demenz grob-klinisch nachweisbar ist.

Aktivitätsniveau und Gesamtzusammenhang des familiären Systems

Das mobile Gleichgewicht

Unter Aktivitätsniveau ist die Gesamtzahl möglicher Gleichgewichtszustände zu verstehen. Eine Senkung des Aktivitätsniveaus bedeutet eine Reduktion dieser Gleichgewichtszustände auf nur noch wenige oder einen. Der Koordinationsprozeß für diese Regulationsvorgänge ist ein rein dynamischer. Der jeweilige Aktivitätszustand bezeichnet die allgemeine dynamische Gleichgewichtslage. Eine Theorie der Kriminalität ist auf jene Naturexperimente angewiesen, die auf den Tathandlungen der Delinquenten basieren und die blitzlichtartig einige Handlungsabläufe und entsprechende Interaktionen in einem umschriebenen Personenkreis erhellen. Die Topik der Kriminogenese in zeitlich abgrenzbaren Verlaufsgestalten ist charakterisiert durch das Zusammentreffen verschiedener Wirkungskreise, die aus verschiedenen Zusammenhangsbereichen in umschriebenen Schnittpunkten Gleichgewichtsstörungen und ihre Koordinationen signalisieren. Die Tathandlung selbst kann als ein Versuch verstanden werden, das verlorene mobile Gleichgewicht auf dem gesenkten Aktivitätsniveau wiederherzustellen.

Als „mobil" kann man dieses Gleichgewicht bezeichnen, weil es im allgemeinen eine erhebliche Flexibilität und Umstellungsfähigkeit beinhaltet. Es liegt nahe, in diesem mobilen Gleichgewicht die Verkörperung eines Urgesetzes zu vermuten, dessen Gültigkeit die ganze lebendige Welt und im Menschen alle Funktionen, von biochemischen bis zu komplexen psychischen Abläufen, umfaßt. Es ist die Voraussetzung vitaler, angepaßter und zweckmäßiger Handlungen, und seine Garantie liegt in der Vielfalt der Gleichgewichte und ihres Zusammenwirkens im einzelnen Organismus und in den Funktionen seiner sozialen Verankerungen. Zugleich liegt darin die Vielfalt möglicher Störfelder. J. BAUER hat von einem Prinzip der dreifachen Sicherung dieses Gleichgewichts gesprochen, die man in leichter Abwandlung folgendermaßen definieren kann: „durch die Tätigkeit des Erfolgsorganes selbst, durch jene des Nervensystems und des endokrinen Apparats und durch die überpersonalen Interaktionen im Sinne eines Ausgleichs unbewußter Rollenfunktionen."

Die neurophysiologischen Grundlagen dieses Gleichgewichts ergeben sich aus den neueren Arbeiten der Verhaltensphysiologie und der Neuropsychologie. Jede Efferenz aus dem Zentrum hinterläßt hier als „Kopie" eine bestimmte Zustandsänderung. Diese Annahme gilt nach VON HOLST für höhere und niederste Zentren. Aktionsstromuntersuchungen am Rückenmark mit Hilfe antidromer Impulse haben wahrscheinlich gemacht, daß die normale Entladung der motorischen Ganglienzellen außer über den efferenten Neuriten auch über kleine, in die Nachbarschaft führende Dendriten sich ausbreitet und dort eine Zustandsänderung der benachbarten Zwischenneuronen bewirkt. TÖNNIS sprach von einer zentralen Rückmeldung. Die mikrokinematographische Reproduktion der Lebensäußerungen von Zellverbänden machte es möglich, mit dem beobachtenden Auge einen allfälligen Gestaltwandel der Nervenzelle während eines definierten Funktionsablaufs zu verfolgen. Dabei zeigte sich, daß Dendriten tatsächlich Bewegungen ausführen und dabei neue Verbindungen entstehen und alte sich auflösen lassen (POMERAT). Es gibt also Plastizitäts- und Adaptionsprozesse des Gehirns, wie sie PAWLOW intuitiv angenommen hat, die uns zwar nicht in ihrer Vielfalt am lebenden Organismus, wohl aber in den rhythmischen Vorgängen im Bereich koordinierter Nervenzellverbände zugänglich sind. Wenn man bedenkt, daß schon in den niederen Bereichen des ZNS auch bei Fehlen peripherer Reize vielerlei Geordnetes vor sich gehen kann und wenn man die rein gedanklichen oder vorstellungsmäßigen interindividuellen Beziehungen und Wechselwirkungen hinzunimmt, ergibt sich das Bild eines rhythmischen Geschehens von beinahe unendlichen Systemen von Nervenzellen. Diese repräsentieren in ihrem Zusammenwirken und ihrer Einheit das mobile Gleichgewicht in seinen verschiedenen Aspekten und Abstufungen, also auch die Steuerungsprozesse der Ich-Systeme und Ich-Funktionen.

Reziproke Rollenzuweisung

Klinische Untersuchungen zur Gruppenanalyse von POHLEN haben gezeigt, daß innerhalb des Gesamtzusammenhangs des familiären Systems die Grundfunktion in der Sicherung des Gleichgewichts durch reziproke Rollenzuweisungen zu liegen scheint. Der Kranke ist das Objekt der Ausgleichsregulation für die Trieb- und Ich-Bedürfnisse der anderen zur Aufrechterhaltung von deren Gleichgewicht und umgekehrt. Demgemäß kann man auf Grund dieser empirischen Untersuchungen die verschiedenen neurotischen und auch schizophrenen Erkrankungsweisen funktional als Abwehrfunktionssysteme zur Aufrechterhaltung des Gleichgewichts im Einzelnen wie zur Aufrechterhaltung des Gleichgewichts innerhalb der familiären Organisation definieren. Dieses Gleichgewicht wird durch spezifische Rollenorganisationen gesichert. Diese haben eine instrumentelle Funktion und sind nach WYNNE Ich-Leistungen als „Orientierungstechniken" für die sozialen Interaktionen. Sie machen im Individuum dieselbe Entwicklung durch wie Identifikationen (ERIKSON). Zu verweisen ist in diesem Zusammenhang auf die Rollentheorie von WYNNE, der eine Reziprozität der Rollen im Sinne eines dynamisch zu verstehenden Systems annimmt mit intersubjektiven Austauschprozessen der Trieb- und Ich-Bedürfnisse, wobei sich diese Interaktionsprozesse in Rollenfigurationen struktu-

rieren, die tatsächlich exakt komplementär zueinander passen (RICHTER 1970).
Entsprechende Beobachtungen ergeben sich ansatzweise überall dort, wo man die Beziehungen zwischen dem Täter und seinem Partner bzw. Opfer näher untersucht hat. Die sozialen Rollen, die zwischen der Familien- und der Gesellschaftsgruppe vermitteln, und das ganze Netzwerk reziproker Rollenverweisungen, aus dem sich eine Vielfalt von Konfliktmöglichkeiten im Rollenspiel ableiten läßt, kann hier nur angedeutet werden. Wir begnügen uns mit der Feststellung, daß die Senkung des Aktivitätsniveaus im Zeitpunkt der Tat nur in Zusammenhang mit der Herstellung von spezifischen dynamischen Gleichgewichtslagen zwischen Täter und Beteiligten gesehen und verstanden werden kann. Das reziproke Ausgleichssystem in den konflikthaften Rollenzuweisungen ist von großer Tragweite.

Zur Veranschaulichung zwei Beispiele. Ein Trinker, der seine Frau mißhandelt, unterzieht sich, von seiner Frau durch Scheidung bedroht, einer Antabuskur und lebt einige Monate lang, ja fast ein halbes Jahr, abstinent. Die Frau ist glücklich und niemand merkt die Veränderung. Die Rauschzustände hatten ihm früher die Möglichkeit geboten, innere Spannungen und Gleichgewichtsstörungen auszugleichen und in Mißhandlungen an seiner Frau abzureagieren. Nunmehr beschuldigt er seinen Schwiegervater, daß dieser nichts zahle, obwohl er bei ihnen wohne, wozu anzumerken ist, daß ihm seine Frau die tatsächlichen Zahlungen verheimlicht hatte, um zu verhindern, daß er auch dieses Geld vertrinkt. Diese Beschuldigungen, immer nur hinten herum, nie dem Schwiegervater gegenüber geäußert, gingen schon Jahre zurück und steigerten sich in der Zeit seiner Abstinenz, als der Schwiegervater im Rahmen seiner Pensionierung eine höhere Nachzahlung zu erwarten hatte. Gegen den Schwiegervater war es nie zu körperlichen Aggressionen gekommen, dieser ging allerdings auch jeder Auseinandersetzung aus dem Weg. Ohne vorangegangenen Wortwechsel oder Streit hat nun dieser Mann, der früher im Rausch immer gedroht hatte, er werde seine Frau und seine Kinder umbringen, an einem Sonntag, als nach dem Kirchenbesuch in der Mittagszeit die Familie im Schlafe lag, die Frau und zwei Kinder mit einer Hacke erschlagen. Ein Töchterchen, das ihre Freundin besucht hatte, entging dem Tod. Der psychiatrische Begutachter diagnostizierte eine Antabuspsychose. Es bestand aber nicht die geringste Amnesie und vor und nach der Tat auch keinerlei psychotische Symptomatik, so daß man diese

42

Diagnose wohl auf die anscheinende Motivlosigkeit zurückführen darf.

Eine solche Tat läßt die Zweispurigkeit jeder kriminellen Handlung erkennen. Durch die Abstinenz und durch die Antabuskur wurden die rhythmischen Entladungen eines gewalttätigen Trinkers gerade an dem Punkt gehemmt, der auf Grund verschiedener Konditionierungen und einer fixierten Rollenverteilung sein einziges Ventil war. Die Frau in der Rolle des Sündenbockes hatte ihm immer wieder dazu verholfen, sich selbst zu finden und seine Schuldprojektionen auszugleichen. Es ist bekannt, daß ein kräftiger Hemmreiz eine rhythmische Aktion zum Stillstand bringen kann, daß aber dann, bei Wiedereinsetzen der Aktion, diese anfangs in gesteigertem Ausmaß auftritt. Man spricht von einem „Rückschlag" bzw. von einer „postinhibitorischen Verstärkung". Die rhythmische Aktion des Trinkens und die damit verbundene Gewalttätigkeit, die sich in Beschimpfungen und in Mißhandlungen erschöpfte, ist nach einem gewissen Zeitpunkt kräftiger Hemmreize einfach in verstärktem Ausmaß wieder aufgetreten, d.h., die automatischen Elemente der Trunksucht sind nicht bloß lahmgelegt worden, sondern es wurde außerdem noch eine aktionsbegünstigende Bedingung geschaffen, wobei dieser letztere Effekt den ersteren überdauerte. Man erkennt auch hier das Zusammenwirken von Konditionierungen in niedrigeren physiologischen Bereichen mit Fixierungen im Bereich der interpersonalen Rollenzuweisungen. Nur eine intensive Psychotherapie in Verbindung mit der Antabuskur hätte diese postinhibitorische Verstärkung kompensieren können.

Ein zweites Beispiel. Ein Mädchen erlebte die Menarche in unmittelbarem Anschluß an eine erlittene Notzucht. Sie wächst heran, hat zwei kriminelle Brüder, einen gleichfalls zu kriminellen Handlungen neigenden Vater und heiratet einen Trinker. Sie hat vier noch halbwüchsige Töchter bzw. Kinder, gut gepflegt und „erzogen", bei der fünften Schwangerschaft wird sie von ihrem Mann so mißhandelt, daß es zu einem Abortus kommt. Der Beginn der sechsten Schwangerschaft fällt in fragwürdiger Weise unmittelbar mit der Entlassung ihres Mannes aus einer längeren Strafhaft wegen Diebstahls zusammen. Seit der Zeit ist sie den Vorwürfen ihres Mannes, ihrer Brüder und ihres Vaters ausgesetzt, dieses Kind stamme von einem anderen, mit dem sie zur Zeit der Strafhaft ihres Mannes Beziehungen unterhielt. Diese Vorwürfe, man kann sagen diese Rollenzuweisung des Sündenbocks, dauern auch nach der Geburt des fünften Kindes, eines Knaben, an. Das Angebot der Schwiegereltern, diesen Knaben zu sich zu nehmen, wird abgewiesen. Es kommt zu über Monate sich hinziehenden Quälereien dieses Knaben, die schließlich, noch bevor er das zweite Lebensjahr vollendet hat, seinen Tod herbeiführen. Die Mutter begründet ihre Züchtigungen und Quälereien in ihrer Verantwortung mit der angeblichen „Bosheit" dieses Kindes.

Schon bei einer unehelichen Mutterschaft kann das natürliche Einschwingen eines neuen biologischen Rhythmus, der sich dann im Psychischen fortsetzt und die Voraussetzungen einer mütterlichen Bindung abgibt, so gestört werden, daß es zu depressiven, hysterischen oder Primitivreaktionen, in komplizierteren Fällen zum sog. Kindesmord kommt. Auffallend ist, wie in solchen Fällen das Nichtannehmen der mütterlichen Rolle schon in den ersten Monaten der Schwangerschaft verhältnismäßig oft dazu führt, daß auch körperliche Erscheinungen der Schwangerschaft, also biologische Vorgänge, so unterdrückt werden, daß selbst die engere Umgebung von der Veränderung nichts bemerkt. Im vorliegenden Fall war das Aktivitätsniveau durch die Rollenzuweisung, durch die neuerliche Schwangerschaft und die mit ihr verbundenen Konditionierungen und durch die Tendenz, die Rolle des moralischen Sündenbocks auf das Kind zu überwälzen, schon so weit gesenkt, daß schließlich von den drei Möglichkeiten, das Kind den Großeltern zu übergeben oder es gegen die Vorwürfe zu schützen und schließlich die eigene Rolle auf das Kind abzuwälzen, nur die letzte als einzig mögliche übrig blieb.

Ein Nachweis der Zweispurigkeit eines Tatablaufes in seinen Ursprüngen und damit der unbewußten Zusammenhänge ergibt natürlich nichts Neues zur Frage der Zurechnungsfähigkeit, aber doch Möglichkeiten eines Verstehens, die sich gegebenenfalls in Gestalt von Milderungsgründen auswirken könnten.

Mit der Senkung des Aktivitätsniveaus kann sonach auch ein Rollenzwang oder wenigstens eine Verfestigung und Erstarrung in einer bereits übernommenen oder aufgezwungenen Rolle verknüpft sein, und es ist wahrscheinlich, daß solche oder ähnliche Verknüpfungen mit der Senkung des Aktivitätsniveaus sogar gesetzmäßig einhergehen.

Die Frage der Interferenzen zwischen verantwortlicher Handlung, biologischer Reaktion und Phasenspezifität

Bei der Rekonstruktion des Tatherganges wird immer wieder gefragt, wie eine solche Tat zustande kommen konnte. Bei der Behandlung dieser Frage ist davon auszugehen, daß nicht nur die unverständlichen und unglaubwürdigen Handlungen auf ihre Motivation hin analysiert werden müssen, sondern daß auch das sog. „Verstehen" einfacher Motive oft am wesentlichen vorbeigeht und sich als Scheinverstehen zu erkennen gibt. Eine solche Rekonstruktion der Tat setzt eine Analyse des gesamten Lebenslaufs, der Entwicklungs- und Reifungsvorgänge, pathopsychologischer Syndrome, aber auch allgemeiner Krankheiten und Lebensschicksale voraus. Diese Methoden genügen jedoch für eine Rekonstruktion des Tathergangs und des Motivationsprozesses noch nicht. Denn sie bauen auf dem Moment der Kontinuität auf, auch dort, wo sie Reifungsphasen zum Gegenstand haben, und übersehen, daß diese nur eine scheinbare, auf Diskontinuitäten, Sprüngen und Metamorphosen aufgebaute Kontinuität ist.

Diese Methoden sind deshalb zu ergänzen durch Rekonstruktionsversuche, die besonders auf das Sprunghafte, auf das plötzliche Umschlagen, auf jede Art von Strukturwandel oder Syndromwandel ausgerichtet sind. Koordinationen und Superpositionen, Interferenzen und Synchronisierungen der Lebensabläufe aus verschiedenen psychophysischen Zusammenhangsbereichen, d.h. die Grenzbereiche verschiedener Art, müssen aufgespürt und näher analysiert werden.

Eine solche Methode geht von den Phänomenen des Syndromwandels aus. Sie knüpft daran die Überlegung, daß periodische Verhaltensstörungen und der Wechsel somatischer in psychische Syndrome und umgekehrt sowie interpersoneller Syndromwechsel erwarten lassen, daß auch dort, wo keine gröbere soziologisch oder klinisch faßbare Erscheinung im Sinne eines Feldwechsels vorliegt, zwischen den verschiedenen Zusammenhangsbereichen des psychophysischen Geschehens Interferenzen verschiedenster Art zu erwarten sind, die Gleichgewichtsveränderungen oder -störungen in spezifischen Bereichen bewirken. Diese Problematik wird durch die Arbeiten P. SCHILDERS, PIAGETs und neuerdings auch durch solche von POHLEN nahegelegt. POHLEN konnte zeigen, daß die gesamte Ich-Entwicklung als ein dialogisches Selbstregulierungssystem in einem Differenzierungsprozeß phasischer Gleichgewichtslagen auf den verschiedensten Stufen der Triebentwicklung zu verstehen ist, wobei die jeweilige typische Ich-Organisation die Verinnerlichung des familiären Rollenspiels widerspiegelt.

Wir sind von den verschiedenen Formen depressiven Geschehens ausgegangen, das in fast alle Konfliktverarbeitungen in irgendeiner Weise eingreift. Bei den aktiveren Delinquenten mit ihren Tendenzen zur Aggression steht sie jedoch nicht an erster Stelle. Die Tat erfolgt gleichsam auf der Flucht nach rückwärts im Moment erlebter Ausweglosigkeit.

Aufbaumomente
der menschlichen Handlung

Wir gehen davon aus, daß sie vor allem durch ihre Vieldimensionalität gekennzeichnet ist. Wenn etwa T. VON UEXKÜLL das Beispiel eines Menschen bringt, der etwas sieht und als Apfel interpretiert, und nun sagt, Apfel, Baum und Mauer geben ihm Verhaltensanweisungen, die Mauer als Stütze und den Baum als Leiter zu benützen, und hinzufügt, der Mensch sieht dann, ob die Voraussetzungen richtig sind, ob die Äste halten, der Apfel nicht faul ist, so genügt uns dieses Schema, Deutung der Umgebung, Entnehmen von Handlungsanweisungen und Prüfung, ob die Deutung richtig war, nicht. Für uns ist das eine bloße „Verhaltensweise", die von jedem Rhesusaffen in ganz analoger Weise ausgeführt werden könnte, indem er etwa bemerkt, daß der Apfel ungenießbar ist, weil es sich um einen bemalten Holzapfel handelt. Zu einer Handlung — und diese gibt es nur beim Menschen, der anthropologisch gesehen das handelnde Wesen ist — gehört noch die ganze Dimension menschlicher Befindlichkeiten (Gefühlssphäre,

Triebsphäre usw.) und die Über-Ich-Sphäre, also die Dimension der Verantwortlichkeit. Der Mensch — im Gegensatz zum Tier — „weiß" nämlich seit Adam und Eva sehr genau, von welchen Bäumen er Äpfel pflücken darf und von welchen nicht. Das gilt schon für das Kind.

Der ganze Schwerpunkt des mobilen Gleichgewichts ruht auf der Koordination physiologischer und triebbezogener Gleichgewichte mit der Dimension mitmenschlicher Verantwortlichkeit. Nur wo eine Interferenz mit dieser Dimension vorliegt, als Koordination, Integration oder auch als Desintegration, ist menschliche Handlung. Man sieht deshalb eine ständige Bewegung dahingehend, das, was gestern noch Handlung war, in bloße Mechanismen umzuwandeln. Man könnte paradox formulieren: wo „Ich" war, wird „Es". Das hängt auch mit dem Prinzip der formelhaften Verkürzung (KRETSCHMER) zusammen. Es gilt allerdings nur für die Rückseite der Bewegung. Das Gehen an sich, was für das Kleinkind noch Handlung ist, wird beim Erwachsenen nur noch zum Mechanismus im Dienst komplexer Zusammenhangsbereiche. Auf der Vorderseite der Bewegung aber wird Ich, wo früher nur Es war.

Über-Ich und Verantwortlichkeit kennzeichnen also jene Dimension der Handlung, die einen „Umgang auf einer höheren Ebene", in einem von Menschenverstand und Selbstbeschränkung abgesteckten Bereich, ermöglichen. Es ist zugleich jene Dimension, die uns mit der Frage konfrontiert, welche Gegenkräfte in den höheren Zusammenhangsbereichen jenem vieldimensionalen Geschehen entgegenwirken, das wir von den physiologischen Rhythmen über die phasischen Lebensvorgänge bis zu den Ich-Funktionen und den interpersonalen Synchronisationen verfolgen können, ja bis zu den Interferenzen mit den Ordnungssystemen Familie, Gesellschaft und Staat. Diesem Prinzip des mobilen Gleichgewichts, das zugleich das Prinzip der Vitalkategorie menschlichen Verhaltens ist, und seiner Integration im Ich wirkt ein entzweiendes Prinzip entgegen, das nihilistische Prinzip des Negativen. Wir identifizieren dieses „Nichtige" nicht mit dem Bösen wie VON GEBSATTEL, sondern ziehen es vor, mit FREUD vom „Todestrieb" zu sprechen. Auf einem Bild MAX KLINGERS steht zu lesen: Wir fliehen die Form des Todes, nicht den Tod, denn unserer höchsten Wünsche Ziel ist Tod. Und von HORAZ stammt der Vers: Técum víver(e) amém, tec(um) óbeam líbens. Der Todestrieb bezeichnet das Prinzip der Entzweiung. Daher auch die Gefährdung des mobilen Gleichgewichts durch die menschliche Sexualität, die definiert ist als in ihrem Wesen zersplittert, als das, was sich der Einheit entgegenstellt. Nicht nur, daß sie von innen her das Gleichgewicht, die Konsistenz bedroht, sie selbst steht ihrer eigenen Einheit ursprünglich entgegen. Die Existenz einer infantilen Sexualität impliziert die allgemeine Perversion jeder Sexualität, die beim Menschen weder Quelle noch vorbestimmtes Ziel oder Objekt kennt. Die Neigung zur Auflösung jeglicher Ordnung, die Formen des „sittlichen Todes", des geistlichen Todes (VON GEBSATTEL) seien hier nur am Rande erwähnt.

Von hier gesehen ist es verständlich, daß das sexuelle Verhalten bei primitiven Kulturen, aber auch bei Hochkulturen strengen Regeln und Ordnungen unterworfen ist, woraus sich die innigen Verflechtungen mit der Entwicklung sozialer Ordnungen ableiten läßt. Man darf diese Tatsachenfeststellungen nicht moralistisch interpretieren, im Gegenteil. „Die aktiven Faktoren der Menschennatur sind die Neigungen und Leidenschaften; ihr Übermaß zu hemmen ist die Aufgabe des Sittlichen. Letzteres ist daher negativ und kann als solches nicht der Zweck der Menschen sein." Nicht zufällig, daß diese Worte von einem Dichter stammen, der sagte, Umgang heißt wahr sehen, richtig messen und dem anderen verhelfen, zu bleiben, was er ist, ohne deshalb jemals auf das eigene Wesen zu verzichten (von FRANZ GRILLPARZER). GRILLPARZER hat Menschenkunde und Kunst des Umganges auf einer höheren Stufe, also jenes Wesenhafte, das den ungeheuer seltenen Typus des wirklich politischen Menschen bezeichnet, zum Mittelpunkt, nach unserer Definition zum mobilen Gleichgewicht, seines Schaffens gemacht. Diese Dichterworte sind deshalb von Bedeutung, weil es sich geradezu gesetzmäßig zeigt, daß Delinquenten zum Zeitpunkt der Tat in diesem Sinne nicht mehr wahr sehen und richtig messen können.

Aggression und ihre determinierenden Faktoren

Um nun zurückzukehren zu jener eigentümlichen Flucht nach vorn, als die wir Aggression definieren möchten, ist sie gerade jene Form der Delinquenz, die der sog. Schwer- und Rückfallskriminalität unserer Hypothese nach zugrundeliegt. Gerade bei dieser Gruppe steht man vor einer Schwierigkeit, die GRILLPARZER folgendermaßen beschrieben hat: ,,In die Zukunft schauen, ist schwer, in die Vergangenheit rein zurückschauen, noch schwerer; ich sage: rein, ohne von dem, was in der Zwischenzeit sich begeben oder herausgestellt hat, etwas in den Rückblick mit einzumischen." Um beim ,,noch schweren" zu beginnen, denn das weniger schwere, die soziale Prognose, ist unser (un)ausgesprochenes Ziel, greifen wir zurück auf eine Delinquentengruppe von zwanzig Frauen, die wir zum Teil selbst vor fünfzehn bis zwanzig Jahren untersucht haben und in den letzten Jahren vor der probeweisen Entlassung wieder untersuchen konnten. Der Vorteil einer solchen Betrachtungsweise liegt auf der Hand: man hat zwei Zeitpunkte, den Tatzeitpunkt mit einer eingehend erhobenen Vorgeschichte und einer Fülle festgehaltener Verhaltensweisen des Täters und anderer Personen sowie von Aussprüchen und Befunden, und den Zeitpunkt der probeweisen Entlassung mit dem Überblick über die lange Strafzeit und dem Ausblick auf die Resozialisierungsmöglichkeiten. Diese Untersuchungen zeigen, daß viel weniger die Primärpersönlichkeit als die schon vor der Tatzeit entwickelten Abwehrstrukturen, biologischen Reaktionslagen und situativen Faktoren von wirklich ausschlaggebender Bedeutung sind.

Um ein Beispiel herauszugreifen: Frau P., zur Zeit der Tat 25 Jahre alt, hatte kurz nach der Scheidung von ihrem Mann, der sie mit drei Kindern in einer einschichtigen Gegend zurückließ, durch eine Heiratsannonce mit einem Mann brieflich Kontakt aufgenommen. Als dieser sie sechs Wochen danach unerwartet um sechs Uhr morgens besuchte, wartete sie gerade bei einer benachbarten Bäuerin auf Milch. Da sie noch die Milchkanne zu holen hatte, begab sie sich für zehn Minuten nach Hause, kam aber wieder in den fünfzig Meter entfernten Bauernhof zurück, wo sie mit dem Mann, Herrn Sch., schmuste und Karten spielte. In diesen zehn Minuten hatte sie zu Hause die beiden vom Bettnässen ihrer Kinder feuchten Strohbetten am Kopfende angezündet. Während sie das starke Glosen und Rauchen bis zum Hustenreiz empfand, verschloß sie die nur sehr schwer zu schließende bzw. zu öffnende und zugleich in hohem Maß undichte Tür zum Wohnzimmer, in dem sie eine Katze und einen Hund zurückließ. Danach forderte sie die Kinder, welche sie ins Vorzimmer gebracht hatte, auf, brav zu sein, versperrte die Haustüre und kehrte dann wieder zu dem fünfzig Meter entfernten Bauernhof zurück, wo sie noch eine halbe Stunde auf die Milch warten mußte. In dieser halben Stunde spielte sie, wenn auch zerstreut, mit dem 22jährigen Herrn Sch., der sich als Erbe ausgab, in Wahrheit aber vollkommen mittellos war und an einer Muskelatrophie litt, Karten. In dieser Zeit will sie überlegt haben, ob den Kindern nicht doch etwas passieren könnte, wollte aber nicht nachsehen, um sich nicht als Täterin zu verraten. Als nach dieser halben Stunde Herr Sch. nachsehen ging, konnte er die Haustür nicht öffnen, weil ihm dichter Rauch entgegenschlug. Die späteren Nachforschungen mit Hilfe der Feuerwehr ergaben, daß die Tiere und die drei Kinder zu diesem Zeitpunkt schon tot waren.

Frau P. zeigte nach der Tat vor zwanzig Jahren bei der Untersuchung keinerlei Intelligenzdefekte. Es bestand eine Abwehrstruktur von expansiv-hypomanischem Typus mit starker Triebhaftigkeit und Verwahrlosungserscheinungen. Während der Haft im Bezirksgefängnis hat sie viel gesungen, und es soll ihr sogar gelungen sein, mit Hilfe eines Schlüssels nachts in die Zelle des gleichfalls inhaftierten Herrn Sch. zu gelangen, bei dem keinerlei Mitschuld festzustellen war. Bei der Nachuntersuchung zwanzig Jahre später zeigte sie ein kontaktärmeres Verhalten mit passiver Fügsamkeit und aktiver Anpassungsbereitschaft, sie arbeitete in der Anstalt ,,wie ein Tier". Vor zwanzig Jahren galt sie als arbeitsscheu.

Biologisches Fenster

Man sieht hier zunächst im groben Umriß die starken Ungleichgewichtszustände mit Wechselhaftigkeit des Verhaltens bei einer primitiven Persönlichkeit aus dem breiten Grenzbereich der Hysteriegruppe. Frau P. war nicht vorbestraft. Was man an Verhaltensweisen bei solchen Tathandlungen zu sehen bekommt, erweist sich regelmäßig als Signal eines sich entwickelnden genetischen Feldes, wie es FREUD mit seinem Libidobegriff gemeint hat. Dieses Feld umfaßt die Persönlichkeit, ihre interpersonalen Beziehungen, ihre Objekte und ihre Verankerung in (oder Loslösung aus) den sozialen Strukturen. Dieses genetische Feld war schon vor der Tatzeit in Bewegung geraten und zur Tatzeit in einer vielfältigen, ,,sich entwickelnden" und in verschiedenen Bereichen durch akute Veränderungen ausgezeichneten Bewegung begriffen, und zwar im Sinne einer zunehmenden Einengung möglicher dynamischer Gleichgewichte. Gleichzeitig vollzieht sich in einem solchen genetischen Feld eine Einengung der Ich-Flexibilität. Zugleich zeigt sich ein weiteres: so wie ein Raumschiff nur in einem gewissen Zeitraum zum Mond oder zu einem bestimmten Planeten des Sonnensystems geschossen werden kann, weil zu anderen Zeiten das ,,Fenster" geschlossen ist, können auch delinquente Handlungen nur durch gewissermaßen biologische Lücken oder Fenster hindurch realisiert werden. Taten, die dann unter dem Antrieb einer mehr oder weniger verzweifelten Konfliktlage auf ein Ziel zustreben, welches sie sonst niemals erreichen könnten und von ihnen willensmäßig oft gar nicht gesetzt wurde.

Im vorliegenden Fall ist das biologische Fenster die Umstellung nach dem Verlust der intimen Beziehung zum Ehepartner interferierend mit der Beendigung der Laktationsperiode. Dazu kam die Umstrukturierung im Triebhaushalt, die zahlreichen Beziehungen zu Männern in den Wochen vor der Tat und das unmittelbare Zusammentreffen mit dem jungen Mann, mit dem sie schon seit Wochen in einem angeregten Liebesbriefwechsel stand. Wir bezeichnen solche biologischen Umschwünge und Umschlagsphasen bzw. ihre Interferenzen mit den Motivationsprozessen daher als ,,Fensterwirkung".

Konditionierende Faktoren — die Vorgestalt

Dazu kommen nun noch konditionierende, prägende und konstellierende Faktoren, die schon weiter zurückliegen können.

Im vorliegenden Fall war ein solcher konditionierender Faktor in der Tatsache zu erblicken, daß die Täterin im Alter von zwölf bis sechzehn Jahren bei einem Metzger angestellt war, wo sie nicht nur als Dienstmädchen, sondern auch beim Festhalten der Schlachttiere verwendet wurde. Dazu kommt noch, daß sie in dieser Zeitperiode ihres Lebens ihren ersten Geschlechtsverkehr hatte. Diese Koppelung von Sexualität und Brutalität kam zur Tatzeit zum Tragen, als sie die ersten sexuellen Intimitäten mit Herrn Sch., den sie eben erst kennengelernt hatte, austauschte.

Als prägenden Faktor kennen wir die sog. Vorgestalt (STUMPFL 1961). Als solche bezeichnen wir im vorliegenden Fall eine Handlungsweise, die der Tat etwa vierzehn Tage voranging. Damals hatte Frau P. beim Einkauf einer Frau gegenüber geäußert, es wäre das Beste, sich selbst und die Kinder umzubringen. Unter den eigentlich konstellierenden Faktoren sei nur noch einer hervorgehoben. Die Versicherung des Hauses, das ein Dienstbotenhaus war und dem Ehepaar P. für die Gegenleistung von sechzig Arbeitstagen im Jahr zur Verfügung stand, war kurz vor der Tat für Haus und Kinder beträchtlich erhöht worden. Von der Arbeitsableistung war sie allerdings von ihrem Mann abgehalten worden, so daß es zu einem Bruch mit der Bäuerin kam und Frau P. nach ihrer Scheidung vollkommen isoliert war. Jeder ging ihr aus dem Weg. Weiters hatte sie in der Annonce nur von einem Kind gesprochen. Als aber der 22jährige Mann unerwartet auftauchte, betonte er immer wieder, er würde sie mit einem Kind mitnehmen, aber nicht mit drei. Es bestand also vordergründig eine gewisse Tendenz, durch Versicherungsbetrug zu Geld zu kommen, hintergründig, mehr oder weniger unbewußt, auch die Tendenz, sich der Kinder zu entledigen, aus Angst, den Mann wieder zu verlieren.

Unter Fensterwirkung verstehen wir also die Synchronisation eines mehr oder weniger akuten inneren Konfliktes mit einer biologischen Konstellation bzw. einem biologischen Syndromwandel. Die durch den Konflikt gesetzten Ungleichgewichte in ihrer Verflechtung mit biologischen Reaktionen und inneren Konfliktreaktionen im Sinne von Abwehr und Angst reichen bis in die Interferenzen interpersonaler Shiftwirkungen hinein und beeinträchtigen in wechselndem Ausmaß die regulierenden Ich-Funktionen. Die biologische Fensterwirkung beruht also auf einer Synchronisation von vielen Faktoren zum Zeitpunkt der Tat, deren vollständige Aufzählung zu weit führen würde.

Wie sehr ,,wahr sehen" und ,,richtig messen" in einer solchen Konstellation eingeengt, ja unmöglich ist, ergibt sich im vorliegenden Fall auch daraus, daß der Partner, Herr Sch., keineswegs Student und Agraringenieur war, als der er sich ausgab. Er war auch nicht einziger Erbe eines größeren Landbesitzes, sondern ein arbeitsloser Muskeldystrophiekranker, der im Krankenhaus die Annonce der P. gelesen hatte und vorhatte, sie nur zur Probe mitzunehmen, aber keineswegs zu heiraten. Die gegenseitige Anziehung und Affinität dieser beiden Persönlichkeiten entspricht dem, was man als biologische Partnerregel (STUMPFL 1935) oder vielleicht besser als nihilistische Partnerbindung bezeichnen könnte.

Entstehung des destruktiven Einfalls

Die mehrdimensionale Betrachtungsweise des kriminogenen Strukturwandels führt auch zur Frage nach der Entstehung des sog. destruktiven Einfalls. Dieser Einfall kann in die Tat ohne einen eigentlichen Entschluß überführen. Im vorliegenden Fall läßt sich dieser destruktive Einfall zeitlich genau bestimmen. Es war der Moment, als sie die fünfzig Meter zu ihrem Haus zurücklegte, um die Milchkanne zu holen. Offenbar besteht hier ein unmittelbarer Zusammenhang zur Fensterwirkung, ein zerstörerischer Antrieb, der um eines utopischen Zieles willen zu einer Art Selbstvernichtung führt. Der destruktive Einfall erscheint auch im Licht eines plötzlichen Durchbruchs des Todestriebes. Er läßt sich wohl nicht näher definieren, doch ist offenkundig, daß dieser Einfall und die unmittelbar darauf folgende Tat ohne destruktive Vorgestalt und ohne hypomanisch-expansive Abwehrhaltung trotz Prägung und Konstellierungen kaum möglich gewesen wäre. Wohl auch nicht ohne biologische Umschichtungen zahlreicher dynamischer Gleichgewichte im Gefolge der Laktation, der Ehescheidung und der sozialen Isolierung infolge der Verwahrlosung.

Handlungsfreisetzung

BÜRGER-PRINZ hat darauf hingewiesen, daß nicht nur die Motivation, sondern auch die Handlung selbst „freigesetzt" wird und daß eine solche Freisetzung um so eher erfolgt, je inniger sie mit dem Lebensganzen und den Gesetzen eines Lebens verknüpft ist. Die Stärke dieses Eingehens einer Lebensphase und einer individuellen Entwicklung in eine Handlung ist

umgekehrt proportional der Motivationsfähigkeit. Was sich tatsächlich in dem genetischen Feld entwickelt, ist weitgehend das Ergebnis sich manifestierender Rhythmen und Phasen, deren Interferenzen und Synchronizitäten einer Messung unmittelbar zugänglich sind. Es läßt sich in Kurven aufzeichnen, welche Umschläge im Bereich von Syndromen oder Strukturen mit einem Handlungsablauf zeitlich zusammenfallen und wie die übrigen Gleichgewichte und Gleichgewichtsstörungen miteinander korreliert sind. Es ist deshalb zu erwarten, daß neben einer tiefenpsychologisch orientierten Analyse des Lebenslaufes und einer psychopathologisch-klinischen Beschreibung der Persönlichkeit und ihrer Verhaltensweisen die Registrierung biologischer, neuropsychologischer und psychopathologischer Rhythmen und Phasen sowie die Messung ihrer Synchronizitäten und Interferenzen es ermöglichen wird, exakt wissenschaftlich an die Fragen der Kriminogenese heranzugehen. Wir kennen die molekularen Rotationslinien und ihr Mikrowellenspektrum, die Grundwellen, die Rotations- und Schwingungsübergänge der Elektronen, wir kennen den Zellzyklus, den Ablauf verschiedener Entwicklungsstadien im Sinne der Psychoanalyse und der Entwicklungspsychologie, wir wissen beispielsweise, daß eine Synchronisierung der Zellzyklen die Tumorbestrahlung effizienter machen kann, aber wir wissen noch sehr wenig über die Natur des zellulären Oszillators. Wir wissen auch noch sehr wenig über die Zusammenhänge geophysikalischer Zyklen und ihre Beziehungen zu den Periodizitäten biologischer Prozesse im menschlichen Organismus. Hier ist die menschliche Handlung ein feines Reagens, das experimentell in die Forschung eingebaut werden kann. Zur Erforschung der Kriminogenese erweisen sich phasische Ablaufsformen als von großer theoretischer und praktischer Bedeutung. Die Tatsache, daß sie mit dynamischen Gleichgewichten zu tun haben und daß solche Gleichgewichtsregulationen sich vom physiologischen Geschehen bis in die höchsten psychischen Ablaufsweisen verfolgen lassen, während sie andererseits bis in die chemischen Regulationen der Zellmechanismen und in die Molekularvorgänge nachweisbar sind, bildete einen Ausgangspunkt unserer Untersuchungen.

Ausblick

Gewiß handelt es sich in diesen verschiedenen Zusammenhangsbereichen nur um Analogien. Es gibt aber auch etwas Gemeinsames, das sich in dem von HERAKLIT geprägten Wort Enantiodromie bzw. als regulierende Funktion der Gegensätze, gleichsam als Urphänomen, herausgreifen läßt. Es bleibt künftigen Forschungen vorbehalten, zu überprüfen, inwieweit quantitative gegenseitige Abstimmungen phasischer Prozesse in Aktionen insbesondere der Nervenzellen ihre Grundlagen haben und in komplexeren Gesetzmäßigkeiten in psychischen Bereichen ähnlich, aber doch abgewandelt, wiederkehren (SCHILDER, VON HOLST). Der Mensch schafft sich offenbar in gewissen Situationen selbst eine Archetypik seiner Situation. Kriminogenese und kriminogener Strukturwandel bedürfen sonach vor allem einer Analyse der konkreten realen Situation, aus der heraus die Handlung zu verstehen (oder auch nicht zu „verstehen") ist, sowie des Positionsschemas im handelnden Subjekt. Dabei hat sich ergeben, daß die durchgehenden Persönlichkeitszüge und -entwicklungen und ihre klinisch-psychopathologischen bzw. charakterologischen und konstitutionsbiologischen Aufschlüsselungen nicht zureichen, weil das Sprunghafte, das phasische Geschehen und die Periodizitäten und Umschläge (Feldwechsel) und damit die Erfassung der Interferenz von Gleichgewichten aus verschiedenen Zusammenhangsbereichen jene vierte Dimension ausmachen, in der das Zusammenwirken in der Zeit erfolgt. Die Berücksichtigung dieser Dimension ermöglicht aber erst ein Vorgehen mit Maß und Zahl und damit einen wissenschaftlichen Ansatz in der Kriminologie und der vom menschlichen Handeln ausgehenden Anthropologie.

Der so bedeutsame destruktive Einfall, dieser Antipode des schöpferischen Einfalls, läßt sich nur mittels solcher rhythmologisch orientierter Analysen und Zeitmessungen erfassen und einordnen im Kontext von Begriffen wie biologische Reaktion (AUERSPERG), Aktivitätsniveau, Rollenzwang, Vorgestalt (STUMPFL), biologische Fensterwirkung (s. o.), Positionsschema, Koppelungsphänomene, Magneteffekt (VON HOLST), phasenspezifische Triebzustände (P. FEDERN), objektlibidinöse Ich-Entwicklung und mobiles Gleichgewicht, um nur einige der wesentlichen zu nennen. Die weitere Ausarbeitung und Ergänzung dieser Begriffe kann nur durch die Erfahrung am Objekt geleistet werden. Der destruktive Einfall wird darauf zu prüfen sein, ob es so etwas wie eine Aktualgenese von Handlungen, also ein Entspringen von (etwa archetypischen) Handlungsabläufen aus Koordinationen von Gleichgewichtsstörungen und ihren Interferenzen mit verschiedenen Zusammenhangsbereichen gibt. Analog etwa den von VON HOLST aufgezeigten Erscheinungen, die beim Zusammenwirken mehrerer Rhythmen zustande kommen und den Gesetzen der Gestaltpsychologie unterworfen sind. Die gestaltbildende Kraft von Interferenzen verschiedener Wellenlängen im Wasser läßt daran denken, daß Interferenzen verschiedener Rhythmen und Gleichgewichte ganz allgemein gestaltbildend sind und dementsprechend auch das menschliche Handeln durch solche in psychophysischen Bereichen gestaltet werden kann. Tatsächlich sind uns Gesetzmäßigkeiten, die sich bei einer Vielfalt von Wirkungsgeflechten in psychophysischen Bereichen ergeben, noch so gut wie unbekannt. Gerade um diese Gesetzmäßigkeiten geht es aber beim Aufbau einer Theorie der Kriminalität. Die wichtigsten Gleichgewichtsformen sind zweifellos die der Ich-Funktionen. Der Begriff des mobilen Gleichgewichts und der durch alle psychophysischen Zusammenhangsbereiche durchgehenden dynamischen Gleichgewichte im Ordnungssystem der menschlichen Organisation dient uns vorläufig als Ansatzpunkt, um zu den neuen Fragestellungen durchzustoßen.

Die Abwehrmechanismen und das Rollengleichgewicht im genetischen Feld

Das Problem Verbrechen und Strafe umfaßt einen so ungeheuren Fragenkomplex, daß es schwerfällt, die Spannung zu ertragen, die es hier durchzustehen gilt zwischen scheinbar kontradiktorischen Begriffen, Tatbeständen und Dimensionen. Es bleiben nun die reduzierten Gleichgewichtsformen zu besprechen, die aus der klinischen Psychiatrie und aus der Psychoanalyse bekannt sind. Sie sind zugleich Ergebnisse von Gleichgewichtsstörungen. Es muß hier vorangeschickt werden, daß diese Gleichgewichtsformen und -störungen nur Ausgangspunkte der kriminogenetischen Betrachtungsweise sein können und daß Störungen, welche jeweils dem kriminogenetischen Prozeß zugrunde liegen, noch wesentlich komplexer sind. Sie bestehen einerseits in gesetzmäßigen Interferenzen zwischen Störungen im Zusammenhangsbereich der Ich-Funktionen, einschließlich der Gleichgewichte durch reziproke Rollenzuweisungen intra- und interfamiliärer Natur mit biologischen Vorgängen der Rückkoppelung. Andererseits in der Störung der Verbindung mehrerer Oszillatoren bzw. Gleichgewichtsformen, die auf rhythmischen Ablaufsformen beruhen. Um diese Zusammenhänge einem Überblick zugänglich zu machen, ist von der Vieldimensionalität des Problems Verbrechen und Strafe auszugehen, mit dem wir fast täglich konfrontiert sind. Tragende Begriffe können in der Kriminologie nicht weit und umfassend genug sein. Lebensgesetzlichkeit und mobiles Gleichgewicht findet man in allen Dimensionen, um die es hier geht, wobei die Bezeichnung biologisch auch Seelisches und Geistiges beinhaltet.

Wesensgesetzlichkeiten

Bei der Erforschung der Kriminogenese hat man es nicht *nur* mit diagnostizierbaren, meßbaren naturwissenschaftlichen Objekten, sondern zugleich mit einem Subjekt in der Dimension von Verantwortung und Freiheit zu tun, wodurch der Untersuchende in einen dialogischen Prozeß einbezogen wird, in welchem auch Begegnung als Erkenntnisprinzip zum Tragen kommt. Gewinnt man gegenüber der zu bearbeitenden Problematik keine innere Distanz, besteht Gefahr, daß man an dem Problem „Verbrechen und Strafe"[2] in irgendeiner Weise vorbeisieht. Wirklichkeit und Sachmäßigkeit verlangen, diesen Gegenstand frei von demagogischen, pädagogischen und moralistischen Positionen von seinem Ursprung her, rein von der Sache und dem ihr innewohnenden Wesensgesetz zu ergründen. Diese Wesensgesetzlichkeit liegt im Falle der Kriminalität offenbar nicht primär in einem Kontinuum, einer Vorbestimmung, sondern in einer Diskontinuität, Sprunghaftigkeit, einer Interferenzwirkung im Sinne von Superpositionen oder Magneteffekten oder in einem plötzlichen Rollenwechsel, und erst sekundär in Zirkelbildungen und diskontinuierlichen Wiederholungen. Die Schwierigkeit liegt aber darin, daß es nicht um *eine* Wesensgesetzlichkeit geht, sondern um die jeweiligen Wesensgesetze all der Naturgegebenheiten, der Erzeugnisse des menschlichen Geistes, der materiellen und ideellen Größen, die in dem weiten genetischen Feld menschlichen Handelns wirksam werden.

Verantwortung und Gewissen

Zur Struktur verantwortlichen Handelns (D. BONHOEFFER) gehört die Bereitschaft

---

[2] Wörtliche Übersetzung von Dostojewskis „Schuld und Sühne".

zur Schuldübernahme und die Freiheit, stellvertretend verantwortlich zu handeln. Selbstlose Liebe zum wirklichen menschlichen Bruder kann sich der Gemeinschaft der menschlichen Schuld nicht entziehen wollen. „Darin unterscheidet sich Verantwortung von Vergewaltigung, daß sie im anderen Menschen den Verantwortlichen erkennt, ja daß sie ihn seine eigene Verantwortlichkeit bewußt werden läßt." Es muß hier genügen, auf die Analyse BONHOEFFERS zur Struktur des verantwortlichen Lebens, zur Freiheit, und über den Ort der Verantwortung zu verweisen. Ebenso auf die Weisungen der Bibel, zu tun, was einem vor die Hand kommt, zur Treue im Kleinen, zur Erfüllung der häuslichen Pflicht, bevor man größere übernimmt, und zur Behutsamkeit vor Übergriffen in ein fremdes Amt. Nur ein Wort über das Gewissen sei noch zitiert (S. 263): „Die Beobachtung, daß das natürliche Gewissen im Inhalt seines Gesetzes mit dem des in Christus befreiten Gewissens eine auffallende Übereinstimmung aufweist, ist in der Tatsache begründet, daß es im Grunde um den Bestand des Lebens selbst geht. Es enthält Grundzüge des Lebensgesetzes, wenn auch im einzelnen verzerrt und im Grundsätzlichen pervertiert. Das Gewissen bleibt auch als befreites, was es als natürliches war, nämlich der Warner vor aller Übertretung des Lebensgesetzes." Diese Stimme aus dem Delinquenten herauszuhören, ist die höchste Kunst der Exploration. Auf diese Stimme einzureden, sie zu überschreien oder sie wegzudisputieren, der größte Fehler. Die Entdeckung jener geheimnisvollen Korrespondenz zwischen den Gesetzen des Denkens und denen der Natur durch die befreite Ratio spiegelt sich auch im Gegensatz der Rolle des Dienens einer an das Handwerk geknüpften Technik des Mittelalters zu der der Herrschaft über die Natur (und ihrer Vergewaltigung) in der Neuzeit.

Für die allgemeine Arbeitshypothese, der wir uns jetzt immer mehr nähern, ist das Offensein gegenüber der Dimension der Verantwortlichkeit des Gewissens und der Freiheit wesentlich. Wir verstehen dann auch besser, warum die Gleichgewichte, mit denen wir es zu tun haben, immer schon gestörte bzw. rekompensierte mobile Gleichgewichte sind. Unter diesen ist eine Fülle von Erscheinungen bekannt, die rein beschreibend von der klinischen Psychopathologie und in ihrer motivierenden Dynamik von der Psychoanalyse bis in ihre feinsten Strukturen hinein verfolgt worden sind. Alle diese Phänomene und Entwicklungen sind aufgereiht in der „Ergänzungsreihe" zwischen Erblichkeit und Geschichtlichkeit und aufgehoben in der Überdeterminiertheit menschlichen Handelns.

Rückfallsdelinquenten

Rückfallsdelinquenten sind, statistisch gesehen, vitaler, es überwiegt bei ihnen ein gedrungen-athletischer Körperbau und eine allgemeine Triebhaftigkeit, einmalig Bestrafte hingegen sind psychisch und körperlich mehr asthenisch und eher krankheitsanfällig (STUMPFL 1935). Die Intelligenz der ersteren ist eher unterdurchschnittlich, erbliche Faktoren spielen eine nicht unerhebliche mitbestimmende Rolle. Diese Ergebnisse sind neuerdings bestätigt worden (ROSENTHAL). Auch daß bei Kriminellen überdurchschnittlich häufig anormale EEG-Befunde erhoben werden und diese oft genetisch bedingt sind, ist nicht neu. Eine Häufung von XYY-Chromosomie bei Gewalttätern wurde durch neuere Studien nicht überzeugend bestätigt. Daß es bei Klinefelter-Syndrom einen unmittelbaren Zusammenhang zwischen Chromosomenaberration (XXY) und kriminellem Verhalten gibt, ist nach unseren Erfahrungen eher unwahrscheinlich (STUMPFL 1960). Neuerdings wurde von 34 Männern mit diesem Syndrom berichtet, von denen dreizehn vorbestraft sind. Es wäre aber erst zu klären, in welchen intra- und interfamiliären Verhältnissen sie gelebt haben. Wohl sind diese Persönlichkeiten sozial überdurchschnittlich abhängig, doch gehören eigentliche Gewalttaten zu den größten Seltenheiten. Daß Kriminalität bei Schizophrenen nicht häufiger ist (KALLMANN) und umgekehrt (STUMPFL), ist ebenso bemerkenswert wie die Tatsache, daß Gewalttätigkeiten bei Psychotikern nicht häufiger sind als bei Nichtpsychotikern (HAEFNER u. BÖKER 1972). Die Erbanlage ist zwar bedeutsam in ihrer spezifischen, d.h. soziogenetischen Wirksamkeit, jedoch abhängig vom lebensgeschichtlichen Kontext, in den sie eingewoben ist. Was bleibt, sind mögliche Dysharmonien ererbter Entwicklungsbereitschaften, also gewissermaßen erblich induzierte Reduktionen der Gleichgewichtsmöglichkeiten.

Dem entspricht auch die Meinung des Humangenetikers E.A. MURPHY über unseren heutigen Kenntnisstand, wonach ein sicheres Urteil über erwünschte oder unerwünschte Gene nicht möglich ist. Der Mensch bedarf eines reichhaltigen Bestandes an Genen (eines genetischen „Pools") wie an kindlichen Erinnerungen und Spielphantasien, um sich in seiner Phylogenese und Ontogenese weiterzuentwickeln. Die „Nützlichkeit" des Gens bzw. von Genkomplexen ist nicht determinierbar. Als Beispiel sei die Sichelzellenanämie der Neger angeführt, welche bei Homozygoten zu schweren Krankheitssymptomen führt, bei Heterozygoten jedoch Schutz vor Malariainfektion bietet. Auch kommt es beim Sozialverhalten auf die Komplexität des Zusammenwirkens von Genen an, auf ihre jeweiligen Aktivitätsmuster, welche in verschiedenen Lebensphasen zum Tragen kommen. Es ist dabei zu bedenken, daß wir diese Gesetzmäßigkeiten noch nicht hinreichend überblicken. Jedenfalls können eugenische Maßnahmen nur im Einzelfall helfen, Unglück oder Krankheit zu verhüten, sie vermögen aber nicht, den genetischen Pool der Menschheit insgesamt zu verbessern.

Gleichgewichtsstörungen bei Psychosen

Signale für Gleichgewichtsstörungen oder für sekundäre, in der Regel reduzierte Gleichgewichtsformen sind aus der klinischen Psychopathologie bekannt, wobei hier das ganze Inventar der psychiatrisch-klinischen Diagnostik zu nennen ist. Ohne dessen Beherrschung ist kriminologische Wissenschaft nicht möglich, da es sich hier vielfach nur um quantitative Abstufungen des auch im normalen Leben Vorkommenden handelt, und zwar im Sinne einer Vergrößerung und Verdeutlichung des „Normalen". Sie zeigen den Weg für eine differenzierende Analyse. Den Weg von der anderen Seite einzuschlagen, ist nicht möglich.

Es sei noch darauf hingewiesen, daß vieles dafür spricht, daß wir es auch im Bereich der Neuropsychologie, Psychiatrie und Soziopsychologie mit Phänomenen zu tun haben, die als Umschlag oder Übersprung des Quantitativen ins Qualitative und umgekehrt zu beurteilen sind. VON HOLST hat solche Umschläge bei seinen Rhythmus- und Gleichgewichtsforschungen nachgewiesen. Er konnte zeigen, daß das Zusammentreffen von drei oder vier Rhythmen zu Erscheinungen führt, die den Gesetzmäßigkeiten der Gestaltpsychologie zu folgen scheinen. Das Entgegengesetzte scheint m.E. für solche Funktionsstörungen und Gleichgewichtsveränderungen zu gelten, welche von den Ich-Funktionen aus in den physiologischen Bereich ausstrahlen. Wir denken hier an die Erscheinungen bei der sog. könästhetischen Schizophrenie und an neurophysiologische Störungen vegetativer Natur bei phasischen Psychosen. Von hier aus gesehen könnte man endogene Psychosen als endogene Reaktionstypen den exogenen im Sinne BONHOEFFERS gegenüberstellen, um zum Ausdruck zu bringen, daß es neben der Erlebnisreaktion und ihrer Abnormitäten im Sinne von K. SCHNEIDER auch biologische Reaktionen gibt, bei denen vielfach das eigentlich reaktive Moment durch lebensgeschichtliche Faktoren mehr oder weniger verdeckt ist. A.P. Auersperg hat zum Begriff Reaktion in Neurologie und Psychiatrie darauf hingewiesen, daß es höher und tiefer liegende Aktstufen des Seelenlebens gibt und daß sich daraus das Problem des Verhältnisses der Erlebnisreaktion zur Bonhoefferschen exogenen Reaktion entwickeln läßt. Bei endogenen Reaktionstypen, also bei endogenen Psychosen, ist das Primäre die Ich-Störung, da auch Gefühlsstörungen, die sog. „Affektivität", bei den phasischen Psychosen zu den Ich-Befindlichkeiten gehört. Bei exogenen Reaktionstypen hingegen ist primär das Bewußtsein gestört. Endogene Psychosen, Psychopathien und Neurosen zeigen keine typischen und wesensmäßig unabdinglichen organischen Befunde, die sich grob anatomisch durch Nachuntersuchungen bestätigen und verifizieren ließen. Wo es aber um chemische, physiologische und dynamische Probleme geht, ist noch alles in Fluß. Wesentlich ist beispielsweise der Befund, daß etwa bei Depressionen (endogen und reaktiv) Einschlafstörungen nicht in demselben Maß therapeutisch beeinflußbar sind, wie depressive Verstimmungen. Auch psychosomatische Syndrome sind therapieresistenter (Berner). Das ließe daran denken, daß bei der endogenen Rhythmik der Schwerpunkt der Gleichgewichtsfunktionen und ihrer Störungen in psychophysischen Bereichen zu suchen ist.

Schizoidie und Schizophrenie

Der an die Beziehung zwischen Menschen, insbesondere Eltern und Kinder geknüpfte Begriff der Schizoidie (K. Binswanger 1920), früher als Ausdruck einer ererbten Konstitution aufgefaßt, zielt auf ein Verhalten (Autismus nach E. Bleuler) bei dem außerordentliche und „vergiftende" Haltungen von Mitmenschen einer verborgenen, aber großen Feinfühligkeit seines Trägers gegenüberstehen, eine heute aktuelle Kommunikationsstörung. Neu ist, daß man jetzt diese quälenden und gefährlichen Entwicklungsbedingungen

stärker in den Mittelpunkt rückt. Der Typ selbst ist von Kretschmer unübertrefflich prägnant geschildert worden. Nach neueren Untersuchungen lassen sich krankhafte schizoide Wesenszüge als Folgeerscheinungen unerhörter Kindheitsverhältnisse erklären (M. Bleuler 1972). Die Korrelation zwischen Schizoidie und Schizophrenie ist in verschiedenen Familien unterschiedlich, bei zwei verwandten Schizophrenen kombinieren sich bei aller Neigung zur Konkordanz oft sehr verschiedene „Endzustände" und Verlaufsformen. Der Oberbegriff Schizophrenie bleibt sonach unentbehrlich (M. Bleuler). Nur der Übergang vom akuten Beginn in eine rasche und schwerste chronisch-schizophrene Psychose scheint kaum oder gar nicht durch familiäre Ursachen vorbedingt zu sein. Schizoide Wesensart erscheint als Brücke zum Verständnis der Schizophrenen, sie kann vererbt, aber auch erworben sein. Schizophrene Entwicklungen sind von Beginn an aufs engste mit der gesamten Persönlichkeitsentwicklung verbunden, es besteht eine ständige unentwirrbare Wechselwirkung. Die schizophrene Erkrankung bedeutet in der Regel eher eine krankhafte Persönlichkeitsentwicklung als einen Krankheitseinbruch in eine gesunde Persönlichkeit (M. Bleuler).
„Wenn man Schizophrene genau kennt, läßt sich jede wahnhafte Vorstellung, jede gedankliche Entgleisung, jede Halluzination, jede Gedächtnisillusion, jede Stereotypie und jede abnorme Gefühlsregung mit entsprechenden normalpsychologischen Erscheinungen aus gesunden Tagen in Zusammenhang bringen" (M. Bleuler). Polygene Vererbung und das Zustandekommen einer Disposition für Schizophrenie durch Dysharmonien der von den Eltern ererbten Entwicklungsbereitschaften (also erblich bedingte Gleichgewichtsstörungen) bilden eine Einheit mit einer Häufung bedingt. ungünstiger Gene. Ganz wesentlich ist hier noch der Befund M. Bleulers, wonach für den Umschlag ins Psychotische vor allem soziale Störsituationen

maßgebend sind bei sonst durchaus kontinuierlichem Verlauf. Weiter besteht Grund zu der Auffassung, daß bei Schizophrenie nicht Vererbung, sondern Mutation, also die spontane Änderung im biologischen Bereich, das Wesentliche ist.

Dominanz entwicklungsgenetischer Faktoren

Das Schwergewicht liegt hiernach nicht im erbgenetischen, sondern im entwicklungsgenetischen Feld. Es geht wesentlich um die Entstehungsbedingungen und Wesensgesetzlichkeiten der Psychosengenese im sozialen Feld. Es hat sich gezeigt, daß psychopathologische Syndrome Umschlagstellen des Verhaltens markieren und daß Kriminogenese nicht an beliebigen, sondern an bestimmten Punkten solcher Phasenumschläge ansetzen kann. Es ergaben sich dabei Hinweise auf Gesetzmäßigkeiten, die die Möglichkeiten des Zustandekommens einer kriminellen Handlung bestimmen. Man kann diese Signale in eine Reihe ordnen, die von biologischen bis zu reinen Erlebnisreaktionen und vom exogenen über den endogenen zum neurotischen Reaktionstypus reicht. Die Bedeutung aller dieser Signale, z.B. einer leichten Schwankung im Sinne einer larvierten Depression oder eines psychosomatischen Geschehens, hängt aber weitgehend von den Ich-Konflikten ab, die sie begleiten und mit denen sie verknüpft sind, die sie gleichsam „signalisieren". Hier bedarf nun die rein phänomenologisch beschreibende Methode der klinischen Psychopathologie einer Ergänzung durch die Ergebnisse der psychoanalytischen Lehre von den Abwehrmechanismen und vom Internalisierungsprozeß.

Denn die Erfahrung in Erziehungsberatung, auf psychiatrischen Kinderstationen, bei Jugendfürsorge und Jugendgerichten, aber auch bei Zivilprozessen, im Anhalte- und Entmündigungsverfahren, schließlich auch in der Klinik, lehrt, daß das Krankheitsgeschehen und die Verhaltensstörungen nur im Kontext mit dem genetischen Feld von Familie und Sozietät und den mitmenschlichen Interaktionen in diesem Feld zu verstehen und zu beschreiben sind, wenn man auf das Handeln, auf die sinnvollen Zusammenhänge und nicht auf das bloße „Sein" abzielt. Es geht hier mit einem Wort um Rollenspiel und -zuweisung. Menschliche Handlung ist schon im mythischen Kult das Primäre, Mächte werden durch Handeln verkörpert, man denke an das sog. „Jahresdrama", das den Lauf der Natur schöpferisch mitbestimmt, an das Stammesdrama, an die Gerichtsspiele, die Arztspiele usw., die noch im Mittelalter in Blüte standen. In der Kinderpsychiatrie sieht man etwa, wie eine anscheinend geringfügige Beeinflussung der Mutter durch den Therapeuten eine schwere Fehlhaltung des Kindes schlagartig zum Verschwinden bringt, beim Jugendgericht, wie ein kriminelles Verhalten nach Verehelichung des Herangewachsenen, verbunden mit Lösung von der Mutter, plötzlich zum Erlöschen kommt. Ein wesentlicher Schwerpunkt muß sonach in der Interaktion zu suchen sein, in der intra- und interfamiliären Rollenzuweisung und ihrem Wechselspiel mit dem Gesellschaftssystem.

Abwehrmechanismen als ichpsychologisch abgeleitete Selbstregulationssysteme

Geht man von einer konkreten Situation aus, auf die ein Mensch mit seinem Positionsschema reagiert, so erhebt sich die Frage, welche Rolle ihm in dieser Situation von sich oder den anderen zugewiesen wurde. Denn die genannten Signale, etwa eine Depression, ein Feldwechsel, eine Migräne deuten ein Geschehen an, das nicht nur im Individuum selbst, sondern in seinen Interferenzen mit den Menschen seiner Umgebung strukturiert ist. Diese Tatsache führt auf die Bedeutung hin, die den Abwehrfunktionen und Abwehrmechanismen (FREUD) überall dort zukommt, wo ein Handlungsablauf in Gang gerät. Blockierte Erinnerungen, „Signalangst" (Rudimente physiologischer Angstfolgen) und Angstabwehr verschiedenster Art, Verdrängung (Fernhaltung verdrängter Impulse vom Bewußtsein) und Wiederkehr des Verdrängten, Projektion, Isolierung, Zuflucht zu ritualisierten Verhaltensweisen, Regression auf eine frühere Entwicklungsstufe, Verleugnung, Phantasiebildungen, Umlenkung von Wünschen und Trieben in akzeptierte Bereiche (Sublimierung) oder ein Scheitern dieser Umlenkung, Neutralisierung aggressiver Triebe mit Hilfe von Gegenenergien durch Umwandlung in Mittel der Anpassung und des Intellekts, Verschiebungsmechanismen, Verdichtung und Urphantasien (z.B. der Verführung), verschiedene Formen (reaktiver) Aggressionen, etwa in Gestalt der Rücken-gegen-die-Wand-Situation, sowie andere Wandlungen libidinöser Energien im Sinne einer Ersetzung der Libidobesetzung durch Gegenbesetzung, alle diese Mechanismen, Funktionen und Reaktionsbildungen sind aus der psychoanalytischen Theorie (FREUD 1894) längst bekannt oder sollten es wenigstens sein und spielen bei der Kriminogenese eine sehr große Rolle.

Sie konnten allerdings für die Probleme der Entstehung kriminellen Verhaltens bisher nicht fruchtbar gemacht werden, weil die gesamte Begrifflichkeit der psychoanalytischen Theorie intrapsychisch bipersonal (BALINT) und motivationspsychologisch bestimmt war. Menschliches Handeln und Verhalten entspringt indessen stets den chronopathischen Interaktionen mehrerer, ja vieler Personen. Es geht hier darum, soziodynamische Mechanismen der Gruppeninteraktion zu erfassen, um die Beschreibung mehrpersonaler Interaktionen.

Ein Mann beispielsweise regrediert an einem entscheidenden Punkt seines Lebens, schüttelt z.B. eine tiefe Liebesbeziehung zu einem gesunden Mädchen ab und kehrt zu seiner Mutter zurück. Zehn Jahre später tritt er mit einer Familie in Beziehung, durch die er unbewußt die Wunscherfüllung seiner Jugend und Kindheit anstrebt. Identifiziert er sich mit der Tochter der Familie, anstatt diese zu lieben, so ist dies in seiner Verflochtenheit von Konflikten und Interaktionen zwischen Personen, Familien und Gruppen zu verstehen, ohne deren Kenntnis die schwere Aggression des Mannes gegenüber dem Mädchen unverständlich bleiben muß. Wir werden diesen Fall in seiner Tiefendimension aufrollen, um anschauliche Erklärungen für die Entstehung von Konflikten und Handlungen in einem genetischen Feld eines Bezugssystems zu gewinnen, das die Interaktionen verschiedener Personen und Gruppen umfaßt.

Die Gruppenanalyse (POHLEN 1972) hat hier den entscheidenden Schritt aufgezeigt. Er liegt in der Vorstellung von der Verinnerlichung der gesamten familiären Rollenstruktur im Einzelnen (Familienmitglied) durch Transponierung der von

FREUD entdeckten psychischen Determinanten auf eine andere Ebene. Um die psychoanalytische Theorie in diesem Sinne operationalisierbar zu machen, hat M. POHLEN (1969) in einer Ich-Theorie versucht, das intersubjektive System als „ichpsychologisch fortgeleitetes Selbstregulationssystem" (HABERMAS 1969) zu verstehen. Er gelangt damit zu einer Neudefinition des Krankheitsbegriffes aus einem soziogenetischen Verständnis der Krankheit. Die Fragestellung nach der Kriminogenese führt von allem Anfang an zu einer unlösbaren Verstrickung mit den Phänomenen und Mechanismen neurotischen, endogenpsychotischen und organisch-reversiblen Krankheitsgeschehens. Abgrenzungen von nicht nur forensischer Relevanz ergeben sich daraus, daß für uns alle Abwehrmechanismen und psychopathologischen Syndrome an sich stets Verhaltensweisen sind, die zwar eine Einengung möglicher Gleichgewichte signalisieren, selbst aber immer noch als neue Ausgleichsversuche oder reduzierte (neu gewonnene) Gleichgewichtslagen zu interpretieren sind. Also als Versuche, die mitmenschlichen Beziehungen neu auszulegen oder auf eingeengter Basis zu realisieren. Die Interaktionen müssen noch zusätzliche Momente und Faktoren aufweisen, Motivbündelungen von noch höherer Komplexität, damit bei solcher Reduktion der Gleichgewichtsmöglichkeiten kriminelles Handeln möglich wird. Es wurde schon auf die Wichtigkeit dieser Tatsache hingewiesen. Anders wäre es nicht zu verstehen, daß bei neurotischen oder psychotischen Syndromen kriminelles Verhalten an sich nicht häufiger vorkommt als bei „Normalen", bei denen Abwehrfunktionen irgendwelcher Art natürlich nie fehlen.

Aggressives Verhalten

Die eigentliche Kriminogenese ist sonach auf die jeweiligen Plateaus des verminderten Gleichgewichts aufgepfropft, besser in sie „eingelassen", wobei zwei Dimensionen von Gleichgewichtsfunktion zum Austrag kommen, auf die näher einzugehen ist. Kriminogenese vollzieht sich in einer Dimension, die durch die Formationen von Abwehrmechanismen in einer konkreten Situation, an einem geschichtlichen Wendepunkt des Lebens und in einem mehrpersonal bestimmten Feld charakterisiert werden kann. Es wird viel von Aggression gesprochen. Nun ist Aggression schon im Tierreich und hier auch schon in statu nascendi kein bloßer Trieb mehr, sondern ritualisiertes reaktives Verhalten. Bestimmend sind das Revier, die Verhaltensregister der betreffenden Art im Ganzen gesehen, die Ordnungen und Beziehungen zu anderen Tierarten und zu den Rhythmen jahreszeitlichen und kosmischen Geschehens. Auch beim Menschen war Aggression immer schon ritualisiert, bei sog. primitiven Stämmen, bei Kulturvölkern bis hinein ins Mittelalter, man könnte sogar sagen, fast bis Hiroshima.

Soweit Kriminogenese als Entstehung aggressiven Verhaltens betrachtet werden kann, schließt sie auch beispielsweise den Diebstahl ein als Angriff auf fremdes Recht und Revier. Solche Aggression ist immer an die jeweilige Abwehrformation gebunden, und auch in den schwersten Fällen als Abwehrstruktur, etwa hypomanisch-expansiven Gepräges, zu verstehen. D.h., wo Aggression im Sinne eines delinquenten Verhaltens vorliegt, gilt die erste Frage der Strukturvariablen eines Abwehrmechanismus. Es kann sich um einen genuinen unabhängigen Strukturbildungsprozeß handeln, oder um eine rein triebabhängige Variante eines Abwehrmechanismus, auch um eine sog. intervenierende Variable, die Motivationen unterdrückt (RAPPAPORT) und sie durch abgeleitete Motivationen (z.B. Reaktionsbildungen) ersetzt. Es kann sich auch bei den Abwehrmechanismen um eine Umstrukturierung im Sinne eines Rollenwechsels handeln. Aggression kann auch Ultima ratio bei Versagen aller Abwehrmechanismen (Gleichgewichtsmöglichkeiten) bedeuten.

Situativ zugespitzte Abwehrmechanismen

Wenn eine Abwehrfunktion zum Tragen kommt, bedeutet das zunächst nur Kompensation eines bedrohten Gleichgewichts. Eine ernsthafte Reduktion möglicher sozialer Gleichgewichte ist erst dann gegeben, wenn die Abwehrstruktur phänomenologisch in einem psychopathologischen Syndrom sichtbar wird, das ein Negativwerden des Faktors Gleichgewicht signalisiert. In einer solchen Situation können zusätzliche Faktoren vor allem dann eine kriminogene Bedeutung erlangen, wenn das Subjekt erlebnismäßig ein konkretes Bedrohtsein durch konkrete Personen seiner Umgebung, eine Situationsangst oder eine zusätzliche affektive Störsituation erlebt. Bei Menschen, die durch „situativ zugespitzte" Abwehrmechanismen im Erfassen der wahren Situation und ihrer Bedeutung eingeengt sind, sind es situative Überraschungen und zusätzliche Störfelder, welche aus ganz anderen Zusammenhangsbereichen zufließen können. Solche Personen sind der Gefahr einer Synchronisierung zusätzlicher Strukturierungen mit ihren zugespitzten Abwehrmechanismen ausgesetzt. Dadurch können Reaktionen ausgelöst werden, die über konditionierte Angstreaktionen, Lerndissoziationen, Feedback-Wirkungen und Dissoziation von Gefühlsvorgängen von ihrem affektiven Ursprung abgelöst oder ihm zur Gänze überantwortet werden, so daß andere unbewußte Mechanismen aktiviert werden, welche eine Handlungskette einleiten, die dann nicht mehr reversibel ist und zum delinquenten Verhalten hinführt.

Das akute Versagen der Integrationskräfte des Ich-Systems (bei mangelnder Verbalisierungsfähigkeit) ist die Kehrseite der Einschaltung solcher akuter unbewußter Mechanismen in einer konkreten Situation, der der Handlungsablauf entspringt. Es ergibt sich, daß es wesentlich ist, die Rollen des Menschen zu kennen, die er früher in Familie und Schule, später in Jugendgruppe, Berufsgruppe und die er jetzt und im besonderen in Beziehung zum anderen Geschlecht gespielt hat und spielt und welche Rolle ihm in der Tatsituation zugefallen ist. Was Rolle bedeutet, kann hier nur angedeutet werden.

Zum Beispiel ein junger Mann, der im Ausland lebt und von einem schon in der Kindheit konditionierten „Trennschmerz" geplagt wird, kritisiert einem inspizierenden Vorgesetzten gegenüber aus seiner depressiven Verstimmung heraus offen, unter Anwesenheit einer Gruppe von Arbeitskameraden, allerlei Einrichtungen hier im Ausland. Er tut dies aber aus Schmerz und einem „verlorenen" Gleichgewicht heraus. Wird von seinen Kameraden diese Haltung als Zivilcourage interpretiert und er von dieser Gruppe von da ab auf Jahre hinaus als „Führer", auf den man unbedingt zu hören hat, anerkannt, so ist ihm hier eine Rolle zugefallen, die er angenommen und wenigstens in dieser Gruppe auch behalten hat.

Es ist das eine Illustration zu dem intersubjektiven System, das als „ichpsychologisch fortgeleitetes Selbstregulationssystem" zu verstehen ist und ein intersubjektives Geschehen im Sinne der Ich-Theorie von POHLEN kennzeichnet. Es treten hier soziokulturelle Regulationsprozesse zutage, die in analoger Weise auch intrafamiliär gegeben sind in Gestalt von Austauschprozessen, die sich als individuelle Konflikte oder Konfliktstörungen „organisieren". Man denkt hier unwillkürlich an „Organisatoren" soziologischer Natur in Analogie zu den Organisatoren SPEMANNs in der Embryologie und den Organisatoren des ersten Lebensjahres nach R. SPITZ.

Internalisierung der
familiären Rollenstruktur

Die Vorstellung einer Verinnerlichung (Internalisierung) der gesamten familiären Rollenstruktur im Sinne einer neuen Internalisierungstheorie in Fortführung und Erweiterung der analytischen Theorie hat in der Psychiatrie die Konzeption eines neuen Krankheitsbegriffes angeboten und damit Soziologie und Psychiatrie einander nahegerückt. Demnach ist Krankheit, wenigstens im Kernbereich der Psychiatrie, Funktion bestimmter familiärer und soziokultureller Regulationsprozesse, bei denen ein Mitglied der Familie zum „Symptomträger" wird.

Das familiäre Geschehen oder der familiäre Prozeß als genetisches Feld, in welchem Konflikte ihren Ursprung haben, ist für den erfahrenen Kinderpsychiater und auch für den Kriminalisten ein vertrautes Bild und wird es neuerdings anscheinend auch für den Schizophrenieforscher. Die Abwehrmechanismen und typischen Verhaltensweisen in Gestalt von Abwehrformationen konstellieren sich in den Interaktionen eines soziofamiliären Beziehungsspiels mit spezifischer Rollenfiguration zwischen allen Mitgliedern der Familie und sie kontaktierenden Gruppen. Mehr-Personen-Beziehung und -Beobachtung eröffnen nach POHLEN erst den Blick dafür, daß die Entstehungsstätte von Konflikten in mehrpersonalen und mehrdimensionalen Bezugsrahmen (RICHTER 1970) in der Familie (Gruppe) gesehen werden muß. Nun sind diese Konflikte, wie die Erfahrung an Delinquenten lehrt, weitgehend identisch mit denen, die zu kriminellem Verhalten führen können, wenngleich ihre Kombination und Komplexität quantitativ und qualitativ in der Tatsituation von ihnen scharf zu trennen sind. Die Gruppenanalyse nach der Konzeption M. POHLENs, ausgehend vom Mehr-Personen-Konfliktmodell und vom Familienmodell ist daher geeignet, für die Fragen der Kriminogenese neue Modellvorstellungen zur Verfügung zu stellen. Die Familie als Vermittlungsinstanz im Akkulturationsprozeß kann auch zur Vermittlungsinstanz im Prozeß der Kriminogenese werden. Die Familie als funktionell-dynamische Einheit und der intrafamiliäre Interaktionsprozeß mit seiner Organisierung durch Rollenzuweisungen sowie die Tatsache, daß das Verhalten des Einzelnen eine funktionelle Bedeutung für die Gesamtfamilie hat, führte POHLEN zu der Auffassung, daß die Gesamtfunktion dieses Systems in der Herstellung eines Gleichgewichtszustandes liegt.

Es ergibt sich hier eine Bestätigung der Theorie vom mobilen Gleichgewicht durch eine Forschungsrichtung, die von ganz anderen Voraussetzungen ausgeht.

Wir möchten diese Auffassung nicht nur bestätigen, sondern schon jetzt als Tatsache interpretieren. Über dem Gleichgewicht der Ich-Funktionen des Einzelnen bzw. der dynamischen Ich-Einheit stehen jene Tendenzen in Familie und Sozietät, die gleichfalls auf „Gleichgewicht" hinzielen. Den Begriff Homöostase halte ich für unglücklich. Es geht hier um ein durchaus „mobiles" Gleichgewicht, um eine übergeordnete Form dessen, was oben als polymer, d.h. in den verschiedensten Teilbereichen nach jeweiligen Eigengesetzlichkeiten wirksame Isorropie (S. 20) bezeichnet wurde. Als „Teil" des allgemeinen polymeren mobilen Gleichgewichts strebt die familiäre Isorropie eine Stabilisierung des familiären „Feldes" an, wobei das Selbstregulationssystem, das man als Ich-Entwicklung bezeichnet, die Funktion einer ständigen Integrationsleistung nach innen und außen hat. Der Differenzierungsprozeß des Ichs wird in der Wechselwirkung mit dem Familiensystem als ein Internalisierungsprozeß aufgefaßt, in dem phasische und dynamische „Gleichgewichtslagen" auf den verschiedenen Stufen der Triebentwicklung hergestellt werden, wobei die jeweilige typische Ich-Organisation die Verinnerlichung des familiären Rollensystems für diese Phase (der Triebentwicklung) widerspiegelt (M. POHLEN). Es entsprechen die verschiedenen Interaktionsformen bzw. das Rollenverhalten den verschiedenen Stufen der Trieborganisation, die sich im interfamiliären Interaktionsprozeß strukturiert hat. Die Verinnerlichung der gesamtfamiliären Rollenstruktur stellt *die* entscheidende Determinante für die Ich-Organisation dar (WYNNE 1970). Innerhalb des Gesamtzusammenhangs des familiären Systems liegt die Grundfunktion offenbar in der Sicherung des Gleichgewichts durch reziproke Rollenzuweisung. Die auf dem Gruppenkonzept von POHLEN aufbauende Gruppenanalyse, die in der Gruppe das Abbild der Familienorganisation vorstellt, bestätigt sonach die hier vorgetragenen Auffassungen vom „mobilen Gleichgewicht" und seinen in den jeweiligen Zusammenhangsbereichen abgewandelten Gesetzmäßigkeiten.

Wird der Kranke (Schizophrene) als das Subjekt gesehen, welches als potentieller Symptomträger das Objekt der Ausgleichsregulation für die Trieb- und Ich-Bedürfnisse der anderen zur Aufrechterhaltung von deren Gleichgewicht darstellt, so ist zu sagen, daß unter verändertem Gesichtswinkel das Rollengleichgewicht in der Familie auch für die Fragen der Kriminogenese wahrscheinlich von entscheidendem Einfluß ist, wenn auch die lebensgeschichtlichen Schwerpunkte, die entscheidenden Nahtstellen und die ganze Gewichtung eine andere Verteilung aufweist.

Biologisches Fenster

Während man sich bei der Gruppentherapie auf die endogen psychotischen und neurotischen Syndrome und Abwehrmechanismen und ihre Wechselbeziehungen zur intrafamiliären Rollenzuweisung begrenzen kann, erfordert die Erforschung der Kriminogenese eine noch umfassendere Bemühung, die nur in den ersten Ansätzen aufgezeigt werden kann. Es ist daran zu erinnern, daß uns der Strukturwandel bei endogenen Psychosen und psychosomatischen Syndromen vor allem dazu diente, um in verstärkter und vergröberter Form Vorgänge zu veranschaulichen, die quantitativ reduziert und qualitativ abgewandelt in vielen, ja allen Familien zu beobachten sind. So wie der Geisteskranke nur unter bestimmten Umständen, nämlich beim Zusammentreffen eines Syndromwandels mit situativen, exazerbierenden lebensgeschichtlich vorgeformten Konflikten delinquent wird, so wird der Nichtpsychotiker nur in bestimmten Konstellationen seiner Entwicklung delinquent: bei der situativen Synchronisierung einer biologischen Phase mit einer soziologischen Störepisode. Diese Bedeutung eines „biologischen Fensters" für die kriminogen konstellierte Konfliktsituation als Ermöglichungsgrund delinquenten Verhaltens schließt die Bedeutung abnormer Entwicklungen, charakterlicher Dauerhaltungen und mehr oder weniger kontinuierlicher Prozesse keineswegs aus, ist aber doch jenes zusätzliche, „zufallende" Etwas, auf das es ganz wesentlich ankommt.

Zirkadiane Synchronisatoren

Bei Untersuchungen der menschlichen Körpertemperatur fand man drei überlagerte Frequenzen, die den zum Zeitpunkt der Untersuchung und zwei davor herrschenden Lichtverhältnissen (MENZEL 1962, KLEITMAN 1937) entsprachen. Es gibt eine Fülle komplizierter nichtlinearer Wechselwirkungen, die durch verschiedene mathematische und elektronische Modelle beschrieben werden können (ASCHOFF 1967, WINTREE 1967). Wir beschränken uns darauf, einen einzigen Mechanismus, der allerdings in sich äußerst komplex ist, den zirkadianen Synchronisator herauszugreifen. Nicht nur das Licht, auch die Umwelttemperatur und andere, sogar *soziale* Faktoren, die rhythmisch verändert werden, können als zirkadiane Synchronisatoren wirken. Das lebende Synchronisationssystem regelt durch aktives sorgfältiges Prüfen der Umwelt, wählt die nötige Information aus, während es zweifelhafte Signale zurückweist, verstärkt sie und formt sie, bevor es sie weiter durch den Körper leitet. Am Anfang steht nur Information über die Umwelt, keine Kraft, das biologische System gewaltsam anzutreiben (SOLLBERGER). Einige Photonen wirken auf die Retina ein, dieses schwache Signal wird durch das Freiwerden chemischer Energie verstärkt und umgeformt, die dann die entsprechenden Neuronen erregt. „Eine Millisekunde Licht, das eine dauernde Finsternis überlagert, genügt, um einen ruhenden zirkadianen Oszillator in Tätigkeit zu setzen" (SOLLBERGER). Der lebende Organismus funktioniert mittels eines *dynamischen Gleichgewichts* (das wieder unserem mobilen Gleichgewicht entspricht), zwischen miteinander verbundenen Servomechanismen und Oszillatoren.

SOLLBERGER hat darauf hingewiesen, daß ein solches System sehr anfällig für Störungen ist, auch wenn diese nur leicht und vorübergehend sind. Es sind bipolare Rhythmen, die als erste auf abnorme Reize ansprechen. Greifen wir den Wach-Schlaf-Rhythmus heraus, so haben wir es mit einem solchen biologischen Rhythmus zu tun, der naturgemäß vielfältiger und komplexer ist, als hier angedeutet werden kann. Alle diese Regulatoren und Rhythmen im engeren biologischen Bereich stehen aber in Wechselbeziehungen mit anderen biologischen Rhythmen (in Querverbindung) und zugleich mit den Funktionen des Ichs, also mit der gesamten emotionalen Sphäre (in der Vertikalen). Dazu kommen noch Interferenzen mit Bewußtseinsvorgängen, Stimmungen und anderen Zusammenhangsbereichen. Durch Änderung einer Empfindlichkeit für Resynchronisation und Anpassung der Phase an den Rhythmus werden Pseudosynchronisationsvorgänge erleichtert und der Einfluß zufälliger Reize verhindert. Es gibt eine ganze Reihe stabilisierender Mechanismen, d.h. möglicher Gleichgewichtsformen. Damit sind wir wieder am Ausgangspunkt unserer Ausführungen angelangt. Vergleicht man dieses biologische Rhythmussystem zirkadianer Synchronisationen mit den Ich-Funktionen, so ergibt sich, daß sie auf das engste ineinander verwoben sind.

Der intersubjektive Dialog beginnt zwischen Mutter und Kind in Form eines körperlichen Austrags im Sinne einer rhythmischen Einstimmung (POHLEN), die von R. SPITZ als zirkulärer Resonanzprozeß bezeichnet wurde. Er tritt auf lange bevor sich das Ich durch Phantasien strukturiert und die durchgehende Konfliktbedingtheit jeder Ich-Entwicklung sich in Gestalt einer Imagination als psychische Realität und Einheit konstituiert. Letztere treten nur in Konfliktsituationen in differenzierten Teilen in Erscheinung. Es sind dies Phänomene, die als mögliche Gleichgewichtsformen und ihre Störungen im Sinne VON HOLSTs charakterisiert werden. Wenn ursprünglich die Beziehung zum Objekt (zum Ausgestoßenen, also nie als „Liebesobjekt" denkbar) Nicht-Liebe, Feindseligkeit und Haß ist, und nach FREUD „die sozialen Gefühle" wie Zärtlichkeit, Mitleid, Mitgefühl und soziales Interesse „Reaktionsbildungen" auf zunächst eifersüchtige und feindselige Regungen sind, erweist sich, daß die Auffassungen von K. LORENZ über die Aggression nicht auf den Menschen übertragbar sind. Im übrigen sind auch die Aggressionen beim Tier immer in ein bestimmtes Ritual eingebaut und daher situativ-reaktiv. Nach der psychoanalytischen Theorie fallen Entzweiung von Liebe und Haß zusammen mit der Urdifferenzierung von Ich und Nicht-Ich: die Urtrennung ist der Beginn des Hasses (= Tod). Haß und Aggression in Gestalt delinquenten Verhaltens sind nicht einfach gleichzusetzen. Aggressionen sind vielmehr immer Reaktionen auf gestörte Abwehrfunktionen.

Der tägliche Auf- und Abbau des Ichs im Schlafen und Wachen (seine Ortriogenese im Sinne von FEDERN) entspricht einem täglichen Auf und Zu der Ich-Grenzen. Diesem Geschehen täglicher Ich-Abläufe mit den Vorgängen narzißtischer Ich-Verarmung und der Erweiterung der Ich-Grenzen im „reifen" Ich stehen biologische Regulationssysteme, z.B. zirkadianer Natur, gegenüber, woraus sich das Bild eines Ichs als eines pulsierenden Organs ergibt, das sich ausdehnt und zusammenzieht (FREUD, M. POHLEN). Das Bezugsverhältnis ist also ein sehr enges. Es läßt die typischen Schlafstörungen bei endogenen Psychosen, aber auch die Abhängigkeit und Wechselbeziehung gegenüber sozialen Reaktionen und Gefühlen verständlich erscheinen. Damit aber auch die bei jeder Kriminogenese zum Tragen kommenden Interferenzen feinster Gleichgewichtsstörungen in den verschiedensten Zusammenhangsbereichen.

Ist das Individuum schon als krankes nur aus intrafamiliären Wechselbeziehungen und noch komplexeren sozialen Zusammenhängen heraus zu verstehen, ergibt sich daraus, daß die Entstehung delinquenten Verhaltens noch von zusätzlichen Faktoren und Gesetzmäßigkeiten abhängig sein muß. Hier ist die entsprechende Problemtiefe erreicht, um diese Zusammenhänge zu analysieren und die Ansatzpunkte für künftige Forschungen freizulegen.

Einige Bemerkungen über die Situation im Strafrecht

Schuldbegriff

Entwicklung ist nicht eine Frage der Norm, sondern des Gleichgewichts und der Integration, auch im sozialen Bereich. „Es geht um die Vielfalt, das Polyphone des Menschenwesens, den Zusammenklang, die Kunst des Zusammenlebens." Die Aktualität dieser Worte von GRILLPARZER ergibt sich schon allein daraus, daß diese Kunst in der Natur und im menschlichen Organismus schon realisiert ist, nicht aber im menschlichen Zusammenleben. NOWAKOWSKI hat gezeigt, wie sich der Schuldbegriff auch ohne Rückgriff auf „Willensfreiheit" wissenschaftlich gesichert und mit gutem Gewissen handhaben läßt und daß die Fähigkeit, sich nach Sinngehalten, Werten und Normen auszurichten, dem Begriff „Willenskraft" vorzuziehen ist, eine Fähigkeit, auf die es mehr ankommt, als auf die „Wahlfreiheit" (NOWAKOWSKI, JESCHEK). Man könnte in diesem Zusammenhang auch formulieren, daß Zusammenklang und Kunst des Zusammenlebens selbstwertausgerichtete Gleichgewichtsfunktionen in höheren Zusammenhangsbereichen repräsentieren. Der auf diese Weise objektivierte Schuldbegriff verwandelt den Schuldvorwurf in ein Unwerturteil. Er stellt einen Mangel an Wertverbundenheit fest. Man sieht, es handelt sich hier um eine Feststellung, die in enger Beziehung zu den hier aufgewiesenen Problemtiefen steht. Auch liegt hier eine bemerkenswerte Konvergenz mit den Fortschritten psychiatrischer Forschungen vor, denn der Tatbestand, daß Delinquente Gefühlsgestörte sind, besagt ja, daß Gefühl als Bedeutungsurteil durch Lernprozesse zu Wertgefühlen und zur Interaktion mit Wertkategorien emergiert und so am Aufbau jenes Positionsschemas beteiligt ist, das den Menschen auf eine jeweilige Situation hin entwirft.

Strafe

Der durch Mangel an Wertverbundenheit gekennzeichnete Tatbestand kann, als „Schuld", Strafe als Appell an die Werthaltung begründen. Strafe ist so ein Mittel, den sozialen Unwert der Wertverfehlung eindringlich aufzuzeigen und als Motiv psychologisch wirksam zu machen (NOWAKOWSKI). Sofern ein solcher Appell notwendig und erfolgversprechend ist, ist Strafe sinnvoll und berechtigt. Die nur gefährlichkeitsbezogene Maßnahme gegenüber der schuldbezogenen Strafe auf ihre spezial- oder generalpräventive Wirkungen hin abzuwägen, ist aber letzten Endes eine rechtspolitische Frage und kann hier außer Betracht bleiben. Es geht hier um „sittenbildende Kräfte", die weder psychologisch noch statistisch zu erweisen sind. Auch Maßnahmen sind zugleich generalpräventiv (ANCEL). Auch sie drücken eine Mißbilligung aus. Dieses Unwerturteil trifft sogar schwerer (NOWAKOWSKI), was den Gegnern jeglicher „Strafe" zu denken geben sollte, ganz abgesehen von dem bei jedem Menschen in gegebener Situation vorhandenen Strafbedürfnis. Freiheitsentziehung bis zum Erlöschen der „Gefährlichkeit" wird mehr gefürchtet als die im vorhinein begrenzte Strafe. Zur Prognose wäre hier anzumerken, daß sie ein in sich wandelbarer Faktor ist, abhängig von Maßnahmen, vom Milieu, in das man zurückkehrt, von Reifungsvorgängen, von plötzlichen Umschlägen, in erster Linie also vom gesamten „genetischen Feld", in das die Tat eingebettet ist.

Behandlungsmöglichkeiten

Das Studium der Umstrukturierung von Abwehrprozessen in der Gruppenanalyse kann hier wertvolle Hinweise geben. Bei lebenslänglich Bestraften lassen sich nämlich, wie wir wiederholt feststellen konnten, gleiche typische Umstrukturierungen im Laufe der Jahre aufweisen wie etwa in der Gruppenanalyse der Verlaufsform einer Hysteriegruppe. Wie vorzugehen ist, kann daher immer nur individualisierend (ANCEL) entschieden werden. Brüderliche Begegnung und verständnisvolles Gespräch, auch Therapie in engerem Sinn, sind ohne Einsatz von Zwang, und sei es nur in Form einer Drohung, nicht erfolgversprechend (NOWAKOWSKI), m.E. überhaupt nicht möglich. Denn der Delinquent sucht — wenigstens in der Regel — den Arzt nicht freiwillig um Hilfe auf, bzw. ihm wurde solche Hilfe aus menschlicher Unzulänglichkeit (z.B. Zeitmangel) nicht zuteil. NOWAKOWSKI meint, Behandlungsmöglichkeiten entfallen, weil kleine und mittlere Kriminalität auch bei großzügiger Entkriminalisierung eine Massenerscheinung bleiben werden. Man kann dem hinzufügen, daß ein großzügiger Einsatz am Punkt der ersten Gabelung, wo bedingte Bestrafung gleichsam blind erfolgt, weil Erstkriminalität zunächst prognostisch unklar bleibt, dennoch zu fordern wäre, und sei es auch nur in Form einer ambulatorischen Station. Diese sollte zunächst mit begrenzten Gruppen arbeiten, also etwa bei einem Jugendgericht. Gerade hier könnte die Frage der Verhältnismäßigkeit durch sachgerechte Auswahl der Fälle zu einer positiven Antwort führen. Im übrigen ist schon der „Geist", der in einer Anstalt lebendig ist, ein eminenter Behandlungsfaktor.

Bemerkenswert ist, daß NOWAKOWSKI bestimmte Grenzen aufgewiesen hat, deren Einhaltung einer Unterscheidung zwischen Strafe und Maßnahme fast jede praktische Bedeutung nimmt. Man muß sich hüten, hier gegen Windmühlen anzurennen. An der wesentlichen Bedeutung generalpräventiver Maßnahmen ist nach NOWAKOWSKI nicht zu zweifeln. Das Ziel einer Entvölkerung der Gefängnisse (SCHLYTERS, ANCEL, NOWAKOWSKI) ist näher gerückt, sobald ein wissenschaftlicher Ansatz zur Erforschung der Kriminogenese freigelegt ist. Das geht allerdings nur über eine umfassende Theorie.

Schizoide Struktur und egodätische Reduktion — ein Beitrag zur Strukturanalyse des Diebstahls

Das Bewendenlassen, existential als „Sein"-lassen (HEIDEGGER) zu verstehen, begreift sich als Umsicht für das Zuhandene im Modus des Möglichen. Diese Umsicht gewährleistet die Aufrechterhaltung des mobilen Gleichgewichts im konkreten Handlungsentschluß und im folgenden Handlungsablauf. Die Modi umsichtigen Begegnenlassens beruhen auf der Umsicht des gebrauchenden Umgangs mit Dingen und Menschen in ihren Bezogenheiten auf Ordnung. Diese Modi sind bei Delinquenten immer wieder durch ein Nebeneinander phasenspezifischer Abwehrmechanismen und Triebzustände aus ganz verschiedenen Entwicklungsstufen als defizient gekennzeichnet. Hieraus ergeben sich widersprüchliche Verhaltensweisen, die nach außenhin ein geschlossenes, mehr oder weniger labiles Abwehrsystem bilden können.

Bei Fällen aus dem nosologischen Grenzbereich Zyklothymie und Neurose war der biologische Faktor im Aufeinandertreffen verschiedener Impulsqualitäten aus verschiedenen Zusammenhangsbereichen gegeben, wodurch die Möglichkeiten delinquenten Verhaltens augenscheinlich erhöht wurden. Vergleichbar etwa dem Zusammenwirken von Windböen (1. soziale Störfelder, z.B. im Arbeitsprozeß), mit einer an sich schon desäquilibrierten, auf einer Seite hängenden Flugmaschine (2. gestörtes Gleichgewicht, z.B. in Gestalt einer abgeklungenen depressiven Phase) und mit der aus dieser Konstellation entspringenden Nervosität des Piloten (3. eingeengte Reagibilität und Neurotisierung). Und all das im Zusammenwirken mit einem lebensgeschichtlichen Faktor, etwa „alte Maschine" (4. z.B. verdrängte Angst aus einer Kindheitsneurose). Zusammen ergibt es erst das Phänomen des „Trudelns", d.h. der Delinquenz, welche äußerlich gesehen mit den Spiralen und Sturzflügen eines Kampffliegers Ähnlichkeit haben mag (oder, wie oben gezeigt wurde, mit schöpferischen geistigen Akten), aber doch auf ganz anders strukturierte Abläufe hinweist.

Das endogene Geschehen ist an sich viel komplexer, als man vielfach angenommen hatte. Die Beobachtung, von der wir ausgegangen sind (STUMPFL 1967; Brandstiftung bei Melancholie), läßt erkennen, daß

Faktoren jahrelanger Dauerbelastung im Sinne der endoreaktiven Dysthymie (WEITBRECHT), Entlastungsmelancholie (LANGE) und somatoreaktiven Auslösung durch Laktation in einem einzigen Fall zusammenwirken können. Es liegt daher die Vermutung nahe, daß klinische Diagnosen oft nur einseitig einen einzigen Aspekt hervorheben. Ist schon das Zusammenwirken von drei bis vier Faktorengruppen beim Zustandekommen eines kriminogenen Geschehens von höherer Komplexität, so ist die Art der Faktorengruppen, auf deren Zusammenwirken Kriminogenese verweisend angewiesen ist, noch komplexer.

Die Strukturanalyse delinquenten Handelns führt so zu der Auffassung, daß auch hintergründige Phänomene und ihre Dynamik, also das phasische Geschehen im Sinne der phasischen Psychosen, das neurotische Geschehen und ebenso die Randphänomene bei den Schizophrenien, bei organischen Psychosen, bei epileptischen und anderen Anfallskrankheiten, Hinweise auf gestörte Gleichgewichtssysteme sind, und daß die sog. endogenen Psychosen nichts anderes als Merkzeichen oder Syndrome sind, die auf ein in spezifischer Weise gestörtes (biopsychologisches) Gleichgewichtssystem verweisen. Die Ergebnisse der Schizophrenieforschung (BENEDETTI, M. BLEULER), die (wohl endgültig) erkennen lassen, daß, abgesehen von einem Erbfaktor im Sinne einer dispositionell wirksamen Strukturvariante (SCHULTZ-HENCKE) und anderen konditionierenden Faktoren, keine organisch greifbaren Momente im Sinne von „Krankheitsursachen" gegeben sind und daher alle organischen Befunde (HUBER u.a.) als Sekundärprodukte, analog einer „Dysaktivitätsdystrophie" anzusehen sind, stützen diese Auffassung. Die Bemühungen, klinische Psychiatrie und Psychoanalyse in der Schizophrenieforschung zu versöhnen und die Entdeckungen FREUDS und FEDERNS für eine strukturale Gesamtansicht der schizophrenen Psychosen fruchtbar zu machen, führten POHLEN dazu, auf eine Konsequenz seiner Forschungen hinzuweisen: „Die verschiedenen Erkrankungsformen sind nur noch als bestimmt geartete Abwehrfunktionssysteme im Modell eines Gleichgewichtssystems (und der notwendigen Ausgleichsregulation — in den Symptomen — zur Aufrechterhaltung dieses Systems) zu beschreiben."

Hypomanisch-expansive Abwehrstruktur

Diese Konzeption ermöglicht es uns — so wie die von PETRILOWITSCH in Verbindung mit eigenen Beobachtungen im Grenzbereich phasisch-psychotischer und neurotischer Symptomatik — nun auch im breiten Grenzbereich zwischen Psychopathie und Schizophrenie die Strukturanalyse kriminogenetischer Bedingungszusammenhänge voranzutreiben. Es zeigt sich dabei, daß, ähnlich wie der Kern der hyperthymischen und stimmungslabilen Psychopathen zu den phasischen Psychosen, so die willenlosen und gemütlosen zu der Schizophrenie wesensmäßige Beziehungen aufweisen. Man könnte vergröbernd formulieren, es sind sekundäre Gleichgewichtslagen, die auch auf Ausgleichsregulationen beruhen, deren Abwehrfunktionssystem erstarrte, bevor noch die Grenze zu dem psychotischen Geschehen überschritten wurde. So kann es in ganz typischer Weise zu einer hypomanisch-expansiven Abwehrstruktur mit reichlichen Oberflächenkontakten und vergeblichem Streben nach echter Partnerschaft kommen, bei äußerster oder doch ausgesprochener Konstitutionsnähe zur Schizophrenie, ohne daß der letzte Schritt erfolgt: das Weltuntergangserlebnis und der folgende Neuaufbau bleiben aus. Und doch schimmern vielfach Größen- und Verfolgungswahn durch das Verhaltensbild hindurch, so daß man manchmal glaubt, sie greifen zu können. Derartige Fälle wurden bisher in der Regel, je nach dem Ausmaß der Aktivität, als gemütlose oder willenlose Psychopathen oder je nach Beurteilung auch als Hyperthymiker oder etwa als Aggressionen bei neurotischer Entwicklung usw. bezeichnet, wobei aber mehr Eigenart und Problemniveau der Beurteiler als der tatsächliche Strukturzusammenhang charakterisiert war.

Ein Rückfallsdieb, der psychopathologisch gesehen den willenslosen und hyperthymischen Psychopathen entsprechen würde, erweist sich bei genauerer Analyse seiner Entwicklung als ein Feld, auf dem recht verschiedene Ereignisse sich abspielen und einander ablösen. Da ist einmal (1) eine phantastische Identifikation mit dem längst verstorbenen Vater, die gelegentlich zu Größenideen führt, dann (2) eine ungelöste und unverarbeitete Mutterbindung in Verbindung mit paranoiden Strukturen und Aggressionen rings um eine Besitzthematik, die wieder an das väterliche „Erbe" anknüpft, wozu dann noch (3) nach einem Objektverlust (Ehescheidung) die Projektion des Guten in allerlei verschrobene Tierliebe und oberflächliche Kameradschaften kommt und (4) eine hypomanische Abwehrstruktur (geselliger Alkoholismus). Diese vier Zusammenhangsbereiche sind dynamisch untereinander verknüpft und phasenspezifisch unterschieden, und zwar in der Weise, daß die hypomanische Abwehrstruktur sich zurückzieht und einengt, wenn ein Liebesobjekt gegeben ist, in das alles Gute projiziert werden kann, was zu sozialer Anpassung führt. Umgekehrt führt Objektverlust zur Verstärkung der hypomanischen Abwehrstrukturen, des Trinkens und der Oberflächengeselligkeit und setzt zugleich durch Magnetwirkung über die tieferen phasenspezifisch fixierten Triebzustände (Vater-Identifikation, Akzentuierung der Besitzthematik) den „Größenwahn" frei. Dabei läßt sich zeigen, daß dieses Geschehen zwischen vier Zusammenhangsbereichen von dem Gleichgewichtszustand des gesamten Abwehrsystems abhängig ist, das seinerseits wieder durch einen fünften, in sich gedoppelten Faktor gestört oder kompensiert werden kann: durch die (intrafamiliäre) Rollenzuweisung von seiten der dominierenden Mutter und in Koinzidentialkorrespondenz damit durch den jeweiligen Stand personaler Bindungen. Dazu gehören echte personale Bindungen bzw. ihr Verlust (etwa Ehescheidung), aber auch die Ersatzbindungen im Bereich der Abwehrstrukturen, also Verlust der Zechkumpane.

Die Diebstähle bedeuten dementsprechend auf den vier verschiedenen Ebenen verschiedenes: auf der untersten Stufe Allmacht, Identifikation mit dem Vater, Antreten seines Erbes (Besitz), auf der nächsten Ebene Negation der Mutter, die ihm dieses Erbe vorenthält, also Abwehr der „Verfolgung". Auf der dritten Stufe das Gute, das nie vollkommen introiniert werden konnte (die verlorene Ehefrau, die verlorenen Zechkumpane, als Wiedergutmachung) und schließlich auf der vierten Stufe einfach das „Zufallende", das „Günstige", den „günstigen Augenblick" der hypomanisch expansiven Abwehrstruktur, das, was man wieder „ausstoßen", verkaufen kann. Dazu kommt noch der Rollenzwang durch die Mutter, die sich selbst als unfehlbar glorifiziert und dem einzigen Sohn die Rolle des Bösen, des Verbrechers, zuweist.

Diese Struktur der Diebstahlshandlung, die dann gehäuft auftritt, wenn keine personale Beziehung (also nach der Ehescheidung) wenn keine Trinkkumpane da sind (er also allein ist, und dann allein nicht ertragen kann), zeigt gewiß viele Varianten. So kann an die Stelle der Mutter die Gesellschaft treten oder die Auseinandersetzung mit den eigenen Schuldgefühlen. Die Wesensstruktur ist aber immer die gleiche und läßt erkennen, daß es sich um Störungen der Ich-Entwicklung handelt, die nicht bis zum schizophrenen Umschlag von Quantität in Qualität fortgeschritten sind, aber doch mit den strukturalen Gleichgewichtsverschiebungen bei der Schizophrenie große Ähnlichkeit erkennen lassen. Je genauer man derartige Fälle untersucht und je länger man sie verfolgt, desto mehr zweifelt man, ob man sie im Sinne der klinischen Psychopathologie zu den Schizophrenien oder zu den Psychopathien zählen soll. Hält man sich aber an die klinische Diagnostik, sind es Fälle von Schizoidie in dem schon von KRETSCHMAR herausgearbeiteten und neuerdings wieder von M. BLEULER umrissenen Sinn. Diese Strukturen sind zwar nicht reversibel im Sinne einer psychotischen Struktur, sie können aber einer Nachreifung unterliegen, worin die Möglichkeiten einer Resozialisierung liegen. Es ist hier möglich, Gleichgewichtsverschiebungen und Kompensationen zu erzielen, die aus dem zirkelhaften Geschehen herausführen. Hyperthymie und Willenslosigkeit im Sinne der Psychopathologie erweisen sich bei der Analyse als hypomanische Abwehrhaltung und Projektionsmechanismen (des Guten auf Kameraden und „Freunde") mit entsprechender Verführbarkeit gegenüber diesem „Guten".

Es handelt sich also nosologisch nicht um Schizophrenien im Sinne der JASPERS-SCHNEIDERschen Psychopathologie und nicht um klassische Neurosen etwa im Sinne von I.H. SCHULTZ oder SCHULTZ-HENCKE. Daß es sich hier um quantitative und qualitative Differenzen sowohl gegenüber den Psychosen als auch Neurosen handeln soll, ist wohl schwerlich denkbar. Es müssen bei diesen delinquenten psychopathologischen Persönlichkeiten andere Abwehrstrukturen und Formen von Ich-Störungen vorliegen.

Projektionskern

Versucht man diese Ich-Störungen näher zu charakterisieren, geht man am besten davon aus, daß bei solchen Delinquenten (mit „Rückfallsdiebstahl"), die gleichsam „gegen ihren Willen" immer wieder zu Diebstählen kommen, in der Vorgeschichte regelmäßig eine geradezu zwanghafte (und „verführerische") Wiederholung und Ausbreitung der Besitzmathematik von seiten einer engeren Bezugsperson, etwa der Mutter, festzustellen ist. Diese hat schon früh zu meist vergessenen oder verdrängten Szenen geführt, in denen sich die künftige Rolle des Delinquenten (im Sinne einer unbewußten Rollenzuweisung) schon abzuzeichnen beginnt. Im Zusammenhang damit findet sich in der frühen Entwicklung eine Beibehaltung des Lust-Ichs in Gestalt eines „Projektionskerns" (POHLEN), mit ständiger Öffnung zum Unbewußten, und dementsprechenden Nebenherlaufen einer Primärprozeßkomponente (FREUD) mit archaischer Funktionsweise neben anderen, phasen-

spezifisch durchaus ausgereiften Ich-Funktionen. Nach außenhin ist das Realitäts-Ich anscheinend intakt, der genannte Projektionskern führt aber zum Aufbau von Abwehrfunktionen, die vorwiegend als Erziehungsschwierigkeiten zutage treten: es entwickelt sich schon in der Kindheit eine hypomanisch-expansive (oder auch mehr passive) Abwehrstruktur mit der Tendenz zu allerlei Aggressionen und „bösen Streichen" bzw. zu entsprechender Verführbarkeit etwa in der Schule, wobei ein ausgesprochen phasischer Charakter auf das Vorliegen eines noch wesentlich komplexeren Abwehrfunktionssystems hinweist, als nach außenhin sichtbar wird.

Die entscheidenden Wendepunkte liegen dann, vorausgesetzt, daß Verwahrlosungserscheinungen und andere Komplikationen fehlen, in der Pubertät und in der ersten tieferen Liebesbeziehung. Dabei wird der Projektionskern auch beim Durchzug durch gröbere Störfelder nicht „überbesetzt" (führt nicht zu Halluzinationen und sonstigen psychotischen Symptomen im Sinne der Schizophrenie). Anscheinend deshalb, weil der hypomanisch-expansive Abwehrmechanismus mit der Tendenz, in Streßsituationen sich passiv dem (purifizierten) Lust-Ich zu überantworten, die „Besetzungshöhe" der psychischen Vorgänge auf niedrigem Niveau hält. So kommt es nicht zum Umschlag von Quantität in Qualität (HEGEL), der nach POHLEN an diesem Punkt das Schicksal, ob Neurose oder Psychose, entscheidet. Der Verneinungslust gegenüber Mutter, Vorgesetzten, Gesellschaft, also aller Unterordnung, entspricht auf der anderen Seite eine bedingungslose Bejahung gegenüber jeglicher „Kumpanschaft", sei es Tier oder Kamerad, was sich dahin auswirkt, daß bei jeder schwereren Störung im Sinne einer sozialen Mehrbelastung oder eines Objektverlustes vom Projektionskern her die hypomanische Abwehrstruktur durch das Eindringen unbewußter oder verdrängter (phasenspezifisch-archaischer) Triebzustände verstärkt wird. Die beiden Linien aufsteigender Ich-Differenzierung sind nämlich durch den Projektionskern zwar in ihrem harmonischen Zusammenwirken und Ineinanderschwingen gestört, mangels einer Überbesetzung des Projektionskerns bleibt aber dennoch die Einheitlichkeit des Ichs erhalten. Diese Störung der Harmonie reduziert diesen schizoiden Typus auf eine einzige Beziehungswelt und degradiert sie zu einem Mittel, dem man sich überläßt, zu einem Tor der Abwehrmechanismen im Sinne einer Verstärkung des Trieb-Ichs. Anders ausgedrückt, es kommt zu Schwingungen des Projektionskerns mit einem defizienten (primitiven), aber doch erhaltenen Real-Ich. Unreife des Ichs und Ich-Schwäche sind also hier anders zu lesen als bei der Schizophrenie. Der „Projektionskern" hat sich nicht zu einer „unheilbaren Spaltung" ausgeweitet.

Man könnte nun einwenden, daß es auch viel einfachere Diebstähle gibt, die keinen so komplizierten Aufbau und Hintergrund haben. Dem ist entgegenzuhalten, daß menschliche Handlungen und Verhaltensweisen niemals „einfach" sind. Eine genauere Analyse solcher Persönlichkeiten würde genau die gleichen Strukturprobleme aufwerfen, und es würden zwar Varianten, aber keine tieferen Wesensunterschiede zum Vorschein kommen. Im übrigen beziehen sich diese Darlegungen auf die große Kerngruppe der rückfälligen Delinquenten, bei denen Diebstahl zwar als Hauptdelikt, aber in vielen Fällen auch mit Gewalttätigkeiten verbunden ist. Man findet, wenn auch in abgeschwächter Form, alle diese Strukturen auch etwa bei einem ganz „einfachen" Diebstahl, der von keinem Rückfall gefolgt ist. Es sei hier erinnert an die Frau des Lokführers, die unter ihren zahlreichen Geschwistern immer die Prinzessin auf der Erbse war, und in einer latenten Ehekrise einen anscheinend vollkommen unmotivierten Diebstahl in einem Selbstbedienungsladen beging. Es wird hier also nicht von einem Fall aus verallgemeinert, sondern umgekehrt eine allgemeine und jahrzehntelange Erfahrung an einem Beispiel demonstriert.

Resozialisierungsmöglichkeiten

Allen diesen Fällen ist eine immanente Tendenz zur Spontanresozialisierung eigen, die aber bisher dadurch verschüttet war, daß die Gesellschaft die Rolle jener Instanz, oft der Mutter des Delinquenten, übernahm, die diesen bisher durch Rollenzwang im Rahmen der multifaktoriel-

len Kriminogenese entscheidend beeinflußt hat, was eine Spontanreifung verhindert hat. Auch die Folgen des Strafvollzugs, wie er bisher gehandhabt wurde, wirken sich allzuoft in dieser Richtung aus. Es kommt dadurch zu einer Fixierung von Abhängigkeiten gegenüber negativistischen Subkulturen und zu einer Unterbindung der immer noch vorliegenden Möglichkeiten zu Ich-Akten, die durch das Medium der appräsentativen Fremderfassung die Voraussetzung dafür sind, in das andere Ich hineinzureichen, also für spezifisch ich-personale Akte, die den Charakter von sozialen Akten (HUSSERL) haben. HUSSERL hat darauf hingewiesen, daß es eine wichtige Aufgabe ist, diese Akte in ihren verschiedenen Gestalten sorgsam zu studieren und von da aus das Wesen aller Sozialität transparent verständlich zu machen. Daß diese evidenten Gegebenheiten noch bis vor kurzem von psychiatrischer Seite vernachlässigt wurde, liegt vielleicht daran, daß man in der Psychopathologie seit DILTHEY die sozialen Faktoren zunehmend ausgeklammert hat und um rein psychopathologische Phänomene und ihre Abgrenzungen bemüht war, in dem Glauben, sie von soziologischen Momenten freihalten zu müssen. Es geht aber hier nicht um eine Vermischung von Begriffen, sondern um Relationen, um Beziehungen zwischen Individuen. Der Wandel des Standorts liegt anscheinend darin, daß man heute die Fremderfahrungen und interpersonalen Beziehungen, kurz die soziale Dimension gegenüber den psychopathologischen Syndromen als bloßen Abwehrfunktionen und Störsyndromen wieder als die primäre, als die eigentliche Dimension des Humanen erkannt hat.

Die Verneinung der eigenen Mutter (und damit der natürlichen Gesellschaftsordnung) und überhaupt der Vereinigung mit „dem Guten", das nicht introjiziert, sondern bloß projiziert wird, entspricht dem Destruktionstrieb und führt so zur Verneinung all dessen, was mit Unlust verbunden ist (Arbeit, Einstehen für eigene Fehler), zu destruktiven Einfällen und Handlungen. Bei unseren Delinquenten kam es nicht zu einer Regression auf die Stufe des primären Narzißmus und der entsprechenden Abwehr (in der Psychose), aber ähnlich wie Schizophrene können diese Delinquenten auf das „gute äußere Objekt" nicht verzichten. So werden z.B. für die Dauer einer Ehe keine Diebstähle begangen und der Alkoholismus erfährt eine deutliche Reduktion. Zerbricht jedoch die Ehe, nehmen Alkoholismus und Diebstähle wieder zu, sie treten in typischen Intervallen auf, und zwar gerade dann, wenn der Delinquent allein ist, er also hymomanisch-expansive Abwehrmechanismen im Kreis von Kumpanen nicht in Gang setzen kann. Die Verfestigung dieser soziopathischen „Haltungen" durch die Folgen des bisher geübten Strafvollzugs wurde schon erwähnt. Der Auffassung von H. KATSCHNIG u. H. STEINERT, diese Haltungen — oder „dieses soziopathische Verhalten" — abzubauen, sei schwierig, ist zuzustimmen. Wir sind aber nicht ihrer Meinung, ein erfolgreicher Eingriff hänge davon ab, das Wirtschaftssystem und andere zentrale Bestandteile unseres Gesellschaftssystems zu ändern. Denn die genauere Analyse zeigt, daß die Wurzeln der Abwehrmechanismen und Reaktionsbildungen im intra- (und inter-)familiären Mehr-Personen-Konflikt verankert sind. Dementsprechend wäre eine Umstrukturierung dieser Abwehrprozesse, die in anderen Wirtschaftssystemen genau so, wenn auch in veränderter Konstellation, zustande kommen, durch ein entsprechendes Maßnahmenrecht viel unmittelbarer und gezielter zu erreichen. Sie sollte dabei an die Erfahrungen einer am Familienmodell orientierten Gruppentherapie (POHLEN 1972) und Bewährungshilfe anknüpfen.

Dabei wäre zu fordern, daß Strafe, Maßnahme und Resozialisierungsplan abgestuft und aufeinander abgestimmt und jeweils den abzuändernden Abwehrmechanismen angepaßt angewendet werden. Dadurch würde die Einordnung in ein entsprechendes soziales Subsystem und damit in die Gesellschaftsordnung ermöglicht.

Um was es hier letztlich geht, sind äquilibrierende Eingriffe in das gestörte System des mobilen Gleichgewichts und seiner untergeordneten möglichen Gleichgewichtsformen auf den entsprechenden Entwicklungsstufen. POHLEN (1967) hat in seinem Entwurf eines Schemas der intersubjektiven Konstituierung gezeigt, daß auf den verschiedenen Ebenen, von der apersonalen Wirheit bis zur Ebene der „Begegnung" — das Schema wäre zwischen diesen beiden Ebenen entsprechend den Entwicklungsgesetzlichkeiten der nichtschizophrenen Persönlichkeit abzuändern —, die Höhe des Differenzierungs- (d.h. Strukturierungs-)grades oder des Freiheitsgrades einer Person davon abhängig ist, wieweit sie über alle modalen Möglichkeiten der einzelnen Stufen verfügen kann. Dabei handle es sich klinisch gesprochen um die Fähigkeit zur *„freien Regression"* (GRUNBERGER 1964), wie sie als „Anspruch" im Koitus begegnet, wo es (idealiter) zu einem („vollständigen") Persönlichkeitsaustausch kommen kann, der alle Möglichkeiten der einzelnen Entwicklungsstadien als geraffte Wiederholung ihrer Geschichte (des Begegnens) umfaßt. Dieser Differenzierungsgrad, der zugleich die personale Integrationshöhe kennzeichnet, ist u.E. weitgehend proportional der Zahl möglicher Gleichgewichte in vorhergesehenen und unvorhergesehenen Lebenssituationen und -konflikten. Denn er umfaßt auch die konditionierten und erbgenetisch ermöglichten Formen solcher Gleichgewichte. Die von FEDERN und POHLEN vertiefte Strukturlehre des Ichs bestätigt, ergänzt und vertieft sonach die aus Empirie und Theorie der Kriminogenese ausgearbeiteten Positionen und eröffnet gerade in dem kriminologisch so relevanten Grenzbereich zwischen Schizophrenie und Psychopathie die entscheidenden Möglichkeiten zu neuen Ansätzen künftigen Forschens.

Einengung des Zeichengebrauchs

Der Vorgang des plötzlichen Überspringens auf die Thematik eines Lebenskonfliktes, der einer ganz anderen Lebensphase und Triebzustand entspricht, steht weitgehend in Analogie zu einem Syndromwandel, einem *„shift'* im Sinne der Psychosomatik (SPIEGELBERG), auf der anderen Seite auch zu jenem Phänomen der Superposition und des Magneteffekts im Sinne VON HOLSTS. Die jeweilige (Tat-)Situation ist charakterisiert durch eine Bedeutsamkeit (lebensgeschichtlich bestimmte „Bedeutung"), aus der sich die erhöhte Möglichkeit des jeweiligen delinquenten Verhaltens deshalb ergibt, weil in ihm Spannungslösungen, Sinnerfüllungen und Abwehrmechanismen synchronisiert sind und sich darin vereinen, eine akute Gleichgewichtsstörung zu kompensieren. Dieser Reduktion der Vielfalt möglicher Gleichgewichte entspricht ein Verlust der natürlich-humanen Verweisungsmannigfaltigkeit des „Um-zu" und damit der „Umsicht", des „umsichtigen Übersehens" (HEIDEGGER), und damit auch eine Einengung und Entdifferenzierung des „Zeichengebrauchs". Hier eröffnet sich der Zugang zum Verständnis jener geradezu regelhaften Erscheinung, daß irgendein anscheinend bedeutungsloser oder — zweckhaft gesehen — doch wenig geeigneter Gegenstand im Moment der Synchronisierung der genannten Mechanismen (im Tatzeitpunkt) eine „führende" Rolle übernehmen kann.

In diesem Zusammenhang ist daran zu erinnern, daß es keine universale kosmische Zeit gibt, sondern verschiedene Eigenzeiten der verschiedenen Körper und Personen. Hieraus ergibt sich, daß man von Beziehungsänderungen ausgehend nicht immer sagen kann, welche Zeiten, Symptome oder Phänomene früher oder später waren. Wir begegneten schon im Bereiche der psychophysiologischen Zusammenhänge einer ähnlichen Problematik, als sich nämlich zeigte, daß es beispielsweise bei Unfällen oder anderen plötzlichen Ereignissen eine Zeitspanne gibt, in der unbewußte Reflexvorgänge dem Bewußtsein um etwa eine halbe Sekunde voraneilen. Ein ähnliches Problem, aber nun auf interpersonaler oder interobjektiver Ebene, begegnet uns neuerdings hier. Nur daß wir jetzt in einem Bereich sind, wo eine rein kausale Betrachtungsweise, ähnlich wie die in der Atomphysik, nicht mehr angemessen ist, da es nur noch um die Frage der Verknüpfung und Aufeinanderfolge von „Ereignissen" und nach der Meßbarkeit solcher Beziehungen geht.

Egodätische Reduktion

SPEMANN betonte in seinem grundlegenden Buch „Experimentelle Beiträge zur Theorie der Entwicklung" (1936), daß er immer wieder Ausdrücke gebraucht habe, welche keine physikalischen, sondern psychologische Analogie bezeichnen; „Daß dies geschah, soll mehr bedeuten als ein poetisches Bild. Es soll damit gesagt werden, daß die ortsgemäße Reaktion eines mit den verschiedensten Potenzen begabten Keimstückes in einem embryonalen ‚Feld', sein Verhalten in einer bestimmten ‚Situation', keine gewöhnlichen, einfachen oder komplizierten chemischen Reaktionen sind. Es solle heißen, daß diese Entwicklungsprozesse für alle vitalen Vorgänge … in der Art ihrer Verknüpfung von allem uns Bekanntem mit nichts so viel Ähnlichkeit haben wie mit denjenigen, von welchen wir die intimste Kenntnis besitzen, den psychischen."

In der frühen Psychoanalyse (z.B. H. HARTMANN 1927) sprach man vom Kraftbegriff als Wirkungen, welche Vorstellungen, Gedanken, Affekte usw. aufeinander ausüben. Man sah nicht die Seele als Ursache der einzelnen psychischen Funktionen an (Vermögensbegriff der alten Psychologie). Auch bei der Strukturanalyse krimonogener Abläufe geht es um Wechselwirkungen zwischen Dauergeformtheiten, Wertangelegtheiten, Balancen und Imbalancen der internen Tendenzen, der affektiven Verschiebungen usw. im Bereich des aktualgenetischen Inventars, also um den Versachlichungsgrad in den mehr oder weniger verdeckten Bereichen zielgerichteten Strebens. Doch tritt hier an die Stelle des Kraftbegriffes, der auch in der Physik an Bedeutung verloren hat, der Begriff der Synchronisation und der Aufeinanderfolge von „Ereignissen" und der Begriff des mobilen Gleichgewichts, der Wechselwirkungen zwischen verschiedenen Zusammenhangsbereichen. Allenfalls erinnert noch der Begriff der Ich-Stärke an diesen früheren Kraftbegriff. Auch Ich-Stärke bedeutet im praktischen noch die Fähigkeit, Widerstände zu überwinden oder Veränderungen herbeizuführen (H. HARTMANN).

Bei jenen Delinquenten, die man früher als willenlose, gemütlose oder hyperthymische Psychopathen bezeichnete, findet sich Ich-Schwäche, große seelische Empfindlichkeit, Reduktion der Selbstwertgefühle, der Spannkraft und der Konzentrationsfähigkeit. Die Tat erfolgt jeweils in einer egodätischen Reduktion, d.h. in einem Zusammenbruch von sekundären, nur durch

Abwehrmechanismen aufrecht erhaltenen Gleichgewichtszuständen auf Grund von Interferenzen zwischen intrapersonalen Schwingungsebenen und solchen der Abwehrstruktur und der verdrängten Tiefenkonflikte, zwischen Unabhängigkeits- und Abhängigkeitsstreben.[3] In der egodätischen Reduktion durchbricht nun (immer wieder) das purifizierte Lust-Ich den Projektionsherd. Diese Durchbrüche weisen eine Synchronisation mit Vorgängen auf, die mit der intrafamiliären Rollenzuweisung und der Dynamik der Abwehrmechanismen zusammenhängen, woraus sich unregelmäßige Rhythmen ableiten lassen. Bedeutsam ist, daß zu allen diesen Schwingungsebenen noch eine vierte hinzutritt, die man als „frei" bezeichnen darf und die besagt, daß im Gegensatz zum Schizophrenen die Möglichkeit zur personalen Begegnung, wenn auch eingeengt auf ein bescheidenes Niveau, mit den Eigenschaften der Dauerhaftigkeit und Stabilität der Beziehungen, also zu einem Durchbruch zu einer wirklichen Welt (in der Begegnung mit einem Du) gegeben ist. Daß solche Begegnungen, entsprechend der „biologischen" Partnerregel, auf diesem sozialen Niveau oft zum Scheitern verurteilt sind, ist zuzugeben. Allein das Bestehen einer gleichsam auswechselbaren Dimension der Möglichkeit einer personalen Begegnung besagt immerhin, daß und wie hier Resozialisierung möglich ist. Die Tatsache, daß eine Begegnung, die z.B. zu einer Ehe führt, in einem solchen Zustand vorübergehend oder auch dauernd zu „heilen" vermag, darf als ein Hinweis dafür gewertet werden, daß ebenso ein Bewährungshelfer, eine Gruppenanalyse oder eine Gruppentherapie geeignet sein können, solche Fälle — welche die zahlenmäßig überragende Kerngruppe aller Rückfalldelinquenten darstellen — zu resozialisieren.

Dabei ist zu bedenken, daß auch intrafamiliäre Rollenzuweisung und sozial bedingte Rollenfixierung

---

[3] Eyodätische Reduktion wird verstanden als besondere Form der „physiologischen Reduktion" (JASPERS), in der ein Reiz eine Reaktion bewirkt.

therapeutisch und maßnahmenmäßig angegangen werden können. Diese Kerngruppe ist gekennzeichnet durch eine schizoide Struktur mit hypomanisch-expansiven oder hypomanisch-passiven Abwehrmechanismen und intrafamiliärer Rollenzuweisung bei lebensgeschichtlich fixierter Besitzthematik. Im Hintergrund dominiert der Faktor der Ich-Schwäche mit großer seelischer Empfindlichkeit, Selbstunwerterleben (überkompensiert durch latenten „Größenwahn"), Labilität der Spannkraft und der Konzentrationsfähigkeit. Dieser Faktor verrät eine mehr oder weniger große „Konstitutionsnähe" zur Schizophrenie.

Diese Abwehrmechanismen und Aggressionen sind eng miteinander verbunden. Die destruktiven Regungen und Bereitschaften lassen überall Verknüpfungen mit der Angst, die nach M. KLEIN als Folge des Todestriebes (das ist der destruktiven Regungen) aufzufassen sind, erkennen. Nun spielt Aggression ganz allgemein eine zentrale Rolle im Seelenleben, und zwar in Wechselwirkung mit Libido und Angst.

Nach M. KLEIN u. W.R.D. FAIRBAIRN ist die Gruppe der schizophrenen und schizoiden Erkrankungen viel größer, als man bisher angenommen hat. Die enge Verknüpfung der Aggression mit der Angst verweist darauf, daß es sich um Entwicklungen aus phasenspezifischen Triebzuständen und Triebkonflikten handelt. Nun ist gewiß die Erkenntnis der Häufigkeit schizoider Erkrankungen nicht neu, da alle Psychopathen nach K. SCHNEIDER (mehr oder weniger) schizoid sind. K. SCHNEIDER hat daher diesen Begriff abgelehnt, weil er ihm in seinen rein psychopathologischen und phänomenologischen Forschungen als verschwommen imponieren mußte. Tatsache ist, daß nun zu dem breiten nosologischen Grenzbereich zwischen Neurose und Zyklothymie ein ebenso großer zwischen Schizophrenie und Psychopathie hinzukommt. Gerade diese beiden Grenzbereiche sind von höchster kriminogener Relevanz. Das zwingt dazu, die scharfe klinische Differentialdiagnostik der Psychopathologie nicht aus dem Auge zu verlieren, die zwischen Psychopathie und Psychose einen scharfen Trennstrich zieht. Dieser Trennstrich wird u.E. durch den psychoanalytischen Fortschritt in der Strukturlehre des Ichs (FEDERN, POHLEN) noch schärfer, wenn auch nicht mehr so geradlinig, zu ziehen sein. Hieraus ergibt sich die Möglichkeit, von den durch die Psychosen gewonnenen Erkenntnissen der Ich-Psychologie in der Psychoanalyse entscheidende Erkenntnisse für die Entstehungsbedingungen der normalen und abnormen Persönlichkeit zu übernehmen. Die extrem starren Verhaltensgleichgewichte bei Schizophrenen, die „immobilen" Gleichgewichtszustände und ihre Verschiebung oder ihr Umschlag in extreme Ungleichgewichtszustände sowie ihre Beziehungen zu der Umstrukturierung von einem autistisch-isolierten

Verhalten zu einer realitäts- und praxisbezogenen Aktivität sind nichts anderes als extreme Variantenbildungen und Defizienzerscheinungen des mobilen Gleichgewichts. Es zeigt sich sonach auch in der Kriminologie, wie schon früher in der Psychiatrie, daß psychopathologische Erscheinungen und grobe Abwehrmechanismen bei Neurosen und Psychosen Vergröberungen und Vergrößerungen darstellen, ohne deren Kenntnis auch die Bedingungen des „normalen" Verhaltens und Handelns nicht verstanden werden können.

Rückblick

Es ist deutlich geworden, wie sehr das delinquente Verhalten der hier herausgegriffenen Kerngruppe durch intrafamiliäre und andere interpersonale Beziehungen und vom sozialen Bereich her mitgeformt ist. Die seinerzeit festgestellten hohen Kriminalitätsziffern bei Eltern und Geschwistern und die große Zahl der Trinker[4] sprachen eine ebenso eindrückliche Sprache wie die strukturanalytischen Befunde. Daß konstitutionelle und erbliche Faktoren überall stark eine Rolle spielen, entspricht ganz der FREUDschen Konzeption von den Ergänzungsreihen. Diese Faktoren sind aber in den Ergebnissen der Entwicklungen und ihrer pathologischen Abweichungen schon mit enthalten, sie sind gleichfalls, nach den neueren Ergebnissen der Genetik, nicht als etwas Starres aufzufassen, wie die Wirkungen von Hormonen und anderen Faktoren auf die Aktivitätsmuster der Gene erkennen lassen. Es bestehen hier keine Widersprüche, sondern nur Grenzen der Methodik.

Intentionalität und Aggression

Bewußtseinsbegriff

Jede Bewußtseinshandlung ist bestimmt gerichtet (ist intentional) auf Grund einer konkreten Lebenssituation und sie verwandelt sich mit der Wandlung der Situation. Intention ist Seinscharakter des Be-

wußtseins (HUSSERL) und nicht Beziehung zwischen Subjekt und Objekt, noch schärfer formuliert, überhaupt keine Beziehung. Intentionalität als Wesenselement des Bewußtseins ist gekennzeichnet durch das Gerichtetsein, Richtung ist aber gleichsam ein Hinausweisen. Intentionalität besagt also für das Bewußtsein auch ständig aus sich heraus und bei dem zu sein, was gehandelt wird, was Inhalt der Handlung ist. Dieses Von-vornherein-bei-den-Dingen-Sein ist ein Ermöglichungsgrund des Handelns.[5] Eine weitere Urform des Bewußtseins ist die Synthesis, die Verbindungsweise, die Bewußtsein mit Bewußtsein einigt in untrennbarer Zusammengehörigkeit. Die Erlebnisse der Wahrnehmungen verlaufen in der Einheit der Synthesis in einem unendlichen Regreß eines im Wandel seiner eigenen Stromphasen wechselnden Horizonts, wobei die Horizonte als vorgezeichnete Potentialitäten gegeben sind. Es besteht also eine Horizontintentionalität im Sinne eines Übersich-hinaus-Meinens als Wesensmoment des Bewußtseins, wobei enger und weiter Horizont, Straffheit oder Gelockertsein der Gliederung, Starre und Elastizität die jeweils besondere Subjekt-Umwelt-Konstellation kennzeichnen.

Hier ist auf die an HUSSERL anknüpfenden Forschungen H. EYs zu verweisen, der betont hat, daß es keine Handlungen oder seelischen Vollzüge gibt, welche nicht schon einmal mit einem „Bewußtseinskoeffizienten" versehen worden sind. Die affektiven Phänomene in ihrer Komplexheit, Ambivalenz und teilweisen Unbewußtheit weisen in ihren Schichtungen und Artikulationen auf eine Organisation des Bewußtseins zurück, wobei „Bewußt-sein" als Bedingung des Erlebens und als Sinngebung seiner Motivation und Intentionalität vorausgesetzt ist.

In der klinischen Psychiatrie wird im allgemeinen, wenigstens im deutschen Sprachbereich, ein etwas engerer Bewußtseinsbegriff angewendet. Die Be-

---

[4] F. STUMPFL. Erbanlage und Verbrechen. I. Teil. Die Kriminalität bei den Geschwistern u. bei den Vettern u. Basen der Ausgangsfälle. Z. Neur. 148 (1933).

[5] AUERSPERG spricht von der teleologischen Grundstruktur unsres Erlebens.

wußtseinsstörungen in diesem Sinn wurden von BONHOEFFER als exogene Reaktionstypen und von K. SCHNEIDER als Syndrome körperlich begründbarer Psychosen beschrieben, deren reversible Syndrome (Formen der Somnolenz, aspontane Formen, affektive Formen, amnestische Formen, traumhafte Formen, Formen der motorischen Unruhe, der Verwirrtheit, des Delirs, geordnete Dämmerzustände, psychopathische Formen bzw. pseudopsychopathische Formen) von H.W. WIECK eine eingehende Darstellung und Erweiterung durch die Hereinnahme der sog. Durchgangssyndrome erfahren haben. Die Nosologie dieser reversiblen Syndrome ist dadurch gekennzeichnet, daß ein organisches Geschehen in Gestalt von Hirnmißbildungen, degenerativen Hirnleiden, Zirkulationsstörungen des Gehirns, idiopathischen zerebralen Anfallsleiden, physikalischen oder mechanischen Hirnschäden, auch Einwirkung von extremen Temperaturen, von Infektionen und entzündlichen Prozessen, von Intoxikationen, Stoffwechselstörungen, Stoffwechselkrankheiten, Avitaminosen oder Hormonkrankheiten zugrunde liegen.

Motivierender Impuls

Auch hier zeigt die Erfahrung, daß gerade an den Umschlagstellen in ein solches Geschehen ein kriminogener Strukturwandel ansetzen kann, der dann in der Regel durch eine nachfolgende Amnesie in Bezug auf die entsprechenden Handlungen gekennzeichnet ist. Auch hier ist es das Ineinandergreifen verschiedener Systeme mit einem, im beginnenden reversiblen Syndrom noch nachwirkenden oder neu auftretenden, motivierenden Impuls, welches den Aufbau der delinquenten Handlung kennzeichnet. Dieser motivierende Impuls ist dann vielfach nicht mehr greifbar.

So hat z.B. ein Jugendlicher während einer akuten fieberhaften Erkrankung einen Lehrer seines Internats attackiert, mit dem er vorher nie in Konflikt stand.

Ein Konflikt kann aber auch greifbar sein, wie folgendes Beispiel zeigt: Ein junger Mann half wochenlang neben seiner Berufsarbeit bei privaten Bauarbeiten seines Chefs. Er kam dadurch in den Zustand einer chronischen Übermüdung. Eines Tages wurde er von seinem Chef zu einem Essen eingeladen, bei dem auch Alkohol konsumiert wurde. Anschließend wurde er auf eine Jagd mitgenommen. Es war ein ungewöhnlich kalter November mit Vereisungen, und aus Eitelkeit hatte der Junge es abgelehnt, einen Pullover seines Arbeitgebers anzulegen. Im Laufe des Marsches verloren sie sich aus den Augen. Der junge Mann durchwatete in dieser Zeit einen größeren Bach von eisiger Kälte und erlegte einen Hasen. Weiterschreitend kam er an eine Straße, wo er auf zwei vorbeifahrende Pkws Schrottschüsse abgab.
Bei der Festnahme durch die Gendarmerie erkannte er die Situation nicht, glaubte, er befinde sich vor militärischen Vorgesetzten (er hatte vor kurzem seinen Wehrdienst absolviert) und zeigte auch später keinerlei Erinnerung daran, daß er die Pkws angeschossen und einen Hasen erlegt hatte.
Es handelte sich hier um affektiv-amnestische und auch leicht halluzinatorische Durchgangssyndrome bei physikalischer Schädigung des Gehirns durch die Kombination von Alkoholeinwirkung, Übermüdung und wahrscheinlich auch physiologische Schädigung durch die extreme Kälte im Sinne einer Verstärkerfunktion, wobei das Fortwirken von Impulsen und das Zurückbleiben gegenüber den veränderten Situationen bezeichnend ist.

Intermodale Assoziationen

Das Bewußtsein, das in seinen komplexen Formen von Reflexion nur dem Menschen eigen ist, und die außergewöhnliche psychodynamische Plastizität des menschlichen Organismus beruhen zu einem wesentlichen Teil auf den sog. intermodalen Assoziationen. Beim Tier ist jedes primäre kortikale Projektionsgebiet, z.B. das visuelle, vorwiegend mit dem limbischen System, weniger aber mit anderen Projektionssystemen assoziiert. Dadurch sind beim Tier stark emotionelle, durch das limbische System gewährleistete Antworten auf Wahrnehmungen vorherrschend. Nach VON ECONOMO u. Mitarb. versteht man unter intermodaler Assoziation den Transfer einer auf visuellem Gebiet erlernten Diskrimination auf ein anderes sensorisches Gebiet. Dementsprechend herrschen beim Kind in den ersten Lebensmonaten noch Wahrnehmungsverhältnisse vor, die in manchen Beziehungen denjenigen der übrigen Primaten gleichen (SPITZ). Nach GESCHWIND ist das Wort das erste intermodale Symbol, mit welchem das innere Erlebnis eines Konfluierens verschiedener Informationskanäle assoziiert wird, wobei diese Konfluenz selber aber zentraler Natur ist.

Schon aus diesen Tatsachen ergibt sich, daß Aggression beim Menschen nur in seltenen pathologischen Fällen rein vom Triebhaften her gesehen werden kann. Mit Recht hat FRANKL (1971) darauf hingewiesen, daß bei der Behandlung der Jugendkriminalität die veralteten Motivationstheorien aufzugeben sind und bei der Rehabilitation der juvenilen Delinquenten neben den biologischen und soziologischen Determinanten auch die Sinnleere als beteiligter Faktor mit zu berücksichtigen ist. Anstelle dieser Sinnleere findet man bei Delinquenten oft einen verborgenen oder verbogenen Willen zum Sinn als modifizierten noogenen Faktor. Auf dem Fernsehschirm oder auf der Theaterbühne vorgeführte Aggressivität ist nach den Ergebnissen von MILTON u. Mitarb., FRANKL sowie eigenen Beobachtungen geeignet, Aggressivität überhaupt erst zu provozieren bzw. noch mehr zu bahnen, nicht aber auf harmlose Objekte abzulenken.

Von Aggression beim Menschen zu sprechen, ohne die Intentionalität des Bewußtseins im Sinne von HUSSERL und von H. EY zu berücksichtigen, ist ein von vornherein verfehlter Ansatz.

Dimension der Sinnhaftigkeit
und der Werte

Intentionalität und intermodale Assoziationen ermöglichen erst die außerordentliche Differenzierung der Ich-Funktionen und der interpersonalen Wechselwirkungen. Dabei werden die biologischen Strukturen dauernd durch die psychischen Phänomene geformt bis hin zu einer plastischen Formung des Gehirns selbst (PENFIELD). Das alles verweist auf eine Dimension, die

man kurz als die der Sinnhaftigkeit und der Werte bezeichnen kann. Der Horizont der Intentionalität ist gekennzeichnet als Erwartungshorizont, er postuliert ein Phantasiebewußtsein und die Möglichkeit zu Wertentscheidungen. Das delinquente Individuum wird durch die Situation akut vor Wahlmöglichkeiten gestellt, denen es auf Grund vorangegangener Systemlockerung, ja Systemunabhängigkeit, als verantwortliches Subjekt nicht gewachsen ist. Dabei erweist sich hinsichtlich des destruktiven Einfalls, daß die eigentliche Motivation bei näherem Zusehen diesem destruktiven Einfall letztlich zugrunde liegt. Nachdem der Mensch die Welt nicht als sein privates synthetisches Gebilde erfährt, sondern als intersubjektive, für jedermann daseiende, in ihren Objekten jedermann zugängliche, ist das Bewußtsein als ein sich verantwortlich haltendes Sein aufzufassen, wobei das Ich als Pol aller spezifischen Stellungnahmen oder Ich-Akte und Pol der Affektionen aufzufassen ist.

In jeder delinquenten Handlung liegt sonach ein Streben zur Verwirklichung von Sinn und Wert verborgen. Dieser Sinn ist in solchen Fällen oft in einer akuten Angst verborgen. In dem beschriebenen Fall einer Mutter, die ihre drei Kinder durch Anzünden von Strohsäcken im Haus ersticken ließ, ist es die Angst, den eben erst gewonnenen Lebenspartner wieder zu verlieren. In dieser Angst verkörpert sich der Wille zu einem sinnvollen Leben mit einem männlichen Partner, zu einer Wiederherstellung jenes Zustandes, den sie vor ihrer Ehescheidung schon erreicht hatte. In dieser Angst werden Abwehrmechanismen und Aggressionen freigesetzt, wobei nicht zu verkennen ist, daß Aggression im Seelenleben eine große Rolle spielt, und zwar gerade in ihrer Wechselwirkung mit Angst und phasenspezifischen Triebzuständen. Sie ist also nicht als isolierter Trieb zu verstehen. Im Augenblick der Tat kommt es gewissermaßen zu einem Aufblitzen des existentiellen Vakuums (FRANKL) bei Menschen, die sich der Sinnlosigkeit ihres Daseins in der Regel gar nicht bewußt sind, und zugleich zu einem Durchbruchsversuch, zu einer subjektiven Wertverwirklichung. So gesehen ist dieses existentielle Vakuum nur der herausragende Gipfel eines viel weiteren Feldes, in welchem die vier Grundtendenzen des Lebens (im Sinne von CH. BÜHLER), nämlich Bedürfnisbefriedigung, selbstbeschränkende Adaption, schöpferische Expansion und Aufrechterhaltung der inneren Ordnung, in ihrem gegenseitigen Verhältnis und in ihrer gemeinsamen Integration durch phasenspezifische Gleichgewichtsstörungen (des mobilen Gleichgewichts) abgewandelt sind. Der delinquente Versuch zur Wiederherstellung des mobilen Gleichgewichts ist sonach nur möglich, wenn ein noogener Teilfaktor in den eigentliche Motivationskern aufgenommen wird. Dieser eigentlich motivierende Faktor richtet das Handeln auf einen Wert oder auf die potentielle Wiederherstellung einer Wertverwirklichung aus, die als unmittelbar bedroht erlebt wird, aber nicht bewußt sein muß.

Eine Brandstiftung aus Heimweh mit dem unmittelbaren Zweck, fortgejagt zu werden und dann heimkehren zu können, aber auch ein Raubüberfall bei einem antriebsgestörten Hirntumorkranken (Abwandlung der intersubjektiven Intentionalität im Rahmen eines aspontanen Syndroms bei ausgedehntem Astrozytom der rechten Hemisphäre), der seinem Verführer zu Gefallen sein will, sind nur einseitige Beispiele, die die durchgreifende Bedeutung des noogenen Faktors illustrieren. Im vorliegenden Fall ließ sich schon an der Begehungsform der mangelnde Eigenimpuls (Aktivitätsstörung) ablesen: die Finger wurden auf Anweisung des Mittäters zwar an den Hals des Opfers gelegt, jedoch nur schwach und zögernd. Sie wurden durch einen bloßen Ruck des Opfers fortgeschleudert und der Anstifter kam gar nicht dazu, nach der Brieftasche zu greifen. Oft ist es so, daß dieser Faktor wie ein Oszillator momentan einschießt. Seine Kehrseite ist der destruktive Einfall.

Abschluß der Theorie

Es läßt sich nachweisen, daß bei einer kriminellen Handlung das Zusammenwirken von drei dynamischen Gestaltqualitäten (bzw. in solche ständig überführenden Komplexqualitäten) stattfindet, wobei diese nach voraufgegangener Systemisolierung durch einen intentionalen Faktor in phasenspezifischer Diskordanz koordiniert werden. Das erste dieser Systeme ist ein Ich-Abwehrsystem, das zweite ein durch Strukturwandel neuropsychologischer und biologischer Reaktionen oder Syndromwandel charakterisiertes System gleitender Koordinationen, das dritte ein System interpersonalen, vorwiegend intrafamiliären Rollengleichgewichts. Nachdem das offenbar die Struktur des Funktionswandels auch jeder „normalen" Handlung ist, bedarf diese Formulierung noch differenzierender Ergänzungen. So betrifft der kriminogene Strukturwandel in spezifischer Weise gleitende Koordinationen in verschiedenen Grenzbereichen zu psychotischen (z.B. zyklothymen oder schizophrenen, aber auch organisch begründbaren) Vorgängen. Ferner sind die Ich-Abwehrfunktionen in der Regel fixiert oder auf wenige Gleichgewichtsmöglichkeiten reduziert, das Ich-Abwehrsystem ist seiner „normalen" Elastizität und Plastizität beraubt. Schließlich sind die Komplex- und Gestaltqualitäten, insbesondere auch die des Rollengleichgewichts, enddifferenziert oder mangelhaft integriert (relative Systemunabhängigkeit).

Zu diesen drei Systemen tritt als viertes ein aktivierendes, die Aktualgenese des Handlungsgeschehens ein- und fortleitendes System in Form einer dynamischen Gestaltqualität. Dieses System zielt ab auf die konkrete innere Situation („Positionsschema" und „Bedeutung" entsprechend dem affektiven Territorium) und entwickelt eine Schaltfunktion bzw. Verknüpfungsfunktion von zugleich narzißtischer (vom Ur-Ich gesteuerter) und begrenzter, mangelhaft umgreifend-übergreifender Integration, so daß es zu einer Bildabhängigkeit und zu einer Anfälligkeit gegenüber destruktiven Einfällen kommt. Dieser vierte Faktor koordiniert die übrigen Systeme nach Art eines Magneteffektes in der Aktualgenese des Handelns, indem er dieses auf eine schon präformierte Grundmelodie („Vorgestalt") einstimmt. Das Ergebnis dieser akuten und irgendwie gewaltsamen Koordinierung sind Verschmelzungen, Verdichtungen, kontradiktorische Vertretungen oder auch Regressionen. Dieses vierte System repräsentiert eine (defiziente) in ihren Modalitäten reduzierte Form der Intentionalität und Synthesis des Bewußtseins.

Diese einfache Grundstruktur der delinquenten Handlung kann verschiedenen Variationen unterworfen sein. So können zwei Abwehrfunktionen zusammentreffen oder die Verknüpfungsfunktion, die identisch ist mit dem noogenen (sinngebenden) Faktor, kann ihrerseits komplex und in sich widersprüchlich sein (mehrere „Bilder" bzw. Intentionen in sich vereinen). So kann etwa Besitzthematik, Wiedergutmachung, Abwehr eines Objektverlustes in einer einzigen Intention verschmolzen sein, auch kann jedes der vier Systeme neben der „horizontalen" Einengung durch eine Ich-Abwehrfunktion geprägt sein, die phasenspezifisch aus einer früheren Entwicklungsstufe stammt. Drei relativ unabhängige Systeme werden durch den synchronisierenden Magneteffekt eines vierten Systems, das als noogene (intentionale) Schaltfunktion charakterisiert ist, im Sinne eines Vierphasengesetzes zu einer „Handlungsgestalt" zusammengefaßt. Das vierte System ist im kriminogenen Geschehen durch ein starkes Vorwiegen (oder Hereinspielen) archaischer (bzw. unbewußter) Strukturen charakterisiert und repräsentiert eine gewisse Defizienz der Intentionalität im Gegensatz zur Leistungshandlung oder zur schöpferischen Handlung. Die Wirksamkeit dieses Vierphasengesetzes ist auch bei der Delinquenz Geisteskranker nachweisbar, wo der kriminogene Strukturwandel und das Tatgeschehen stets phasenspezifisch oder synchron in kritische Umschläge oder Rekompensationsversuche eingebaut ist.

Diese eigenartige Phasengesetzlichkeit hat ihre Analogien und Entsprechungen nicht nur im physiologischen Bereich, sondern auch im Traumgeschehen. FREUD hat schon in seiner Traumanalyse darauf hingewiesen, daß die Traumarbeit, oder wie wir hier sagen würden, die Traumhandlung, durch das Zusammenwirken von drei Momenten (Funktionsmechanismen) erschöpft ist: Verdichtung, Verschiebung und Rücksicht auf Darstellbarkeit, wozu noch als viertes eine „psychische Funktion" hinzukomme, die von unserem wachen Denken nicht zu unterscheiden ist und eine „Tendenz" verrät. Sie bewirkt, daß der Traum den Anschein der Absurdität und der Zusammenhanglosigkeit verliert. Der Sinn, den sie dem Traum verleiht, ist aber von der wirklichen Bedeutung des Traums weit entfernt. Ähnlich ist der Sinn, der den Delinquenten zu seinem Handeln treibt, weit entfernt von dem, was uns als Destruktion im Tatgeschehen entgegentritt. Die delinquente Handlung ist durch Koppelungsvorgänge gekennzeichnet, die destruktive „Assoziationen" (im eigentlichen Wortsinn) stiften und auf einer einschneidenden Reduktion der mobilen Gleichgewichtsmöglichkeiten des Gesamtsystems beruhen. Dieses Gesamtsystem ist selbst wieder nur ein Teilsystem in einem Rollengefüge von jeweils spezifischen dynamischen Ungleichgewichten, die mit konflikthaften Rollenzuweisungen und gestörten „intragruppalen Gleichgewichtszuständen" in lebendiger Interaktion begriffen sind. Die delinquente Handlung ist auf der anderen Seite (auch) Ausdruck für die Anfälligkeit gegenüber Störungen, die jedem lebenden Organismus eigentümlich ist, der mittels eines dynamischen Gleichgewichts (beim Menschen des „mobilen Gleichgewichts") „funktioniert". Das mobile Gleichgewicht ist gestaffelt und reicht von biologischen und in zunehmender Komplexion, entsprechend dem Umsprung von Quantität in Qualität, differenzierten psychodynamischen Gestaltungen bis zu den differenzierten Ich-Funktionen und den Ordnungssystemen des Bewußtseins (der Noesis). Jede menschliche Handlung ist ihrer Regelstruktur nach getragen von biologischen (physiologischen) Gleichgewichten und Koordinationen rhythmischen Geschehens, abgeschirmt von Abwehrfunktionen, abhängig und vielfach gesteuert von Rollenzuweisung, der „Bedeutung" situativer Konstellationen, den Potentialitäten des Ichs und der Ausrichtung auf Sinnhaftigkeit. Die Handlung ist immer prinzipiell diskontinuierlich und selbst die Wiederholung („Rückfall") ist mehr und etwas anderes als bloße Automatisierung. Jede delinquente Handlung hat ihre spezifische Aktualgenese, ist angewiesen auf ihre (phasenspezifischen) „Geltungsgebilde" und auf differenzierte Ich-Eigenheiten und plötzliche Überzeugungen.

In der delinquenten Handlung wird die Regelstruktur des Ko-Subjektes in seiner Sinngesetzlichkeit verfehlt. Eine Erfüllung der eigenen Persönlichkeit, nach dem Modus der fortschreitenden Bewährung im offenen System endlos möglicher Wahrnehmungen, wird in Frage gestellt. Daß sie potentiell zu einer inneren Befreiung, einer Überwindung innerer Konflikte und damit auch zu einer Persönlichkeitsreifung hinführen kann, ist eine Tatsache, deren mögliche Früchte durch Maßnahmen verschüttet, aber auch zum Reifen gebracht werden können.

Damit ist zum Ausdruck gebracht, daß eine personale Führung in Verbindung mit Strafe (z.B. Freiheitsstrafe) oder anderen Maßnahmen der einzige Weg ist, der durch seinen Ansatz im Bereich des Intentionalen geeignet ist, eine Resozialisierung zu ermöglichen oder zu gewährleisten.

Die hier vorgelegte „abgeschlossene Theorie" beruht auf Begriffen, die unmittelbar aus der Erfahrung stammen. Jede Axiomatisierung wurde bewußt vermieden. Ihre Ausrichtung auf Phasenspezifitäten und damit auf den Zeitfaktor eröffnet neue Möglichkeiten eines exakt messenden Vorgehens und soll dazu dienen, der weiteren Forschung neue Voraussetzungen zur Verfügung zu stellen.

Arbeitshypothese in Anknüpfung an die Schizophrenieforschungen Arietis

Eine der wichtigsten Fragen ist die nach den Vorstadien des kriminogenen Strukturwandels in der longitudinalen Entwicklung, d.h. nach den psychologischen Mechanismen, die die Systemisolierung erst ermöglichen.

Sittlichkeitsdelikte

Sofern sie gewaltsam begangen werden, unterscheiden sie sich von anderen Gewalttaten nicht grundsätzlich. Wo es sich um reines Fehlverhalten handelt, um Deviationen, ist die Frage der Verknüpfung mit einer Persönlichkeitsstörung noch offen und ihre Beantwortung durch subtilere Untersuchungen noch ausständig. Bei den eigentlichen Perversionen mit suchtartigem Verfallensein an ein immer mehr einengendes starres Ritual ist die pathologische (krankhafte) Entwicklung das Entscheidende.

Strafrechtlich steht der Gesichtspunkt im Vordergrund (oder sollte es), ob perverses oder nur deviantes Sexualverhalten andere Menschen schädigt, was bei Transsexuellen und vielen Homosexuellen offenbar nicht zutrifft. Die Tatsache der beim Menschen bestehenden langen Latenzperiode (Stillstand des Keimdrüsenwachstums) ist ein klarer Hinweis auf die Notwendigkeit, ein gegen Belästigungen abgesichertes Schutzalter zu postulieren, das auch die durch Unsicherheit und Wehrlosigkeit ausgezeichneten Entwicklungsjahre der Heranwachsenden einzuschließen hätte. Die Ergebnisse neuerer Forschungen über Prägungen des Sexualverhaltens bei Säugetieren durch Hormone und psychische Faktoren (hor-

74

monale und soziogene Prägungen) sind zwar nicht ohne weiteres auf den Menschen übertragbar, bekräftigen aber doch die Eindrücke, die man beim Studium derartiger Fälle immer wieder gewinnt. Auch beim Menschen führen in der frühen Kindheit *und* Pubertät, Familienstruktur und Rollenzuweisung, in Verbindung mit erbbiologischen Faktoren, *zu Prägungen, die am* Zustandekommen schwerer pathologischer Entwicklungen maßgeblich beteiligt sind. Das gilt wahrscheinlich auch für die echte (nicht vorübergehende) Homosexualität.

Schizophrene Entwicklung

Unsere Arbeitshypothese betrifft eine Gruppe von Delinquenten, die den großen Kern der Rückfallkriminellen ausmacht. Wenn es richtig ist, daß bei einer erheblichen Gruppe von Delinquenten ein Projektionskern im Sinne einer gestörten Ich-Entwicklung nachweisbar ist, daß also „Beziehungen" zu einer „schizophrenen Entwicklung" bestehen, erhebt sich die Frage, ob es sich bei diesen Fällen um Vorstadien einer Schizophrenie handelt.

ARIETI hat vier Stadien unterschieden, die psychodynamisch (und biologisch) einer Schizophrenie vorangehen. Erst das vierte Stadium ist gekennzeichnet durch die schizophrene (psychotische) Dekompensation. Nach dem ersten Stadium, gekennzeichnet durch die intrafamiliären Rollenzuweisungen, personalen Interaktionen, Symptome des Adualismus (Unfähigkeit zwischen innerer und äußerer Realität zu unterscheiden), „primary class formation", „abnormal self-image", Beziehungsbildung zu Partialobjekten, kündet sich das zweite Stadium durch einen Stopp der Primärvorgänge an, es kommt zur Entwicklung von zwei präpsychotischen Persönlichkeitstypen (in der Latenzzeit): der erste Typ reduziert Intensität und Zahl der Objektbeziehungen, schirmt sich ab gegen tiefere Gefühle und Bindungen *(schizoide Persönlichkeit)*. Der zweite Typ scheut Objektbeziehungen nicht, wenn auch in instabiler und unver-

bindlicher Form *(„stormy personality")*. Es kommt zu Identifikationen und zur Entwicklung eines instabilen und bruchstückhaften Selbst *(„self-image")*. Die Identifikationen sind jedoch nicht tiefer verwurzelt in der Gesamtpersönlichkeit, sie gleichen mehr Reflexionen, wie z.B. andere über einen denken, also einem Bewußtsein vom eigenen Selbst. Integriert wird die Haltung der Familie, die Selbstwertgefühle aber bleiben unsicher und die Familie ist nicht fähig, die Charakterstruktur dieser stürmischen Persönlichkeit zu modifizieren, keine Wärme, keine echte Kommunikation ist möglich, keine Zuverlässigkeit, diese Abwehrmaßnahmen abzutragen.

Diese Variante schizoider Persönlichkeiten *(„stormy personality"* im Sinne ARIETIS) entspricht u.E. der Kerngruppe der hyperthymisch-gemütlos-willenlosen Psychopathen, genauer ausgedrückt, jenen hypomanisch-expansiven (oder auch mehr passiven) Abwehrstrukturen bei der Kerngruppe der rückfälligen Delinquenten. Es handelt sich um die Fälle mit einem Projektionskern im Sinne einer gestörten Ich-Entwicklung und mit biologischer Konstitutionsnähe zur Schizophrenie. Es wäre sonach zu überprüfen, ob entsprechend dieser Arbeitshypothese bei diesen instabilen bindungsschwachen und aktiven Delinquenten eine Fixierung jenes zweiten Stadiums im Sinne der stürmischen Persönlichkeiten ARIETIS vorliegt und ob dabei das dritte Stadium überhaupt nicht oder nur in modifizierter Form erreicht wurde. Unseres Erachtens handelt es sich nicht nur um ein Steckenbleiben auf der zweiten Stufe, die der Latenzperiode entspricht, sondern wenigstens teilweise um einen modifizierten Übergang in das dritte Stadium im Sinne von ARIETI. Dabei wird der Gedanke, in der Familie nicht akzeptiert zu sein, nicht generell auf die übrige Welt übertragen, sondern nur partiell und in verdrängter Form. Begreifendes und begriffliches Denken *(„conceptual thinking")* führt auch hier wie auf der dritten Stufe (präpsychotische Entwicklungen) zu besonderen Ideenbildungen. Wir pflichten ARIETI bei, wenn er in diesem Zusammenhang betont, daß die pathogenetische Bedeutung von Ideen im Vergleich zu triebhaften Impulsen und Instinktverlusten sowohl in der Psychoanalyse als auch in der allgemeinen Psychiatrie vernachlässigt worden ist.

Im dritten Stadium kommt es zur Entwicklung von begrifflichen Vorstellungen *(„concepts")*, die zu Komplexen werden. Das Bild vom eigenen Selbst besteht dann vorwiegend aus solchen „Gefühlsentwürfen". Der jugendliche Delinquente (oder Prädelinquente) mit dieser Entwicklungsstruktur entwickelt ein Konzept vom eigenen Selbst, das einen pathogenetischen Funktionswandel beinhaltet. Unrealistische Zukunftshoffnungen sind stärker als die angemessene Realitätsprüfung, sie verzerren die Umwelt zu einem selbstinstallierten Dschungel, der den der modernen Zivilisation zusätzlich durchwuchert.

Zum Unterschied von der hier einsetzenden präschizophrenen Weiterentwicklung kommt es nur ganz peripher, in der Regel jedoch überhaupt nicht zu Angst, gesteigerter Verletzlichkeit und anderen Weisen des Erleidens. Auch Größenideen (des vierten Stadiums) treten nur andeutungsweise auf. Im Vordergrund steht ein Rückgriff auf Abwehrmechanismen der *„stormy personality"* mit Flucht in möglichst zahlreiche Objektbeziehungen. Dabei wird vielfach die tiefere (unbewußt) gesucht, aber in der Regel nur die oberflächlichere gefunden.

Die Frage, wie häufig die als stürmische Persönlichkeit bezeichnete Variante des Schizoids bei jugendlichen heranwachsenden und herangewachsenen, erstmals oder im Rückfall bestraften Delinquenten nachweisbar ist, läßt sich durch eine verfeinerte psychopathologisch-analytische Diagnostik beantworten. Denn eine methodisch nach Synchronizitäten analysierte Tathandlung läßt Teilstrukturen und -systeme sichtbar werden, die sonst nur in unauflösbarer Einheit gegeben sind. Nicht nur bei der gewöhnlichen Delinquenz, sondern auch bei der Wohlstandskriminalität wäre nach dem Vorkommen dieses Typus zu fra-

gen. Erleichtert wird eine solche Untersuchung dadurch, daß dieser Typus schon in der Pubertät erkennbar ist.

Wenn Kriminalität auf einer phasenspezifischen Synchronisierung beruht, die als kriminogener Strukturwandel mehrere (drei bis vier) Systeme, die in sich selbst labil bzw. in einem Syndromwandel begriffen sind, in einer gleitenden Koordination zusammenfaßt, besagt das, daß sich, strukturell gesehen, mehrere Faktoren isolieren lassen. Es ist dann nicht notwendig, alle Faktoren auszuschalten, sondern es genügt, einen Faktor zu eliminieren, um die Möglichkeiten einer Kriminogenese auszuschalten. Denn jeder dieser Faktoren hat eine Geschichte, beruht auf einer Folge von Ereignissen. Erst durch ihre Interaktion wird im Laufe der Zeit die Determinationsstufe erreicht, von der aus kriminelle Handlungen möglich sind. Es muß also genügen, einen dieser Entwicklungsgänge zu unterbrechen. Das kann dadurch geschehen, daß ein biologischer Faktor, z.B. das nosologische Feld zwischen Neurose und Zyklothymie oder der präpsychotische schizophrene oder schizoide Entwicklungsgang therapeutisch angegangen wird bzw. die Mechanismen selbst psychotherapeutisch beeinflußt werden.

Biologisch gesehen würde es sich bei den stürmischen Persönlichkeiten um eine genetische Entwicklungsstörung der Ich-Differenzierung handeln, um Abnormitäten im Sinne von Teildispositionen, die man auch (bzw. verstärkt durch andere Teildispositionen) bei Schizophrenie findet. Diese Verhaltensweisen wären sonach primär nicht moralisierend zu beurteilen, sondern als Ausdruck eines (biologisch) gestörten Entwicklungsgleichgewichts mit entsprechenden Umschlägen und mangelnder Festigkeit in den personalen Bindungen, deren Synchronisierung mit den Ungleichgewichten aus anderen Systembereichen die Möglichkeiten zu einer Kriminogenese eröffnet. Hier erhebt sich auch die grundsätzliche Frage nach den entwicklungsbiologischen Beziehungen zwischen Schizophrenie und manisch-depressiver Erkrankung.

Nach HUSSERL ist es aber das Wesen des Ego, in Form wirklichen und möglichen Bewußtseins (den subjektiven Formen des „Ich kann") zu sein. Die intentionalen und von Gesetzen der Synthesis beherrschten Strukturen des Bewußtseins, seine Möglichkeitsstrukturen und sein Erfahrungsniveau lassen sich von der Ichpsychologie nicht abtrennen und fordern ihre Ergänzung durch eine intentionale Psychologie im Sinne von HUSSERL. Der Delinquent ist ständig, wenn auch oft unbewußt, mit der Frage nach dem Sinn konfrontiert, mit seinem So-Sein, das keinen anderen Sinn hat als Sein aus der Möglichkeit sich ausweisender Bewährung. Das endlos offene System möglicher Wahrnehmungen und die Zugänglichkeit dieser Bewährungswege sind bei ihm allerdings durch destruktive Einfälle und die Reduktion möglicher Gleichgewichte stark eingeschränkt. Demnach wird neben dem pharmako-gruppentherapeutischen Weg stets auch der logotherapeutische ins engere Blickfeld zu rücken sein. Logotherapie hier im wesentlichen verstanden als Erziehung zur Verantwortung (FRANKL).

Kriminogenese als Forschungsgegenstand und Anthropologie

Der Gang der Untersuchung führte, entsprechend dem hierarchischen Aufbau des mobilen Gleichgewichts, von den Rhythmen biologischer Vorgänge (VON HOLST) über die psychophysischen Haltungs- und Stellreaktionen (MAGNUS, SCHILDER) bis zu den Erscheinungen der Gefühlsentwicklung (Ich-Funktionen), die unter dem Bild eines sich ausdehnenden und zusammenziehenden Ichs dieses als pulsierendes Organ erscheinen lassen (FREUD, POHLEN). Wir erkannten in den Funktionen der Einzelzellen des Gehirns, deren Schlaf- und Wachfrequenzen EVARTS untersuchte, und ihrer gegenseitigen Angleichung und Dedifferenzierung die Grundlagen für den (rhythmischen) Wechsel verschiedener Bewußtseinszustände, analog den wechselnden Enzymaktivitäten, z.B. der Zunahme der Aktivität der Succinoxydase in den Nervenzellen, die den Übergang vom Wachen zum Schlaf begleiten (HYDÈN). Es sind das „Ereignisse, die zur selben Gruppe gehören", im Sinne von Koordinationen, nicht Kausalitäten. Es sind Naturprozesse, von denen SCHELLING bemerkt hat, daß sie das Geistige zur Wirklichkeit erheben. Im Bereich der Grenzflächen zwischen höheren Ordnungsbereichen und ihrer Störungen zeigte die nähere Analyse die Tore bzw. Öffnungen, durch die unter bestimmten Bedingungen, die sich aus der Art des Hereinspielens anderer Systemstörungen ergeben, kriminogenetische Prozesse, d.h. besondere Formen eines Strukturwandels, den Umschlag in delinquentes Verhalten freigeben können. Diese erfolgen nach Gesetzmäßigkeiten, die nicht die Verhaltensweisen selbst, sondern die Möglichkeiten ihres Zustandekommens regulieren.

Wir sprachen von einem Drei- bis Vier-Phasengesetz, demzufolge sowohl bei scheinbar unauffälligen wie bei abnormen neurotischen oder auch psychotischen Persönlichkeiten in einer bestimmten Synchronisationsphase mit gesteigerter Wahrscheinlichkeit delinquentes Verhalten auftreten kann. Es geht um das (gleichzeitige) Ineinandergreifen oder (unmittelbare) Alternieren von drei bis vier (un-)abhängigen Phasen aus verschiedenen Zusammenhangsbereichen (Systemen), und nicht um die zeitliche Aufeinanderfolge. Es ergaben sich dabei Alternationen oder Synchronisationen von Störungen aus verschiedenen Systemen (Magneteffekt bzw. Superpositionen) oder Übergang geordneter in gleitende Koordinationen (bzw. in völlige Beziehungslosigkeit). Dabei erwies sich als Regel, daß die Umschlagstellen und nosologischen Grenzbereiche (z.B. zwischen endogener Depression und neurotischem Geschehen, präschizophrener Phase und manifest-psychotischem Geschehen, Normalzustand und innerem Spannungszustand vor dem epileptischen Anfall usw.), die uns aus der Psychiatrie, Reifungsbiologie und Entwicklungspsychologie bekannt sind (Pubertät, Laktation, beginnende zerebrale Dekompensation usw.), aber auch Übergangsphasen bei pathologischen Entwicklungen und nicht zuletzt Interferenzen akuter Lebenskrisen mit biologischen Prä-

gungen und lebensgeschichtlich gewordenen Ideenbildungen („Ideenkristallisa-
tion"), phasenspezifische Zeitpunkte im
Prozeß des kriminogenen Strukturwandels
markieren. Damit sind Zugänge für mes-
sende, exakte Untersuchungen eröffnet.

Selbst im Strukturzusammenhang der delinquenten Handlung fehlt dabei nie das
„verborgene Bild", die Idee, also das Eidos
als Bild eines Gesamten, dessen Einzelheiten im Entwurf auf Verfertigung oder Erledigung gerichtet sind. Dieses verborgene
Bild ist allerdings (ganz ähnlich wie der
Traumgedanke) meist bis zur Unkenntlich-
keit entstellt. Denn das System der Handlungen, in das die delinquente Handlung
hineingestellt ist, ist durch Systemwider-
spruch, genauer durch synchronisierte Einstimmung biopsychologischer und inten-
tionaler Systemunabhängigkeiten (Koordinationsstörungen) struktural verändert.
Dadurch wird dem Handlungsablauf ein
Partialsinn unterschoben, der der intersubjektiven Sinnhaftigkeit, dem natürlichen
Telos, widerspricht.

Der delinquenten Handlung liegt grundsätzlich eine doppelte Störung zugrunde,
deren Glieder in eine gleitende Koordination geraten sind: Eine solche der Entele-
chiemäßigkeit des Naturgeschehens und
eine, welche die intentionale Telos-Gerich-
tetheit (Zweckmäßigkeit) des Handelns betrifft. Die Art und Dynamik der Interferenzen dieser beiden Störungsfelder macht die
Spezifität der jeweiligen Variante des kriminogenen Strukturwandels aus. Dabei
handelt es sich bei dem unterschobenen
Partialsinn wahrscheinlich um eine (unbewußte) „Selbstheilungstendenz". Denn
dem tieferdringenden Blick enthüllt sich im
Kern jeder delinquenten Handlung ein ar-
chetypisches Modell der Rückkehr in den
außerzeitigen Augenblick der primordialen Fülle, der Neuschöpfung. Der Delinquente versucht, seiner Geschichtlichkeit
und der Geschichtlichkeit seiner Situation
zu entfliehen, wobei er sich im Wiederholungszwang psychischer und biologischer
Mechanismen verstrickt. Ähnlich wie in

der primitiven Welt archaischer Kulturen
(das rituelle) entspricht das (delinquente)
Verhalten tatsächlich einer verzweifelten
Anstrengung, den Kontakt mit dem Sein
nicht zu verlieren.

M. ELIADE hat gezeigt, wie der Mystiker
und im allgemeinen der religiöse Mensch
und so auch der Primitive in einer dauernden Gegenwart lebt und bei Primitiven die
Herausarbeitung cyclischer Vorstellungen
(Mondrhythmen usw.) eine ungeheure
Rolle spielt. Die von der archaischen Gesellschaft gespürte Notwendigkeit, sich periodisch durch Annullierung der Zeit zu re-
generieren, z.B. durch Wiederholen eines
archetypischen Aktes mit ihren antihistori-
schen Tendenzen, führte ELIADE in einer
letzten Analyse zur Entdeckung, daß in allen diesen Riten und Handlungen der Primitiven ein Willen zur Entwertung der Zeit
liegt.

Hier taucht das Problem auf, ob nicht bei
den Delinquenten durch die Reduktion
möglicher Gleichgewichte in der Aktualgenese ihres Handelns archetypische Modelle
freigesetzt werden, die den gleichen Willen
zur Entwertung der Zeit und zur Setzung
eines neuen Anfangs erkennen lassen. Es
ließen sich manche Argumente für diese
Auffassung beibringen, wie das häufige
Abgleiten in ein ausgesprochenes Ritual
mit archetypischen Elementen, sei es vor,
sei es unmittelbar nach der Tathandlung.
Doch ist nicht beabsichtigt, hier auf die
Frage näher einzugehen. Wohl handelt es
sich nur um Berührungspunkte und um
analoge Teilstrukturen, doch ist nicht auszuschließen, daß in der Weigerung des archaischen und des delinquenten Menschen,
sich als historisches Wesen zu betrachten,
ein gemeinsamer phylogenetischer Faktor
verborgen ist. M. ELIADE meinte, die Vernichtung der konkreten Zeit und damit die
antihistorische Tendenz der archaischen
Systeme, die Weigerung, eine Erinnerung
an die Vergangenheit zu bewahren, er-
scheine als Anzeichen einer besonderen
Anthropologie.

Diese Weigerung, eine Erinnerung an die
Vergangenheit zu bewahren und ihr Ersatz

durch Phantasiebilder, phantasierte Traumata und „Ideen", ist in der Kriminogenese immer wieder so deutlich, der Rückzug jeder Gestaltung ins Gestaltenlose, ins Chaos oder in die Orgie, die Tendenz zur Wiederholung und die „Erzeugung" gleicher Situationen in den schweren und schwersten Fällen so greifbar, daß diese anthropologischen Faktoren, die teilweise denen aus der Geschichte der Religionen ähnlich sind „als Anzeichen einer besonderen Anthropologie", (Richtungswechsel) nicht übersehen werden sollten.

Der Begriff „Archetypus" wird von ELIADE – und so auch hier – als Bezeichnung für beispielhafte Vorbilder für das gesamte verantwortliche Handeln des (primitiven) Menschen angewendet. Besagt also hier (durch einen unterstellten Partialsinn mutierte) Paradigmata und hat nichts mit den kollektiven Strukturen des Unbewußten (C.G. JUNGS Archetypen) zu tun. Die Auslieferung des Delinquenten an kosmische (Richtungswechsel) und neuropsychologische Rhythmen (Syndromwandel) bedeutet, daß ihm ja der Halt im Mythos fehlt, nicht nur den Verlust der intersubjektiven Geschichtlichkeit und damit der realen Seinsweise. Er verfällt auch noch der Gefahr eines Wiederholungszwangs (Wiederherstellung des Kontaktes mit dem Sein) in verzweifelten Anstrengungen durch Setzung des außerzeitlichen Augenblicks eines neuen Anfangs, die ihn wieder aus seinem (geschichtlichen) Sein ausstößt. So wird – potentiell – die Introjektion einer bloß kosmischen bzw. naturhaften Dauer zum Zerrbild der platonischen anakyklosis (ewigen Rückkehr = Rückfall). Der „Selbstheilungsversuch" führt in einen vitiosen Zirkel.

Auf eine eigentliche Zusammenfassung wird hier aus sachlichen Gründen verzichtet. Ohne bedenkliche Vereinfachungen wäre dabei nicht auszukommen. Dafür sollte nach dem Ort der Theorie im allgemeinen anthropologischen Problemzusammenhang gefragt werden. Aber auch damit haben wir uns auf wenige Andeutungen beschränkt. Deutlich geworden ist wohl, daß eine wissenschaftliche Erforschung der Entstehungs- und Erscheinungsweisen von Delinquenz nur auf psychoanalytisch und psychobiologisch (BENEDETTI) vertiefter psychiatrischer Grundlage aufgebaut werden kann. Denn gerade auch der „normale" Delinquent (wenn es ihn gibt) ist bei den stets vorhandenen aktualgenetischen aber auch lebensge-

schichtlich gewordenen antithetisch gebundenen phasenspezifischen Triebzuständen in den beiden aufsteigenden Entwicklungslinien seines Ichs, wegen des stets möglichen Auseinanderbrechens der Aktsynthesen, der Mannigfaltigkeitsstrukturen der Synthesis des Bewußtseins und ihrer Störformen sowie wegen der (neurotischen oder nicht neurotischen) Abwehrstrukturen, schließlich wegen seiner psychosomatischen Reaktionsbereitschaften und seiner zahlreichen latenten Mechanismen und (unbewußten) Prägungen als (abnorm) Handelnder bloß psychologisch oder soziologisch nicht annähernd sachgemäß zu beschrieben oder gar dynamisch zu analysieren.

Man denke an folgendes Beispiel: Ein Baupolier beginnt maßlos zu trinken und wird in vollberauschtem Zustand in sein Hotelzimmer hinaufgetragen. Am nächsten Tag setzt er sein Trinken schon am Morgen fort und ebenso seine Belästigungen weiblicher Personen. Er verlangt ungehemmt eine Frau, mit der er ins Bett gehen könnte, wird in ein anderes Dorf gewiesen, ist aber dort wegen seiner ungehemmten Zudringlichkeit ebenso erfolglos. Nun macht er sich an zwei Kinder heran, lockt sie an einen Waldrand und verschwindet mit einem der beiden Mädchen im Wald. Er wird der Schändungshandlungen eindeutig überwiesen, allerdings erst am nächsten Tag und neuerlich vollkommen berauscht. Zur Tatzeit bestand zweifellos keine „Volltrunkenheit". Hier fängt aber das eigentliche psychiatrische Problem erst an. Die genauere Exploration ergibt nämlich, daß er am Tage, bevor er zu trinken begann, also zwei Tage vor der Tat, seine an einer phasischen Psychose leidende Ehefrau wieder ins psychiatrische Krankenhaus gebracht hatte. An solche Tage schließen sich bei ihm regelmäßig ähnliche, wenn auch nicht immer ganz so weit gehende, orgiastische Trinkexzesse an.

Es handelt sich also um ein phasisches Geschehen, das alternierend in einem transpersonellen Shift mit der phasischen Psychose der Ehefrau verknüpft ist. Analog den symbiontischen Psychosen (SCHARFETTER) bei Schizophrenie handelt es sich hier um ein alternierendes Geschehen im Sinne eines Feldwechsels, also um ein biologisches Geschehen, das, abgesehen von der Frage der Alkoholisierung, vor neue Probleme stellt. Solche Beispiele lassen erkennen, daß Psychologie und Soziologie nur als Hilfswissenschaften wertvolle Dienste leisten können. Die orientierende Bedeutung der Rechtswissenschaft und der Gesellschaftsordnungen bedarf keiner besonderen Hervorhebung.

Nachdem die delinquente Handlung sich von anderen menschlichen Handlungen an sich nicht struktural, sondern nur hinsichtlich gewisser „Gestörtheiten" abheben läßt, gehört die Erforschung der Kriminogenese in gewisser Weise zum Kernstück der Anthropolgie, denn ihr Gegenstand ist das Handeln des Menschen als die Vitalkategorie seines Verhaltens.

Wir sind bei der Kriminalität von Psychosen ausgegangen (S. 212). Dabei hat sich gezeigt, daß überall dort, wo ein Syndromwandel bzw. eine Erschütterung des Gleichgewichts stattfindet, in verschiedenen Systembereichen und im Bereich der Abwehrfunktionen, und nur an solchen Punkten, ein kriminogener Strukturwandel ansetzt. Wir haben das bei den verschiedenen Depressionsformen verfolgt und fanden dieselben Zusammenhänge auch bei organisch begründbaren Psychosen, z.B. auch bei endokrinen Psychosyndromen. Dabei zeigte sich, daß man an den Psychosen die entscheidenden Modelle ablesen kann, die sich auch sonst beim kriminogenen Strukturwandel abspielen. Auch Psychotiker werden nicht häufiger kriminell als Nichtpsychotiker. Dieses Ergebnis ist nicht so überraschend, wie es auf den ersten Blick scheinen mag, hat doch schon FREUD gezeigt, daß neue Einsichten über das Ich vor allem durch das Studium der Psychosen

zu gewinnen sind, eine Einsicht, die neuerdings durch POHLEN bestätigt worden ist.

Methodisch sind wir dabei so vorgegangen, daß wir die psychopathologische beschreibende Methode der Klinik mit entwicklungspsychologischen Gesichtspunkten aus der Kinderpsychiatrie und mit dem psychoanalytischen Entwicklungsdenken nicht einfach verknüpften, sondern beide in ihren rhythmischen und phasenspezifischen Interferenzen zur Dynamik des Handlungsgeschehens selbst und mit den in ihm sichtbar werdenden Gleichgewichtsfunktionen in Beziehung setzten. Dabei ergaben sich in den verschiedenen Zusammenhangsbereichen vom Neurophysiologischen bis zu den Ich-Zuständen spezifische Formen von Gleichgewichtsstörungen im Sinne von Reduktionen der Vielfalt möglicher dynamischer Gleichgewichte. Es ließ sich dabei zeigen, daß eine durchgehende Linie von den physiologischen dynamischen Gleichgewichten VON HOLSTS über die von SCHILDER nachgewiesenen Formen und ihre neurotischen Störungen bis zu jenen phasenspezifischen dynamischen Gleichgewichtslagen sich verfolgen läßt, die POHLEN als Gleichgewichtssysteme und Abwehrfunktionssysteme im Bereich des Ich und der Familie beschrieben hat. Diese biochronologische Methode mißt die zeitartigen und raumartigen Abstände von Ereignissen unter Berücksichtigung der verschiedenen Eigenzeiten einzelner Individuen und ihrer Vitalkategorien im Raum-Zeit-Kontinuum.

Teil II

Die dynamischen Strukturen von Pathorhythmien und pragmatophoren Syndromen

Struktur, Endon und Bahnung

Struktur und Endon

Die Koordinationen zwischen verschiedenen Strukturbereichen und ihre Gesetzmäßigkeiten (VON HOLST, SCHILDER, VON GEBSATTEL) besagen, daß zwischen Strukturen (Antrieb), die verschiedene Zusammenhangsbereiche „ordnen", Beziehungen, Interferenzen nachweisbar sind. Das Wertgefüge, das eine Lebensrolle trägt, und eine neurotische Struktur, etwa eine Schreibstörung oder eine hysterische Depression, stehen miteinander in Interferenz, und diese Wechselwirkungen sind es, von denen das Handeln bestimmt wird. Das theoretische Fundament einer wissenschaftlichen Erforschung der Kriminogenese muß an jenem Punkt errichtet werden, wo einsichtig geworden ist, daß nicht die Einmaligkeit des Individuums und der Persönlichkeit Aufschlüsse darüber zu geben vermag, unter welchen Bedingungen ein Mensch delinquent wird oder nicht, überhaupt nicht das Besondere, sondern nur das Allgemeine, allen Individuen Gemeinsame: die Strukturen und Kommunikationsformen.[6]
Auch da ist nicht zu erwarten, daß Strukturen als solche eine Kriminogenese „verursachen" oder in Gang setzen, sondern nur ihre Interferenzen, ihre Redundanz, der Strukturwandel.
Struktur (Antrieb) ist jede regelmäßige Organisation, Strukturen sind nicht Zeichen, sondern „Sprachen", die nicht auf die besonderen Verhaftungen der Elemente sich reduzieren lassen; es gilt, zur wortwörtlichen Inbeziehungsetzung zurückzukehren und das Problem der „Motivation" radikal in Frage zu stellen.

Eine Struktur hat weder Genesis noch Grad (sie beherrscht das Feld nach dem Gesetz von alles oder nichts), ihre Form kann nicht in ihre Substanzen gehüllt sein. Von hier aus heißt nach der Motivation suchen stets, in die naturalistischen Trugbilder zurückfallen (WAHL).

Jedes gefestigte Dauerverhalten ist ein Hinweis auf eine Struktur oder auf ein Zusammenspiel von Strukturen im „mobilen Gleichgewicht". Die verborgensten und zugleich antriebssteuernden Strukturen gehören dem Wirkungsbereich an, den TELLENBACH als Endon bezeichnet hat. Sie folgen in ihrer Dynamik zugleich den Gesetzen biologischen Reifens und den mit ihnen interferierenden des Primärvorgangs im Sinne von FREUD.

Das heißt aber: diese Strukturen des Endons mit ihrer Dynamik im Sinne des Reifens und des Primärvorgangs sind es, denen das zugutekommt, was man als „indirekte Bahnung", überhaupt als Bahnung, bezeichnen kann. Wir verstehen unter Bahnung nicht den physiologischen Vorgang, z.B. den der räumlichen Bahnung, sondern — in metaphorischer Bedeutung — die Aktivierung von Handlungsbereitschaften oder Strukturen durch quantitative oder (endogen) periodisch gesteigerte Erlebnisvorgänge. Diese Bahnung, die an Fallstudien näher zu exemplifizieren ist, kommt dem Primärvorgang zugute und entspricht einer Aktivierung oder Freisetzung von Antrieben (Strukturen) oder

---

[6] Schon GOETHE hat auf diesen Ansatz hingewiesen, als er sagte: „Der einzelne Fall ist das Allgemeine." Das gilt, wenn man sich wie hier auf das „Morphologische" bezieht, in unserer Nomenklatur für das Strukturelle.

81

strukturellen Abwandlungen des Endons.

Unter Endon ist das (relativ) Stabile zu verstehen, was sich immer wieder hervorbringt, Physis als umfassender Inbegriff der Natur, vorgängig allem Personalen oder Apersonalen, all das, was in uns „Natur" werden kann (aus dem Welthaften übereignet). In diesem Sinne von TELLENBACH sprechen wir von endomorphen Strukturen und von durch Erschütterung und Bahnung abgewandelten endomorphen Strukturen. Die Psychopathologie schildert eine Reihe von abnormen Abwandlungen der Grundgestalt des endomorphen Geschehens: endogene Varianten des Geschehensrhythmus. Besonders die rhythmischen Abwandlungen sind von Bedeutung: Änderungen im Schlafrhythmus, in der Periodizität des weiblichen Zyklus, im Ablauf der Bewußtseinsvorgänge (Narkolepsie, Epilepsie usw.). Vor allem gehören hierher die endogenen Psychosen, aber auch die Neurosen und Psychopathien, sofern sie den Kern des Ichs betreffen.

Neben diesen Abwandlungen des Endons, die den Gegenstand der klinischen Psychiatrie ausmachen, gibt es noch Abwandlungen im Sinne der „Vertagung", der Gängigkeit. Auch diese überangepaßten Außenorientierungen und ihre Verstiegenheiten im Sinne von KISKER können sich dem Endon tief einprägen. Zu denken ist hier auch an die psychotischen Erscheinungen, die bei vereinsamten alten Frauen beobachtet werden können, die vielfach als Paraphrenien bezeichnet werden. Bei der Durchsicht hunderter derartiger Fälle im Rahmen des Anhalteverfahrens erkennt man im Laufe der Jahre, daß es sich durchaus nicht ausschließlich um „alte" Schizophrenien oder exazerbierende Defektzustände handelt, daß vielmehr zwischen diesen und den organisch begründbaren Syndromen im Vorfeld eines Abbauprozesses eine nicht geringe Zahl als Vertagungssyndrome im Sinne von KISKER bei jahrelanger Vereinsamung im begrenzten Umfeld primitivster „gängiger" Selbstversorgung zu verstehen sind. Diese durch Kommunikationsverlust isolierten und der Gängigkeit eines monotonen Alltags ausgesetzten „Paranoiden des *zuhandenen Zeugs*" sieht man in steigendem Prozentsatz unter den älteren Insassinnen psychiatrischer Krankenhäuser. Dieser präsenile Kommunikationsverlust wurde von JANZARIK 1973 als Kontaktmangelparanoid bezeichnet. Vor allem sind es also die weitgefächerten Syndrome, die in der Psychopathologie von JASPERS bis SCHNEIDER beschrieben worden sind, deren Strukturen als Abwandlungsformen des Endons aufgefaßt werden können, wobei der jeweils erbliche und der „primär" gebahnte Anteil der zugrunde liegenden Abwandlungsbereitschaft kaum voneinander abgegrenzt werden können. Zu erinnern ist hier an den Hinweis BENEDETTIS auf die eindeutige Psychogenese schizophrener Reaktionen nach den Befunden von HEIMANN. Überall gibt es da im Bereich des Endons spontane oder durch Psychotherapie erreichbare Bildungen von Gleichgewichten (Gegengewichten) zu den destruktiven Tendenzen (ARIETI, SULLIVAN).

Der eigentlich kriminogene Strukturwandel erfolgt also im Bereich des Endons in direkter Rückkoppelung zum Situationswandel und Bedeutungswandel, der in den Zusammenhangsbereichen des unmittelbaren Erlebens „gebahnt" wird. Es ist also so, als würde eine Kugel, von einem Billardspieler bewegt, erst durch das Abprallen an einem Rand und durch das Bewegen einer zweiten Kugel jene (kriminogene) Bewegung setzen, die schon die einer dritten oder vierten Kugel ist, deren Verhalten und Lage aber auf die Dynamik der ersten Kugel zurückwirkt (Rückkoppelung). Der Vergleich hinkt nur insofern, als man sich die Kugeln alle, auch schon primär, spontan bewegt vorstellen muß, insbesondere die dritte und die vierte Kugel, die ja die schon abgewandelten Strukturen und Antriebsbereitschaften des Endons symbolisieren. Diese Hintergründigkeit des Geschehens, die, wie noch zu zeigen sein wird, selbst hinter den psychotischen oder psychosomatischen Syndromwandel zurückreicht, ist die große Schwierigkeit bei der Darstellung dieser Zusammenhänge. Es trifft nämlich ein an sich noch nicht kriminogener Strukturwandel auf ein schon abgewandeltes Endon, und erst die daraus sich entwickelnde Interferenz, die neuerliche Strukturveränderung, kann in bestimmten Situationen und unter bestimmten Voraussetzungen den kriminogenen Strukturwandel und die kriminogenen Impulse freisetzen.

Es ist deutlich, daß hier keine einfachen Kausalreihen wirksam sind, sondern Kreisprozesse nach dem Prinzip der Rückkoppelung (Feedback). Dabei wird sich zeigen, daß bei kriminogenen Prozessen analog psychotischen Syndromen positive Rückkoppelungen zu Änderungen im System bzw. zum Verlust des mobilen Gleichgewichts führen. Es kommt zu einem amplifizierenden Einfluß auf eine schon bestehende Neigung. Dies aber impliziert das Auftreten von Schlüsselreizen, die den Beziehungen und Interferenzen entsprechen, die durch dieses ganze Geschehen erst manifest werden. Strenggenommen geht es dabei um drei Formen von Bahnung: die direkte Bahnung im Bereich des intentional-emotional gesteuerten Bewußtseinsfeldes, die direkte Bahnung im Bereich des Endons (überwiegend in der Kindheit wirksam) und die indirekte Bahnung, jene Form, die unmittelbar mit dem kriminogenen Strukturwandel in Zusammenhang steht. Die auslösenden Mechanismen scheinen beim Menschen, wenigstens in den hier interessierenden Bereichen, in der Regel nicht angeboren, sondern erworben zu sein (EAM anstatt AAM).

Dabei ist streng zu unterscheiden zwischen Bahnung und Lernen. Beim Kind wird das Sprechen (als Antrieb) „gebahnt" durch das Sprechen der Eltern und Geschwister, muß aber dann unabhängig davon „erlernt" werden. Ebenso wird das Gehen beim Kleinkind „gebahnt" durch die Aufmerksamkeit und Ermunterung von seiten der Eltern, um anschließend daran erlernt zu werden.

Nach alten Bahnungen gehen meist auch die Träume und die Verhaltensweisen des Alltags. Wesentlich ist dabei, daß auch der Zeitfaktor, also der Situationswandel, Bahnungen freisetzen kann, wie man an Beispielen aus dem Alltagsleben leicht entnehmen kann.

Als ich nach nahezu zwanzig Jahren in meine Heimatstadt zurückkehrte, passierte es mir am Anfang gelegentlich, daß ich auf irgendeinem Weg, der meinen einstigen Schulweg kreuzte, mich plötzlich auf diesem Schulweg befand, den ich acht Jahre meines Lebens täglich zweimal zurückgelegt hatte. Es ist also hier durch den Situationswandel etwas „Gebahntes", eine Struktur, ein Verhalten wieder zum Tragen gekommen. Auch durch Gerüche können solche Bahnungen zustande kommen. Im ersten Jahr meiner Rückkehr blieb ich einmal erstaunt stehen, weil ich mit größter Lebhaftigkeit mein Kinderzimmer und späteres Studierzimmer vor Augen hatte. Ich fragte mich nach dem Ursprung dieses so lebhaften Eindrucks und erkannte alsbald, daß ich unter einem blühenden Eulanthusbaum stand, und daß ein solcher während meiner Volksschul- und Gymnasialzeit immer gerade zu Schulende vor meinem Fenster geblüht hatte.

Auch das ist wieder eine Bahnung von Strukturen oder Antrieben, etwa von Antrieben, die bei Schulschluß ein angenehmes Freiheitsgefühl erzeugen. Solche Bahnungen können auch durch eine plötzliche Erweiterung des Bewußtseinsfeldes und entsprechende Schwächung der aktuellen Intentionalität verhältnismäßig kurze Zeit nach dem unbewußt steuernden Erlebnis stattfinden. Sie zeigen, daß auch der Normale oft etwas tut, was er gar nicht tun will oder beabsichtigt hat, die Freisetzung von Handlungen, die irgendwie im Endon schlummern.

Man braucht hier nur an das bekannte Augustinus-Wort zu denken, vom Tun des Bösen, das man nicht will, und man hat schon die Brücke zum Begriff des kriminogenen Strukturwandels. Wenn man sich in den Begriff der Bahnung vertieft, der hier in seiner metaphorischen Bedeutung entwickelt werden soll, so geht man am besten von dem in der Psychiatrie vielfach verwendeten Gegensatz von endogen und reaktiv aus. Wie jede in der Psychiatrie verwendete Kategorie, so impliziert auch dieser Gegensatz zwischen Endogenem und Reaktivem einen komplementären Gesichtspunkt, d.h., eine zugleich inkompatible und inseparable Betrachtungsweise. Sind es doch gerade diese undurchsichtigen Bedingungen, in deren Bereich wir die Artikulationen und Ansatzstellen „des gegliederten Sozialverhaltens" (MERLEAU-PONTY) suchen. Diesem komplementären Gesichtspunkt zu Endogen-Reaktiv entspricht das Gegensatzpaar Umordnung (Um-Schreibung)-Spur. Eine solche Um-Schrift nach neuen Beziehungen ist der Strukturwandel. Sein dynamisches Movens ist nicht die (bewußtseinsfähige) Motivation, auch wenn diese nicht „sekundär" im Sinne von BÜRGER-PRINZ ist, sondern die (nicht bewußtseinsfähige) Bahnung. Mit indirekter Bahnung ist gemeint eine emotional oder durch Wiederholung bewirkte Freisetzung (abgewandelter) endogener Strukturen. Ähnliches hat wohl FREUD gemeint, wenn er davon sprach, daß die Bahnung dem Primärvorgang zugute kommt.

In den erwähnten Beispielen aus dem Alltag ist die indirekte Bahnung sozusagen harmlos, sie ist jederzeit reversibel. Sie trifft nicht auf Konflikte, nicht auf ein pathologisch abgewandeltes Endon, nicht in eine „Fissur" der Persönlichkeit, wie LOPEZ-IBOR es ausgedrückt hat.

Nun gibt es aber indirekte Bahnungen auch bei der sog. Auslösung von Psychosen und psychosomatischen Krankheiten. Bevor die Bedeutung von Bahnung für den kriminogenen Strukturwandel dargestellt werden kann, ist es deshalb erforderlich, die Bahnungsvorgänge bei der Auslösung von Psychosen und psychosomatischen Krankheiten näher zu analysieren.

Bahnungen sind typisch menschliche Mechanismen, im Gegensatz zu den Prägungen, sie sind in äußerst komplexe Zusammenhänge eingebettet, und es soll deshalb zunächst vom Einfacheren ausgegangen werden. Es sind das die sog. Schlüsselerlebnisse.

Die Tat als spezifischer Entlastungsmechanismus (PEM)

G. SCHMID hat einmal von einer an Depressionen leidenden Patientin berichtet, die in einem großen Laufladen eine Nadel nahm, und als sie diese für sich behielt, zum ersten Mal seit langer Zeit eine große Erleichterung, ja ein Remittieren ihrer Depression verspürte. Man pflegte früher derartige Fälle unter der obsoleten Bezeichnung Kleptomanie zu führen und hielt etwas Derartiges für ungewöhnlich. Und doch handelt es sich dabei psychiatrisch und interdisziplinär gesehen um etwas durchaus Typisches, ja Regelhaftes. Man muß nur systematisch darauf achten, um festzustellen, daß jede Tat, jede Handlung, die zu einem gewissen Abschluß führt, diese entlastende Wirkung hat. Wir bezeichnen dieses Phänomen deshalb als pragmatischen Entlastungsmechanismus (PEM). Dieser Mechanismus kann sich auch in der Phantasie abspielen.

Als Beispiel denke ich da an eine hochbegabte und künstlerisch veranlagte Frau, die berichtete, daß sie in ihren schwersten Depressionen, die allerdings nie dazu führten, daß sie ein Sanatorium aufsuchte, sich dadurch große Erleichterung verschaffen konnte, daß sie sich vorstellte, wie beruhigend es wäre, eine große Flamme vor sich zu sehen, kurz gesagt, wie schön es wäre, wenn man etwas anzünden könnte. Sie habe darüber nachgedacht, wie schade es sei, daß man das nicht tun kann, denn alles, was einen belastet, würde so verbrennen.

Nach diesem Modell, das zugleich den fast jeder menschlichen Handlung anhaftenden Symbolcharakter erkennen läßt, kann man alle bis zu einem gewissen Abschluß gelangenden delinquenten und andere menschliche Handlungen mutatis mutandis rekonstruieren. Der Beamte fühlt sich erleichtert, wenn er sein Büro aufgesucht und seinen Sitz eingenommen hat, der Arzt, wenn er einen Patienten geheilt hat, der Feldherr, wenn er die Schlacht geschlagen oder, wie Kutusow, vermieden hat, weil er weiß, daß er damit seinen Gegner noch sicherer vernichtet. Beschränkt man sich aber auf delinquente Handlungen, so zeigt eine systematische Überprüfung, daß in allen Fällen von Straftaten oder analogen Verhaltensweisen eine jeweils spezifische Spannung oder Belastung, mag diese nun in Kommunikationsschwierigkeiten, in der ganzen Lebenssituation oder einem speziellen Konflikt gelegen sein, behoben wird, daß sonach der Tat die Funktion eines Entlastungsmechanismus zukommt. Daß das oft außerbewußt bleibt, läßt die Routinefrage, warum haben Sie das gemacht, so sinnlos erscheinen, worauf in anderem Zusammenhang schon K. SCHNEIDER hingewiesen hat. Und die scheinbare Ausnahme, die nichtbefriedigende Arbeit etwa am Fließband, kann ja selbst wieder Spannungen erzeugen, die dann andersgeartete Handlungen auslösen, mit der Funktion, von der hier die Rede ist.

Wir versuchen dieses Denkmodell an einem Einzelfall klar herauszuarbeiten. Ein Polizeibeamter, F.K., mit verschiedenen körperlichen Leiden, wie Senkfuß, Spondylarthrose, Erwartungsangst usw., erstrebte die Versetzung aus dem Wachstubendienst zum Verkehrsdienst, weil er infolge seines Dienstes nachts nicht mehr schlafen konnte. Alle seine vitalen und geistigen Interessen waren auf diese Versetzung konzentriert, und schließlich gelang es ihm, sie zu erreichen. Aber schon nach kurzer Zeit seines Dienstes als Verkehrsposten wurde er zum Wachstubendienst zurückbeordert. Die Erwartungsangst vor der Wiederkehr der Schlaflosigkeit und aller körperlichen Beschwerden bewirkte, daß ihn das wie ein Schock traf. Es lastete wie ein schwerer Druck auf ihm, „es" hat ununterbrochen in ihm gearbeitet, „es" ist unheimlich geworden, „ich mußte mich irgendwie befreien" davon. Er berichtet weiter: „Es war ein psychischer Selbstmord, was ich (dann) gemacht habe, ich hab die Pistole genommen und hab auf mein Bild im Spiegel geschossen, ich hatte meine weiße Dienstmütze auf. Und wie ich das gemacht habe, ich hatte mein ganzes Magazin leergeschossen, acht Schuß, ist es wie ein Felsen von mir heruntergefallen, ich habe wieder atmen können, wie wenn man unter Wasser getaucht war und wieder auftaucht, da kann man Luft holen, das war enorm, das war gigantisch, andererseits war ich todmüde, es war mir alles egal!"

Die Tat oder Handlung erweist sich hier als ein Geschehensablauf, der das mobile Gleichgewicht zwischen den Teilsystemen des Organismus, das durch eine Schockwirkung oder innere Konfliktlage verlorengegangen ist, wiederherstellt, indem er Spannungen löst, positive Rückkoppelungen wieder durch negative ablöst. Man könnte also fragen, ob nicht delinquente Handlungen sich unter anderem darin von den übrigen unterscheiden, daß bei ihnen der Entlastungsmechanismus in der Regel größere Intensitäten zum Ausgleich bringt.

So wie im Beispiel von der hochgebildeten Frau die Vorstellung eines Brandes genügte, um die Intensität der Depression zu lindern, so ersetzten hier die Schüsse auf das Spiegelbild den Selbstmord. In den genannten Beispielen fehlte die eigentliche Endhandlung bzw. diese erfolgte nur in der Phantasie oder wurde symbolisch vertreten. Man könnte deshalb delinquente Handlungen als positiv rückgekoppelte aggressive Endhandlungen definieren.

Dieser Versuch einer Definition führt zu der Frage der biologischen Lokalisation oder, besser gesagt, des Versuchs, den biologischen Ort des pragmatischen Entlastungsmechanismus zu bestimmen und sich auf diesem Weg einer definitorischen Abgrenzung delinquenten Verhaltens überhaupt zu nähern.

Damit betreten wir den Boden eines interdisziplinären Brückenschlages, der die Voraussetzung dafür ist, das festgefahrene Schiff der Psychopathologie wieder flottzumachen und zugleich einem rein spekulativen Denken, sei es spiritualistischer, sei es biologistischer Art, durch die Brückenköpfe anthropologisch-kommunikationswissenschaftlicher Fundamente vorzubeugen.

Es bestand vielfach die Neigung, beim Menschen von Übersprungsreaktionen zu sprechen. Nun kommt aber Übersprung nur echten Instinkten zu. Zwar meinte TINBERGEN, daß Übersprungshandlungen beim Menschen keineswegs fehlen, viele Beispiele von „Nervosität" gehörten hierher, z.B. Anzünden einer Zigarette, Spielen mit Schlüsseln, auch das Gähnen in Konfliktsituationen. Ich würde es aber vorziehen, hier von Handlungsbruchstücken zu sprechen, die Signalcharakter oder Ausdruckscharakter haben, nicht aber von Übersprungshandlungen. Es fehlt solchen belanglosen Ausdruckshandlungen der eigentliche Übersprungscharakter, zu dem ja gehört, daß eine Handlung nicht ihren eigenen (autochthonen), sondern einen fremden (allochthonen) Trieb entlädt. So wirkt etwa das Übersprungsgraben des Stichlings als Drohung. Die von TINBERGEN angeführten sog. nervösen Handlungen sind jedoch vollkommen wirkungslos, haben überhaupt keinen Handlungscharakter, sondern reinen Ausdruckscharakter und entladen auch eigentlich keinen Trieb, lassen ihn bestenfalls erahnen. Es fehlt sonach eine echte Analogie.

Dagegen bestehen zwischen PEM (pragmatischen Entlastungsmechanismen) und den Endhandlungen tierischen Instinktverhaltens offensichtliche (phylogenetische) Zusammenhänge bzw. Entsprechungen. Dem vollendet hartnäckigen und zielstrebigen Appetenzverhalten, das plastisch, adaptiv und dermaßen komplex ist, daß es den Forscher bei seiner Betrachtung des Gesamtverhaltens immer wieder verblüfft, mit seinen Reflexen, Gangarten, Fortbewegungsweisen, mit offensichtlich Erlerntem, ja mit ausgesprochenen Einsichtshandlungen „und was sonst noch alles" (TINBERGEN), folgt beim Tier eine verhältnismäßig starre Kette von Endhandlungen. Dabei ist es so, daß das allgemeine und vielfältige Appetenzverhalten, z.B. das Suchen nach Beute beim Wanderfalken, so lange anhält, bis eine bestimmte Reizsituation es abschneidet und nun eine der verfügbaren Appetenzfolgen auslöst. Zielstrebig ist dabei nur das Appetenzverhalten, gar nicht jedoch die Endhandlung, wobei das Ziel keswegs das Objekt ist, sondern allein die den Trieb verzehrende Endhandlung. Die Aktivierung dieser Endhandlung erfolgt von einem eigenen Zentrum her.

Beim Menschen gibt es normalerweise solche starren Endhandlungen nicht, sogar beim Sexualverhalten sind sie immer eingebaut in soziale Ordnungssysteme und Ablaufschablonen. Anders bei den delinquenten Handlungen. So wie beim Tier die Endhandlungen starr sind und für jede Art immer diegleichen, so sind auch delinquente Handlungen als solche äußerst starr, um nicht zu sagen monoton, Jedem, der sich mit Kriminalität befaßt, fällt als-

bald die geringe Zahl und immer gleichbleibende oder doch stark typisierte Ablaufsweise dieser Handlungen auf: Einbruchsdiebstahl, Gelegenheitsdiebstahl, Betrug, Körperverletzung, Sachbeschädigung, Totschlag, Mord, Beleidigung, Bettelei, Hehlerei, Vagobondage, Fahrerflucht, Kinderschändung, Vergewaltigung, damit ist man beinahe schon am Ende und hat doch gerade erst ein bloßes Dutzend voll. Es liegt deshalb nahe, die delinquenten Handlungen gleichsam als Endhandlungen aufzufassen und nach Analogien Umschau zu halten.

Tatsächlich liegen nun im pragmatischen Entlastungsmechanismus dort, wo er durch besondere Intensitäten ausgezeichnet ist oder autonom zu werden beginnt, echte Analogien zur instinkthaften Endhandlung beim Tier vor, aber es besteht natürlich keine Identität. Die Analogie liegt in der fehlenden Zielhaftigkeit oder Sinnerfüllung, obwohl scheinbar gerade eine solche angestrebt wird. Eine solche Zielhaftigkeit liegt beim Tier im Appetenzverhalten und wird in der Endhandlung durch den phylogenetischen Anpassungsprozeß ebenso vorgetäuscht, wie das arterhaltende Ziel gewährleistet wird. Bei der delinquenten Handlung sehen wir ein subjektives Streben nach Sinnerfüllung oder nach Befreiung von subjektiv erlebter Zerstörung der Sinnerfüllung. Dabei geht es um Vorgänge, die an Werterfüllung in emotionalen Bereichen rückgekoppelt sind. Das Geschehen ist also wesentlich komplexer und vielschichtiger als die tierische Endhandlung. Doch ist die Analogie geeignet, den Grundvorgang deutlicher zu umreißen, der dort, beim Tier, nach Gesetzen der Koppelung angeborener und erlernter Mechanismen, hier beim Menschen nach Gesetzen, die dem Primärprozeß, dem Endon, der Erbinformation näher stehen, als dem (allenfalls nur oberflächlich aufgepfropften) rational gesteuerten Handeln. Die Analogie liegt aber auch in der Ablaufsform, die hier wie dort gleichsam starr abläuft und keine Elastizität mehr enthält. Wie bei der tierischen Endhandlung ist bei der delinquenten Handlung nicht das Objekt Ziel des Handelns, sondern die Last, der Druck, also etwa der Antrieb (z.B. Unruhe) und die diese verzehrende Entlastung.

Man wird hier einwenden, daß doch planmäßig handelnde Bankräuber oder raffinierte Betrüger aus dieser Betrachtungsweise herausfallen. Dem ist aber nicht so, denn gerade auch bei diesen Fällen stehen die sekundären Rationalisierungen, die sekundären Motivationen im Sinne von BÜRGER-PRINZ genauso im Dienst erworbener Auslösermechanismen, auf die noch genauer einzugehen ist, und pragmatischer Entlastungsmechanismen. Sie entbehren gerade jener höchstdifferenzierten Modifikationen und lebendigen Kreisprozesse, die solche Handlungen charakterisieren, die wir als schöpferische Arbeit im weitesten Sinn bezeichnet haben.

Wir definieren also das, was wir auf der einen Seite als delinquentes, auf der anderen Seite als schöpferisches oder soziales Verhalten bezeichnen, je nach der Art, wie ein Streben nach Wertverwirklichung oder Wiederholung (Sinnerhaltung) im organischen System realisiert wird. Wo die Mechanismen der Bahnung und der pragmatischen Entlastung vergröbert werden und eine positive Rückkoppelung hinzutritt, so daß das Gesamtverhalten undifferenziert, aufgestaut, autonom geworden ist, haben wir es mit delinquentem Verhalten zu tun. Wo diese Mechanismen dagegen in hochdifferenzierte und kommunikativ gesteuerte Funktionen eingebettet und dabei kaum noch isolierbar sind, sprechen wir von schöpferischen Verhalten in weitestem Sinn (Arbeit, künstlerisches Schaffen, kulturelle Betätigung usw.).

Daß bei delinquenten Persönlichkeiten (und vielfach auch bei den nichtdelinquenten) beide Verhaltensformen vorkommen, zwingt gerade dazu, zeitliche Korrelationen und im Zusammenhang damit die Vorgänge des kriminogenen Strukturwandels herauszuarbeiten, also zu dem Vorgehen, das den Hauptgegenstand dieses Buches ausmacht. Wir fragen: ist nicht der

Verlust eines oder mehrerer, meist sogar vieler hochspezialisierter Modifikationen des Verhaltens, oft in Verbindung mit innerer Vereinsamung, nicht eine wesentliche Voraussetzung delinquenten Verhaltens? Das würde aber heißen, daß es sich hier gerade gegensätzlich verhält wie bei den reizselektiven Afferenzen des „unbedingten Reflexes", der, wie PAWLOW gezeigt hat, die Voraussetzung für das Entstehen einer bedingten Reaktion ist.

Die Reaktion des Polizeibeamten, der in einer verzweifelten Lebenslage das ganze Magazin seines Revolvers auf sein eigenes Spiegelbild entlud und dann eine unerhörte, wie er sich ausdrückte, „gigantische" Erleichterung empfand, ist nichts anderes, als ein besonders leicht herauspräparierbarer pragmatischer Entlastungsmechanismus, der aber in grundsätzlich gleicher Struktur bei allen delinquenten Handlungen nachweisbar ist. Es handelte sich um einen Mann, der — elternlos aufgewachsen — seine Volksschuljahre als Spießrutenlaufen empfand, weil er in dem kleinen Ort immer verlacht wurde, und später das Pech hatte, immer den falschen Beruf zu wählen, weil ihn niemand beraten hatte. Er wäre als kleiner Angestellter sehr geeignet gewesen, aber er versagte zuerst als Tischler bei seinem Stiefvater, dann als Schmied in einem ebenso kleinen Dorf im Ausland und schließlich als Polizeibeamter, so daß er schon mit 48 Jahren pensioniert wurde. Er hatte schon als Kind in schwierigen Lagen zwei Abwehrmechanismen parat: übermäßiges Lachen in der Schule oder Weinen in schwierigen Situationen. Geblieben ist ihm immer noch das Lachen. Selbst wenn er tragischste Situationen schilderte, lachte er dazu still wie ein Philosoph, und doch war es nur noch das Lachen der Resignation.

Nun sind ja Lachen und Weinen tatsächlich die beiden häufigsten Entlastungsmechanismen, die wir kennen. Unser Polizist ist durch sein Schicksal immer wieder in die Rolle eines Sündenbockes gedrängt worden, an dem sich die anderen abreagierten. Er hat zwei Jahre nach dem Vorfall mit dem Spiegel in subjektiv ausweglorer Lebenslage einen ernstgemeinten Selbstmordversuch unternommen. Den Verwandten seiner Frau war es nach fünfzehn Jahren gelungen, ihn endgültig in die Sündenbockrolle hineinzudrängen, so daß er aus der Familie eliminiert wurde. Geblieben war ihm noch der Schutzmechanismus des Lachens.

PLESSNER hat über den Ursprung von Lachen und Weinen Wesentliches ausgesagt. Hiernach beantwortet der Mensch das Unbeantwortbare in seiner Mehrsinnigkeit durch Lachen, die Unterbindung des Verhaltens durch Aufhebung der Verhältnismäßigkeit mit Weinen. Wo ihm das gelingt, kann er sich einer Bedrohung seiner Existenz, einer Krise, ja einer Krankheit entziehen. Die Mechanismen des Lachens und des Weinens markieren also einen Umschlag von der personalen Existenz zur Existenz als Körper. Es sind Mechanismen, die Antworten auf eine Grenzlage darstellen. So ist es zu verstehen, daß es in unserem Fall dazu kam, daß schließlich das Lachen als Entlastungsmechanismus zu einem ausgesprochenen Abwehrmechanismus in letztlich erfolgreicher Weise ausgebaut wurde.

Zusammenfassung. Zusammenfassend ergibt sich, daß im Gegensatz zu schöpferischen Handlungen von der einfachsten Arbeit bis zur künstlerischen, wissenschaftlichen und technischen Leistung, wobei es um Modifikationen des Verhaltens in einem komplexen Wechselspiel von Systemen geht, also um höchst differenzierte und durch Lernen erworbene Modifikationen, bei delinquenten Handlungen Ablaufsformen zum Tragen kommen, die den Endhandlungen nach abgelaufenem Appetenzverhalten beim Tier im Sinne von CRAIG, TINBERGEN und LORENZ weitgehend analog sind, wobei ein spezifisch menschlicher pragmatischer Entlastungsmechanismus (PEM), mehr oder weniger autonom, führend ist (Entlastungsautonomie). Was dieser Entlastungsmechanismus bewirkt, ist im Grunde eine vermeintliche Wegabkürzung, der die „Mühe der tierischen Appetenz", um im Vergleich zu bleiben, fehlt, anders ausgedrückt, die Mühe des Durchhaltens und der Wiederholung in der „Anständigkeit" und in der Kommunikation. Solche „Abkürzungen" sind eben a- oder antisozial. Demonstriert wurden diese Zusammenhänge an einem Fall von autonom gewordenem pragmatischen Entlastungsmechanismus in Gestalt eines symbolischen oder, wie es der Patient ausdrückt, psychischen Selbstmordes (Schüsse auf das eigene Spiegelbild). Zu diesem Handeln kam es nach dem Zusammenbruch eines mühsam aufgerichteten und subjektiv als lebensnotwendig erlebten Wertsystems bei einer Persönlichkeit mit ständiger Erwartungsangst in der Rolle eines habituellen Sündenbocks und mit neurotischen Abwehrmechanismen in Form von Lachen und Weinen. All diese wesentlichen Dinge waren in der klinischen Diagnose, die lautete: hysterische Kurzschlußreaktion, Psychopathie, unbeachtet geblieben.

Neben diesen autonomen Entlastungsmechanismen, die in der Kriminogenese eine entscheidende Rolle spielen, ist noch auf andere spezifische Entlastungsmechanismen hinzuweisen, die im menschlichen Leben eine viel umfassendere Bedeutung haben und zum Teil fließend in die hier herausgestellte Form übergehen. Diese Entlastungsmechanismen beruhen in der Möglichkeit eines Selbstheilungsprozesses oder einer Wiedergewinnung des mobilen Gleichgewichts, wo dieses gefährdet oder verlorengegangen ist. Wenn unser Patient davon sprach, daß es plötzlich in ihm zu arbeiten begann, er voll innerer Unruhe war und das Gefühl hatte, er müsse irgendetwas tun, so darf man annehmen, daß es sich um die unmittelbaren Auswirkungen und Wahrnehmungen der Desorganisierung der einzelnen Systeme und Strukturen handelte, wie man das analog auch bei Psychotikern feststellen

kann, die von einem körperlichen Kribbeln oder „Wurlen" sprechen. Zu berücksichtigen ist schließlich noch, daß die Entlastungsmechanismen, die geeignet sind, derartige Gleichgewichtsstörungen wiederaufzuheben, als Mechanismen kausal (im Sinne von *proximate factors*) in der Richtung auf eine Zweckmäßigkeit wirksam sind, zugleich aber auch als Kausalfaktoren im Sinne von *ultimate factors* (BAKER) aufgefaßt werden können, also von Faktoren, deren Entstehung phylogenetisch bedingt ist. Es liegt in der Natur der Sache, daß sich über Störungen dieser Mechanismen, im vorliegenden Fall also über ihr Autonomwerden, konkretere Aussagen machen lassen als dort, wo sie in die Kreisprozesse eines gesunden Lebens eingebaut sind.

Die Vollendung eines Kunstwerks ist naturgemäß keine Endhandlung, kein bloßer Entlastungsmechanismus, wenn sie auch in ihren Strukturen als Handlungsfolge hunderte, ja tausende von Entlastungsmechanismen eingebaut enthalten mag.

Wenn es richtig ist, daß der PEM (pragmatischer Entlastungsmechanismus) der sog. Endhandlung (*consumatory action*) beim Tier entspricht, so hätten wir hier auf verhaltenswissenschaftlicher (ethologischer) Stufe eine von den vielen noch zu erwartenden Analogien, denen auf der Stufe der Erbinformationen die Universalität des genetischen Code entspricht. Wissen wir doch, daß Proteine mit gleichartiger biochemischer Funktion bei ähnlichen Organismen eine ähnliche Primärstruktur haben. Es gilt, daß je enger zwei Organismen nach der üblichen botanischen oder zoologischen Klassifikation verwandt sind, die Aminosäuresequenzen ihrer funktionell vergleichbaren Proteine um so ähnlicher sind. Die neuesten Forschungen besagen sonach, daß etwa zytochrom-c-Gene aller heute lebenden Arten sich im Laufe der Evolution aus einem gemeinsamen Urgen entwickelt haben. Die erstaunliche Ähnlichkeit der Sequenzen der 104 Aminosäuren des Säugetier-Zytochrom-c-Moleküls mit den entsprechenden Sequenzen selbst bei Insekten oder Pilzen als Ausdruck der Universalität des genetischen Kodes (KNIPPERS), läßt Analogien hinsichtlich einer Universalität kommunikativer Mechanismen und vor allem auch die Möglichkeit von Interferenzen und Rückkoppelungskreisen zwischen sämtlichen Lebewesen erwarten. Analogien, die neues Licht auf bekannte Tatsachen der inneren Medizin, etwa Krankheitsanfälligkeit oder psychosomatischer Regelkreise, sowie auf die Ethologie werfen könnten. Im voliegenden Zusammenhang sind diese Erkenntnisse als ein Hinweis auf die Beziehungsmannigfaltigkeiten zwischen Lebewesen zu verstehen, die voneinander durch evolutive Schranken weit getrennt zu sein scheinen. Also als ein Hinweis auf eine mögliche Universalität von Rückkoppelungs- und Kommunikationsmechanismen, die den Primärstrukturen des Verhaltens bei allen Lebewesen entsprechen.

Der Unterschied zwischen Endhandlungen beim Tier und pragmatischem Entlastungsmechanismus (PEM) beim Menschen liegt, soviel ich sehe, darin,

daß der Mechanismus das Tier zwingt, jegliche End-
reaktion so lange zu unterlassen, bis es der Kombination von Schlüsselreizen gegenübersteht, welche
eben die zu dieser Situation passende, sein Leben und
die Art erhaltende letzte Instinkthandlung auslöst.
Demgegenüber wird beim Menschen ein analoger
Mechanismus in der Regel durch Lernprozesse (Erziehung) bzw. soziale Regulationen daran gehindert,
in gewissen ursprünglichen und primitiven Formen
abzulaufen. Der Mechanismus darf hier nur in solchen Formen ablaufen, die kulturell ritualisiert und
durch Lernprozesse sublimiert sind. Während sonach
die Endhandlung eines tierischen Instinktes dessen
Bestimmung erfüllt, ist es bei dem PEM so, daß dieser
Mechanismus, wo er in reiner und einfacher Form
auftritt, die Bestimmung menschlichen Handelns verfehlt. Deshalb ist auch beim Menschen in der Regel
(Norm) nicht eine einzelne Entlastungsreaktion isolierbar — außer eben beim deviantem Verhalten —,
sondern nur die in höheren Systemen eingegliederte
und rückgekoppelte Entlastungsreaktion. Eine weitgehende Entsprechung von PEM und Endhandlung
liegt in dem Zusammenpassen von Reaktion und an-
geborenem Schema bzw. von Reaktion und erworbe-
nem Auslösemechanismus. Dies beruht im ersteren
Fall großenteils auf der angepaßten Organisation des
Zentralnervensystems, im letzteren auf einer (oder
vielen) erworbenen Bahnung(en) im Bereich eines
unendlich komplexen Zentralnervensystems.
Der pragmatische Entlastungsmechanismus, also
das, was nach unserer These der Endhandlung (con-
summatory act) beim Tier entspricht, ist in seiner
Reinform nur selten so leicht herauszupräparieren
wie im vorliegenden Fall des Polizisten, der in einem
Handlungsablauf, der zugleich als Symbolhandlung,
als Ersatzhandlung (für Selbstmord) und als Appell
(im Sinne von STENGEL) zu bewerten ist. Er ist aber in
relativer Rohform ein wesentlicher Bestandteil bei allen devianten (delinquenten) Handlungen, und überhaupt als ein tragender Faktor in allen präverbalen
Strukturen und Organisationen menschlicher Handlungen einer Analyse verhältnismäßig leicht zugänglich. Pragmatische Entlastungsmechanismen können
sich auch im Bereich der Stufenfunktionen der opera-
tionalen Strukturen von Intelligenz oder Phantasie
abspielen. Das heißt, sie sind dann schon verbalisiert
oder digitalisiert, wie etwa die Gedanken der hochgebildeten Frau mit den Depressionen, wie schön es
wäre, ein großes Feuer vor sich zu sehen, in dem alles
Bedrückende verbrennt. Es ist also stets zu bedenken,
daß alle diese Mechanismen, die wir in abgewandelter
Form auch bei anderen Lebewesen feststellen können, beim Menschen in ein Stufensystem einbezogen
werden können, das zu den Erkenntnisfunktionen
und zu den geistigen Akten hinübergeführt.
Dies hängt damit zusammen, daß das, was wir beim
Tier als Prägung kennen, also als einen Vorgang, der
auf ganz kurze Zeiträume beschränkt ist und auf ganz
bestimmte sensible Episoden im Entwicklungsprozeß,
beim Menschen, wie noch im einzelnen darzulegen
sein wird, auf einen „unendlich" langen Zeitraum, man

kann sagen von der Geburt bis zum 20. Lebensjahr
sich erstreckend, verteilt ist. Das, was man beim Menschen als Prägung bezeichnen könnte, ist ein Prozeß,
den man sachlich richtig mit Erziehung gleichsetzen
muß. Während dieser Begriff aber im deutschen
Sprachraum seinen ursprünglichen Sinn heute weitgehend eingebüßt hat, ist er im angelsächsischen in
seinem ursprünglichen Ausdrucksgehalt unversehrt
geblieben, und es ist deshalb angemessener, beim
Menschen nicht von Prägung, auch nicht von Erziehung, sondern vom *educational factor* (e.f.) zu
sprechen. Bei diesem Faktor spielen Interaktionen,
wie sie schon zwischen Mutter und Säugling von
SPITZ beschrieben worden sind, also Rückkoppelungen affektiver und subtilster Art, eine tragende Rolle.
Dasselbe gilt auch für Identifikationen und andere
Mechanismen.
Die Störung dieser Prozesse des *educational factor*
sind von maßgeblichem Gewicht bei deviantem (delinquentem) Verhalten.
Den schöpferischen Vorgang, in den dieser *educational factor* eingeschlossen ist, hat GOETHE am 11. März
1832 in einem Gespräch mit ECKERMANN folgender
maßen beschrieben:

*„Gott hat sich nach den bekannten imaginierten sechs
Schöpfungstagen keineswegs zur Ruhe begeben, vielmehr ist er noch fortwährend wirksam wie am ersten.
Diese plumpe Welt aus einfachen Elementen zusam-
menzusetzen und sie jahraus jahrein in den Strahlen der
Sonne rollen zu lassen, hätte ihm sicher wenig Spaß gemacht, wenn er nicht den Plan gehabt hätte, sich auf
dieser materiellen Unterlage eine Pflanzschule für eine
Welt von Geistern zu gründen. So ist er fortwährend in
höheren Naturen wirksam, um die geringeren heranzu-
ziehen."*

Bevor auf diese schöpferischen Funktionen des
menschlichen Geistes eingegangen werden kann, ist
noch darauf hinzuweisen, daß das Genom ein Bezie-
hungssystem ist, das aus interdependenten Elementen
besteht, wobei die genetischen Kombinationen eine
bedeutendere Rolle spielen als Mutationen. Es gibt
hier auch Gleichgewichtssätze innerhalb des genetischen Pools der jeweiligen Bevölkerungen. Das, was
wir als Endon bezeichnet haben, ist nichts anderes als
der Phänotyp, der Phänotyp als Reaktion des Ge-
noms auf Umweltspannungen. Die Gene werden
nicht direkt durch die Selektion berührt, wohl aber
die Phänotypen als mehr oder minder angepaßte
Reaktionen. Verhalten ist, so gesehen, die wesentlich-
ste Aktivität des Phänotypus (PIAGET).
Aufgrund des Verhaltens gestalten sich kreisförmige
Beziehungen zwischen Organismus und Umwelt in
gegenseitigen Modifikationen und das Verhalten
wird zu einem wichtigen Faktor innerhalb der Evolution. Aber auch die Leistungen des menschlichen Er-
kenntnisapparates sind, genau wie alle anderen
Funktionen des Organismus, als etwas phylogenetisch Gewordenes zu betrachten, das seine spezifischen Strukturen den Auseinandersetzungen zwi-

schen Organismus und Umwelt verdankt. Zwischen den organischen Regelungsmechanismen und kognitiven Regelungssystemen, also zwischen biologischer Struktur und der Struktur unseres Wissens, bestehen Interaktionen und Interdependenzen mit jeweils stufenweise erreichten Gleichgewichtszuständen. Dem Geschehen auf sensomotorischer Ebene entspricht ein Geschehen auf der Ebene von Abbild und Gedanken, was auf die vielfältigen Interaktionen zwischen Prozessen sich überlagernder Ebenen hinweist. Eine Kenntnis der wesentlichen Mechanismen auf biologischer Ebene ist eine Voraussetzung für ein Verständnis der Vorgänge auf den höheren Ebenen.

Bahnung

Bei der Prägung handelt es sich um einen Lernvorgang von extremer zeitlicher Begrenzung. Noch kürzere sensible Perioden sind auch in der Entwicklungsphysiologie nicht bekannt (TINBERGEN). Eine echte Prägung im Sinne von LORENZ oder TINBERGEN gibt es beim Menschen nicht. An die Stelle der Prägung ist beim Menschen die Bahnung getreten. Gewiß gibt es auch beim Menschen ein rasches Lernen in sensiblen Phasen, aber dieses hat mit Prägung in obigem Sinn nichts zu tun. Zum Begriff der Prägung gehört nach LORENZ die Irreversibilität. Irreversibel ist aber beim Menschen nur das Gedächtnis. Sonst haben wir es beim Menschen fast ausschließlich mit grundsätzlich reversiblen Prozessen zu tun. Reversibilität ist auch ein Wesensmerkmal der endogenen Psychose. Zur Veranschaulichung dessen, was wir unter Bahnung verstehen, ist die Analyse der Entstehung einer sog. traumatischen Neurose aus verschiedenen Gründen besonders geeignet. Die Lehre vom psychischen Trauma hat in der älteren Psychoanalyse eine große Rolle gespielt, bis man bemerkte, daß über längere Zeiträume einwirkende kleine und kleinste „Traumen" bzw. Belastungen spezifischer Art viel wirksamer sind als das einzelne große Trauma. Nun liegt aber hier bei näherem Zusehen kein Widerspruch vor: ein einziges Erlebnis kann eine solche Kette von Spiralen und Kreisprozessen „auslösen" und selbst in Rückkoppelung mit ihnen

erst zu dem werden, was man mit Recht ein psychisches Trauma nennen kann.

Nach BINDER gibt es neben seelischen Anlagen zu gestörter Integration auch solche mit bloßer Gefährdung zur Desintegration. Eine solche Anlage bedingt Unausgeglichenheiten auf dem Impuls- und Gefühlsgebiet der Persönlichkeit, aber schwächeren Grades, so daß sekundäre Kompensationen möglich sind. Man spricht in solchen Fällen am besten mit KAHN von diskordanten Normalen. Zur Desintegration kommt es bei solchen Persönlichkeiten, wenn Ereignisse in der Umgebung psychotraumatisch wirken, das heißt, eine so aufwühlende Affektbetonung bewirken, daß diese von der Gesamtpsyche nicht mehr beherrscht werden kann: das mobile Gleichgewicht der Persönlichkeit ist erschüttert und untergraben. Man sucht nun allerdings in der Literatur vergeblich danach, wie diese Mechanismen in der Realität ablaufen und wie sie es anstellen, daß es gelegentlich zu einem außerordentlich reichhaltigen Input von Symptomen kommt. Es soll deshalb versucht werden, diesen Vorgang in seinen Verästelungen und Interferenzen an einem konkreten Fall zu analysieren.

Der Begriff der Bahnung ist unlösbar geknüpft an die FREUDsche Hypothese von den Kontaktschranken als ihrer Voraussetzung, der Bahnbrechung. Wir behandeln diese Hypothese als metaphorisches Modell. Die Bahnung öffnet einen Leistungsweg, was eine gewisse Gewalt und einen gewissen Widerstand gegen den Einbruch voraussetzt. Nach DERRIDA besteht in der Differenz der Bahnungen im Sinne von FREUD der wirkliche Ursprung des Gedächtnisses und somit des Psychischen. „Das Gedächtnis sei dargestellt durch die Unterschiede in den Bahnungen zwischen ψ-Neuronen" (FREUD). Es gibt also keine reine Bahnung ohne Unterschiede. Die Spur als Gedächtnis ist keine reine Bahnung, sie ist vielmehr die unsichtbare und unfaßbare Differenz zwischen den Bahnungen. Schon NIETZSCHE sprach vom psychischen Leben als der Differenz in der

Arbeit der Kräfte. Nach FREUD fügt die Wiederholung keine präsente Kraftquantität, keine Intensität hinzu, sie legt denselben Eindruck wieder auf: und dennoch besitzt sie das Bahnungsvermögen. „Das Gedächtnis, d.h. die fortwirkende Macht eines Erlebnisses (hängt) von einem Faktor ab, den man die Größe des Eindrucks nennt und von der Häufigkeit der Wiederholung desselben Eindrucks" (FREUD). Hiernach fügt sich also die Anzahl der Wiederholungen zur Erregungsquantität hinzu, d.h. beide Quantitäten entstammen zwei absolut heterogenen Ordnungen. Das Gedächtnis aber läßt sich nicht ableiten, sondern entzieht sich dem Zugriff eines Naturalismus sowohl als auch dem einer Phänomenologie.

DERRIDA hat alle diese Unterschiede in der Erzeugung der Spur als Momente der *differance*, des Aufschubs, reinterpretiert. Die bedrohliche Verausgabung oder Präsenz wird mit Hilfe der Bahnung und der Wiederholung hinausgeschoben. Man erkennt hier die Rätselhaftigkeit eines „ersten Mals" und daß die Ursprungslosigkeit es selbst ist, die ursprünglich ist (DERRIDA). Hierher gehören die Begriffe der Nachträglichkeit, des Aufschiebens, der Verspätung. Qualitäten erscheinen als reine Differenzen. Wir bewegen uns hier in Bereichen, die der Entgegensetzung von Qualität und Quantität vorausgehen, wie der Begriff Periode, Diskontinuität, überhaupt Periodizität. Gerade das ist aber jener Bereich, dem unsere ganze Untersuchung gewidmet ist, nämlich der Bereich, in dem sich das Maßgebende jeder Kriminogenese und überhaupt jeden Verhaltenswandels, also auch der Endokinese, vollzieht.

Um diesen Dingen auf die Spur zu kommen, muß schon die Krankengeschichte und die Anamnese frei sein von monokausalen Denkspuren naturalistischen Vorurteils. Die Vorgänge menschlicher Kommunikation, die Mechanismen der Rückkoppelung, der Urspur und der Präsenz gilt es hier aufzuspüren.

Wenn wir von Bahnung sprechen, unterscheiden wir folgende Momente. Erstens die Quantität, zweitens Bahnung aus der reinen Zeit: die Periodizität. Drittens Bahnung aus positiver Rückkoppelung und schließlich Bahnung durch Schmerz, der, wie schon FREUD hervorgehoben hat, bei den Bahnungsprozessen eine Sonderstellung einnimmt. „Der Schmerz hinterläßt ganz besonders ausgiebige Bahnungen." Die folgende Beobachtung ist geeignet, die Dynamik der Bahnungsvorgänge zu illustrieren.

Frau *E. C.,* 27 Jahre alt, eine jungverheiratete Frau, „immer gesund" und aktiv, hatte einen Autounfall. Auf der Fahrt über eine vereiste Gebirgsstraße, auf dem Wege zu einer Ausstellung, die sie vorzubereiten hatte, versuchte der Fahrer, ein Angestellter der selben Firma, in der sie damals arbeitete, auf vereister Straße einen Autobus zu überholen. Dabei kam der Wagen ins Schleudern, drehte sich um 180 Grad und landete in einer flachen Mulde. Während Frau E.C. zwei Jahre vorher nach einem dramatischeren Autounfall mit ihrem jetzigen Mann — der Wagen rutschte einen Hang hinunter und überschlug sich — keinerlei Folgeerscheinungen zeigte, entwickelte sich nun im Anschluß an diesen Unfall ein buntes Feuerwerk von Symptomen und Syndromen in Gestalt einer reichhaltigen Konversionsneurose und verschiedener psychosomatischer Syndrome. Obwohl sie nach diesem Unfall blaß war und ihr die Knie zitterten, versuchte sie, so zu tun, als wäre nichts geschehen. Eine Eigentümlichkeit, die sie schon als Kind entwickelt hatte, vielleicht in Zusammenhang damit, daß sie zu ihren Eltern keinerlei wirkliche bzw. nur neutrale Beziehungen entwickeln konnte, weil diese immer wieder miteinander stritten und weder miteinander noch ohne einander leben konnten. Sie fuhr also weiter, eröffnete die Ausstellung, verständigte ihren Mann, und es schien zunächst alles in Ordnung zu sein.

Folgende Momente waren allerdings von anfang an bemerkenswert. Der Unfall war ihr diesmal zeitlich unendlich lang erschienen. Auch, als sie schon in der Mulde standen, glaubte sie immer noch, der Autobus werde im nächsten Augenblick in sie hineinfahren. PANSE hat über Veränderungen des Zeiterlebens in der Angst geschrieben, daß die Zeit während und nach der Angst verändert, gedehnt oder gerafft oder nicht beachtet erlebt wird und daß Dehnung der Zeit als zusätzlich quälend empfunden wird. Bei der Patientin scheint in der Angst eine Blicklähmung aufgetreten zu sein. Sie konnte nicht um sich schauen, sondern nur gerade vor sich hinstarren.

Ferner war bemerkenswert, daß schon in der ersten Nacht und in den folgenden Nächten das Unfallserlebnis vor dem Einschlafen immer wieder filmartig vor ihr ablief. Ihr Schlaf war dadurch gestört. Sie arbeitete aber in der Stadt der Ausstellung drei Tage sehr aktiv, ohne sich irgendwie gestört zu fühlen, und behauptete ihrem Mann gegenüber am Telefon, es sei gar nichts gewesen und daß es ihr wieder bestens ginge.

Es kam schon in den ersten Tagen nach ihrer Rückkehr zu Angstzuständen und Schwindelzuständen, die sie aber leicht unterdrücken und vor der Umwelt verborgen halten konnte. Die Angst trat besonders beim Autofahren ein. Sie hatte das Gefühl, etwas zu verlieren, das sie sich aufgebaut hatte, sprach von ihrem Chef als einem väterlichen Freund, konnte schließlich, wenn sie ihren Wagen lenkte, nur noch gerade Strecken fahren, das Gaspedal nicht durchdrücken. „Man hätte mich damals einsperren und toben lassen sollen, aber das Ganze ist unterdrückt worden."
Nach vier Wochen, an ihrem Hochzeitstag, war sie mit ihrem Ehemann im Theater. „Ich hatte das Gefühl, ich müßte schreien, die Hände in die Luft werfen, die Tasche durch die Gegend schleudern. Ich mußte mich auf meine Hände setzen, um Ruhe zu bewahren. Auch als ich dann später mit meinem Mann als Beifahrerin im Auto saß, setzte ich mich auf meine Hände. Ich hätte ihm sonst wahrscheinlich ins Lenkrad greifen müssen."
Sie hatte schon vierzehn Tage nach dem Unfall die Strecke zu ihrem Arbeitsplatz nicht mehr durchfahren können, mußte auf einer großen Brücke stehenbleiben. Nach fünf Wochen hatte sie das Gefühl, sie traue sich nicht aufzustehen, wenn sie im Bett lag. „Ich wollte in die Klinik, weil ich mich unter kranken Menschen wohler gefühlt hätte." Nach sechs Wochen traten Kreislaufstörungen auf, sie konnte nicht mehr den Wagen lenken, blieb nach hundert Meter vor Angst stehen. Die Angst trat dann auch auf der Straße auf, auf großen Plätzen oder in vollen Straßenbahnen.
In der siebten Woche nach dem Unfall kam es zu Asthmaanfällen, sie glaubte zu ersticken, konnte nicht mehr durchatmen. Diese Anfälle traten in unregelmäßiger Folge während der folgenden vier Monate immer wieder auf. Nach zwölf Wochen wurde anläßlich einer Blinddarmoperation, bei der sich der Blinddarm aber als vollkommen gesund erwiesen hatte, eine Kolitis (ulcerosa?) festgestellt. Etwa zur selben Zeit traten Depressionen auf. Diese beiden Syndrome, die Kolitis und die Depressionen, traten zu dem Zeitpunkt auf, als sie vor Angst auch nicht

mehr im Taxi fahren konnte, es mit der Straßenbahn versuchte und schließlich nicht mehr arbeitsfähig war. Hierzu ist zu bemerken, daß sie schon als Kind immer sehr ehrgeizig war, sich in der Schule wie zu Hause fühlte und auch dann, als ihre Eltern, mit denen sie nie zusammen in den Urlaub gefahren war, sie in ein Heim gaben, sie sich dort sehr wohl fühlte. Ihre Depressionen waren besonders durch Angst, durch Zittern vor Angst, charakterisiert, es kam dann auch zu Zwangsvorstellungen, sie konnte bei Grün nicht über die Straße, mußte ein weiteres Grün abwarten, es bestanden Gleichgewichtsstörungen, sie mußte an den Häusern entlangschleichen, konnte nicht über Rolltreppen gehen. Dazu kamen Zwangsvorstellungen, die sich ihr aufdrängten, die Menschen, wie sie sich bewegen, seien aus Fleisch und Blut, sie konnte keinen Fleischerladen mehr betreten. „Sogar, wenn ich meinen Mann gesehen habe, war es grauenvoll, ich hatte die Idee, der Mensch ist aus Fleisch und Blut und die Seele steckt in dem Ganzen drin. Ich konnte nichts mehr essen, hatte Todesängste, das ganze Leben erschien mir unwirklich. Ich wollte immer in ein Spital, aber es hat mich niemand aufgenommen. Ich wollte nur weg von der normalen Umwelt, denn die normale Umwelt war für mich grauenvoll!"
Der Tiefpunkt ihrer Erkrankung lag etwa im sechsten Monat nach dem Unfall. Damals kam es vorübergehend auch zu einer ausgesprochen Abasie. Eine Behandlung mit autogenem Training hatte nur eine geringe Besserung gebracht, eine verordnete Moorbäderkur wieder eine starke Verschlechterung. Dann verliebte sie sich, wie sie es ausdrückte, in den Mann ihrer Träume, der wesentlich älter war als sie, und von da an trat eine langsame, aber eindeutige Besserung ein. Die Symptome traten teilweise stark in den Hintergrund, manche schwanden ganz, sie konnte wieder arbeiten. Autofahren kann sie aber bis heute noch nicht, sie hatte auch zwei Jahre nach dem Unfall noch leichte Angstzustände. Gelegentlich noch Symptome von Klaustrophobie, Angst, wenn sich die pneumatischen Türen der Straßenbahn schließen, gelegentliche Schwindelerscheinungen und manchmal auch noch Nachschwankungen der Kolitis. Innerlich fühlte sie sich „fürchterlich gealtert". Sie ist aber jetzt wieder gern unter Leuten und in ihrem neuen Beruf sehr aktiv.
Sie hatte sich mit neunzehn Jahren zum ersten Mal verliebt. In der siebenten und achten Klasse Gymnasium war sie die „ausgebuchteste und erfolgreichste Nachhilfelehrerin der ganzen Schule". Der junge Mann, den sie damals liebte, begleitete sie durch ihr ganzes Studium, sagte ihr, wie erfolgreich sie sei. „Dann heiratete ich plötzlich meinen Mann."

Syndromsequenzen

Wir sprechen hier nicht einfach von ausgelöster Konversionsneurose, sondern analysieren die Syndromsequenzen.

Was zunächst deutlich wird, ist ein Verlust des mobilen Gleichgewichts, der Homöostase des ganzen Systems. Schon Vertrautes begegnet uns, wenn wir hören: „man hätte mich in eine Zelle sperren und toben lassen sollen". Es bestand also auch hier ein pragmatischer Entlastungsmechanismus, der zum Durchbruch drängte, aber unterdrückt wurde. Dieser Mechanismus wurde bei unserer Patientin schon von Kindheit auf modifiziert durch einen neurotischen Abwehrmechanismus, der vor allem an schwere Störungen im sexuellen Bereich gekoppelt war. Aufgrund einer gestörten Kommunikation mit den Eltern, die insbesondere die komplementären Interaktionen betraf, war es ihr zur zweiten Natur geworden, kleine Unfälle oder persönliche „Leiden" zu bagatellisieren. Nachdem sie sich von ihren Eltern nicht verstanden glaubte, sagte sie bei derartigen Anlässen einfach, es wäre nichts gewesen. Hier nun, nach diesem Unfall, setzte sie mit Hilfe dieses Abwehrmechanismus alles in Bewegung, um sich nichts anmerken zu lassen, insbesondere ihr Chef und die Arbeitskollegen sollten überhaupt nichts davon wissen, daß etwas passiert war. So kam es zu einer Unterdrückung des pragmatischen Entlastungsmechanismus. Daß und wie dieser Entlastungsmechanismus (PEM) sich durchzusetzen versuchte, gibt zugleich entscheidende Hinweise auf die Wirksamkeit der positiven Rückkoppelung. Etwa in der fünften Woche nach dem Unfall, als sich der Hochzeitstag zum zweiten Mal jährte, mußte sie sich im Theater, neben ihrem Mann, auf ihre eigenen Hände setzen, um nicht, wie sie sagte, Gegenstände durch die Luft zu schleudern, und ebenso beim Fahren im Wagen, während ihr Mann lenkte, um ihm nicht mit den Händen ins Lenkrad zu fallen.

Man sieht hier deutlich die unerhörte Kraft des pragmatischen Entlastungsmechanismus, der zu irgendeiner Tat drängt, um sich durch sie zu befreien, und man erkennt zugleich, welche Strukturen an seiner Unterdrückung beteiligt sind. Es ist offenbar ein Trennschmerz, eine Trennungsangst, ein Gefühl, nicht mehr mit ihrem Mann fahren, (ins Theater) „gehen", überhaupt nicht zusammenleben zu können. Diese in der Richtung auf Angst veränderten Strukturen, die auf pathologischen Veränderungen der Interaktionsmuster gegenüber Eltern und Sexualpartner beruhen, sind es nun, die in positive Rückkoppelung mit der traumatischen Angst, also mit der unmittelbaren Unfallsfolge, getreten sind. So sind die schon in den ersten Nächten nach dem Unfall ablaufenden Wiederholungsträume mit filmartiger Reproduktion des Unfallgeschehens und der sie begleitenden Angst als Ausdruck einer positiven Rückkoppelung dieser Angst mit der lebensgeschichtlich bisher kompensierten Angst zu verstehen, die aus den genannten Inter-aktionsmustern heraus in einem Status nascendi stand.

Positive Rückkoppelungen führen zu einer Änderung des Systems, und die konversionsneurotischen Symptome mit den ihnen folgenden psychosomatischen Syndromen sind offensichtlich die Folge der desäquilibrierenden Wirkung dieser positiven Rückkoppelungsprozesse. Es kommt zu neurotisch-phobischen, zu anankastischen und psychosomatischen Syndromen von erstaunlicher Reichhaltigkeit. Am Beginn dieser Entwicklung stand die rückgekoppelte Angst, aber sie allein hätte wohl diese Symptome nicht bahnen können. Nach FREUD spielt bei der Bahnung immer ein leichter Schmerz herein. Wo dieser Schmerz zu suchen ist, haben wir schon gesehen: es ist der Trennschmerz, der in typischer Weise dann in einer neurotischen Trennschmerzdepression bei Kolitis zum Durchbruch kommt, und zwar gerade zu dem Zeitpunkt, als sie nicht mehr arbeiten kann. Trennschmerzdepressionen in obigem Sinn sind nach meinen Erfahrungen gerade bei Kolitis häufig zu beobachten.

Es wirken sonach verschiedene Mechanismen zusammen, die Unterdrückung einer pragmatischen Entlastungsreaktion und das Wirksamwerden einer positiven Rückkoppelung. Diese Zusammenwirkung ergibt ein Kreszendo von der als schmerzhaft erlebten Dehnung des Zeiterlebens mit dem Gefühl, schon tot zu sein, über die allabendlichen Wiederholungen dieses Erlebens in filmartigen Ablaufsformen beim Einschlafen und im Traum bis zu den Phobien, erst bloß beim Lenken des Wagens, dann auch beim Taxifahren und in der Straßenbahn und schließlich auch beim Gehen bis zu einer partiellen Abasie. Man kann von einer Rückkoppelung der Erlebnisangst mit einer Angst des Verlustes der Rollenstruktur bzw. des Verlustes der komplementären Interaktionen in den Beziehungen zum Ehemann sprechen und darf annehmen, daß entsprechende Abwandlungsvorgänge im Geschehenscharakter des Endons schon im Verlauf der Kindheitsentwicklung und in Wechselwirkung mit Erbinformationen an der Bahnung all dieser und der psychosomatischen Syndrome beteiligt waren. Alle Voraussetzungen eines Bahnungsmechanismus im Sinne von FREUD, die einmalige große Quantität, der Schmerz als besonders ausgiebiger Faktor bei Bahnungen, die Beziehungen zu den Primärfunktionen, das Moment der Wiederholung und des Aufschubs lassen sich an diesem Fall ablesen. Dies allerdings dank der besonderen Intelligenz und guten Selbstbeobachtung dieser Patientin und einer sich über viele Monate erstreckenden Beobachtung und Exploration. Dabei ist besonders lehrreich der Vergleich der durch diesen Unfall ausgelösten Syndrome mit einem völlig wirkungslos verlaufenen Unfall zwei Jahre früher. Obwohl dieser frühere Unfall eher schwerer war (der Wagen rutschte einen steilen Hang hinunter und überschlug sich), blieb er folgenlos. Es fehlte die Dehnung des Zeiterlebens, es fehlte die Angst, es fehlte der Mechanismus der Bahnung. Während bei dem ersten Unfall ein Teil des

Output des Systems diesem von Anfang an als Information über die Ausgabe erneut zugeführt und zur Verminderung der Ausgabeabweichungen verwendet wurde, wurde dieser Output bei dem hier zur Diskussion stehenden Unfall schon von Anfang an durch Wiederholung und positive Rückkoppelung verstärkt. Die Erlebnisangst traf auf die Angst des Rollenverlustes (Trennschmerz) und auf ein schon durch Angstbereitschaft abgewandeltes Endon (neurotischer Grundkonflikt). Man kann auch formulieren, daß es rhythmusmäßig zu Koordinationen zwischen den verschiedenen Systemen und Subsystemen kam, wobei ein Magneteffekt (VON HOLST) ein gegenseitiges Festhalten in derjenigen Phasenlage bewirkte, in welcher die beiden zentralen automatischen Abläufe gleichgerichtet waren.

Das Wesentliche scheint mir doch an dieser Beobachtung zu sein, daß die intraindividuelle Erlebnisangst mit einer Angst rückgekoppelt wurde, die die Beziehungen zu ihrem Ehemann betrifft, und daß dieser ganze Rückkopplungskreis schon eine Vorgeschichte hat, die die Beziehungsstörungen der Patientin zu ihren Eltern und zu ihren Sexualpartnern im Sinne eines neurotisch dissoziierten Erlebnismaterials betrifft. Die positive Rückkoppelung ist sonach vergleichbar einer Aufschaukelung zwischen erlebter Todesangst (ich bin nicht mehr lebendig) und eheimmanenter Trennangst (wir können nicht mehr miteinander fahren/gehen), ja der Unfall selbst symbolisiert dieses Nicht-mehr-zusammen-fahren(gehen)-Können. Es gibt hier also keine monokausale oder nosographische Ableitung, sondern nur ein Wirksamwerden von Kreisprozessen in einer Dynamik, die durch Rückkoppelung, durch pragmatische Entlastungsmechanismen und neurotische Abwehrmechanismen gekennzeichnet sind. Alle diese Beziehungen, auch die ehelichen Partnerbeziehungen, sind nicht konkrete Größen, sondern, wie mathematische Funktionen, irreale Entitäten. Es sind das die Funktionen, auf die man immer wieder stößt, wenn man von der effektiven Lebenssituation und der Bewußtseinslage sowie von der Gesamtpersönlichkeit des Täters ausgeht, ohne dabei den Charakter oder einzelne Persönlichkeitszüge zu berücksichtigen, um nach persönlichkeitsunabhängigen Faktoren zu fragen, die bei kriminellem Verhalten zum Tragen kommen und rein biologisch oder soziohistorisch begründbar sind. Im vorliegenden Fall ist zu erkennen, daß eine starke Unterdrückung des PEM durch neurotische Abwehrmechanismen, insbesondere bei hoher Intelligenz, eine Kriminogenese verhindern kann. Wichtig ist die Kenntnis der zwischen einem Individuum und seinen maßgeblichen Partnern durch die Wechselbeziehungen verursachten Differenzierungsprozesse der Normen individuellen Verhaltens. Man bezeichnet diese Differenzierungsprozesse mit BATESON als Schismogenese. Die diesem Prozeß innewohnende Veränderung in der Ehe unserer Patientin läßt sich an Hand einiger kommunikationswissenschaftlicher Begriffe leicht rekonstruieren. Es handelt sich um die symmetrischen und die komplementären Interaktionen. In

unserem Fall waren die symmetrischen Interaktionen dominierend: beide Ehepartner waren beruflich organisatorisch tätig, beide waren erfolgreich und hatten von dieser Seite viele Gemeinsamkeiten. Die komplementären Interaktionen jedoch waren von anfang an insuffizient, ja invers: der Mann kochte vorzüglich und strahlte Häuslichkeit aus, bot der Patientin jedoch nicht väterliche Geborgenheit, wogegen sie eher der aktivere und bei aller Intelligenz phantasielose Partner war. Progressive Veränderungen, die jeder lebendigen Beziehung zugrunde liegen, im Bereich dieser komplementären Schismogenes, mußten früher oder später zu Störungen führen. Diese immer beängstigender werdenden Gefühle von Selbstentfremdung wurden in den (unterdrückten) pragmatischen Entlastungsreaktionen (PEM) am Hochzeitstag manifest.

Diese Manifestationen waren Ausdruck der gestörten komplementären Interaktionen in der Ehe und Ansatzpunkt für die positive, also systemändernde Rückkoppelung der Angstreaktionen an den Unfall. Komplementäre Interaktionen beruhen auf sich gegenseitig ergänzenden Unterschieden, symmetrische auf Gleichheiten, Beziehungen, die ich seinerzeit mit dem Begriff der biologischen Partnerregel hervorgehoben habe. Normalerweise stehen die symmetrischen und die komplementären Interaktionen miteinander in einem Gleichgewicht alternierender Zusammenstimmung. Das Gleichgewicht hatte, dank illusionärer Verkennungen, ein Jahr lang gehalten. Wenn die Patientin von ihrer Beziehung zu ihren Eltern gesagt hat.: „Das Verhältnis zu den Eltern ist ziemlich neutral, wenn man sieht, was andere Leute ihren Eltern antun oder umgekehrt; niemand hat dem anderen etwas Schlechtes angetan", so paßt dieser Satz ebenso auf die eheliche Beziehung mit der Ergänzung, daß auch niemand dem anderen etwas wirklich Gutes „angetan" hat. Einen um zehn Jahre älteren Mann, der sie durch ihre Studienzeit begleitet hatte, beschreibt sie folgendermaßen: „Der hat mich während meines Studiums begleitet. Er hat immer gesagt, du bist tüchtig und du kannst was, und ich habe mein Studium in kurzer Zeit erfolgreich absolviert. Ein Mann, um den sich die anderen Frauen gebalgt haben, ein verläßlicher, ruhiger Typ. Er hat mich beschützt. Dann habe ich plötzlich meinen Mann geheiratet."

Auf eine Bestätigung psychosomatischer Erfahrungen bei Migräne (verzögerte emotionale Entwicklung bei überlegener Intelligenz), bei Kolitis (Konflikte um Ehebeziehungen und bestimmte Depressionsformen) und bei Bronchialasthma (plötzliche starke emotionale Reize) kann hier nicht näher eingegangen werden. Alle diese Syndrome sind „Niederschriften", die entziffert werden müssen.

Klinisch gesehen, handelt es sich um eine Abfolge psychosomatischer und depressiver Syndrome im Anschluß an eine Schreckwirkung bei Konversionsneurose mit schweren Störungen im Bereich der Sexualsphäre, Kinderpsychiatrisch gesehen, wird man sagen müssen, daß es sich bereits um ein neurotisches

Kind gehandelt hat, das bei einer gewissen Gleichgültigkeit der Eltern durch Leistung, vor allem in der Schule, imponieren wollte und nur deshalb nicht als neurotisch erkannt wurde, weil es dem Idealtyp der Gesellschaft (braves Kind) entsprach. Man wird also schon in der Kindheit eine neurotische Angst ansetzen dürfen, die durch die Schreckwirkung des Unfalls wieder gebahnt wurde und mit einer aus der Ehe entspringenden Angst, nämlich der Angst, als Frau zu versagen, in Interaktion trat.

In der Ehe fehlte das harmonische Hin und Her zwischen symmetrischer und komplementärer Interaktion im Sinne der Kommunikationsforschung (WATZLAWICK). Es bestanden fast ausschließlich symmetrische Beziehungen und es fehlte an der Wärme einer tieferen Partnerbindung. Im Anschluß an den Unfall kam es zu einer positiven Rückkoppelung der erlebten Schreckangst und ihrer Wiederholung in Angstträumen, mit der Angst, als Ehepartner zu versagen und der Angst des verkrampft-leistungswilligen neurotischen Kindes, die in ihr immer noch latent lebendig war. Bemerkenswert ist der Fall, weil er die Lokalisierung der Möglichkeit zu einem delinquenten Verhalten in modellhafter Weise nahelegt. Dieser Punkt liegt zeitlich gesehen dort, wo es zu dem unterdrückten PEM (pragmatischen Entlastungsmechanismus) gekommen ist, nämlich am Hochzeitstag im Theater und beim Autofahren. Sie mußte sich auf ihre Hände setzen, um nicht Gegenstände durch die Luft zu wirbeln oder ihrem Mann ins Lenkrad zu fallen. Zugleich ist das der Zeitpunkt des Umschlags der Syndrome (Phobien, Angstzustände) in Depressionszustände und in das psychosomatische Syndrom einer Colitis (ulcerosa?). Positive Rückkoppelungen führen bekanntlich zu Veränderungen im System, d.h. zum Verlust der Stabilität und des Gleichgewichts. Hier ist also offensichtlich der Weg, der zur Aufdeckung kriminogener Mechanismen führt. Damit es zu delinquentem Verhalten kommt, bedarf es offenbar zusätzlich aggressiver Bereitschaften und einer Koppelung mit einem akuten Konflikt, gegen den sich das Individuum impulsiv, mit der positiven Rückkoppelung als Vis a ter-

go, zur Wehr setzt. Ein solcher akuter Konflikt (Aktualkonflikt) fehlte im vorliegenden Fall gänzlich.

Depression, Verdrängung und Rollengleichgewicht in gestuften Situationen

Der folgende Modellfall ist durch interpersonale Aktionen bei einem in einer Dyade lebenden Schwesternpaar besonders gekennzeichnet. Wir gehen davon aus, daß ein Organismus ein Stufenbau offener Systeme ist, der sich aufgrund seiner Systembedingungen im Wechsel der Bestandteile erhält, und fügen dieser Definition von BERTALANFFY noch hinzu, sich im mobilen Gleichgewicht erhält. Dabei geht es um die Analyse der Interaktionen zwischen den einzelnen Systemen.

Eine Frau von sechzig Jahren, A.B., sehr rüstig, immer hilfsbereit, bei der Bahn angestellt als Beamtin, tötet ihre um vier Jahre jüngere Schwester, indem sie ihr mit einem Messer den Hals durchschneidet, und anschließend einen Selbstmordversuch ausführt. Die Schwestern hatten immer harmonisch zusammengelebt, die jüngere Schwester litt seit ihrer frühesten Jugend an depressiven Syndromen, und es schien klar zu sein, daß der Tatbestand eines erweiterten Selbstmordes vorlag. A.B. bot im Psychiatrischen Krankenhaus das charakteristische Bild einer oneiroiden Emotionspsychose (BOETERS). In dieser traumhaften Verwirrtheit sagte sie, die ihr ganzes Leben der Pflege ihrer Schwester gewidmet und nur in früheren Jahren gelegentlich kurze Beziehungen zu Männern gehabt hatte, sie befinde sich hier (im Krankenhaus) im Stundenhotel am ...., möchte aber mit sechzig Jahren nicht mehr diesem Gewerbe nachgehen. Ein andermal meinte sie, sie möchte von der Vergangenheit nichts mehr wissen, möchte alles ungeschehen machen. An die Tat selbst erinnerte sie sich nicht, wohl aber, wenn auch lückenhaft, an die Vorbereitungen, an die Planung eines Selbstmordes durch Öffnung der Adern im warmen Bad nach dem Vorbild des Petronius; auch daran, daß sie ihrer Schwester schon die Adern geöffnet hatte, diese aber nicht sterben konnte, was sie in große Angst versetzte, denn sie litt damals an dem hypochondrischen Wahn, unheilbar krebskrank zu sein.

Fragt man nun, welche Systeme an den Vorgängen beteiligt waren, die stufenweise zu der Tat hingeführt haben, so bietet sich an erster Stelle der altersgebundene Reifungsvorgang an, mit dem für das Ende des sechsten Lebensjahrzehnts charakteristischen Beginn einer verstärkten biologischen Tätigkeit und als weiteres System das Rollenspiel und seine Verteilung auf die beiden Schwestern. Die Schwestern haben jahrzehntelang zusammengelebt, beide bei der Bahn beamtet, die jüngere Schwester schon in Pension, die B. selbst schon im Begriff, auch bald in Pension zu gehen. Die Kindheit führte bei den beiden zu einer eigentümlichen Rollenprägung. Der Vater war gefürchtet wegen seiner gewalttätigen Auftritte, und die beiden Schwestern flüchteten dann beide unter das Bett, wobei die B. ihre jüngere Partnerin tröstete. Die Mutter schlief nicht bei ihrem Mann, sondern bei den Kindern, die jeden Abend darin wetteiferten, wer zur Mutter ins Bett gehen dürfe. Die jüngere Schwester E., das Nesthäkchen der Familie, war meist die, die dieses Ziel erreichte. Sie litt seit der Pubertät an Depressionszuständen mit Selbstmordgedanken, wobei offen bleibt, wie weit diese Syndrome durch das Ritual zwischen den zwei Schwestern verstärkt wurde. In dieser Dyade des Zusammenlebens übte B. die Mutterrolle aus, sie war dominierend in allen Bereichen der Konfrontation mit der Härte der alltäglichen Lebensaufgaben, die Schwester E. spielte die Kindchenrolle, sie dominierte ihrerseits in Fragen der Freizeitgestaltung, wie ein Kind, das seine Mutter mit seinen Wünschen tyrannisiert. Es bestand sonach bei den Schwestern ein gestuftes und harmonisches Zusammenspiel in einem freien Hin und Her zwischen symmetrischen und komplementären Interaktionen. Die B. hatte ihre Schwester im gleichen Amt untergebracht. Die Depressionen ihrer Schwester überspielte sie zum Teil souverän („na, dann bringen wir uns halt um!"), sie sorgte aber auch dafür, daß die Schwester ihre Medikamente regelmäßig nahm. Diagnostisch handelte es sich bei der Schwester um hysterische Depressionen mit ätiologischen Beziehungen zur Zyklothymie, also zu einem endogen-phasischen Geschehen, wie das von LOPEZ IBOR, SPIEGELBERG und anderen angenommen wird.

Um die Kriminogenese anhand des Strukturwandels sichtbar zu machen, bedienen wir uns der Methodik der Biochronologie bzw. im Sinne einer biologischen Rhythmusforschung, die biochronen Knotenpunkte herauszuarbeiten, die die Interaktion verschiedener Systeme in Gestalt eines Rhythmuswechsels erkennen lassen. Diese Knotenpunkte zeigen Störungen der Interferenzen zwischen den Systemen an und sind so gleichsam Signale, die die Aufmerksamkeit auf Vorgänge lenken, die sonst im Verborgenen ablaufen.

Ein erster solcher Knotenpunkt sind gewisse Angstträume und Phobien der B. aus der Zeit ihrer Kindheit. Sie hatte besonders den Angsttraum, in einem Lift abzustürzen. Schon in ihrer Jugendzeit entwickelte sie ferner einen charakteristischen Angsttraum, der immer nur dann auftrat, wenn sie von ihrer Schwester getrennt war. Es war der Traum, mit ihrer Schwester zu wandern und sie im Nebel zu verlieren, worauf sie mit Angstschweiß bedeckt erwachte. Zu diesem zweiten Knotenpunkt kommt als dritter die schon erwähnte Rollenverteilung, die bis in die Kindheit zurückreicht. Sie übernahm gleichsam bei ihrer Schwester die Mutterrolle, und diese behielt ihre Kinderrole bei, wobei diese ihre Rolle auch im Sinne des Männlichen und die ihrer Schwester im Sinne des Weiblichen gefärbt war. Die ganze Leidenschaft der B. war, den Volkswagen zu waschen, mit dem sie am Wochenende die Schwester ausführte, während die E. sehr eitel war und am Morgen gerne die Löckchen drehte, woran ihre Schwester erkennen konnte, daß sie an dem Tag nicht depressiv war. Im Krieg war die B. einige Jahre dienstverpflichtet, in Würzburg, sie hätte dort heiraten können, ihr Verlobter ist allerdings im Krieg gefallen, so daß sie wieder zu ihrer Schwester zurückkehrte.

Beide Schwestern stammen aus einem großen reichen Dorf, und die B. berichtete, daß man dort solche Menschen, die wie ihre Schwester an Depressionen leiden und Eigenarten hätten, einfach „abschreibe".

Das muß anstelle eines Lebenslaufes genügen, um nun die Situation der beiden Schwestern im ganzen Jahr vor der Tat zu charakterisieren. Die Tat erfolgte an einem Apriltag. Im Sommer vorher, also nahezu ein Jahr zuvor, planten die beiden Schwestern einen Umzug aus der großen Stadt in eine schön gelegene, nicht weit entfernte Kleinstadt. Sie dachten, das Leben recht zu genießen. Die jüngere Schwester E. war schon zwei Jahre frei von Depressionen und mußte auch keine Medikamente mehr nehmen. Durch diese Vorbereitungen geriet die an sich sehr robuste B. in eine Streßsituation. Der Einzug in die neue Wohnung war nicht ganz gesichert, andererseits war sie nicht ganz sicher, ob sie die alte Wohnung noch rechtzeitig weitervermieten werden können. Auch sonst gab es neben der Berufsarbeit viele Vorbereitungen. Nach der Unterzeichnung eines Vertrages betreffend den Umzug in die neue Wohnung bemerkte sie erstmals ein leichtes Zittern in den Händen, das sie nicht mehr verließ, aber auch nicht besonders störte. Dieses Zittern ist wieder ein Knotenpunkt in unserem Sinn, denn es signalisiert den Zeitpunkt beginnender leichterer vegetativer Störungen im Sinne einer Nervosität und innerer Gespanntheit, leichter Schlafstörungen und wahrscheinlich schon damals beginnender Gewichtsabnahme.

Ein einschneidendes Datum und entscheidender Knotenpunkt fällt dann auf den 13. Dezember, den Tag des Umzugs. An diesem Tag trat gleichzeitig einen Urlaub an, um den Arbeiten der Neueinrichtung der Wohnung nachgehen zu können. Pensionierungsabsichten, ein Umzug, ein Urlaub und noch dazu die Weihnachtszeit, das sind alles Dinge, die auch endogene Depressionen auslösen können. Die E.

meinte am Abend, der erste Traum in einer neuen Wohnung sei bedeutsam. Nun hatte die B. in dieser Nacht ihren Nebeltraum, also den Traum, ihre Schwester im Nebel zu verlieren, den sie aber bisher immer nur gehabt hatte, wenn sie von der Schwester getrennt war. Schon am nächsten Tag begannen bei ihrer Schwester E. neuerdings Depressionserscheinungen aufzutreten. Während sonst die B. dadurch unbeeindruckt blieb in ihrer Stabilität, kam es diesmal bei ihr symbiontisch gleichfalls zu depressiven Syndromen, von zunächst rein reaktivem Charakter. Sie litt unter Lärmerscheinungen, beklagte, überhaupt umgezogen zu sein, wünschte sich in die ruhigere frühere Wohnung zurück, war aber durch die viele Arbeit so beansprucht, daß sie diesen Dingen keine besondere Aufmerksamkeit zuwenden konnte.

Der ganz entscheidende Knotenpunkt in unserem Sinn fällt dann auf den 15. Januar des folgenden Jahres. An diesem Tag beendete sie ihren Urlaub und trat ihre Arbeit bei der Bahn wieder an. Da zeigte sich nun aber, daß ihre Eintragungen, die sie in den Karteiblättern machen mußte, unleserlich waren. Andere Beamte mußten ihr die Arbeit abnehmen. Sie hatte eine (hysterische) Schreibstörung, die auch in den folgenden Wochen und Monaten anhielt, so daß man sie wieder beurlauben mußte. Diese Schreibstörung wirft nun ein entscheidendes Licht auf die ganze Dynamik.

Die Bedeutung, die dieser Schreibstörung zukommt, ist wesentlich für das Verständnis des ganzen Falles. Das geht nicht ohne Symboldeutung. Der amerikanische Psychiater ROME sagte über die sozialpsychiatrischen Implikationen des depressiven Syndroms: „Der Mensch — Homo symbolicus — ist durch seine ganze soziale Existenz, das ‚wirre Gewebe menschlicher Erfahrungen‘ wie CASSIRER es ausdrückt, bestimmt in einem sinnbildlichen Universum zu leben. Eingehüllt in das Netz der Symbole gestaltet er sein Weltbild entsprechend seiner Erfahrung und erwirbt dabei ein jeweils eigenes Wertsystem.“

Die Deutung dieser Schreibstörung ergab sich im Assoziationsversuch, aber auch aus den Syndromsequenzen selbst, und nicht zuletzt daraus, daß ja die B. schon bei der ersten Untersuchung davon gesprochen hatte, daß man in ihrem Heimatdorf solche Leute, wie ihre Schwester, „abschreibe“. Auch hatte sie einmal davon gesprochen, daß sie froh gewesen wäre, wenn ihre Schwester geheiratet hätte, weil sie dann „ihre Freiheit gehabt hätte“. Die Schreibstörung signalisiert sonach nichts

anderes, als den unbewußten oder verdrängten Wunsch, ihre Schwester ab-zu-schreiben. Schon das Auftreten des Nebeltraumes in der Umzugsnacht weist in die gleiche Richtung. Nicht nur das biologische System war durch den Eintritt in das höhere Alter in Bewegung geraten, auch das Wertsystem war durch die Pensionierungsabsicht und durch den Umzug einem Strukturwandel unterworfen. Und damit war zugleich das ganze Rollensystem in Frage gestellt. Der Wunsch, doch noch ein eigenes (sexuelles) Leben zu leben, war bei dieser vitalen Persönlichkeit keineswegs ganz erloschen, wohl aber war die Kraft erlahmt, ihn zu unterdrücken und das künstliche Rollensystem aufrecht zu erhalten. Damit sind die Interaktionen zwischen den Systemen dieser Persönlichkeit hinreichend analysiert.

Der weitere Syndromverlauf ist dann charakterisiert durch das Auftreten hypochondrischer Depressionszustände bei der B. mit dem Wahn, an einem unheilbaren Krebs zu leiden wie ihr Vater, der an Krebs gestorben war. In diesem Zustand kam es zu positiven Rückkoppelungen zwischen den depressiven Syndromen der beiden Schwestern, die zweifellos auch erbbiologische Gemeinsamkeiten struktureller Natur aufweisen. Man kann also auch von einem interpersonalen Shift bzw. von einem symbiontischen depressiven Syndrom sprechen. Die zunehmende und erhebliche Gewichtsabnahme der B., die Schlafstörungen, die Verschlechterungen des Zustandes am Morgen lassen eine endogene Komponente erkennen.

Schon in den letzten Wochen vor der Tat stand der Plan, gemeinsam aus dem Leben zu scheiden, bei den beiden Schwestern fest. Zuerst dachten sie daran, gemeinsam mit dem Auto in die Donau zu fahren. Dann kam es zu dem schon erwähnten und auch in die Tat umgesetzten Plan, sich im Bad die Adern zu öffnen.

Auslösend für das Tatgeschehen wirkte, daß die B. am Tag der Tat beim Nachhausekommen bemerkte, daß die E. schon Medikamente genommen hatte und leicht benommen war. Die ungeheure Brutalität des abschließenden Tatgeschehens, das Durchschneiden des Halses mit einem Messer, die prima vista an eine Schizophrenie denken ließe, ist wohl nur aus dem Verdrängungsmechanismus heraus zu verstehen. Die Verdrängung bewirkt nach FREUD keine Zurückdrängung einer äußeren Kraft, sondern enthält eine innere Vorstellung, die im Innern des Selbst einen Raum der Unterdrückung einzeichnet. Die Gewalt dieser Unterdrückung, erkennbar an der Schreibstörung, kommt als ein Scheitern dieser Verdrängung in der außerordentlichen Brutalität der Handlung, die an sich ganz „persönlichkeitsfremd" war, zum Ausdruck, wobei mir wesentlich scheint, daß dieser Verdrängungsmechanismus mit der verdrängten Sexualität in positive Rückkoppelung eintrat. Die Verdrängung der Sexualität ist ja ein besonderes Merkmal der Hysterie, und beide Schwestern haben ja ihr Leben lang ihre Sexualität unterdrückt. In der nach der Tat aufgetretenen oneiroiden Emotionspsychose kam es zum Durchbruch dieser verdrängten Sexualität, der auf einer anderen Wertebene die verdrängte Freiheit korrespondiert, wie an ihren Worten zu erkennen ist, sie befände sich hier in einem Stundenhotel, möchte sich aber mit sechzig Jahren nicht mehr diesem Gewerbe hingeben.

Zusammenfassung. Die Delinquenz ist eingebettet in eine Exazerbation von Syndromsequenzen (ein Sichablösen von Syndromen, Syndromwandel), deren konventionelle Zeichensprache noch einer wissenschaftlichen Aufschlüsselung bedarf. Erleben des Vaters als ein Gewalttäters, Realangst, Phobien, Verdrängung der Sexualität und Annahme einer Mutterrolle gegenüber der jüngeren Schwester, die schon als Kind larvierte Depressionszustände im Sinne von NISSEN zeigte, diesen schon im Jugendalter aufgetretenen Syndromen, folgte die Zeit, wo die Schwestern jahrzehntelang harmonisch in symmetrischer und komplementärer Interaktion zusammenlebten. Zweimal waren sie je drei bzw. zwei Jahre voneinander getrennt und jedesmal hatte die B. fast jede Nacht den Angsttraum, die Schwester zu verlieren (Nebeltraum). In dieser ganzen Zeit litt die Schwester an (hysterischen) depressiven Syndromen und wurde von der B. aufgerichtet und betreut.

In einer dritten Lebensphase kam es dann zu einschneidenden biologischen Veränderungen: vier Jahre vor der Tat die Menopause bei der B., mit allgemein zunehmenden Aktivitäten, die dann in dem Umzugsplan gipfelten. Hier beginnen nun, fast ein Jahr vor der Tat, die entscheidenden Syndromsequenzen: Zittern der Hände seit einer Vertragsunterzeichnung zur Vorbereitung des Umzugs, erste Anzeichen eines beginnenden neurovegetativen Störsyndroms, am Tag des Umzugs, zugleich der Tag, an dem die B. vier Wochen Urlaub machte, der Nebeltraum, und am folgenden Tag Wiederkehr des depressiven Syndroms bei der Schwester, die zwei Jahre vollkommen gesund und auch medikamentenfrei gewesen war. Interpersonaler Feldwechsel in Form symbiontischer depressiver Syndrome bei der B., zuerst überwiegend reaktiv, dann zunehmend endogen im Sinne einer hysterisch-phasischen Depression, und am Tag, da sie ihre Arbeit wieder antreten mußte, die Schreibstörung als Ausdruck des mißglückten Wunsches, sich von der Schwester zu befreien (sie „ab-zuschreiben"), Hineingleiten in eine stark endogen mitbestimmte hysterisch-hypochondrische Depression mit dem Wahn, an unheilbarem Krebs zu leiden. Umschlag der kommunikativen Interaktionen in ein rein symmetrisches Geschehen, Aufgeben der Mutterrolle und Plan, gemeinsam zu sterben. Hierauf die situativ ausgelöste Tat (Versuche, die Adern im Bad zu öffnen, Erhängungsversuche an Strumpfhose), kulminierend im Durchschneiden des Halses der Schwester mit einem Messer, und schließlich als Folge der Tat Auftreten einer oneiroiden Emotionspsychose (reaktives Syndrom) und zugleich als Durchbruchsyndrom verdrängter (sexueller) Wünsche. Es kommen jene Vorstellungen zum Durchbruch, die nicht bewußtseinsfähig waren, andererseits eine endogen-zyklothyme Komponente, also phasische Schwankungen im Rahmen des hysterisch-hypochondrischen Syndroms, psychogen überformt und in Interaktion mit exogenen Faktoren.

Zu beachten ist die Aktivierung bis dahin inaktiver Genmuster (endogene Komponente) und das Hereinspielen der akuten Konfliktsituation: der Umzug und das Ziel, den Lebensabend in einer neuen, ebenerdigen Wohnung angenehm zu gestalten, hatten sich als Fehlkalkulation erwiesen und mit dem Wiederauftreten depressiver Syndrome bei der Schwester und einer depressiven Reagibilität bei der B. selbst zu einem Zusammenbruch des Wertsystems geführt. Der einige Monate später anschließende Wahn, krebskrank zu sein wie der Vater, bedeutet eine Identifikation mit der Gewalt (Gewalttätigkeit des Vaters) aus jenem „Raum der Unterdrückung" heraus, der durch den Verdrängungsmechanismus eingezeichnet wurde. Die innere Dynamik des Strukturwandels im Rahmen dieser Syndromsequenzen und Syndromverschlingungen wird deutlich, wenn man beachtet, daß hier derselbe Verdrängungsmechanismus zum Durchbruch kommt, der schon in der Kindheit zur Übernahme einer vertauschten Rolle, der Mutterrolle, und einer Verdrängung der Sexualität geführt hat. Das

Auftreten des Nebeltraums bei den Trennungen von der Schwester und in der Übersiedlungsnacht signalisiert gleichsam diesen Verdrängungsmechanismus ebenso wie die Schreibstörung, die Verdrängung des Wunsches, den Rollenpartner zu verlassen und sein eigenes Leben zu leben. Biologische Umschichtungen an der Schwelle zum höheren Alter und mißglückter Umzug mit Zusammenbruch des Wertsystems lassen erkennen, daß es hier zu positiven Rückkoppelungen zwischen Reifungssystemen, Triebsystemen und Wertsystemen in ein und demselben Zeitpunkt gekommen ist. Die beiden Schwestern haben die Übertragung von sexuellen Wünschen auf ein männliches Subjekt von dem gefürchteten und gewalttätigen Vater nicht richtig „lernen" können, in den depressiv-symbiontischen Interaktionen des Involutionsalters ging dann die regressive Dynamik, das heißt die Rückkoppelung mit den Primärrollen und mit den Primärsystemen des Kindesalters, bis zur Realisierung des Todestriebes, also zur Vernichtung der Mutterrolle, die die B. ein Leben lang aufopfernd durchgehalten hatte.

Für die Theorie der Kriminalität ergibt sich hier als Arbeitshypothese die Frage, ob nicht am Zustandekommen delinquenten Verhaltens obligatorisch eine besondere Form positiver Rückkoppelung beteiligt ist, nämlich zwischen Aktualkonflikt und dem analogen *Primärkonflikt*, der in etwa, aber doch nicht ganz dem entspricht, was D. BECK al Grundkonflikt bezeichnet. Durch diese positive Rückkoppelung mit einem Konflikt aus der Kindheit, der noch überwiegend den Gesetzen des Primärprozesses im Sinne von FREUD unterworfen ist, kommt es zu dem, was ich als gestufte Konfliktsequenz bezeichnen möchte, mit dem Effekt einer zugespitzten Sensibilisierung und Desäquilibrierung. Die Interaktionen zwischen den Systemen werden durch positive Rückkoppelungen in der Mannigfalt ihres Zusammenwirkens auf wenige Möglichkeiten eingeengt (Reduktion der Vielfalt möglicher dynamischer Gleichgewichte im Sinne der Rhythmusforschungen VON HOLSTS).

Es ergeben sich folgende Sätze:

a) Mehrere Systeme, hier die Ordnungssysteme des Wohnens und der Berufsarbeit, werden gleichzeitig umstrukturiert: dabei kommt es aber zu keiner Koordination (negativer Rückkoppelung) der veränderten Rhythmen, sondern beide treten intrapersonal mit den in Veränderung be- griffenen biologischen Systemen, dem involutiven Aktivierungsfaktor (W. SCHUMACHER) und dem vegetativen Störfaktor (Stress vor dem Umzug), interpersonal mit dem neu auftretenden depressiven Syndrom (der Schwester) in positive Rückkoppelung. Wir haben also die Interferenzen zwischen vier gestörten Systemen und dazu den aktuellen Konflikt, daß der Wohnungswechsel als vollkommener Fehlschlag erlebt wurde.

b) Die Rückkoppelung eines unlösbaren Aktualkonfliktes an einen struktural gleichgearteten ungelösten Primärkonflikt bildet nach unserer Arbeitshypothese gleichsam die Schubkraft und in der gestuften Konfliktsituation gleichzeitig den Ermöglichungsgrund delinquenten Handelns.

c) Die Tat erfolgt an einem Punkt, der durch die Auslösung eines pragmatischen Entlastungsmechanismus (PEM) gekennzeichnet ist (die Tat „ist" dieser ungehemmte Entlastungsmechanismus).

d) Alle Syndrome sind „Nieder-Schriften", Symbolisierungen im Sinne eines individuellen Kodes, der jeweils bestimmte Syndromsequenzen umfaßt. Die Entzifferung dieser Syndromsequenzen steht in den allerersten Anfängen.

e) Die Tat selbst ist die „adäquate Reaktion" auf die innere Situation im Netzgefüge der Syndromsequenzen.

f) Die Entschlüsselung dieser Sequenzen bietet sich an als ein Weg, jene Ablaufsformen und „Gestalten" herauszuarbeiten, die dem Ehepaar Glueck vorschwebten und durch das „Wegdenken des Besonderen" mit seiner Fülle von Einzelheiten und durch Reduktion auf das rein Qualitative, Strukturen hervortreten lassen, die es erlauben, die Mathematik auf diese rein qualitativen Formen anzuwenden (Prognoseformeln).

g) Der Kernvorgang, der sich strukturanalytisch herausdestillieren läßt, ist gekennzeichnet als positive Langzeitrückkoppelung des Aktualkonflikts an den Primärkonflikt (Grundkonflikt). Diese Form der Rückkoppelung ist im vorliegenden

Fall an eine noch ein Jahr vor der Tat durchaus unauffällige und ebenso einige Monate nach der Tat wieder durchaus unpsychopathische, relativ primitive und triebhafte, dabei aber durchaus intelligente und äußerst hilfsbereite, nur leicht exaltierte Persönlichkeit geknüpft, die außer geringfügigen Phobien und Angstträumen seit der Kindheit nie eine klinisch greifbare Symptomatik geboten hat.

h) Im vorliegenden konkreten Fall wurde der ‚Raum der Unterdrückung", in welchem die positive Rückkoppelung zwischen Aktual- und Primärkonflikt freigesetzt wurde, durch eine neuerliche Verdrängung der Sexualität (bzw. des individuellen Freiheitsstrebens überhaupt) bei hysterischer Persönlichkeitsstruktur eingezeichnet (Syndrom der Schreibstörung). Im Syndrom der endoreaktiv-hysterischen und zugleich symbiontischen Depression kam es dann zu einem hypochondrischen Wahn, wie der Vater unheilbar krebskrank zu sein, worin sich die genannte Rückkoppelung an den Primärkonflikt (kindliche Angst vor dem gewalttätigen Vater) deutlich manifestiert.

i) Dieser hypochondrische Wahn läßt sich ähnlich charakterisieren wie der von GAUPP beschriebene Analogiefall zum Hauptlehrer Wagner, eines von einem Volksschullehrer (geboren 1897) produzierten Wahns, daß man „hier förmlich sieht", „wie sich die menschliche Kreatur hilft, um das Unerträgliche zu ertragen". Im vorliegenden Fall ist es dieser hypochondrische Wahn in Interaktion mit den koordinierten Selbstmordtendenzen der beiden Schwestern, der letzten Endes subjektiv die Tat motivierte. Besagte doch der hypochondrische Wahn der B., „weil ich selbst unheilbar bin, muß ich sie (in den Tod) mitnehmen, weil sie sonst von den anderen Menschen „abgeschrieben" wird" (verloren ist).

k) An diesem Modellfall ist die Interaktion zwischen synchronen Pathorhythmien und diachroner Pragmatophorese (Sequenzen pragmatophorer Syndrome) intra- und interpersonell abzulesen.

Endokrines Psychosyndrom

Delinquenz als Übersprungsreaktion

Endokrine Störungen sind häufig von Wesensänderungen begleitet (M. BLEULER). Hier interessieren zunächst nicht die akuten schweren Stoffwechselstörungen, die zu körperlich begründbaren Psychosen im Sinne des exogenen Reaktionstypus (BONHOEFFER) führen, sondern das endokrine Psychosyndrom (BLEULER). Bei diesem handelt es sich um Änderungen von Einzeltrieben, der Triebhaftigkeit, des Erregungsniveaus und von Stimmungen. Der folgende Fall R.S., einer 42jährigen Frau, läßt modellartig und mit geradezu experimenteller Exaktheit das dynamische Spiel der Systeminteraktionen im Rahmen der Kriminogenese hervortreten.

Eine Frau, *R.S.*, 42 J., die schon als Kind, dann in der Schule und zuletzt im Beruf und als verheiratete Frau Schwierigkeiten hatte, sich leistend zu bewähren und doch unermüdlich gegen sie ankämpfte, mußte in ihrem 42. Jahr krankheitshalber kastriert werden. Als Kind konnte sie am Töpfchen den Stuhl nur absetzen, wenn der Vater sie bei ihrer Hand hielt, in der Schule versagte sie an der Tafel vor Angst, obwohl sie sonst gute Kenntnisse hatte. Mit fünfzehn Jahren kam ihre Schwester durch Bombenangriff um und die Mutter, gerade schwanger, litt längere Zeit an Selbstmordabsichten. Im Beruf litt sie unter einer unbefriedigenden Stellung als Hilfsarbeiterin, brachte es später bis zur Sekretärin, allerdings bei einem „bösen" Chef. Als Frau blieb ihr der Kindersegen versagt, es kam mehrere Male zu einem Abortus und nach den Fehlgeburten zu depressiven Syndromen.
Wie ein roter Faden zog sich durch ihr Leben Schreck und Angst. Nur zwei Angsterlebnisse aus der Kindheit: ein Bub droht sie von einem Hügel über ihr mit einem Fahrrad zu überfahren. Die Reaktion tagelanges Schreien und Verstörtheit, sie spürte im Bett Tiere und Schlangen und war wegen Tierphobien in ärztlicher Behandlung. Mit acht Jahren eine angebliche „Vergewaltigung" durch einen „älteren Herrn", als sie in einer östlichen Provinz auf Kindererholung war, ein Vorfall, von dem sie niemand erzählt hat.

Mit zwanzig Jahren starkes Schwitzen, Zittern, Schwindelanfälle auf der Straße, weiche pulsierende Struma. Mit 22 Jahren Schilddrüsenoperation wegen Hyperthyreoidismus. Noch heute wie vor Schreck leicht vorgetriebene Augen. Seit dem 24. Lebensjahr „Unterleibsleiden". Menarche mit dreizehn Jahren, die Menses immer schon sehr stark und mit starken

Blutungen verbunden. Nach einer Kürettage nach Abortus Blutungen, Ausfluß, Schmerzen, seither nicht mehr so richtig frei von diesen Beschwerden. Zwei Jahre vor der Tat, also im Alter von vierzig Jahren, wußte die Patientin, daß ein chirurgischer Eingriff notwendig sein werde, weil die konservative Behandlung nur vorübergehend half. Sie schob aber diesen Eingriff immer wieder hinaus, aus Angst, dann als Frau nicht mehr vollwertig zu sein. Auch beruflich, als Hilfsarbeiterin, hatte sie immer unter dem Gefühl gelitten, nicht vollwertig zu sein.

Im Alter von 42 Jahren wegen vereiterter Zysten bei Pyosalpinx und Adnexitis Totalexstirpation und Exstirpation beider Ovarien (Kastration). Einige Wochen nach der Operation allnächtlich quälende sexuelle Träume mit perversen und sadistischen Inhalten (Kopfabschneiden usw.). Diese Träume gingen auf Hormonspritzen angeblich prompt zurück, traten aber auch in der Folgezeit gelegentlich wieder auf. Ferner entwickelte sich nach der Operation ein Strukturwandel des Nahrungstriebes in Gestalt plötzlich auftretender Heißhungergefühle. Sie hätte dann den ganzen Tag essen können, unterdrückte diesen Trieb aber mannhaft, aus Angst, dick zu werden. Dazu kamen noch Beschwerden, die bei vielen Frauen im Klimakterium berichtet werden, Hitzewallungen, andeutungsweise auch Unbeherrschtheit und Reizbarkeit und schließlich ein pseudoamnestisches Syndrom in Gestalt von periodisch auftretenden Konzentrationsstörungen.

Als konstitutionell unterbautes und nun reaktiv ausgelöstes Syndrom kam es zu der Angst, als Frau nicht mehr vollwertig zu sein, und alternierend zu der weiteren Angst, daß es sich um einen Krebs gehandelt haben könnte. Letztere Angst wurde jeweils durch neuerliche Blutungen nach der Operation verstärkt.

Etwas über vier Monate nach der Operation setzte R. S., die nie vorbestraft war und nie asoziale Tendenzen gezeigt hatte, sondern im Gegenteil immer bemüht war, alle sozialen Verpflichtungen zu erfüllen, an einem einzigen Vormittag eine ganze Reihe von *Ladendiebstählen*. Sie war zu dieser Zeit bereits achtzehn Jahre glücklich aber kinderlos verheiratet.

Dynamik des Tatgeschehens

Im Anschluß an die Operation (Kastration) war es zu Syndromsequenzen gekommen, die in Interaktion mit gestuften Konfliktreaktionen standen. Acht Tage vor der Tat eine neuerliche stärkere Blutung mit exazerbierender Krebsangst, doch beruhigte sie der Arzt, es sei nur ein übersehener Polyp gewesen. Vier Tage vor der Tat Versagen bei einer Rechenarbeit für ihren Mann (Steuerabrechnung), der ihr Vorwürfe machte, die sie sich sehr zu Herzen nahm. Drei Tage vor der Tat überschwengliches Glücksgefühl aufgrund eines Skiausfluges mit dem Mann, der ihr gezeigt hatte, „daß sie noch fahren konnte". Am Tag vor der Tat deutliche, aber leichtere Hintergrunddepression (K. SCHNEIDER). Am Tag der Tat selbst hatte sie vor, eine

Bluse umzutauschen und sich in Geschäften allerlei anzusehen. Sie pflegte das immer so zu halten, daß die wirklichen Einkäufe zusammen mit ihrem Mann erfolgten. Ihr Mann war an diesem Tag verreist, sie selbst am Morgen in leicht gehobener Stimmung. Vor dem „Einkaufen" starkes Hungergefühl, sie besuchte (am Vormittag) eine Konditorei, was sie bis dahin „noch nie getan hatte", unterdrückte aber den Heißhunger, aß nur ganz wenig und ging dann in verschiedene Geschäfte. Dort stopfte sie, nachdem sie ein merkwürdiges Erlebnis gehabt hatte, ihre Tasche mit allerlei Gegenständen voll (mehrere Kleidergeschäfte, ein Juwelierladen). Das Erlebnis: sie sah zwei Frauen in einer Kabine, die neue Pullover über ihre alten drüberzogen und ohne zu zahlen das Geschäft verließen. Sie sei ganz verblüfft gewesen, daß es so etwas gäbe. Nach ihrer Darstellung ist aber kaum anzunehmen, daß es sich bei diesem beobachteten Ereignis wirklich um Diebstähle gehandelt hatte, es handelte sich offensichtlich vielmehr um die Phantasie, bzw. um jene Realität, die FREUD als die Phantasie selbst erkannte. Im dritten Geschäft wurde sie festgenommen. Nachträglich schilderte sie ihr Erleben zu den Tatzeiten als das Gefühl von innerer Leere, als würde sie irgendwo zuschauen.

Über den Heißhunger berichtete sie bei der Untersuchung, sie habe in letzter Zeit Heißhunger gehabt, habe den ganzen Tag Hunger gehabt, das sei so richtig erst seit drei Wochen gewesen (vor der Tat).

Rekonstruiert man die Interaktionen der gestörten beteiligten Systeme vor und zur Zeit der Tat, so ergibt sich folgendes:

Bei der immer schon labilen, gegen Schreck und Angst anfälligen, früher konstitutionell hyperthyreotischen R. S. bestand schon von Kindheit an die Angst, in ihrer jeweiligen Lebensrolle zu versagen und dementsprechend eine Affektlabilität, eine Labilität des Leistungsniveaus und des Selbstwertgefühls. Durch die Kastration war im geistigen Bereich (Arbeitsleistung) und in ihrer Rolle als Frau die Angst, zu versagen, in einem akuten Konflikt aktualisiert. Diese Konfliktlage exazerbierte kurz vor der Tat in gestuften Syndromsequenzen. Im Bereich ihres Selbstkonzepts als Ehekamerad durch Versagen bei Rechenarbeiten aufgrund von Konzentrationsstörungen, im Bereich ihrer weiblichen Rolle als Angst, nicht vollwertig zu sein, und in der Vitalschicht in Gestalt einer Krebsfurcht. Diese rhythmischen Schwankungen wurden jeweils von submanischen gegenläufigen Phasen abgelöst, wenn der Arzt sie beruhigte, ihr eine sportliche Leistung gelang usw.

Diese gestuften Konfliktreaktionen im Rahmen des Aktualkonflikts waren rückgekoppelt mit dem Primärkonflikt durch tausend Brücken der Angst, die ihren Lebensweg seit der Kindheit begleiteten, und sie traten nun in Interaktion mit den Triebstörungen im Sinne des endokrinen Psychosyndroms.

Die Zusammenhänge mit dem gestörten Sexualtrieb, der sich vorwiegend in Träumen manifestierte und mit einer Steigerung des Bewegungstriebes sind nicht transparent. Wohl aber der Zusammenhang mit dem gesteigerten Hungertrieb, dem schon seit Wochen vor der Tat quälenden Heißhunger. Es ergibt sich aus der Vorgeschichte der Tat, daß dieser Trieb unmittelbar vorher unterdrückt wurde. Das Schreckerlebnis, der Anblick der beiden Frauen, die Pullover anziehen und ohne zu zahlen hinausgehen („... ich war so weg über das, ich dachte, um Gottes willen, das geht so leicht! ..."), ist einer jener entscheidenden Knotenpunkte, von denen schon beim vorigen Fall die Rede war. Dieser Knotenpunkt signalisiert die Übersprungsreaktion, d.h. die überstarke Erregung, die sich auf dem üblichen Weg (Befriedigung des Heißhungers) nach TINBERGEN nicht zu entladen vermag und auf ein benachbartes Triebsystem, in diesem Fall den oralen Besitztrieb, überspringt. Zur Begründung dieser Auffassung wurde schon angeführt, daß die nähere Exploration eindeutig ergab, daß dieses Ereignis eines vermeintlichen Ladendiebstahls durch zwei Frauen in einer Kabine gar nicht als solches stattgefunden haben kann, daß es sich vielmehr um eine „psychische Realität" gehandelt hat, die die Verdrängung (des Heißhungers) motivierte, nämlich um eine innere Vorstellung bzw. um die Phantasie selbst. In diesem Sinne ist es zu verstehen, wenn wir von diesem „Schreckerlebnis" als von einem Knotenpunkt sprechen, einem Syndrom, das die Übersprungreaktion signalisiert.

Zusammenfassung. Man könnte zu diesem Fall als Zusammenfassung dieselben Sätze niederschreiben von a) bis i), die die Zusammenfassung des letzten Falles abschließen. Nur sind im vorliegenden Fall die Störungen im Bereich der biologischen Ordnungssysteme deutlicher. Schon im Alter von zwanzig Jahren hatte sich die Schilddrüse den regulierenden Mechanismen der thyreohypophysären Kybernetik entzogen, es entstand das Bild einer Hyperthyreose mit dem entsprechenden endokrinen Psychosyndrom, das zwei Jahre später nach der Operation weitgehend wieder zum Abklingen kam. Nach der Operation im 42. Lebensjahr (Kastration) traten umschriebene Triebstörungen auf, vorwiegend im Bereich des Hungertriebes (Heißhunger), aber auch im Bereich der sexuellen Phantasie (Träume). Während es also im vorigen Fall nur die Umstrukturierung im allgemeinen Triebhaushalt war, die an der Schwelle zum höheren Alter eine gesteigerte Aktivität setzte, sind es hier im Bereich der Triebsysteme wie in einem Experiment ausgelöste zirkumskripte Störsyndrome. Aber auch im vorliegenden Fall kommt es zu einem Aktualkonflikt in Gestalt der Angst, als Frau und als Arbeitskameradin der Operation zu versagen und zu einer positiven Rückkoppelung dieses Aktualkonflikts mit dem Primärkonflikt. Das dynamische Geschehen ist also in seinen Grundstrukturen im wesentlichen dasselbe. Schon in der Kindheit war der Primärkonflikt dadurch charakterisiert, daß sie in ihrer kindlichen Rolle von der Angst beseelt war, in ihren Leistungen zu versagen. Als eine an Hyperthyreose Leidende war sie immer in hohem Maße von der Umgebung abhängig, in ständiger Furcht, Zuneigung und Geborgenheit zu verlieren, voll phobischer Angstbereitschaften und von dem Drang beseelt, Verantwortlichkeit zu suchen. Die Rückkoppelung an den Primärprozeß war also niemals so ganz abgebrochen, wurde aber nach der Operation angesichts der Störung im endokrinen Zusammenspiel mit dem Nervensystem deutlich verstärkt.

Vergleicht man diesen Rückkoppelungsvorgang zwischen Aktualkonflikt und Primärkonflikt mit dem vorigen Fall B., so ist der Unterschied im Grunde doch nur ein oberflächlicher. Zwar war Frau B. nach ihrer schweren Kindheit bis ein Jahr vor der Tat praktisch symptomfrei, aber ihr phobischer Nebeltraum, der immer bei einer Trennung von der Schwester auftrat, signalisiert auch bei ihr die tausend Brücken der Angst (verdrängter Sexualität), die sie unbewußt mit ihrer Kindheit verbinden.

Wesentlich ist also im vorliegenden Fall, daß die Interferenzen zwischen dem Triebsystem an einen positiven Rückkoppelungsvorgang zwischen einem Aktualkonflikt und dem analogen Primärkonflikt geknüpft sind und daß auch hier die Syndromsequenzen, z.B. die Angst, unheilbar krank zu sein, in der Rolle als Frau zu versagen, in entscheidender Weise zu den gestörten biologischen Systemen hinzutreten.

Der Tatzeitpunkt fällt bei R.S. gerade in eine Phase, wo sie zugleich ihre Rolle als Frau neuerlich in Frage gestellt sah (neuerliche schwere Blutungen, als Reaktion Krebsangst) und an ihrer Leistungsfähigkeit durch das pseudoamnestische Syndrom und den Tadel ihres Mannes gleichfalls verzweifeln mußte. Beide Befürchtungen aber schlugen kurzphasisch in das Gegenteil um, eine Skitour gab ihr die Gewißheit, doch noch als Ehekameradin leistungsfähig zu sein, und der Arzt konnte sie von der Harmlosigkeit der Blutungen überzeugen. Der Tatzeitpunkt fällt also gerade auf einen Moment, wo kurzphasisch gegenläufige Rhythmusschwankungen in Interaktion standen. Noch genauer definiert: Der Tatzeitpunkt fällt zusammen mit einer submanischen Schwankung, die zum Teil als endogen, zum Teil als Nachschwankung auf eine Hintergrunddepression aufzufassen ist. In dieser leicht submanischen Phase setzte dann der Heißhunger im Rahmen des endokrinen Psychosyndroms jenen Verdrängungsmechanismus in Gang, der den Raum für die Übersprungsreaktion (die Tat) freisetzte. Wenn man von allen diesen Besonderheiten absieht, ist die Übereinstimmung in den wesentlichen Punkten der Syndromsequenzen und der Rückkoppelungsvorgänge überraschend.

Triebkonflikte und Delinquenz

Triebkonflikte kommen nicht nur bei endokrinen Syndromen vor, sie sind eine alltägliche Erscheinung, auch beim sog. „Normalen".

In einem Beitrag über psychiatrische Gesichtspunkte zur Beurteilung der Schuldfähigkeit von Neurosen (Handbuch der Neurosenlehre und Psychotherapie) habe ich über den 72 Jahre alten Schauspieler F.H. berichtet, der zweimal in einem Hausflur ihm begegnende Mädchen unter vierzehn Jahren flüchtig an Brust und Geschlechtsteilen betastet hatte und deshalb unter der Anklage der Schändung stand. Er hatte in jungen Jahren eine vorübergehend auch quantitativ erheblich gesteigerte Sexualität, nunmehr aber schon seit 21 Jahren keinerlei sexuelle Betätigung mehr gehabt, obwohl er im Theater reichlich Gelegenheit zu intimen Beziehungen hatte. Im Krieg Internierung in einem Konzentrationslager, dort schwere lebensbedrohende Hodengangrän und zurückbleibende Deformierung des Penis. Er heiratete eine Freundin seiner Mutter, lebte aber mit dieser in einer reinen Josefsehe, weil er sich nicht dem Risiko eines Versuchs aussetzen wollte. Erst, als diese Frau ein Herzleiden bekam, entwickelte er Schuldgefühle, daß er mit seiner Frau „überhaupt nichts Sexuelles gemacht" habe, weil er einfach nie das Bedürfnis hatte. Diese Schuldgefühle wurden durch Psychotherapie behoben. Er war intellektuell in keiner Weise abgebaut. Es bestanden häufige sexuelle Träume, er sei überhaupt ein starker Träumer gewesen, wobei nackte Frauen eine große Rolle spielten.

Man sieht in diesem Fall, ohne hier näher darauf einzugehen, eine radikale Verdrängung der Sexualität, die zu inneren Konflikten führte, die durch Psychotherapie anscheinend nur teilweise behoben wurden. Im Beginn des höheren Alters kam es dann unter der Einwirkung vitaler Umstrukturierungen im Bereich des Triebshaushalts zu dem Delikt. Das Beispiel zeigt, daß man frühere Beobachtungen mit den neuen Methoden nicht aufarbeiten kann, weil die sog. Knotenpunkte, unter anderem auch entscheidende Kenntnisse über das Kindesalter und den Primärkonflikt, fehlen.

Zur Frage der soziotherapeutischen Wirkung operativer Eingriffe

Operative Eingriffe können auch bei Delinquenten eine heilende Wirkung haben. Bekannt sind die Erfahrungen mit Kastration bei Sittlichkeitsverbrechern. Man muß die Fälle zur Behandlung allerdings sorgfältig auswählen.

Über viele Jahre konnte ich einen jungen Burschen verfolgen, der seit dem vierzehnten Lebensjahr zu exhibitionistischen Akten neigte. Schon mit vierzehn Jahren fuhr er einmal splitternackt auf seinem Fahrrad durch Berlin. In den folgenden Jahren kam es immer wieder dazu, daß er etwa in einem Dorf auf ein Fenster stieg und zum Gaudium der Dorfjugend öffentlich onanierte. Durch derartige Vorfälle waren er selbst und seine Familie sehr verzweifelt und seine

Berufslaufbahn in Frage gestellt. Er stammte aus einer angesehenen Gelehrtenfamilie, hatte sehr unter seinen Zuständen zu leiden, die ihn plötzlich mit unwiderstehlicher Gewalt überfielen, so daß er rein triebhaft handeln mußte. Er war ein netter, wohlerzogener, etwas unterbegabter, psychisch sehr infantil wirkender junger Mensch, sehr fleißig und willig, aber für ein Studium nicht geeignet.

Es handelte sich um ein endokrines Psychosyndrom mit anfallsweise auftretenden Attacken gesteigerten Sexualtriebes bei sexuellem Infantilismus mit Unstetigkeit, Hilflosigkeit, Unselbständigkeit. Es bestand der Eindruck einer gleichsam persistierenden, nicht abklingenden Pubertät mit unlösbaren Triebkonflikten.

Eine in der Schweiz durchgeführte Kastration im 22. Lebensjahr hatte einen vollkommenen Erfolg, er war von diesen Zustandsbildern vollkommen befreit, fühlte sich erlöst und lebte in den weiteren Jahren als Hausknecht in guten alpenländischen Hotels, machte sonntags mit seinem Moped und seinem Radioapparat Ausflüge in die Berge und ist nie wieder auffällig geworden.

Erworbener Auslösemechanismus (EAM) und pragmatischer Entlastungsrhythmus (PEM) bei chronischen Alkoholikern

An den bisherigen Beispielen wurde einsichtig, in welcher Weise schon vor der Tat ein Aktualkonflikt durch die Interaktion zwischen verschiedenen gestörten Systemen in ein Netzwerk psychopathologischer, psychosomatischer, entwicklungsbiologischer und erlebnisreaktiver Art eingebettet ist und durch eine Verknotung („Knotenpunkte"), z.B. eine Verdrängung, eine Vor-Stellung, in positiver Rückkoppelung an einen struktural gleichgearteten Primärkonflikt geknüpft wird. Die Tat selbst ist die adäquate Reaktion entsprechend der Auslösung eines pragmatischen Entlastungsmechanismus. Dabei handelte es sich um Fälle, die erst im späteren Leben delinquent wurden und ihre Primärkonflikte schon verdrängt, erledigt oder in stetiger Auseinandersetzung weiter-

terentwickelt hatten. Im allgemeinen entsprechen solche Strukturzusammenhänge einmaligen Aktualkonflikten bei Persönlichkeiten, die vor und nach der Tat nichts mit Delinquenz zu tun hatten. Sie entspringen in der Phase, im Intervall eines aufgelockerten Stufensystems.

Die Frage, wie es dann bei den erstarrten Typen sei, die zum Rückfall neigen, soll damit vorbereitet werden, daß die Aufmerksamkeit zunächst einer der häufigsten Gruppen von Typen zugewendet wird, die durch Bindungsstörungen und Beziehungsstörungen ganz besonders ausgezeichnet sind, nämlich gewissen Gruppen von Alkoholikern. Bei dissozialen Trinkern findet man eine gewisse Starrheit und Stereotypie der Reaktionsweisen schon dort, wo noch nicht mit einer diffusen Hirnschädigung zu rechnen ist. Das beruht wohl zum Teil darauf, daß die meisten dieser Gruppen etwas gemeinsam haben: die „Prägung"[7] durch ein zwanzigjähriges Zusammenleben mit einem Vater, der gleichfalls Trinker war. Unter Prägung versteht man in der Ethologie einen Lernakt, der „auf den ersten Blick glückt" und irreversibel ist. Beim Menschen erstreckt sich der Prägungsakt, der hier eben ein spezifisch humaner ist, auf die ganze Epoche erhöhter Prägbarkeit von der Geburt bis zum zwanzigsten Lebensjahr. Zwanzig Jahre mit einem Vater zusammenzuleben, der Trinker ist, ganz gleichgültig, ob er nun gewalttätig ist oder nicht, ist eine einschneidende Prägung im Sinne der Verhaltensforschung am Menschen. Dabei ist Prägung als ein Geschehen zu verstehen, das sich zu dem, was man als Erziehung bezeichnen kann, komplementär verhält, es ist fast identisch mit Vor-Bild im ursprünglichen Wortsinn.

Daß die Mehrzahl der Trinker vor dem zwanzigsten Lebensjahr in langdauernden

---

[7] Abgesehen von der Arbeitshypothese, wonach echte Prägung in sensiblen Übergangsphasen von Reifungsprozessen auch beim Menschen vorkommt, verstehen wir unter Prägung nur die Summe aller die Entwicklung und Reifung beeinflussenden Faktoren vom 1. bis zum 20. Lebensjahr.

engen Kontakten dem Einfluß affektiv pathologischer Persönlichkeiten ausgesetzt waren, ist eine allgemein bekannte Erfahrungstatsache (WYSS). Die Erstarrung der Trinkerpersönlichkeit, die weitgehend fehlende Modulationsfähigkeit ihrer Affektivität läßt erwarten, daß man bei Trinkern in besonders reiner Form Strukturwandel und Mechanismen antreffen wird, die ganz allgemein für das Rückfallsgeschehen, also die Periodizität bei Delinquenz und damit auch für die sozial ungünstige Prognose charakteristisch sind. Eine Schwierigkeit, und die haben viele Trinker mit den meisten Rückfalldelinquenten gemeinsam, liegt darin, daß man über den Primärkonflikt durch Exploration nur schwer Näheres erfahren kann, weil der Versuch einer subtilen Anamnese an der mangelnden Verbalisierungsfähigkeit und an einem Nichtwollen aus Stumpfheit oder Mißtrauen scheitert. Es geht sonach darum, die Primärkonflikte dort, wo es möglich ist, zu entschlüsseln und dann zu überprüfen, wie sich die Ergebnisse auf andere Fälle anwenden lassen. Meines Wissens gibt es keine strukturanalytischen Untersuchungen über die Kindheit von Alkoholikern, die über einfache Milieubeschreibungen hinausgehen. Es gibt auch keine kinderpsychiatrischen Analysen von Fällen, die später Alkoholiker wurden. Nun hat schon LANGE hervorgehoben, daß zahlreiche Menschen nicht aus Sucht, sondern aus morosen depressiven Verstimmungen, die durch Alkohol gemildert werden, aus Haltlosigkeit und allgemeinem Reizhunger zu Alkoholikern werden. Ich habe immer wieder den Eindruck gewonnen, daß bei vielen von ihnen, und ebenso bei vielen späteren Rückfalldelinquenten, die nicht Alkoholiker werden, im Kindesalter, und zwar in den Sensibilitätsperioden zwischen dem elften und dem vierzehnten Lebensjahr (NISSEN) und zwischen dem fünfzehnten und dem achtzehnten Lebensjahr (VON BAEYER), also in ganz bestimmten Entwicklungsphasen, depressive Syndrome auftreten, die in den späteren Sequenzen von anderen Syndromen abgelöst werden,

also nicht wiederkehren müssen. Es besteht ja, wie die Fortschritte der Kinderpsychiatrie gezeigt haben, eine Altersabhängigkeit psychischer Reaktionsformen gegenüber endokrinen Einflüssen und anderen Entwicklungsfaktoren.

Nachdem fast jede kindliche Depression maskiert ist (M. BLEULER), kommt der Tatsache, daß bei männlichen depressiven Kindern das psychosomatische Syndrom „Aggressivität" an erster Stelle steht (NISSEN), eine hervorragende Bedeutung zu. Der depressive Junge ist kein Musterknabe. Er zeigt Kontaktschwäche, Selbstisolierung, Lernhemmung, Gereiztheit und in 42,6% der Fälle das psychosomatische Syndrom Aggressivität. Demgegenüber überwiegen bei den Mädchen die passiv-stillen Syndrome. Es ist aber nun gewiß nicht so, daß dieses Syndrom, das wir im Jugendalter finden, im späteren Alter in gleicher Form persistieren oder in einer anderen altersentsprechenden Form wiederkehren muß, das würde nicht den Gesetzlichkeiten der Syndromsequenzen entsprechen. Wohl aber kann man sagen, daß die Dechiffrierung depressiver psychischer und psychosomatischer Symptome im Kindesalter bei späteren Alkoholikern und späteren Rückfalldelinquenten in anbetracht des geschlechtsspezifischen Überwiegens aktiver und aggressiver Syndrome bei den Jungen besondere Beachtung verdient. Haben wir es doch hier mit der Kehrseite einer anderen Tatsache zu tun. Bei der Ätiologie endogener Depressionen wirken genetische und peristatische Faktoren so zusammen, daß die gleichsinnige erbliche Belastung in der Familie um so seltener wird und krankheitsauslösende Erscheinungen psychischer oder somatischer Art um so häufiger nachzuweisen sind, je später die Erkrankung ausbricht. Andererseits sind endogene Depressionen bei Frauen signifikant häufiger als bei Männern, die Affinität des weiblichen Geschlechts zu depressiven Erkrankungen ist also genetisch begründet (Angst). Wir sehen dagegen im Kindesalter entsprechend der höheren Störanfälligkeit der seelischen

Entwicklung der Knaben ein Verhältnis psychisch gestörter Mädchen zu Jungen von $^1/_3$ zu $^2/_3$ und bei depressiven Verstimmungen von 37 weiblichen zu 68 männlichen bei insgesamt 105 Kindern (NISSEN).

Die nach meinen Erfahrungen große Häufigkeit depressiver Syndrome in den Syndromsequenzen bei delinquenten Persönlichkeiten und die neuen Erfahrungen über Zunahme depressiver Syndrome im Kindesalter, die allerdings wahrscheinlich auf frühere Schwierigkeiten der Diagnose zurückzuführen ist, insbesondere auch die große Häufigkeit des psychosomatischen Syndroms Aggressivität bei depressiven Kindern, berechtigten zu der arbeitshypothetischen Annahme, daß solche Syndrome mit depressiven milieureaktiven Fehlentwicklungen in der Kindheit von Alkoholikern und von Rückfallsdelinquenten eine nicht unerhebliche Rolle spielen könnten. Sind doch gerade die Kindheitsjahre in diesen Fällen in der Regel durch emotionale Mangelsituationen ausgezeichnet. Dabei sei besonders unterstrichen, daß hier das Symptom „Aggressivität" im Sinne von NISSEN als psychosomatisches Symptom im Rahmen eines depressiven Syndroms, also nicht etwa als Aggressionstrieb, aufgefaßt wird.

Das depressive Bild im Kindes- und Jugendalter ist in 84,8% stabil, bei 15,2% aber nach Art eines Syndromwechsels instabil. Gerade dieser Syndromwechsel ist wieder jenes Geschehen, dessen Bedeutung in der Kriminogenese des späteren Lebensalters besondere Aufmerksamkeit verdient. Tatsächlich beobachtete VON BAEYER gerade bei dieser Gruppe ein eigentümliches Zusammen und Nacheinander von dissozialen, schwer aggressiven Verhaltensweisen mit depressiven Verstimmungen. Er schloß daraus auf eine im jungen Lebensalter im Gegensatz zum Erwachsenenalter häufigere Kombination von dissozialen und depressiven Zügen. Der Befund HARTMANNS (1970), wonach bei knapp der Hälfte der von ihm untersuchten dissozialen Jugendlichen depressive Verstimmungen nachweisbar waren und eigene Erfahrungen, wonach bei Konfliktkriminalität im Sinne eines im Vordergrund stehenden Aktualkonfliktes depressive Syndrome eine erhebliche Rolle spielen, lassen daran denken, ob nicht Fixierungen von Primärkonflikten und von Reaktionsbereitschaften (Fehlhaltungen) dazu führen können, daß Symptome, die man im Kindesalter als depressiv bezeichnet, also maskierte Symptome persistieren können und dann in späteren Jahren, weil immer noch kindereigentümlich, als solche nicht mehr erkannt werden.

Sollte sich diese Auffassung bestätigen, dann müßte sich bei delinquenten Alkoholikern — die übrigen Rückfallsdelinquenten bleiben zunächst außer Betracht — Reaktionsweisen ergeben, deren gesetzmäßige Syndromsequenzen von den bisherigen Gesetzmäßigkeiten deutlich abweichen. Also etwa erworbene Auslösemechanismen bei persistierendem Primärkonflikt. Darauf, daß auch beim Menschen Auslösemechanismen, und zwar nicht angeborene wie beim Tier, sondern erworbene (also EAM statt AAM) nachweisbar sein müssen, hat PLOOG hingewiesen. Schon LORENZ hatte die Möglichkeit eines erworbenen Auslösemechanismus offengelassen, als er seinen Begriff der Instinkt-Dressur-Verschränkung aufstellte. In die Sprache der Lernpsychologie übertragen, würde das bedeuten, daß ein bedingter Reiz (der erworbene Auslöser) an die Stelle des unbedingten Reizes (angeborener Auslöser, z.B. Futter) getreten ist und die bedingte Reaktion (Speichel) auslöst. Dementsprechend hat PLOOG vorgeschlagen, dem AAM einen EAM an die Seite zu stellen.

Um einen angeborenen Auslösemechanismus beim Tier nachzuweisen, müssen die sinnesphysiologischen Kapazitäten des untersuchten Tieres genau bekannt sein. Beim Menschen gilt, daß die Familienrolle und andere individualgeschichtliche Lebensdaten und Reaktionsweisen genau bekannt sein müssen, ebenso etwaige Verhaltensstörungen und patho-psychologischen

Syndrome im früheren Lebensalter sowie die interpersonalen Rückkoppelungen und die Aktualkonflikte. Wenn man Gelegenheit hat, im Anhalteverfahren in einem großen psychiatrischen Krankenhaus jährlich etwa fünfhundert Alkoholiker zu untersuchen, so fallen die verhältnismäßig häufigen, mehr oder weniger maskiert, meist primär neurotischen Depressionszustände auf. Ich würde ihren Anteil auf 40% schätzen. Wir gehen davon aus, daß Aggressivität entwicklungspsychologisch Ausdruck eines Primärkonfliktes sein kann, der mit depressiven Syndromen einherging, und gehen von der Frage aus, ob nicht bei einem relativ großen Teil der chronischen Trinker, die ja nicht selten zu Gewalttätigkeiten aller Arten neigen, die Aktualkonflikte des Alltags im wesentlichen durch eine Fixierung oder eine rhythmisch ablaufende positive Rückkopplung an den Primärkonflikt charakterisiert sind. Hypothesen haben nicht die Aufgabe, Fragen zu lösen, sondern ihre Lösung vorzubereiten, zu ermöglichen. Nur so wollen die beiden folgenden Modelle verstanden sein. Hervorzuheben ist noch, daß bei den jugendlichen Depressiven in beiden Geschlechtern passive Symptomverbindungen im Vordergrund stehen, analog wie beim typischen Trinker.

F.G., 54 Jahre, hatte sich am 1. Mai strafbar gemacht, indem er in der Nähe seines Hauses auf dem Hauptplatz einer kleinen Stadt zwei große Hakenkreuze in den Ausmaßen zwischen einem und drei Metern auf den Gehsteig bzw. auf die Hausmauer malte. Er ist als Trinker bekannt, hat eine Reihe kleinerer Vorstrafen wegen Körperverletzungen, kleinerer Betrügereien und auch zwei einschlägige Vorstrafen gemäß „Verbotsgesetz".
Über seine Kindheit ergab sich: der Vater war Maurer bei einer großen schloßherrschaftlichen Forstverwaltung, hat „nur etwas" getrunken, „wie es bei den Maurern halt ist". Er selbst besuchte vier Volksschulklassen und sechs Klassen eines humanistischen Gymnasiums. Er hätte nämlich Pfarrer werden sollen, eine christliche Frauenorganisation zahlte sein Studium. Sein Vater war Sozialdemokrat und „war dafür", daß er studiere. Er selbst ging schon in den mittleren Klassen des Gymnasiums ohne Wissen seines Vaters, aber mit Wissen seiner Mutter, illegal zur HJ und lernte angeblich „nebenbei" auch Maurerei. Wahrscheinlich wurde er aus irgendeinem Grund, den er verschweigt, aus dem Gymnasium, einem Be-

nediktinerstift, ausgeschlossen. Sein Lehrherr, der Maurermeister, war selbst ein illegaler Nazi. F.G. ging zu den HJ-Zusammenkünften und wurde von Mutter und Malermeister gedeckt, so daß der Vater nichts von der Sache wußte. 1938 trug er die Uniform dann öffentlich, und der Vater sagte nichts. Er wurde dann bald zum Rußlandfeldzug eingezogen und erlitt zwölf Verwundungen, darunter einen Kopfschuß. Er war lange Zeit bewußtlos und infolge einer Prellung der Augenbulbi eine zeitlang blind. Im Bereich der rechten Schädelhälfte, in der Scheitel-Schläfen-Region, ein tieferer Knochendefekt. Nach der Entlassung aus dem Spital hatte er einen „Wickel" (Auseinandersetzung) mit seinem Oberleutnant (Erregungszustand), der wegen seiner Gehirnverletzung beigelegt wurde. Er leidet unter Druckgefühl, Schmerzen im Kopf, besonders bei Hitze, bietet ein leichtes amnestisches Syndrom (vergißt Aufträge), zeigt einen Nystagmus, eine Hypodiadochokinese, ein Vorbeizeigen beim Finger-Nasen-Versuch, dazu eine deutliche Verlangsamung des Denkens, aber keine Demenz. Es bestehen Antriebsstörungen, er kann sich an manchen Tagen nur schwer zu etwas aufraffen, und Alkoholintoleranz. Die Antriebsstörungen und Stimmungsschläge treten phasenhaft auf („dann rennt wieder alles, wie am Schnürl").
Seit dieser Verletzung deutliches soziales Abrutschen. Eine längere Beziehung zu einer Frau scheiterte, darüber will er nicht sprechen, wird plötzlich distanziert, seither nur kurzfristige und oberflächliche Sexualbeziehungen. Die Stimmungslage schwankt zwischen gleichgültig und euphorisch. Er kehrte nach dem Krieg zur Anstreicherei zurück, hat seit acht Jahren einen Hausmeisterposten, arbeitet saisonweise am Friedhof und hat in Aussicht, in die Gärtnerei als Hilfsarbeiter übernommen zu werden. Er ist kontaktarm und einzelgängerisch.

Der Strukturwandel beim Tathergang

Chronobiologisch fällt Prima vista das Zusammentreffen der Tat mit dem 1. Mai auf, also einem Datum traditioneller und revolutionärer Kundgebungen. Wieder findet man ein typisches Erlebnis, das den entscheidenden „Knotenpunkt" markiert. „Ich kann mich eigentlich überhaupt nicht erinnern, ich weiß nur, wie mir die Frau P. gesagt hat, es sollen angeblich die Roten Falken vorbeigezogen sein, ich kann mich aber nicht erinnern, daß die marschiert sind." Es ist eher anzunehmen, daß dieses Marschieren gar nicht stattgefunden hat und daß auch die Frau gar nichts darüber gesagt hatte, aber die Vorstellung selbst, angeregt durch das Datum des 1. Mai, ist wohl in seiner Phantasie aufgetaucht als jene Verführungsszene, die er in seinen

Kindheitsjahren oft erlebt hat. Die Realität der Phantasie ist also hier an einem chronobiologisch markierten Punkt, der in den Kindheits- und Jugendjahren erworbene Auslösemechanismus (EAM), wobei es keine Rolle spielt, ob die Roten Falken wirklich oder nur in seiner Phantasie marschiert sind. So wie das alte Kriegsroß durch das Ertönen der Trompete in Galopp versetzt wird, so wird hier beim Marsch der Roten Falken der alte Kämpfer wieder in Gang gesetzt, in Ermangelung einer Marschmöglichkeit in Form einer symbolischen Handlung. Was hier anders ist, ist das Fehlen eines konkreten Aktualkonflikts. F.G. hat sich längst damit abgefunden, daß er in einer Demokratie lebt, obwohl er privat für sich an seiner nationalsozialistischen Gesinnung, wie er selbst betont, festhält. Er hatte auch am 1. Mai keinerlei innere oder äußere Konflikte, sein Verhalten wurde durch einen reinen Mechanismus, eben den erworbenen Auslösemechanismus, ausgelöst.

Zusammenfassung. In seiner Kindheit hatte F.G. ein Symbol des Protestes gegen seinen sozialdemokratischen Vater und gegen seine christlichen Vaterfiguren, die Benediktinerpatres seines Gymnasiums, in Gestalt von HJ-Übungen und später auch in Gestalt einer Uniform, er war dabei geschützt durch seinen nationalsozialistischen Maurermeister. Seine damalige Protesthaltung war das Ergebnis einer Rollenzersplitterung in der Familie, wobei die permissive Mutter sein Verhalten duldete und der permissive Vater beide Augen zudrückte. Diese Protesthaltung kennzeichnet auch sein späteres Leben. Die Rolle des Vaters und seine benediktinischen Vaterfiguren wurde auf den demokratischen Staat und dessen Vollzugsorgane, die Polizei, übertragen, und die verwöhnende Rolle der Mutter auf den Alkohol. Der Versuch einer Ehe scheiterte, er übernahm die Rolle eines Einzelgängers und randalierte gegen Staat und Polizei, sobald er in den Alkohol regredierte.

Hinter diesem Rollenwandel stehen Syndromsequenzen, die, worauf eine gewisse Kontaktarmut schon in der Kindheit hinweist, von aktiven und aggressiven depressiven Syndromen des Kindesalters ohne entsprechende altersgemäße Reifungsvorgänge zum Alkoholismus hinüberführen. Es sind an sich belanglose Auslösemechanismen, die ein anlagemäßig unterbautes und durch Familienprägung fixiertes Verhaltensmuster reaktivieren. Andere Auslösemechanismen sind das nicht-permissive Verhalten von Frauenpersonen, das wohlwollende Verhalten seiner Arbeitgeber, das distanzlose Verhalten irgendeines Zechers (alltägliche Auslösemechanismen). In der konkreten Tatsituation fehlte also ein Aktualkonflikt, an seiner Stelle findet sich ein nie zum Erlöschen oder zur Erledigung gekommener Primärkonflikt, der in positiver Rückkoppelung an eine Sensibilisierung (Reizhunger) nach Auslösung durch einen erworbenen Auslösemechanismus den kriminogenen Strukturwandel einleitet. An die Stelle gestörter Systeme und Interaktionen aus der aktuellen Gegenwart tritt eine perpetuierte Interaktion aus dem erstarrt in die Gegenwart hereinragenden Primärkonflikt, die jederzeit aufgrund (endogener) Stimmungsumschläge oder erworbener Auslösemechanismen die Wiederherstellung unerledigter aggressiver Psychosyndrome aus dem Strukturzusammenhang des Primärprozesses (des depressiven Syndroms aus dem Kindesalter?) bewirken kann. Die Determinationen sind also hier starrer, die Mannigfaltigkeit des Zusammenwirkens der einzelnen Systeme ist vermindert, ja eingeengt auf wenige mögliche „dynamische Gleichgewichte" (VON HOLST). Lebendige Reaktionen werden mehr und mehr von eingefahrenen Rhythmen verdrängt.

Dem EAM vom 1. Mai, der Phantasie von den Roten Falken, kommt nur die Funktion eines Vergrößerungsapparates zu. Was sich im Alltag der Beobachtung entzieht, wird hier spektakulär, weil sich — zufällig — an diesem Tag die ganze Rollenzersplitterung und Familienkonstellation des Primärkonfliktes wiederholt. Er phantasiert die Verführungsszene und symbolisiert sein infantil-aggressives Syndrom, und er geht nach der Tat „zur Mutter" (Alkohol), die ihm alles nachsieht. Tatsächlich wurde er unmittelbar nach der Tat beanstandet, überquerte torkelnd die Straße, betrat dort ein Gastlokal und setzte sein Trinken fort. Er erinnerte sich aber an den Tathergang. In Wirklichkeit haßt er das politische System der Republik nicht und kommt auch mit der Polizei und mit seinen Arbeitgebern gut aus, aber wenn er berauscht ist, fällt gleichsam der Schleier von seinem Primärkonflikt.

Daß sich das Ganze hier auf der gesenkten Ebene eines leichteren organischen Hirnschadens abspielt, ist ein Moment, das die einzelnen Mechanismen deutlicher hervortreten läßt. Ein grundsätzlicher Unterschied gegenüber einer entsprechenden Alkoholikergruppe, die ja stets diffus hirngeschädigt und stereotypisiert ist, wird man hierin nicht erblicken können. Auch nicht gegenüber gewissen Kerngruppen unter den Rückfallsdelinquenten, sind doch neuropsychologisch gesehen die Prägungsvorgänge beim Menschen, zu denen sich die Erziehungsmaßnahmen verhalten, wie ein Teilsektor zu einem Kreisgeschehen, als Lernvorgänge unmittelbar an biologische Strukturen geknüpft und daher geeignet, biologische Strukturveränderungen zu bewirken. Denn durch Lebensvorgänge des Ichs wird das Nervensystem selbst in seinen morphologischen und biochemischen Bestandteilen verändert und ausgeformt, so daß das Gehirn, wie der französische Psychiater H. EY sagt, das einzige Organ ist, das sich selbst erlebend formt. Der diffuse Hirnschaden scheint zu bewirken, daß unter der Voraussetzung entsprechender Prägungsvorgänge im Jugendalter die primären kortikalen Projektionsgebiete (besonders bei Alkoholeinwirkung) weniger mit anderen Projektionssystemen, sondern wie beim Tier vorwiegend mit dem limbischen System assoziiert bleiben. Das würde einer Schwächung der intermodalen Assoziationen im Sinne von VON ECONOMO, HORN und GESCHWIND entsprechen.

Arbeitshypothese
Bei Rückfallsdelinquenz kommt einer weitgehend endogen gewordenen Rhythmik der Aktivitäten entscheidende Bedeutung zu für das Auftreten delinquenter Verhaltensstörungen. Die diesem Geschehen zugeordneten erworbenen Auslösemechanismen (EAM) sind an Knotenpunkten abzulesen, die einen erstarrten Rückkoppelungsprozeß an den Primärkonflikt signalisieren.

Hieraus lassen sich zwei Wege für eine Soziotherapie ableiten, die nach Möglichkeit zugleich zu beschreiten sind. Der Rückfall kann verhindert werden durch eine Veränderung des endogenen Rhythmus der Aktivierungsprozesse. Und er kann vermieden werden durch eine gruppentherapeutische Auflösung des Primärkonfliktes.

Erworbener Auslösemechanismus (EAM) und pathologische Rhythmen

Bei den Trinkern begegnet hier erstmals das Problem des Rückfalls, der Wiederholung und damit der schweren Formen der Delinquenz. Alkoholiker neigen oft zu Gewalttätigkeiten und viele Trinker werden delinquent, umgekehrt sind viele Rückfallsdelinquenten gleichzeitig auch vorübergehend oder dauernd Alkoholiker. Sehr oft, ja fast in der Regel sind die Väter von Trinkern gleichfalls Trinker gewesen und haben ihren Söhnen durch ihre inkonsequente, mitunter zugleich permissive und gewalttätige Art eine Prägung angedeihen lassen, die das Gegenteil von dem darstellt, was GOETHE an seinem Vater „des Lebens strenges Führen" genannt hat. Diese Strenge und dieses Führen, konsequent und mit einiger Distanz, sind wohl die wesentlichen Faktoren, die eine Prägung und eine ihr komplementäre Erziehung für den jungen Menschen in der Form darstellen, daß er daraus für sein Leben etwas „lernen" kann. Es ist also letztlich ein Lernprozeß, der in den ersten zwanzig Jahren menschlicher Prägung notwendig ist, damit das Leben später gemeistert werden kann.

Wenn man Erfahrung hat, so muß man feststellen, daß Aggressionen bei Delinquenten immer reaktiv zu verstehen sind. Das ist verständlich, denn noch bevor man sich über das aggressive Verhalten eines

Menschen ein Bild machen kann, hat er bereits eine Fülle von Erfahrungen gesammelt, die objektiv und erst recht im subjektiven Erleben eine außerordentliche Variationsbreite erkennen lassen.

In den Tagen, als Moses herangewachsen war, sah er das Elend seiner Brüder und einen ägyptischen Mann, der einen von diesen schlug. Er sah sich um, und als er zu erkennen glaubte, daß kein Mensch da war, erschlug er den Ägypter und verbarg ihn im Sande. In einem Studentenkreis in Heidelberg kommt an einem Sommerabend ein Jüngling neu hinzu und hört, wie soeben ein fremder Eindringling verschwunden sei; er ergreift ein Messer und stürzt ihm nach in die Dunkelheit, findet aber niemand. Es gibt also auch eine Aggression aus der Unerfahrenheit des eben erst Herangewachsenen, der gegebenenfalls einfach mit Gewalt von seiner Tat zurückgerissen werden muß, sei es, von dem Peiniger, oder sei es von dem „Niemand", wie man einen jungen Mann, der aus Unerfahrenheit das viel zu dünne Eis eines Sees betreten will, mit Gewalt zurückhalten muß. Es gibt also nicht „die" Aggression und erst recht nicht „den" Aggressionstrieb, sondern nur eine Fülle von Varianten aggressiven Verhaltens mit wertpositiven oder wertnegativen Vorzeichen, von denen uns hier nur ein gewisser Ausschnitt näher beschäftigt. Mit Recht wird in der neueren Aggressionsforschung betont, daß Aggression durch eine Vielzahl verschiedener Reizsituationen ausgelöst wird und in sehr unterschiedlicher Verhaltensform auftritt und daß es daher nicht mehr fruchtbar sei, Aggression als einen einheitlichen Begriff zu behandeln oder nach einer einheitlichen physiologischen Grundlage zu suchen. Es kann „sich regelnd" „jegliche Gestalt" von Aggression und Gewalttätigkeit zur Ausbildung kommen, wie es eben in einem Organismus als einem Stufenbau offener Systeme, der sich aufgrund seiner Systembedingungen im Wechsel der Bestandteile erhält, gar nicht anders zu erwarten ist.

Am folgenden Modellfall soll die Art des Zusammenwirkens der Systeme und ihrer Störungen wieder nur in Hinsicht auf die allgemeinen Gesetzlichkeiten demonstriert werden, was ein Absehen von den individualgeschichtlichen Besonderheiten voraussetzt. Zu achten ist auf die allgemeinen Voraussetzungen, die durch die Prägungen in der Familie gegeben sind, auf die aggressionsauslösenden Situationen in der Ehe, auf das Ineinandergreifen verschiedener Reizsituationen und auf die Abhängigkeit des Tatgeschehens von den Interferenzen der Systeme und des Primärprozesses, insbesondere hinsichtlich der gestörten Rhythmik. Die pathologischen Syndromsequenzen sind beim Alkoholiker durch die allgemeine Vergröberung der Persönlichkeit und ihrer Reaktionsbereitschaften schwerer zu erkennen, um so deutlicher wird die pathologische Störung der Lebensrhythmen mit ihren unerwarteten Aufschaukelungen. Es handelt sich um zeitmäßig ablaufende, oszillierende Interaktionen, um biologische, psychobiologische und neuroendokrine Feedback-mechanismen von erstaunlicher Gewalt, die jegliche Motivation als sekundär und jegliche Erklärung als Psychologisierung kennzeichnen. Wie individualgeschichtlich gesehen in diesem Zusammenspiel die Aggressionsmöglichkeiten durch die Rollenverteilung in der Primärfamilie vorgezeichnet und die Aggression dementsprechend in der Aktualfamilie erlernt worden sind, durch Prozesse der Projektion, der Verstärkung und des Magneteffektes, soll an dem folgenden Modellfall deutlich gemacht werden.

R.T., 33 Jahre, hat an einem der letzten Februartage, ohne vorhergegangenen Streit, nach einem Kirchenbesuch mit der ältesten Tochter seine Frau und die beiden Kleinkinder, während diese am Sonntagnachmittag schliefen, mit einem Hammer durch Schläge auf den Kopf und durch Messerstiche getötet und anschließend sich selbst schwere Verletzungen mit dem Messer (Stiche in die Brust und in den Hals) beigebracht. Er konnte sich an die Einzelheiten der Tat voll erinnern und behauptete einmal er habe morgens ein andermal, er habe erst zu Mittag den Entschluß gefaßt, seine Frau und seine jüngeren Kinder umzubringen, damit diese von dem Schwiegervater Ruhe hätten. Als seine ältere Tochter unmittelbar nach der Tat heimkam, öffnete er, und als bald darauf die Gendarmerie erschien, war er durchaus orientiert. Er habe in den letzten Monaten in äußerst glücklicher Ehe gelebt, was von der Frau durch frühere Aussagen bestätigt worden war, er habe seit zehn Wochen überhaupt nichts mehr getrunken, aber täglich zwei Antabustabletten genommen. Er schilderte die Tat auch noch ein zweites Mal in allen Einzelheiten und gab an, der Schwiegervater habe ihn in den Gasthäusern „ausgerichtet" (angeschwärzt), daß er ihm nichts zu essen gebe und seine Tochter ihn bestehle. Es sei ihm auch der Hilflosenzuschuß des Schwiegervaters eingefallen, und er habe sich und die Familie ausrotten wollen, damit der Schwiegervater vor ihnen Ruhe hätte.

Aus der Vorgeschichte ist festzustellen, daß sein Vater Trinker war, nach Angaben seiner Schwester ein großer Schläger und Gewalttäter, nach seinen Angaben sei er aber der Liebling des Vaters gewesen und von ihm nie geschlagen worden. Er hatte immer großen Respekt vor Vater, Lehrer, Priester und Arzt, nicht aber vor der Mutter, war als Kind leicht lenkbar, nicht jähzornig oder eigensinnig, wollte erst Pfarrer werden, doch war sein Vater dagegen. In der Schule sehr gutes Betragen, sonst befriedigende Leistungen, angeblich temperamentvoll, lustig, guter Kamerad. Er lernte das Schreinerhandwerk, nahm aber dann „auf Befehl" des Vaters eine Beschäftigung als Metallarbeiter auf. Als er achtzehn Jahre war starb die Mutter. Die Geschwister mußten zu Bauern in die Arbeit, nur er und die älteste Schwester „durften" weiterhin beim Vater bleiben. Diese beiden Geschwister sind die einzigen in der Geschwisterreihe, die später Trinker wurden. Mit 21 Jahren lernte er seine damals sechzehnjährige spätere Frau kennen, mit zwanzig Jahren Vorwalzer in einem Betrieb, mit 23 Jahren Eheschließung. Solange er noch arbeiten mußte, damit sie sich eine Wohnung beschaffen konnten, kein Alkoholmißbrauch. Als er dann mit 28 Jahren Gemeindeangestellter wurde und eine Gemeindewohnung erhielt, begann er zu trinken. Er war damals aber immer noch fleißig und verläßlich. Erst in den letzten drei Jahren zunehmender Alkoholmißbrauch, so daß ihm der Bürgermeister mit Entlassung drohte. Er zeigte seiner Frau gegenüber im Rausch oft eine außergewöhnliche Brutalität, trat der Schwangeren mit dem Fuß in den Bauch, wurde wegen Gattenmißhandlung vorbestraft. Im Sommer vor der Tat drohte die Frau mit Scheidung, worauf er sich zu einer Antabuskur entschloß, die sechs Wochen vor der Tat durchgeführt wurde. Geld mußte von ihm ferngehalten werden, weil er es sofort in Alkohol umsetzte. So verschwieg ihm die Frau, daß der Schwiegervater, der seit einigen Jahren bei ihnen wohnte, monatlich einen angemessenen Betrag zahlte. Wenn Verwandte der Frau zu Besuch kamen, war er verärgert, daß zur Bewirtung mehr Geld ausgegeben werden mußte, ebenso über den Schwiegervater, daß dieser vermeintlich nichts zahlte und nun sogar eine größere Summe bekam (Rentennachzahlung), ohne sie mit ihm und seiner Frau zu teilen.

Merkwürdig war, daß er mit dem Schwiegervater nie eine Auseinandersetzung hatte und in seiner Gegenwart auch nie mit seiner Frau stritt. Der Schwiegervater trat ihm allerdings auch nie entgegen, wenn er berauscht war, wie seine Frau, die ihm dann sogar Vorwürfe machte. Er wagte mit dem Schwiegervater nicht einmal ernste Gespräche über die Geldfrage. Der Schwiegervater seinerseits lag immer bereits in seiner Kammer, wenn R.T. betrunken nach Hause kam, wo auch die älteste Tochter schlief.

Vom Moment, da die Antabuskur begann, trank R.T. keinen Tropfen Alkohol mehr, redete aber zunehmend über den Schwiegervater, daß dieser für sein Zimmer nichts bezahle, und von dem größeren Betrag, den er als Hilflosenzuschuß erhalten hatte, nichts an ihn und seine Frau abtrat. Er machte dem Schwiegervater selbst nie die geringsten Andeutungen in diese Richtung, ging aber andererseits so weit, daß er in den letzten Wochen vor der Tat jedem Dorfbewohner, mit dem er ins Gespräch kam, über dieses vermeintliche Nichtzahlen des Schwiegervaters vorlamentierte. Während er sich in den ersten sechs Wochen nach Beginn der Antabuskur sehr wohl fühlte, zeigte sich in den folgenden vier Wochen, also vor der Tat, eine leichte Gereiztheit, eine Andeutung depressiver Verstimmung, wohl auch eine gewisse innere Gespanntheit, doch all das, auch die Kopfschmerzen, in einem Ausmaß, daß es von den meisten Zeugen überhaupt nicht bemerkt wurde. Auch R.T. selbst hatte vor der Tat nie über diese Dinge geklagt. Er war also auch in den letzten Tagen vor der Tat praktisch so gut wie unauffällig, wenn man auch rückblickend sagen kann, daß etwa um die sechste Woche nach Beginn der Antabuskur irgendein innerer Umschwung angenommen werden darf.

Die Tat selbst ließ naturgemäß angesichts ihrer Brutalität (fast vollkommene Ausrottung der eigenen Familie und schwerste Selbstverletzungen) an ein pathologisches Geschehen, an eine Geisteskrankheit denken.

Nosologische Überlegungen

Im Laufe der späteren Untersuchungen und einer Nachuntersuchung vier Jahre später konnten wie auch vor der Tat keine Hinweise auf eine endogene Psychose gefunden werden. Er war einwandfrei orientiert, der Gedankenablauf flüssig, nie stockend oder sprunghaft, die Sprache lebhaft, die Ausdrucksweise manchmal primitiv, aber immer logisch. Die Merkfähigkeit nicht gestört, Mimik und Motorik in Übereinstimmung mit dem Gesprächsthema. Die Stimmungslage war nach der Tat noch längere Zeit gedrückt, doch bestand keineswegs eine vitale uneinfühlbare Traurigkeit. Gedächtnis und Kritikfähigkeit waren gut, die praktische Intelligenz gut entwickelt.

Im Projektionstest leichte hirnorganische Zeichen, aber keine Hinweise für eine Psychose, für einen psychotischen Defektzustand oder für eine psychopathische Persönlichkeitsstruktur. Es fanden sich im Persönlichkeitstest Hinweise auf einen angstneurotisch betonten reaktiven Depressionszustand ohne endogene Komponente bei einer Psychasthenie mäßiger Ausprägung. Neurologisch keine pathologischen Zeichen. Das EEG noch im Rahmen der Norm.

Das Syndrom, das sechs Wochen nach Beginn der Antabuskur, die störungsfrei waren, auftrat und in den folgenden vier Wochen bis zum Tatzeitpunkt andauerte, war gekennzeichnet durch eine eigentümliche Schlafstörung, der Schlaf war gegenüber früher zugleich vertieft und unruhig, es bestand ein vorzeitiges Erwachen mit Angst vor dem kommenden Tag, gelegentlich auch Angst vor einem Unfall mit dem Schulbus, mit dem R.T. die Kinder zur Schule führte, es bestand eine depressive Verstimmung am Morgen ohne konkrete Ursache, während der Arbeit traten dann die unbestimmte Angst und die depressive Verstimmung in den Hintergrund. Es bestanden aber Kopfschmerz, Schwindel und Schwächegefühl. R.T. fiel durch Zerstreutheit, Geistesabwesenheit, Verlangsamung und verändertem Gesichtsausdruck auf. Er war indes bis zuletzt im Gespräch unauffällig, in seinen Gedankengängen durchaus logisch. Doch kannte er nur noch zwei Gesprächsthemen, mit denen er alle Leute gleichsam anjammerte, die Ungerechtigkeit des Schwiegervaters, der kein Geld hergeben wolle, und wie glücklich seine Ehe jetzt sei.

Ein organisch begründbares Syndrom der Bewußtseinstrübung oder ein Durchgangssyndrom im Sinne von WIECK war auszuschließen, es fehlten amnestische Formen ebenso wie Symptome der motorischen Unruhe oder affektive Formen. Es war auch die Erinnerung an alle Einzelheiten der Tat und ebenso an die Vorgänge der vorangegangenen Tage bis in alle Details erhalten.

Auch eine symptomatische Depression, wie man sie bei Trinkern häufig findet, war auszuschließen.

Das Syndrom war vielmehr offensichtlich ein Signal für eine einschneidende endogene Änderung im gesamten Lebensrhythmus. Wir bezeichnen dieses Syndrom deshalb, weil es dynamisch zur Tat hinführt, als (depressiv-paranoides) pragmatophores Syndrom (PS).

Pragmatophores Syndrom (PS) und Pathorhythmie (PR).
Die Situation zur Zeit der Tat war markiert durch einen Rollentausch. R.T. hatte bisher die „Vaterrolle" wiederholt, nämlich den ständigen Wechsel zwischen Jupiter tonans und verläßlichem Arbeiter. Diese Pathorhythmie war so lange kompensiert, als die Familienordnung und die Ehe noch intakt blieben. Seit Jahren war sie dann dekompensiert (dekompensierte Pathorhythmie), es kam zu einem steten Pendeln zwischen fleißiger Arbeit (Realitätsprinzip) und Bedürfnisbefriedigung im Sinne des Primärprozesses (Trinken), diese in Verbindung mit Aggression gegen die Ehefrau, die seinen Zutritt zum Alkohol hemmte, und mit entsprechender Gewalttätigkeit und daraus resultierender Selbsterniedrigung. Es besteht nun Grund zu der Auffassung, daß diese Pathorhythmie eine innere Dynamik von erheblicher Gewalt entwickelte, wodurch dieses ganze Geschehen, wie überhaupt die Rückfallsdelinquenz, hinsichtlich Verlaufsgestalt biologisch in die Nähe der phasischen Psychosen gerückt ist. Der immanenten Tendenz zur Spontanresozialisierung entspricht eine solche zur Wiederholung.

Ein Beispiel für rhythmisches Geschehen in höchsten geistigen (noologischen) Bereichen ist die sog. Idiorhythmie, die uns aus dem alten Rußland zu Beginn des 12. Jahrhunderts überliefert ist.

In der „Thebais des Nordens", nördlich von Nowgorod, bis an die Küsten des Weißen Meeres, lebten in ihren Einödklöstern und „Skiten" die Brüder nach byzantinischer Vorschrift einzeln, zu zweit oder zu dritt nach ihrem individuellen asketischen Stil, der sog. „Idiorhythmie", ohne daß eine alles verbindende oder verpflichtende Regel vorhanden gewesen wäre. In dem Rhythmus Beter — Brüder — Bauern wurde ganz Nordrußland bis zum Nordmeer und der Halbinsel Kola mit einem Netz von Einsiedler- und Gemeinschaftsklöstern überzogen, um jedes Einsiedlerkloster entstand bald eine dörfliche Siedlung mit Handwerkern und Bauern, die für die Klosterinsassen und Pilger arbeiteten, welche bei den heiligen Männern Rat und Hilfe suchten. Reiche Pilger machten Schenkungen, und die Einödklöster gerieten schließlich in das Getriebe des mittelalterlichen Feudalisierungsprozesses. Treibende Kraft war der große Zug innerer Freiheit und Souveränität, bezeichnend für die Menschen Nowgorods und seines riesigen Empire. Die Idiorhythmie des einzelnen war damals aufgehoben in einer Synrhythmie der Stadt und ihrer Gruppen.

Für unsere Zwecke setzen wir eine „Idiorhythmie" bei jedem Gesunden voraus, wirksam im Rhythmus schöpferischer Arbeit, alternierend mit Spiel und anderen Tätigkeiten. Wo diese durch einen inneren Konflikt gestört ist, sprechen wir von Pathorhythmie und unterscheiden eine kompensierte und eine dekompensierte Pathorhythmie. Die Kompensation schlug im beschriebenen Falle in Dekompensation um, als die Ehe infolge des Trinkens zu zerfallen drohte. Durch die Blockierung dieser Pathorhythmie (Antabuskur) wurde der Konflikt zwischen Aggressionsabfuhr und Aggressionshemmung verstärkt, weil die kognitive Interpretation der neuen Feldsituation nicht dem Realitätsprinzip (durch Psychotherapie) unterworfen wurde, sondern an dem Primärprozeß (unbewußte Bedürfnisbefriedigung) geknüpft blieb. Die kognitiven Kontrollprinzipien wurden durch den Umschlag der ersten euphorischen Phase in ein larviertes depressiv-paranoides Syndrom (pragmatophores Syndrom, PS) ausgeschaltet. Dieses Syndrom hat durch seinen ständigen inneren Syndromwandel direkt zur Tat hingeführt. Die Auslösung der Tat erfolgte dann, und damit sind wir wieder auf vertrautem Boden, durch erworbene Auslösemechanismen (EAM). Es hängt wahrscheinlich mit der Doppelbindung in seiner Vaterbeziehung (Schwiegervater ist gleich Vater und zugleich Nicht-Vater) zusammen, daß wir hier zwei Auslösemechanismen vorfinden. Der eine Auslösemechanismus ist gekennzeichnet durch die Phantasie (psychische Realität), „der Schwiegervater hat mich heute gekränkt," und motiviert die Verdrängung. Der zweite Auslösemechanismus in positiver Rückkoppelung mit dem ersten ist der Anblick der Frau, die dadurch, daß sie immer wieder seinem Alkoholismus entgegentrat, zum „Verstärker" seines aggressiven Verhaltens wurde. Es kam zu einer Verstärkung vorhergehender Reaktionsaktivierung durch Selbststimulation. Man könnte hier fast von einer Übersprungreaktion zwischen beiden Auslösern sprechen, und zwar insofern, als im pragmatophoren depressiv-paranoiden Syndrom der Schwiegervater ständiges Ziel seiner verdrängten Aggressionen war, aber zugleich tabu als Vatersymbol, während die Ehefrau aufgrund der ganzen Vorgeschichte (nichtgeachtete Mutter) den Weg der gelernten Aggression und zugleich des geringsten Widerstandes symbolisierte.

Zusammenfassung. Das depressivparanoide („pragmatophore") Syndrom von R.T. führt zu einer spezifischen Aktivierungssituation, die schließlich in der Phantasie (Halluzination) gipfelt, er sei am Tag der Tat vom Schwiegervater schwer gekränkt worden. Dieser Auslösemechanismus ist ein Signal für die mißglückte Verdrängung der Aggressionen, die im Tatablauf die selben waren oder zumindest gleich gerichtet wie die anläßlich der Morddrohungen und früheren Mißhandlungen gegenüber der Ehefrau. Die Abfolge der Tathandlungen weicht nur hinsichtlich des Ausmaßes, nicht aber in den übrigen Syndromsequenzen und Interferenzen von den zahlreichen früheren Gewalttaten ab. Beim Trinker ist der Ordnungsvorgang optimalisierender Selektion durch das Gehirn, Wesentliches und Unwesentliches zu trennen, gestört, es kommt zu Kreisprozessen mit Verlust der Redundanz und Ausfall an Informationen. Nicht bloß auf Informationsebene, auch auf der Energieebene kommt es zu Störungen der Interferenzen im Bereich des „apriorischen" Ausgleichs im Sinne von SELBACH. Die adäquate Sollwertverstellung ist schon auf biochemischer und physiologischer Ebene desäquilibriert und an die Stelle der apriorischen Ausgleichsvorgänge sind Ungleichgewichte zwischen reziproken Antagonistenhemmungen und Aktivierung des Regelpartners getreten. Die biologischen Abfangvorrichtungen sind nicht mehr imstande, die zu starken endogenen Vorstellungen zu dämpfen, und es kommt zu einem periodischen Aufschwingen des entsprechenden Gesamtsystems und einem Anstoßen an die Regelbereichsgrenzen. Diese Pendelschwünge bezeichneten wir als Pathorhythmie. Sie entspringt einer periodisch-krisenhaften pathologischen Regelung. Die aus ihr resultierende induktive Tonussteigerung, verbunden mit einer Störung der Abfangvorrichtung, ist im vorliegenden Fall signalisiert durch den Umschlag größten Wohlempfindens in die dysthyme Verstimmung des larvierten depressiv-paranoiden Syndroms (pragmatophores Syndrom) in den letzten Wochen vor der Tat. Dieses pragmatophore Syndrom ist sonach Ausdruck eines Syndromwandels in Gestalt einer larvierten Depression und eines psychosomatischen Geschehens.

In alle diese Vorgänge spielen die Aktivierungen und Verzerrungen des Primärprozesses bzw. des Primärkonfliktes herein, die schon am vorigen Fall dargestellt worden sind. Es fehlt hier, und wie wir sehen werden, bei Rückfallsdelinquenten überhaupt, ein realer Aktualkonflikt. Ein solcher entspringt vielmehr bloß aus der Phantasie und ihren Interferenzen mit dem Primärprozeß. Aus dieser Dynamik, die vom Primärkonflikt her gesteuert wird, erklärt sich die unerhörte Wucht des in der Tat zum Durchbruch kommenden pragmatischen Entlastungsmechanismus (PEM).

Die Rollenstörung im Bereich des Primärkonflikts

Der Vater war Trinker, die Mutter in ihrer Jugendzeit phasenhaft „komisch", blieb zeitweise für Tage von zu Hause fort. Der Großvater der Mutter war Trinker, eine Schwester der Mutter wegen akuter Verwirrtheitszustände dreieinhalb Monate in einer geschlossenen Anstalt. Eine Schwester ist Trinkerin, eine andere ohne festen Wohnsitz. Der Vater war ein brutaler Schläger, wie eine Schwester aussagte, während R.T. diese Eigentümlichkeit verschweigt. Er wurde allerdings von seinem Vater bevorzugt. Er hatte vor ihm großen Respekt, ebenso vor dem Lehrer, dem Priester, dem Arzt und später vor den Arbeitgebern, und nicht zuletzt vor dem Schwiegervater. Sein Primärkonflikt bestand darin, daß er die Vaterrolle zugleich auf seine Vorgesetzten und auf den Alkohol übertrug und auf der anderen Seite selbst übernahm. Hieraus ergibt sich seine eigentümliche Beziehungsstruktur zum Schwiegervater im Sinne einer Doppelbindung, deren pathogene Wirkung in der Kriminogenese dieses Falles nicht zu übersehen ist. In der chemischen Zwangsjacke des Disulfiram (Antabus) kam es unter dem nicht nur larvierten, sondern zugleich verdeckenden Syndrom zu einer Verstärkung der Aktivierung durch Hemmung (MANDLER, RYAN). Der Auslösemechanismus in seiner positiv rückgekoppelten Form trat auf dem Gipfel des larvierten depressiv-paranoiden Syndroms in Funktion. Die Struktur dieses Mischsyndroms ist durch das charakterisiert, was ARNOLD als Labilisierung im Sinne eines dauernden Pendelns bezeichnet hat, hier nicht zwischen einem subdepressiven und manischen Bereich, sondern zwischen einem larviert-depressiven und einem paranoiden.

Katamnese

Eine Nachuntersuchung vier Jahre nach der Tat ergab, daß R.T. wieder verheiratet war und ein ganz analoges Verhalten von Trunksucht und Gewalttätigkeit seiner zweiten Frau gegenüber an den Tag legte, mit neuerlichen Mißhandlungen und Strafen (Gattenmißhandlung), so daß eine beschränkte Entmündigung angeordnet wurde. Er war exkulpiert worden, weil man für die Tatzeit eine Disulfirampsychose angenommen hatte.

Arbeitshypothese

Jeder Tat geht, auch bei Rückfallsdelinquenz, ein pragmatophores Syndrom voraus, das nosologisch einem psychosomatischen Geschehen im Sinne einer larvierten Depression mit paranoiden oder, wie wir noch sehen werden submanisch-dysphorischen Struktureinsprengungen entspricht.

Dieses Syndrom liegt biochronologisch an der Umschlagsstelle einer kompensierten Pathorhythmie in eine Dekompensation. DOSTOJEWSKIJ hat in „Schuld und Sühne" ein Zustandsbild beschrieben, das sich mit diesem Syndrom weitgehend deckt. Er schreibt: „Eine Frage bleibt nur: Gebiert diese Krankheit das Verbrechen, oder wird das Verbrechen nach seiner Art stets von etwas Krankheitsähnlichem begleitet." Dieser Hinweis ist deshalb von Interesse, weil es sich im Raskolnikoff um ein Experiment des Dichters handelt, festzustellen, ob man fähig sei, einen Menschen zu töten, gegen den man eine Aversion hat. Es handelt sich also um die Phantasie eines Dichters, die offenbar doch, entgegen einer Auffassung von BÜRGER-PRINZ, an die Realität heranreicht. Das ist nicht verwunderlich, denn seit FREUD wissen wir, und die hier vorgebrachten Modellfälle bestätigen es, daß die „psychische Realität" die der Phantasie selbst ist.

Ein larviert-depressives pragmatophores Syndrom ist, wenn ihm tatsächlich Gesetzmäßigkeiten psychodynamischer Natur zugrunde liegen, bei jeder ungewöhnlichen, also nicht zu bloßer Routine gewordenen Tat oder Handlungsfolge zu erwarten. Tatsächlich findet man dieses Syndrom ziemlich regelmäßig unmittelbar vor schöpferischen Leistungen, wie man bei Exploration schöpferischer Künstler oder Wissenschaftler leicht feststellen kann. Es handelt sich um dysphorische Verstimmungszustände mit ausgesprochen depressiven und depersonalisationsartigen Einschlägen.

DOSTOJEWSKIJ nannte folgende Symptome: Schwermut, die zur Entscheidung drängt, mit der Frage, soll ich dem Leben ganz Lebewohl sagen, Aufgebrachtsein gegen einen Menschen, Zustand der Verbitterung, Isolierung, sich von allen zurückzuziehen, Tagträumereien, Kopfschmerz, „angegriffene Nerven", ein gewisses Selbstvergessen, Dahinschreiten, ohne von seiner Umgebung Kenntnis zu nehmen, menschenfeindliche Verbissenheit, Mutlosigkeit, Unentschlossenheit, nervöses Zittern, Überkommenwerden durch ein fremdartiges Gefühl des Ekels, physische Zerrüttung, ein Umschwung, der sich im Selbst zu vollziehen scheint, tiefste Qual und düstere Irrung, dann wieder feindselige gereizte Stimmung gegen jedes menschliche Wesen, Schwerfälligwerden

in der Rede, entsetzliche Ratlosigkeit, Appetitlosigkeit, Schlafstörungen.

Ohne auf die Frage, daß in diesen Fällen keine endogene Depression vorliegt, näher einzugehen, als mit dem Hinweis, daß unsere Pathorhythmie hinsichtlich ihres lebensgeschichtlichen Gewordenseins ebenso unproblematisch ist als die endogene phasische Psychose hinsichtlich ihrer Endogenität (K. SCHNEIDER, TELLENBACH), ist festzustellen, daß dieses Syndrom die meisten Symptome und somatischen Äquivalente der larvierten Depression im Sinne von WALCHER enthält: die Kopfbeschwerden, die latente ängstliche Agitiertheit, die vitalen Hemmungsvorgänge, unterschwellige Hypochondrie, unbewußte, häufig erst retrospektiv erkennbare Verstimmungszustände. An einem Einzelfall wird man nie alle somatischen Äquivalente oder psychopathologischen Symptome beobachten können. Überblickt man von hier aus die bisher dargestellten Modellfälle, die absichtlich möglichst heterogen zusammengestellt sind, dann zeigt sich die Übereinstimmung im Wesentlichen. Bei Fall 2 *(E.C.)* trat die Tat potentiell — sie wurde durch einen pragmatischen Entlastungsmechanismus (PEM) gehemmt, indem sich die Frau einfach auf ihre Hände setzte — gerade in der Phase der Syndromsequenzen auf, als ein Umschlag in eine Kolitis und in eine beginnende Depressivität zu beobachten war, bei Fall 1 *(F.K.)* wurden die Schüsse gegen das Spiegelbild in dem Augenblick gesetzt, als die innere Unruhe und Ratlosigkeit, beschrieben als ein „Wurlen" im ganzen Körper, den Höhepunkt erreichte, bei Fall 3 *(A.B.),* als die hypochondrisch-hysterische Depression in ihrer Interferenz mit der depressiven Schwester kulminierte, bei Fall 4 *(R.S.),* als eine submanische Nachschwankung ein depressives Syndrom ablöste. Es sind also stets Umschlagstellen mit variierenden Mischsyndromen, Episoden, die dem entsprechen, was wir hier als pragmatophores Syndrom in den Griff bekommen haben, Erscheinungen des Feldwechsels *(shift),* der Mischgefühle

(J. LANGE), der beschleunigten Syndromsequenzen.

Im vorliegenden Fall spielte sich dieser Umschlag schon vier Wochen vor der Tat ab, als die Dekompensation der Pathorhythmie durch das Auftreten des pragmatophoren Syndroms signalisiert wurde.

Bei Rückfallsdelinquenten ist analog wie bei Trinkern in der Regel kein objektivierbarer Aktualkonflikt gegeben, wie bei Erstdelinquenz (z.B. Umzug, Verlust einer tragbaren Arbeitsatmosphäre usw.), das Feld wird vielmehr vom Primärkonflikt beherrscht, der sich an den Alltäglichkeiten und Nichtigkeiten des Alltags entzündet, genauer gesagt, an den Phantasien über diese normalisierten Alltagserlebnisse.

Wo die Gesetzmäßigkeiten zu suchen sind, die jeder Kriminogenese und in weiterem Sinn Pragmatogenese zugrunde liegen, dürfte klar geworden sein. Sie liegen im Bereich der Systeminterferenzen und deren Störungen, die in einer dynamischen biochronologischen Strukturanalyse freigelegt werden können. Diese Gesetzmäßigkeiten sind so weitgehend unabhängig von Verdiensten, Eigenschaften, Tugenden und Untugenden, daß man sie ohne weiteres als Ausdruck eines allgegenwärtigen „Schicksals" auffassen kann, was schon LANGE erkannt hatte, als er seinem Zwillingswerk den provokanten Titel gab: „Verbrechen als Schicksal". Es gibt offenbar unerbittliche Gesetzesmäßigkeiten, von denen das menschliche Handeln entscheidend mitbestimmt wird, die bisher unbekannt waren und deshalb die Bezeichnung Schicksal rechtfertigen. Es handelt sich um Gestaltungen aus der Tiefe mit Kräften, denen der einzelne gehorcht, von denen er selbst aber nichts weiß.

Wo aber bleiben die Grundentscheidungen und die Zufälle? Erstere sind leichter aufzuzeigen. Ging es bisher um die Störungen im Bereich der Mechanismen des Gleichgewichts, der ausgleichenden, isolierenden und schützenden Mechanismen, die von der Temperatur bis zu den Systemen der interpersonalen Beziehungen alle Interferenzen regeln und die Konstanz des inneren Milieus gewährleisten, so daß man von einer gestörten Komplexität als der Unfreiheit des Menschen sprechen könnte, so geht es bei den Grundentscheidungen um die Knotenpunkte einer gesteuerten, unbewußt-bewußten Selbstgestaltung. Eine solche Grundentscheidung erkennen wir im Falle 3 (A.B.) in der freiwilligen Annahme der sich auf sie herabsenkenden Mutterrolle gegenüber der wehrlosen Schwester und ihrer Wiederholung im Verzicht auf eine Ehe, beides in Funktionseinheit mit einer Verdrängung der Suxualität im Primärkonflikt; bei Fall 2 (E.C.) in der Entscheidung, die Gleichgültigkeit der Eltern in Ambivalenz zu ertragen und bei Verdrängung der Sexualität durch den Abwehrmechanismus Leistung zu imponieren, ein Primärkonflikt, dessen positive Rückkoppelung im Ehekonflikt, wo aus dieser Grundhaltung eine der Komplementärität beraubte rein symmetrische Interaktion zustandegekommen war, eine Kaskade von psychosomatischen Syndromsequenzen ausgelöst hat, bei Fall 5 (F.G.) in der Grundentscheidung, die übernommene Vaterrolle im Revolutionären zu verankern, wobei diese Haltung sekundär durch eine organische Hirnschädigung fixiert wurde in der Verdichtung der übernommenen Vaterrolle mit dem Lustprinzip (Alkohol). In manchen Fällen wird das Individuum schon durch erste Grundentscheidungen im Primärkonflikt zu einem Pechvogel gestempelt, zu einem Menschen, der von Fortuna geradezu verlassen ist, man denke an F.K. (Fall 1), der immer in verfehlte Berufe geriet, oder an R.S. (Fall 4), die von allem Anfang an in ihrer weiblichen und in ihrer Mutterrolle zum Versagen verurteilt war. In derartigen Fällen liegen die Primärkonflikte und die Grundentscheidungen gleichsam in den Fesseln einer diathetischen Proportion (E. KRETSCHMER), nicht für affektive, sondern für physiologisch-neuropsychologische Schwankungen, also im Feld einer biologisch konditionierten Erlebnisverarbeitung.

116

Der Verschiebung des Schwerpunktes vom Aktualkonflikt auf die Zone der Primärkonflikte und damit zugleich des Primärvorgangs bei Rückfallsdelinquenten besagt, daß die Realität für diese Menschen verändert ist. Wenn man mit LACAN (1959) und MANNONI (1973) einen Wiederholungsvorgang in Rechnung stellt, vermöge der Tatsache, daß in der Erfahrung des Menschen die Realität als das erscheint, was immer wieder zur selben Stelle zurückkehrt, dann ist bei diesen Delinquenten diese Stelle im Bereich des Primärkonflikts als Wunschstruktur anzusetzen. Eine glückliche Ehe etwa entspricht in diesem Sinne nicht seiner primären Wunschstruktur, im Gegenteil, der Alltag mit seiner Frau belastet ihn im Grunde aufs schwerste, was er erstrebt, ist die Wunscherfüllung, die er im vorliegenden Fall immer von seinem Vater bekommen hat, und von dessen Substitut, dem Alkohol, der *F.G.* (Fall 5) von seinem Lehrer, eine Wunscherfüllung, die der Alkoholiker aufgrund seiner mangelnden Phantasie nur dann in der Phantasie realisieren kann, wenn er zum Alkohol greift, der Rückfallsdelinquent nur dann, wenn er den Impulsen zu seiner individuellen Bedürfnisbefriedigung in seiner Pathorhythmie Folge leistet.

Wer berücksichtigt, wie außerordentlich schwierig eine larvierte Depression zu diagnostizieren ist, wird von dem Irrtum bewahrt bleiben, man könne eine bevorstehende Delinquenz am pragmatophoren Syndrom ablesen. Was die Rolle der Zufälle im Sinne der neueren Biologie (MONOD) betrifft, so wird darauf an anderer Stelle eingegangen.

Exkurs über das Böse
Es beginnt hier einsichtig zu werden, daß das Schlechte oder Böse schon überall dort aus dem Guten hervorgeht, ganz im Sinne des THOMAS VON AQUIN, wo das Wollen des Guten „repugnant" ist, d.h. auf dem Vorsatz oder der Tendenz beruht, einander Widersprechendes, Unvereinbares durchführen zu wollen (HORWATH). Eine besondere Form dieses Unvereinbaren wird ja signalisiert durch das „Krankheitsähnliche" im Sinne von DOSTOJEWSKIJ und durch die Bezeichnung „Schicksal" im Sinne von LANGE. Es ist weitgehend identisch mit den Störungen von Interferenzen zwischen den Systemen, die die Geschlossenheit des Individuums garantieren sollen, insbesondere mit einer positiven Rückkoppelung eines Aktualkonfliktes an den Grundkonflikt. Zu erinnern ist, daß alle diese Gesetzmäßigkeiten grundsätzlich nur die Möglichkeiten zu einem Tun, nicht aber dieses Tun selbst, betreffen.

Die Unspezifizität des pragmatophoren Syndroms
Das pragmatophore Syndrom kündigt an, daß eine ungewöhnliche, aus der alltäglichen Ordnung herausfallende Tat möglich ist, nicht aber welche. Letzteres läßt sich nur aus der Gesamtheit der Syndromsequenzen aufgrund der Verdrängungsmechanismen und sonstigen Abwehrmechanismen sowie der Art der positiven Rückkoppelung an den Primärkonflikt in Verbindung mit der Aggressionsgeschichte, also aus einer umfassenden Bedingungskonstellation (HELMCHEN), entnehmen. Einfacher ausgedrückt, bei einem Alkoholiker, der in den Phasen seiner Pathorhythmie schon immer seine Ehefrau bedroht und mißhandelt hat, signalisiert es eine große spezifische Gemeingefährlichkeit, bei einem Neurotiker mit schwacher Entwicklung von Abwehrmechanismen signalisiert es in erster Linie eine Syndromsequenz psychosomatischer Erscheinungen, bei einem Depressiven allenfalls die Möglichkeit eines erweiterten Selbstmordes usw.

Für die Prognostik einer kriminogenen Entwicklung ist die gesamte Aggressionsgeschichte und das Vorliegen von pathogenen Verstärkermechanismen wesentlich. Dazu kommt die Entschlüsselung der „Rede des Unbewußten" in den Syndromsequenzen. Ferner eine Analyse der Beziehungen des Aktualkonfliktes zum Grundkonflikt (Primärkonflikt). Die Lösung dieser Aufgaben wird ermöglicht durch eine sorgfältige Registrierung von Signalen und Knotenpunkten, die auf Grundentscheidungen und Auslösemechanismen hinweisen. Schließlich ist von wesentlicher Bedeutung eine Erfassung der lebensgeschichtlichen Pathorhythmie. Autonomwerden eines Primärkonfliktes oder positive Rückkoppelung an den Aktualkonflikt können Syndromsequenzen auslösen, die verschlüsselt den lebensgeschichtlichen Kode enthalten. Die Aufschlüsselung dieses Kodes wird eine der Hauptaufgaben künftiger Forschungen sein.

Das pragmatophore Syndrom hebt sich psychopathologisch als depressiv-paranoid bzw. submanisch-dysphorisch von den verschiedenen Formen larvierter Depression als Mischsyndrom ab, es weist eine spezifische dynamische Struktur auf, die noch genauer zu analysieren sein wird. Ein besonderes Kennzeichen ist der Abwehrmechanismus der Isolierung mit paranoiden Strukturanteilen.

Schizophrenie

Schizophrenie und Aggressionsbereitschaft

Wenn man mit den Ethologen unter Prägung Lernakte versteht, die auf den ersten Blick gelingen (LORENZ) und beim Menschen diese Art des Lernens anscheinend kaum realisiert findet, dann bieten sich Erziehung und das Gesamt der Lernprozesse mit ihrem unerschöpflichen Formenreichtum als humanes Äquivalent an. Das schließt nicht aus, daß in den ersten zwei Lebensjahrzehnten, verflochten mit „Lernen" und „Erziehen", in Hunderten von Einzelvorgängen, die mit „Umsprüngen" in empfindlichen Entwicklungs- und Reifungsphasen ablaufen, eben das stattfindet, was wir beim Tier Prägung nennen.

Beim Schizophrenen ist die Reichhaltigkeit dieser Möglichkeiten kognitiv-reaktiver Kontaktnahmen struktural abgewandelt und quantitativ beschränkt. Obwohl

man aus diesem Isolierungsfaktor auf eine erhöhte Kriminalitätsziffer, insbesondere hinsichtlich Gewalttaten schließen könnte, ist diese Kriminalitätsziffer, wie wir zeigen konnten (STUMPFL 1935) jedenfalls nicht nennenswert erhöht. Neuerdings errechneten BÖKER u. HÄFNER das Gewalttatenrisiko Schizophrener mit 0,05% entsprechend einem Wert von fünf Gewalttätern auf 10 000 Kranke und kamen nach kritischer Sichtung neuerlicher einschlägiger Untersuchungen zu der Auffassung, daß eine stärkere Neigung zu Aggressionsdelikten durch empirische Untersuchungen bisher nicht hinreichend wahrscheinlich gemacht wurde, obwohl derartige Behauptungen in Fachkreisen immer noch dominieren. In etwa 40% der Fälle kam es zu Verschlimmerungen der Krankheitssymptome im letzten Halbjahr vor der Tat, die Krankheit bestand in der Regel bereits mehrere Jahre, bevorzugt handelt es sich um Fälle mit chronischer produktiver Symptomatik. 41% der Fälle waren zur Zeit der Tat trotz langer Krankheitsdauer noch nie in psychiatrischer Behandlung gewesen, 14,5% der Fälle hatten gegen den ärztlichen Rat die Anstalt verlassen. Daß schizophrene Täter in der Opferwahl die Partner ihrer engsten Gefühlsbeziehungen bevorzugen, gilt weitgehend auch für andere Gewalttäter, wenn man von Vergewaltigungen und dergleichen absieht.

Auf die gefundenen Tatmotive gehen wir hier nicht näher ein, weil Begriffe wie „Rachegefühle", wahnhafte Notwehr, Eifersucht, Bereicherung, sexuelle Angriffe usw. ja nur die äußerlichen Erscheinungsformen betreffen und keine weiterreichenden Rückschlüsse auf den inneren Kontext des Strukturwandels und gesetzmäßiger Pathorhythmien erlauben, ja nicht einmal auf eine Gleichwertigkeit solcher Motive mit denen Gesunder.

Wir wenden uns wieder jenem „schicksalhaften Nebeneinander" zu, das sich der strukturanalytischen Betrachtungsweise kriminogenen Gestaltwandels, der immer verrät, daß das Gleichgewicht nur an einem Faden hängt, darbietet, als beste Gewähr dafür, daß diese Betrachtungsweise dem dynamischen Geschehen, das wie alles Lebendige sich „in einem überaus labilen Zustand befindet" (TINBERGEN), angemessen ist. Daß, wie BÖKER u. HÄFNER gefunden haben, Gewalttaten gegenüber anderen Delikten deutlich überwiegen, läßt den Schluß zu, daß bei Schizophrenie erstens ein innerer Konflikt zugrunde liegt und zweitens die Abwehrmechanismen (Abwehr von Aggression) und Projektionsmechanismen eine maßgebliche Rolle spielen. Wir gehen von der Frage aus, welche gesetzmäßigen Beziehungen sich zwischen der schizophrenen Egorhythmie, den Zusammenbrüchen einer Welt und ihrem Wiederaufbau, und den typisch schizophrenen Handlungsabläufen ergeben, wenn man zunächst von den nichtkriminellen unverständlichen Handlungen ausgeht.

Wie bei jeder, sei es schöpferischen oder delinquenten Handlung hinter der Prävalenz und ihren spezifischen Erscheinungsweisen einer jeweils verschiedenen Differenzierungsstufe, d.h. der positiven Rückkoppelung mit dem Primärprozeß bzw. der Regression, „die ganze Geschichte der Person" „anwest" (POHLEN), so auch bei den inneren Handlungsabläufen der Schizophrenen, deren Handeln ja nicht Ethik und Erkenntnis miteinander verbindet, sondern den in der Symplegie phasenspezifischer Ichzustände mit der drohenden Trennung (Versagungssituation) sich ereignenden Ichzusammenbruch begleitet.

Die Synthese der Zusammenkettung (concatenation) spezieller biologischer, psychologischer und soziokultureller Faktoren, die für Schizophrenie verantwortlich ist, wird, darin stimmen wir mit ARIETI überein, durch personale Interferenzen und Rollenbildungen ermöglicht, nicht durch autochthone, primär-prozeßhafte Vorgänge, sie kann auch aus Abnormitäten der Inkompatibilität oder Dysharmonie der Komponenten resultieren (M. BLEULER). Unter den biologischen Komponenten stehen Erbinformationen, also ein Erbfaktor, außer Zweifel, der aber nur eine Möglichkeit, nicht eine Notwendigkeit überträgt. Wir sind mit ARIETI der Auffassung, daß es nichtgenetische, also soziale und kulturelle Faktoren sind, die diese Potentialität in klinische Aktualität umwandeln. Die abnormen longitudinalen Verhaltensmuster und Strukturverkettungen mit ihren Pathorhythmien lassen sich schon in der Pathodynamik der Familienrollen nachweisen und wirken als Stressfaktoren in Kindheit, Jugend- und Erwachsenenalter, indem sie im Imaginären fragmentierter Symbolgestaltungen sich zu autonomen Kräften mit eigengesetzlichen Transformationen entwickeln (endogene Stressfaktoren, ESF). Dabei spielt das Individuum selbst eine durchaus aktive Rolle durch abnorme Internalisierung, Identifikation und fragmentierte Projektion, wobei fragmentierte Gedanken nach Analogie der Traumarbeit in Bilder übersetzt werden. Weil schon die frühere Entwicklung des Schizophrenen die Ichfragmentierung begünstigte, können spätere Erlebnisse als spezifische Feedbackmechanismen wirksam werden. Das folgende Modell ist geeignet, den Blick für das in unserem Zusammenhang Wesentliche zu schärfen. Vorauszuschicken ist der Hinweis, daß schon beim Gesunden gewohnheitsmäßige Alltagshandlungen und außergewöhnliche, destruktive oder kreative Taten voneinander grundsätzlich zu trennen sind. Beim Schizophrenen kommt noch eine dritte Kategorie hinzu: neben den geglückten Alltagshandlungen ein Handeln in Symbolen, das wesensmäßig als Sprache zu verstehen ist, die auf die Rückkehr zu einer narzißtisch-umfassenden Partizipation mit der Welt hinweist; und delinquente bzw. kreative Handlungen im engeren Sinn. Letztere sind schon in den zwanziger Jahren in der Bildnerei der Geisteskranken von PRINZHORN beschrieben worden. Im vorliegenden Fall interessieren vor allem die Gewalttaten als akute aggressive Lösungsversuche, eigenmächtig eine zerstörte Ordnung wiederherzustellen. Das Handeln in Symbolen trägt mehr Appellcharakter im Sinne einer Symbolsprache.

Fall *J.W.*, 51 J., Geschäftsinhaberin, geschieden, ist als Tochter eines wohlhabenden Gastwirts und Hotelbesitzers mit Fleischhauerei (Metzgerei) als einziges Kind aufgewachsen. „Sehr glücklich, sehr verwöhnt", besonders vom Vater verhätschelt, den sie mehr liebte als die Mutter, so daß diese „ein bißchen eifersüchtig" war. Als Kind „ruhig, sehr brav, gut erzogen", lernte in der Schule sehr gut, war beliebt bei den Mitschülerinnen, arbeitete später im Betrieb der Eltern als Stubenmädchen, Küchenkassiererin, Leiterin des Hotelbüros. Erste Kindheitserinnerung: der Vater nahm sie mit beim Einkaufen (der Spirituosen), da wurde sie überall hofiert, verwöhnt und verhätschelt. Das Land und die Stadt, in der sie aufwuchs, waren damals noch patriarchalisch geprägt. Sie erlernte im Betrieb alles bis auf das Kochen, was sie nicht durfte und auch nicht wollte. Sie wollte ein Dolmetschstudium absolvieren weshalb sie eine Schule besuchte. Da die Eltern aber nicht wollten, daß sie auch Stenographie und Maschinenschreiben lernte, was ihr sehr recht war, konnte sie in der Frühe länger schlafen. Das Aufstehen war ihr, wie auch der Mutter, immer schwergefallen. Sie war überall immer der Mittelpunkt. Als sie einmal wegen des Schulbesuchs in einer anderen Stadt bei Bekannten untergebracht war, litt sie sehr darunter, nicht Mittelpunkt zu sein, fügte sich aber ein. Dennoch brachte sie der Vater daraufhin sofort in eine andere Familie, wo sie wieder als Mittelpunkt galt, und es äußerst spannend fand, daß die Dame, bei der sie untergebracht war, zehn Jahre bei einer Fürstin gedient hatte, und die Briefe ihres Sohnes, der illegaler Nazi war, immer nur auf geheimnisvollen Umwegen ankamen. Ähnliches erlebte sie bei einer Näherin und Büglerin, die ihr als Kind unzählige tiefreligiöse Geschichten erzählt hatte, und zwar nicht in Form von Heiligengeschichten, sondern einfach als Märchen (ihre Mutter war nicht religiös), die ihr sehr gefielen.

Wir sehen schon in der Kindheit eine Identifikation mit der Mutter und ein Prävalieren fragmentierter Vordergrundwahrnehmungen: der Hintergrund, das Wesentliche, wird nicht kognitiv erfaßt. Die Dominanz und Selbständigkeit höherer kognitiver Vorgänge ist gegenüber sensorischen und erlebnisreaktiven Vorgängen eingeschränkt. Reagiert wird überwiegend auf hervorstechende Stimuli. Diese Beschränkung auf proximale „Winke" (*cues*) unter Vernachlässigung der *distal cues* über die umfassenderen Gegebenheiten der Situation läßt auf eine frühkindliche Hemmung des lebenswichtigen Dranges schließen, sich mit der Angst auseinanderzusetzen und eine dementsprechende Unfähigkeit, neurotische Abwehrmechanismen zu entwickeln.

Rollenspaltung und Ichfragmentierung
Es fällt auf, daß J. W. gerade jene Fächer nicht erlernte, nämlich Kochen sowie Stenographie und Maschinenschreiben, die ihr im späteren Leben als Ehefrau oder Dolmetscherin wirtschaftliche Selbständigkeit verliehen hätten. Und zwar wollte es einerseits die Mutter nicht, andererseits war sie, weil es ihr zu schmutzig war (Gemüseputzen) oder weil sie länger schlafen konnte (Dolmetschschule) durchaus damit einverstanden. Es fällt ferner auf, daß sie dadurch, daß sie überall zum Mittelpunkt gemacht wurde, durch Hofieren und Verhätscheln selbst keinen Mittelpunkt zu entwickeln brauchte, nämlich ein geschlossenes Ich. Sie „war" Mittelpunkt, „hatte" aber keinen. Gegen die Tendenz der Eltern, sie zu verwöhnen und wie ein Eigentum oder ein Teil bei sich zu behalten, hat sie sich „nie recht aufgelehnt". Sie lebte in einer ständigen Kette sich ablösender Doppelbindungen. Als Besitzerin des halben Betriebes nach dem Tode ihres Vaters konnte sie nicht kochen, als ausgebildete Dolmetscherin konnte sie nicht stenographieren und maschineschreiben, als Zuhörerin tiefreligiöser Geschichten betrachtete sie diese als Märchen, „weil" die Mutter nicht religiös war, als Gast einer früheren Gesellschafterin einer Fürstin bewunderte sie einen illegalen Nazi und, wie wir noch sehen werden, als Mädchen aus gutem Hause mit zahlreichen Verehrern handelte sie immer nach dem Willen ihrer Mutter.

Sie liebte den Vater mehr, konnte aber doch, weil er beim Zuhören ungeduldig war, sich bei der Mutter besser aussprechen. Es war immer schon schwierig, sie rechtzeitig in die Schule zu bringen. Mit siebzehn Jahren mußte sie ihr Dolmetschstudium abbrechen, weil der Vater schwer erkrankt war. Nochmals wurde sie durch alle Abteilungen des Betriebes gelotst, mit Ausnahme der Küche. Die Mutter war konsequent; wenn sie etwas sagte, mußte es geschehen („enorme Autorität"); mit dem Vater konnte man handeln. Aber bei beiden lautete die Devise: „Du brauchst das nicht können, du heiratest, das macht dann der Mann!" Sie lernte so keine Rolle völlig (Rollenspaltung). Als der Vater starb, versuchte die Mutter, ihr dessen Rolle zuzuweisen in dem Ritual, das beide entwickelt hatten. Der Vater war immer um vier Uhr aufgestanden, ließ seine Frau aber noch schlafen, kam dann um sechs Uhr zu ihr ins Zimmer, sie frühstückten zusammen (die Mutter noch im Bett) und besprachen bis sieben Uhr alles, was an dem Tag zu geschehen hatte. Nach dem Tode des Vaters beorderte die Mutter sie in das Ehebett, um dieses Ritual bzw. die Rolle des Vaters zu übernehmen. Wenn sie sich nach drei Tagen dagegen auflehnte, so geschah es nur wegen ihrer Langschläfrigkeit. Sie tröstete die vollkommen zusammengebrochene Mutter nach dem Tode des Vaters, war auch selbst sehr traurig, aber mehr im Sinne von Bravheit als echter Trauer. Als sie sechs Wochen nach dem Tod in Gesellschaft plötzlich hell auflachen mußte, war sie darüber erschrocken, so einen schlechten Charakter zu haben, "daß so etwas passieren konnte". Aber die Trauer war vorüber. Sie schloß sich nun enger mit der Mutter zusammen in der Führung des Betriebes.

Ihre erste Liebe mit siebzehn Jahren galt einem jungen Mann, auch Sohn eines Hotelbesitzers, der deshalb von der Mutter für sehr geeignet befunden worden war, um so mehr, als er auch Medizin studiert hatte und die Mutter immer davon träumte, ihr Hotel in ein Sanatorium umzuwandeln. J. W. verbrachte mit diesem jungen Mann zusammen den Urlaub. Nach der Rückkehr sagte, als ihr Partner eines Tages für sein Fortbleiben entschuldigte, dessen Mutter anderntags zu ihr: "Wenn ich Sie wäre, würde ich ihm eine herunterhauen, er ist gestern im Café M. gewesen, dort waren käufliche Mädchen". Ohne nähere Informationen einzuziehen, versetzte die darüber "erboste" W. noch am gleichen Tag dem jungen Mann im Operncafé coram publico eine Ohrfeige.

Schon hinter der in die Mutter projizierten eigenen Eifersucht, später im engeren Zusammenschluß mit der Mutter, und nunmehr in dem wiederholten Zurückschrecken vor der genitalen Entwicklungsstufe läßt sich erkennen, daß es sich um eine Identifikation ihres eigenen Größen-Ich mit der "enormen Autorität", also mit der Mutter, handelt. Die Entwicklung der grundlegenden Ichfunktionen war in der Abhängigkeit von intersubjektiven Wechselwirkungen auf frühinfantiler Stufe steckengeblieben. Wir stoßen hier auf einen schon präpsychotisch abgewandelten "Begegnungsmodus" (VON BAEYER).

Sie und die Mutter hatten bei Kriegsende durch Brand den ganzen Besitz verloren, sie hatte auch eine Phthise überstanden, in den nächsten Jahren wurde

aber der Betrieb mit Hilfe von Verwandten neu aufgebaut. Eine zweite Beziehung zu einem jungen Mann hatte zu einer Schwängerung und aus medizinischer Indikation zu einem Abortus geführt. Bei dem Dritten sagte die Mutter: "Das ist der Richtige!" Die W. identifizierte sich mit dieser Auffassung und heiratete, obwohl bald deutlich wurde, daß dieser junge Mann es in erster Linie auf eine Überschreibung der Hälfte des Besitzes abgesehen hatte. Im ersten Jahr wurde sie von ihrem Mann konventionell als Mittelpunkt verhätschelt. Dann aber erklärte er, kein Interesse an diesem Betrieb zu haben und begann eine kaufmännische Laufbahn. Die W. lebte im Winter bei ihm, führte aber im Sommer den Betrieb mit der Mutter weiter. Durch diese langen Trennungen und einen Rückfall der Phthise (neuerliche Kaverne) wurde dann die Ehe untergraben, was sie auch selbst sehr früh merkte und zu einem verzweifelten Kampf veranlaßte. In dieser Situation nahm sie erstmals für ihren Mann und gegen die Mutter Stellung, und zwar mit deutlich paranoidem Umschlag, ließ diese und den Betrieb im Stich und folgte ihrem Mann in eine andere Stadt. Es war aber schon zu spät. Ihr Mann hatte Beziehungen zu anderen Frauen, insbesondere zu einem jungen Mädchen, und es kam zu einem langen Hin und Her. Als sie bei ihrem Mann Nacktaufnahmen fand und er ihr sagte, das seien lauter Huren, glaubte sie, sie sei ihm zu wenig "sexy" und müsse selbst so werden wie eine Hure. Sie kaufte sich einschlägige Bücher, als aber ihre Mutter, bei der sie nun wieder wohnte, dies sah und ihr Vorhaltungen machte, daß dies eine Schande sei, reichte sie die Scheidung ein. Auch hier kam es nun wieder zu einem langen Hin und Her, sie zog die Scheidung zurück und reichte sie dann aber wieder ein. Sie lebt auch heute noch in einer Doppelbindung mit ihrem geschiedenen Mann (*double bind*), ist glücklich, wenn er sie ausführt, kommt aber wieder an den Rand eines Ichzusammenbruchs, wenn er ihr seine Erlebnisse mit anderen Frauen schildert und zugleich betont, daß er wieder heiraten werde und auch sie auf dieser Liste an prominenter Stelle führe.

Die Psychose

Die erste psychotische Periode fiel mit einer Reise ihres Mannes nach New York zusammen, während sie nach Mailand fuhr. Die Ehe war damals schon gescheitert, und es begann das über zwei Jahre sich hinziehende Hin und Her des Scheidungsprozesses. Nach Angaben der W. sind auch alle späteren Krankheitsperioden, insgesamt waren es 16, in unmittelbarem Zusammenhang mit einem Streit oder mit einer neuen Spannung zwischen ihr und dem geschiedenen Mann aufgetreten, dem sie bis heute in einer Doublebind-Beziehung verhaftet ist. Noch heute, fast zwanzig Jahre nach der Scheidung, ist sie glücklich, wenn er sie zu einem Lunch einlädt und ihr mitteilt, er habe eine Liste von möglichen Ehekandidatinnen, auf der sie auch aufscheine. Wenn er dann aber alle Einzelheiten seiner neuesten Liebesabenteuer erzählt, steigern sich innere Spannungszustände und Schlafstörungen wieder so, daß eine neuerliche psychotische Phase nur durch kombinierte psychotherapeutische und medikamentöse Behandlung vermieden werden kann. Nach dem Tod des Vaters war sie nicht einsam. Alle Bewohner des Ortes und alle Bauern der Umgebung halfen ihr die Rolle des Vaters zu spielen und sie konnte sich mit der Mutter enger zusammenschließen. Wildfremde Menschen haben ihr immer geholfen, und außerdem war sie gedeckt durch die „enorme Autorität" der Mutter, mit der sie sich identifizierte. Ihr narzißtisches Größen-Ich, identisch mit ihrer Mittelpunktrolle, die ihr vom Vater zugewiesen war, blieb unangetastet. Jetzt aber war die Mutter verarmt, ja sie hatte ihr sogar die Schuld am Scheitern ihrer Ehe zugeschoben, und sie stand in der neuen großen Stadt vollkommen allein.

Es stehen elf Krankengeschichten zur Verfügung (die ersten vier fehlen). Bei der vierten Einweisung war sie schon geschieden, lebte getrennt, aber in geschäftlicher Abhängigkeit und in Doppelbindung mit ihrem geschiedenen Mann. Die Diagnose lautete katatone Exazerbation. Sie hielt die Augen geschlossen, die Hände gefaltet, wirkte gesperrt, ängstlich, sprunghaft. Ihr Mann sei gar nicht ihr Mann, es seien vier oder fünf Männer seines Namens, die sich für ihn ausgeben und sie verfolgen. Sie kommen in ihre Wohnung und tun so, als ob sie der geschiedene Mann wären. Die Einweisung war erfolgt, weil sie Kleider auf die Straße gelegt hatte, „um die Leute der Umgebung aufmerksam zu machen, wer ich bin". Denn sie habe gehört, die Juden machen das als ein Zeichen, daß man in Not ist. Sie habe Zeugen sammeln wollen. Mitten in der Nacht war sie damals bei einer Tankstelle erschienen und hatte den Tankwart nach seinem Lieblingslied gefragt. Im Krankenhaus distanzlos, teilweise etwas zerfahren. Sie sei beunruhigt, weil sie einen jungen Mann finden wolle, den sie vor 25 Jahren geliebt hatte. Sie habe seinen Namen vergessen und die Fenster eingeschlagen, um die Aufmerksamkeit auf sich zu lenken. Männer, verkleidet in Gestalt ihres Mannes, spionierten ihr nach. Ihr Gatte sich verändert. Sie habe das Gefühl gehabt, daß man sie hypnotisiere. Sie zeigte ein bizarres sprunghaftes Gehaben.

Bei der fünften Einweisung redete sie viel, sie bitte um Verzeihung, ihretwegen seien Juden getötet worden, infolge eines Offenbarungseides fürchte sie, Wahrheitsserum zu bekommen, sie habe gehört, sie sei schuld an der Endlösung der Judenfrage. Sie suche jetzt in der ganzen Welt Menschen, die verschwunden seien, vermute, daß sie zweimal geheiratet habe, wisse es aber nicht, denn sie habe Gedächtnislücken. Die Einweisungen erfolgten in Abständen von ein bis zwei Jahren. Die Diagnose lautete bei der vierten und den folgenden Einweisungen Schizophrenie.

Bei der 7. Einweisung war sie orientiert, leicht abgleitend, etwas zerfahren und erregt. Man habe sie nachts mit Spritzen für die Entführung präpariert, sie fühle sich vollkommen schlapp und sei deshalb freiwillig hergekommen. Man möge blonde Männer aus ihrer Jugendzeit mittels Bildern in den Zeitungen ausforschen, das würde sie gesund machen. Dazu meinte sie in einer vollkommen freien Periode nach der 15. Einweisung, sie habe damals in einer Zeitung ein Bild von einem großen blonden Mann, der aus Rußland zurückgekommen war, gesehen, sie habe im Krieg viele Verehrer unter den Soldaten gehabt und habe vermutet, das sei der blonde Fritz. Der habe ihr 1942 gesagt, er werde nach dem Kriege in ihre Heimatstadt zurückkommen. Damals habe sie erfahren, daß er gefallen war, und sein Vater habe sie eingeladen, ihn zu besuchen.

Zur achten Einweisung kam es, weil sie verworrene Briefe schrieb, vom Guten und Bösen, von Gnade, Sarg, von Leuten, die am Leben bedroht sind. Sie stieg auf ein Vordach, „weil dort Menschenknochen herumlagen", und fürchtete sich vor Hypnose durch die Nachbarn und den Arzt. Später erklärte sie dazu, das sei ein Zeuge Jehovas gewesen, vor dem sie sich sehr gefürchtet habe. Sie habe damals an furchtbaren Albträumen gelitten, weil im Krieg alle Geisteskranken vergast worden waren.

Bei der neunten Einweisung stand sie in psychiatrischer Behandlung und man riet ihr, sich von ihrem Mann ganz zu trennen. Sie hatte Zettel mit verworrenem Inhalt in die Auslage ihres Geschäftes gelegt. „Wo sind meine Neffen, vielleicht am Steinhof?" [8] In der Anstalt meinte sie, Vater und Mutter seien Verbrechen zum Opfer gefallen; sie wolle ins Ausland, daß sie von den Verbrechern nicht auch erreicht werde. Die Eltern seien einer Deklassierung zum Opfer gefallen, der Vater sei deklassiert worden, er habe Fleischhauer (Metzger) werden müssen (tatsächlich war er Gastwirt und Fleischhauer). Die Erregungszustände, die auch bei den früheren Einweisungen das Zustandsbild färbten, gingen bei der neunten Einweisung bereits in eine leicht manisch gehobene Stimmung über. Bald darauf aber war sie psychisch wieder unauffällig.

Bei der zehnten Einweisung lautete die Diagnose noch Schizophrenie, sie hatte damals gedroht, auf die Straße zu springen, war angepaßt, aber zornig. Meinte, aus einem Pavillon spreche ein Mann heraus, den sie heiß liebe. Bei der 13. Einweisung lautete die Diagnose schizophrene Exazerbation, verworrene Manie. Sie verweigerte die Nahrungsaufnahme, war nur teilweise orientiert. Sie habe nicht die Nahrungsaufnahme verweigert, nur zurückgezogen gelebt, weil ihr wichtige Dinge aus der Handtasche entwendet worden wären. Sie fühle sich „denkfähig, handlungsfähig und dispositionsfähig". Sie werde nur angehalten, weil sie politisch demonstriert habe, um das Andenken an die kaisertreuen Eltern lebendig zu erhalten.

Auch bei der 14. Einweisung lautete die Diagnose Schizophrenie unter dem Bild einer verworrenen Manie. Sie hatte Geschirr aus dem Fenster geworfen, meinte wieder, sie sei aus politischen Gründen hier,

---

[8] Psychiatrisches Landeskrankenhaus der Länder Wien und Niederösterreich

sprach von der Dezimierung gewisser Gesellschafts-schichten, war den Ärzten gegenüber paranoid und in gehobener Stimmung. Sie habe nachts über die Verbrechen der Planifikation geschimpft.

Bei der 15. Einweisung lautete die Diagnose Legierungspsychose. Sie war uneinsichtig, aggressiv, verweigerte jede Aussage, zeigte eine motorische Unruhe. Sie sei von ihrem geschiedenen Mann angerufen worden, sie wünsche, daß diese Hypnose endlich aufhört. Man habe mit ihr sprachliche Tests vorgenommen unter Hypnose. Sie war damals bloß mit einem Pyjama und Schlafrock bekleidet im strömenden Regen gestanden. Sie habe ein Kind gehabt, wisse es aber nicht genau, es sei irgendwie verkommen (tatsächlich bestand nur ein aus medizinischer Indikation erfolgter Abortus schon lange vor ihrer Eheschließung).

Nachzutragen ist hier noch die dritte Krankengeschichte. Damals lautete die Diagnose katatoner Stupor. Während die späteren Anhaltungen nur drei Monate oder auch nur wenige Wochen dauerten, dauerte diese dritte Anhaltung mehr als drei Jahre. Sie lag abgewandt mit geschlossenen Augen, antwortete auf Fragen nicht. Später äußerte sie, sie wollte nach Innsbruck fahren, sei aber durch Eingebung in Salzburg ausgestiegen. Sie sei nicht krank, nur unüberlegt gewesen. Ihr Mann sei vor eineinhalb Jahren, so gab die Mutter an, nach Montreal gefahren. Ein Student habe sie im Wagen nach Venedig gebracht, habe sie am Rückweg im Stich gelassen und sie sei in ein Landeskrankenhaus eingewiesen worden. Vor einer Woche habe sie angefangen, unsinniges Zeug zu reden. Sie redete von Damen im roten Kleid und von Herren im gelben Anzug.

Sie wurde wiederholt eingehend psychiatrisch nachexploriert und zeigte bei den psychiatrischen Nachuntersuchungen keinerlei psychische Auffälligkeiten, keine Einbußen der Kritikfähigkeit, der Urteilskraft und der Reaktionsfähigkeit.

Nosologie

Klinisch handelt es sich um eine periodische, phasenartig verlaufende, jeweils wieder voll remittierende paranoid-halluzinatorische Schizophrenie, die in den ersten Perioden durch katatoniforme Syndrome, in den letzten durch maniforme Strukturen und in ihrer gesamten Verlaufsform durch eine Double-bind-Situation gegenüber dem geschiedenen Ehemann besonders charakterisiert ist. Es bestand über einen Zeitraum von zwanzig Jahren eine Pathorhythmie, die man als schizophrene Egorhythmie bezeichnen kann. Eine genetische Information, also ein Erbfaktor, ist nicht zu bezweifeln, und

man wird annehmen können, daß die vom Kind ausgehenden „Signale" maßgeblich daran beteiligt waren, daß ihm von den Eltern jene narzißtische Mittelpunktsrolle zugewiesen wurde, die zur Entwicklung des Größen-Ichs wesentlich beitrug. Die Krankengeschichten lassen erkennen, daß das Ich der W. von der Beziehung von ihrem Idealobjekt, mit dem keine genügende Identifikation erfolgen konnte, abhängig blieb und immer gerade dort zerfiel bzw. regredierte, wo diese Beziehung aus äußeren oder inneren Gründen abbrach. Die „mißglückten Begegnungssituationen", die periodische, mit der Trennungsthematik synchronisierte Überempfindlichkeit für das Physiognomische des Begegnenden (ZUTT), die Verkümmerung des Ausgreifens in die Welt (BOSS), das sich rasch mit Phantasien erfüllende Vakuum anstelle eines gesunden Lebensdranges machten Sinn und denotative Bedeutung (*meaning*) der jeweils gegebenen Situation unzugänglich, weil die Mediatisierung im Sinne des sprachpsychologischen Modells von OSGOOD im Bereich tragender Hinweisreize plötzlich unterbrochen war. Die sprachlichen Äußerungen waren dann auf einmal nicht mehr an variable Teilprozesse (RMP) gebunden, die Signifikate lösten sich von ihren Zeichen, und damit war der Kompromiß von konnotativer und denotativer Bedeutung, als der Mediatisierung (RMP) faktisch erscheint, periodisch unterbrochen. Die Worte wurden wie Dinge gebraucht. Dieser Bruch wird an den in Abwehrmanövern (Handlungen) verschlüsselten Mitteilungen (z.B. Ausbreiten von Kleidern als Mitteilung, ich bin in Not) deutlich (SEARLES 1965). Die einzelnen Krankengeschichten lassen erkennen, wie es in der psychotischen Periode zu einer regressiven Wiederbelebung früherer verdrängter Ichzustände mit ihrer antithetischen Gebundenheit an phasische Triebzustände (FEDERN) und damit zu einer Wiederholung und Aktivierung dieser Ichzustände bei regressiver Auflösung der Ichgrenzen kommt. Das ist erkennbar an den doppelten und multiplen Personalitäten, die ganz verschiedenen Entwicklungsstufen angehören.

Der Ambivalenzkonflikt der oralen Beziehung kündigte sich zu Beginn der Psychose im Rückzug sowohl von der Mutter als auch vom Ehemann an, die Symptomatik zeigte dann die Trennungsthematik auf den verschiedenen Stufen der Trieb- und Ichentwicklung. Auf die gesetzmäßigen Beziehungen vom Erlebnisinhalt zur Erlebnisform in der Schizophrenie, die von R. SCHINDLER (1954) herausgestellt worden sind, kann in diesem Zusammenhang nicht näher eingegangen werden. Wesentlich ist für uns die Tatsache, daß es bei der beginnenden Schizophrenie in analoger Weise wie beim pragmatophoren Syndrom vor einer Tat zu Rückkoppelungsvorgängen des Aktualkonfliktes an den Primärkonflikt kommt, ein Vorgang, den wir vor jeder Tat feststellen können. Das Merkwürdige ist aber, daß es in der Regel bei der Schizophrenie zwar zu eigentümlichen Handlungen und Verhaltensweisen, aber nicht zu radikalen Lösungsversuchen im Sinne dessen kommt, was wir in diesem Zusammenhang als Tat zu bezeichnen pflegen. Es müssen also hier große Hemmungen vorliegen, auf die ja auch die Untersuchungen von BÖKER u. HÄFNER schließen lassen. Hervorzuheben ist ferner, daß diese Übereinstimmung in der Dynamik gewisser Grundprozesse, die man als Retroflexion des Ichs bezeichnen kann, so weit geht, daß man auch bei Beginn einer schizophrenen Psychose einen Auslösemechanismus feststellen kann, der allerdings nicht als erworben, sondern als angeborener Auslösemechanismus (AAM) qualifiziert ist. Im vorliegenden Fall ist es die besondere Form der Trennungsthematik, die phasenspezifischen Trieb- und Ichzuständen aus der frühen Lebensgeschichte konform ist, so daß die Verhaltensänderung durch einen angeborenen Mechanismus ausgelöst wird, der schlüsselartig zum Primärkonflikt paßt. Es wird also eine ontogenetisch alte Trennungsthematik auf der Stufe eines Aktualkonfliktes wiederbelebt, oder besser, die Wiederbelebung dieses Primärkonfliktes gestaltet und überformt den Aktualkonflikt.

Wenn man auf die dynamische Persönlichkeitstheorie FREUDS zurückgreift, so ist offensichtlich, daß sich hinter den sie verfolgenden Doppelgängergestalten ihres Ehemannes die Mutterfigur als Verfolgerin verbirgt und daß sich die Patientin von der homosexuellen Abhängigkeit von der Mutter dadurch freigemacht hat, daß sie sich mit ihr identifizierte, selbst Mutter geworden ist.

Schizophrenie und Tatgeschehen

Die Verlassenheits-Trennungs-Thematik im Aktualkonflikt als angeborener Auslösemechanismus der verweigerten „Ur-Trennung" (Pohlen) des (schizophrenen) Grundkonfliktes und die mit dieser positiven Rückkoppelung verbundene Aktualisierung weit zurückliegender Ich- und Triebzustände wiederholte sich bei unserer Patientin in fünfzehn psychotischen Perioden. Sie erwies in dieser Wiederholung ihre Realität. Verfolgt man die Doppelbindungen und das, was wir als Rollenspaltung bezeichnet haben, zurück bis in ihre Kindheit, dann ergibt sich ein geschlossenes und im Sinne von JASPERS nicht bloß erklärbares, sondern auch verstehbares Bild aufeinanderfolgender Verhaltens- und Syndromsequenzen in Gestalt einer Rollenpathorhythmie im Bereich des fragmentierten Ichs bis zur schizophrenen Egorhythmie mit den vollkommenen Ichzusammenbrüchen. Die Psychose erscheint allerdings jeweils wie die archaische Konzeption einer Abwehr der eigenen Lebensgeschichte. Man spricht hier besser nicht von positiver Rückkoppelung, sondern von Symplegaden im Sinne eines periodischen Aufbaus und Wiederzusammenbruchs des Ichs im schizophrenen Krankheitsgeschehen, von einer pathologischen Retroflexion. Der Vorgang erinnert an jene Zurückbeugung und Abwendung von dem konkreten Verhaftetsein, einen Vorgang, den HUSSERL als Ursprung bezeichnet hat, also an die Wendung zum eigentlichen Schöpfungsakt, doch tritt anstelle dieser

Reflexion des Selbst beim Schizophrenen eine Retroflexion des Ichs.

Zu einem eigentlichen „Tatgeschehen" in unserem Sinne kommt es nun allerdings beim Schizophrenen in der Regel nicht. Der Schizophrene ist „unfähig" zu handeln, genauer, sein „Tun" äußert sich in einer Symbolsprache der Angstbewältigung. Die erstaunliche Seltenheit von Gewalttaten bei Schizophrenen hängt vielleicht zusammen mit ihrer primären Angst vor dem Zerstörungstrieb, und die Angst, innerlich vernichtet zu werden, wird von einer spezifischen Reaktion des Ichs beantwortet: in Stücke zu zerfallen (M. KLEIN). Diese Ichfragmentierung, schon in Kindheit und Jugendalter durch manche Verhaltensweisen signalisiert, tritt erst in der Psychose richtig in Erscheinung.

Es erhebt sich hier die Frage, ob sich jene Schizophrenien, bei denen es zu Gewalttaten oder sonstigen Delikten kommt, gegenüber der Mehrzahl der nichtdelinquenten Fälle etwa dadurch unterscheiden könnte, daß bei ihnen ein pragmatophores Syndrom festzustellen ist. Diese Frage wird an den folgenden Modellfällen untersucht werden. Für diese Auffassung spricht der interessante Befund, wonach aggressive Kranke viel häufiger ein abnormes EEG haben sollen als nichtaggressive.

Der Systemcharakter interpersonaler Beziehungen läßt die dem Kliniker und Psychoanalytiker bekannten Empfindlichkeiten erkennen, die eine ungewöhnliche Empfänglichkeit dieser Kranken für die unbewußten Prozesse im Anderen signalisieren.

Zusammenfassung. Wenn es richtig ist, daß sich beim Schizophrenen angeborene Auslösemechanismen nachweisen lassen, dann besagt das, daß es beim Menschen doch angeborene Auslösemechanismen (AAM) und nicht bloß erworbene (EAM) gibt, man wird dann auch beim Nichtpsychotiker weiter nach solchen forschen müssen.

Die angeborenen Auslösemechanismen sind an die Funktion des Ur-Ichs geknüpft. Sie müßten also auch bei Neurosen nachweisbar sein. Diese primären Auslösemechanismen leiten aber beim Schizophrenen nicht ein äußeres Geschehen ein, sondern ein inneres, eine Syndromsequenz oder einen Syndromwandel, z.B. eine schizophrene Periode. Angeborene Auslösemechanismen scheinen beim Menschen sonach der primär-narzißtischen Stufe anzugehören, dem narzißtisch allumfassenden Ur-Ich, und sie sind daher normalerweise entsprechend der gedoppelten Entwicklungslinie aufsteigender Differenzierung des Ichs (POHLEN) nur einer Psychoanalyse zugänglich. Wo aber eine harmonische „Vollendung" der Person, wie z.B. in der schizophrenen Psychose, blockiert ist, da treten diese Mechanismen bei Überbesetzung des „Projektionskerns" im Syndromwandel zur Psychose gegebenenfalls deutlich zutage.

Während beim Gesunden im allgemeinen zwei Handlungsarten unterschieden werden können, mechanisierte Alltagshandlungen oder auch reifungsgemäße Lernhandlungen einerseits und schöpferische oder auch destruktive „Taten" andererseits, sind bei grober Betrachtung beim Schizophrenen drei Arten von Handlungen möglich. Die mechanisierten Alltagshandlungen und in der Zeit der Gesundheit auch schöpferische Handlungen und in der Psychose neben delinquenten Handlungen (Taten) auch ein traumhaftes Handeln, das allerdings, streng genommen, die Symbolsprache dieser Kranken ist.

Kriminalität bei Schizophrenie: depressive Äquivalente (Lopez-Ibor) als pragmatophores Syndrom

Die Schizophrenie ist für eine Theorie der Kriminalität, die den Anspruch erhebt, multidimensional Gesetzmäßigkeiten zu erfassen, die jeder Kriminogenese zugrunde liegen, die große Bewährungsprobe. Auch hier müßten sich gestufte Konfliktsequenzen und gestufte Syndromsequenzen sowie ein pragmatophores Syndrom nachweisen lassen, durch die sich jene Schizophrene, die kriminell geworden sind, von den übrigen deutlich abheben lassen. Das wird man zwar nicht in jedem Einzelfall erwarten dürfen, zumal wenn eine lückenlose Vorgeschichte nicht erhoben werden kann, aber doch in jedem analysierbaren Fall. Wir werden sehen, daß tatsächlich auch bei der Schizophrenie, wenn auch in abgewandelter Form, Konfliktkumulationen und Syndromwandel nachweisbar sind, die eine solche Differenzierung zwischen delinquenten und nicht delinquenten Fällen erlauben. Am vorigen Fall hat sich gezeigt, daß, chronobiologisch gesehen, die schizophrene Psychose ausbrach, als das „gute Objekt", der Ehemann, endgültig verlorenging. So etwas ist typisch, auch bei einem von R. SCHINDLER (1954) psychoanalytisch bearbeiteten Fall erfolgte der Ausbruch der Psychose, als der Freund eines Tages ohne Abschied das Lager verließ. Das sind in unserem Sinne einfache Konflikte, mehr oder weniger linear zu betrachten, und die ausgelösten Syndrome sind nach der Psychopathologie Gruppen schizophrener Symptome. Anders dort, wo es bei Schizophrenie zu kriminellen Handlungen kommt, die über jene Handlungen hinausgehen, die als rein psychotische Symbolhandlungen bezeichnet werden können. Folgender Fall diene als Modell.

S.P., eine 48jährige vorzeitig pensionierte Volksschullehrerin, die seit dem Tode ihres Vaters schon 23 Jahre mit ihrer Mutter allein lebte, nach einem Umzug in den letzten zehn Jahren in dem gleichen Zimmer, erscheint eines Tages bei der Polizei und berichtet, die Mutter sei gestürzt und bewußtlos. Der Augenschein ergibt, daß die Mutter tot ist. Die Autopsie zeigt zahllose Blutsuffusionen am ganzen Körper, Serienrippenbrüche, Brüche von Zungenbein und Kehlkopf, Würgespuren am Hals, Blutungen in der Schädelhöhle und multiple Hirnrindenquetschungen. Da schon lange niemand mehr die Wohnung betreten hatte, die S.P. hatte in der letzten Zeit nicht mehr geöffnet, und da schon in den letzten eineinhalb Jahren öfter Schreie gehört wurden, die man allerdings auf die Taubheit der Mutter zurückführte, war zu schließen, daß die S.P. ihre Mutter schon seit Monaten mißhandelt und zuletzt getötet hatte.

Diese nahm aber den Tod ihrer Mutter nicht zur Kenntnis, behauptete vielmehr, sie lebe, sei nur gestürzt und bewußtlos gewesen, und sie habe bei ihr Mund-zu-Mund-Atmung durchgeführt.

Erst Wochen später übernahm sie den Tod der Mutter als Tatsache, blieb aber, bei größter äußerer Ruhe, ja Gleichmütigkeit dabei, sie habe mit dem Tod der Mutter nichts zu tun. Sie war auch an den Tagen nach der Tat bewußtseinsklar, angepaßt, gut kontaktfähig, antwortete prompt und zutreffend. Ein Bruder der Mutter habe Selbstmord begangen, eine Schwester der Mutter sei vor zwei Jahren gestorben, auch eine Tante der Mutter habe sich das Leben genommen. Die Ehe der Eltern sei eigentlich nicht in Ordnung gewesen. In der Klinik konnten keine Symptome wie Halluzinieren, Gedankenentzug oder sonstige akute psychotische Symptome festgestellt werden. Doch ergab die psychologische Untersuchung ein paranoides Syndrom mit Dissimulationstendenzen und die Testuntersuchung das Bild einer paranoiden Schizophre-

nie (RORSCHACH). Es wurde ein Defektsyndrom bei paranoider Schizophrenie mit erhöhtem, derzeit gehemmtem Aggressionsniveau angenommen, bei depressiver Stimmungslage, sekundären Angstmechanismen und Angstverdrängung. Es fand sich auch ein „grenzwertig ausgeprägtes" organisches Psychosyndrom. Im gerichtspsychiatrischen Gutachten wurde festgehalten, daß die S.P. bei Einschreiten der Funkstreife behauptet hatte, das sich das Benehmen ihrer Mutter geändert habe und sie an ihren Vetter K. erinnert habe, weshalb sie der Mutter zu verstehen gegeben habe, sie könne zu K. gehen, doch habe sie das nicht ernst gemeint. Sie sei ihr ganzes Leben mit der Mutter zusammengewesen, die seit einer Scharlacherkrankung zunehmend schwerhörig und in den letzten Jahren praktisch taub gewesen sei, so daß sie laut mit ihr schreien mußte. Andererseits gab sie an, daß die Mutter, die bereits 86 Jahre alt war, gut von den Lippen ablesen konnte. Sie selbst sei nie krank gewesen.

S.P. wurde eineinhalb Jahre nach der Tat im Rahmen des Anhalteverfahrens untersucht. Das Strafverfahren war wegen Geisteskrankheit eingestellt worden. Dabei ergab sich über den Lebenslauf, daß dieser ohne irgendwelche einschneidende Ereignisse abgelaufen war. Sie war als Kind still und folgsam, lernte gut, besuchte im Einvernehmen mit ihren Eltern nach der Schule die Lehrerbildungsanstalt und war dann ihr ganzes Leben lang als Volksschullehrerin tätig, ein Beruf, der sie ganz ausfüllte. Von ihrem 25. Lebensjahr, dem Zeitpunkt, als ihr Vater gestorben war, bis zu ihrem 35. Lebensjahr, also etwa bis zu der Zeit, da sie noch in der Kammer neben der Mutter schlief, hatte sie mehrfach intime Beziehungen mit Männern, einmal auch über die Jahre hin, ohne sich aber zu einer Ehe entschließen zu können. Sie führte das auf ihre Behaarung zurück. Sie hatte nämlich nicht nur an den Beinen eine starke Behaarung, sondern auch eine ausgesprochene Bartbehaarung im Gesicht und litt unter diesem Hirsutismus sehr. Sie versuchte alle Mittel, doch halfen keine, und sie fand sich mit diesem Schicksal nie ab. Auch ihre Mutter litt unter dieser Anomalie ihrer Tochter sehr und klagte immer wieder darüber, daß gerade sie so etwas haben müsse. In der Schule hatte sie immer guten Kontakt mit den Kindern und den Eltern, weniger aber mit den Kollegen des Lehrkörpers. Im ganzen kann man sagen, daß ihr Leben in emotionaler Hinsicht arm und ohne Bewegung verlaufen war. Hervorzuheben ist noch, daß die Menstruation außerordentlich spät, erst mit neunzehn Jahren erstmals aufgetreten war und auch da nur dank der Nachhilfe einer Injektionskur. Die Menstruation verlief immer nur sehr schwach und vollkommen unregelmäßig, so daß sie den Termin nie vorausbestimmen konnte. Erst in den letzten zwei Jahren vor der Tat trat hier eine auffallende Veränderung ein. Nach ihren Angaben wurde die Menstruation plötzlich wesentlich stärker und regelmäßig. Die Zeit dieses Wechsels fällt mit dem Beginn der Schizophrenie biochronologisch zusammen, was deshalb bemerkenswert ist, weil die Tat selbst einen Einschnitt markiert, der das vollkommene Erlöschen der Menstruation bedeutete.

Die Psychose

Die Psychose entwickelte sich im Anschluß an den Tod einer Tante, einer um vierzehn Jahre jüngeren Schwester ihrer Mutter, der zeitlich nahezu exakt mit der Pensionierung von S.P. zusammenfällt. Die Pensionierung war erfolgt aufgrund einer Krankheit, die als Neurose diagnostiziert worden war und keinerlei schizophrene Symptomatik erkennen ließ. Durch den Tod ihrer Schwester fiel auf die damals 83jährige Mutter ein Erbteil in Höhe von vierzigtausend Schilling, welches diese aber ablehnte. Dies und das Folgende ergab sich aus wiederholten eingehenden Explorationen. Die Wohnungseinrichtung der Tante, praktisch nur die Einrichtung eines Untermietzimmers, habe von nun an bei ihnen in der Wohnung gestanden, stand aber in Wirklichkeit bei dem Vetter K. Diese in der eigenen Wohnung imaginierte Wohnungseinrichtung habe sie immer an die Tante erinnert. Tatsächlich befanden sich in der Wohnung der S.P. bzw. ihrer Mutter nur zahllose Papiere und Konservendosen sowie eine von der Tante stammende Geige. Bezüglich der Ablehnung der Erbschaft sei sie mit ihrer Mutter immer einig gewesen. Die Tante habe sich das Geld so mühsam abgespart, daß sie es nicht haben wollten. Bezüglich der Möbel (und der Geige) habe die Tante gesagt: „Hebt mir das auf!" Andererseits waren aber diese Möbel für andere, zum Teil im Ausland lebende Verwandte bestimmt und sollten auch an sie weitergegeben werden. S.P. befand sich also in einer Double-bind-Situation: einerseits sollten die Möbel an die Erben abgegeben werden, andererseits sollten sie für die Tote „aufgehoben" werden. Sie selbst habe eine Liste aller Gegenstände anfertigen wollen, um diese dem Notar zu übergeben, sei aber damit nicht vorangekommen. Sie habe auch bemerkt, daß verschiedenes fehlte, z.B. eine „Mistschaufel", und habe deshalb zu der Einrichtung, weil sie meinte, man könne sie beschuldigen, etwas genommen zu haben, eine Mistschaufel dazugekauft und noch andere Dinge: eine Uhr, einen Bettvorleger, einen Fußabstreifer, einen großen Teppich, einen Kohlenkübel und einen Elektroofen. Auf die Frage, ob sie mit der Liste nie fertiggeworden sei, antwortete sie mit: „Nein. Man verspinnt sich da, von einem sieht man das andere, das Nächste, und ich habe ja auch die Sachen kaufen müssen, die man dazugeben könnte, davon weiß aber niemand was, das sage ich jetzt zum ersten Mal."
Sie „ärgerte" sich, daß die Sachen (die in Wirklichkeit beim Vetter standen), bei ihr in der Wohnung herumstanden. *(Ich verstehe nicht, wozu Sie zu einer Erbschaft etwas dazukaufen?)*: „Wenn ich einen Haushalt führe, brauche ich eine Mistschaufel."
Noch etwas anderes kam bei diesen Explorationen heraus. S.P. gab an, sie habe nach dem Tod der Tante (also etwa zweieinhalb Jahre vor der Tat) und ebenso die Mutter angefangen, „alte Geschichten aufzuwär-

men". *(Angenehme oder unangenehme?)* „Unangenehme Geschichten, die in der Familie vorgekommen sind." Geschichten, die sie angeblich durch Erzählen von der Mutter schon seit ihrer Kindheit kannte, jedenfalls weit zurückliegende Geschichten. *(Welche Geschichten sind das?)* „Wie sie als Kind mit der Tante meine Schwester besuchen sind, in einem anderen Ort, und die Tante in den Brunnen gefallen ist und sich mit den Fingern am Rand gehalten hat und der Onkel sie herauszog." *(Welche Bedeutung hatte das für Sie?)* „Das hat für mich die Bedeutung gehabt, daß meine Mutter, die selbst ein Kind war (aber vierzehn Jahre älter als die Tante!), sagte, ‚ich hätte mich nicht nach Hause getraut, wenn der Tante F. etwas passiert wäre'." *(Und was hat das für Sie bedeutet?)* „Daß meine Mama für ihre Schwester F. immer da war, alles für sie getan hat." *(Wieso hat Ihre Mutter für die Tante immer alles getan?)* „Da sind lauter solche Sachen zustandegekommen, daß ich eine ganze Geschichte erzählen müßte." *(Erzählen Sie!)* „Meine Großmutter hat weiter in dem Haus gewohnt, das verkauft worden ist, und da hat meine Mutter und meine Tante etwas ausgemacht, meine Mama wascht für die Tante die Wäsche und das Geld wird der Mutter (der Großmutter) geschickt für den Zins. Meine Mutter wascht die Wäsche für die Großmutter, und die Tante zahlt das Geld für den Zins. Das ist eine Weile gut gegangen, ich war damals vier Jahre alt, bis meine Tante eines schönen Tages meiner Mama gesagt hat, sie hätte sie vergiften wollen (die Mutter hätte die Tante vergiften wollen). In der frischen Wäsche war ein Pulver drin. Es hat sich herausgestellt, daß es sich um Flitter von Weihnachten gehandelt hat. Sie sagte, das wird sie der Polizei übergeben, aber weil sie auf mich Rücksicht nimmt, tut sie es nicht. Das hat bei mir Zorn auf die Tante F. erregt." *(Und was geschah?)* „Die Mutter hat nicht mehr Wäsche gewaschen." *(Und wie Sie jetzt die Sachen wieder aufgewärmt haben?)* „Die Mutter hat sie in Schutz genommen, sie waren ja Geschwister, das bindet. Und da kommt gleich immer wieder die Geschichte mit dem Brunnen." *(Das bedeutete also, daß Ihre Mutter diese Tante sehr geliebt hat?)* „Ich hab mir gesagt, es muß doch das Erlebnis, das sie mit der Tante gehabt hat, so stark gewesen sein, daß man (die Mutter) dann im Leben auch solche Dinge verzeiht, die ja eigentlich sehr hart ans Mark gehen." *(Sie meinen die Beschuldigung mit der Vergiftung?)* „Ja. Meine Tante hat auch, vielleicht Jahre später, verlangt, wenn sie mir etwas aufgewartet hat, daß ich von ihrem Teller kosten muß, bevor sie gegessen hat." *(Sie selbst haben nie gedacht, daß man Ihnen die Speisen vergiftet?)* „Nein." *(Hat Ihre Tante noch so etwas gesagt, z.B., daß man sie bestiehlt?)* „Nein. Aber sie hat Stimmen gehört." *(Welche Stimmen?)* „Was die Stimmen gesagt haben, weiß ich nicht. Aber sie hat mir im Krankenhaus gesagt, daß sie gehört hat, daß jemand dort, wo sie gewohnt hat, mit ihrer Mutter spricht. Das war vielleicht sieben Jahre her." *(Das haben Sie auch aufgewärmt?)* „Das hab ich zur Mama eigentlich ... Oh ja, oh ja, ich hab es ihr auch erzählt,

weil die Mutter gesagt hat, du weißt ja, wie sie ist, also laß sie! Die Tante war ja ein Sonderling, sehr zurückgezogen." *(Und die Möbel der Tante?)* „Die haben mich immer an die Tante erinnert. Meinungsverschiedenheiten mit der Mutter waren nicht."
(Haben Sie Ihren Vetter K. schon als Kind gekannt?) „Ja, in der Heimat der Mutter, in Nordmähren, dort war ich jeden Sommer mit meinen Eltern. Er war um 24 Jahre älter wie ich." *(Wieso hat Ihre Mutter sie auf einmal an diesen Vetter erinnert? In den Gesichtszügen?)* „Nicht in den Gesichtszügen, aber im Benehmen." *(Was hatte dieser Vetter für Besonderheiten?)* „Das Essen. Er ißt das Zehnte nicht." *(Und über Ihre Mutter haben Sie sich geärgert, weil sie drei Tage lang nichts gegessen hat!)* „Einen Tag lang wollte sie nichts essen." *(Ich dachte, es waren drei Tage?)* „Ja, es stimmt, drei Tage war das. Sie hat nur Milch getrunken mit Honig." *(Sie haben früher gesagt, Sie haben einen Zorn auf die Mutter, weil sie sich Ihrem Vetter ähnlich benimmt und sie könne hingehen zu ihm!)* „Wenn ich jetzt darüber nachdenke, so fällt mir gar nichts ein dazu." *(Wie war das?)* „Ich kann es nicht mit Worten fassen." — Sie macht einen wehrlosen Eindruck, wirkt etwas gehemmt, meint: „Ich komm nicht ran an das Ganze, es ist jedenfalls nicht so wichtig! Vielleicht ist es wirklich mit dem Essen in Zusammenhang gestanden, daß mir die Mutter nichts mehr essen wollte."
(Sie sagten, daß Ihre Periode in den letzten Jahren stärker geworden ist als früher?) „Ja, so war es. Es war mehr Blut, dauerte auch einige Tage, und die früher unregelmäßigen Abstände sind regelmäßig geworden." *(Und seit wann haben Sie keine Regel mehr?)* „Seit man mich geholt hat." *(Hatten Sie sich mit der Bartbehaarung abgefunden?)* „Nein, eigentlich nie."

Die Patientin ist sehr gehemmt, autistisch, aber gut kontaktfähig, sie hat sich von dem psychotischen Geschehen distanziert, ein Restwahn ist aber noch deutlich. Sie hält an der Realität der großenteils imaginären Vorgänge, die die Erbschaft betreffen, und an ihren Projektionen (Wahn) immer noch fest.

Das Zustandsbild eineinhalb Jahre nach der Tat entspricht einem gemischten schizophrenen Defekt mit Wahnresten (im Sinne von G. Huber). Sie wirkt aber im ganzen nicht psychotisch, ist gut kontaktfähig, etwas depressiv, zeigt noch Reste eines Zervikalsyndroms, sie bewegt den Kopf nur langsam nach rechts und links, weil sonst Schwindelerscheinungen auftreten. Es bestehen auch noch andere ausgesprochen neurotische, nicht psychotische Symptome, unter anderem auch leichte Kopfschmerzen.

Die weitere Untersuchung hatte nun zu klären, wieso es zur Pensionierung gekommen war. Biochronologisch gesehen ist es ja auffallend, daß Pensionierung und Beginn der schizophrenen Psychose nahezu zusammenfallen. Die Pensionierung muß aber andere Gründe gehabt haben.

Das pragmatophore Syndrom

Die Einholung des Personalakts mit den darin festgehaltenen psychiatrischen und neurologischen Befunden gibt Aufschluß über diese Frage.

Dem Personalakt ist zu entnehmen, daß schon im Alter von 42 Jahren (die Tat wurde im Alter von 48 Jahren gesetzt) die Leistungsfähigkeit der S.P. durch Beschwerden und Krankheit herabgesetzt war. Insbesondere war die Fähigkeit zu längerer konzentrierter Arbeit vermindert. Ein Befund, der erhoben wurde, als sie 44 Jahre alt war, ergab folgendes: subjektiv Schwindel, Kopfschmerz, Schlafstörungen, Neigung zu Depressionen. Sie stand in nervenärztlicher Behandlung, war damals 43 Jahre alt. Sie stand auch in Behandlung wegen Polyneuralgien. Die internen Befunde hatten schon ein Jahr vorher eine Vasolabilität ergeben. Die Untersuchung in der Universitätsklinik ergab: Druckschmerzhaftigkeit der Schläfengegend, Pupillenreaktionen und neurologische Befunde negativ, Schilddrüse leicht vergrößert, gesamte Wirbelsäule druck- und klopfempfindlich. RR 150/95, Gallenblasengegend druckempfindlich, PSR beiderseits stark gesteigert. Befund der Orthopädischen Klinik: Zervikalsyndrom bei röntgenologisch lediglich geringen spondylotischen Veränderungen. Psychiatrischer Befund der Universitätsklinik: Zephalea (Kopfschmerzen), keine organische Grundlagen. Neurologischer Status o.B., EEG vollkommen normal. Die Beschwerden wurden als Konversionssyndrom, also als Neurose, mit Aggravation angesehen. Die Spondylopathia deformans sei als Nebenbefund zu werten. Es bestanden Schmerzen im gesamten Kopfbereich. Ferner bestand ein konversionshysterisches Bild mit erhöhten Aggressionstendenzen, eine herabgesetzte Spannungstoleranz, deutliche Simulations- und Aggressionsneigung. Die Arbeitsfähigkeit wurde als nicht nennenswert eingeschränkt beurteilt, sie hänge von der Arbeitswilligkeit ab. *Diagnose:* Zervikalsyndrom, Zephalea, Neurose. Mit Wiederherstellung der Dienstfähigkeit sei zu rechnen.
Der gynäkologische Befund ergab: eitriger Fluor, entzündliche Portio, kleine Erosionen, volle Blase, Patientin erklärte, sie nicht entleeren zu können. Idiopathischer Hirsutismus, massive hysteriforme Mechanismen und Aggressionstendenzen. In weiteren Befunden wurde festgehalten, daß eine Projektionsuntersuchung nicht möglich war. Aggravation. Keinerlei Notwendigkeit einer Pensionierung. Neurose, Zephalea, Hirsutismus.

Bald darauf wurde allerdings vom Stadtphysikus festgestellt, daß sie nicht mehr dienstfähig sei und auch kaum mehr die Dienstfähigkeit wieder erlangen werde. Das war ein halbes Jahr vor dem Tod der Tante.

Strukturanalyse der Tat

Die Analyse der Tathandlung, hier des Muttermordes, hat zur Voraussetzung eine Analyse des Verhaltens während des gesamten Lebenslaufes. Dabei ist von zwei entscheidenden Knotenpunkten auszugehen. Der eine: die kontaktarme und ausgesprochen narzißtische Primärpersönlichkeit, die mit 46 Jahren an Schizophrenie erkrankte, ist mit einem idiopathischen Hirsutismus behaftet. Wir wissen, daß verschiedenste leichte endokrine Störungen und Besonderheiten bei Schizophrenen häufiger vorkommen als bei Geistesgesunden (M. BLEULER). Der Zusammenhang mit der Schizophrenie ist aber ungeklärt. Im vorliegenden Fall lassen die außergewöhnlich späte Menarche und die Schwäche und Unregelmäßigkeit der Menses bis zum Ausbruch der Schizophrenie gleichfalls an einen innersekretorischen Faktor denken. Der mit diesen Störungen zusammenhängende Bartwuchs hat zwischen diesen biologischen Faktoren und denen der personalen Reifungsvorgänge (Aufbau einer Wertwelt) engste Beziehungen gesetzt: die biologische Störung stellte das Hineinwachsen in die Rolle einer Frau das ganze Leben hindurch in Frage und begünstigte oder verstärkte die durch Anlagefaktoren anderer Art bedingte narzißtische Haltung und Ichschwäche. Das Persistieren eines Größen-Ich klingt heraus aus der Bemerkung, sie habe eben wohl unter den Männern keinen gefunden, der wert gewesen wäre, daß sie ihm ihre Liebe schenke. Das Scheitern in der psychobiologischen Aufgabe als Frau läßt ihre berufliche Rolle als Volksschullehrerin im Lichte einer „Notfallsfunktion" (CANNON) erscheinen, als eine geglückte Anpassung an ein lebenslängliches *„stress and strain"* (SELYE).

Der zweite Knotenpunkt liegt in der Synchronizität von Pensionierung und Tod der Tante. Der Leistungsabfall in der beruflichen Position im Alter von 42 Jahren ist als involutives Prodrom aufzufassen, als eine vitale Rutschung im Sinne von KRETSCHMER, verbunden mit einer mißglückten Abwehr. Die biologische Gleichgewichtserhaltung brach zusammen. Ob das schon den schizophrenen Prozeß signalisierte, bleibe dahingestellt. Eher ist anzunehmen, daß es ohne den angeborenen Auslöser (Tod der Tante) nicht zur Psychose gekommen wäre, daß vielmehr die endgültige Weichenstellung von der Neurose zur Psychose erst durch die Auslösung der Ichregression erfolgt ist, die zum Ichzusammenbruch führte.

Der Leistungsabfall selbst vollzog sich unter dem Krankheitsbild einer Konversionsneurose mit einer Fülle hysterischer Mechanismen und psychosomatischer Syndrome. Die Vielzahl der Einzelsymptome findet im Zusammenhang des biologischen Aktes der Abwehr des Leistungsverfalls und seiner Untergründe ihre organisierende Determination, wobei die Abspaltung dieser Konfliktspannung vom Bewußtsein (Verdrängung) die Strukturen der Syndromsequenzen bestimmt.

Es ist also im Grunde der unausgetragene Kampf eines Lebenskonfliktes (sich mit seinem Schicksal nie abzufinden), der an dieser biologischen (involutiven) Umbruchstelle eine letze, von vornherein verlorene Schlacht provoziert: der ungebrochene, aber zugleich uneinsichtige Wille zum Sinn, die Rolle als Frau zu erfüllen. Sehen wir uns dieses Syndrom näher an, so kann man sagen, daß alles gegen die Auffassung spricht, man habe es hier bereits mit der beginnenden Schizophrenie oder bloß mit einem prodromalen koenästhetischen Syndrom (G. HUBER) zu tun. Es fehlte jegliche schizophrene Symptomatik, die Patientin war auch nie depressiv, sie neigte nur zu Depressionen, war dabei durchaus aktiv, in manchen ihrer Reaktionen paranoid, das ganze Bild war nicht unausgeprägt und verblasen, sondern äußerst profiliert.

Geht man die einzelnen Symptome durch,

dann kann man vielmehr sagen, das Bild entspreche vollkommen dem, was LOPEZ-IBOR als depressive Äquivalente beschrieben hat. Die Befunde lassen erkennen, daß die Symptome den Übergangszonen zwischen Depressionen und Neurosen angehören, also der Randzone des Depressionsgebietes. Hierher gehören die Zephalgien, die Meralgien, die Brachialgien und auch die hysterischen Mechanismen. Eine nachträgliche Exploration ergab, daß es sich auch um eine typische „Wanderneuritis" gehandelt hat, die von SCHULTE näher beschrieben und von LOBEZ-IBOR den depressiven Äquivalenten zugeordnet wurde. Es bestanden keine psychodynamischen Beziehungen zum Krankheitsverlauf als solchen (GITELSSON). Die Syndrome lösten einander ab im Sinne einer *syndrome alternation* (SPIEGELBERG). Auf diese Übereinstimmungen mit den Feststellungen GITELSSONs, daß es unmöglich sei, die Ergebnisse psychodynamischer Untersuchungen mit dem Krankheitsverlauf zu korrelieren, legen wir großes Gewicht: die depressiven Äquivalente, die hier vor Beginn der Schizophrenie auftraten, haben mit diesem Krankheitsgeschehen als solchem nichts zu tun. Das Zervikalsyndrom etwa signalisiert wohl die starre Haltung der Persönlichkeit im Kampf gegen ihr Schicksal — Unmöglichkeit, die Rolle als Frau zu übernehmen und drohende Pensionierung — und die Unmöglichkeit eines depressiven Rückzuges, zusammen mit den massiven hysterischen Mechanismen, aber zugleich eine *arousal reaction*, die sich in der schon damals, also Jahre vor Beginn des schizophrenen Prozeßgeschehens, zutagetretenden Aggressionstendenz manifestierte.

Diese depressiven Äquivalente repräsentieren jenes Syndrom, das wir als pragmatophores Syndrom abgegrenzt haben. Das besagt, daß auch bei Schizophrenen, die später delinquent werden, ein kriminogener Strukturwandel nachzuweisen ist, der die später delinquenten Persönlichkeiten von den übrigen abhebt. Es ist bemerkenswert, daß VENZLAFF 1970 über den Fall eines schizophrenen Kranken berichtet hat, der lange als Wirbelsäulenerkrankung verkannt wurde und schließlich mit einer kriminellen Tathandlung endete. Nach unserer Auffassung handelte es sich hier um ein pragmatophores Syndrom analog zu dem Zervikalsyndrom des vorliegenden Falles.

Das Wesentliche am pragmatophoren Syndrom ist darin gelegen, daß seine (aggressive) Dynamik das Syndrom selbst überdauert, also bei einer anschließenden Schizophrenie in die Dynamik der Psychose (nicht in das Krankheitsgeschehen als solches) eingeht. Dieses Moment wird deutlich, wenn man den zweiten „Knotenpunkt" ins Auge faßt. Nachdem sich im Alter von 42 Jahren aufgrund eines biologisch-involutiven Vitalitätsverlustes ein Triebkonflikt abzeichnete und zu einem progredienten Leistungsabfall, verknüpft mit dem antithetischen Geschehen eines sich über Jahre hinziehenden biologischen Abwehraktes (depressive Äquivalente = pragmatophores Syndrom) führte, kam es im Alter von 46 Jahren zuerst zur vorzeitigen Pensionierung und ein halbes Jahr später zum Tod der Tante. Hier bildete sich, verschiedenen Ebenen entspringend, eine Konfliktkumulation: das die versagte Frauenrolle stellvertretend repräsentierende Wertsystem (Beruf) ist zusammengebrochen und die starre Selbstbehauptung (Zervikalsyndrom, Aggressionsneigungen) verstärkt weiter die Aggressionsbereitschaft: in einem Aufbäumen der Vitalität, gleichsam in einer vitalen Regression, kommt es dazu, daß die immer nur schwachen und unregelmäßigen Menses regelmäßig und stärker werden. Und biosynchron in derselben Konfliktphase kommt es nun zum Tod der Tante, wodurch eine die Ichstrukturen abstützende Zentralfigur plötzlich ausfällt. Dieser Tod ist, wie die Synchronizität des Krankheitsbeginns und die Analyse der Psychose erkennen lassen, ein angeborener Auslösemechanismus. Die durch die Ichschwäche erbmäßig festgelegte Bereitschaft oder Disposition auf eine bestimmte Kombination von Umweltreizen (und Konflikten) mit einer bestimmten Handlung zu antworten, dieser angeborene Auslösemechanismus im Sinne von LORENZ (AAM) ist hier durch die plötzliche Störung des Familiengleichgewichts gegeben. Zur Konversion des Triebkonfliktes in das Körperliche und diesen umformend tritt jetzt die Freisetzung von Ichzuständen, die sich vom narzißtisch-allumfassenden Ur-Ich her jeweils in antithetischer Gebundenheit mit phasenspezifischen Triebzuständen entwickeln (FEDERN, POHLEN).

Die Tante steht hier für den Vetter und dieser für den Vater (Verschiebung). SCHINDLER hat die Affektstufen und Prägungsphasen, wir würden stattdessen sagen, die sich vom Ur-Ich her entwickelnden Ichzustände, eingehend analysiert und ist dabei von den Inhalten ausgegangen. Hier geht es aber nur um das Strukturale, um die Wiederbelebung verdrängter Ichzustände, signalisiert durch das Inerscheinungtreten differenzierter Teile (BLUM) des seelischen Apparates, das sich nur in der Konfliktsituation, dem Bild vom Widerstreit der Teile, konstituiert (FREUD). Darin, daß insbesondere orale und aggressive phasenspezifische Triebzustände durch „Aufwärmen", wie sich die Patientin ausdrückt, wiederbelebt wurden, erblicken wir das Hereinspielen des pragmatophoren Syndroms mit seinen hochaggressiven Abwehrmechanismen. Im Zentrum des Geschehens steht allerdings die Eifersucht auf die geliebte Mutter. Was die Patientin erschütterte, ist, daß die Mutter für die Tante (= den Vater) immer da war, daß sie langmütig war, daß sie der Schwester vergeben hat. Diese am Idealbild der eigenen Mutter erlebte Wesensbedingung echter Liebe und sonach echten Menschseins (unbedingtes Dasein für die andere Person) wurde durch den Tod der Tante und ihre damit gegebene Allgegenwart in den „Sachen" (der Erbschaft) erschüttert. Die ferne Tante (für Vater) wird auf einmal durch die Erbschaft nahe, womit die latente Homosexualität als das treibende Motiv der Erkrankung (Projektion, Ichre-

gression) zum Tragen kommt. Die ferne Tante war ständig nahe in den „für sie aufgehobenen" Sachen, und das führte zur Aufhebung der vollkommenen Identifikation mit der Mutter und zur Freisetzung der ständigen Gefahr des Selbstverlustes mit Mobilisierung archaischer Größenideen (helfender Arzt, Mund-zu-Mund-Atmung). Die Unfähigkeit, die Selbstachtung zu regulieren, war durch die Pensionierung übermächtig geworden (narzißtisches Ungleichgewicht), die kompensierenden Übertragungsvorgänge waren plötzlich abgeschaltet. Die Abwehr des als homosexuelles Begehren gefürchteten Versuchs einer Wiedervereinigung mit der Mutter und die aus einer früheren Triebschichte freigesetzte ödipale Liebe führten in Interferenzen mit fragmentierten Ichzuständen aus der neurotischen Aggression zu den Mißhandlungen und schließlich zur Tat.

Pragmatophores Syndrom bei Schizophrenie besagt, daß die Dynamik, z.B. der Aggressionsdruck, aus den depressiven Äquivalenten (oder sonstigen pragmatophoren Syndromen) als Dynamik in die Psychose übernommen werden kann und zu der Möglichkeit hinführt, daß die (hemmende) psychotische Angst überwunden oder invertiert wird. Diese Auffassung stimmt durchaus mit klinischen Erfahrungen überein. So hat SCHILDER an dem Gedanken der Kontinuität des Erlebens auch auf dem Gebiet der Intoxikationen festgehalten und sie auch bei den groben Hirnstörungen aufgewiesen. An einer solchen, wenn auch entsprechend der Ichfragmentierung nur partiellen Kontinuität des Erlebens auch bei Schizophrenie möchte ich nicht zweifeln, ist doch der Ichzerfall bei Schizophrenen von einem ständigen pathorhythmischen Wiederaufbau des Ichs begleitet, der z.B. auch das erstaunlich vernünftige Verhalten Schizophrener etwa im Luftschutzkeller verständlich macht. Hiernach werden präpsychotische Konflikte in der Regel nicht als Ganzes in die Psychose übernommen, wohl aber als einzelne Impulse, die mit den in der Psychose wiederbelebten phasenspezifischen Triebzuständen mit Verstärkerwirkung in Interferenz treten können.

Der Nachweis eines pragmatophoren Syndroms bei delinquenter Schizophrenie setzt das Aufspüren jener chronobiologisch markierten Knotenpunkte voraus, die das Zusammentreffen von Konflikten aus verschiedenen Zusammenhangsbereichen, hier also Involution, Zusammenbruch des Wertsystems, vorzeitige Pensionierung, Tod einer die bisherige narzißtische Ichstrukturierung abstützenden Bezugsperson, „Einriß" im Ich (FREUD, POHLEN), bedeuten. Die gestuften Konfliktsequenzen, die sich da ergeben, durchdringen hinsichtlich Intensität und Quantität, wie an einem Modellfall gezeigt wurde, die Grenzen zwischen nichtpsychotischem und psychotischem Geschehen und setzen, wahrscheinlich dank Verdrängung der Inhalte ins Unbewußte, im letzteren Kräfte frei, die sonst für die Angstbewältigung gebunden sind. Dabei steht nichts im Wege, die eigentliche Auslösung der Schizophrenie als einen angeborenen Auslösemechanismus (AAM) zu bezeichnen, d.h. als eine „erbmäßig festgelegte Bereitschaft, auf eine bestimmte Kombination von Umwelteinflüssen, mit einer bestimmten Handlung zu antworten" (LORENZ).

Chronobiologisch handelt es sich bei diesem AAM allerdings nicht um den Umschlag einer Idiorhythmie von einer ontogenetisch niedrigeren auf eine höhere Stufe, sondern um den Umsprung einer kompensierten in eine dekompensierte Pathorhythmie.

Es ist eine merkwürdige Tatsache, daß bei den phasischen Psychosen das Herausgeraten sowohl klinisch als auch kriminogenetisch interessanter und bedeutungsvoller ist. Wohl gibt es mischbildhafte Zustände mit Überlagerungen und Überschneidungen, die bei Beginn einer solchen Episode das „biologische Fenster" für delinquentes Verhalten abgeben können, und speziell bei der Manie kann sich bei klinisch noch gar nicht greifbarer Intensität des Geschehens schon eine kriminogene Wirkung zeigen, aber beim Gros der Fälle interessiert vor allem das Übergangsfeld zum Neurotischen nach dem (unvollständigen) Abklingen meist bereits wiederholt aufgetretener Phasen. Anders bei der Schizophrenie. Zwar gibt es hier sog. Exazerbationen, z.B. bei symptomatischem Alkoholismus, die schon bei lange bestehender Erkrankung zu delinquentem Verhalten führen können. Im Vordergrund des Verhaltens steht aber doch das Hineingeraten in die Psychose, was schon STRANSKY mit dem von ihm geprägten Begriff des Initialdelikts hervorgehoben hat.

Es wäre sonach vor allem zu fordern, sei es bei schleichendem oder plötzlichem Beginn einer Schizophrenie, Näheres über Vorstadien, Prodrome oder Vorpostensyndrome zu wissen. Schon JASPERS hat zwar scharf zwischen Phase und Prozeß unterschieden, eine Unterscheidung, die heute gegenüber der These von der grundsätzlichen Reversibilität allen endogenen Geschehens, im Gegensatz zum organischen, an Gewicht stark eingebüßt hat. Er hat aber nicht gefragt, ob dieses „völlig Neue" vielleicht nur teilweise „neu" sei, präformiert durch die Ichstrukturen des Menschen überhaupt und vorbereitet oder anvisiert in gewissen „Vorgestalten", „Prodromen", letzten Endes also als eine „dem Menschen wesensmäßig innewohnende Abwandlungsmöglichkeit" (BLANKENBURG). Über das Modell von KRETSCHMER, das er uns in seinem „sensitiven Beziehungswahn" zur Verfügung gestellt hat, ist aber die klassische Psychiatrie nicht hinausgekommen. Es wird immer noch übersehen, daß schon der frühe FREUD und die frühe Psychoanalyse, worauf POHLEN kürzlich hingewiesen hat, lange vor FEDERN (1956) grundlegende Einsichten in die Strukturen des schizophrenen Geschehens erarbeitet hat, ja daß FREUD selbst an der Schizophrenie sein bahnbrechendes Persönlichkeitsmodell geschaffen hat und erst von dort her zur Erforschung der Neurosen gekommen ist. Gerade deshalb haben wir auch die Schizophrenie als die entscheidende Bewährungsprobe für unsere Theorie bezeichnet.

Die Erforschung der Prodrome ist auch weiterhin ein Stiefkind der klassischen Psychiatrie geblieben, wenn auch früher unter anderen MAYER-GROSS (1932) und später G. HUBER (1957) das Problem bearbeitet haben. MAYER-GROSS unterschied depressive, manisch und reaktiv-psychopathische Prodome, dazu psychasthenische und Zwangsphänomene ohne Angst und Abwehr, isolierte Depersonalisationserscheinungen und „ungemein häufige" initiale hysterische Einzelsymptome. G. GROSS, die diese Prodome neuerdings untersucht hat, bezeichnete sie' als querschnittsmäßig uncharakteristisch und diagnostisch neutral und meint, daß sie erst retrospektiv eine Zuordnung zum Gesamtverlauf der Schizophrenie erlauben. Prodrome gehen kontinuierlich in die Psychose über, Vorpostensyndrome seien phasenhaft abgrenzbar und können Stunden bis Monate, vereinzelt auch Jahre anhalten. Ihre Darstellungen sind aber zu allgemein gehalten und pathopsychologisch zu wenig aufgegliedert, als daß man in unserem Zusammenhang Nutzen aus ihnen ziehen könnte. Wenn es etwa heißt, „fühlte sich seit ... verändert", so ist das eben kein Prodrom mehr, sondern die schizophrene Psychose selbst. Man wird deshalb zwischen typischen schizophrenen Initialsymptomen, z.B. Depersonalisationen, und eigentlichen Prodromen, und da wieder zwischen uncharakteristischen und psychopathologisch besser profilierten, unterscheiden und vor allem sehr vorsichtig sein müssen, jedes Syndrom schon auf die spätere Schizophrenie zu beziehen. Eine eigentliche Forschung auf dem Gebiet der Prodrome wurde bisher noch nicht betrieben, und auch von den koenästhetischen Schizophrenien im Sinne von HUBER, die einen so vielversprechenden Anfang darstellten, konnte neuerdings GLATZEL sagen, daß sie im Symptomenkatalog der schizophrenen Sichtpsychose bis heute nur ein Schattendasein führen. Mit Recht spricht GLATZEL von einer terminologischen Begriffsverwirrung im Bereich der sog. Leibgefühlstörungen bei endogenen Psychosen, wobei er allerdings selbst mit Leibgefühl eine Form der Wahrnehmung des eigenen Leibes, also eine Leibempfindung, meint. Es wird hier erforderlich sein, daß sich die klassische Psychiatrie mehr als bisher der Fortschritte der Psychologie, insbesondere der Emotionspsychologie, annimmt, wo die begrifflichen Abgrenzungen und die lebendigen Beziehungen zur experimentellen und Neuropsychologie schon einen hohen Stand erreicht haben.

CONRAD, der 117 Fälle untersucht hat, bezeichnete die Zahl endogener Verstimmungen bei beginnender Schizophrenie als auffallend hoch. Das, was CONRAD unter Trema versteht, die Infragestellung der Möglichkeit des Überstieges und Einbuße des Wirgefühls, gehört schon zum schizophrenen Ichzerfall. Der Begriff der endogenen Verstimmung ist aber bei ihm zu vage gefaßt, als daß man hier daran anknüpfen könnte. Hinter ganz allgemeinen Bezeichnungen, wie „melancholisches Wesen", „depressives Wesen", „fühlte sich nicht mehr wohl", „fühlte sich sehr schwach", verbergen sich in der Regel bereits greifbare Wahnsymptome, z.B. unter Verbrecher zu gehören, wegen eines Geschlechtsverkehrs angezeigt zu werden, etwas angestellt zu haben, weil man „nicht so ist, wie die anderen", oder Projektionsmechanismen, wie z.B. bei der sog. Drückebergerthematik, aber kein psychopathologisch prägnantes depressives Syndrom (vgl. seine Fälle 101, 76, 88, 15, 81). Bei dieser Sachlage ist es naheliegend, daran zu denken, daß solche Syndrome, die man als Prodrome bezeichnen kann, bei Schizophrenie im allgemeinen uncharakteristisch und psychopathologisch schwer abgrenzbar sind und nur dort, wo sie als pragmatophores Syndrom ein kriminogenes Geschehen einleiten, psychopathologische Prägnanz erlangen. Doch ist das nur eine vorläufige Arbeitshypothese, die vielleicht dazu beitragen kann, der Prodromfrage gründlicher als bisher nachzugehen.

Methodisch empfiehlt sich eine Individualstatistik, in der Modellfälle hinreichend vertreten sind, um gewissen Varianten Rechnung zu tragen. Damit ließen sich idealtypische Einteilungen vermeiden, die ja nur Ansätze zu Hypothesen bieten können. Die Anwendung der Faktorenanalyse auf psychopathologische Tatbestände ist nämlich an gewisse Voraussetzungen geknüpft, an das Vorhandensein von Meßinstrumenten. Diese Bedingung ist auf dem Gebiet der psychologischen Forschung erfüllt, für die Dokumentation psychopathologischer Merkmale aber fehlen solche Meßinstrumente bisher. HEIMANN hat darauf hingewiesen, daß die Koeffizienten, die in die Korrelationsmatrix einer Faktorenanalyse eingehen, Linearität der Regressionen und hinreichend symmetrische und unimodale Verteilungen voraussetzen. Bei psychopathologischen Erhebungen sind aber ungleiche Häufigkeiten der Symptome die Regel, die Daten sind in Wirklichkeit nicht echt alternativ, die Verteilung nicht symmetrisch. Nachdem aber das faktorenanalytische Modell die einzige und daher die beste Annäherung an die Tatbestände ermöglicht, ist die Bereitstellung entsprechender Meßinstrumente ein dringendes Erfordernis. HEIMANN hat auch andere Wege aufgezeigt, auf die hier nicht näher eingegangen werden kann.

Die dynamischen Strukturgesetzlichkeiten

Unter Struktur ist jede regelmäßige Organisation zu verstehen. Der Strukturbegriff deckt molekulare Strukturen, die wie etwa im genetischen Kode, Informationen übermitteln, ebenso wie Sprachstrukturen, die das sprachliche Werkzeug betreffen. Man denkt oft zu sehr an anatomische und histologische Gegebenheiten, wenn man von Struktur spricht, und verbindet damit den Begriff des Starren. So kommt man dann, etwa wie JANZARIK, dazu, von Struktur „eine Sphäre der Dynamik" abzugrenzen, als ob Dynamik von außerhalb käme und nicht aus dem strukturalen Geschehen selbst.

Strukturen enthalten selbst die Dynamik, genauer, die Dynamik entspringt, wie wir an unseren Modellen sehen konnten, überall dort, wo verschiedene Strukturen miteinander in Interferenz treten und ein Strukturwandel oder Syndromwandel, aber auch Strukturverfestigung, zustandekommt.

Die Frage nach dem Ursprung der Energie, des energetischen Potentials, das eine Umsetzung in Handlung, die auch eine Denkhandlung sein kann, oder deren Hemmung ermöglicht, erfordert eine feinere Analyse der interferierenden Strukturen. Man wird von der Auffassung ausgehen dürfen, daß das, was wir bei der Kriminogenese beobachten konnten, äußerste Vergröberung eines Geschehens ist, das ständig in tausend Varianten, synchron und in sich überkreuzenden Sequenzen im Organismus von den einfachsten physiologischen Vorgängen bis zu den höchsten schöpferischen Leistungen oder Entscheidungen abläuft, um in Anpassung an äußere Situationen das aufrecht zu erhalten, was wir in Anlehnung an PIAGET das mobile Gleichgewicht genannt haben. Analog sind schon die genetischen Informationen im Wechselspiel mit den kognitiven Funktionen mit ihren bereits im molekularen Bereich ablaufenden „Erkennen von Situation" einer ständigen Kontrolle unterworfen. Die Frage nach dem Ursprung der Energetik von „Handlung" wird sonach nicht durch Suche nach „Motiven" und „Motivationen", die immer sekundär im Sinne von BÜRGER-PRINZ und durch bloßes Psychologisieren zustandekommen, also Kunstprodukte unseres Denkens sind, beantwortet werden, sondern allein durch eine Analyse von Tatsachen des „Zusammenspiels" von Ereignissen. Diese besagen, daß Handeln nur dort auftreten kann, wo, wie bei delinquentem Handeln, ein Struktur- oder Syndromwandel stattfindet, eine dynamische Interferenz zwischen verschiedenen Ordnungsbereichen (Strukturen). Mit dem Unterschied, daß wir bei delinquentem Handeln mit einer Reduktion der Mannigfaltigkeit ihres Zusammenwirkens und damit auch der Vielfalt möglicher dynamischer Gleichgewichte, andererseits aber auch mit dem Hinzutreten einer Interferenz von Aktualkonflikt und Grundkonflikt rechnen müssen. Diese Reduktion entspricht dem, was CONRAD als Reduktion der Freiheitsgrade bezeichnet.

Die Dynamik, die einen Strukturwandel begleitet bzw. aus ihm entspringt, wurde deutlich am Phänomen des pragmatischen Entlastungsmechanismus (PEM). Es sei hier erinnert an den Polizisten, der, nachdem er sein Ziel erreicht hatte, durch die begründete Vorstellung, wieder in seine Leidenssituation zurückgeworfen zu werden, also durch die Wiederbelebung pathogener Strukturen in der Phantasie, dazu kam, das ganze Magazin seines Revolvers in einer einzigen Symbolhandlung gegen seine eigene Polizeimütze im Spiegelbild abzufeuern. Oder an die Frau mit der schweren Sexualneurose, die beim Syndromwandel zu einer Depression, in Interferenz mit den durch den Hochzeitstag geweckten Erinnerungen, sich auf ihre beiden Hände setzen mußte, um neben ihrem Mann im Theater nicht Gegenstände durch die Luft schleudern zu müssen. Man braucht sich nur vorzustellen, daß gegenüber solchen Situationen von Pathorhythmie mit Reduktion der Mannigfaltigkeit möglicher Gleichgewichte im Falle schöpferischen Tuns diese Mannigfaltigkeit erhalten oder erhöht ist, um zu verstehen, daß auch da nicht aus deiner „dynamischen Sphäre", sondern aus den Interferenzen zwischen unendlich differenzierten Kognitionen, Emotionen und geistigen Gefühlsschattierungen in Verbindung mit spezifsch strukturierten Stufenfunktionen der Bedeutungsvertikalität und somit in einem ständigen „Gangwechsel" in selbst wieder strukturierenden Sequenzen, die Dynamik und Energetik gleichsam aus tausenden von Einzelexplosionen entspringt, die sich gegenseitig ergänzen und korrigieren und allfällige Entgleisungen wieder kompensieren (Amplifizierung der Freiheitsgrade).

Bleiben wir aber bei unserem groben und vergleichsweise einfacheren Modell der delinquenten Handlung, so sehen wir, daß die Interferenz einzelner, voneinander verschiedener Strukturen offenbar noch eines Faktors bedarf, damit es zu dem gegenseitigen Austausch, eben dem Syndromwandel, kommt. Wir haben diesen Faktor, den man mit einem Katalysator vergleichen könnte, im pragmatophoren Syndrom (PphS) kennengelernt. So, wie zwischen Reiz und Reaktion gewisse Hinweisreize eingeschaltet sind für die folgenden Reaktionen, wobei die konnotative Bedeutung über die denotative überwiegt (semantische Differenziale; OSGOOD, HULL), so oder analog ist zwischen die Ausgangslage und die Endlage ein „Übergangszustand" oder aktivierender Zustand eingeschaltet, das pragmatophore Syndrom. Dieses wurde psychopathologisch als leicht depressives oder paranoides, auch als dysphorisches Mischsyndrom oder auch als asthenisch-emotionaler Schwächezustand umschrieben, als ein Zwischenzustand, der einen Anstieg potentieller Energie signalisiert, die dann im pragmatischen Entlastungsmechanismus die Dynamik für den Handlungsablauf freisetzt.

Daß der Syndromwandel oder Strukturwandel nicht zwischen beliebigen Strukturen oder strukturalen Bereitschaften stattfindet, diese vielmehr aufeinander passen mit einer Präzision, die einer Spezifität der Bindungen entspricht, ergab sich daraus, daß regelmäßig mit dem kriminogenen Strukturwandel eine Rückkoppelung des jeweils spezifischen Aktualkonfliktes mit einem konformen Grundkonflikt (Primärkonflikt), also eine Art Retroflexion der Ichfunktionen synchronisiert ist, die sich einer tiefenpsychologischen Strukturanalyse erschließt. Damit wird die konnotative Bedeutung der aktuellen Situation und die konnotative Bedeutung des Grundkonflikts in einer Koaktionslage phasenspezifisch synchronisiert, die rhythmologisch einer Superposition mit Verstärkerwirkung entspricht. Hier ist eine Besinnung auf die Wertigkeit dieser Vorgänge im biologischen Gesamtkonzept angezeigt.

Was wir hier an unseren Modellen beobachten, kann, wie gesagt, nur als verhältnismäßig vergröbertes Geschehen interpretiert werden, das auf Störungen der normalen Abläufe beruht. Dem pragmatophoren Syndrom als einem aktivierten Übergangszustand müssen im ungestörten Handlungsablauf Vermittler- und Regulatorstrukturen entsprechen, deren Struktur informativ aus der Vielzahl die affektiven Resonanzen erkennt und steuert, indem jede dieser Strukturen, zwischen Aktivität und Inaktivität in vielen Einzelschritten entscheidend, aus bloßen Sequenzen eine vierdimensionale Ordnung aufbaut. Diese Reduktion auf bloße Sequenzen, der wir in den folgenden Abschnitten immer wieder begegnen werden, ist offenbar charakteristisch für den kriminogenen Strukturwandel. Der entscheidende Punkt ist der Ersatz vielseitiger Vermittlerstrukturen durch verhältnismäßig grobe pragmatophore Syndrome. Von diesen Vermittlerstrukturen nehmen wir an, daß sie nicht nur geeignete Ansatzpunkte (Affinitäten) an den regelmäßigen Organisationen benachbarter Systeme „erkennen", sondern auf der anderen Seite ohne an affine Kategorien gebunden zu sein, mit beliebigen anderen Strukturen Verbindungen herstellen können, also mit solchen, die etwa der Phantasie, der Erinnerung, der nervösen oder endogenen Organisation, einer interpersonalen Beziehung oder dem Bereich der Ideen angehören (les idées sont des êtres vivants, Pascal).

Solche Vermittlerstrukturen reichen nach unserer Arbeitshypothese, man könnte sie „mesitetisch"[9] nennen, von neuropsychologischen und unbewußten Abläufen bis in die Sphären des Bewußtseins und steuern dort die Assoziationen und Ideenverknüpfungen in weitestem Sinn. Zum Verständnis der Dynamik solcher katalysatorischen und transzendierenden Regulatorstrukturen darf daran erinnert werden, daß wir uns, biologisch denkend, von einer dualistischen Betrachtungsweise

menschlichen Wesens, so unentbehrlich diese unserem methaphysischen Bedürfnis auch sein mag, nach Möglichkeit freihalten. Von der ganzen Lebensgeschichte und der Gestaltung der aktuellen Lebenssituation durch die Persönlichkeit hängt es ab, ob dieser Strukturwandel von Sequenzen gefolgt ist, die zu einem delinquenten Verhalten führen oder zu einer Depression oder zu einer raschen Rekompensation durch geistige und emotionale Akte. In diesen Sequenzen findet man häufig auch wahnähnliche und Wahnsyndrome, ja erstere gehören sogar mehr oder weniger obligat zur Struktur pragmatophorer Gestaltungen. Solche Interferenzen gibt es auch zwischen Personen und Gegenständen, wenn diese durch emotionale Rückkoppelungen konditioniert wurden und dann in einer konkreten Situation einen vorgeprägten Aufforderungscharakter gewinnen, der in unvorhergesehene Richtungen lenken kann. Diese dynamischen Grundgesetzlichkeiten menschlicher Handlungen beruhen auf inneren Wechselwirkungen der verschiedenen psychischen und biologischen Strukturen, auf ihren Auseinandersetzungen mit gleichartigen Strukturen im Anderen, in den Gruppen und in den sozialen und geistigen Strukturen einer Gesellschaft. Dabei erweist sich immer wieder das Gleichgewicht als eine Voraussetzung zweckmäßiger Handlungen und der Handelnde als betroffen vom Streben nach Sinnerfüllung und der Bedeutsamkeit der Situation in diesem seinen lebensgeschichtlichen Zeitpunkt. Seelisches Gleichgewicht erfordert auch Zuordnungen im Bereich des „Biologischen" in engerem Sinn, und sofern es von Dynamik getragen ist, auch eine Zuordnung zur molekularen Dynamik, zur zellulären Rhythmik. Von dieser Rhythmik in ihren Beziehungen zur Rhythmik der Nervenzellen (VON HOLST) sind wir ausgegangen, und unsere ganze Betrachtungsweise blieb durchgehend eine

---

[9] Von μεσιτεύω: in der Mitte sein
μεσίτης: der Vermittler
μεσότης: Mitte, Maß

chronobiologische, d.h. wir sind unserer Methode treugeblieben, immer wieder zu den Knotenpunkten zurückzukehren, die die Gleichzeitigkeit und damit die Koordination verschiedener Ordnungssysteme signalisieren.

Das energetische Potential in der Molekularbiologie

Im vorliegenden Zusammenhang interessiert der Ursprung der Energie, wie ihn die moderne Biologie zu erkennen vermag. Folgen wir den Ausführungen von J. MONOD. Hiernach beruhen alle teleonomischen Leistungen der Proteine in letzter Instanz auf ihren sog. „stereospezifischen" Eigenschaften, d.h. in ihrer Fähigkeit, andere Moleküle (darunter auch andere Proteine) an ihrer Form zu erkennen. „Es handelt sich buchstäblich um eine mikroskopische Unterscheidungs-, wenn nicht sogar „Erkennungsfähigkeit." Man kann annehmen, daß alle teleonomischen Leistungen oder Strukturen eines Lebewesens sich grundsätzlich als stereospezifische Wechselwirkungen eines, mehrerer oder sehr vieler Proteine bestimmen lassen. Sieht man ab von den Komplikationen, die durch Wechselwirkungen zwischen Proteinen und Nukleinsäuren (RNS) auf allen Stufen ins Spiel kommen und auch von den unterschiedlichen katalytischen Regelungs- und Aufbaufunktionen, und beschränkt man sich auf die Eigenschaften eines Proteins, so ist zu bedenken, daß ein solches ein Molekulargewicht von 10 000, 1 000 000 und mehr haben kann. Diese Makromoleküle entstehen durch Reihenpolymerisiation von Bausteinen aus der Klasse der Aminosäuren, d.h. aus 100 und 10 000 Aminosäureeinheiten von jeweils einem Molekulargewicht von 100. Von den Bakterien bis zum Menschen sind es dieselben, etwa 20 Aminosäuren. Darin ist nach MONOD einer der eindrucksvollsten Belege dafür zu sehen, daß die wunderbare Vielfalt der makroskopischen Strukturen der Lebewesen „tatsächlich auf einer tiefen und nicht minder bemerkenswerten Einheit-

lichkeit der Zusammensetzung und der mikroskopischen Struktur beruht". Der menschliche Organismus enthält etwa 1 000 000 verschiedener Proteine, und jede der tausenden von chemischen Reaktionen des lebenden Organismus wird spezifisch von einem bestimmten Enzymprotein bewirkt.

Jedes Enzym übt seine Tätigkeit als Katalysator nur an einem einzigen Punkt aus, katalysiert nur einen einzigen Reaktionstypus. Es unterscheidet scharf zwischen einzelnen Isomeren. Dabei verläuft die enzymatische Reaktion in zwei Etappen: 1. Bildung eines stereospezifischen Komplexes zwischen Protein und Substrat, 2. katalytische Aktivierung einer Reaktion innerhalb des Komplexes, wobei der Komplex selbst diese Reaktion orientiert und spezifiziert. Es fällt schon hier auf, daß eine psychische Reaktion nicht präziser beschrieben werden könnte als durch die Unterscheidung dieser beiden Etappen. Dazu kommt nun noch die Unterscheidung kovalenter und nonkovalenter Bindungen. Erstere sind die chemischen Bindungen sensu strictiori, bei ihnen wird zwischen zwei und mehr Atomen eine gemeinsame Elektronenbahn hergestellt, die nonkovalenten Bindungen entstehen aus mehreren unterschiedlichen Wechselwirkungen, die aber keine gemeinsame Elektronenbahn einschließen.

Diese Befunde lassen daran denken, daß man auch beim Menschen im Bereich seiner psychischen Bindungen zwei grundsätzlich verschiedene Bindungsarten unterscheiden kann. Bindungen nämlich, welche wie die zwischen Mutter und Kind in ihrer Genese von SPITZ analysiert wurden, aber auch die zwischen Kind und anderen Bezugspersonen oder Eigentümlichkeiten einer Landschaft, eines Hauses usw., die also zum Teil schon in der Stillperiode durch die Interferenz mit der Mutter oder später in den Pubertätsjahren durch die Interferenzen mit dem Vater grundgelegt werden und in Kindheit und Jugendalter auf den verschiedenen Stufen personaler und apersonaler Zusammenhangsbereiche zu gewissen Grundhaltungen führen. Diese Grundhaltungen haben Beziehungen zu dem, was ZUTT als innere Haltung bezeichnet hat und zu dem, was GOETHE unter „des Lebens ernstes Führen" verstand. Man könnte sie auch alle unter den Begriff der Prägung zusammenfassen. Wobei Prägung im Gegensatz zu diesem Begriff in der Verhaltensforschung am Tier einen besonders langen Zeitraum, nämlich den der beiden ersten Lebensjahrzehnte, umschließt.

Diese Bindungsstrukturen bezeichnen wir deshalb als synechetische Strukturen, als zusammenhaltende Vermittlerstrukturen (Synechesen, SE). Wo schwere Rückfallsdelinquenz vorliegt, muß man bis auf jene Störungen zurückgreifen, die schon im Säuglingsalter, im Schulalter oder in der Pubertät ihre Wurzeln in Gestalt von Fehlprägungen (oder Fehlanlagen) mit nachfolgenden Fixierungen erkennen lassen.

Der anderen Art von Bindungen, den nonkovalenten, entsprechen auf höherer struktureller Ebene diejenigen, die loser gefügt bleiben, und die konkreten Auseinandersetzungen mit geistigen Werten und vielfältigen Erlebnisbereichen steuern, wobei sie die synechetischen Strukturen jeweils korrigieren oder modifizieren. Diese Strukturen bezeichne ich als verwandelnde Strukturen, um einen handlichen Ausdruck zu haben, als metaballistische oder metabole Strukturen (MB). Die erstgenannten Bindungen begegnen uns bei vielen Fällen von Rückfallsdelinquenz in Gestalt von Deformationen durch Fehlerziehung, gelegentlich auch durch Anlage, die letztgenannten Formen kennen wir aus der Konfliktkriminalität in weitestem Sinn, wobei mit funktionalen Übergangsformen und Ergänzungsreihen zwischen diesen beiden psychodynamischen Bindungsarten zu rechnen ist.

Die Parallele geht noch weiter. Kovalente Bindungen in der Molekularbiologie sind stabiler als nonkovalente. Analog sind auch die synechetischen Strukturen wesentlich stabiler als die metabolen. Nun kommen wir aber zu einem entscheidenden Punkt. Wenn man sich fragt, bei welchen von diesen beiden Strukturarten oder Bindungsformen im Falle des Strukturwandels eine größere Energieentwicklung zu erwarten ist, so wird man sich für die enechetischen Strukturen entscheiden. Diese sind es ja auch, die beim pragmatophoren Syndrom einer delinquenten Handlung gerade dadurch zum Tragen kommen, daß zwischen dem Aktualkonflikt und dem Grundkonflikt eine Rückkoppelung zustandekommt. Das delinquente Verhalten spielt sich sonach schon a priori in einem Bereich ab, wo beide Bindungsarten über die Interferenz zwischen einem Aktual- und einem Primärkonflikt in Interaktion treten. [10]

Wir verfolgen aber diese Gedankengänge hier nicht weiter, sondern wenden uns der Frage nach dem Ursprung der Aktivierungsenergie zu. Aktivierung erweist sich als eine Dimension, die in psychisches und physisches Verhalten übergreift und bei Anstieg mit Leistungssteigerung einhergeht. Dabei sind mit steigender Aufgabenkomplexität geringere Aktivierungsdosen zur Errichtung des Leistungsoptimums erforderlich. Dieser auf psychologischem Gebiet nachgewiesene Zusammenhang zwischen Aufgabenstruktur und Aktivierung (JERKS-DODSON-Regel 1908) zeigt eine auffallende Übereinstimmung mit den Gesetzlichkeiten, die nach MONOD den kovalenten und nonkovalenten Reaktionen zugrunde liegen. Bei kovalenten Bindungen ist die verbrauchte oder freigesetzte mittlere Energie pro Bindung $2^1/_2$ bis 20mal so groß als bei nonkovalenten. Bei den Reaktionen, die eine Molekülmenge aus einem gegebenen stabilen Zustand in einen anderen überführen, tritt ein Zwischenzustand ein, in dem die potentielle Energie größer ist als im Anfangs- und Endzustand. Die Übereinstimmung dieses Befundes mit unseren Feststellungen über die pragmatophoren Syndrome (PphS)

---

[10] Die Psychoanalyse unterscheidet eine freibewegliche Energie, die dem Lustprinzip unterliegt, und eine in Strukturen gebundene.

und die damit verbundenen pragmatischen Entlastungsmechanismen (PEM) ist nicht zu übersehen. Der Punkt, auf den es ankommt, ist, daß die Aktivierungsenergie bei kovalenten Bindungen hoch ist, bei nonkovalenten sehr gering. Erstere laufen bei geringer Temperatur und ohne Katalysator mit äußerst geringer Reaktionsgeschwindigkeit ab, während bei nonkovalenten Bindungen die Aktivierungsenergie gering oder nahezu null ist, sie laufen dabei auch bei geringen Temperaturen und ohne Katalysator spontan und sehr schnell ab. Durch nonkovalente Kräfte bestimmte Strukturen können eine gewisse Stabilität nur erreichen, wenn sie vielfache Wechselwirkungen einschließen, und sie erreichen eine beachtliche Wechselwirkungsenergie nur dann, wenn sie praktisch miteinander in „Berührung" sind. Moleküle können nonkovalente Bindungen nur eingehen, wenn sie komplementäre Flächen entwickeln, die es mehreren Atomen des einen Moleküls erlauben, mit mehreren Atomen eines anderen Moleküls in Kontakt zu treten.

Ohne auf die erstaunlichen Analogien einzugehen, die sich hier ergeben, beschränken wir uns auf den rein dynamischen Aspekt: bei den molekularen Vorgängen, dem Übergang aus einem stabilen Zustand in den anderen, weist der Zwischenzustand eine höhere potentielle Energie auf als die beiden stabilen Zustände. In diesem Befund erblicken wir eine Bestätigung jener Gesetzmäßigkeiten, die sich bei der Analyse menschlichen Handelns in Gestalt des pragmatophoren Syndroms, des pragmatischen Entlastungsmechanismus und des kriminogenen Strukturwandels sowie des Syndromwandels nachweisen ließen. Diese Gesetzmäßigkeiten sind anscheinend, von ihrem Komplexitätsgrad abgesehen, weitgehend identisch mit Gesetzmäßigkeiten im molekularen Bereich mit seinen strukturell-funktionalen Teleonomien im Sinne von MONOD. Diese Gesetzlichkeiten betreffen allerdings nur die Mechanismen, durch die Energie freigesetzt wird, und sie sind sonach in weitere

und komplexere Gesetzmäßigkeiten eingeordnet in Stufenfunktionen, die bis zu den höchsten Freiheitsgraden hinführen. Wie für die Molekularbiologie ist auch für uns Struktur zugleich Funktion (Energetik) und der Kraftbegriff (der Psychoanalyse oder der Physik) entfällt.

Synechetische und metabole Bindungen
Wenn man sich eingehend mit Entwicklungspsychologie und Kinderpsychiatrie befaßt, so gelangt man zu der Auffassung, daß es zwei Grundarten von Bindungen gibt. Solche, die in enger Verknüpfung mit der Ichentwicklung und der Persönlichkeitsentwicklung stehen, in ihrem Strukturwandel sehr langsam ablaufen, aber zu sehr festen Zusammenhängen führen. Ihr Werdegang erstreckt sich über den ganzen Zeitraum der beiden ersten Lebensjahrzehnte und führt zu dem, was man beim Menschen als Prägung bezeichnen kann. Prägung, die beim Tier in allerkürzesten Zeiträumen abläuft, erstreckt sich also beim Menschen über den ganzen Zeitraum seiner verzögerten Entwicklung, woraus sich die tiefe Bedeutung ergibt, die dem Begriff des „Aufschiebens", der „Nachträglichkeit" und der „Verspätung" zukommt. Mit diesen synechetischen Bindungen verknüpfen wir die Begriffe des Lernens, der Erziehung, der Rollenstrukturen und der inneren Haltung (ZUTT). Veränderungen und Störungen im Bereich dieser Bindungsarten liegen der Rückfallsdelinquenz zugrunde, aber auch manchen Wahnsyndromen, vor allem bei Schizophrenie.

Die andere Art von Bindungen wird repräsentiert durch die metaballistischen oder metabolen Strukturen. Diese sind in ihrer Flüchtigkeit zweifach charakterisiert: durch ihren unmittelbaren Ausdrucksgehalt, der das biologische Grundgeschehen widerspiegelt, woraus sich ihre Bedeutung für die Gestaltung erlebnisreaktiver und endogener Pathorhythmien ableiten läßt, und durch ihre Verknüpfung mit Koppelungsstrukturen oder Regulatorstrukturen, die die Interferenzen mit den synechetischen Bindungen und mit „Situation",

„Erlebnis" und „Wahrnehmung" steuern und in Gang setzen. Diese metaballistischen Strukturen sind ausgezeichnet durch eine vertikal durchgängige Funktionsordnung, die sich aus urtümlichen emotionalen Verhältnissen entfaltet, welche sich in transaktionalistischem Verständnis im Handeln des Individuums entwickeln (SOLLEY u. MURPHY, OSGOOD). Es handelt sich hier um jene Strukturen, die als emotionale Vorgänge bekannt sind, in denen die Genese von Wahrnehmung vonstattengeht, die nicht voreingenommen als rezeptorisch-kontemplativer Vorgang konzipiert wird. Diese emotionalen Vorgänge sind „Bedeutungsprozesse", Verarbeitungen zwischen psychischem „Input" (Dekodierung der psychophysischen Verläufe) und „Output" (Enkodierung der psychophysischen Vorgänge). Im vorliegenden Zusammenhang gesehen sind diese metaballistischen Strukturen und ihre Koppelungsstrukturen zugleich „Bindungen", die zwischen verschiedenen Erlebnissen den Zusammenhang herstellen (Bedeutungsfunktionen aktivieren) und durch Vermittlerstrukturen die Koordination und Koaktion mit den synechetischen Strukturen bewirken. Es geht also anders ausgedrückt, wobei sich diese Begriffsgegensätze etwas überschneiden und nicht decken, zugleich um eine reziproke Ausarbeitung von emotional-motivatorischen („Es") und kognitiven („Ich") Faktoren in Handlungssituationen, wobei die kognitiven Steuerungsprinzipien dauerhafte, dabei zugleich hinsichtlich der Erfahrung plastische Ausgestaltungen der funktionellen Interaktionen emotional-motivatorischer Größen und kognitiver Aufbereitung von Realität (Realitätsprinzip im Sinne von FREUD) darstellen (BOTTENBERG).

Es gibt sonach neben den im pragmatophoren Syndrom freigesetzten Energiepotentialen allgemeine Energiereserven und Energiekreisläufe, die letzten Endes auf den steten Interaktionen und dem stetigen Strukturwandel zwischen Es- und Ichprozessen beruhen. Mit diesem Geschehen

überschneidet und deckt sich teilweise der auf breiter Front ablaufende Prozeß zwischen bewußtem, vorbewußtem und unbewußtem Geschehen bis zum Schlaf-Wach-Rhythmus. EY hat das folgendermaßen ausgedrückt: „Wenn das Menschliche in jedem Augenblick seiner Aktualität und in jedem seiner existentiellen Entwürfe von einer Auseinandersetzung der höheren und niederen Instanzen der Subjektivität erfüllt ist, so ist dieser Kampf Ausdruck des Seelischen schlechthin; er zeigt eine ontologische Konfliktkonstanz an, welche alle Entscheidungen und Erfahrungen prägt." Was EY hier als Kampf bezeichnet, ist nichts anderes als der Strukturwandel, Interaktion zwischen Ordnungssystemen und Quelle der psychischen Energie.

Die kleinsten Strukturen, die wir analysieren und gegebenenfalls bei all ihrer Flüchtigkeit auch phänomenologisch erfassen können, sind also die Emotionen (Gefühle). Der Durchgängigkeit von Bedeutung („Sinn"), von gefühlsgetragenen bis zu kognitiv-sprachlich distanzierten Vorgängen wird am besten das Modell von SANDER gerecht, das man mit BOTTENBERG das „aktualgenetische" bezeichnen kann. SANDER (1932) spricht von der gefühlsartigen Nichtendgültigkeitsfarbe und einer in gefühlsstarken Spannungen sich aufdrängenden Tendenz zur Gestaltetheit — man denkt hier an VON HOLST! — beim ersten Entstehen einer Wahrnehmung, woraus abzuleiten ist, daß schon der Wahrnehmungsprozeß ein höchst differenziertes Mit-Bedeutung-Erfüllen und Gestalten ist, was für die Wahnforschung und den Begriff der Wahnwahrnehmung festzuhalten wäre.[11] Schon auf dieser Stufe und aus dieser Sicht in einem Mikrobereich ist ein dynamisches Integrationsniveau erreicht, das ein Funktionsgefüge

---

[11] Die Konvergenz mit der Quantentheorie springt ins Auge, die keineswegs die Sinneseindrücke als das primär Gegebene betrachtet (Positivismus), sondern erkannt hat, daß alle Elementarteilchen denselben Ursprung haben, d.h. Ausdruck von Energie sind, und welche die atomare Struktur der Materie als Ausdruck mathematischer Gestalten erfaßt.

ständigen Strukturwandels im Bereich der Gefühlsvorgänge, das auf eine Sinnerfüllung (Endgestalt) abzielt, sichtbar macht. Phänomenologisch bedeutend ist, daß nach SANDER diese strukturelle Dynamik in gewissen dynamischen Qualitäten des Zumuteseins, in affektiven Ganzqualitäten, unmittelbar erlebt wird. Diese Gefühlsgeladenheit des Prozesses meint Bedeutungsverleihung, eine Tendenz zur Optimierung des an dem Material erlebbaren Sinnes. Die von Gefühl getragene Bedeutungsverleihung gilt für die Aktualgenese der Sprache und ebenso für die Aktualgenese delinquenten Handelns. Für das Wahnproblem, dem wir uns jetzt zuwenden, ergibt sich hieraus ein Hinweis darauf, daß zwar schon „in der Wahrnehmung selbst", wie MATUSSEK erkannte, die Störung bemerkbar ist, aber doch wohl eben aufgrund eines viel umfassenderen Störsyndroms, das die Genese von Gefühl als Bedeutungsurteil betrifft, und sonach die Strukturen, die die Möglichkeiten von Bedeutungen freilegen. Wenn man die Bedeutung von Wahnsyndromen im Zusammenhang eines kriminogenen Strukturwandels beurteilen will, muß man sich zuerst über die Interferenzen klar werden, die zwischen synechetischen und metabolen Strukturen wirksam sind, wenn es zu solchen Syndromen oder zu einem schizophrenen Prozeß kommt.

Die Unterscheidung zwischen synechetischen und metaballistischen Bindungen soll hier vorwiegend dazu dienen, bei der Analyse der Aktualgenese einer delinquenten Handlung die dynamischen Abläufe besser in den Griff zu bekommen. Nachdem sich die pragmatophoren Syndrome psychopathologisch als leicht paranoid-depressive oder submanisch-dysphorische Syndrome erwiesen haben, kann man sagen, daß dem kriminogenen Strukturwandel schon struktural gesehen, wenn nicht eine gewisse Wahnähnlichkeit, so doch wenigstens ein „aktueller Projektionsdruck" anhaftet, den JANZARIK mit der dynamischen Restriktion bei leichteren Depressionen, mit der dynamischen Expansion

im Rahmen hypomanischer Verstimmungen und mit der Entzügelung des impressiven Wahrnehmungsmodus nachgewiesen hat.

„Konformer Wahn" oder „symbiontische Psychose" bei Delinquenz

Wir berichten über einen Modellfall zweier Ehepartner, von denen der eine eine delinquente Tat gesetzt hatte und die beide als schizophren diagnostiziert wurden. Wir werden allerdings sehen, daß wir uns dieser Diagnose nicht oder nur in einem der beiden Fälle und auch da nur in Form der Diagnose „schizophrener Defektzustand" anschließen können, und schicken deshalb voraus, welche Gesichtspunkte der Diagnostik an dieses Modell herangetragen wurden. Wir unterscheiden in Anlehnung an BERNER und die französischen Strukturanalysen zunächst zwischen Thema, Struktur und Aufbauelementen des Wahns und trennen davon die psychiatrische Allgemeinsymptomatik ab. Zu den Wahnstrukturen gehören die Unterscheidungen logisch-paralogisch, organisiert-unorganisiert und polarisiert-ausgezeichnet durch Juxtaposition. In letzterem Fall stehen Welt und Wahnwelt nebeneinander. Zu den Aufbauelementen des Wahnes gehören Interpretationen, Erinnerungsfälschungen, Anmutungserlebnisse, Dysästhesien (HELMCHEN), Wahnbereitschaft, Bedeutungserlebnisse, Personenverkennungen, Illusionen, Halluzinationen und Fabulation, ferner auch der impressive Wahrnehmungsmodus. Es scheint so zu sein, daß die paraphrenen Wahnsyndrome einen kriminogenen Strukturwandel eher verhindern, während paranoide und paranoische Wahnsyndrome gleichsam neutral sind und schließlich katathyme Wahnbildungen, insbesondere mit hysterischen Strukturen, die Möglichkeiten eines kriminogenen Strukturwandels begünstigen können.

Die genannten Wahnsyndrome werden nun nach dem Vorgehen von BERNER aufgrund ihrer nosologischen Zugehörigkeiten differenziert. D.h. es werden die Symptomkonstellationen berücksichtigt, die nach derzeitigen klinischen Erfahrungen auf eine bestimmte Krankheitsform hinweisen. Nach BERNER ist für diese Zuordnung das „Achsensyndrom" (HOCHE) entscheidend. Solche Achsensyndrome sind beispielsweise organische Syndrome, einschließlich edokriner Psychosyndrome, Schizophrenie und Zykloidie. Wir werden diesen Achsensyndromen auch noch dynamische Syndrome zur weiteren Orientierung hinzufügen, z.B. das hysterische Syndrom, und verstehen darunter eine Dynamik des Geschehens, die für bestimmte (z.B. hysterische) Mechanismen charakteristisch sind, wie z.B. das Anknüpfen an frühere Erlebnisse oder Konflikte. Es kann also nach dieser Auffassung ein Wahnsyndrom z.B. geprägt sein durch die Dynamik eines hysterischen Syndroms und nosologisch dem zykloiden Kreis angehören.

U.Z., 29 Jahre alt, verheiratet mit einem um neun Jahre älteren Mann, wurde in ein psychiatrisches Krankenhaus eingewiesen, weil sie ihrem sechs Monate alten Kind, einem Knaben, beide Beine knapp unter den Kniegelenken abgehackt hatte. Sie berichtete über Geister und religiöse Dinge, wirkte eher primitiv und zeigte einen unzusammenhängenden Gedankenablauf. Sie berichtete, daß sie seit dem sechsten Lebensjahr erkannt hatte, daß der übliche Religionsdienst ein Götzendienst sie, Menschen kriechen um Holzstatuen. Sie haben sich auserwählt gefühlt und sei bei intensiven Gebeten Gott ganz nahe gestanden und habe sich als Prophetin berufen gefühlt. In der letzten Zeit habe sie auch Stimmen gehört, doch konnte sie darüber keine näheren Angaben machen, Gott aber habe ihr befohlen, dem Sohn die Beine abzuhacken, da die Welt in Sünde lebe, und da sei es für das Kind besser, als Krüppel durch das Leben zu gehen, es werde so gerettet werden. Vor einigen Jahren habe sie auch intensiv gebetet und deutlich eine Stimme gehört, als vor ihr eine Rauchsäule aufstieg.

Ihr Mann, N.Z., gab an, sie hätten sich vor der Ehe nicht kennengelernt, sein Bruder, um 21 Jahre älter, der ihn auch hatte studieren lassen (in Ungarn) und nach der Auswanderung hier in einer großen erfolgreichen Konditorei beschäftigte, habe sie für geeignet als seine Frau bezeichnet, und so hätten sie geheiratet. Sie sei anfangs etwas herrschsüchtig gewesen, habe auch hysterische Mechanismen gezeigt, oft geschrien, und wenn sie etwas erzwingen wollte, geschimpft, er aber habe gesagt, er werde sie durch Liebe überzeugen und habe es durch sein passives

Verhalten dazu gebracht, daß sie ihn um Rat fragte, wenn sie nicht weiterwußte. Beide Ehepartner waren sexuell weitgehend unerfahren, paßten sich aber mit der Zeit gut aneinander an. Der Ehemann hat nie selbst Entscheidungen getroffen, war bei seinem Bruder aufgewachsen, von dessen Frau er aber abgelehnt wurde, hatte allerlei studiert, arbeitete aber dann zusammen mit seinem Bruder in einem großen Betrieb (Konditorei). Als die Nachtarbeit dem Bruder von N.Z. zuviel wurde und er das Geschäft N.Z. überließ, ging es damit wirtschaftlich rasch bergab, auch ein kleines Geschäft mußte verkauft werden, und schließlich arbeitete der offensichtlich schlecht angepaßte N.Z. als Angestellter. Sein Bruder hielt aber weiterhin schützend seine Hand über das Ehepaar N. und U.Z. Schon im zweiten Jahr der Ehe wurde das erste Kind geboren. Es war eine Mißgeburt mit einer Spina bifida aperta und starb nach wenigen Monaten.

Dieses Erlebnis ist ein entscheidender Knotenpunkt und leitete eine Wandlung in der Entwicklung beider Ehepartner ein. Beide waren katholisch erzogen, doch hatte sich N.Z. der Religion weitgehend entfremdet. Nunmehr wandte er sich einer Sekte, den Bibelforschern zu und trat nach einigen Jahren auch dieser Sekte bei, während die U.Z. sich nur vorübergehend dieser Sekte zuwandte, um dann wieder, offenbar in einer ekstatischen Weise, zu ihrer katholischen Religion zurückzukehren. Bei der Geburt des zweiten Kindes, eines Mädchens, das zur Zeit der Tat schon einige Jahre alt war, zeigte sich ein Konflikt zwischen den Ehepartnern. Nach dem sektiererischen Glauben des N.Z., der sich immer mehr zu einem matten Fanatiker entwickelt hatte, durften die Kinder nicht bzw. erst als Erwachsene getauft werden. Darunter litt die U.Z., sie hoffte, dieses Verbot irgendwie umgehen zu können. Noch zur Zeit ihrer letzten Schwangerschaft war sie mit ihrer spielenden Tochter in einem Park, wo sich ein Kind mit einer Beinschiene befand. Plötzlich sah sie neben diesem Kind eine Rauchsäule und hörte aus ihr eine Stimme, die ihr auftrug, dieses Kind zu berühren, es könne dann gesund werden. Als sie darauf in Erstarrung verharrte, sagte die Stimme, sie werde einen Götzen gebären. Dieses Erlebnis hatte sie bald wieder vergessen. Sie war auch nach Darstellung ihres Mannes und nach ihrem eigenen Bericht während der Schwangerschaft und in den ersten drei Monaten nach der Geburt ihres dritten Kindes unauffällig.

Drei Monate nach der Geburt trafen nun drei Ereignisse zusammen. Die Beendigung der Laktation, weil das Kind nach der ersten Zufütterung die Brust nicht mehr annahm. Der Tod des Schwagers, also des Bruders ihres Mannes, der als Vaterfigur zu bezeichnen ist (dreißig Jahre älter wie sie), um so mehr, als sie im letzten Jahr ihrem leiblichen Vater gegenüber, dessen Lieblingskind sie war, sich wegen einer Zwistigkeit bezüglich ihres Bruders entfremdet hatte. Und drittens der Beginn einer Veränderung ihres Verhaltens mit Fabulationen und Gößenideen, die von ihrem Mann ernst genommen wurden. Sie berichtete, daß sich bedeutende Männer, ein berühmter Rechtsanwalt, ein

Graf und Toni Sailer um ihre Hand beworben hätten, sie erzählte ferner über ihre Fähigkeit, das Schicksal anderer Menschen vorauszusehen und alle möglichen hellseherischen Fähigkeiten zu besitzen. Auch bei einer der ersten Explorationen im psychiatrischen Krankenhaus hatte sie über diese hellseherischen Fähigkeiten berichtet, sie habe den Tod eines Grafen richtig geweissagt, und genösse angeblich in ihrem Heimatort einen gewissen Ruf, wo man sie sogar als Hexe bezeichnet hätte.

Etwa vier Wochen vor der Tat wurde sie unvermittelt aggressiv gegenüber ihrem Ehegatten, versetzte ihm einige Ohrfeigen, weil sie ihn angeblich im Park mit einer Arbeitskollegin gesehen hatte, und verfolgte ihn in den folgenden Wochen mit ständiger Eifersucht, die sie früher nie gezeigt hatte. Einige Tage vor der Tat berichtete sie ihrem Mann über nächtliche Angstzustände in Zusammenhang mit Geistererscheinungen. Es erschienen in der Nacht ein weißer Geist und ein böser Geist, der weiße Geist forderte sie auf, den bösen Geist zu fesseln. Auch diese Erscheinungen wurden von ihrem Ehemann als tatsächliche Geistererscheinungen hingenommen und beide vereinigten sich im Gebet um ihr Seelenheil. Am Tag der Tat war sie unauffällig, die Ehepartner kamen von einem Ausflug mit den Kindern zurück, und in der kurzen Frist von etwa 25 Minuten, während sie ihren Mann wegen einer Erkrankung ihrer Tochter in die Apotheke geschickt hatte, wurde die Tat gesetzt. Dabei soll sie neuerlich Stimmen gehört und eine Rauchsäule gesehen haben, mit dem Auftrag, ihrem Kind die Beine abzuhacken. Unmittelbar nach der Tat war sie durchaus besonnen, will das Schreckliche des Geschehens eingesehen haben, lief ihrem Mann entgegen und fuhr dann mit dem Kind mit dem Sanitätswagen ins Krankenhaus.

Ihr Mann wurde gleichfalls ins psychiatrische Krankenhaus eingewiesen, die Diagnose lautete zuerst paranoisches Syndrom (schizophrener Defekt? induziert?), er war affektstarr, subdepressiv, äußerst umständlich, sprach mit leiser Stimme, berichtete durchaus zusammenhängend. Seine Frau sei ihm seit dem Tod seines Bruders verändert vorgekommen, den er damit allerdings nicht in ursächlichen Zusammenhang bringen wollte. Sie habe in der Folgezeit behauptet, daß er sie betrüge, habe ihn mit Eifersucht bedrängt, behauptete, daß ihr das auch von einer Nachbarin erzählt worden wäre. Seit einigen Tagen habe sie Angstzustände in der Nacht gehabt, weil zwei Gestalten in die Wohnung eindringen würden, die eine sei ein Besessener gewesen, die andere ein böser Geist im weißen Kleid. Bei dieser Erzählung sei sie erregt und sehr heftig gewesen. Sie habe auch von einem Totenstein gesprochen, den sie auf den Hof gebracht habe und der das Unglück für die Familie bedeute. Er habe nachgeschaut und in einer Plastiktasche eine halbe schwarze „Kachel" (Fliese) gefunden. Er wisse, daß es böse Geister gebe, das stehe in der Bibel. Er glaube, seine Frau stehe unter der Herrschaft böser Geister, sonst hätte sie diese böse Tat nie begangen. Sie habe in den letzten Tagen ganz „daneben" gesprochen, habe z. B. gesagt, Gott habe aus einer Wolke zu ihr gesprochen. Das habe er ihr auszureden versucht, weil es mit der Bibel nicht übereinstimmt. U.Z. hatte angegeben, daß sie unmittelbar vor der Tat plötzlich wieder Stimmen hörte. Bei N.Z. ergab sich im Rorschachtest ein Hinweis auf einen schizophrenen Defektzustand. Seine Gattin sei nie zu einem Arzt zu bringen gewesen, obwohl er das mehrfach versucht habe. Er habe sich nach ihrer Tat ganz der Bibel in seinem Schmerz hingegeben. In der Folgezeit wirkte er gelegentlich ausgesprochen affektlahm, verlangsamt, sprach geziert, reagierte gar nicht auf die Mitteilung, daß sein verletztes Kind gestorben sei (was sich übrigens als unrichtig herausstellte). Nach einigen Tagen war er ausgesprochen paranoid verstimmt, etwas agitiert, erklärte aufgeregt, seine Frau habe ihn verleumdet. In der Folgezeit wurde er immer wieder als maniriert, kritiklos, antriebsschwach und denkgestört beschrieben. Sein Personalchef gab an, daß er im Betrieb nie auffällig war, immer brav arbeitete und sofort wieder eingestellt würde. Er behauptete auch, daß sein Bruder ihn seinerzeit, als er ihm das Geschäft übergab, benachteiligt habe, was sich nach den Angaben seiner Schwester als unwahr herausstellte. Aus den Angaben der Verwandten ist zu entnehmen, daß N.Z. „das Selbständigsein nicht verstanden" habe, er sei allein mit dem Geschäft nicht fertig geworden, sei dann dieser Sekte beigetreten und habe seither den Kontakt zu seinen Verwandten praktisch abgebrochen. Auch die U.Z., die schlampig gewesen sei, sei nicht mehr zu ihnen gekommen. Es kam also zu einem gemeinsamen Isolierungsprozeß, allerdings auf dem Wege ganz verschiedener dynamischer Strukturen. Zwei Wochen vor der Tat erschien die U.Z. plötzlich bei ihren Verwandten und behauptete, sie habe den verstorbenen Bruder ihres Mannes aufgeweckt. Dabei habe sie geweint und sei ganz merkwürdig gewesen.

N.Z. war zwei Monate nach der Einweisung im Krankenhaus sehr maniriert, sehr devot, verbeugte sich stets bis zur Körpermitte, sprach geziert, etwas hastig und beteuerte immer wieder, daß er gänzlich unschuldig sei. Er habe nichts getan. Er war antriebsschwach, in den folgenden Wochen schlaflos, ausgesprochen affektdissoziiert, brachte seine Sorgen mit leerem Lächeln vor, mußte zu jeder Tätigkeit angehalten werden, war unselbständig, bot aber keine eigentlichen Wahnsymptome. Man könnte allerdings von einem gewissen Schuldwahn oder Verfolgungswahn sprechen, wenn man seine Versicherungen bedenkt, er sei unschuldig, habe nichts getan. Vier Monate nach seiner Einweisung änderte sich sein Zustand; er war verstimmt, gereizt und lehnte plötzlich seine Gattin vollständig ab. Er war leicht affektdissoziiert, zeitweise stark maniriert, perseverierte mit den gleichen Ansichten, querulierte auch gelegentlich erregt herum. Seiner Frau gegenüber entwickelte er ein paranoides Sydrom. Der Zustand schwankte, er war oft etwas ruhelos und denkgestört.

Noch ein Punkt ist hervorzuheben. Die Tat selbst fällt in eine Zeit einer außergewöhnlichen Hitzeperiode, die bewirkt hatte, daß die U. Z. in den letzten Wochen vor der Tat schlaflos war.

Nosologie

Psychopathologisch bot U.Z. zur Zeit der Tat ein Wahnsyndrom im Sinne eines systematisierten paraphrenen Syndroms. Hinsichtlich der Wahnstruktur ist zu sagen, daß man sie wohl als paralogisch wird bezeichnen müssen, wenngleich die religiösen Gedankengänge als solche durchaus logisch waren. Der Wahn war zu einem einigermaßen geschlossenen Gebäude zusammengefaßt, also organisiert. Reale Welt und Wahnwelt standen nebeneinander in Juxtaposition. Was die Aufbauelemente des Wahns betrifft, aus denen die Kranke unmittelbar die Begründung für ihren Wahn ableitete, so ließen sich Interpretationen, Erinnerungsfälschungen (mnestischer Wahn), Anmutungserlebnisse, Wahnbewußtheit, Illusionen, Halluzinationen und Fabulation nachweisen, wahrscheinlich bestanden auch Dysästhesien und Beeinflussungserlebnisse. Es handelte sich also um paraphrene Wahnsyndrome mit ausgesprochen impressivem Wahrnehmungsmodus. Mit BERNER fragen wir nach der Zuordnung dieses Wahnsyndroms zu einem Achsensyndrom (HOCHE). Ein organisches Psychosyndrom lag nicht vor. Auch Verstimmungszustände oder hysterische Syndrome, die sich unter dem Begriff der Zykloidie subsumieren lassen, fehlten. Aber auch die Zuordnung zu einem schizophrenen Prozeßgeschehen ist nicht möglich, wenn man mit BERNER für eine solche Annahme davon ausgeht, daß das formale Denken durch Zerfahrenheit, Sperrungen, Gedankenabreißen, Faseln charakterisiert sein muß bzw. durch eine Dissoziation der Persönlichkeit (EY, PUJOL, NODET), wenn man ein schizophrenes Achsensyndrom annimmt.

Anders bei dem Ehepartner. Bei diesem konnten Dissoziation der Persönlichkeit, Denkstörungen, Faseln und schizophrene Defektsyndrome eindeutig nachgewiesen werden. Es liegt also eine symbiontische Psychose vor, wobei der eine Partner ein Wahnsyndrom aufweist, das keinem Achsensyndrom zugeordnet werden kann, der andere ein Wahnsyndrom mit schizophrenem Achsensyndrom. Unter diesem Gesichtspunkt wird man die Fälle von konformem Wahn (VON BAEYER) bzw. die symbiontischen Psychosen (SCHARFETTER), insbesondere auch im Hinblick auf psychogene Psychosen, überprüfen müssen. Im vorliegenden Fall ist es so, daß der schizophrene Partner nicht das Wahnsystem, aber Halluzinationen, Illusionen und Wahnerinnerungen einfach übernommen hat, wobei allerdings beide Partner durch die soziale Umwelt reichlich in Richtung Aberglauben beeinflußt waren.

Strukturanalyse der Tat

Betrachtet man die Syndromsequenzen, die bei der U.Z. zum Tatgeschehen hinführen, so ergibt sich folgendes. Im Alter von 24 Jahren ein einschneidendes Erlebnis: das erste Kind stirbt an den Folgen einer Spina bifida aperta, U.Z. wird von Gott getröstet. In den folgenden Jahren zunehmende Isolierung: der Konditoreibetrieb geht, nachdem sich der Schwager zurückgezogen hat, rasch zurück, wird mit einem kleineren Geschäft vertauscht und auch dieses nach weiteren Jahren aufgegeben. Es kommt also zu einem sozialen Abstieg wegen der Antriebsstörung des schizophrenen Ehepartners. Mit 26 Jahren Zerwürfnis mit dem Vater, dessen Lieblingstochter sie war. Sie soll ihn beschuldigt haben, an der Erkrankung des Bruders (Schizophrenie) Schuld zu tragen. Beide Ehepartner waren nach dem Schockerlebnis der Mißgeburt, die nach wenigen Wochen starb, in die religiöse Welt geflüchtet. Der Ehepartner fand Halt in einer Sekte. Sie selbst suchte Halt in anscheinend ekstatischen Gebeten und kehrte bald wieder zur katholischen Religion zurück, also in eine Welt, in der sie aufgewachsen war (an einem Wallfahrtsort). Dadurch kam es zu einer Rückkoppelung ihres Aktualkonfliktes an Primärerlebnisse: sie hatte in der Kinderzeit viel Wunder- und Geistergeschichten gehört. In der Familie war auch ein Wunderdoktor, wie es heißt, „einige

Spiritistengenerationen" und viel Aberglaube. Aus dieser dualen „Regression" resultierte der Wertkonflikt, der für das Verständnis der Tat von Bedeutung ist. Der Ehepartner erlaubte aufgrund seines Sektenglaubens nicht, daß die Kinder getauft werden. Schon zwei Jahre nach der ersten Geburt hatte sie ein Töchterchen geboren, das ungetauft blieb, worunter sie litt, weil sie an ihrem katholischen Glauben festhielt.

Nun folgt die Syndromsequenz, an der auffällt, daß abgesehen von dem Wahn keine wesentlichen Unterschiede bestehen gegenüber analogen Syndromsequenzen, die zu einem Delikt hinführen. Der Unterschied liegt nur in diesem Erlebnis des Wahnbewußtseins bzw. der Gewißheit im Sinne eines Ausschlusses von Zufall.

Das erste Syndrom trat auf, als sie 28 Jahre alt war und ihr bewußt wurde, daß sie zum drittenmal schwanger sei. Sie sieht neben ihrem eigenen Kind ein anderes mit einer Beinschiene spielen, hat plötzlich das Anmutungserlebnis einer Mißgeburt, sieht eine Rauchsäule und hört eine Stimme. Es läßt sich also hier das Auftreten des impressiven Wahrnehmungsmodus mit den ersten Aufbauelementen des Wahns registrieren. Das Erlebnis mit der Rauchsäule und das Hören der Stimme signalisiert die erste Halluzination, die Aufforderung, das Kind zu berühren, es könne dann gesund werden, enthält bereits das Erlebnis der Berufung. Später assoziiert sie zu dieser Erscheinung Abraham und Isaak. Bemerkenswert ist schon bei diesem Anmutungserlebnis der Hinweis auf die Beine und die Fixierung des Symbolzusammenhanges „sündenfrei durchs Leben gehen". Dieses Erlebnis wurde angeblich rasch wieder vergessen.

Das nächste Syndrom trat um die Tage der Geburt herum auf, sie soll in diesen Tagen wenig ansprechbar gewesen sein (Substupor?).

Drei bis vier Monate nach der Geburt findet sich dann ein ausgesprochener „Knotenpunkt". Es kommt zu Interferenzen zwischen verschiedenen Zusammenhangsbereichen (Systemen): sie muß das Kind abstillen, weil es nach Zufütterung die Brust nicht mehr annimmt, die Übertragungsfigur, der Bruder des Mannes (Vaterfigur), stirbt. Da sie mit ihrem Vater seit etwa zwei Jahren schon zerworfen war, ist sie nun allein, denn an ihrem Mann fand sie keine wirkliche Stütze. An diesem Schnittpunkt von Ereignissen und Interferenzen, der nach den Forschungen von PAULEIKHOFF außerdem eine besondere Gefährdungszone für den Ausbruch schubweise verlaufender Schizophrenien („Laktationspsychosen") darstellt, setzt nun ein Wahnsyndrom ein, und zwar zunächst mit Größenideen und Ideen der Berufung zu etwas Besonderem, die eine deutliche aggressive Komponente gegen den Ehemann enthalten. Bedeutende Männer wollten sie heiraten, sie hat Geschehnisse vorausgesagt usw. Die Inhalte werden von ihrem Ehepartner als Wahrheit hingenommen. Hier ist daran zu erinnern, daß U.Z. mit ihrem Ehepartner überhaupt nicht streiten konnte, weil er sich unterwürfig und affektlahm sofort hinter Bibelzitaten verschanzte. In dieser Syndromphase schützte sie der Wahn zunächst vor dieser Ungeborgenheit, die den religiösen Wertkonflikt anfangs noch in den Hintergrund treten ließ. Der Ehepartner wunderte sich nur, warum sie ihn trotzdem geheiratet hatte. Einmal kam es zu einem ausgesprochen deliranten Zustand, sie äußerte den Wahn, sie habe den toten Bruder ihres Mannes, von dem Geborgenheit ausstrahlte, wieder zum Leben auferweckt. Sie war erregt, rannte zu ihren Verwandten.

Sechs Wochen vor der Tat kam es dann zu einem Syndromwandel: am Himmelfahrtstag versetzte sie ihrem Mann plötzlich eine Ohrfeige mit der Behauptung, sie habe ihn im Garten mit einer Berufskollegin gesehen. Von da ab verfolgte sie ihn wochenlang mit Eifersuchtsideen. Dazu ist zu bemerken, daß sie zu Beginn der Ehe ihren Mann oft beschimpft hatte und herrschsüchtig war, später aber überhaupt nicht mehr aggressiv seinen Ratschlägen folgte. Den Kindern gegenüber war sie überhaupt nie aggressiv, sondern immer liebevoll besorgt.

Zu einem weiteren Syndromwandel kam es etwa eine Woche vor der Tat. Es bestand damals eine starke Hitzeperiode, so daß sie „wegen der Hitze" gar nicht schlafen konnte. Synchron mit dieser Hitzeperiode kam es zu nächtlichen Angstzuständen; sie sah wiederholt, wie nachts zwei Geister in ihr Zimmer kamen, ein guter und ein böser, und der gute forderte sie auf, den bösen zu fesseln. Es tritt also hier wieder der Wertkonflikt hervor, der böse Geist ist wohl der, der es verhindert, daß ihr Kind getauft wird und es verhindern will, daß es sündenfrei durchs Leben geht. Aber auch das Nachklingen des Größenwahns ist deutlich, sie sollte und könnte das Böse überwältigen. Über diese Angstzustände und Geistererscheinungen berichtete sie am Tag vor der Tat ihrem Mann, der die Existenz von Geistern als erwiesen hielt, allerdings nur einen guten Geist, nämlich Gott, anerkannte. Er wandte sich sofort dem Gebet zu.

Am Tag der Tat selbst fiel dem Ehepartner nichts auf, sie selbst aber war unruhig, nervös, innerlich gespannt, und es kam zu allerlei Fehlhandlungen. Am Tag zuvor hatte sie noch einmal ein Anmutungserlebnis: sie sah plötzlich einen Totenstein, das bedeutete Unglück für ihre Familie, und sie versteckte ihn im Hof, wo der Ehepartner ihn später als Bruchstück einer schwarzen „Kachel" (Fliese) agnoszierte.

Unmittelbar vor der Tat sah sie plötzlich wieder eine Rauchsäule und hörte die Stimme Gottes, die ihr befahl, ihrem Sohn die Beine abzuhacken, denn sonst würde er der Sünde anheimfallen und seine Seele verloren sein. Dabei blieb sie offenbar vollkommen bewußtseinsklar, war sich angeblich unmittelbar nach der Tat der Ungeheuerlichkeit des Geschehens bewußt und begrüßte ihren Mann mit den Worten: „N., sei mir nicht bös, ich hab es machen müssen!" Beide Ehepartner unternahmen sofort alles, durchaus sinngemäß, um das verstümmelte Kind zu retten.

Die entscheidende Wende in den Syndromsequenzen, die zu einer in Juxtaposition verlaufenden Kette psychotischer Syndrome führte, neben denen allerdings das Normalverhalten im Alltag, die Versorgung der Kinder, weitgehende Unauffälligkeit des Verhaltens einherging, ist offenbar im Verlust der Vaterfigur zu erblicken, wodurch die Psychose „ausgelöst" wurde. Dieser Bruder ihres Mannes hatte auch bei diesem Vaterstelle vertreten, war um 21 Jahre älter, ihm hatten sie ihren Wohlstand verdankt und er war nach dem Zerwürfnis mit ihrem leiblichen Vater die entscheidende Übertragungsfigur. Es bestehen also Beziehungen zu jenen psychotischen Zustandsbildern, die man als Übertragungspsychose bezeichnet hat (LITTLE 1958, HOFFMANN 1974).

Die Dynamik sieht folgendermaßen aus: die Beziehung zum eigenen Vater hatte bei ihrer ersten Beziehung zu einem Mann zu einem übertragungsneurotischen Syndrom geführt (Frigidität) und zu Beginn ihrer Ehe zu einer latenten Schuldangst, die sich in Aggressionen auswirkte. Die Übertragung der Vaterbeziehung auf den Bruder ihres Mannes hatte dann ihr Gleichgewicht im Zusammenspiel der psychischen Systeme gewährleistet. Der Zusammenbruch dieser Übertragung führte zu einer Wiederbelebung des narzißtischen Größenselbst (KOHUT) und manifestierte sich im Syndrom des Größenwahns. Diese Übertragung der väterlichen Macht auf das eigene Ich führte aber zu psychotischer Angst, die zuerst in einem Eifersuchtswahn eine gewisse Entladung der Aggressionen gestattete und schließlich in eine neuerliche Übertragung des Vaterbildes auf das Prinzip des Guten und damit in die akuten psychotischen Manifestationen des Wahnsyndroms hineinführte. Durch diese Übertragung wurde ihr Wertkonflikt gleichsam auf die oberste Instanz (Gott) abgewälzt. Diese Steigerung bis in ein wahnartiges Ausmaß hinein setzte an die Stelle des Vaters bzw. der Vaterfigur den guten Geist, der nachts immer wieder erschien, und schließlich in einem halluzinatorischen Erlebnis die Stimme Gottes.

Damit wurde die Erfahrung von Gefühlen, Trieben, Einstellungen, Phantasien und Abwehr gegenüber dem Ehepartner, die eigentlich eine Wiederholung und Verschiebung von Reaktionen darstellen, die den Beziehungen zu entscheidenden Personen der frühen Kindheit entstammen, gleichsam in ein Zentrum extrojiziert bzw. projiziert, das durch das Berufungserlebnis (Identifikation) mit dem eigenen Ich in einer ekstatischen Erlebnisform zusammenfällt. In diesem Zusammenhang ist daran zu erinnern, daß die Art ihres Betens immer zu solchen ekstatischen Identifikationen geführt zu haben scheint.

Diese Zusammenhänge dürfen nicht ohne Berücksichtigung der biologischen Faktoren gesehen werden. Bleiben wir schlicht bei den Pathorhythmien, dann sehen wir, wie zwei Wertsysteme bedroht sind: das religiöse durch das Taufverbot, wobei jeder Versuch der Verbalisierung und damit der Entschärfung an dem Gehäuse des Ehepartners abprallte, und das mütterliche Wertsystem, dessen Bedrohung durch den Zufall einer Mißgeburt die Wahnbereitschaft eingeleitet hatte. Diese Wahnbereitschaft wurde durch die neuerliche Geburt aktualisiert. In dieser Positionalität einer aktuellen Struktur der Beziehungen, welche die Person in ihrer Situation und in ihren Denkinhalten aufgrund des Aktionsplanes (FRIJDA) und der Lagebefindlichkeit (GOTTSCHALDT) bestimmt, war der Entwurf eines Positionsschemas, in dem sich U.Z. der Feldsituation hätte unmittelbar bewußt werden können, infolge der psychotischen Angst und der wahnhaften Projektion (Wahnsyndrom) nicht möglich. Diese Möglichkeit besteht allerdings auch dann in der Regel nicht, wenn ein pragmatophores Syndrom vorangegangen ist mit seiner Reduktion der Vielfalt möglicher Gleichgewichte, aber sie besteht dort immerhin noch „potentiell". Gemeinsam ist in beiden Fällen — also bei der Tat des Psychotikers und des Nichtpsychotikers — der Umschlag horizontaler Funktionseinschränkung des Kognitionsanteils emotionaler Komplexionen

auf eine vertikale Funktionsausweitung, also das, was wir unter dem Begriff positive Rückkoppelung des Aktualkonfliktes mit dem Grundkonflikt kennengelernt haben. Mit anderen Worten, es ergibt sich, abgesehen von dem Wahnsyndrom, hinsichtlich der Kriminogenese mit ihrer Dynamik und der aktuellen Wahngenese eine volle Übereinstimmung. Es laufen weitgehend die gleichen Prozesse hier wie dort ab. Wir haben auch hier in der aktuellen Genese eines Wahnsyndroms die Interferenzen zwischen vier Systemen: dem religiösen Wertsystem, dem System erfüllter Mütterlichkeit, dem Systemverlust einer beherrschenden Rollenfigur und dem Strukturwandel im Bereich biologischer Funktionszusammenhänge. Zu diesem Strukturwandel zählt die Phase „dritter Monat nach der Geburt" (PAULEIKHOFF) mit ihrer psychotische Bereitschaften auslösenden Spezifizität und das Moment Absetzen des Kindes von der Brust. Diese Ereigniszusammenhänge behaupten keine Wirkung, geschweige denn Kausalität. Es wird nur registriert, daß das Absetzen des Stillens, also die Abänderung einer Funktion, die durch das laktotrope Hormon gesteuert wird, zeitlich mit dem Strukturwandel „Verlust der Vaterfigur" und mit dem Strukturwandel „Regression in narzißtischen Größenwahn" synchronisiert auftritt. Nur auf diese Abfolge und zeitliche Gruppierung von Ereignissen und ihren vierdimensionalen Interferenzen, im vorliegenden Fall auf die Synchronisierung mit dem Psychosebeginn, kommt es an.

So wie nämlich der Tod der Vaterfigur den religiösen Wertkonflikt aktiviert, so oder ähnlich der Funktionswandel im Bereich der Laktation den mütterlichen Konflikt. Nach M. BLEULER ist anzunehmen, daß phylogenetisch alte, biologisch verankerte Brutinstinkte unter besonderen Umständen in das mütterliche Empfinden einfließen. Wir dürfen annehmen, daß durch die Umstellung in den Funktionen der Laktation auch die Funktion des Hormons selbst struktural abgewandelt wurde und daß dieser biologische Strukturwandel in einer Phase spezifischer Sensibilisierung im Sinne von PAULEIKHOFF zu Pathorhythmien führte, die gegenüber den durch den Tod der Vaterfigur freigesetzten Pathorhythmien eine Verstärkerwirkung (Superposition) entfalteten.[12]

Die wesentlichsten Bedingungskonstellationen, die aktuelle Wahngenese und der Strukturwandel im Rahmen der Syndromsequenzen, ergibt einen Einblick in die Bedingungskonstellationen der Entstehung des Wahnsyndroms und die bis auf kurze Endstrecken mit diesen identischen Bedingungskonstellationen der Kriminogenese. Man könnte also beispielsweise sagen, wenn der Ehepartner nicht ein Defektschizophrener gewesen wäre, so hätte sich bei sonst gleicher Positionalität vielleicht schon in diesem Zeitpunkt eine Aggression gegenüber dem Ehepartner gezeigt. Damit ist zum Ausdruck gebracht, daß im vorliegenden Fall auch der schizophren-defekte Ehepartner zu den Bedingungskonstellationen des Wahnsyndroms zu zählen ist. Die Störung im Gleichgewicht Mütterlichkeit — laktotropes Hormon ist allerdings nur als die einer kleinen lokalen Kohärenzzone aufzufassen, die nur zufällig mit der viel tiefergreifenden Wertzone „bedrohte Mütterlichkeit" und „bedrohte religiöse Wertzone" korreliert wurde, wobei zunächst die Interferenz „Machtlosigkeit" infolge Verlustes der Vaterfigur und „Machtfülle" vermittels Regression in narzißtischen Größenwahn das Feld beherrschte. Der wieder aktuell gewordene Versuch, an dem Ehemann eine Stütze zu finden, leitete dann den weiteren Strukturwandel zum Eifersuchtswahn ein. Dieser entspricht in der Syndromsequenz weitgehend dem, was wir als pragmatophores Syndrom bezeichnet haben, das ja auch durch paranoide oder depressive Strukturen ausgezeichnet ist. Was in der Kriminogenese als leichteres paranoid-depressives Syndrom dem pragmatophoren Syndrom zugrunde liegt, ist hier akzentuierter in Gestalt eines Eifersuchtswahns, der zugleich das Verbindungsglied zu den übrigen Wahnsyndromen herstellt, bei denen ja der

Verfolgungswahn geradezu ein Leitsymptom ist.

Theorie der Schizophrenie (modifiziert nach E. BLEULER 1911 und P. FEDERN 1956)

Das, was hier an obigem Modellfall abgeleitet wird, läßt sich genauso an beliebigen anderen Fällen ableiten. Strenggenommen müßte es heißen „Theorie der Genese von Wahnsyndromen". Bei Schizophrenen scheinen ausgesprochen kriminelle Verhaltenssequenzen nach meinen Erfahrungen vorwiegend unter zwei Voraussetzungen vorzukommen, nämlich ganz selten einmal als Initialdelikt im Sinne von STRANSKY und verhältnismäßig häufig bei chronischen Verlaufsformen an solchen Punkten, wo durch Alkohol oder andere Faktoren aus einer Remission heraus ein neues Aufflackern des sog. Prozesses zustandekommt. Wir sind aber der Auffassung, daß hinter dem Achsensyndrom der Schizophrenie nur eine Differenz in der genetischen Information vorliegt bzw. daß grundsätzlich gleichartige Vorgänge von Strukturwandel, insbesondere im Bereich der sog. Vermittlerstrukturen auf früheren Stufen der Ichentwicklung stattfinden wie auch sonst bei der Wahngenese. Kehren wir zu unserem Modellfall zurück, der ja in der Krankengeschichte auch als Schizophrenie diagnostiziert wurde, obwohl, wie wir gezeigt haben, das Achsensyndrom im Sinne von BERNER bzw. die Symptome ersten Ranges im Sinne von K. SCHNEIDER fehlen.

Der Beginn der „Psychose" bzw. des Wahnsyndroms war ein Schnittpunkt biologischen Strukturwandels und einer aktuellen Bedrohung der Geborgenheit durch den Verlust einer Übertragungsfigur (Vaterfigur) und damit auch eine Bedrohung religiöser und mütterlicher Wert-

---

[12] Es handelt sich dabei um Interferenzen zwischen biochemischen, physikalischen, physiologischen, biologisch-teleologischen, neuropsychologischen, psychotischen und erlebnisreaktiven „Reaktionen", diesen Begriff im erweiterten Sinn von Auersperg verstanden.

strukturen. Der eigentliche Krankheitsbeginn war sonach ausgezeichnet durch Umschaltungen in drei verschiedenen Zusammenhangsbereichen, was in Interferenz mit einer vorgängigen Wahnbereitschaft zu Pathorhythmien mit ihren energetischen Potentialsteigerungen und den entsprechenden Entlastungstendenzen führte. Wenn man von der Wahnbereitschaft absieht, so gleichen die Bedingungskonstellationen der primären Wahngenese strukturell vollkommen denen der Kriminogenese, wie wir sie aus früheren Abschnitten kennen. Ein Konflikt, in diesem Fall der religiöse Konflikt (Nicht-taufen-lassen-dürfen des Kindes) wird rückgekoppelt mit dem Primärkonflikt, in diesem Fall den Kindheitsphantasien eigener Machtvollkommenheit in Zusammenhang mit Wunder- und Geistergeschichten. Während in der Wahngenese sich eine Sequenz entwickelt, die immer tiefer in die antithetische Gebundenheit phasenspezifischer Triebzustände hineinführt, also in eine Egopathorhythmie mit steigender Aktivierung von Ichzuständen eines unerledigten Kindheitskonfliktes (z.B. auch ödipaler Art), und diese Pathorhythmien sich immer mehr der Rhythmik des (narzißtisch-allumfassenden) Ur-Ichs koordinieren, ist es bei der Kriminogenese gerade umgekehrt: die Retroflexion des Aktualkonfliktes auf den Grundkonflikt ist nur kurz und sogleich gefolgt von Sequenzen, die den abgewandelten Aktualkonflikt umlenken auf Gefühlsvorgänge, die sich ganz auf eine Entladung im Rahmen der Positionalität, also die Interaktion von Person und Situation (mit ihren eingeschränkten aktuellen Bedeutungshorizonten) einengen.

Nun kommt aber das Entscheidende: die Wahnstruktur im Sinne einer Juxtaposition, also das Nebeneinanderstehen von realer Welt und Wahnwelt, ermöglicht es, daß sich diesem Wahngeschehen eine Kriminogenese gleichsam aufpropft oder richtiger kontrapunktiert beigesellt, und so sehen wir nun nach einer bestimmten Aktivierung durch die Sequenz eines Eifer-

suchtswahns, wie die Wahngenese noch von einer Kriminogenese gefolgt wird. Genaugenommen sind die beiden Vorgänge ineinander verwoben, Funktionszusammenhänge aus der Wahnwelt treten mit Funktionszusammenhängen aus der Realwelt in eine neue Interferenz. Im Bereich der Realwelt: eine Erkrankung der Tochter (deshalb schickte ja die U.Z. unmittelbar vor der Tat ihren Mann in die Apotheke) aktiviert die mütterlichen Abwehrmechanismen und eine große Hitzeperiode spielt als nosologischer Faktor reversibler Syndrome (BONHOEFFER) eine bahnende Funktion für einen organischen Funktionswandel (CONRAD), wenn auch nur im Sinne flüchtiger Durchgangssyndrome (WIECK), ein Besuch desselben Parks, wo sie die Erscheinung der Rauchsäule hatte, als sie sich dessen bewußt wurde, daß sie schwanger ist, aktiviert Befürchtungen und Wahnbereitschaften. Im Bereich der Wahnwelt: Pathoegorhythmien haben in gleichsam aufschaukelnder Dynamik infantile Ichzustände eines allumfassenden Ur-Ichs in phasenspezifischer Weise aktiviert, diese verdrängten Ichzustände (FE-DERN) und Kindheitsphantasien werden als halluzinatorische Geistererscheinungen angstvoll erlebt. In diese besonders nächtlichen halluzinatorischen Angsterlebnisse treten — im Rahmen der Pathorhythmie — die Inhalte des Aktualkonflikts ein (religiöser Konflikt und Mutterkonflikt), und es resultiert aus der Angstbereitschaft eine neuerliche Aktivierung des impressiven Wahrnehmungsmodus (der Totenstein am Tag vor der Tat). Daraus ergibt sich eine Interaktion zwischen den Strukturen des Wahn-Ichs und des realen Ichs, erkennbar an einem Zustand am Tage der Tat, der nun in engerem Sinn als pragmatophores Syndrom charakterisiert ist: durch die innere Unruhe, durch eine Fülle von Fehlhandlungen und eine zunehmende Spannungslage.

Dieses gemischte pragmatophore Syndrom hat große Ähnlichkeit mit dem von CONRAD analysierten Trema bei Schizophrenie und ist strukturanalytisch und

149

strukturdynamisch wahrscheinlich mit ihm identisch. Charakteristisch für diesen Zustand ist ja nach CONRAD das, was er als „sinnlose" Handlungen bezeichnet. Die Stimme, die U.Z. dann hört, und die Rauchsäule, die sie sieht, sind das Ergebnis reiner Projektions- und Abwehrmechanismen auf der Ebene eines phasenspezifischen Triebzustandes, der mit einem verdrängten Triebzustand einer ontogenetisch früheren Stufe der Ichentwicklung gekoppelt ist. Die Ähnlichkeit dieses pragmatophoren Syndroms mit seinen Fehlhandlungen mit dem Trema und seinen „unsinnigen" Handlungen läßt erkennen, daß es sich strukturdynamisch um verwandte, zum Teil identische Interferenzwirkungen handelt, wenn auch in verschiedenen Bedrohungskonstellationen des Selbst, nämlich um Pathorhythmien im Bereich der Vermittlerstrukturen. Diese strukturale Identität der Danymik von Kriminogenese und Wahngenese (in der Aktualgenese) ist von fundamentaler Bedeutung. Denn sie weist darauf hin, daß auch die Genese des Wahns auf Gleichgewichtsstörungen und Pathorhythmien beruht, wenn auch unter jeweils abgewandelten Bedingungskonstellationen.

Es ist zweierlei, ob nun ein solches pragmatophores Syndrom in einen schizophrenen Prozeß und Dissoziation der Persönlichkeit „hinüberführt" oder bloß in ein Wahnsyndrom ohne nosologisches Achsensyndrom. In letzterem Fall ist es möglich, daß noch ein kriminogener Strukturwandel hinzutritt, während im ersteren Fall die Aktivität in „sinnlosen" Handlungen, also im Trema, sich erschöpft und bald infolge einer mesitetischen Durchlässigkeit der Ichgrenzen endgültig erlahmt („dynamische Entleerung"). Das Strukturgesetz der Aktivierung von Interaktionen zwischen Systemen liegt nach unseren Befunden beiden Phänomenen zugrunde: der Kriminogenese ebenso wie der Wahngenese. Es besagt, daß zwischen zwei relativ stabilen Zuständen (Ausgangs- und Endzustand) ein Aktivierungszustand bzw. pragmatophores Syndrom, also

funktional die Aktivität einer Vermittlerstruktur eingeschaltet ist, deren potentielle Energie durch eine Erhöhung charakterisiert ist. Dieses dynamische Strukturgesetz der Aktivierung von Interaktionen ist, wie gezeigt wurde, molekularbiologisch fundiert. Die Synbiontik dieses katathymen Wahns mit dem schizophrenen des Partners ist nicht wirklich „konform".

Das besagt, daß auch die Wahngenese und die Entstehung der Schizophrenie auf Gleichgewichtsstörungen beruht, hier nun allerdings solchen, die die Ichzustände und ihre synechetischen Strukturen ebenso betreffen wie ihre Interaktionen mit den symballistischen Strukturen, den Emotionen und den Wahrnehmungen.

Everything of importance has been said before by somebody, who did not discover it, sagt A.N. WHITEHEAD in The Organisation of Thought, und es bedeutet eine Stütze der hier vorgetragenen Theorie, wenn gerade E. BLEULER 1929, allerdings ohne diese Ansicht weiter zu verfolgen, die Auffassung vertreten hat, daß es Gleichgewichtsstörungen und Schaltschwächen sind, die dem schizophrenen Krankheitsgeschehen zugrunde liegen. Der schizophrene Mangel an positiven Emotionen, die schweren Störungen der Libidoökonomie, die mangelhafte Egoifizierung von Triebimpulsen und Wahrnehmungen, das Überbedeutungsvollwerden der Außenwelt, meist im Sinne des Magischen und Schlimmen, wäre hiernach abzuleiten aus einer Schaltschwäche der Ichfunktionen, die sich unschwer mit der aus unseren Untersuchungen erschlossenen Funktion der Vermittlerstrukturen zur Deckung bringen läßt. Naturgemäß bedeutet eine solche Theorie keineswegs einen Abschluß, sie soll nur einen Anfang darstellen. Es läßt sich ohne weiteres denken, daß die Schwankungen des Energiepotentials, die jedem Strukturwandel zugrunde liegen, dort, wo dieser ein gewisses Ausmaß erreicht und eine gewisse Quantität überschreitet, einer experimentellen Forschung zugänglich zu machen ist. Dabei ist in erster Linie an eine Verbindung von Elektroenzephalographie und experimenteller Psychologie zu denken. Systematische Provokation von Phantasievorstellungen entsprechender Handlungsabläufe, Geschehnisse oder auch innerer Erlebnisabläufe, verbunden mit elektroenzephalographischen Ableitungen und Vergleiche mit anderen Zuständen könnten hier weiterführen. Zugleich ist daran zu denken, auf physiologischem Weg z.B. Erschöpfungszustände oder innere Spannungszustände herzustellen und derartige Versuche mit provozierten intrapsychischen Konflikten zu verknüpfen.

Sicherlich ist die enzephalographische Methode auf verhältnismäßig grobe Antworten angewiesen, denn es wird naturgemäß nie möglich sein, von allen Stellen des Gehirns oder auch nur von einer Vielzahl gleichzeitig abzuleiten, mit Ausnahme der Oberfläche, und Tierexperimente kommen naturgemäß, wo es um die Problematik der Ichzustände und Ichstrukturen geht, nicht in Betracht.

Bisher stand der Forschung die dualistische Auffassung mit ihren schon im Ansatz verfehlten Fragestellungen psychisch oder physisch, organisch oder funktionell, im Wege. Es ist ja auch bei grob organischen bzw. anatomisch nachweisbaren Ausfällen in der Regel so, daß die Quantität erst ausschlaggebend wird, wenn keine Kompensation mehr möglich ist. Andererseits ist es willkürlich, ob man die einzelnen Impulse der Nervenzellen als organisch, funktionell oder psychisch bezeichnen will, wenngleich der Standpunkt berechtigt ist, erst von einem gewissen Niveau ab, nämlich dort, wo die Interferenzen der verschiedenen Rhythmen und Rhythmengruppierungen zu „Gestalten" führen, von Psychischem zu sprechen. Aber auch das gibt keine Grenze, wenn man an die ungeheure Komplexität denkt, die schon bei den Proteinen und Nukleinsäuren im Spiel ist.

Es bleibt noch die Frage, ob sich für das Vorhandensein von Vermittlerstrukturen, die wir als mesitetisch bezeichnet haben — abgesehen von der Auffassung BLEULERS betreffend die Schaltschwäche als entscheidendes Moment für die Entstehung von Schizophrenie — Tatsachen aufweisen lassen, die als gesichert gelten. Aus der modernen Biologie sind Tatsachen bekannt, die die hier vorgetragenen Auffassungen über die Bedeutung pragmatophorer Syndrome stützen, ja vielleicht bestätigen. Die molekularbiologische Arbeitsgruppe am Institut Pasteur in Paris und einer ihrer Vertreter, der Nobelpreisträger JACOB, haben den Nachweis erbracht, daß es besondere Formen von Proteinen gibt, die ganz analoge Funktionen ausüben, wie unsere Vermittlerstrukturen in den Bereichen der psychischen Abläufe, der Ichzustände und der emotionalen Vorgänge. Die chemischen Aktivitäten der Zelle sind darauf angewiesen, Reaktionsketten einzuschalten oder abzustoppen. Das bedeutet nach JACOB, daß die Ausführungsorgane ständig Informationen über ihre eigenen Aktivitäten bekommen müssen, damit sie diese der Lage anpassen können. Eine Integration ist nur dann möglich, wenn die strengen Vorschriften des genetischen Programms durch die Anpassungsfähigkeit der über die örtliche Lage, über den Zustand des Systems, die Natur des Milieus gesammelten Informationen korrigiert werden. Dieses Spiel zwischen dem, was getan werden muß, und dem, was getan worden ist, bestimmt zu jedem Zeitpunkt die Aktivität eines jeden Bestandteils. Das Vorhandensein dieser Interaktionen befreit das System von seinen thermodynamischen Einschränkungen und verleiht ihm die Kraft, gegen die mechanische Neigung zur Unordnung zu kämpfen. Das bedeutet, daß die Ausführungsorgane, um gelenkt zu werden, an Erkennungsorgane gekoppelt sein müssen, die fähig sind, die äußere Welt zu „sondieren", das Vorhandensein bestimmter als Signale wirkender Verbindungen festzustellen und ihre Konzentration zu messen. Diese Rolle kommt bestimmten Proteinen zu, Regulatorproteine genannt, die durch ihre Struktur und besonderen Eigenschaften ausgestattet sind.

Auffallend ist die Analogie dieser Ergebnisse zu denen betreffend die Mittlerstrukturen. Man könnte sagen, daß eine Beschreibung der Strukturgesetzlichkeiten menschlichen Handelns durch nichts anderes so präzise zum Ausdruck gebracht werden könnte als durch Begriffe und Tatsachen, die die Molekularbiologie erarbeitet hat, daß es uns hier genau umgekehrt geht als seinerzeit SPEMANN (1936).

SPEMANN schloß sein bahnbrechendes Buch mit dem Hinweis, daß er immer wieder Ausdrücke gebraucht habe, welche keine physikalischen, sondern psychologische Analogien bezeichnen. Damit sollte gesagt werden, daß die ortsgemäße Reaktion eines mit den verschiedensten Potenzen begabten Keimstückes in einem embryonalen „Feld", d.h. sein Verhalten in einer bestimmten „Situation" keine gewöhnlichen einfachen oder komplizierten chemischen Reaktionen sind. Diese Entwicklungsprozesse haben vielmehr, wie alle vitalen Vorgänge, mögen sie sich einst als chemisch und physikalisch klassifizieren lassen, in der Art ihrer Verknüpfung von allem uns Bekannten mit nichts so viel Ähnlichkeit, „wie mit denjenigen vitalen Vorgängen, von welchen wir die intimste Kenntnis besitzen, den psychischen".

Nach JACOB besitzen Proteine die Fähigkeit, sich selektiv und reversibel nicht nur mit einem einzigen, sondern mit zwei, drei oder mehreren Molekülen zu verbinden, wobei sich eine spezifische Wechselwirkung zwischen diesen Molekülen erst durch die Vermittlung der Regulatorproteine ergibt. „Sich selber überlassen, müßten sie sich chemisch ignorieren."

Die Struktur dieser Regulatorproteine könnte man dadurch charakterisieren, indem man sie mit zwei Köpfen darstellt: der erste erlaubt dem Protein, eine bestimmte chemische Verbindung zu erkennen und so eine bestimmte Funktion katalytischer oder anderer Natur auszuüben; der zweite Kopf kann eine völlig andere Verbindung eingehen, welche die Proteinstruktur beeinflußt und dadurch die Eigenschaften des anderen Kopfes verändert. Je nachdem, ob diese Verbindung vorhanden ist oder nicht, oder ob sie eine bestimmte Konzentration in der Zelle erreicht hat, pendelt das Protein zwischen zwei Zuständen, den der Aktivität und den der Inaktivität. Nach JACOB spielen sonach diese Regulatorproteine eine Kuppelungsrolle zwischen den verschiedenen Funktionen der Zelle, zwischen den tausenden von Reaktionen, die zusammenarbeiten, um Energie aufzuspeichern oder als chemisches Potential zu mobilisieren. Sie können beliebige Moleküle miteinander kuppeln. Allein durch das Vorhandensein dieser Strukturen etabliert sich ein Kommunikationsnetz zwischen Zelle und Milieu, zwischen Genen und Zytoplasma, zwischen Paaren von Bestandteilen ohne chemische Affinität. Auf diesen Proteinen bauen die Regulationskreise auf.

Wir sind aufgrund des Nachweises von pragmatophoren Syndromen, die zwischen zwei relativ stabileren Zuständen eingeschaltet sind, zu der Schlußfolgerung gekommen, daß diesen verhältnismäßig groben pragmatophoren Strukturen auch im kleinen, also im Bereich der emotionalen Abläufe, im Bereich des Denkens, Vermittlerstrukturen entsprechen müssen, die wir als mesitetische Strukturen bezeichnet haben. Man wird annehmen dürfen, daß es entweder recht verschiedenartige Vermittlerstrukturen gibt, oder daß die einzelne Vermittlerstruktur sehr komplex gebaut und in sich variabel und abwandlungsfähig ist. Nachdem die Natur meist die einfachsten Wege wählt, wird man der letzteren Auffassung zuneigen und sich im Sinne einer Arbeitshypothese etwa vorstellen dürfen, daß diese Vermittlerstrukturen gleichsam vierarmig und zweiköpfig und auf diese Weise allen komplizierten Situationen gewachsen sind, die sich aus den Interferenzen zwischen verschiedenen Ichzuständen, also im Bereich der synechetischen Strukturen ergeben, ebenso auch den Interferenzen zwischen den Ichstrukturen und den metabolen Strukturen im Bereich der sog. Ichgrenzen. Schließlich reichen sie bis in die Bedeutungsfunktion der Gefühle und in die sog. Wahrnehmungen hinein [13]. Aus einer solchen hypotheti-

[13] Dabei wäre daran zu denken, daß die „Köpfe" auf das Erkennen und Verknüpfen von „Gestalten" bzw. Syndromen, die Arme auf einfache Rhythmen und ihre Interaktionen eingestellt sind.

schen Auffassung resultieren noch keinerlei Vorgriffe hinsichtlich der Ansatzproblematik für die künftige Forschung. Es bleibt offen, welche Funktion dieser Vermittlerstrukturen etwa genetisch gestört und in ihrer Funktionsweise abgewandelt ist und welche durch besondere Bedingungskonstellationen gestört werden können.

Nachdem sich auch die Ichzustände selbst, die Verdrängung von Ichzuständen, die Abwehrmechanismen in ihren Verbindungen mit den durch konnotative Bedeutung jeweils schon abgewandelten Wahrnehmungen zu den verschiedensten Gestalten verbinden können, über die wir offenbar durch die Phänomenologie im Sinne von HUSSERL und durch die Psychopathologie seit JASPERS Aufschluß erhalten können, läßt sich die konkrete Positionalität bzw. Feldsituation und das jeweilige Positionsschema einer interdisziplinär fundierten Forschung zugänglich machen, wobei nicht aus dem Auge zu verlieren ist, daß Gefühle (Emotionen) zugleich Ichzustände und Bedeutungsstifter sind.

In der Relativitätstheorie ist man zu der Auffassung gekommen, daß das Wort „Wirkung" zu einer kausalen Denkweise gehört, die nicht in die moderne Physik paßt, insbesondere nicht in die Relativitätstheorie. „Alles, was wir berechtigterweise sagen können, ist, daß bestimmte Gruppen von Vorgängen zusammen stattfinden, d.h. in benachbarten Raum-Zeit-Gebieten." RUSSEL kommt zu der Auffassung: „Es scheint hinreichend klar, daß man alle Tatsachen und Gesetze der Physik ohne die Annahme interpretieren kann, daß „Materie" aus mehr besteht als aus Gruppen von Ereignissen, die alle von der Art sind, daß wir sie natürlicherweise als von der betrachteten Materie verursacht ansehen würden. Das bringt keinerlei Änderung in den Symbolen und Formeln der Physik mit sich: es ist nur eine Frage der Interpretation der Symbole." Der Vorteil der Psychopathologie ist der, daß wir über die innere Natur dieser Ereignisse, die ja Ereignisse unseres eigenen Lebens sind, etwas aussagen können. Doch ergibt sich auch hier eine Parallele mit den Aussagen der Relativitätstheorie. So wie die Himmelskörper nach dieser Auffassung einander keineswegs anziehen, sondern nur in jedem Augenblick den Weg wählen, der die geringsten Widerstände entgegensetzt, wie etwa das Wasser eines Baches (das nicht vom Ozean angezogen wird), so wählt auch der Mensch in jedem Augenblick den Weg des geringsten Widerstandes, dessen Kenntnis es allerdings erforderlich macht, über seine Ichstrukturen und ihre ontogenetische Entwicklung ebenso im Bilde zu sein wie über sein Positionsschema. Der Delinquent, der immer wieder in Diebstähle verfällt, wählt ebenso den geringsten Widerstand wie der Verantwortungsvolle, der den Steilhängen seines Über-Ich ausweicht. Der Neurotiker muß noch zusätzlich den Abgründen ausweichen, die seine konditionierten („gelernten") Ängste vor seinen alltäglichen Bedürfnissen aufgerissen haben. So versucht schon das Kind keineswegs die Sprache der Erwachsenen nachzuahmen, sondern es nimmt davon, was ihm in jedem Stadium seiner Entwicklung entspricht. Aber der Aufbau der sprachlichen Lautsysteme folgt strengen Gesetzen der Implikation, welche, wie JACOBSON gezeigt hat, in einem erstaunlichen Ausmaß für alle Sprachen Geltung haben.

Regressive Aktivierung
verdrängter Ichzustände
Aus der Sicht kriminogenetischer Forschung kann man vier Arten von Angst unterscheiden. Die neurotische, die zu unangepaßten Angstreaktionen führt, und Reaktionen hemmt, die der bloßen Selbstbehauptung dienen. Hier ist ein Ausagieren der Selbstbehauptung und das operante Konditionieren des Vollzugs Aufgabe der Verhaltenstherapie (WOLPE). Zu Delinquenz kommt es hier nur in ungewöhnlichen und komplexen Reifungs- und Konfliktsituationen, die ich an anderer Stelle näher analysiert habe (STUMPFL 1961).

Dann die Angst im Rahmen eines katathymen Wahnsyndroms, die den Mechanismen der pragmatophoren Dynamik sehr nahesteht.

Ferner die Angst bei Schizophrenie, deren Ausagieren sich in der Regel im Trema der „sinnlosen" Handlungen (CONRAD) erschöpft, die nicht eigentlich „kriminell" sind.

Und schließlich jene Formen von Angst, die schon frühzeitig verdrängt worden sind und in Zusammenhang mit Konditionierungen, Konflikten, hysterischen Mechanismen und Rückkoppelungen bei Rückfallsdelinquenz ein mehr verborgenes Dasein führen. Hier ist es am schwersten, den Mechanismen der Angst auf die Spur zu kommen, wir kommen darauf noch zurück.

Es ist eine Entdeckung von FEDERN, daß Ichzustände genau wie die einzelnen Stufen der Trieborganisation der Verdrängung verfallen und im schizophrenen Prozeß regressiv wiederbelebt werden. Eine solche „Wiederbelebung" ist nichts anderes als ein Strukturwandel, der zu einer Ichfragmentierung führt. Die Interaktionen zwischen den verschiedenen Ichzuständen setzen dann plötzlich Energiepotentiale frei, wobei es sich um Zerreißungen synechetischer Bindungen handelt. Dieses plötzliche Untertauchen in verdrängte Ichzustände sieht dann etwa so aus, wie im folgenden Fall beschrieben.

Frau *D.W.*, bis vor kurzem unauffällig, obwohl ihr schon seit zwei Monaten Stimmen Aufträge erteilen, reagierte anläßlich einer Reparatur ihrer Küchenuhr eines Tages auf diese Stimmen, die ihr sagten, man habe die Kühltruhe ausgetauscht. Sie querulierte, geriet in einen „Verwirrtheitszustand", glaubte plötzlich für zwanzig Personen kochen zu müssen, zerriß einige Tausend-Schilling-Scheine, verschenkte Schmuck an ihre Kinder (drei- und neunjährige Mädchen), zerriß einige Sparbücher, weil die Menschen durch Geld nur schlechter würden.
Sie berichtete später relativ vernünftig aber zerfahren, abspringend und deutlich denkgestört, ihre ganze Jugend und Kindheit von klein auf sei plötzlich vor ihren Augen gestanden.
Oder ein Mädchen schreibt einen flammenden Liebesbrief, um sich zuletzt bei ihrem Geliebten zu entschuldigen, sie sei nicht sie selbst.

Die eindrucksvollsten Bestätigungen dieser Auffassung, daß bei Schizophrenie spezifische Störungen im Bereich der mesitetischen Strukturen vorliegen, ergeben sich neben der Auffassung von E. BLEULER, wonach die schizophrene Grundstörung in einer Schaltschwäche und in Gleichgewichtsstörungen zu suchen sei, aus den Analysen von FEDERN. Nach FEDERN zeigt selbst eine einfache Wahnidee „die Grundstörung" der Schizophrenie. Gedanken werden für Wirklichkeit gehalten, Gedanken und Wirklichkeit werden vermengt. FEDERN stellte die Theorie auf, daß diese Unsicherheit auf eine krankhafte Schwäche der Ichgrenzbesetzung zurückzuführen sei. Gedanken werden für Tätigkeiten gehalten und mit den Tatsachen vermischt, Worte und Gedanken werden unentwirrbar vermengt. Wenn Worte die Eigenschaften von Tatsachen annehmen können, ist begreiflich, daß sie einen magischen Einfluß erlangen können. Diese Grundstörungen, gedeutet als Schwäche der Ichgrenzen, womit man immer noch im statischen Denken verharrt, läßt sich besser mit der empirisch fundierten und der Dynamik des Geschehens besser gerecht werdenden Theorie erklären, daß gewisse Funktionen der Vermittlerstrukturen in sich selbst, also in ihrer Rhythmik und ihrer Fähigkeit, andere Strukturen zu „erkennen", gestört sind.

Pathorhythmien der Vermittlerstrukturen

Eine solche mesitetische Störung in dem oben dargelegten Sinn sowie die Dynamik phasenspezifischer Triebzustände und verdrängter Ichzustände im Sinne von FEDERN kann man gelegentlich auch unmittelbar beobachten.

W.J., 29 Jahre alt, Sohn eines Diplomaten, schon als Kind eigenbrötlerisch, aber sehr intelligent, in Bewegungen und Gestalt wie Prinz Hamlet, hatte mit 17 Jahren ein typisches Trema (CONRAD) mit sinnlosen Handlungen. Es kam zu Diebstählen von einigen Groschen und dergleichen. Zu den Eltern immer distanziertes Verhältnis. Begeisterter Flieger, als Agrarflieger in verschiedenen Ländern des Mittelmeers, später in einem Architektenbüro tätig. Der

Vater, der sowohl im Ausland als auch in Österreich eine Villa besitzt, hat sich von ihm distanziert und läßt ihn allein in einer fast leergeräumten großen Wohnung der Hauptstadt leben. Einmal wurde er in ein psychiatrisches Krankenhaus eingewiesen, weil er in einem fremden Haus mit einer Ölpumpe hantierte, einmal, weil er in einer Kirche laut geschrien und Gegenstände heruntergeworfen hatte. Er berichtete über eine Erblindung, die aber nur einen Tag gedauert habe. Dazu Kopfschmerzen und Augenschmerzen. Er interpretierte diese Erblindung als Absicht seiner Tante, bezog einen Mordfall aus der Zeitung auf sich, indem er seine Abstammung mit der Mörderin in Zusammenhang brachte, seine Eltern seien nur Adoptiveltern.

Bei der Untersuchung in der fast leerstehenden Wohnung seiner Eltern sehr zurückhaltend, verschlossen, aber höflich. Als er beim Zeichnen den Bleistift des Arztes benützte, wollte er ihm den Bleistift ersetzen, weil dieser durch das Schreiben an Wert verloren hätte. Nur mühsam konnten in einer zweistündigen Untersuchung Symptome eines schizophrenen Achsensyndroms nachgewiesen werden. Beim Abschied plötzlich wie verwandelt, er sprang auf, reichte dem Arzt den Mantel, bat, ihn begleiten zu dürfen, lud ihn in ein Restaurant ein, wo er auch selbst bezahlte, — es war ein Leichtes, ihm im Lauf der weiteren Exploration das Geld wieder unbemerkt zuzuschieben —, verhielt sich vollkommen angepaßt, sprach über alle Themen unauffällig, nur, wo das Vaterthema auch nur symbolisch berührt wurde, wie bei einem Gespräch über die allmächtigen Großkaufhäuser oder über die Polizei, sofortiges Auftreten von Wahnsyndromen. Ob der Arzt denn nicht wisse, woher der Reichtum der großen Kaufhäuser stamme, —? *(Sie stehlen doch selbst!)*. Ob der Arzt nicht wisse, daß alle Polizisten Drogen nehmen? Er müsse nur nachts auf die Straßen gehen, dann könne er es sehen. So hatte er auch im Hause seines Vatersymbols zu randalieren begonnen, in der Kirche.

Man sieht hier gleichsam experimentell, wie die Berührung der schwachen Ichgrenzen mit Symbolen der Vatersphäre sofort zur Freisetzung phasenspezifischer Triebzustände und verdrängter Ichzustände führt, etwas, was wir im normalen Erleben gelegentlich andeutungsweise beobachten können, nämlich das plötzliche Auftauchen des eigenen Kindheitsmilieus beim Wahrnehmen altvertrauter Gerüche, also bei Aktivierung durch eine dem Ur-Ich verbundene alte Hirnstruktur. In dem obigen Fall steht mit dem schizophrenen Wahnsyndrom das Vaterproblem mit den verschiedenen phasenspezifischen Ichzuständen der früheren Lebensgeschichte in Zusammenhang, und diese Ichzustände variieren entsprechend dem Symbolgehalt der jeweiligen Situation.

Zusammenfassung der Theorie der Schizophrenie

Bei der Untersuchung der Syndromsequenzen, die von einem delinquenten Verhalten gefolgt sind, ergab sich, daß Delinquenz nicht an beliebigen Stellen auftritt, sondern synchron mit einem Strukturwandel oder Syndromwandel, der mit den Begriffen der klinischen Psychopathologie präzise beschrieben werden kann. Zwischen Anfangsstadium und Endstadium ist ein paranoid-depressives oder dysphorisches (Misch-) Syndrom existent, das eine Erhöhung des energetischen Potentials markiert, das pragmatophore Syndrom (Pph S). Dieses Syndrom läßt sich überall dort nachweisen, wo delinquentes Verhalten etwas Neues ist. An die Stelle dieses Syndroms treten bei Rückfallskriminalität gegebenenfalls erworbene Auslösemechanismen (EAM), die eine konditionierte (oder „gelernte") Handlungsbereitschaft auslösen.

Die Tat selbst steht im Schnittpunkt von Bedingungskonstellationen (HELMCHEN), charakterisiert durch aktualgenetisch aktivierte Interferenzen zwischen drei bis fünf Systemen (Strukturzusammenhängen), die synchron mit einer positiven Rückkoppelung des Aktualkonfliktes an einem Grundkonflikt ablaufen. Das im pragmatophoren Syndrom freigesetzte Energiepotential ist meßbar am dem Ausschlag des pragmatischen Entlastungsmechanismus (PEM). Der Nachweis von pragmatophoren Überleitsyndromen aus einem Konfliktzustand zur Tat (Änderung dieses Zustandes, Endzustand) führt zu der Annahme, daß solche „Vermittlerstrukturen" (mesitetische Strukturen von μεσίτης = der Vermittler, verwandt mit μεσότης, das richtige Maß) überhaupt jeder Form inneren und äußeren „Handelns" zugrunde liegen, beziehungsweise die Energiequelle dabei liefern. Nach dieser Arbeitshypothese liegt jedem Gedanken, jedem emotionalen Vorgang, jeder Wahrnehmung in ihrem Bezug auf Bedeutung *(meaning)* und ebenso dem alltäglichen Handeln und Reagieren ein pragmatophores Syndrom bzw. die Funktion eines Vermittlersyndroms zugrunde, das zwischen den Ichfunktionen (Ichstrukturen), den emotionalen Strukturen, den Wahrnehmungs- und den Bewußtseinsstrukturen vermittelt. Die Funktion dieser Vermittlerstrukturen ist also analog, aber nicht identisch, zu vergleichen mit denen der Dendriten bzw. der Kanalsysteme in den Membranen der Nervenzellen (G. BAUMANN). Durch diese ineinandergreifenden und räumlich nach allen Richtungen miteinander verbundenen mesitetischen Strukturen kommt es auch zu Verbindungen mit den zentral steuernden Ichfunktionen der Selbstgestaltung, etwa so wie in einem Symphoniekonzert ständig eine Abstimmung zwischen einzelnen Tönen, Instrumenten, Instrumentengruppen, Dirigent, Partitur und teilnehmendem Publikum notwendig ist.

Wie dem kriminogenen Strukturwandel ein pragmatophores Syndrom, so entspricht nach dieser Auffassung all den tausenden von ständig ineinandergreifenden Strukturabwandlungen ein Systemverband hunderttausender Vermittlerstrukturen. Bei delinquentem Verhalten und den korrelierten Syndromsequenzen sind die Funktionen dieser Vermittlerstrukturen nur sekundär betroffen, sei es durch Konditionierungen ihres Zusammenwirkens, sei es durch gleichsam äußere Pathorhythmien. Es geht also hier um Störungen, die die Interaktionen größerer Strukturgesamtheiten oder lokaler Kohärenzzonen betreffen.

Die Theorie der Schizophrenie baut auf diesen Ergebnissen und den aus ihnen abgeleiteten hypothetischen Vorstellungen auf. Empirisch ist dieser Aufbau fundiert durch den Nachweis, daß zwischen Kriminogenese und Wahngenese weitgehende dynamisch-strukturgesetzliche Analogien bestehen, die bis an eine gewisse Weichenstellung heranreichen, von der ab dann verschiedene Syndromsequenzen zu beobachten sind. Auch die Vorgeschichten (,,Lerngeschichte''), zurückverfolgt bis in die Kindheit, sind verschieden. Es besteht jedoch eine, wenn nicht gemeinsame, doch stark angenäherte und struktural durchaus analoge Mittelstrecke. Bei katathymen Wahnformen reichen die Gemeinsamkeiten weiter als bei den Wahnsyndromen mit schizophrenem oder organischem Achsensyndrom im Sinne von BERNER.

Diese an einem Modellfall strukturanalytisch freigelegten Ähnlichkeiten der Syndromsequenzen und ihrer Verflechtungen führten zu der Schlußfolgerung, daß der Schizophrenie gleichfalls Störungen im Bereich der Vermittlerstrukturen und ihrer Funktionen zugrunde liegen, die aber nicht sekundär, gleichsam von außen durch Pathorhythmien struktureller Gesamtheiten (bildlich gesprochen also von einer Disharmonie zwischen Streichern und Bläsern), sondern primär durch intrastrukturale Funktionsstörungen bedingt sind (also durch Störungen, die die Funktionsfähigkeit der Instrumente selbst betreffen).

Diese intrastrukturale Störung der Vermittlerstrukturen in sich selbst kann letzten Endes nur auf eine Abänderung der genetischen Informationen zurückgeführt werden, sei es primär, durch Störung der Aktivitätsmuster der Gene, sei es sekundär, durch Versagen der Korrekturen der Genfunktion, würde also dem entsprechen, was man bisher etwas vage unter allgemeiner Ichschwäche verstanden hat. Diese Störungen manifestieren sich in der Regel erst dann, wenn die stützenden interpersonalen Strukturzusammenhänge der Familie oder der übrigen Partnerbeziehungen plötzlich wegfallen.

Es wurde unterschieden zwischen zwei verschiedenen Bindungsarten, den synechetischen, die den komplexen Ichstrukturen eigen sind, und den metabolen, die dem emotionalen Geschehen und den Bewußtseinsvorgängen zugehören. Erstere sind bei aller Beweglichkeit die festeren, sie sind weitgehend geformt, durch genetische Information und Erziehung (educational factor) d.h. durch Prägung, und sie werden in ihrer Funktion ständig durch die metabolen Bindungen und damit in ihrer Anpassung an die Situation korrigiert. Diese metabolen Bindungen sind flüchtig und in ihren Zusammensetzungen weitaus vielfältiger. Zwischen diese einzelnen Bindungen und zwischen die verschiedenen Kohärenzzonen von Einzelstrukturen und Gesamtstrukturen sind die Vermittlerstrukturen eingeschaltet, die alle diese tausende von Bindungen vermitteln, erhalten oder wieder lösen. Sie können auch zwischen ganz verschiedenen Strukturen ,,vermitteln'', z.B. zwischen einer biologischen Struktur und dem System der individuell spezifischen Wertsphäre, oder zwischen der Struktur des Real-Ichs und der des Ur-Ichs, zwischen Strukturen des Bewußten und des Unbewußten und zwischen den Strukturen des Wahrnehmens, wobei die intermodalen Vermittlerstrukturen (beziehungsweise Assoziationen) etwas spezifisch Menschliches sind. Die Vermittlerstrukturen verkörpern sonach die ,,Aktivierungsdimension''. Haltungsstil und Lagebefindlichkeit des Menschen hängen von der Intaktheit und der Eurhythmie der Vermittlerstrukturen ab. Die mesitetischen Strukturen vermitteln zwischen den verschiedenen Dimensionen von ,,Reaktion''.

Bei der Schizophrenie sind diese Vermittlerstrukturen in ihrer Fähigkeit, Verbindungen herzustellen oder abzustoppen, aufgrund einer strukturalen (funktionellen) Abwandlung gestört. Daraus folgt eine primäre Störung oder Grundstörung, die die Assoziationen, insbesondere auch die intermodalen Assoziationen (GESCHWIND), die Denkabläufe, die Ichstrukturen und die Funktionen des Selbstbewußtseins betrifft.

Neuro- und molekularbiologische Fundierung der Theorie

Auf die engen Beziehungen, die die Funktionen dieser Vermittlerstrukturen mit den Funktionen des Dendritensystems erkennen lassen, wurde schon hingewiesen. Psychisch stimulierte Tiere zeigen eine größere Verzweigung der Dendriten (ROSENZWEIG), die biologische Struktur wird also psychogenetisch beeinflußt durch die Lebenserfahrungen des Tieres. Es wurde immer wieder betont, daß die hier vorgelegten Untersuchungen in ihrem Ausgangspunkt und in ihrer Zielsetzung biologische zu verstehen ist, daß der Bios als psychophysische Einheit (als Physis = Werden) in das Zentrum des Blickfeldes gestellt wird, so daß Leben als ein wirkender, zeitlich ablaufender und stetig sich wandelnder Ablauf, als ein πάντα ὁεῖ als Lebensart und als Welt des Menschen erfaßt wird. Der Ausgangspunkt unseres Denkens ist letztlich an der Genetik orientiert, an den Erbinformationen, die sich im Körper-Ich und im seelischen Ich manifestieren und durch das Registrieren von Situation und Welt ständigen Korrekturen unterzogen werden. Für diese Betrachtungsweise sind psychische und pathopsychologische, soziale und kommunikationswissenschaftliche Strukturen und überhaupt Verhaltensphänomene nicht Endpunkte.

sind auch geistige Vorgänge nicht „etwas Höheres", sondern gleichfalls schlichte Phänomene, Signale, auch „Leistungen", die ausschließlich diesen Lebensvorgängen zu danken sind. Diese Lebensvorgänge, und darin sind wir mit den modernen Physikern und Biologen einig, denken wir aber nicht als materiell, sondern einfach als Ereignisse und Gruppen von Ereignissen. Philosophie wird einer so orientierten Forschung erst dann wieder etwas zu bieten haben, und damit glaube ich mich mit SCHILDER und CONRAD einig, wenn sie die Mühe des Begriffes auf sich genommen hat, die ihr durch die Ergebnisse der modernen Physik und der modernen Biologie aufgegeben ist. Die hier vorgetragene Theorie wird nicht gestützt durch philosophische Erwägungen, wohl aber durch die Forschungen der Biologen MONOD und JACOB und bestätigt durch die Gedanken von BLEULER und FEDERN, als deren Ausbau zu einem wissenschaftlich tragfähigen Ansatz für künftige Forschungen sie gelten mag.

Nach MONOD gibt es in der Molekularbiologie kovalente Bindungen, denen die Herstellung einer gemeinsamen Elektronenbahn zugrunde liegt. Ihre Aktivierungsenergie ist hoch. Bei den nonkovalenten Bindungen ist die Aktivierungsenergie niedrig. Beim Übergang von einem stabilen Zustand in einen anderen tritt ein Zwischenzustand auf, der durch eine Erhöhung der potentiellen Energie gegenüber Anfangszustand und Endzustand markiert ist. Das, was wir als Kennzeichen des kriminogenen Strukturwandels gefunden haben, nämlich ein pragmatophores Syndrom zwischen einem Anfangszustand und einem Endzustand mit erhöhtem Energiepotential, das in einem pragmatischen Entlassungsmechanismus meßbar ist, erweist sich als ein Sonderfall allgemeiner biologischer und dynamischer Strukturgesetzlichkeiten. Ein zwischen Gruppen komplexer Pathorhythmien stattfindender Strukturwandel, etwa ein Umschlag vom Depressiven ins nosologische Grenzgebiet des Neurotischen, unterliegt auf der Ebene psychophysischer Ablaufsformen denselben Grundgesetzlichkeiten wie die Lösungen oder Bindungen im Bereich der Molekularbiologie. Synechetische Bindungen und ihre Strukturveränderungen verhalten sich zu metabolen Bindungen und ihren unendlich flüchtigen und vielfältigen Strukturveränderungen dynamisch analog, wie kovalente Bindungen zu nonkovalenten. Wie kovalente Bindungen sind synechetische Bindungen relativ stabil und von starken energetischen Potentialen getragen und können metabole Bindungen nur dann eine gewisse Stabilität erreichen, wenn sie vielfache Wechselwirkungen (Konditionierungen und Synergien) einschließen.

Hier ergeben sich Fragen, die die Kommunikationsforschung mit ihren symmetrischen und komplementären Interaktionen betreffen (WATZLAWIK). Damit ist die Dynamik des Strukturwandels bei der Kriminogenese und bei der Wahngenese auf dynamische Grundgesetzlichkeiten der biologischen Forschung zurückgeführt. Nachdem auch den molekularen Verbindungen ein „Handeln", ja „Erkennen" (JACOB)

zugrunde liegt, kann dieser Befund als eine Bestätigung der Thesen von SCHILDER gewertet werden, von denen wir ausgegangen sind. Hiernach sind die Gesetzmäßigkeiten für das Psychische und das Physiologische nicht voneinander verschieden, sondern von den höheren Funktionen werden die niedrigeren beeinflußt und umgekehrt, und: Gleichgewicht wird so von einem physiologischen Problem zu einer „moralischen Aufgabe" (SCHILDER).

Nachdem die Dynamik der Potentialenergie bei Strukturwandel eine biologische Fundierung erhalten hat, bleibt die Frage, ob die bisher hypothetische Annahme von Vermittlerstrukturen nach Analogie der verhältnismäßig groben pragmatophoren Syndrome gleichfalls in der modernen Biologie eine Stütze findet.

In der Tat fand sich in den Ergebnissen der Molekularbiologie MONODs ein Hinweis dafür, daß die Annahme einer allgemeinen Verbreitung pragmatophorer Vermittlerstrukturen berechtigt ist. Zwischen den Proteinen mit ihren Molekulargewichten von bis zu 1 000 000 und ihrer Reihenpolymerisierung von bis zu 10 000 Bausteinen aus Aminosäuren, die wieder aus zwanzig verschiedenen Typen mit je vier verschiedenen Buchstaben bestehen, gibt es nach den Forschungen von JACOB Regulatorproteine, die durch ihre Struktur mit besonderen Eigenschaften ausgestattet sind. Diese Regulatorproteine spielen eine Kupplungsrolle zwischen den verschiedenen Funktionen der Zelle. Die Annahme, daß zwischen psychischen Strukturen, die wir als Biorhythmen auffassen, Vermittlungsstrukturen eingeschaltet sind, läßt sich nach den Befunden der Molekularbiologie JACOBs biologisch begründen. Systeme, wie das retikuläre System, die aktivierenden Hirnstammsysteme oder das interpersonal verbindende mimognostische System (STUMPFL 1959), entsprechen lokalen Kohärenzzonen oder Schaltzonen, die Gruppen einzelner Strukturzusammenhänge zusammenfassen, Energie speichern oder übermitteln, und als große Aktivatoren betrachtet werden dürfen (Aktivierungszonen).

Die Annahme von Vermittlerstrukturen im Bereich des Psychischen im Zusammenhang von Wahnsyndromen mit und ohne schizophrenen Achsensyndrom ließ erkennen, daß bei solchen Kranken die Kriminogenese von gleichen, nur unwesentlich modifizierten Grundgesetzlichkeiten abhängig ist wie bei Gesunden. Daraus und aus dem Nachweis von Vermittlerstrukturen („Regulatorstrukturen") im Bereich der Biorhythmien läßt sich ableiten, daß bei Schizophrenie mit einer Grundstörung gerechnet werden kann, die als mesitetisch, d.h. die Vermittlerstrukturen selbst betreffend, zu umschreiben ist. Wahrscheinlich ist es so, daß bei Wahnsyndromen mit schizophrenem Achsensyndrom diese Strukturen schon primär, d.h. in ihrem inneren Funktionszusammenhang aufgrund der Geninformationen mangelhaft gesteuert sind, indessen bei anderen Wahnsyndromen diese Strukturen nur in gewissen Kohärenzzonen von einer Inaktivitätsstörung betroffen werden, wie etwa beim Altersparanoid, bei gewissen Al-

157

tersparaphrenien, bei symptomatischen Prozessen, bei phasischen Psychosen und bei katathymen Wahnsyndromen. Hier sind also nur in einer gewissen Kohärenzzone durch Pathorhythmien die Funktionen der Vermittlerstrukturen selbst in Mitleidenschaft gezogen. Es ist auch an die Möglichkeit zu denken, daß etwa beim Rückzug auf das Ich in der Melancholie vor allem die metabolen Vermittlerstrukturen von einem Potentialverlust getroffen werden, während bei Schizophrenie die synechetischen Vermittlerstrukturen einer Dekompensation verfallen, so daß es im metabolen Bereich, der ja von den Ichimpulsen abhängig ist, zu Desorganisationen sekundärer Natur mit Abwandlungen durch Abwehrmechanismen und andere Reaktionen kommen muß.

Das Problem
enzephalographischer Korrelationen
Jeder mehr oder weniger akute Syndromwandel oder Strukturwandel ist von einem Anstieg des Energiepotentials begleitet, gleichgültig, ob es sich um einen kriminogenen Strukturwandel im Sinne eines pragmatophoren Syndroms handelt, um einen Strukturwandel im Rahmen eines Wahnsyndroms, oder um einen solchen im Bereich der Aktualgenese eines motivierten emotionalen Geschehens. Es ist wahrscheinlich, daß dieser Anstieg des Energiepotentials, der mit einem Strukturwandel, z.B. auch im Rahmen eines psychosomatischen Syndroms synchron abläuft, seine strukturale Grundlage in der Energetik der katalytischen Aktivierung von Reaktionen stereospezifischer Komplexe findet. Das würde besagen, daß Anstieg des Energiepotentials in einem pathopsychologisch faßbaren Syndromwandel und im Aktivierungsstadium zwischen Anfangs- und Endzustand eines molekularbiologischen Geschehens dynamisch gesehen identisch sind.

Dementsprechend sind auch EEG-Veränderungen vor allem dort zu erwarten, wo sie aus äußeren Gründen in der Regel nicht durchgeführt werden können, nämlich synchron mit einem akuten Syndromwandel.

N.M., ein junger Mann von 22 Jahren, der wegen Fahnenflucht unter Anklage stand, zeigte bei der begutachtenden Untersuchung ein relativ stationäres, in Juxtaposition stehendes Wahnsyndrom mit eindeutig schizophrenem Achsensyndrom. Noch im Verlauf wiederholter Untersuchungen, zu denen er vorgeladen wurde, erschien er eines Tages spontan im Zustand eines akuten Syndromwandels mit Wahnstimmung, Berufungsideen, starker innerer Spannung und frei flottierender Angst. Er wurde mit einer Begleitperson zu seinem ganz in der Nähe befindlichen Arzt geführt, ergriff aber am Weg plötzlich die Flucht und erschlug einen Tag später seine Zimmerfrau, bei der er Quartier hatte.

In einem solchen Fall ist wohl nicht zu bezweifeln, daß das EEG in einer derartigen Phase eines akuten schizophrenen Syndromwandels deutliche Abweichungen von der Norm aufweisen würde. Solche Reaktionen Schizophrener sind ebenso selten wie analoge Reaktionen Pubertierender, wie etwa an einem Fall zu beobachten war, wo die Tat in einer Situation lebensgeschichtlich relativ gut durchschaubarer Beziehungskonstellationen gesetzt wurde und die Aktualgenese aufeinander superponierenden gestuften Konfliktsequenzen beruhte: ein Jugendlicher gab ganz unvermittelt und anscheinend unmotiviert einen Schuß auf seinen Lehrer ab, den er gar nicht haßte, oder in einem anderen Fall auf ein Mädchen, der er seine vermeintliche Liebe noch nie gestanden hatte. Auch bei solchen Taten Jugendlicher sind unausgereifte Ichstrukturen und Störungen im Bereich der Vermittlerstrukturen anzunehmen, wenn auch in einem ganz anderen Funktionszusammenhang als bei Schizophrenen.
Die Auffassung, daß während eines derartigen aktualgenetischen Syndroms und ebenso bei einem schizophrenen und akuten Strukturwandel eine Korrelation mit enzephalographisch nachweisbaren Abweichungen anzunehmen ist, wird durch neuere Ergebnisse der Elektroenzephalographie bei endogenen Psychosen bestätigt. So fanden BERNER u. Mitarb. (1973), daß organische Achsensyndrome bei Wahnkranken vom paraphren-paranoischen Typ mit EEG-Merkmalen nicht korreliert sind, wohl aber Unterschiede bestehen im Sinne einer größeren Häufigkeit abnorm zu klassifizierender Kurven bei paraphrenen Syndromen im Vergleich zu paranoischen. Unserer Auffassung nach

dürfte das so zu deuten sein, daß die paranoiden und paranoischen Syndrome wesentlich fixierender und stabilisierender auf die Gesamtstruktur des emotionalen Geschehens einwirken als die paraphrenen mit ihren labilisierend in die Waagschale fallenden Strukturaufbauelementen des Wahns. Es ist sonach bei paraphrenen Syndromen häufiger und dem Ausmaß nach intensiver ein innerer Strukturwandel durch Beeinflussungsideen, Halluzinationen, Illusionen, Fabulationen, und Anmutungserlebnisse zu erwarten als bei paranoiden und paranoischen Syndromen. Dem entspricht nun, daß nach den genannten Forschungen Befunde enzephalographischer Auffälligkeiten und ihre zusammenfassende Beurteilung als abnorm bei sog. endogenen Psychosen zwar häufiger auftreten, in ihren Ungleichmäßigkeiten aber nicht nosologisch bestimmt, sondern von der Dynamik psychopathologischer Veränderungen abhängig sind (BERNER u.Mitarb. 1973). In der von den genannten Autoren ausgesprochenen Hoffnung auf eine Hirnelektrophysiologie der seelischen Dynamik in Analogie zu der endokrinologischen Psychiatrie als Bestandteil einer Humoralphysiologie der Emotionen begegnen sich die genannten Forschungsrichtungen mit den hier vorgelegten Ergebnissen.

Hervorzuheben ist besonders der Befund von BERNER u.Mitarb., wonach die Ungleichmäßigkeit der Verteilung bestimmter elektroenzephalographischer Auffälligkeiten nicht nosologisch bestimmt erscheint, sondern von der Dynamik der psychopathologischen Veränderungen abhängt.

Ergebnis: Pragmatophore Syndrome im kriminogenen Strukturwandel und ebenso der Strukturwandel im Rahmen von Wahnsyndromen sind getragen von Steigerungen der energetischen Potentiale, die ihre Analogien sowohl in der Molekularbiologie sog. Aktivierungsstadien als auch in der neueren klinischen Psychopathologie im Nachweis elektroenzephalographischer Korrelationen (BERNER u.Mitarb. 1973) finden.

Die Arbeitshypothese, daß auch akute emotionale Schwankungen von Vermittlerstrukturen getragen werden, denen ein Anstieg des Energiepotentials in der Aktualgenese des Strukturwandels korreliert ist, ist durch die bisherigen Ergebnisse hinreichend gestützt.

Die von uns nach Analogie der pragmatophoren Syndrome postulierten Vermittlerstrukturen entwickeln Funktionen, die man als Emotionen und Gefühle bezeichnet. Nicht daß jede Vermittlerstruktur einer Emotion entspräche, sondern dem Rhythmus der Funktionen dieser Strukturen sind von einem gewissen Komplikationsgrad an Emotionen (Gefühle) zugeordnet (als „Gestalten" bzw. als Mikrosyndrome). Nichts rechtfertigt die Annahme, daß die elementaren Wechselwirkungen auf den verschiedenen Integrationsstufen psychischen (und emotionalen) Geschehens unterschiedlicher Natur sind.

Konditionierung pathogener Stimuli bei Rückfallskriminalität

Das Problem des Rückfalls in der zur Gewohnheit gewordenen Delinquenz liegt nicht mehr bei den Bedingungskonstellationen, sondern in der Entflechtung gestufter Konditionierungssequenzen. Wo diese erst in den Pubertätsjahren wirksam werden, sind ihre Mechanismen noch einigermaßen überschaubar. Oft reichen sie aber bis in die früheste Kindheit zurück und bereiten dann einem Rekonstruktionsversuche erhebliche Schwierigkeiten, weil dieser kinderpsychiatrische Erfahrung und eine Übersicht über Verläufe erfordert, die sich über ein ganzes Leben erstrecken. Bemerkenswert ist die Feststellung der Soziologie, daß der Übergang aus wenig differenzierten Verwandtschafts- und Schichtungssystemen in hochdifferenzierte Wirtschaftssysteme devianzauslösend wirkt. Das ist eine alte kriminologische und gerichtspsychiatrische Erfahrung, die z.B. bei jungen Burschen, die vom Lande in die

Großstadt kommen, beobachtet werden kann und die die potentiell kriminogene Bedeutung jeden Strukturwandels bestätigt. Ein solcher ist naturgemäß mit der Lösung alter Bindungen und dem Fehlen neuer, die sie hinreichend ersetzen, verbunden. Dieser Strukturwandel ist letztlich einer im Bereich des Gleichgewichts der psychischen Systeme des Individuums, und es erscheint als eine Vereinfachung, die daraus entspringende Gefährdung auf eine Anomie, auf das Fehlen gemeinsamer Regeln, zurückzuführen. Die sozialen Regeln bleiben bei allem äußeren Wandel in ihrer Grundstruktur dieselben, aber es fehlen die Kontakte und Bindungen, die dem emotionalen Geschehen und seinen Funktionen bisher zugrunde lagen. So ist der Übergang in hochdifferenzierte Wirtschaftssysteme nur ein einziger Faktor, der erst im Bedingungszusammenhang mit vielen anderen das Auftreten von Verhaltensdevianzen ermöglicht oder unwahrscheinlich macht.

Daß ein solcher (äußerer) sozialer Strukturwandel auch zu Aufstieg in höchste Gesellschaftsschichten führen kann, demonstriert das wunderbare Schicksal eines Tirolers, welches in dem Buch mit dem sehr modern anmutenden Titel *Leben und „Ereignisse" des Peter Prosch* beschrieben ist und welcher in der Zeit der Aufklärung lebte, ebenso im 19. und 20. Jahrhundert der rasche soziale Aufstieg berühmter Persönlichkeiten aus kleinsten Anfängen auf beiden Seiten des Atlantiks. Die äußere „Anomie" im Sinne der Soziologie, sofern es sie überhaupt gibt, ist sonach ein Faktor, der erst in den inneren Bedingungskonstellationen der Einzelpersönlichkeit und ihrer engeren Gruppe seinen Stellenwert erhält.

Die gleichen Probleme ergeben sich beim Studium des organisierten Verbrechertums. Der Boß, die Leutnants und Soldaten einer organisierten Verbrechergruppe, die Entstehung der Mafia in Sizilien, haben ihre Geschichte in den Wirtschaftsstrukturen und in der Einstellung ganzer Bevölkerungsgruppen. Aber die Schnitt-

punkte der aus den Umwälzungen dieser Systeme resultierenden Energien und ihre lebendige Dynamik sind auch dort im Individuum selbst zu suchen, im Strukturwandel seiner intra- und interpersonalen Systeme, deren Untersuchung vielleicht gefährlich, aber nicht unmöglich wäre.

Das, was man in der Kriminologie als Kriminalisierungsprozeß bezeichnet hat, ist eine gestufte Abfolge von Konditionierungen im Bereich phasenspezifischer Triebzustände und Ichzustände, die in ihren ersten Ausläufern schon in der frühen Kindheit ihren Anfang nehmen kann.

H.J. SCHNEIDER führt in seiner Kriminologie die Darstellung von SHAW (1931) über einen jungen Straftäter an, der schon in seiner frühen Kindheit zahlreiche Kontakte mit Kriminellen hatte, bereits in Spielgruppen und Kinderbanden sozial abweichende Handlungen setzte und aus einer verarmten desorganisierten Familie stammte. Er wurde schon mit sieben Jahren verhaftet und wie ein erwachsener Krimineller behandelt. Als Kind stahl er meist ganz nutzlose Dinge, hatte später mit jugendlichen und erwachsenen Kriminellen Kontakte und entwickelte kriminelle Einstellungen und Gewohnheiten. Sein älterer Bruder hingegen, der von der Mutter viel stärker beaufsichtigt und frühzeitig mit der Synagoge in Verbindung gebracht worden war, entwickelte beständige Kontakte mit nichtdelinquenten konventionellen Gruppen.

Es wäre naturgemäß eine grobe Vereinfachung, wollte man annehmen, daß hier die Nachahmung konventioneller und dort die delinquenter Gruppen als solche einmal die eine und einmal die andere Prägung bewirkt hätten. Daß die Mutter den einen mehr, den anderen weniger beaufsichtigt hatte, weist schon auf eine Differenzierung interpersonaler Bedingungskonstellationen, die zu dieser ausgesprochen antithetischen Rollenverteilung geführt hatte, und auf dynamische Interferenzen von Bindungen, deren Bedeutung für die Entwicklung nur durch eine psychopathologische Strukturanalyse aufgeklärt werden könnte. Es ist aber zuzugeben, daß derartige Fälle zu den schwierigsten gehören, wenn man realisiert, daß diese Familiengruppen eine Tendenz entwickeln, „den Fall" selbst zu interpretie-

ren und jede wissenschaftliche Wahrheits-
findung zu verhindern.

Am folgenden Modellfall, der in Statu nascendi erkennen läßt, wie delinquentes Verhalten „gelernt" werden kann, ist diese, die
Wahrheit verdeckende „Gegeninterpreta-
tion" von seiten der Familie deutlich ausgeprägt.

V.L., ein Mechanikerlehrling, in der Schule wie nun
in der Lehre und der Familie als besonders „brav" bekannt, in geordneten Familienverhältnissen aufgewachsen, beging mit 18 Jahren einen Mopeddiebstahl.
Er wurde ein halbes Jahr später in einem Wohnwagen, in den er nach Wegschrauben der Fenster einge-
stiegen war, überrascht, als er die Schubladen durch-
suchte. Der Vater sehr ordentlich, Vorarbeiter in
einer Fabrik, die Mutter leicht erregbar, aber sehr um
die Kinder besorgt, arbeitet noch als Bedienung. Die
Familie bewohnte eine gepflegte Villa mit schönem
Garten, der Junge hatte sein eigenes, modern einge-
richtetes Zimmer. Die Mutter wirkte neurotisch,
neigte zu hysteriformen Kurzschlußreaktionen und
wies ein organisches Rorschach-Syndrom auf.

Die Vorgeschichte ergab: Als die Mutter mit V.L.
schwanger war, machte sie drei Laparatomien durch,
die erste, weil man irrtümlich eine Bauchhöhlen-
schwangerschaft annahm, die beiden folgenden angeblich wegen Ovarialzysten. Über die frühere Kindheit ist nichts Auffallendes bekannt geworden. In der
Schulzeit forderte der Direktor einmal, daß der Junge
einem Psychiater vorgeführt werde. Der untersuchende Arzt konnte aber nichts feststellen und fixierte
auf diese Weise in der Mutter die Idee, der Junge sei
ohnedies normal. In den Pubertätsjahren deutliche
Wesensänderung. Er hatte Zeiten, wo er plötzlich
ganz verschlossen war, wurde überhaupt ein Einzel-
gänger, versuchte keinen Anschluß an Freunde oder
Mädchen. Seine jüngere Schwester war etwas dyspla-
stisch und wird mit Hormonen behandelt. Auch sie
war „brav" und wurde von den Eltern ängstlich vor
dem Umgang mit Burschen bewahrt. Die Exploration der Mutter ergab nur, daß der Junge seit seinem
14. Lebensjahr oft „etwas angestellt" habe, irgendwelche kleinen sinnlosen Beschädigungen, es war
aber nicht möglich, die Darstellung eines konkreten
Beispiels zu erlangen. Für diese Handlungsweisen haben sie ihn jedesmal gründlich mit einem Stab „ver-
sohlt". Es war zum Greifen deutlich, daß es sich um
irgendwelche abnormen Verhaltensweisen handeln
mußte, die aber, wie auch das Vorgehen des Schuldi-
rektors, mehr oder weniger bewußt verschwiegen
wurden.

Der Vater machte anfangs den selben Versuch, den
Buben als normal hinzustellen. Nachdem aber akten-
kundig war, daß er schon mehrmals von zu Hause
fortgelaufen war, gelang es nach einiger Zeit, die Beobachtungen einer Tante zu explorieren, die eindeutig auf das Vorliegen von Absencen oder kurzen Däm-

merzuständen hinwiesen. Daraufhin ergab die gezielte Fragestellung beim Vater, die nur zögernd vor-
gebrachte und verklausulierte Mitteilung über analoge Vorfälle. Er betrat z.B. sein Zimmer, sprach zu
dem Jungen, der ihn aber nur anstarrte, ohne ein
Wort zu erwidern, worauf der Vater erzürnt den
Raum verließ. Einige Zeit später stellte dieser fest,
daß sich der Junge an den Vorfall überhaupt nicht
erinnern konnte. Es wurde auch über vereinzelte sinnlose Handlungen berichtet, über die der Junge keine
Auskunft geben konnte, z.B. Zerreißen einer Hose,
Abreißen einer Tapete und dergleichen. Das erste
Mal wollte er im Alter von etwa 14 Jahren fortlaufen,
war aber von den Eltern noch gefaßt worden, als er
Wäsche und Reiseproviant auf das Fahrrad packte.
Ein anderes Mal wurden die Eltern durch einen Anruf
von Nachbarn verständigt, das dritte Mal war er nach
sechshundert Kilometer Bahnfahrt bis zur Schweizer
Grenze gelangt. In keinem Falle konnte er irgendwelche Gründe angeben, außer, daß er den Eltern zeigen
wollte, daß er sich selbst durchs Leben schlagen
könne und daß er gerne zur See gefahren wäre.

Die Untersuchung ergab eine etwas unterdurch-
schnittliche Intelligenz, einen infantil eingeengten In-
teressenkreis, Kontaktschwäche und deutliche Antriebsstörungen, deren Ausmaß bewirkte, daß er allen
Anweisungen prompt Folge leistete und eben noch in
der Lage war, einfache Arbeiten ohne Überwachung
durchzuführen, also brav zu sein. Es fanden sich ein
organisches Rorschach-Syndrom, eine allgemeine
Verlangsamung der Reaktionen und eine vollkommene Verdrängung aller eigenen Abnormitäten.
Dazu kamen noch gewisse dranghafte Zustände, einfach fortzugehen, die er aber nicht näher beschreiben
konnte, wie überhaupt sein verbales Ausdrucksver-
mögen äußerst gering war.

Dem Vater wurde zu diesem Zeitpunkt vorgehalten,
daß sein Sohn an Absencen und leichten Dämmerzuständen leide, womit seine Verhaltensstörungen in
Zusammenhang stünden. Über die Wahrscheinlichkeit des Vorliegens einer Temporallappenepilepsie
mit psychomotorischen Anfällen wurde nichts gesagt, weil das die Familie nicht mehr akzeptiert hätte.
Es genügte, die Eltern von der Notwendigkeit einer
fachärztlichen Behandlung zu überzeugen. Erleichtert sagte daraufhin der Vater, er und sein Schwager
wären ohnedies der Auffassung, der Junge sei nicht
normal, man müsse eigentlich seine Frau auch gleich
mit zum Psychiater bringen; sie sei so erregbar und
schwierig. Erst nach dieser Entlastungsreaktion ergab nun die Exploration des Vaters, daß bei dem Jungen ganz plötzliche Stimmungsumschläge vorkamen.
Mitten aus einer gelösten Heiterkeit, während er sich
umdrehte, kam es plötzlich zu einem Umschlag in ein
mürrisch-abweisendes Verhalten mit Unansprech-
barkeit und leichter Gereiztheit.

Dreamy states

An diesem Modellfall ist folgendes bemerkenswert.
Ein wahrscheinlich schon in der Embryonalzeit ge-

setzter Hirnschaden (Narkosen der Mutter) und schon in der Schulzeit von einem Lehrer bemerkter Zustand von Absencen wurde bei einer fachärztlichen Untersuchung verkannt. Die neurotische Mutter verdrängte hierauf die Erkrankung ihres Sohnes mit teilweisem Erfolg aus dem Bewußtsein der ganzen Familie. Als es mit 14 Jahren neben den unbemerkt bleibenden Absencen auch zu kleinen Dämmerzuständen mit sinnlosem Agieren, also zu ausgesprochenen *dreamy states*, kam, wurden auch diese Zustände entweder nicht beachtet oder als Böswilligkeit ausgelegt und mit recht ausgiebigen Prügelstrafen beantwortet. Nachdem der Junge an diese Vorgänge und sein Verhalten keine Erinnerungen hatte, kam es zu einer Konditionierung unbewußter Bereitschaften zur Flucht, oder, sofern diese durch organische Antriebsstörungen bedingt waren, zu einer angstvollen Besetzung dieser Syndrome. Sein Fortlaufen wurde dementsprechend motiviert: er wolle den Eltern zeigen, daß er sich auch selbständig fortbringen könne (also normal sei). Zugleich erfuhren sein Einzelgängertum und seine Kontaktarmut gegenüber Mädchen eine Verstärkung im Sinne von PAWLOW und der Lerntheorie, wurden doch seine einsamen Radtouren ganz im Sinne seiner Karl-May-Lektüren von der Mutter dahingehend interpretiert, daß er so kräftig wäre und andere deshalb nicht mithalten könnten. Diese sekundäre und positive Verstärkung durch konditionierte Reize (Belohnung) und Bestätigung seiner Identifizierung bestärkte und intensivierte das Einzelgängertum so sehr, daß es gar nicht als Abweichung erlebt werden konnte. Mit dem Erfolg allerdings, daß keinerlei phobischen Symptome auftreten konnten. Zugleich wurde durch die Synchronisierung der Schläge, die er aufgrund seiner Amnesien nicht als Strafe erleben konnte, mit Zuständen eines Syndromwandels im Bereich des Bewußtseinsfeldes das Auftreten angstvoller Erwartungswellen konditioniert und die Fluchttendenz mit den Zuständen des Syndromwandels gekoppelt. Es kam also zu einer Konditionierung von Erwartungswellen (*expectancy waves* nach GREY) und ihrer Verkoppelung mit den plötzlichen Stimmungsumschlägen, denen wahrscheinlich gleichfalls ein Syndromwandel des Bewußtseinsfeldes zugrunde lag, ohne daß bereits ein ausgesprochener Dämmerzustand erreicht war. In einem solchen Stimmungsumschlag begab sich der Junge einfach in einen fremden Wohnwagen, der nahe dem Weingarten seiner Tante stand, mit dem Gedanken, dort zu übernachten.

Der Symbolgehalt dieser Handlung liegt auf der Hand, der Wohnwagen bedeutet zugleich Schutz und Weltoffenheit. Versucht man diese in Stufen über Jahre hin verlaufenden Konditionierungssequenzen auf eine kurze Formel zu bringen, so kann man sagen, epileptische Verstimmungszustände und psychomotorische leichtere

Anfälle werden von der Familie als nicht abnorm verdrängt und durch Prügelstrafen mit Wunschphantasien und verdrängten Angstzuständen aus dem Reifungswandel der Pubertätszeit gekoppelt. Daß dieses dynamische Wechselspiel im vorliegenden Fall nur zu einer kriminogenen Pathorhythmie geführt hat und noch nicht zu einer Fixierung delinquenten Verhaltens, beruht offenbar darauf, daß in gegenläufigen Konditionierungssequenzen das Prinzip der reziproken Hemmung (HULL, PAWLOW) zum Tragen kam, dem ja die organische Antriebsschwäche entgegenkommen mußte. Der Junge wurde für seine Bravheit in reichem Ausmaß belohnt, überallhin mitgenommen und reichlich beschenkt. Dazu kam, daß diese komplexe Pathorhythmie in einer Familienpathorhythmie mit festem Rollenzwang verdeckt und gleichsam abgepuffert wurde.

Gerade dank dieser topischen Verankerung des Konditionierungskomplexes an einer Weichenstellung, die noch nicht endgültig „gestellt" war, so daß „Abweichungen" möglich, aber noch nicht „notwendig" waren, ist dieser Fall psychodynamisch bemerkenswert, weil er ein Lernen von delinquentem Verhalten in seinen Bedingungsmöglichkeiten transparent werden läßt.

Antriebsschwäche und abnorme Lenkbarkeit interferierten mit der innerlich widersprüchlichen Haltung der Eltern, die unter der Prävalenz neurotischer Impulse von seiten der Mutter zwischen Verdrängung und Ärger über die Verhaltensabweichungen ratlos hin und her schwankte. In diesem Fall war die Lösung leicht. Die Mutter arbeitete bei einem Psychiater, und es war möglich, sie zu überreden, ihm die ganze Sache anzuvertrauen. Ein neuerliches Übersehen der organischen Störung wie schon in der Schulzeit und eine zusätzliche strafrechtliche Verurteilung hätten leicht dazu führen können, eine delinquente Laufbahn zu besiegeln.

Auf einen Faktor ist noch hinzuweisen. Bei der Suche nach kriminogenen Faktoren, die schon in der Kindheit verwurzelt sind, wird man immer wieder mit der Tatsache konfrontiert, daß das kindliche Spielen nicht in Ordnung war. Im vorliegenden Fall war es so, daß schon die neurotische Mutter als Kind nie zum Spielen kam, Kinderspiele praktisch überhaupt nicht kannte, weil sie schon früh in der Landwirtschaft ihrer Eltern mitarbeiten mußte. Aber auch L.V. hatte als Kind eigentlich nie gespielt, angeblich weil er und seine Schwester beim Bau des elterlichen Hauses mithelfen mußten, wahrscheinlich aber deshalb, weil die Eltern die Bedeutung des kindlichen Spieles für eine normale Entwicklung nicht erkannten. Das Spiel, als wichtiges teleonomisches Element in der psychischen Entwicklung und der gesellschaftlichen Einordnung ist nach unseren Erfahrungen bei derartigen Fällen in der Regel ein weitgehend unbekanntes Phänomen geblieben oder nur ganz rudimentär entwickelt worden.[14]

Zusammenfassung: Das energetische Potential, dem die delinquenten Handlungen und das plötzliche Fortlaufen entsprangen, ist wahrscheinlich weniger dem Syndromwandel im Bereich der *dreamy states* zuzuschreiben, obwohl nicht ausgeschlossen werden kann, daß eine leichte organische Umdämmerung oder Bewußtseinsveränderung die Handlungsabläufe zumindest eingeleitet hat. Vielmehr entsprang es den plötzlich einsetzenden Verstimmungszuständen, die ebenso organisch anmuteten wie einzelne Züge von Verhaltensrudimenten während der Untersuchung und das organische Rorschach-Syndrom. Es handelte sich um organische Pathorhythmien, die dynamisch wie pragmatophore Syndrome wirkten. In diesen Strukturwandel gingen die unbewußten und vorbewußten, z.T. verdrängten Konflikte als aktivierende ungeformte Bruchstücke des Lebens ein, wobei ihnen gleichsam eine Katalysatorfunktion zufiel.

Soziale Strukturen
Wesentlich an diesem Modell ist etwas ganz anderes. Es wird hier deutlich, wie von einem Beobachter, in diesem Fall der Mutter, wertwidrige Handlungen, die wahrscheinlich bewußtseinsfern, jedenfalls nicht intendiert sind, als boshaft, d.h. absichtlich gegen anerkannte Werte gerichtet, interpretiert werden. Gleichzeitig wird eine durchaus anerkannte, deutlich erkennbare organische Störung verdrängt.

Dem Handelnden wird also zugleich Steuerungsfähigkeit (Vernunft) zuerkannt und doch nicht zuerkannt: er wird geprügelt. Diese paradoxe Handlungsauslegung und Handlungsaufforderung, von jemandem vernünftiges Handeln zu erwarten, dessen Reden man als unvernünftig beurteilt, verweist auf die Beziehungen von Handeln und Wertsphäre.

Bisher war nur von den subjektiven Wertsphären die Rede. Zur Entwicklung der Natur des Menschseins gehört, daß das Individuum ein Selbstkonzept (ROGERS) entwickelt. Diese autonome Kraft zur Selbstgestaltung ermöglicht es dem Menschen, zu sich und zu den vorgegebenen Möglichkeiten Stellung zu nehmen, Konzepte zu einer Selbstverwirklichung zu entwickeln. Destruktive Einfälle sind ein Phänomen, dem man bei der Verfolgung von Lebensläufen delinquenter, aber auch nichtdelinquenter Persönlichkeiten immer wieder begegnet. Diese Erfahrung legt es nahe, an primär destruktive Intentionen im Sinne von VON GEBSATTEL und eine „untergründige Destruktivität" im Sinne von KUNZ zu denken. Von letzterer ist anzunehmen, daß sie nicht nur den Sexualperversionen, sondern, nachdem ja das Sexualverhalten im weiteren Sinne gleichsam die „Wechsel" für das Sozialverhalten stellt, dem sozialen Fehlverhalten überhaupt zugrunde liegt.

Die Entwicklung sozialer Strukturen von Konzepten der Verwirklichung seiner selbst ist aber nun, wie MÜLLER-SUUR gezeigt hat, durch das entscheidende Moment ausgezeichnet, daß sie berechtigte Interessen der Mitmenschen bei der Verwirklichung der eigenen Möglichkeiten berücksichtigt. Nichtberücksichtigung berechtigter Interessen der Mitmenschen bei der Verwirklichung eigener führt zu Schuld. Bei Rückfallsdelinquenten ist die Entwicklung dieser sozialen Strukturen mit der Bezeichnung „gemütlose Psychopathen", zum Teil überhaupt schon mit dem Begriff

---

[14] Das Kinderspiel. Texte herausgegeben von ANDREAS FLITNER. München: Piper 1973

Psychopathie, anvisiert, aber nicht sachgemäß interpretiert worden.

Über die Dynamik der Entwicklung dieser „sozialen Strukturen" ist folgendes zu sagen. Wir bewegen uns hier nicht mehr im Bereich des konstantesten Merkmals der seelischen Organisation, das in den Beziehungen zwischen ihren Teilbereichen besteht. Beziehungen, die durch die Vermittlerstrukturen und -syndrome bzw. durch die Gefühle hergestellt werden. Es zeigte sich in diesem Bereich, daß der Strukturwandel eines einzigen Elementes, z.B. der Angst, andere und diese weitere Strukturveränderungen in anderen Bereichen des Systems hervorruft, so daß eine ganze Syndromsequenz von Pathorhythmien die Folge sein kann.

Der Wertbereich zählt zu den höchsten, überpersönlichen und zugleich zentralen humanen Bereichen. Die Wertgefühle, in der Emotionsforschung bisher noch kaum beachtet, wurden schon von K. SCHNEIDER beschrieben und in Selbstwertgefühle und Fremdwertgefühle unterteilt. Wieder sind hier die Träger der Werte dynamische Vorgänge: die geistigen Akte, die Akte von Liebe und Haß, die Willensakte. Diese sind mit den übrigen Gefühlen nicht mehr identisch, sie sind gleichsam ich-näher, vor allem sind sie gerichtet, vektorenhaft, während die übrigen Gefühle als Zustandsgefühle mehr netzförmig orientiert sind, wenn ihnen auch sekundär durch die Funktion der Vermittlerstruktur eine gewisse Gerichtetheit verliehen wird.

Die Frage nach einer zentralen oder übergeordneten Struktur führt über die Wertgefühle zu der Fähigkeit des Menschen, ein Selbstkonzept zu entwickeln und damit den gesamten dynamischen Funktionszusammenhang zu integrieren und zu steuern. Diese Funktion der Selbststeuerung und konstruktiven Wertfindung durch konstruktive Impulse ist primär durch das Gesetz der Koexistenz mit den Interessen des Anderen verknüpft. Es ist eine Funktion, die „erlernt" werden muß. Die Wechselbeziehungen mit den Partnern in einer Gruppe vollziehen sich über die Beziehungen in der Familie, der Spielgruppe, der Schulgruppe als gestufte Sequenz von Interferenzen, deren integrierende Wirkung zum Aufbau der sozialen Strukturen führt. Es ist eine Funktion, besser ein System von Funktionen, das insbesondere über die „Wechsel" der sexuellen Entwicklung führt. Diese müssen im Kindesalter und in der Pubertät richtig „gestellt" sein.

Dieses Lernen ist mit der Selbstgestaltung des Zentralnervensystems aufs engste verknüpft. Zwar ist die morphologische Ausgestaltung des Systems im genetischen Kode von Anfang an unabänderlich festgelegt, und zwar in allen Reifungsstufen einschließlich Tod, der Mensch ist „geworfener Wurf" im Sinne von PLESSNER. Er entwickelt sich in immer wiederholten geworfenen Würfen von Würfeln, die genau dann fallen, wenn es der genetische Kode vorschreibt, doch läßt schon bei den Säugetieren und erst recht beim Menschen die Starrheit des Programms der Vererbung in zunehmendem Maße nach (JACOB). Die Fähigkeit zur Integration hat mit dem Gehirn zugenommen, der Mensch hat sogar eine neue Eigenschaft entwickelt, ein Symbolsystem, sich von den Objekten zu lösen. Der Mensch ist nicht über eine einzige Reihe von Zwischenstufen zum Menschen geworden, sondern über ein Mosaik von Veränderungen, in dem sich jedes Organ, jedes Organsystem, jede Gruppe von Funktionen mit eigener Geschwindigkeit und auf eigenen Wegen entwickelt hat (JACOB). All diese Entwicklungen, verlängerte Fetalzeit, verlangsamte Entwicklung, Bildung der Hand, Vergrößerung des Gehirns, Entwicklung der Sprache, ließ neue Systeme der Regulation und des Gedächtnisses entstehen, die auf einer dem Organismus übergelagerten Ebene funktionieren.

Bei dem bisherigen Untersuchungsgang wurden diese höheren Organisationsebenen von den elementaren Mechanismen her anvisiert, jetzt soll umgekehrt versucht werden, von dieser Ebene heraus die elementaren Vorgänge und ihre Integration in der Fähigkeit zur Selbstgestaltung in den Mittelpunkt zu rücken. Wenn es dabei nicht gelingen wird, zu einer Arbeitshypothese oder -theorie vorzustoßen, die weiteren Untersuchungen als Anhaltspunkt dienen kann, so deshalb, weil Entwicklungspsychologie und -pathologie noch nicht die Vollendung erreicht haben wie die klinische Psychopathologie, und unsere Kenntnisse des Nervensystems etwa dem Wissen von der Vererbung im 19. Jahrhundert entsprechen, wenn auch zu erwarten ist, daß man den molekularen Mechanismus der Synapsen und der Zellmembranen bald wird analysieren können. Es kann deshalb vorläufig nur darauf ankommen, den unzugänglichen Teil im genetischen Prozeß, der den Eigenschaften des menschlichen Organismus zugrunde liegt und dessen Durchführung streng fixiert ist, von dem anderen, offenen Teil, der dem Individuum eine gewisse Freiheit der Reaktion läßt, schärfer abzugrenzen. Doch ergeben sich hier noch aus einem anderen Grund Schwierigkeiten der kriminologischen Forschung. Um die Gesetzmäßigkeiten von Entwicklungsstörungen zu fassen, die die sozialen Strukturen betreffen, und solche liegen ja gerade der Rückfallsdelinquenz zugrunde, müßte es möglich sein, das Individuum von Kindheit an über sein ganzes Leben hin biographisch zu erfassen. Die praktische Undurchführbarkeit eines solchen Vorhabens, zumindest an einer hinreichend großen Zahl von Fällen, und der Umstand, daß wir im Querschnittsbild in der Kinderpsychiatrie nicht prognostizieren können, ja es gar nicht dürfen, weil die Frage der Fixierung von Verhaltensweisen offen bleibt und überdies bei der großen Flüchtigkeit kindlicher devianter Verhaltensformen jede Prognose selbst einen folgenschweren Eingriff in das Geschehen und daher einen Kunstfehler bedeuten kann, zwingt zum umgekehrten Weg.

Wir wählen als Modellfall eine Frau, die wegen relativ nichtiger Diebstähle achtzehn Jahre ihres Lebens in Gefängnissen, in Arbeitshäusern verbrachte, und versuchen an Hand ihrer Erinnerungen, ihre Kindheit zu rekonstruieren. Der Fall ist nur nach der Glaubwürdigkeit dieser Erinnerungen ausgelesen, die nur zögernd und ohne jeden aggressiven Affekt vorgebracht, die Annahme rechtfertigten, daß keine sekundären Verarbeitungen oder Phantasieerlebnisse entscheidend mitgeformt haben. Dabei geht es im wesentlichen um die Beziehungen und Interferenzen zwischen dem Unabänderlichen und dem Formbaren, also um die Doppelnatur des Menschen, welche nach dem Wort des Dichters die Merkmale göttlicher Herkunft und wesentlicher Freiheit mit „schwerer Verfesselung in die niedere Welt unentwirrbar vereinigen" (THOMAS MANN). Wie sich dabei das „Niedere" nicht als nieder, sondern höchst logisch und notwendig erwiesen hat, wird sich wohl eines Tages diese Unentwirrbarkeit als entwirrbar erweisen.

Rückfallsdelinquenz wird „gelernt"

F. Sch., zur Zeit der Untersuchung 43 Jahre alt, war eine Frau, die schon achtzehn Jahre in Gefängnissen verbracht hatte. Die Exploration ließ erkennen, daß ihr die eigene innere Situation anscheinend nie zu Bewußtsein gekommen war, und ihr erst dann aufzudämmern begann, als sie, mit 43 Jahren ein seelisches Wrack, nach Hilfe auszuschauen begann. Aktivierung sinkt bei Kenntnis und Durchschaubarkeit der Situation ab. Während man sonst bei Frauen oft sieht, daß ihre Aktivität gerade in diesen präklimakterischen Jahren einen Anstieg erkennen läßt und bei früher nichtdelinquenten Persönlichkeiten zu Kriminalität führen kann, wenn die Bedingungskonstellationen gegeben sind, war es in diesem Fall umgekehrt. Sie war mit vierzehn Jahren von zu Hause fortgelaufen, hatte seither immer nur unstet gearbeitet, meist vor dem Verlassen einer Stellung einen Mantel oder allerlei andere Gebrauchsgegenstände, auch Schmuck, mitgenommen, sich auch immer sehr rasch an Männer angeschlossen und einen im Ganzen unsteten Lebenswandel geführt. Ihre Diebstähle hatte sie meist rückhaltlos gestanden.
(*Wie war Ihre Kindheit?*) — „Ich hab das als Kind schon gehabt, das erste, was ich genommen hab, da hab ich eine Freundin gehabt, die war sehr reich und hat in einer Villa gewohnt, da hab ich Skier von der mitgenommen. Das war am Schulanfang mit zirka sechs Jahren". (*Wo sind Sie aufgewachsen?*) — „Ich war bei meinen Eltern, und dadurch, daß ich als Kind schon so war, die Mutter hat mich immer gehaut, sie hat gesagt, machst du das noch einmal, ich hab ge-

sagt, das mach ich eh nimmer. Solang meine Großmutter noch gelebt hat, bin ich oft fortgelaufen zu ihr, und die hat das Ganze dann einigermaßen wieder ins Lot gebracht". (*Wie war die Mutter?*) — „Mir ist vorgekommen, durch das, daß ich so viel Schläge gekriegt hab, hat mich die Mama nicht wollen, aber das war eigentlich meine Schuld!" (*Haben Sie zu Hause auch was genommen?*) — „Ja, Zucker hab ich immer genommen. Wir haben einen Zimmerherrn gehabt, der hat immer so viel Keks gekriegt und so Sachen, da hab ich halt auch immer heimlich genommen." Die weitere Befragung ergibt, daß sie als Kind mit anderen Kindern nie Spiele gespielt hat, nur allein mit einer Puppe.
(*Wie war der Vater?*) — „Der war gut zu mir." (*Und die Mutter?*) — „Ich hab mir es halt eingebildet, daß mich die Mama nicht mag. Eben, weil ich immer so schlimm war. Es muß ja furchtbar sein für eine Mutter, wenn ein Kind so aus der Art schlägt. Meine Geschwister waren ja auch anständig!" (*Sind Sie früh mit Burschen weggelaufen?*) — „Ich hab meine Tochter mit fünfzehn Jahren gekriegt; meine Tochter war bei der Mutter. Das war mein erster Mann, ein Besatzungsamerikaner." (*Sie sind von zu Hause weg?*) — „Ich bin mit vierzehn Jahren einfach davongelaufen. Ich bin dann gleich mit dem Gericht in Konflikt gekommen: ich hab eine Uhr gestohlen." (*Haben Sie vorher schon in der Schule gestohlen?*) — „Ja, schon. Das hab ich öfter gemacht! Wenn sie mir nicht gleich draufgekommen sind, habe ich es wieder hingelegt, so Bleistifte und Blödsinn." (*Es ist von vielen Klassendiebstählen die Rede!*) — „Ja, das stimmt, vom ersten Schuljahr an." (*Gelernt haben Sie nicht schlecht?*) — „Nicht schlecht." (*Hinausgeworfen wurden Sie nicht?*) — „Nein. Auf vieles sind sie mir nicht draufgekommen. Wenn sie mir auf alles draufgekommen wären, wäre ich hinausgeflogen!"
(*Sie sind 43 Jahre alt und haben achtzehn Jahre Haft hinter sich?*) — „Meine erste Strafe war vier Monate. Der Bursch ist wieder nach Amerika und ich bin allein dagestanden!" (*Was haben Sie mit sechzehn, siebzehn Jahren gemacht?*) — „In den Gasthäusern, meist als Abwäscherin, gearbeitet; dann haben sie mich wieder eingesperrt!"
Im Wartegg-Test konnte eine Kontaktschwäche nachgewiesen werden, die an Schizophrenie denken ließ, doch war das Gezeichnete kindlich und infantil. Beim Rorschach-Test charakteristisch organisches Rorschach-Syndrom, leichte Sinktendenz im Bereich des rechten Armes. Ein etwas grobschlägiger leichter Tremor, rechts deutlicher als links, ein Endtremor beim Finger-Nasen-Versuch. Sie gaben an, daß sie in den letzten Jahren oft Depressionen gehabt habe und plötzlich weinen müsste, sie glaube dann, es ginge nicht mehr weiter. „Jetzt habe ich aber Glück gehabt, die Dominikanerinnen in der Nähe von Groß-G. haben gesagt, sie werden sich meiner annehmen. Die Schwester Oberin hat mich im Arbeitshaus besucht."
Bei späteren Explorationen ließ sich dann die Konstellation im Kindesalter in Beziehung zur Mutter deutlicher herausarbeiten. Es ergab sich, daß die El-

tern ihretwegen immer in Streit lagen, der Vater war gegen das Schlagen, die Mutter jagte sie dann gleich hinaus. Es ergab sich ferner, daß die Mutter sie nicht nur wegen Diebstählen, sondern auch sonst wegen Nichtigkeiten immer wieder geschlagen und offenbar eine uneingestandene Haßeinstellung zu ihr hatte. „Meine Mama hat immer gesagt, sie muß mich einmal erschlagen, wenn ich das Stehlen nicht aufhöre!" Der Vater sei ihr Abgott gewesen. Er sagte immer, sie könne mit allem zu ihm kommen, was immer sie angestellt habe. Wenn sie von der Mutter geschlagen wurde, flüchtete sie oft ein Heuhäuschen, das dem Vater gehörte, und verbrachte dort die Nacht. Vergleicht man die Schulberichte, wo sie als äußerst lügenhaftes Mädchen geschildert wurde, das zu Klassendiebstählen neigte, mit den zahlreichen Strafakten, so ergibt sich, daß sie in der Regel in allen Fällen sofort rückhaltlos gestanden hatte. In den früheren Strafakten gewinnt man den Eindruck unbekümmerter Aktivität. Sie verläßt eine Anstellung, nimmt allerlei mit, zieht mit einem Mann über die Berge, die beiden quartieren sich bei einem Senner ein, sie entwenden ihm seine Ersparnisse aus einer eisernen Kasse. In den letzten Jahren scheint ihre Vitalität gebrochen zu sein. Die ganze Hilflosigkeit ihres Daseins läßt sich jetzt aus den Strafakten ablesen. Sie besuchte eine Wirtschaft, setzte sich an einen Tisch mit Männern (ihre „guten" bergenden Vaterfiguren) und nahm beim Gehen das Kofferradio ihres Nachbarn mit, das zwischen ihm und ihr auf der Bank gestanden hatte. Sie kehrte am nächsten Tag wieder zurück und wollte es dem Gast wieder aushändigen, welcher aber nicht anwesend war. Der Wirtin „wollte" (konnte — es ist ja eine Mutterfigur) sie sich nicht anvertrauen. Sie wurde angezeigt und inhaftiert und hatte erst vor der Exploration nach mehrjähriger Strafhaft das Frauengefängnis verlassen.

Im Laufe der Exploration ergab sich weiter, daß die Mutter sie als Kind anscheinend schon im Stadium der Entwicklung der ersten Greifreflexe und kaptativen Regungen geschlagen hatte, als noch gar nicht die Möglichkeit eines Selbstverständnisses vorhanden war. Auch später wurde sie von der Mutter aus Laune und bei nichtigen Anlässen geschlagen. Es ließ sich folgende Bedingungskonstellation rekonstruieren, die für die Entwicklung der sozialen Strukturen entscheidend war: Die Großmutter redete ihr gut zu, wenn sie stahl, der Vater nahm sie in Schutz, ohne produktive Methoden der Erziehung zu entwickeln, und von der Mutter wurde sie geschlagen. Dies tat ihre Mutter auch, um sie zur Arbeit zu bewegen und aus nichtigen Anlässen. Bei der Mutter bestanden

Ablehnung und Haßmotive gegenüber diesem Kind von klein auf.

Für die Entwicklung der sozialen Strukturen ist das Kinderspiel von großer Bedeutung.

(*Haben Sie Spiele gespielt?*) — „Ich habe nicht Spiele gespielt. Seit Schulanfang habe ich fest arbeiten müssen, so zu Hause. Die Mutter hat immer gesagt: Du lern etwas, damit du etwas zum vergessen hast!" (*Und irgendwelche Spiele?*) — „Ich kann mich an irgendwelche Spiele überhaupt nicht erinnern!" (*Haben Sie nie „Fangen" gespielt?*) — „Nein." („*Vater, leih mir die Schere?*") — „Nein." (*Versteckenspiel?*) — „Nein, das hab ich gar nicht gekannt. Meine Brüder sind eigene Wege gegangen. Die haben Gelegenheit gehabt zum Spielen, ich hab schon als kleines Mäderl Strümpfe und Socken stopfen müssen, schon mit sieben Jahren!" (*Aber bei der Großmutter haben Sie doch spielen können?*) — „Dort hab ich nie gespielt. Wir sind nur in den Wald gegangen um Tannenzapfen (zu holen)." (*Haben Sie denn das können, Strümpfe stopfen?*) — „Ich hab es so lange machen müssen, bis ich es gekonnt habe! Ich hab auch abwaschen müssen, Teppiche klopfen, Böden einlassen — das hab ich alles schon gekonnt, wie ich angefangen habe, in die Schule zu gehen!" (*Und der Vater?*) — „Ich glaub, das war der Abgott für mich! Er hat gesagt, was du auch anstellst, geh hin zum Vater und sag es ihm!" (*Lebt er noch?*) — „Er ist gestorben, wie ich zwanzig Jahre alt war."
(*Haben Sie das Stehlen oft bereut?*) — „Wie oft hab ich mir schon vorgenommen, daß ich nichts mehr mach, und immer wieder mach ich so einen Blödsinn! Ich hab mich schon als Kind sehr gekränkt!"
(*Warum sind Sie mit vierzehn Jahren fortgelaufen?*) — „Weil mich die Mama immer so geschlagen hat." (*Wie alt waren Sie, als Sie wegen der Schläge wegliefen und im Heuhäuschen schliefen?*) — „Vier Jahre." (*Dieses Heuhäuschen ist also wohl ihre erste Kindheitserinnerung, die Sie früher nicht nennen konnten!*) — „Die Mutter hat gesagt, zehn Buben sind mir lieber als ich." — F. Sch. weint und wirkt ausgesprochen depressiv.
(*Haben Sie sich als Kind oder später Gedanken oder Träume gemacht, wie Sie Ihr Leben gestalten werden, so wie kleine Buben oft meinen, sie wollen Lokführer werden, oder Mädchen meinen, sie werden eine Prinzessin sein oder eine Mutter?*) — „Ich habe mir nie vorgestellt, irgendetwas zu sein oder eine Mutter zu werden, ein eigenes Haus zu haben oder zu heiraten, das habe ich nie geträumt!" (*Aber eine Puppe werden Sie doch gehabt und manchmal gespielt haben?*) — „Mit der Puppe habe ich manchmal allein gespielt, angezogen, ausgezogen."

Die „untergründige Destruktion"
Dieser Modellfall zeigt exemplarisch die Genese der Grundstörung, deren Kombination mit Varianten der äußeren Ausgestaltungen des rein Situativen fast allen aktiven Fällen von Rückfallsdelinquenz zugrunde liegt. Das oral-kaptative Antriebserleben des Kindes wird an entscheidender Stelle, im vorliegenden Fall von seiten der Mutter, durch Lieblosigkeit, ja ambivalente Haßregungen, frustriert und in kaptativen Handlungen („nehmen") entlastet. Diese Handlungen werden gleichzeitig durch das Verhalten des Vaters und die Güte der Großmutter belohnt. Nach der Hullschen Lerntheorie werden jene Reaktionen des Individuums auf Reize gelernt, d.h. beibehalten, wiederholt und unter den betreffenden Umständen häufiger produziert, die zur Reduktion einer Triebspannung im Organismus führen. Es sind also schon hier pragmatische Entlastungsmechanismen von bahnender Wirkung. Gelernt heißt hier nicht, durch Erfahrung allgemein erworben, sondern gelernt nach spezifischen lerntheoretischen Gesetzen. Das Verhalten der Großmutter und des Vaters wirkten als Verstärker entsprechend der „Verstärkertheorie". Die Lerneffekte traten automatisch auf, d.h. ohne Wissen und Intention des kindlichen Individuums, und setzten sich nach der Pubertät fort: neuerliches Stehlen und kurzgeschlossenes sexuelles Schutzsuchen „beim Vater", d.h. bei mehr oder weniger flüchtigen Männerbekanntschaften. Eine konditionierte Furcht und verdrängte Aggression gegenüber der Mutter ließ sie vor allem ihre Arbeitgeberinnen immer wieder bestehlen.

Die untergründige Destruktivität als vorgegebene Möglichkeit des Menschseins, also seiner Natur, wurde durch die Nichtverwirklichung normaler Mutterliebe und daraus entspringendem Verkümmern von Sendeimpulsen und normgemäßer Liebe zur Mutter „freigesetzt". Durch die geschilderte Konditionierung delinquenten Verhaltens in einem Lebensalter, das zu Delinquenz noch gar nicht fähig ist, wurde die Entwicklung eines Selbstkonzepts im Keim erstickt und das natürliche Wachstum der sozialen Strukturen verhindert.

Entscheidend hat dazu beigetragen, daß diese Strukturen auch im Spiel keine Möglichkeiten hatten, sich zu entfalten.

Es wird durch solche Konditionierungen und den mit ihnen korrelierten Lernprozeß jene Intention gelähmt, aus der die Wirksamkeit einer gegen die destruktiven Impulse gerichteten Tendenz zu ihrer Vermeidung entspringt, also die Intention, gegen untergründige Destruktivität als vorgegebene Möglichkeit des Menschseins. MÜLLER-SUUR hat gezeigt, daß Konzepte zur Verwirklichung seiner selbst aus der Möglichkeit eigener Stellungnahmen entspringen. Zu solchen Stellungnahmen muß schon das Kind „hingeführt" werden, denn es gehört ja zur Entwicklung derartiger Konzepte, also sozialer Strukturen, daß bei ihrer Verwirklichung die berechtigten Interessen der Mitmenschen berücksichtigt werden. Unser Modellfall zeigt, daß diese wesentliche Eigentümlichkeit sozialer Strukturen durch Konditionierungen ausgelöscht werden kann, wenn auch die spontanen Möglichkeiten ihres Wachstums im kindlichen Spiel verschüttet werden. Was hier durch Lernen erworben wurde, ist ein unkontrolliert wirkendes Determinationspotential mit phasenspezifisch auf einer kaptativen Stufe fixierten Triebzuständen, die ihrer integrierenden zentralen Steuerung beraubt wurden.

Diese Fehlentwicklung sozialer Strukturen und ihre Fixierung auf kaptativer (Diebstahl), geltungsbedürftiger (Betrug) oder perverser (Sexualverbrechen) phasenspezifischer Stufe von Triebzuständen ist verbunden mit einer Verkümmerung (Aplasie) der gesamten Wertsphäre und der entsprechenden Superstruktur. Es sind also die Selbstwertgefühle und Fremdwertgefühle betroffen. Genetische Faktoren spielen auch hier herein, sind aber nicht das Primäre wie bei der Schizophrenie. Dementsprechend sind die Kontaktstörungen dieser Rückfalldelinquenten von denen der Schizophrenen struktural durchaus verschieden. Die Differenzierung des genetischen Programms ist bei Rückfallsdelinquenten gleichsam von außen her, durch Lernen, dort unterbrochen, wo der Organismus durch eine „Öffnung" immer mehr Beziehungen zu seinem Milieu aufnehmen und dadurch seinen Wirkungsradius ausweiten könnte, also im „offenen Teil des genetischen Programms" (JACOB), der dem Individuum normalerweise eine gewisse Reaktionsfreiheit garantiert. Nicht die Differenzierung der Ichstrukturen von den Elementen her, wie bei der Schizophrenie, sondern die Integration der Gesamtpersönlichkeit in den Sozialstrukturen von Reifungsstufe zu Reifungsstufe steht hier im Zeichen einer Pathorhythmie. Die wichtige Funktion des Zentralnervensystems, nämlich die Bereitstellung von mehr oder weniger komplexen Handlungsprogrammen in Gestalt genetisch festgelegter Schaltungen und ihre Auslösung in Abhängigkeit von besonderen Stimuli ist auf diese Weise in ihren Adaptionsmöglichkeiten schwer gestört. Die zentrale und integrierende Funktion der Entwicklung von Konzepten der Verwirklichung seines Selbst wird durch den Fortfall solcher Handlungsprogramme blockiert. Dadurch fällt das Gegengewicht gegenüber den destruktiven Impulsen fort.

Die Haltlosen

Die Bedingungskonstellationen, die zum „Lernen" von Rückfalldelinquenz führen, sind mannigfaltiger Natur. Ein besonderer Typus wurde in Dänemark von STURUP u. WIEDMER herausgearbeitet. Es handelt sich um Insassen von Psychopathengefängnissen, die als haltlos qualifiziert wurden, entsprechend dem Typus der „Willenlosen" im Sinne von K. SCHNEIDER. Die Untersuchungen darüber, wie ihre Kindheit verlaufen war, ergab einen ganz stereotyp dominanten Zug. Die Kindheitsverhältnisse boten außergewöhnlich ungünstige und schlechte Möglichkeiten für seelische Reifung. Bei den 33% der Fälle, die in einem Zuhause aufgewachsen waren, ergab die Erziehungskonstellation als entscheidendes Merkmal eine jedesmal und immer wieder zerrissene Bindung. Die Nächsten im Erwachsenenkreis des Kindes wurden immer wieder ausgewechselt. Dazu kamen oft auch körperliche Gebrechen, bei denen ihnen nicht geholfen wurde, so daß sie in der Gruppe durch eine beschämende Insuffizienz isoliert wurden. Das Resultat war, daß das Kind einem ständig wechselnden Kreis von Menschen und damit einer immer wieder neuen Umwelt als ein Unerwünschtes ausgesetzt war. Es wurden also hier die Vermittlerstrukturen unmittelbar geschädigt und die Haltlosigkeit und Labilität im späteren Leben, das rasche Die-Flinte-ins-Korn-Werfen, entsprach einer „gelernten" Pathorhythmie interpersonaler Beziehungen. Solche typischen Lernsituationen zu analysieren und durch gezielte Verhaltenstherapie zu beheben wird das Ziel künftiger Bemühungen der Resozialisierung sein.

Resozialisierung und Verhaltenstherapie
Für die Prophylaxe und Behandlung von Rückfallsdelinquenz ergeben sich aus diesen Beobachtungen eindeutige Richtlinien.
I. Kinderpsychiatrische Untersuchungen an Gruppen mit Wohlstandsverwahrlosung, sozialer Gefährdung und Analyse der kriminogenen Bedingungskonstellation.
II. Dekonditionierende Verhaltenstherapie und Therapie des gestörten Selbstkonzepts (WOLPE u. Mitarb., ROGERS).
III. Logotherapie im Sinne von FRANKL im Gruppengespräch.
IV. Arbeitsgruppen unter dem Motto „Selbstbekenntnis" zur Weckung mangelnder Initiativbereitschaft in Gruppen von maximal zwölf Gefangenen mit Gesprächen von Mensch zu Mensch und Diskussionen in der Gruppe, die den Mitgefangenen veranlassen können, einen Weg zur Lösung seiner Probleme zu finden (in Berlin verwirklicht).

Das paradoxe Gleichgewicht
bei Rückfallsdelinquenz
Was immer wieder erstaunlich ist, entspringt der Beobachtung, daß alle diese Rückfallsdelinquenten über verhältnismä-

ßig lange Zeiträume leben, ohne delinquent zu werden. Dann plötzlich stehlen sie wieder, betrügen, werden gewalttätig oder sexuell pervers. Das legt den Gedanken nahe, daß hier wie man meinen möchte, kein Dauerzustand, ein dauerndes Anderssein, vorliegt. Es ähnelt vielmehr dem Verhalten Schizophrener bei z.B. einem Bombenangriff: die verschrobensten Kranken verhalten sich plötzlich, etwa im Gegensatz zu den Depressiven, vollkommen vernünftig. Der Rückfallsdelinquent, der „konditionierte" und in seinen sozialen Strukturen gestörte, ist über lange Strecken „normal". Meist ist es ein Strukturwandel der äußeren Situation, ein Stellenwechsel z.B., wobei allerdings fraglich bleibt, ob dieser wirklich das Primäre ist oder schon die Folge eines inneren kriminogenen Strukturwandels. Man kommt so zu der Auffassung, daß es auch bei diesen Delinquenten jeweils eine Rückkoppelung eines „Aktualkonfliktes", eines Konfliktes, der diesen Aspekt für den objektiven Beobachter überhaupt nicht haben muß, an den Grundkonflikt ist. Also wieder ein Syndromwandel innerer Art, der das pragmatophore Syndrom des eigentlichen Rückfalls darstellt. Der Anblick eines Wohnwagens, das Verlassen einer Mutterfigur oder sonst ein Anmutungserlebnis knüpfen durch Symbolanalogie an den Grundkonflikt an, z.B. von der Mutter ungeliebt oder gehaßt zu sein, von einer Bezugsperson wieder ausgewechselt zu werden, usw. Hier erweist sich, daß die Strukturanalyse der Kriminogenese, wie sie an Fällen von Erst- und Konfliktkriminalität erarbeitet wurde, auch für die Rückfallsdelinquenz volle Gültigkeit hat. Der Unterschied zwischen Rückfalls- und Konfliktdelinquenz liegt also vor allem darin, daß bei jener das Verhalten konditioniert („gelernt") und an gewisse Stimuli gebunden ist, während es bei dieser in einer Bedingungskonstellation erstmals zur Aktualgenese kommt.
Es besteht sonach bei Rückfallsdelinquenz ein paradoxes Gleichgewicht: die Tendenz zur Durchsetzung der sozialen Strukturen

ist ebenso groß wie die Tendenz der „destruktiven Impulse", sich durchzusetzen. Diese Entdeckung ist eine ganz große Chance für die Therapie, für das also, was man bisher hochtrabend als „Verbrechensbekämpfung" bezeichnet hat.

Rückfalldelinquenz beruht auf einer „erlernten" Pathorhythmie, wobei die Rückkoppelung eines latenten Aktualkonfliktes, symbolisiert durch einen Stimulus, in positiver Rückkoppelung sich mit dem Grundkonflikt verbindet und dadurch eine Aktivierung destruktiver Impulse freisetzt. Der Stimulus wird durch Sensibilisierung erworben, er hat Symbolcharakter.

Es wäre hier zu primitiv, einfach zu postulieren, daß es kein Schuldstrafrecht mehr geben dürfe. Die Fragestellung ist zu differenzieren. Wo „Schuldstrafe" als Appell an die Werthaltung zu begründen ist, bleibt sie unerläßlich und unentbehrlich als ein Mittel, den sozialen Unwert der Wertverfehlung eindringlich aufzuzeigen (NOWAKOWSKI). Kinderpsychiatrische Situationsanalysen und im Lebenslauf aufgewiesene Strukturgesetzlichkeiten aufgrund von Konditionierungen werden es ermöglichen, klarer als bisher zu beurteilen, wo Strafe als ein solcher Appell sinnvoll und berechtigt ist und wo nicht. Dadurch wird die Ausgewogenheit von Strafe und Maßnahme in ihrer Ausrichtung auf die „sittenbildenden Kräfte", also auf die sozialen Strukturen, sachgerechter als bisher zu verwirklichen sein. Denn es gibt naturgemäß von dem hier dargestellten Modellfall und den in Dänemark erarbeiteten Modellfällen nach allen Richtungen gehende Varianten und Übergänge.

Bei Verbrecherorganisationen wären analog die Konditionierungen der Einzelpersönlichkeiten und die Konditionierungen der Gruppenbildungen zu analysieren. Die Ergebnisse wären strukturdynamisch gesehen voraussichtlich dieselben.

Kriminalität bei Schizophrenie: die Grundstörung

E. BLEULER hat 1930 Gedanken zur „Grundstörung" der Schizophrenie geäußert. Er ging von den Assoziationen aus. „Die verschiedenen Funktionen eines lebenden Organismus müssen miteinander Fühlung haben, und wir sehen denn auch, daß jede mit jeder anderen verbunden ist, wenn auch in sehr verschiedenen Graden. Wir nennen diese Verbindung, insofern sie die Funktionen zu einer Einheit zusammenfaßt, mit SHERRINGTON Integration, insofern sie die einzelnen Funktionen miteinander verknüpft oder — namentlich auf intellektuellem Gebiet — eine Funktion bestimmte andere Dispositionen zur Funktion bringt, Assoziation." Diese verbindende Funktion sei nun in der Schizophrenie sowohl in bezug auf die Triebe wie auf die Assoziationen, das Denken, gelockert (Schaltschwäche). Das sei nicht als Theorie, sondern als Ausdruck einer Beobachtungstatsache aufzufassen. Durch diese Schaltschwäche verlieren Triebe und Vorstellungsassoziationen ihre Oberleitung und ihre normalen Zusammenhänge. Weil sich alle eigentlich schizophrenen psychischen Störungen auf diese Schaltschwäche zurückführen lassen, betrachtete sie BLEULER „bis auf weiteres als Grundstörung, als primärstes bekanntes Symptom neben akuten exogenen Erscheinungen, die uns meist nicht als spezifisch vorkommen." Diese Schaltschwäche sei wahrscheinlich nicht bloß als ein einfaches Minus aufzufassen, sondern als eine Gleichgewichtsstörung zwischen zwei antagonistisch regulierenden Tendenzen, von denen die eine für gemeinsame Funktion, die andere für die Möglichkeit der Einzelfunktion sorge. Auch ein Teil der katatonischen Motilitätssymptome stünde wahrscheinlich mit einem solchen Mangel an Integration in Zusammenhang. Auf seiten der Wahrnehmungen sei wohl der häufige Fremdheitseindruck und die Anlage zu Halluzinationen infolge „Schaltschwäche" ein Ausdruck dieser Integrationsstörung.

Dieser Gedanke von E. BLEULER, auf den wir erst an diesem Punkt der Untersuchungen gestoßen sind, nachdem uns ein Hinweis von ERICHSEN darauf aufmerksam gemacht hatte, wird hier deshalb so ausführlich angeführt, weil, wie es scheint, aus diesen Gedanken so viel herausgeholt werden kann, „daß niemand leicht hätte ahnen können, wieviel in ihm gesteckt hat". Daß die von uns postulierte Vermittlerstruktur nichts anderes ist als eine Regulatorstruktur oder Schaltstruktur und daß diese beiden Gedanken dasselbe nur mit anderen Worten und verschiedenen Begründungen besagen, liegt auf der Hand. Soviel ich sehe, deckt sich dieser Gedanke auch so gut wie vollkommen mit der Auffassung von FEDERN, wonach es zum Grundsymptom der Schizophrenie gehört, daß nicht nur zwei, sondern drei seelische Tätigkeiten ihr Material vermengen: nicht nur werden Gedanken für Tatsachen gehalten und mit ihnen vermischt — Tatsachen, Worte und Gedanken sind unmöglich zu unterscheiden und werden daher unentwirrbar vermengt. In vorgeschrittenen Fällen finde man alle drei Arten von Mißverständnissen, die durch Vermengung von Sprache (Worten), Wirklichkeit (Tatsachen), Gedanken (Einbildungen) verursacht werden. Diese Unsicherheit in bezug auf Unterscheidung von Wirklichkeit und Gedachtem wird von FEDERN als Folge einer krankhaften Schwäche der Ichgrenzbesetzung[15], also als eine Schwäche der Ichgrenzen, aufgefaßt. Unsere Befunde führten über solche nebenbei geäußerten Auffassungen hinaus zu einer Theorie, wonach bei Schizophrenie eine Störung im Bereich der synechetischen, d.h. die Ichstrukturen betreffenden Vermittlerstrukturen, anzunehmen ist. Die Annahme solcher Vermittlerstrukturen aber wird, wie schon gezeigt worden ist, durch die moderne Molekularbiologie von MONOD und JACOB bestätigt. Naturgemäß sind diese Vermittlerstrukturen als viel komplexere Strukturen zu denken, als

Strukturen im Bereich der Dentriten, die etwa die Systeme des Stirnhirns und die aktivierenden Systeme des Stammhirns miteinander verbinden, nämlich als „Gestalten" aufgrund von Interferenzen. Aber die elementaren Bestandteile, die Grundstrukturen im Bereich der Regulatorproteine, sind dieselben. Es steht also dem nichts im Wege, diese Arbeitshypothesen im Interesse der Forschung zu einer wirklichen Theorie auszubauen.

Um die Grundgedanken von E. BLEULER und FEDERN über die Grundstörung der Schizophrenie und zugleich deren mögliche Bedeutung für eine Kriminogenese darzustellen, fehlt hier eigentlich der Raum. Es sei aber dennoch ein Modellfall vorgeführt, der nach dem Gesichtspunkt einer Vergleichsmöglichkeit mit dem zuletzt gebrachten Modellfall und zugleich nach dem Gesichtspunkt einer klaren Überschaubarkeit des Verlaufs ausgewählt wurde.

Es handelt sich um eine 37jährige Frau, *D.C.*, bei der vier Lebensjahrzehnte aufgrund von Berichten der Schule und der Eltern in der Kindheit, aufgrund von Strafakten, Krankengeschichten und sehr eingehenden Begutachtungen im Jugendalter und aufgrund der Aussagen des Ehemannes, der Berufskollegen, neuerlicher Strafakten und Krankengeschichten gut überblickbar sind. Im 4. Lebensjahrzehnt wurde sie wieder mehrfach begutachtet und delinquent. Die Diagnose der Schizophrenie mit dem kompletten Achsensyndrom im Sinne von BERNER ist durch die zahlreichen Gutachten eindeutig zu stellen und von den Beziehungen der Syndrome, unter denen besonders pseudopseudologische Syndrome und auch anankastische Syndrome zu nennen sind, lassen gewisse Einblicke in die Beziehungen Lebensentwurf, schizophrene Ichstörung und Reifungsstufen zur Kriminogenese erwarten.
Um die Gegenüberstellung mit dem vorangegangenen Modellfall besonders hervorzuheben, in beiden Fällen handelt es sich um eine Rückfallsdelinquenz in bezug auf Eigentumsdelikte, die nahezu das ganze Leben durchzieht, werden eingangs zwei Dokumente einander gegenübergestellt.
Ein Polizeibericht vom 23.12.1945 über die damals vierzehn Jahre alte F. Sch. lautete folgendermaßen: Die Jugendliche machte folgende Angaben: „Ich bin während meiner Schulzeit sehr oft von zu Hause weg-

---

[15] „Besetzung" in der Sprache der Psychoanalyse bedeutet „Bindung" in unserer Nomenklatur.

gelaufen, weil ich eine sehr böse Mutter habe. Meine Mutter hat mich wegen Geringfügigkeiten oft geschlagen, mehr als einmal ging dabei ein Kochlöffel oder ein Besen entzwei. Es kam auch öfter vor, daß ich bei den Schlägen zu Fall kam, dann wurde ich von ihr mit den Füßen getreten. Die Schläge fanden ein Ende, weil ein amerikanischer Soldat meiner Mutter und meinem Vater öfter Kleinigkeiten brachte. Zwischen meinen Eltern fand ob der Züchtigungen oft ein heftiger Streit statt."

Als Gegenstück ein Liebesbrief der D.C., damals achtzehn Jahre alt, an einen jungen Mann, den sie nur flüchtig kennengelernt hatte. Von diesem hatte sie sich einen Mantel geborgt, den sie anschließend verkaufte, um mit dem Geld den jungen Mann in ein Kaffeehaus und in das Theater einladen zu können. Ihm gegenüber behauptete sie, den Mantel zum Reinigen gegeben zu haben:

„Leo, ich konnte Dir nie sagen, wie mir ums Herz war, als Du einmal sagtest, wenn ich jetzt etwas wärest, würdest Du mich fragen, ob ich Deine Frau werde. Leo, ich wollte damals beinahe mitten auf die Straße rennen. Leo, ich habe Dir nie gesagt, wie sehr ich Dich liebe, weil ich konnte nicht, da ich ja jemand anderer war. Was ich Dir erzählte, daß doch alles nicht wahr war, ich hatte nicht den Mut, Dir die Wahrheit zu sagen, da ich Angst habe, Dich zu verlieren! Leo, ich will ein neues Leben anfangen, hilf mir, bitte, ich brauch Dich! Ich will wieder zu meinen Eltern gehen. Leo, ich werde Dir alles erzählen und werde Dich nicht bitten, wieder mit mir zu gehen, nur verzeihen sollst Du mir! Ich liebe Dich, D."

D.C., verheiratet, 37 Jahre alt, war nach Angaben der Mutter schon als Kind sehr still. Sie fiel als kleines Mädchen dadurch auf, daß sie in den unteren Schulklassen der Mutter wiederholt kleine Schmuckstücke entwendete und an andere Kinder verschenkte. Sie lernte schwer, besonders in Deutsch, und galt als lügenhaft. In der ganzen Schulzeit still und verschlossen, gab sie sonst nie Anlaß zu Klagen. Nach Angaben des Vaters war sie fast nie lustig wie andere Kinder, aber doch nicht freudlos. Sie war in sich gekehrt und empfindlich, überleicht gekränkt, auch dann verletzt, wenn man ihr mit Recht einen Vorwurf machte. Eine Kränkung überwand sie nur langsam. Sie hatte schon als Kind eine Vorliebe für Friedhofbesuche, ein Zug, der sie durchs ganze Leben begleitete. Sie hatte wohl Umgang mit der Umgebung, hatte aber keine Freundinnen, spielte meist allein. Der Vater meinte, sie wollte immer mehr sein als die anderen.

Eine deutliche Veränderung trat mit etwa achtzehn Jahren auf, als sie in einem Wäschegeschäft angestellt war. Sie wurde verschlossen, starrte oft eigentümlich vor sich hin. Schließlich begann sie, phantastische Geschichten zu erzählen, sie sei verlobt, der Verlobte habe ihr ein Haus geschenkt, sie habe ein Kind in einer anderen Stadt. Sie wurde deshalb entlassen. Sie berichtete dann über einen Rechtsanwalt, der gestorben sei und dessen Erbin sie sei, führte ihre Eltern auch auf den Friedhof, brachte dann wieder einen jungen Mann mit nach Hause, einen Bäcker, den sie

bei einer Gerichtsverhandlung kennengelernt hatte, und behauptete, er sei ein Staatsanwalt und ihr Bräutigam. Während man in dem Wäschegeschäft verhältnismäßig rasch durch einige Nachprüfungen und auch aufgrund der Verhaltensstörungen erkannt hatte, daß es sich um erfundene Dinge handelte, brauchten die Eltern verhältnismäßig lange. Es kam sogar zu einer Hochzeitsfeier im Hause der Eltern mit vielen Blumen, für die sich der junge Bäcker anscheinend spaßeshalber hergegeben hatte. Diese schizophrenen Grundstörungen führten dann auch zur ersten Einweisung in ein psychiatrisches Krankenhaus, wo man zuerst eine Pseudologie annahm. Nach der relativ bald erfolgten Entlassung nahm aber das phantasiophrene Verhalten derartige Ausmaße an, daß die Eltern mit einer neuerlichen Einweisung drohten. In diesem Zeitraum fällt auch das Erlebnis mit dem jungen Mann und seinem Mantel. Angeblich aus Angst, wieder eingewiesen zu werden, wahrscheinlich aber in ihrem Wahn, der Wünsche und Gedanken für Realitäten nahm, ging sie dann von zu Hause fort, reiste in eine ziemlich weit entfernte Stadt, wo sie angeblich einen Sohn hatte (obwohl sie damals noch nie Geschlechtsverkehr gehabt hatte) und kam nun zu verschiedenen Delikten wie Diebstählen und Zechprellereinen. Schon vorher, als sie noch bei ihren Eltern war, hatte sie einmal von einer Lehrerin gehört und diese auch kennengelernt und sich anschließend daran, anscheinend aufgrund einer schizophrenen Identifikation, selbst als Lehrerin ausgegeben. Sie wurde auch als Hauslehrerin engagiert und entwendete eine Uhr. Auch durch das Versetzen des Mantels, durch die maßlosen Blumeneinkäufe für die angebliche Hochzeit und andere Handlungen war sie bereits delinquent geworden, doch sprangen damals noch die Eltern für sie ein. Nunmehr wurde sie aber in verschiedenen Städten durch Diebstähle und kleine Betrügereien straffällig, war sogar kurze Zeit im Ausland und kam nach ihrer Rückkehr vor Gericht.

Vom Gericht wurde sie aufgrund ihres abspringenden Gedankengang und der Unmotiviertheit ihrer Handlungen, deren eigentlicher Grund von einem der Gerichtspsychiater sehr treffend als krankhafter Schenktrieb bezeichnet wurde, in ein psychiatrisches Krankenhaus eingewiesen. Dort konnten neben dem pseudopseudologischen Bild eine ganze Reihe von schizophrenen Symptomen, wie Denkstörungen, auch flüchtige Verfolgungsideen, Wahnwahrnehmungen und eine ausgesprochene Persönlichkeitsdissoziation festgestellt werden. Diese Persönlichkeitsdissoziation aber war damals und ist heute noch sehr wechselnd, es gibt Zeiten, wo sie wieder vollkommen geordnet erscheint. Zeitweise konnte in der Klinik auch ein charakteristisches Grimassieren festgestellt werden. Ein gewisser Grundzug bei ihr bestand darin, daß sie gelegentlich eine gute Krankheitseinsicht zeigte und stark von dem Streben geleitet wurde, auch so zu sein wie die anderen. Ihr Vater berichtete über ihre „Sucht", ihren Eltern eine bessere Wohnung zu verschaffen und selbst etwas Besseres zu sein. Es stellte sich heraus, daß sie mit dem Rechtsanwalt, von dem sie behauptete, daß er sie zu seinem Erben eingesetzt hatte, nur flüchtig bekannt war.

Sie wurde nach einer Elektroschockbehandlung beschränkt entmündigt, doch wurde die beschränkte Entmündigung kurze Zeit danach wieder aufgehoben. Sie war dann einige Jahre unauffällig und als Straßenbahnschaffnerin tätig. Über diese Jahre ist nichts bekannt. Als sie aber dann, vier Jahre nach ihrer beschränkten Entmündigung, einen Kollegen von der Straßenbahn heiratete, waren bereits verschiedene Betrugsdelikte vorgefallen. Diese waren dadurch zustandegekommen, daß sie verschiedenen Kollegen versprochen hatte, sie könne ihnen einen billigen Kleinwagen verschaffen. Wie in allen Fällen entsprang das nicht ihrer Phantasie, sie knüpfte vielmehr an einen tatsächlichen Wunsch einer Kollegin an. In zwei Fällen hatte sie dann, mit der Behauptung, der Wagen sei billiger, wenn bar vorausgezahlt werde, größere Beträge erhalten und damit aber in einer völlig undurchsichtigen Weise manipuliert. Es stellte sich nämlich heraus, als es zur Gerichtsverhandlung kam, daß sie Kolleginnen vielfach in völlig uneigennütziger Weise Radioapparate, Magnetophone und ähnliche Geräte verschafft hatte, wobei sie aber selbst aus ihrer eigenen Tasche zuzahlte.

Sie selbst war über ihr eigenes Verhalten ratlos, konnte keine eigentlichen Motive angeben, und es kam neuerlich zu einer Gerichtsverhandlung. Wieder wurde sie sehr eingehend im Krankenhaus und gerichtspsychiatrisch untersucht, wobei wieder eine Schizophrenie festgestellt wurde. Schon bei den ersten Begutachtungen, die nahezu im Jahrzehnt vorher erfolgt waren, konnten auch mehrere Selbstmordversuche und akustische Halluzinationen festgestellt werden. Sie hörte, als würde man ihr sagen, „kauf das, tu das", manchmal auch beschimpfende Stimmen ihrer Verwandten, „du bist nichts wert", doch standen diese halluzinatorischen Erlebnisse nie stärker im Vordergrund und tauchten immer erst bei sehr gründlichen Explorationen auf. Es ist sicher, daß diese Halluzinationen nicht immer eine entscheidende Rolle spielten, so z.B. wenn sie behauptete, sie habe einen Bräutigam und müsse sich ein Haus kaufen, oder sie müsse ihren Wagen verkaufen, er sei in Reparatur, sie müsse eine Ziehharmonika kaufen usw. In diesen Fällen handelte es sich vielmehr mit großer Wahrscheinlichkeit um die Vermengung eigener Vorstellungen und Wünsche mit der Realität, wobei es jeweils nach einer Art Ichzusammenbruch wieder zu Einsicht, Reue und allerdings vollkommenem Unverständnis für die eigenen Motive des eigenen Handelns kam. Sie konnte dann nur sagen: „Ich habe einfach alles erzählen müssen." Sie litt in den Zeiten gesteigerter Aktivität oder, wenn man will, ausgesprochen schizophrener Krankheitsschübe in der Regel an besonders starker Schlaflosigkeit und sah dann anfallsweise alles rot vor den Augen. Manchmal hatte sie das Gefühl, ein Ball rolle im Kopf hin und her; sie hatte dann heftige Kopfschmerzen. Tatsächlich litt ihre Mutter an Migräne und auch

sie selbst scheint an Migräneanfällen gelitten zu haben.

Wiederholt berichtete sie selbst über ein dumpfes Bewußtsein, daß sie anders, irgendwie verändert sei. „Ich will gar nicht so sein, ich will das gar nicht machen, am besten wäre, ich wäre gar nicht da!" Gelegentlich schilderte sie ihr Verhalten auch als dranghaft: „Es kommt plötzlich über mich, ich kaufe irgendwas, ich gebe es gleich wieder her oder verkaufe es, ich habe nichts, ich habe nur einen Mantel und zwei Kleider. Bei der Stephanskirche habe ich einem Bettler etwas geschenkt …"

Der Ehemann lernte sehr bald, daß die Angaben seiner Frau nicht stimmten. Er hörte gar nicht mehr hin, wenn sie von der Vergangenheit erzählte, denn er wußte aus Erfahrung, daß sie einfach Dinge phantasiert. Z.B., sie fahre zu Verwandten, obwohl sie gar keine Verwandten hatte, oder sie fahre in die Stadt N., wo sie einen Sohn habe, obwohl sie gar keinen Sohn hatte, sich aufgrund der Fahrkarte auch feststellen ließ, daß sie gar nicht so weit gekommen war.

Aus der Ehe entstammten zwei Kinder. Sie selbst schilderte, daß sie jedes Mal in der Laktationsperiode ganz wirr geworden war und sich nur mit Mühe halten konnte. An diesen Kindern hängt sie mit rührender Liebe, versorgt sie und wird auch von den Kindern sehr geliebt. Allerdings kam es auch in dieser letzten Phase, also im vierten Lebensjahrzehnt, wiederholt zu Eigentumsdelikten. Meist ging es darum, daß sie Nähmaschinen kaufte, und zwar auf Raten, oder auch Schreibmaschinen, obwohl sie beides nicht brauchen konnte. Sie verkaufte diese Gegenstände wieder, und es war in vielen Fällen nicht herauszubekommen, wo diese Maschinen hingekommen waren. Sie wurde in dieser Zeit, die für ihren Mann sehr schwer war, weil er für die ganzen Zahlungen aufkommen mußte, wiederholt gerichtspsychiatrisch untersucht. Anfangs mit negativem Erfolg, so daß man nur einen Defektzustand nach Schizophrenie, in einem Fall sogar Zurechnungsfähigkeit annahm.

Wir haben sie in dieser Zeit dreimal begutachtet, und erst bei der dritten Begutachtung, die sich auf zehn sehr eingehende Untersuchungen stützte, gelang es uns, festzustellen, daß eine sehr geschickte Dissimulation einer chronischen Verbalhalluzinose vorlag. Sie hörte immer wieder Stimmen, und zwar jetzt nicht Stimmen, die ihr den Auftrag gaben, etwas zu kaufen, sondern so gut wie ausschließend Stimmen, die sagten, „sie sei nichts wert, sie sei nichts". Es war eine weibliche Stimme, die sie hinter sich hörte. Außer dieser chronischen Verbalhalluzinose, die mit Angstzuständen verbunden war, bestand eine deutliche schizophrene Denkstörung und ein anankastisches Syndrom. Sie mußte zwanghaft mit ihrem Kinderwagen in Friedhöfen herumfahren, wie sie selbst behauptete, um den Übergang über eine Brücke zu vermeiden, weil sie dort immer darüber nachgrübeln mußte, ob sie sich hinunterstürzen sollte. Auch bei ihren Selbstmordversuchen im Jugendalter hatten Brücken in ihren Vorstellungen eine große Rolle gespielt. Sie berichtete über diese Verbalhalluzinose erst, nachdem sie wirklich Vertrauen gewonnen hatte und ihr auch versichert wurde, daß sie nicht mehr in eine psychiatrische Anstalt eingeliefert werden würde.

Zur Zeit der letzten Untersuchung war es so, daß sie bewußt und zu ihren eigenen Schutz immer nur mit ihrem siebenjährigen Söhnchen ausging, weil dieser sie vor sinnlosen Einkäufen abhielt. Im Gespräch war sie weitgehend unauffällig, erst nach einiger Zeit fielen eine gewisse Unsicherheit und Ängstlichkeit auf. Nach außenhin machten ihre Taten den Eindruck „raffinierter Schwindeleien". Zur Zeit, als sie ihren Kolleginnen Eisschränke, Magnetophone und dergleichen verschaffte und sogar Kleinwagen in Aussicht stellte, hatte sie das Gefühl, als ob die Kolleginnen sie nicht so recht mochten, als ob sie über sie redeten. Auch auf der Straße hatte sie oft das Gefühl, die Leute würden über sie reden. Dieser paranoide Zug im Sinne von Verfolgungswahn stand aber im allgemeinen stark im Hintergrund.

Ihrem Manne gegenüber war sie äußerst verschlossen, berichtete ihm fast nichts, wußte aber seine Rücksicht sehr zu schätzen. Als ihm die vielen Zahlungen einmal zuviel waren und er sagte, „ich lasse mich von dir scheiden!", erhob sie sich, ging zu ihrem kleinen Knaben und sagte: „Geh zum Papa und sag ihm, wir brauchen den Papa!" In den letzten Jahren ist sie unauffällig geblieben, doch dürfte ihre chronische Verbalhalluzinose unverändert fortbestehen. Sie lebt mit ihrer Familie und mit ihren Eltern in einer Wohnung. Ihr Vater nennt sie nie beim Namen, sondern sagt von ihr nur „die da" und ist so jähzornig, daß die anderen mit ihm nicht sprechen. Die Mutter tut alles, was ihr Mann sagt. Die D.C. läßt sich von ihrem Vater nichts sagen; sie widerspricht sofort energisch.

Schizophrene Egopathorhythmien

Gehen wir von unserer biologisch-rhythmologischen Betrachtungsweise aus, so ist zunächst einmal festzustellen, daß die D.C. über gewisse Strecken ihres Lebens, z.B. in der Schulzeit, als Straßenbahnschaffnerin und zuletzt als Ehefrau bei gröberer Betrachtungsweise den Eindruck einer intakten Egorhythmie erwecken konnte. Die Ortriogenese des Ichs war zwar in den Phasen eigentlicher „Krankheitsschübe" gestört (Schlafstörungen), aber im ganzen gesehen doch intakt: der tägliche Auf- und Abbau zwischen Wachen und Schlafen, im Schlaf der regelmäßige Wechsel von Träumen und Nichtträumen, bis zu einem gewissen Grad auch die Kontiguität, Kontinuität und Einheit des Ichs. Bei dieser gröberen Betrachtungs-

weise, die von den ausgesprochen psychotischen Krankheitsschüben absieht, zeigt sich auch, daß im Bereich des Lebensentwurfs und der Vorstellungen keine pathologischen Abweichungen bestehen: sie entwirft sich als Tochter zu ihrer Mutter hin, sie zeigt Einstellungen gegenüber der Wertsphäre, die den jeweiligen biologischen und sozialen Reifungsphasen durchaus entsprechen: sie entwirft etwa ihre eigene Zukunft als Schülerin, indem sie die Schwierigkeiten bei der Erlernung der Sprache voll Energie überwindet und strebt, besser zu sein, als die anderen, ja sie wird es sogar als einzige unter lauter Dialekt sprechenden Mädchen, die ein reines Hochdeutsch spricht. Sie arbeitet nach der Schulzeit zuerst bei ihrem Vater und dann in einem Wäschegeschäft, ohne dort das Geringste zu stehlen oder zu veruntreuen, zunächst unauffällig. Sie entwirft dann im Geiste ihre Zukunft als Geliebte und als junges Mädchen, das begehrt und umworben ist. Nach der Entlassung aus der psychiatrischen Krankenanstalt wird sie Schaffnerin und verrichtet zunächst klaglos ihren Dienst. Und als Ehefrau verrichtet sie ihre Pflichten und ist ihren Kindern eine liebe und aufopfernde Mutter.

Eingewoben in dieses Netzwerk durchaus gesunder und normaler Ansätze und Realitätsbewältigungen, das erkennen läßt, daß die groben Grundfunktionen des Ichs doch funktionsfähig sind, findet sich dann etwas ganz anderes. Die Sprachschwierigkeiten beruhen nicht auf irgendwelchen Störungen der Sprachentwicklung, sondern auf einer Schwierigkeit, eigene Gedanken und soziale Wirklichkeit, also zwei Arten von „Bedeutung", in bezug zu setzen. Sie entwickelte eine Eigentümlichkeit, die in der Kinderpsychiatrie als metaphorische Sprache bei autistischen Kindern beschrieben wurde (KANNER). Um einen handlichen Ausdruck zu haben, sprechen wir von Paraxie, das soll heißen, an der Bedeutung vorbei. Bemerkenswert ist, daß diese Störung als Lügen, ja als Pseudologie, verkannt wurde. Dieses paraxische Syndrom im Kindesalter wirkte sich in den kleinen Diebstählen aus, dem Entwenden von Schmuckstücken, die sie an andere Kinder verschenkte, vor allem aber in ihren Sprachschwierigkeiten. Es war das die entscheidende Reifungsperiode des Übergangs in das Schulalter. Diese Schwierigkeit, die Sprache als kommunikativen Bedeutungträger zu erlernen, führte über einen Abwehrmechanismus dazu, daß sie im Gegensatz zu ihrer ausschließlich Dialekt sprechenden Umgebung Hochdeutsch sprach. Im ganzen blieb ihre Erkrankung in der Schulzeit, abgesehen von ihrem Einzelgängertum, Eigensinn und Autismus latent. Schon diese ersten Störungen signalisierten die schizophrene Grundstörung: die Schwierigkeit, Gedanken, Wirklichkeit und Worte so zu verbinden, daß die entsprechenden Systembereiche gewahrt und zugleich sinngemäß verknüpft, also geschaltet werden. Es bestand schon damals eine Störung der Funktion der Mittlerstrukturen. Diese Schaltschwäche, wir sprechen von einer gestörten Synechese, war also schon in der Kindheit als eine Beobachtungstatsache im Sinne von E. Bleuler gegeben. Die „Oberleitung" durch Triebe und Vorstellungsassoziation und ihre normalen Zusammenhänge waren durch die Grundsymptome, nämlich die Störung in der Verknüpfung zwischen Worten, Tatsachen und Einbildungen, gestört.

Nach der Latenzperiode in der Berufstätigkeit war sie zunächst unauffällig. Sie hörte aber, wie andere Mädchen Freunde hatten, heirateten, Erbschaften machten. Das wirkte bei ihr wie ein angeborener Auslösemechanismus: sie entwickelte dieselben Vorstellungen, und da sie aufgrund ihrer Grundstörung diese schon damals vereinzelt als lenkende Stimmen projizierten Vorstellungen und Wertentwürfe nicht verwirklichen konnte, agierte sie diese Vorstellungen aus, ohne Rücksicht auf die Realität. Entsprechend diesem „Ausagieren" kam ein eigentlicher Verfolgungswahn nur sporadisch zur Entfaltung, der Wahn trug mehr einen phantasiophrenen bzw. pseudopseudologischen Charakter

und bestand im Grunde darin, daß emotional gesteuerte Wünsche und Vorstellungen wie Tatsachen und Wirklichkeit behandelt wurden. Auch eigene Gedanken wurden für wirklich ausgesprochene Worte, z.B. des Geliebten, genommen usw. Die Eurhythmien des Ichs schlugen in eine Egopathorhythmie im Sinne eines pulsierenden Größen-Ich um. Sie „hatte" schon einen Sohn in einer anderen Stadt, obwohl sie damals noch nie Geschlechtsverkehr gehabt hatte, sie hatte eine Erbschaft gemacht, sie feierte sogar eine Hochzeit, die gar nicht existierte.

Dieses etwas ungewöhnliche Bild bei Schizophrenie führt zu der Überlegung, daß vielleicht eher die klassischen Schulfälle das Ungewöhnliche sind oder daß die Fälle von Schizophrenie, die delinquent werden, ungewöhnliche Verlaufsformen bevorzugen.

Was an dem vorliegenden Fall auffällt, ist vor allem das Durchhalten des Kampfes gegen den eigenen Grundkonflikt und die Verkoppelung zweier pathogener Strukturen in ihm. Dieser heroische Kampf gegen den Grundkonflikt, wie man es nennen könnte, führte immer wieder zu Ichzusammenbrüchen, zu ausgesprochener Krankheitseinsicht und Reue, zu dem Versuch, den Konflikt durch den Einbau von Zwangsmechanismen, durch Arbeit, durch Sparsamkeit oder durch ausschließliche Hingabe an die Kinder, zu überwinden. Aber der unveränderte, an eine Narbe im Ich verankerte Grundkonflikt entzündete sich immer wieder an den biologischen Reifungsphasen und den mit ihnen verknüpften neuen Wertkonstellationen. In der Schule konnte sie nicht die einzige sein, die nichts verschenkte, unter den Angestellten nicht die einzige, die keinen Liebhaber hatte, unverheiratet war, keine Erbschaft machte. Später, als Straßenbahnschaffnerin, versuchte sie die Gunst ihrer Kolleginnen zu erwerben, indem sie ihnen billige Radioapparate oder Kleinwagen zu verschaffen suchte. Von ihrem Mann wissen wir, daß sie zu Beginn der Ehe, als sie noch kinderlos war, die Kinder einer wohlhabenden Nachbarin übermäßig beschenkte.

Letzten Endes dienten alle diese Handlungsweisen dem Versuch, sich und anderen überzeugend darzustellen, daß sie nicht wertlos, nicht nichts ist, und sie projizierte schließlich dieses Bewußtsein persönlicher Wertlosigkeit, das wahrscheinlich auf dem Ichgefühl der eigenen Dissoziation beruhte, in die Außenwelt: sie hörte Stimmen von Verwandten oder eine weibliche Stimme hinter sich (wohl die der Mutter), du bist nichts wert, du bist ein Nichts! Das war dann die Einmündung des Zustandsbildes in eine chronische Verbalhalluzinose, die sie aber sehr geschickt zu dissimulieren verstand, so daß sie wiederholt für geistesgesund befunden wurde.

Dieser perpetuierte Konflikt des Selbstwerterlebens hat wohl seinen besonderen Ursprung. Es sind zwei durch Verdrängung fixierte Ichzustände. Die bis in die Kindheit zurückreichende Verfremdung der Wahrnehmung der Außenwelt und der Innenwelt hatte dazu geführt, zur Abwehr die jeweils phasenspezifischen Ichzustände zu mobilisieren: zuerst auf oraler Stufe, den Trieb, die Liebe der Welt, auch der Mutter, zu gewinnen, dann auf der Triebstufe des Geltungsbedürfnisses und der Aggression, die Liebe der Gleichaltrigen, der Kollegen. Diese beiden fixierten Ichzustände, deren Verdrängung immer wieder mißlang, bildeten zusammen einen in sich inkompatiblen Komplex mit einer Koaktionslage gleichzeitig ablaufender Egopathorhythmien, deren Magnetwirkung und Beharrungstendenz gerade in den ruhigen Lebenslagen dazu führte, daß das innere Spannungspotential (der Systeminteraktionen) bis zu einem Grade anstieg, der durch einen Entlastungsmechanismus, durch ein Ausagieren von Vorstellungen wieder ins Gleichgewicht gebracht werden mußte.

Diese nie geglückte Verdrängung phasenspezifisch infantiler Ichzustände und ihre Vereinigung in einem Komplex sich gegenseitig störender Systeme, den man als „Narbe" im Sinne eines fixierten oral-aggressiv-geltungssüchtigen Ichzustandes bezeichnen könnte, durchzieht wie ein Leitmotiv die fast immer im Halbdunkel des Vorbewußten verlaufenden Lebenswege der Patientin.

Das Merkwürdige ist sonach, daß die D.C. nur in ruhigen gesicherten Zeiten exazerbiert bzw. nach dem Eintritt in eine neue reifungsbiologische oder soziale Umwelt. Es fehlt also das, was für den Prozeß der Kriminogenese sonst so charakteristisch ist, die Rückkoppelung des Aktualkonfliktes an einen Grundkonflikt. Der Grundkonflikt prescht gleichsam von sich aus in eine Vorstellungswelt vor, die zwar der Reifungsphase entspricht, aber nicht mit den Tatsachen verknüpft wird. Wo das äußere Erleben tatsächliche Konflikte mit sich bringt, wie z.B. die geäußerte Scheidungsabsicht ihres Ehemannes, reagiert sie sogar oft vollkommen richtig und instinktsicher. Darin sind die Schizophrenen wohl einzigartig, daß sie sich in gewissen akuten Belastungssituationen gewissermaßen bessern.

Im weiteren Verlauf des Lebens war es immer wieder das Besser-sein-Wollen und das Mehr-sein-Wollen als andere, das zu einem phantasiophrenen Ausagieren ihrer Spannungspotentiale führte, wobei der Bedeutungskern ihres Verhaltens von einem der früheren Gutachter als „Schenktrieb" sehr treffend umrissen wurde. Im letzten Lebensabschnitt, den wir überblicken, um das vierzigste Lebensjahr herum, deutet sich in ihrer Mutterschaft eine relative Heilungsmöglichkeit an. Sie schilderte sehr anschaulich, wie das Stillen selbst sie oft bis an den Rand der Verwirrtheit brachte, aber sie geht ganz in der Pflege ihrer Kinder auf und entwickelt neben ihrer chronischen Verbalhalluzinose ein erfolgreiches System anankastischer Abwehrmechanismen. Ihr Streben, ein Selbstkonzept zu erringen, blieb ihr ganzes Leben hindurch und auch in den akuten psychotischen Phasen unverändert stark. Ihre Eigentümlichkeit des Ausagierens, durch die ein eigentlicher Verfolgungswahn immer nur in bescheidenen Grenzen und im Hintergrund gehalten wurde, beschränkte sich nicht auf sinnlose Einkäufe bzw. Ratenkäufe, sondern manifestierte sich auch in phantastischen Erzählungen gegenüber ihrem Ehemann, daß sie Verwandte besuche, daß sie ihren schon halbwüchsigen Sohn besuche, der sie als Projektionsfigur auch durch ihr späteres Leben begleitete. Die Unfähigkeit, Realität und Gedanken, Worte und Tatsachen eindeutig gegeneinander abzugrenzen, begleitet sie durch ihr ganzes Leben.

Zusammenfassung: An einem Fall von Schizophrenie mit Dissoziation der Persönlichkeit, leichter Zerfahrenheit des Denkens, Sperrungen, gelegentlich auch Grimassieren, mit vereinzelten koenästhetischen Episoden, nur gelegentlichem und blandem Verfolgungswahn und pseudopseudologischer Phantasieophrenie läßt sich die kriminogen wirksame Koppelung zweier pathologischer fixierter infantiler Trieb- und Ichzustände mit ungewöhnlicher Aktivität in Richtung auf Wiedergewinnung von Selbstkonzept und die schizophrene Grundstörung als Egopathorhythmie im Sinne einer Störung der Mittlerstrukturen und Regulatorsysteme nachweisen. Damit ist die Existenz solcher Vermittlerstrukturen phänomenologisch erwiesen. Die Störung ist identisch mit der von E. BLEULER (1930) als Beobachtungstatsache aufgefaßten Schaltschwäche als einer Gleichgewichtsstörung und mit der von FEDERN analytisch festgestellten krankhaften Schwäche der Ichgrenzbesetzung, also mit der Grundstörung bzw. den Grundsymptomen der Schizophrenie im Sinne dieser beiden Autoren. Dieser wohl nur bei der Schizophrenie mögliche Nachweis der Existenz von Vermittlerstrukturen bzw. Regulatorstrukturen auf rein phänomenologischer Basis ist für die Theorie der Kriminalität von grundlegender Bedeutung. Denn diese Strukturen können auch auf andere Weise als durch die Anweisungen des genetischen Kode in ihren Funktionen gestört werden, z.B. durch „Lernen" von Kriminalität, durch Konflikte in besonderen Bedingungskonstellationen, durch Reduktion der Vielfalt möglicher dynamischer Gleichgewichte im Zusammenwirken wohldefinierter Systeme, durch Bewußtseinsstörungen und durch Interferenzwirkungen andersartiger Pathorhythmien, z.B. bei phasischen Psychosen.

Die Strukturen sind das Allgemeine und allen Individuen Gemeinsame, deshalb müssen sie und ihre gesetzmäßigen Abwandlungen und nicht Konstitutions- und Persönlichkeitstypen oder andere Konzeptionen auf höherer Ebene der Ausgangspunkt kriminologischen und pathopsychologischen Forschens sein. Denn Delinquenz und Psychose, z.B. als exogener Reaktionstypus oder auch als „endogene" Psychose in den jeweiligen Ergänzungsreihen, sind allgemeine Möglichkeiten menschlicher Daseinsgestaltung aufgrund ihrer „vorgebildeten Einrichtungen" (KRAEPELIN).

Das in den Dendriten erzeugte Generatorpotential entspricht wahrscheinlich einem höheren System der durch Knüpfung und Lösung nonkovalenter Bindungen in den Molekülen selbst freigewordenen potentiellen Energiequanten. Dabei ist zu berücksichtigen, daß etwa die Hälfte aller Gene, die der Mensch besitzt, der Ausbildung und der Kontrolle des Zentralnervensystems dient. Dieses Gehirn hat sich beim Menschen nach LIVINGSTON in seinem neuronalen Gefüge an die Werte und Anschauungen angepaßt, die kulturgeprägt sind. Sein ganzes riesiges Inventar an Bildern von der Welt *(images)* bekommt der Mensch bereits in der Kindheitsphase eingeprägt, und alles, was er später wahrnimmt, erlebt, beurteilt und tut, hängt von diesen kulturgeprägten Bildern ab, worin also die Psychoanalyse von der Neuropsychologie bestätigt wird. Verhalten im Erwachsenenalter ist also determiniert, denn „alle biologisch sinnvollen Ereignisse der frühesten Lebensjahre lassen matritzenhaft ihre Spuren im Gehirn zurück".

Das gilt auch für die biologisch sinnlosen, weil durch genetische Fehlleistungen gestörten „Ereignisse", die sich aus einer schizophrenen Grundstörung, zumindestens an einem Ende der Ergänzungsreihe schon im Kindesalter in einer paraxiomatischen Sprachstörung und Störung im Erfassen von Bedeutung nachweisen lassen. Die metaballistischen Vermittlerstrukturen, die analog den nonkovalenten Bindungen der Molekularbiologie nur dann eine gewisse Stabilität aufrecht erhalten können, wenn sie vielfache Wechselbeziehungen einschließen und komplementäre Strukturzusammenhänge verbinden, und die Dendritensysteme des zentralen Nervensystems, deren Fortsätze sich bewegen, ständig neue Verbindungen herstellen, sich gleichsam gegenseitig abtasten und Transmittersubstanzen austauschen sowie die Kanalsysteme der Nervenzellmembranen, auf die wir noch zurückkommen, sind offenbar nur verschiedene Aspekte oder auf methodisch verschiedenen Wegen erreichte Strukturen, die sich bis ins gewisse Identitäten hinein entsprechen. Die Funktionen von Regulatorsystemen und Vermittlerstrukturen kann man als Transformationen auffassen, die in einem höheren Funktionssystem aus den molekularbiologisch oder membranologisch erfaßbaren Funktionseinheiten integriert sind.

Dabei beruht die Koordination der Elemente nun nicht mehr auf Interaktionen zwischen Molekülen, sondern auf dem Austausch chiffrierter Botschaften. JACOB spricht von einer neuen Hierarchie von Integrons, von einer Bildung von Integrons auf einer dem Organismus überlagerten Ebene, BAUMANN von Nervensignalen.

Wie der Modellfall von Schizophrenie gezeigt hat, spielt sich das Störungsgeschehen der Egopathyrhythmie im Bereich jenes Teiles des genetischen Programms ab, dessen Durchführung nicht streng fixiert ist, sondern dem Individuum eine gewisse Freiheit in der Reaktion und in der Stellungnahme läßt. Lernen im Sinne der Lerntheorie ist auch in diesem Bereich nicht ausgeschlossen, wenngleich die Verhaltensstörungen selbst nicht erlernt sind. Das motivatorische System, in das Affekt und Trieb in Bedingungs- und Interdependenzverhältnissen miteinander bezogen sind, bietet als Teilsystem in der Vielseitigkeit der Funktionsverflechtungen eine offene, der (Verhaltens-)Therapie der Gesamtpersönlichkeit zugängliche Ansatzstelle.

Delinquenz und Elektroenzephalogramm
„*Les idées sont des êtres vivants.*" Nach diesem Wort von PASCAL führt die Beobachtung, wonach unerhörte Energien bei kriminogenem Strukturwandel über ein pragmatophores Syndrom freigesetzt oder in einen pragmatischen Entlastungsmechanismus übergeführt werden können, nicht nur zur Idee, daß es „also" auch „gewöhnliche", elementare Vermittlerstrukturen geben müsse, sondern auch dazu, daß pragmatophore Syndrome und überhaupt die Funktion von Vermittlerstrukturen von gesetzmäßigen Veränderungen des EEG als Ausdruck von Schwankungen der Energiepotentiale begleitet sein müßten. Die Vorbereitung oder Durchführung einer delinquenten Handlung, sofern sie nicht zu einem Automatismus geworden ist, müßte hiernach an Abweichungen des EEG abzulesen sein, genauer gesagt, nicht die Tat, sondern der kriminogene Strukturwandel, sofern er nur von einem hinreichenden Wechsel der Energiepotentiale begleitet ist. Wir sind auf dieses Problem schon bei den Wahnsyndromen gestoßen, für die BERNER u. Mitarb. zeigen konnten, daß bestimmte elektroenzephalographische Auffälligkeiten nicht nosologisch, sondern von der Dynamik der psychopathologischen Veränderungen, wir würden sagen vom psychopathologischen Strukturwandel, abhängen.
Um diese Idee an der Wirklichkeit zu erproben, benötigen wir zunächst Befunde über die normalpsychologischen Verhältnisse. In der Neuropsychologie hat WALTER (1964) hirnelektrische Erregungskorrelate des Verhaltens nachweisen können. Einer Versuchsperson bot man als Vorsignal ein „Klick", auf den im Abstand von

einer Sekunde eine Serie von Lichtblitzen erfolgte. Sie hatte die Aufgabe, eine Reaktionstaste zu drücken, wodurch die Lichtblitze unterbrochen werden konnten. Während einer Kontrolluntersuchung mußten Klick und Blitz passiv beobachtet werden. Es zeigten sich signifikante Unterschiede: nach dem Vorsignal trat in der Scheitelgegend (also im Bereich der sensomotorischen Zentren) ein negatives Potential auf, das ohne Zwischengipfel und Schwankungen bis zum Reaktionspunkt gleichförmig bestehen blieb, aber verschwand, sobald die Person die Taste niederdrückte. Diese negativen Potentialänderungen wurden als *contingent negative variation* oder als *expectancy waves* bezeichnet und in späteren Untersuchungen bestätigt. Wie BAUER (1969) zeigen konnte, treten sie in gleicher Weise auf, wenn die Reaktion nicht ausgeführt, sondern nur vorgestellt wird. Das besagt in unserem Zusammenhang, daß die Funktionen der Vermittlerstrukturen bzw. der pragmatophoren Strukturen tatsächlich hirnelektrische Korrelate haben.
Sieht man sich um, wo in der klinischen Erfahrung die Forschungen zur Elektroenzephalographie am weitesten vorangetrieben werden konnten, so gilt das anscheinend am ehesten für die symptomatischen Psychosen einschließlich der Epilepsie.

Gemeingefährlichkeit und
Schaltstörung bei paranoiden Syndromen

An einem Modellfall soll kurz herausgestellt werden, daß ein latenter Wahn viel gemeingefährlicher sein kann als ein manifester, und an einem anderen Beispiel, daß eine latente Schizophrenie instruktiver sein kann als eine Verlaufsform mit reichhaltigen Symptomen.

Dr. *E.P.*, beheimatet in einem Staat des mittleren Ostens, war in seinem Heimatland schon mehrfach wegen Schizophrenie interniert worden. Seine letzte Einweisung erfolgte, weil er auffällig wurde, als er eine Straße durchschritt, in der das Sterbehaus Beethovens stand. Es kam zu einem lauten Auftritt gegenüber einigen Jugoslawinnen, die auf der anderen Straßenseite laut gelacht hatten. Er selbst meinte dazu: „Ich ging durch die Straße, wo der Germane Beethoven gestorben ist, ich war tief erschüttert und habe diese Frauen wegen ihres ungebührlichen Verhaltens zurechtgewiesen." Die Exploration, ergab, daß er sich, obwohl Levantiner, für einen Germanen hält. Er war im Gespräch zerfahren, zeigte einen abspringenden Gedankengang, Antriebsstörungen und eine reizbare Verstimmung. Er glaubte, man bedrohe ihn und wolle ihn ermorden. In einem längeren Gespräch entwickelte er folgendes Wahnsystem: Er sei zu Tränen gerührt gewesen, als er am Sterbehaus Beethovens vorbeikam, weil er gelesen habe, daß die Habsburger ihn beschützt und zu sich genommen hatten. Auf die Frage, ob er manchmal Visionen habe, sagte er: „Ich bilde mir ein, daß der zweite Krieg durch die Juden geführt worden ist, das ist nicht ein Krieg des deutschen Volkes, das ist Berechnung, geplant." Auf die Frage, wer denn diesen Krieg geplant haben soll, sagte er: „Zum Beispiel der Jude Sigmund Freud hat die amerikanischen Soldaten vorbereitet. Der Jude Karl Marx hat die östlichen Völker gesammelt, Lenin war sein Student und das stalinistische Rußland ist ein Produkt wieder von Karl Marx. Sie sind von beiden Seiten gekommen." Auf die Frage, wer gekommen sei, sagte er: „Die Juden, und Albert Einstein hat für die Menschen das Atom gemacht gegen die Germanen." *(Sie meinen, das war ein ausgedachter Plan?)* — „Es war ein ausgedachter Plan, ein vorbereiteter Plan, vor dreißig Jahren, daß sie Deutschland von zwei Seiten einfach zu vernichten, das unsterbliche Deutschland, es war eine harte Nuß für sie." Er meinte weiter, die Welt müsse durch das deutsche Volk gesteuert werden, weil sie von Gott diese Mentalität, das Wissenschaftliche, die Streberei, das große Streben des Menschen geerbt habe. Auf die Frage, wer ihm denn das gesagt habe, sagte er: „Niemand, ich bin draufgekommen. Die Juden können das Gleichgewicht bekommen, Ost-West haben sie jetzt gerichtet, Österreich und das deutsche Volk wollen sie in Flammen bringen, durch Jerusalem machen sie die Welt auf sich aufmerksam. Aber Jerusalem ist gar nicht wichtig. In der westlichen Welt arbeiten die Juden, und das ist viel wichtiger." *(Was arbeiten sie denn dort in der westlichen Welt?)* — Sie arbeiten, daß das Volk in Deutschland auf jeden Fall immer schwanger sein soll mit dem schlechten Gewissen, die Juden umgebracht zu haben, das ist aber falsch. Das haben nicht die Germanen gemacht. Das haben vielmehr die reichen Juden des Westens gemacht, die wollten die armen Juden des Ostens töten, damit sie auf dem Deutschland reklamieren können, die haben die Juden vergast." —

Dieser Fall läßt erkennen, daß Paranoia zu Antisemitismus führen kann und erinnert an den Komplementärfall aus der jüngeren Geschichte, der demonstriert hat, wie Antisemitismus in ein Wahnsyndrom umschlagen kann.

Der folgende Fall soll illustrieren, daß ein nicht alltäglicher Extremfall zu einem Problem mehr beitragen kann als eine Statistik oder eine Faktorenanalyse, der die psychopathologischen Meßinstrumente im Sinne von HEIMANN noch nicht zur Verfügung stehen.

A.O., 41 Jahre alt, Ingenieur und theoretischer Physiker, verheiratet, zwei Kinder, dann geschieden. Sehr intelligent, wirkte vielleicht etwas sonderlinghaft, war bis kurz vor dem Explorationszeitpunkt noch in einem Industrieunternehmen angestellt, arbeitete an physikalisch-mathematischen Problemen, hat schon zwei- oder dreimal einen Vortrag gehalten, aber noch nichts veröffentlicht. Er wohnte nun wieder bei seiner Mutter. Er bot selbst bei eingehender Untersuchung außer einer großen Sensibilität zunächst keinerlei psychotische Symptome. Ließ man sich aber mit ihm in stundenlange wissenschaftliche Gespräche ein, so zeigte sich gelegentlich eine deutliche Störung, die sich beliebig über Jahre hinweg immer wieder reproduzieren ließ. Während er im allgemeinen zwischen Gedanken, Tatsachen und Worten sehr wohl zu unterscheiden vermochte, ging das nicht mehr so recht, wenn man auf gewisse Punkte seiner Forschertätigkeit zu sprechen kam. Er litt darunter, seine Gedanken nicht schriftlich formulieren zu können, an wenigen Seiten jahrelang zu schreiben und herumzufeilen, zu keinem Ende zu kommen. Obwohl seine Beschäftigung und sein Streben entweder Experimente oder mathematische Genialität erforderte, hatte er keine Experimente durchgeführt. Die Störung wurde aber erst dann deutlich, als man über seine Zukunftsaussichten als Forscher zu sprechen kam. Da erwies sich, daß er ganz vage Aussprüche, etwa den eines Freundes („Möchtest Du nicht nach Schweden gehen?") oder eines Kollegen („Sie könnten ja in die Schweiz gehen"), als Berufungen an eine Lehrkanzel auslegte oder zumindest als Andeutungen, daß man geneigt wäre, ihn dorthin als Professor zu berufen, es aber noch nicht ganz offen aussprechen wollte.

Immer wieder stieß man im Gespräch über seine Berufspläne auf solche angeblichen Berufungen, Andeutungen, angeblichen Briefe, die, wenn man der Sache genauer nachging, erkennen ließen, daß es sich um ganz leicht Hingesagtes oder um unverbindliche Redewendungen handelte, vielleicht auch solche, die nie erfolgt waren, die aber als Andeutungen, Aufforderungen, kurz, als unverrückbare Tatsachen, betrachtet worden waren. Man stieß hier auf eine absolute Wahngewißheit.

Aber erst, als man ihn dann in die Enge trieb und zeigte, daß seine Auslegungen willkürlich, unbegründet, ja wahnhaft waren, brach dann auf einmal der Größenwahn hervor: „Sie werden schon sehen, in 10 Jahren, daß ich die ganze Physik über den Haufen geworfen habe."

Es ist also hier so, daß die Schaltschwäche im Sinne von BLEULER, oder, was dasselbe ist, die krankhafte Schwäche der Ichgrenzbesetzung im Sinne von FEDERN, also die Störung, Gedanken für Wirklichkeit zu halten, Worte, Tatsachen und Gedanken zu vermengen usw., in unserer Terminologie die Störung der Mittlerstrukturen, nur an phasenspezifisch bestimmten Wendepunkten fixierter kritischer Perioden der Ichentwicklung, nämlich an Punkten der Fixierung und Rückkoppelung an das allmächtige Größen-Ich, dem Blick des Beobachters zugänglich waren. Das Symptom der Wahngewißheit schien also das eigentliche Signal für diese (schizophrene?) Grundstörung zu sein.

Man erkennt an diesen beiden Modellfällen die enge Verknüpfung von Schaltschwäche, Größen- und Verfolgungswahn.

Die symptomatischen Psychosen

Delinquenz findet man bei symptomatischen Psychosen in der Regel nur dort, wo sie in geringer Intensität, also nur als Durchgangssyndrome im Sinne von WIECK oder als geordnete Dämmerzustände auftreten. Besonders eingehende Untersuchungen über das Elektroenzephalogramm verdanken wir PENIN. Man spricht von symptomatischen Psychosen, wenn die Psychose ein Symptom eines definierten körperlichen Krankheitsvorganges ist, wobei die Krankheit direkt oder indirekt das Gehirn beeinträchtigt. Die körperlichen Erscheinungen können akut oder chronisch sein, die psychischen sind entweder reversibel (z.B. Dämmerzustand oder Delir) oder nicht reversibel (z.B. Persönlichkeitsveränderungen und Demenz). Ohne hier auf die verschiedenen Formen der Dys- und Parenrhythmien einzugehen, ist hervorzuheben, daß KÜNKEL den Einfluß mehrerer, in ihrer Funktion voneinander unabhängiger zerebraler Strukturen mit rhythmischer Tätigkeit nachweisen konnte. In definierten Bereichen besteht eine Koinzidenz enzephalographisch nachweisbarer Rhythmusstörungen mit den Blutdruckwellen höherer Ordnung

oder Übereinstimmung mit den Frequenzen des Atmens. Es gibt Blockierung oder Frequenzmodulation durch sensorische Reize, synchrone Doppelfrequenzen, Deformierung durch überlagerte Frequenzen und Amplituden.

Das Bild der organisch begründbaren akuten Verwirrtheit bei progressiver Paralyse zeigt eine Deltaparenrhythmie, die Beeinträchtigung der Wachheit eine Verlangsamung der Grundtätigkeit. Nicht ein bestimmtes psychopathologisches Syndrom läßt sich am EEG ablesen, wohl aber die rasche zeitliche Abfolge einer psychischen Abweichung bis zu einem besonderen Schweregrad, wir würden also sagen, der akute Syndromwandel. Nicht der Hirnprozeß an sich, sondern das besondere Ausmaß seiner Akuität oder Prozeßhaftigkeit ist für die Manifestation pathologischer Abwandlungen im EEG entscheidend. Umgekehrt ist der plötzliche Potentialeinbruch z.B. einer Deltaparenrhythmie von schwererwiegenden klinischen Symptomen begleitet.

Schweren organischen Dämmerzuständen oder Ausnahmezuständen entsprechen bestimmte Formen enzephalographischer Aidiorhythmie im Sinne von PENIN. Bei traumatischen Psychosen (Hirnverletzung) begleitet eine Allgemeinstörung des EEG das Zustandsbild solange, als deutliche Symptome einer traumatischen Psychose bestehen. Psychose und EEG-Störungen bessern sich gleichzeitig. Zwischen Grad einer Demenz und Grad einer EEG-Verlangsamung besteht eine signifikante Beziehung (WEINER u. SCHUSTER). Das EEG bestätigt sogar die klinische Zweiteilung chronischer Defektsyndrome in (z.B. epileptische) Wesensänderung und Demenz. Am deutlichsten sind die EEG-Veränderungen in akuten oder in starkem Wechsel begriffenen pathologischen Syndromen.

Diese von PENIN u.a. erarbeiteten, teilweise vielleicht noch vorläufigen, im wesentlich aber wohl gesicherten Ergebnisse lassen erwarten, daß man Delinquenz bei symptomatischen Psychosen besonders an den Umschlagstellen, und zwar überwiegend bei leichteren oder mittelschweren Formen erwarten kann, die von WIECK als Durchgangssyndrome näher beschrieben wurden. Nur solche Fälle haben noch die Möglichkeit, Handlungen zu setzen, die als delinquent beurteilt oder verkannt werden können, denn bei den schwereren Formen erfolgt in der Regel alsbald die Einweisung in ein psychiatrisches Krankenhaus.

Die Zusammenhänge, die hier kriminogene Bedingungskonstellationen ermöglichen, sind verhältnismäßig einfach, denn kriminogener Strukturwandel und psychotische Exazerbation überschneiden sich so weitgehend, daß man praktisch von einer vollkommenen Deckung sprechen kann. Der Strukturwandel ist zugleich das pragmatophore Syndrom.

B.T., 22 Jahre alter Angestellter, hatte in den letzten Wochen vor der Tat nach seinem Dienst noch privat für seinen Chef bis in die Nacht hinein anstrengende Bauarbeiten verrichtet. Es herrschte ein konstantes, ungewöhnlich kaltes und trockenes Novemberwetter mit Temperaturen bis minus 20 Grad. An einem Sonntag, Temperatur minus 15 Grad, wurde B.T. von seinem Chef zum Mittagsessen eingeladen. Er konsumierte dabei etwas Bier. Anschließend begleitete er seinen Arbeitgeber auf die Hasenjagd. Obwohl er gegen die Kälte nicht annähernd genügend ausgerüstet war, kein Sweater, keine Handschuhe, lehnte er es ab, die für ihn wohl etwas zu weiten Kleidungsstücke seines Chefs anzuziehen. Dieser sah auf der Jagd noch, wie B.T. einen rasch fließenden, nur am Rande zugefrorenen, verhältnismäßig breiten Bach durchwatete und bald darauf einen Hasen erlegte. Bald darauf verlor er B.T. aus den Augen. Dafür fiel dieser nun zwei Lenkern von Personenkraftwagen auf, weil er auf Kotflügel bzw. Heck ihrer Wagen Schrotschüsse abfeuerte. Seine Festnahme durch die Gendarmerie ließ erkennen, daß die Situation nicht erfaßte. Er stand stramm und salutierte, als wäre er, wie vor einigen Monaten, noch beim Militärdienst. An die Vorgänge einschließlich des Durchwatens des Flüßchens und des Erlegens des Hasen bestand keine Erinnerung.

Der amnestische Symptomkomplex ist gleichsam das Leitsymptom bei den symptomatischen Psychosen. Es bestand hier sonach ein perseveratorisches Durchgangssyndrom mit affektiv-amnestischen Bewußtseinsveränderungen. Man könnte auch von einem geordneten Dämmerzustand sprechen. Die Verhaltensweise bei der Jagd, einem laufenden Hasen nachzuschießen, wurde gleichsam in den Dämmerzustand übernommen, Intention und Reaktionsweise wurden beibehalten, obwohl sie der Realität nicht mehr angemessen waren. Nosologisch ist an die Bedingunskonstellation Übermüdung, leichte Alkoholeinwirkung und physikalische Schädigung des Gehirns durch extreme Kälteeinwirkung zu denken. Vielleicht waren auch noch andere, uns unbekannt gebliebene Noxen mit im Spiel. In der Kriminologie sieht man immer wieder, daß nicht eine Bedingung, sondern ein Zusammenwirken mehrere Bedingungen an einem Geschehen entscheidend beteiligt ist, ein Umstand, der bei klinischen Fällen wahrscheinlich genauso zutreffend ist, aber einer klaren Diagnose zuliebe oft unbeachtet bleibt. Die Erinnerung ist im vorliegenden Fall mit der Steigerung der Kältenoxe beim Durchwaten des Flusses erloschen, wenn man nicht eine retrograde Amnesie annehmen will.

F.M., der 16jährige Schüler eines Internats, überfällt eines Abends einen seiner Lehrer und versucht, ihn mit einem erhobenen Sessel zu traktieren. Eine Motivation lag nicht vor. Es war keinerlei Auseinandersetzung vorangegangen, auch bestand keine Abneigung oder Spannung gegenüber diesem Lehrer. Die Untersuchung ergab eine akute fieberhafte Tonsillitis zur Zeit der Tat. Aus der Vorgeschichte fiel eine „Vorgestalt" (STUMPFL) auf: Der Junge hatte nicht ganz ein Jahr vorher gleichfalls im Zuge einer fieberhaften Tonsillitis in sinnloser Weise den Baderaum des Hauses vollkommen unter Wasser gesetzt. In beiden Fällen bestand für die Tathandlung eine vollständige Amnesie. Diagnose: affektiv-motorisches und halluzinatorisches reversibles Syndrom (Durchgangssyndrom) bei entzündlichem Prozeß.

L.Q., ein junger Mann, erkrankte während des Militärdienstes an einer Zeckenenzephalitis mit folgenden psychoorganischen Syndromen und pathologischen EEG-Befund. Im weiteren Verlauf kam es zu einer Persönlichkeitsveränderung mit gelegentlich submanischen Syndromen, die dazu führten, daß er sich für einen großen Wirtschaftsboß hielt, in Geschäften ins Ausland reiste und behauptete, von der Regierung Aufträge bekommen zu haben. In diesen Phasen wurde er wiederholt delinquent (Betrug). Dieser zusätzliche Faktor manischer oder submanischer Syndrome ist auch deutlich bei dem folgenden Fall.

H.G., ein Epileptiker im Alter von fünfzig Jahren,

schon seit vielen Jahrzehnten immer wieder wegen Eigentumsdelikten vorbestraft und wegen epileptischer Anfälle in psychiatrischen Krankenhäusern interniert, zeigte schon vor Jahren ein manisch kritikloses Verhalten, das bei der Einvernahme mitunter als geschickte Verantwortung verkannt wurde. Die Straftaten wurden in der Regel in psychomotorischen Anfällen mit geordneten, aber phantastisch-traumhaft ausgestalteten Dämmerzuständen verübt, über die nur mangelhafte Erinnerung bestand und oft abenteuerlich anmutende Darstellungen abgegeben wurden, z.B. über einen Raubüberfall. Einmal gelang es unmittelbar nach einer Tat, er hatte eigene Waren in einem Geschäft angeboten und anschließend Waren des Geschäftsinhabers mitgehen lassen, durch Erhebungen bei Personen, die ihn im Geschäft beobachtet hatten, festzustellen, daß er zur Zeit der Tat ein ausgesprochen manisches Verhalten mit eigentümlich tänzelnden Bewegungen und Logorrhö geboten hatte, die sich von seinem sonstigen Verhalten deutlich abhoben. Der kriminogene Strukturwandel ist sonach hier korreliert mit einem manischen Syndromwandel.

K. W., eine 43jährige Epileptikerin und raffinierte Taschendiebin. Sie litt an plötzlich auftretenden endogen-dysphorischen Verstimmungszuständen mit zornig-gereizter Stimmungslage und an besonnenen Dämmerzuständen. Selten kamen auch Dämmerzustände mit Benommenheit und in ganz seltenen Fällen sogar mit Verwirrtheit vor. Die Diebstähle erfolgten in einer eigentümlichen Syndromsequenz in besonnenen Dämmerzuständen, denen am Vortag die genannten Verstimmungszustände vorangegangen waren. Sie erweckte oft den Eindruck, sich nur an die Straftaten selbst nicht zu erinnern, die genauere Analyse aller Einzelheiten zeigte aber, daß sie auch vorher und nachher die Vorgänge nur sehr bruchstückhaft und unvollkommen registrieren konnte. Es ist anzunehmen, daß derartige Fälle viel häufiger sind, als sie registriert werden.

Bei symptomatischen Psychosen einschließlich der epileptischen Dämmerzustände sind die delinquenten Handlungen regelmäßig mit plötzlichen Umschlägen des pathopsychologischen Geschehens synchronisiert. Das gilt auch für manche Zustände bei synkopalen Anfällen. Auf diese Beziehungen bei Epilepsie hat schon REISNER aufmerksam gemacht mit dem Hinweis, daß gerade die Affektschwankungen die Verantwortlichkeit der Anfallskranken beeinträchtigen.

Bei symptomatischen Psychosen gewinnt man den Eindruck, daß pragmatophores Syndrom und Pathorhythmien ganz fehlen können. Das gilt auch für die Epilepsie. Man muß allerdings fragen, ob Rückkoppelung an einen Grundkonflikt und Vier-

phasenpathorhythmie bloß verdeckt sind und in Hypnose analog aufgedeckt werden könnten, wie organische Amnesien, die sich nach SCHILDER als bloß organisch bedingte Hemmung der Reproduktion erwiesen haben. Bei der von SCHILDER, H. HARTMANN u.a. nachgewiesenen Verwandtschaft organisch-zerebraler und psychologischer Mechanismen wird man annehmen dürfen, daß auch in die organisch begründbaren Psychosen die gleichen Strukturveränderungen eingehen, die sich bei Nichtorganikern nachweisen lassen, jedenfalls so lange, als noch eine gewisse Reversibilität oder Kompensationsfähigkeit vorliegt. Zu verweisen ist hier auf das Beispiel des Paralytikers (s. 1. Teil), der in einer akuten Konfliktsituation vorübergehend dekompensiertes und sinnlos destruktives Verhalten zeigte. Nachdem die Psychose vielfach das entschleiert und klarer sichtbar macht, was uns auch sonst im Innersten bewegt (SCHILDER)[16], ist von eingehenderen Forschungen über Delinquenz bei symptomatischen Psychosen noch mancher Aufschluß über Verschlüsselung pragmatophorer Energetik und kritischer Perioden zu erwarten.

Es soll nicht unerwähnt gelassen werden, daß hier alle Übergänge zu psychogenen Ausnahme- und Dämmerzuständen vorkommen.

H.D., ein junger Offiziersanwärter, bekam Urlaub, um zum Augenarzt zu gehen. Er befürchtete infolge eines Sehfehlers, für die Offizierslaufbahn nicht tauglich befunden zu werden. Er besuchte seine Mutter, ging jedoch nicht zum Augenarzt, sondern schlenderte absichtslos durch eine große Straße, fand sich auf einmal am Bahnhof, löste eine Karte in die Schweiz, reist auch von dort weiter und ließ sich in Marseille anheuern. Er, der schon als Bub immer von Hafenstädten geträumt hatte, segelte auf dem Schiff bis zu den Antillen, und mußte dort auf einer Insel ein Jahr arbeiten, um sich die Rückreise zu bezahlen. Bei der Heimkehr wurde er wegen Fahnenflucht angeklagt. Gesetzt wurde die Tat in einem leichten Verdrängungsdelir (Dämmerzustand), fortgesetzt bei

---

[16] P. SCHILDER: Über Stellungnahmen Todkranker. Med. Klin. **21**, 1, (1927).

vollem Bewußtsein. Das Motiv, Angst eines begeisterten Offiziersanwärters aufgrund eines Augenbefundes von der Offizierslaufbahn ausgeschlossen zu werden, und die Tat, Fahrt bis zu den Antillen, stehen quantitativ und logisch in einem so augenscheinlichen Widerspruch, daß die Annahme eines psychogenen Dämmerzustandes zu Beginn der Handlungssequenzen wohl gerechtfertigt ist. Dieser ist aber als bloßer „Auslöser" kaum geeignet, Unzurechnungsfähigkeit anzunehmen, kann aber wohl das Strafmaß beeinflussen.

Destruktive Tropismen und Übersprungshandlungen. Aktivierungsgesetze der Strukturinterferenzen

Es muß nochmals auf das pragmatophore Syndrom zurückgegriffen werden, um seine potentielle Wahnnähe herauszustellen. Eine dynamische Theorie der menschlichen Handlung impliziert Erfahrungsgrundlagen, die durch Analysen der Wechselwirkungen von Systemen gewonnen sind. Eine solche Mesiteutik ($\mu\varepsilon\sigma\iota\tau\varepsilon\dot{\upsilon}\varepsilon\iota\nu$ = vermitteln, $\mu\varepsilon\sigma\dot{\iota}\tau\eta\varsigma$ = der Vermittler) führte empirisch zur Feststellung, daß einschneidenden Handlungen pragmatophore Syndrome von paranoid-depressiv-dysphorischem Charakter, also gleichsam präpsychotische Manifestationen, vorangehen, und zu der Hypothese, daß jede Handlung, auch jede innere Handlung (Gedanke), von Variationen des energetischen Potentials im Bereich von zu postulierenden Vermittlerstrukturen begleitet sein muß.

Diese Hypothese erfuhr eine Stütze in den molekularbiologischen Forschungen MONODS über die „aktivierten" oder „Übergangszustände" bei der katalytischen Aktivierung kovalenter und nonkovalenter Bindungen und durch die Ergebnisse JACOBS über die Steuerung von Koordinationsvorgängen durch die sog. Regulatorproteine. Denn es war anzunehmen, daß diese molekularen Regulatorstrukturen auf einer höheren Organisationsebene die Elemente für den Aufbau komplexer Vermittlerstrukturen abgeben. Zugleich führte diese Hypothese zur Auffassung, daß bei Schizophrenie im Bereich der Vermittlerstrukturen selbst die eigentliche Grundstörung sitzen müsse, von der sich die Kontaktstörungen von Kindern, die später manifest schizophren werden, und die übrigen bei schizophrenen Erkrankungen zu beobachtenden Syndrome ableiten lassen. Dies führte dazu, auf Auffassungen E. BLEULERS und FEDERNS zurückzugreifen, die auf verschiedenen Wegen zu der gleichen Auffassung gekommen waren.

Es ergab sich, daß psychiatrisch-klinisch, psychoanalytisch und auf dem Wege über pathorhythmologische Verhaltensforschungen die gleiche Auffassung über eine Grundstörung bei Schizophrenie sich als phänomenologisch greifbare Tatsache aufdrängt, wodurch diese Auffassung in den Stand einer wohlbegründeten Theorie erhoben wird. Die Bedeutung einer solchen Theorie liegt darin, daß nur von diesem Ansatzpunkt, der den Strukturwandel und die Mittlerstruktur, also Funktion und Struktur, gleichsetzt, ein wirkliches Verständnis dessen möglich ist, was hier als pragmatophores Syndrom dargestellt wurde: Die potentielle Wahnnähe dieses nicht zufällig immer paranoid-depressiv-dysphorisch und gelegentlich auch submanisch gefärbten Syndroms. Diese potentielle Wahnnähe der Funktion von Vermittlerstrukturen als inhärente Entgleisungsmöglichkeit impliziert, daß es sich um eine spezifisch humane Superstruktur handelt, die es beim Tier nicht gibt, und macht verständlich, daß es Wahn beinahe überall gibt, nicht nur bei Schizophrenie, paranoiden und paraphrenen Syndromen und organischen Hirnsyndromen. Nach K. SCHNEIDER können bei fast allen abnormen Seelenzuständen Wahn oder wahnähnliche Formen vorkommen.

Das Wahnproblem ist sonach für die Kriminologie gegenüber dem Neurosenproblem, das überall fließende Übergänge zur Norm erkennen läßt, vorrangig, gerade weil es im Tierexperiment keine Analogien kennt. Deshalb wurde diesem Problem so viel Platz eingeräumt, ist doch der quantitative Wahngehalt des pragmatophoren Syndroms und seine Relevanz für das Tatgeschehen geradezu der Maßstab für die Beurteilung der Zurechnungsfähigkeit.

Für die Beurteilung von Delinquenz fehlt noch ein wesentlicher Gesichtspunkt, der die Bedingungskonstellationen betrifft. Interpersonale Beziehungen erschöpfen sich nicht in passiven oder komplex-ambivalenten, mehr oder weniger konstruktiven Wechselwirkungen, es gibt auch relativ starre oder erstarrte aktive Einstellungen, die von einem Individuum zu einem anderen gehen, deren Interferenzen einen Einblick in die Strukturgesetzlichkeit von Aktivierung gestatten. Die Aktivierungsgesetze der komplexen Strukturinterferenzen menschlichen Verhaltens (AGS) sind uns noch weitgehend unbekannt. In der Ergänzungsreihe von den schöpferischen Interferenzen zwischen Mutter und Kind, die R. SPITZ beschrieben hat, oder zweier kreativer Persönlichkeiten, bis zu dem interpersonalen Interferenzen zwischen der untergründigen Destruktivität zweier Personen und parallel dazu zwischen den mehr passiven oder ambivalenten Interferenzen bis zu ausgesprochen starren projektiven Formen interessiert hier die zwischen Destruktivität und starrer Ausrichtung ausgespannte Form, die wir als destruktive Tropismen bezeichnen. Diese können reziprok oder unilateral sein. Zwei Personen können ablehnend oder aggressiv gegeneinander eingestellt sein, oder es ist bloß die eine, von der eine solche Einstellung ausgeht. Das Aktivierungsgesetz solcher Tropismen besagt, daß eine derartige Einstellung bei den passiven, weniger aktiven Partnern in das Gegenteil (also Aggression) oder bei einem zwar gleichfalls ablehnenden Partner in die aggressive Haltung des aggressiven Partners nach Art eines Entlastungsmechanismus umschlagen kann. Wir sprechen von einer Gegenfunktion destruktiver Tropismen. Solche Mechanismen sind destruktive Übersprungreaktionen, sie sind als Ausdruck des echten Instinktes vitalen Selbstschutzes aufzufassen. Die Fähigkeit, im Übersprung aufzutreten, kommt ja nach TINBERGEN nur echten Instinkthandlungen zu.

Im Folgenden werden unter destruktiven Tropismen selbsteigene, stiftende Akte verstanden, die Habitualitäten und Überzeugungen (auch Wahnsyndrome) konstituieren, die destruktiv gegen eine andere Person gerichtet sind. Es handelt sich im Folgenden um heterotrope destruktive Tropismen, wir werden aber bei Depressiven auch autotrope Formen kennenlernen. Ferner sind im Folgenden nur die konstellativen, also die gegen den Täter gerichteten Tropismen Gegenstand der Untersuchung.

Als Beispiel eines solchen Tropismus mit Übersprunghandlung beim Menschen: Ein junger Mann, schüchtern, passiv, still, kontaktarm und äußerst gefügig, war verheiratet mit einer aktiven, sprachlich schlagfertigen und sexuell appetenten, jungen Geschäftsfrau. Sie betrog ihn am Wohnort mit anderen Männern und behandelte ihn schlecht. Er trug alles ohne die geringsten Zeichen von Unmut, wobei zu bedenken ist, daß bei seinem gehemmten Wesen eine larvierte Depression nicht registrierbar gewesen wäre und seine Verbalisierungsfähigkeit (ländliches Milieu) gering war. Eines Tages bedrohte ihn die Frau aktiv und ging sogar mit einem Beil gegen ihn vor. Die Drohbewegung mit dem Beil, war zweifellos nur symbolisch erniedrigend, nicht ernst gemeint. Er aber riß ihr das Beil aus der Hand, würgte und erschlug sie und vergrub ihren Kopf in einem Haufen Erde. Er war ein Mensch, der bis dahin nie in seinem Leben auch nur dem kleinsten Tier etwas zuleide getan hatte.

Diese Reaktionsweise bezeichnen wir als destruktive Übersprungreaktion, destruktiv, weil die Übersprungreaktionen beim Tier durchwegs konstruktivlebenserhaltend sind. Die Bedingungskonstellation, in der sie erfolgt, bezeichnen wir als dominierend-entwertenden destruktiven Tropismus (D.T.), womit die destruktiv gegen die Durchsetzung eines adäquaten Selbstkonzeptes des Ehepartners gerichtete Einstellung dieser Frau gemeint ist. Die Tat ist ein Übersprung von Handlung zu Handlung durch antizipierende Phänokopie.

Der Tropismus, die destruktive Einstellung seiner Frau ihm gegenüber, war in einer aggressiven Übersprungreaktion mit Ablaufsformen, die weit über jede Abwehr hinausreichen, auf den anderen Partner mit hundertachtziggradigem Richtungswechsel übergesprungen. Gerade die be-

184

schränkte Fähigkeit zu sprachlichen Äußerungen und die depressive Persönlichkeitsstruktur begünstigten wahrscheinlich im Laufe der vielen Demütigungen eine Speicherung der Potentiale im Bereich der vermittelnden Glieder zwischen Reiz und Reaktion bzw. eine Anreicherung von Hinweisreizen, so daß ein solcher Übersprung bereits einen lebensgeschichtlich weiter zurückliegenden Vermittlungsprozeß (RMP nach OSGOOD) voraussetzt. Destruktive Tropismen im Übersprung sollen hier nicht victimologisch interpretiert werden, Mord bleibt natürlich Mord, aber beim Strafmaß sollte man sie berücksichtigen.

Die Bedingungskonstellationen, die sich bei solchen Tropismen ergeben, sind am folgenden Modellfall deutlicher herausgearbeitet.

C.Z., eine Frau von gedrungen-athletischem bis pyknischem Körperbau, von großer Körperkraft und primitiver, aber nicht debiler Wesensart. Sie stammt aus bäuerlichen Verhältnissen und war von Kindheit an schwere Arbeit gewöhnt. Mit 33 Jahren heiratete sie einen wesentlich älteren, kriegsblinden Hofbesitzer bzw. wurde, wie sie heute ausdrückt, mit ihm verkuppelt, weil ihn der Blindheit und des Hofes wegen niemand mochte. Sie brachte in den folgenden Jahren den stark verwahrlosten Hof in die Höhe, ersetzte die Rauchküche durch eine moderne, legte Fußböden, Wasserrohre, erneuerte die Stallungen und schaffte landwirtschaftliche Maschinen an. Dabei arbeitete sie für zwei Männer im Feld und im Stall, wobei sie ihren Ehegatten wie ein hilfloses Kind mit aufs Feld nahm, um ihn bei sich zu haben.

Sie litt an eigenartigen episodisch auftretenden Zuständen, die in den ausführlichen Zeugenaussagen ihres Ehemannes bei der Hauptverhandlung eingehend beschrieben wurden. Sie wußte dann ohne äußeren Anlaß plötzlich nicht, was sie gesagt oder getan hatte, arbeitete aber doch unauffällig und sinnvoll weiter. Der offenbar doch nicht ganz blinde Ehemann schilderte drastisch, wie er diese wohl hysterozykloiden Episoden durch eine Art Schocktherapie zu beseitigen pflegte: Er versetzte der C.Z. einfach rechts und links ein paar kräftige Ohrfeigen. Auf diese Weise ließ sie sich sofort zur Raison bringen und „wußte auf einmal wieder alles."

In einem Austragsstüberl eines getrennt gelegenen Gebäudes wohnte die Schwiegermutter (Sch.), die aus Böhmen stammte und nur wenige Worte deutsch konnte. Diese hatte zeitweise einen Sohn aus erster Ehe bei sich (K.), der zwar sehr tüchtig in der Arbeit sein konnte, aber nur, wenn er kein Geld hatte. Andernfalls trank er maßlos und lag bei Tag volltrunken

herum, wurde aber von seiner Mutter (Sch.) gedeckt („*er arbeitet eh*"). Es wohnte noch ein Bruder der Sch. im Orte und andere Verwandte des Ehemanns, die alle gegen die C.Z. eingestellt waren und ihr ihren Erfolg neideten (destruktive Tropismen). Ganz besonders gespannt war das Verhältnis zwischen C.Z. und Sch. Die Schwiegermutter konnte nicht verwinden, wie hart sie es selbst als Kind gehabt hatte und daß es ihr nie so gut gegangen war wie unter der Wirtschaft ihrer Schwiegertochter, weshalb sie diese auch beneidete. So kam es denn zwischen Sch. und C.Z. ständig zu Streitigkeiten und Reibereien mit kleinlichen Bosheiten von beiden Seiten. Der Ehegatte nahm eine schwankende Haltung zwischen Ehefrau und Mutter ein.

Als einmal der Ehemann zur Kur in ein Heilbad verreiste und die C.Z. ihn nicht begleiten konnte, weil niemand bereit war, die Stall- und Feldarbeit zu übernehmen, kam es offenbar zu einer Auseinandersetzung zwischen C.Z. und Sch., in dessen Verlauf die Sch. niedergeschlagen und erwürgt wurde. Die C.Z., nun allein auf dem Hof, verbrannte ihre Schwiegermutter in einem schon seit einiger Zeit außer Gebrauch stehenden Backofen im Vorraum des Hauses. Die Verbrennung der Sch., einer sehr kleinen und zarten Person, dauerte nach den Aussagen über die eigentümliche Rauchentwicklung wenigstens 48, wenn nicht 72 Stunden. Die Reaktion der Zeitungen erinnerte an die Hexenprozesse vergangener Jahrhunderte. Die C.Z. wurde als Hexe bezeichnet und allerlei Gerüchte über sie und ihre Familie wurden als Tatsachen verkündet, so sollte ein Bruder von ihr, der tatsächlich wegen eines Totschlags vorbestraft war, sein Opfer nicht nur erschlagen, sondern dann noch den Schweinen zum Fraß vorgeworfen haben. Als die Abgängigkeit der alten Frau auffiel und allerlei Befragungen durchgeführt wurden, behauptete die C.Z., die Sch. sei von einigen Männern abgeholt und in die Tschechoslowakei gebracht worden. Sie verriet sich aber durch viele Einzelheiten und wurde dabei überrascht, wie sie einen in ihrem Wäscheschrank befindlichen Zettel verbergen wollte. Auf diesem Zettel stand mit einer Handschrift, die später als die ihrige einwandfrei nachgewiesen wurde, daß der böse K. die alte Sch., also seine Mutter, umgebracht habe.

In der Hauptverhandlung ergab sich, daß der Ehemann einige Monate vor der Tat eine Scheidungsklage gegen seine Frau angestrengt hatte mit Beschuldigungen, die er dann als Zeuge aber alle widerrief. Er habe die Scheidung nur eingereicht, um von seiner Mutter Ruhe zu haben, die ihn bedrängte, sich scheiden zu lassen. Er habe es gar nicht ernst gemeint, und alle herabsetzenden und beschuldigenden Angaben gegenüber der C.Z. seien falsch. Auch seiner Frau gegenüber habe er noch geäußert, aus dieser Scheidung werde nichts. Im Backofen und in einem frisch umgegrabenen Beet des Gemüsegartens fanden sich spärliche Reste menschlicher Knochen.

Das reichhaltige Aktenmaterial enthält auch drei ungemein gründliche und ausführliche psychiatrische Gutachten. An der Täterschaft der C.Z. bestehen keinerlei Zweifel. Doch hatte man einen sehr wesentlichen Sachverhalt übersehen und einen anderen diagnostisch nicht ausgewertet. Der übersehene Sachverhalt: Die Sch. hatte, wie aus den sehr eingehenden Protokollen über die Aussagen des Ehemanns und einiger anderer Zeugen eindeutig hervorgeht, ein paraphrenes Syndrom geboten: Sie äußerte immer wieder Vergiftungsideen gegenüber der C.Z., diese habe ihr die Äpfel, die Milch, den Mohn usw. vergiftet, ging damit auch zu einem Arzt, der ihre Angaben nicht ernst nahm und sie auch von einer Behörde untersuchen ließ, allerdings mit negativem Ergebnis. Auch der Ehemann nahm ihre Vergiftungsideen nicht ernst. Einmal kam es sogar dazu, daß die Sch. mit ihrem Wahn ihren Bruder induzierte. Der Ehemann gab überzeugend an, daß ihre Magenbeschwerden nur auf einen übermäßigen Alkoholgenuß zurückzuführen waren.

Es lag also ein paraphrenes Wahnsyndrom auf Seiten der Sch. vor, das sich gegen die C.Z. (die Täterin) richtete. Der Ehemann traute der C.Z. zwar zu, daß sie imstande gewesen war, seine Mutter im Zorn zu erschlagen, denn sie wurde als jähzornig geschildert, nicht jedoch sie zu vergiften.

Hinsichtlich der Bedingungskonstellationen, die zu dem delinquenten Verhalten geführt haben, wenn man zunächst nur das Erschlagen und Erwürgen in Betracht zieht, stellt sich sonach heraus, daß eine Reihe destruktiver Tropismen gegen die C.Z. gerichtet waren. Die Einstellung der Schwiegermutter, die sich als paraphrenes Syndrom darstellt, dazu die Sprachschranke, die ablehnende Haltung des trinkenden Sohnes der Schwiegermutter (K.), die ablehnenden Einstellungen der übrigen Verwandten des Ehepartners, und schließlich sogar die in eine durchaus positive vertrauensvolle Zuneigung eingebettete Einstellung des Ehegatten, der sich dazu bewegen ließ, nur um Ruhe von seiner querulierenden Mutter zu haben, ein Scheidungsverfahren gegen die C.Z. einzuleiten, ohne es wirklich ernst zu meinen. Aus den Akten geht hervor, daß die C.Z. ,,fuchsteufelswild" wurde, als sie einmal von den Vergiftungsideen ihrer Schwiegermutter hörte. Man darf also annehmen, daß die Tat in einem Affekt gesetzt worden ist, möglicherweise als Übersprunghandlung auf einen destruktiven, gegen sie gerichteten wahnhaften Tropismus.

Ein hysterisch-paranoides Verdrängungsdelir

Ein zweiter Tatsachenkomplex ist zwar in den früheren Gutachten von verschiedenen Untersuchern übereinstimmend und eingehend registriert, diagnostisch aber nicht ausgewertet worden. Im Grunde sind es sogar zwei voneinander ganz unabhängige Syndrome, die sich an der C.Z. manifestieren. Die C.Z. zeigte schon bei den ersten Untersuchungen vor der Hauptverhandlung ein eigentümliches hystero-maniformes Syndrom. Sie kam lachend ins Zimmer, war von ihrem Lachen kaum abzubringen um

zur Sache zu kommen, war ausgesprochen ideenflüchtig, sagte, sie hätte soeben eine Hetz[17] gehabt, da oben (im Zellentrakt) wäre eine sehr lustige Person. Dabei gestikulierte sie mit den Händen herum, sagte, daß sie hier so vergeßlich sei, sie habe alles vergessen. Sie sei von früh bis abends bei der Arbeit gewesen, sei viermal schwanger gewesen, habe aber die Kinder nicht austragen können, weil sie so viel arbeiten mußte, mit der Sch. habe sie sich gut verstanden. Auch bei den folgenden Untersuchungen und bei verschiedenen Untersuchern sei sie ideenflüchtig, sie sei verhaftet worden, weil man gesagt habe, sie habe die Schwiegermutter umgebracht, sie wisse nicht, wie die Leute auf diese Idee gekommen seien. Einmal hatte sie allerdings über einen Hausierer eine längere Geschichte konfabuliert, aus der zu entnehmen war, daß sie, zumindest unbewußt, doch etwas von ihrer Täterschaft ,,wußte". Später wollte sie auch von dieser Geschichte nichts mehr wissen.

Dasselbe theatralisch-hysterisch-hypomanische Bild bot sich auch bei späteren Nachuntersuchungen durch andere Sachverständige in beinahe unverändeter, nur etwa abgeschwächter Form auch bei den Untersuchungen zur Frage der vorzeitigen Entlassung 15 Jahre später. Sie hatte zwanzig Jahre Gefängnis bekommen. Bei diesen letzten Untersuchungen wurde in mehreren Wiederholungen auch ein organisches Rorschach-Syndrom (nach PIOTROWSKI, DELAY, PICHOT) festgestellt.

Noch etwas fand sich eingewoben in diese Dynamik eines fixierten, gleichsam negativen pragmatophoren Syndroms. Die C.Z. hatte schon bei den ersten Explorationen ein paranoides Syndrom gegen den K. entwickelt, also gegenüber dem Sohn der Schwiegermutter, das auch jetzt bei den Nachuntersuchungen noch nachweisbar war. Es bestand also nicht nur ein hysterisches Verdrängungsdelir, sondern auch ein projektives Verdrängungsparanoid.

Noch ein weiteres Syndrom fiel schon den früheren Begutachtern vor 15 Jahren auf. Die C.Z. war unfähig, etwas ihr Nachteiliges zuzugeben, auch unfähig, in diesen Beziehungen folgerichtig zu denken, obwohl sie zwar nicht sehr intelligent, aber doch sehr arbeitstüchtig und schlau war. Und war offenbar die ganze Zeit wie auch heute noch (wahnhaft) überzeugt, unschuldig an der Tat zu sein, obwohl nach der Aktenlage an ihrer Täterschaft keinerlei Zweifel bestehen konnten, denn niemand hatte zur Tatzeit ihr Haus betreten. Es handelte sich also um ein über Jahrzehnte durch Verdrängen fixiertes pragmatophores Syndrom und Verdrängungsparanoid. Psychopathologisch ist zu sagen, daß dieses hysterische Verdrängungsdelir vollkommen gelungen ist. Wird sie heute über diese Dinge befragt, so taucht immer wieder dieses negative pragmatophore Syndrom auf (also das Verdrängungsdelir), dessen Energiepotentiale erforderlich sind, um die Verdrängung allen ver-

---

[17] österr. für Gaudium, Spaß.

balen Anfechtungen gegenüber aufrecht zu erhalten. Dieses Verdrängungsdelir ist hysteromaniform und zugleich paranoid verknüpft mit motorischen Syndromen, wie Gestikulieren, Lachen, Aufspringen und Herumgehen. Die Tat wurde wahrscheinlich schon während der Verbrennung der Sch. aus dem Bewußtsein verdrängt, bis sie sich schließlich für unschuldig und den K. für den Täter hielt. Es handelt sich hier um eine Verschiebung der Gegenfunktion des von der Sch. gegen sie gerichteten destruktiven Tropismus auf den K. („Ich hab' mich mit der Sch. immer gut verstanden").

Nosologie

Nosologisch ist auf die Primärpersönlichkeit abzuheben. Die Arbeitswut, die sie als Bäuerin hatte, einen völlig verwahrlosten Hof an der Seite eines nahezu blinden und arbeitsunfähigen Ehepartners aus eigener Kraft in die Höhe zu bringen, zeigte sie unverändert in den 15 Jahren ihrer Haft. Sie war eine unerreichte Arbeitskraft hinsichtlich Leistung und Gewissenhaftigkeit, ein Phänomen, das seit Kain insbesondere für männliche lebenslänglich bestrafte Mörder geradezu typisch zu sein scheint. Dieses Syndrom beruht im vorliegenden Fall psychopathologisch wahrscheinlich auf einer chronischen Hypomanie. Daß sie zu hysterischen Mechanismen neigt, steht damit nicht im Widerspruch, wenn man die große Konstitutionsnähe der Hysterie zur Zykloidie (L. IBOR, SPIEGELBERG) in Rechnung stellt. Ein gewisse Verdrängung der Sexualität und eine maskuline Rollenhaltung sind nicht zu übersehen. Das Achsensyndrom des hysterischen Verdrängungsdelirs ist demnach in einer hypomanischen Zykloidie bei hysterischer Konstitution und organischem Rorschach-Syndrom zu erblicken. Derartige Beobachtungen, die an die Untersuchungen E. RÜDINS über den Begnadigungswahn lebenslänglich Verurteilter anknüpfen, beleuchten das pragmatophore Syndrom gleichsam von der Rückseite her. Vor allem wirft dieses hysterische Verdrängungsdelir bei zykloid-manischem Achsensyndrom in Verbindung mit einem Verdrängungsparanoid (Projektion der Tat auf den Sohn des Opfers) ein bezeichnendes Licht auf die dynamische Energetik der pragmatophoren

Syndrome und auf die Funktionsweise destruktiver Tropismen und ihrer Übersprungreaktionen. Über die Zeit-, ja Todesschranke hinweg zeigt dieser Modellfall eine interpersonale Pathorhythmie zwischen paraphrenem Wahnsyndrom (der Sch.) und hysterischem Verdrängungsparanoid (der C.Z.) dank einer organischen Fixierung (organisches Rorschach-Syndrom).

Mit destruktiven Tropismen sind hier fast ausnahmslos solche gemeint, die von einer Bezugsperson ausgehend gegen den Täter gerichtet sind. Wenn also ein Ehemann seine Frau vernachlässigt, sich mit einem jungen Mädchen liiert, ein Haus erwirbt und seiner Frau verkündet, er werde jetzt zu dem Mädchen übersiedeln, so ist das in unserem Sinn ein destruktiver Tropismus. Daß die Frau ihn dann nachts im Schlaf mit dem Beil erschlägt, ist die Tathandlung ohne ihre Bedingungskonstellationen. In unserem Zusammenhang kommt es aber gerade auf diese Bedingungskonstellationen an. Diese destruktiven Tropismen besagen sonach nichts über die Schuld, sie können und sollen aber beim Strafmaß berücksichtigt werden. Destruktive Tropismen sind in den Bedingungskonstellationen, die zu Delinquenz führen können, sehr häufig, vielleicht nie ganz auszuschließen. An unserem Modellfall ist abzulesen, bis zu welcher Intensität und konstellativ zwingenden Kraft sie ansteigen können. Es sind das die Fälle, bei denen es zu destruktiven Übersprunghandlungen kommen kann.

Delinquenz und psychosomatische Medizin

Die Eigentümlichkeiten der Primärpersönlichkeit und die psychischen Begleiterscheinungen bei psychosomatischen Krankheiten, wie Magenulkus, Migräne, Colitis ulcerosa, Bronchialasthma, rheumatischer Arthritis, Tyreotoxikose, vasovagaler Synkope, bei Zervikalsyndrom, um nur einige zu nennen, muß als bekannt vorausgesetzt werden. Es sei verwiesen auf die Arbeiten u.a. von ALEXANDER, BRÄUTIGAM, BIRKMAYER und WEINTRAUB. SPIEGELBERG hat als Grundform des Syndromwandels aufgestellt: a) Abwechseln von zwei somatischen Syndromen. b) Abwechseln von zwei psychischen Syndromen. c) Wechsel von einen somatischen zu einem psychischen Syndrom und d) umgekehrt von einem psychischen zu einem somatischen Syndrom. Jede dieser Grundformen kann mit oder ohne Intervall vorkommen. Dazu kommt noch e) der transpersonale Shift oder Syndromwandel. Die Syndromsequenzen, die den Syndromwandel zwischen zwei oder mehreren psychischen Syndromen konstituieren, bildeten den Hauptgegenstand der bisherigen Untersuchungen. Wenn im Folgenden von Psychosomatik die Rede ist, so bedeutet das eine auf die psychosomatischen Krankheiten im engeren Sinne, die von VON UEXKÜLL u.a. hervorgehoben und beschrieben wurden, beschränkte Aussage. In Wirklichkeit bilden Fälle, die in der psychosomatischen Medizin als *syndrome shift* beschrieben werden, nur einen kleinen Ausschnitt in der großen Fülle psychischen und psychophysischen Syndromwandels, die ja letztlich dynamische Träger aller Lebensvorgänge bis hin zur Tätigkeit der mesitetischen Strukturen (Vermittlerstrukturen) sind, deren Beziehungen zu den Molekular- oder Membranvorgängen, wie wir gesehen haben, die von Superstrukturen zu elementaren Grundstrukturen sind. In jedem Fall sind die möglichen Anordnungen einer hochorganisierten Struktur, z.B. beim paranoid-depressiven Mischsyndrom, von den Bindungsenergien und Signalen zwischen ihren Elementen, den Regulatorproteinen und Kanalsystemen, abhängig, d.h. sie sind Funktion von Integrationsprozessen entsprechend der Selbstregulation im stufenweisen Bau durch aufeinanderfolgende Integration von Untereinheiten. Dabei können auch „Zentren" ins Spiel kommen, die wie Strukturelemente funktionieren und die Konformation der an-

deren Bestandteile modifizieren. Etwa wie ein Enzym, das den Anlagerungsvorgang matrizenhaft, d.h. eine bestimmte Anordnung fordernd, bewirkt. Entscheidend bleiben dabei die Bindungsenergien zwischen den Elementen, die eine Eigenschaft des Gleichgewichts in dem System (des mobilen Gleichgewichts) darstellen. Die Beziehungen zwischen Delinquenz und psychosomatischer Erkrankung mit den Verknüpfungen kriminogenen Strukturwandels und bestimmten Insertionsstellen in gewissen gesetzmäßigen Sequenzen lassen sich an folgenden einfachen Modellfall ablesen.

A.O., 41 Jahre alt, von Beruf Köchin, seit einigen Jahren verheiratet, hatte eine harte Kindheit. Sie mußte von klein auf in der elterlichen Landwirtschaft mitarbeiten, was sie auch gerne tat. Das Verhältnis zur Mutter war eher kühl, diese war dominierend. Sie wurde oft geschlagen, auch von den vier Geschwistern, fand das aber natürlich, denn sie hatte früh erfahren, daß viele Kinder für eine Mutter eine schwere Last sind. Sie hatte als Kind nie gestohlen oder gelogen. Menarche mit 14 Jahren, immer unregelmäßig. Schon damals entwickelte sie sich zu einer Art Arbeitstier, arbeitete hart in der Wirtschaft ihrer Eltern, sonst im Sommer oder auch ganzjährig als Taglöhnerin. Seit dem 17. Lebensjahr arbeitete sie im Gastgewerbe, bald als angesehene Köchin in einem großen Betrieb, zusammen mit einer anderen Köchin, die für Speisen á la carte verantwortlich war, sechs Oberkellnern, Lehrbuben, Lehrmädchen, Küchengehilfen, Abwäscherinnen und einer Küchenkassierin. Sie hatte nur mittags eine freie Zimmerstunde. Über ihr Verhältnis zur Arbeit äußerte sie sich wie folgt: „Weil mich die Arbeit immer befriedigt und der Haushalt nicht." „Ich bin mit Leib und Seele daran gegangen, ich hab mein Geld gehabt, hab Ersparnisse gehabt, hab die Wohnung gehabt, hab alles eingerichtet." „Ich lebte immer in meinem Betrieb, unter meiner Arbeit, unter meiner Leistung." „Kochen kann ich sehr gut, ich hab Talent dazu gehabt, es hat mich sehr befriedigt, was hinzustellen, was es schön gelungen ist." „Ich kann nicht sagen, daß eine Beschwerde gekommen wäre."
„Das Abreagieren in der Arbeit hab ich gebraucht, ich hab in der Arbeit Befriedigung gefunden." Mit Männern habe sie sich nie wohlgefühlt, „weil ich selbst immer meinen eigenen Mann gestellt habe, und das hat mich sehr befriedigt, ich hab von niemand etwas gebraucht, ich war sozusagen mein Mann selbst." Am Geschlechtsverkehr fand sie nie etwas besonderes.
Es bestand sonach in familiärer und sexueller Hinsicht eine tief verwurzelte Ablehnung ihrer weiblichen Rolle, sie konkurrierte mit Männern und wollte sich

nicht unterordnen. Aggressionen und sexuelle Regungen wurden sehr früh in die Kanäle schwerer körperlicher Arbeit abgeleitet, wohl unter der Angst, die aus dem Beispiel ihrer Mutter resultierte, daß Haushalt, Ehe und viele Kinder ein Elend sind. Es handelt sich um eine Fixierung einer Identifikation mit der Mutter aufgrund neurotischer Mechanismen.

Fragt man nach schweren einschneidenden Erlebnissen, so waren es nach ihrer Darstellung drei: Als Kind habe sie einen schweren Schock dadurch erhalten, daß sie von einer Lehrerin in der zweiten Klasse geschlagen wurde. Sie erlebte das nur deshalb als Schock, weil sie sehr ehrgeizig war und schon durch die Identifikation mit einer neurotischen Haltung ihrer Mutter selbst in neurotischer Weise „auf Leistung" geprägt war. Sie wollte nicht mehr in die Schule gehen, hatte Angst. Unter den Schlägen der Mutter und den Streitereien zwischen den Eltern hatte sie schon vorher gelitten und war öfter fortgelaufen.

Den zweiten, eher ambivalenten Schock erlebte sie mit 18 Jahren durch den Selbstmord (Erhängen) ihrer depressiven Mutter. In dieser Zeit begann biosynchron eine progrediente chronische Polyarthritis, eine Migräne und ein depressives, allerdings rasch wieder abklingendes Syndrom. Die Polyarthritis und die Migräne blieben aber bis zu ihrer Eheschließung in durchaus erträglichen Grenzen. Der Polyarthritis liegt eine unspezifische Synovitis mit exsudativen, infiltrativen und proliferativen Vorgängen unter Einbeziehung der gelenknahen Strukturen in den Entzündungsprozeß zugrunde. Ätiologisch stehen immunologische Pathomechanismen im Vordergrund der Vorstellung, daß hier strukturveränderte Makroimmunglobuline mit Tendenz zu Komplexbildung für das Krankheitsgeschehen verantwortlich sind.

Der Krankheitsbeginn war schleichend, fiel mit dem Auftreten von Migräneanfällen halbseitig links zusammen. Sie wurde mit Injektionen behandelt, machte gelegentlich eine vierwöchige Kur durch, war aber in der Arbeit im übrigen nicht behindert.

Der dritte Schock in ihrem Leben war die Ehe. Sie heiratete nur, weil ein Kind unterwegs war. Sie fühlte sich in der Ehe von Anfang an unglücklich. Schon in der Schwangerschaft sie verzweifelt über den Zustand und mußte viel weinen. Nach der Geburt, 32 Jahre alt, kam es im sechsten Monat der Laktation, sie stillte aber schon lange nicht mehr, zu Depressionszuständen. Sie fand zu ihrem Kind, das sie innerlich ablehnte, keine Beziehung, die chronische Polyarthritis exazerbierte in einem schweren Krankheitsschub, das Kind mußte ein Jahr in einem Kinderpflegeheim versorgt werden. Nach seiner Rückkehr entwickelte A.O. sogar Haßgefühle gegen das Kind, die sie zu kanalisieren und zu unterdrücken vermochte. Der Gelenkrheumatismus hatte sich so verschlechtert, daß ihr der Arzt bedeutete, sie müsse den Beruf als Köchin aufgeben. In diesem und in den folgenden Jahren ging es aber insofern noch, als sie den Haushalt immerhin führen konnte und mit ihrem Mann Geschlechtsverkehr hatte. Die Depressionen,

die sechs Monate nach der Geburt begonnen hatten, waren von Schwindel- und Angstgefühlen begleitet, sie hielt es zu Hause nicht aus, wollte fort. Sie litt darunter, daß sie zu Hause allein war, nicht im Betrieb. Das Kind machte sie nervös, vielleicht sei sie nicht für Kindererziehung, weil sie gewohnt sei, im Betrieb zu arbeiten. So sei in ihr der Haß gegen das Kind entstanden.

Drei Jahre nach der Geburt erste Ladendiebstähle, sie wurde in die psychiatrische Klinik überstellt und 14 Tage mit der Diagnose depressiv-hypochondrisches Zustandsbild angehalten. Man dachte an eine chronische endogene Depression, sie machte aber einen ausgesprochen „psychogenen" Eindruck. Sie hatte ihr kleines Kind mit in den Laden genommen und sich Wäsche vorlegen lassen, sagte dann aber, daß sie es sich überlegt habe. Dabei hatte sie aber in einem unbewachten Augenblick eine Weste entwendet, bei dessen anschließender Aufdeckung sie den Diebstahl sofort zugab. Es zeigte sich, daß sie am gleichen Vormittag schon in zahlreichen anderen Geschäften analoge Diebstähle durchgeführt hatte. Sie behauptete zwar, die Geschäfte schon mit der Absicht betreten zu haben, um etwas zu stehlen, doch machte sie einen zerfahrenen Eindruck und war bei der folgenden Amtshandlung „verwirrt und erregt". Sie erklärte weiter, sie habe schon seit längerer Zeit Selbstmordabsichten mit sich getragen. Diese Selbstmordabsichten — die möglicherweise unterdrückte und kanalisierte Mordabsichten gegenüber dem Kind waren — habe sie immer mit Diebstählen abreagiert. „Ich fühlte einen unwiderstehlichen Zwang zum Stehlen."
Es handelte sich also um ein *syndrome shift* vom polyarthritischen Syndrom zu einem hypochondrisch-depressiven pragmatophoren Syndrom mit positiver Rückkoppelung an den aggressiv-männlichen Protest des Grundkonfliktes. Die Kanalisierung dieses zu Mordabsichten umgewandelten männlichen Protestes in Ladendiebstähle entspricht der Kanalisierung in ihrer früheren gesunden, aber doch neurotisch geprägten Lebensphase in hartes Arbeiten.

Es folgten drei Jahre relativer Unauffälligkeit. Dann kam es, als sie 38 Jahre alt war, zu erheblichen Schwierigkeiten. Sie konnte den Haushalt nicht mehr ganz versorgen und angeblich ihren Mann nicht mehr sexuell befriedigen. Es kam zu Auseinandersetzungen und sie mußte wegen depressiver Zustände in nervenärztliche Behandlung gehen. Gerade in diese Zeit fiel nun wieder eine Reihe von Ladendiebstählen. Zur Zeit der Untersuchung war sie schon 41 Jahre alt, depressiv, weinte fast ununterbrochen, sagte, sie habe seit drei Jahren keinen Geschlechtsverkehr mehr gehabt, ihre Lebensfreude habe immer mehr abgenommen, sie habe die Arbeit versäumt, habe an Angstzuständen gelitten. „Es war wie eine Art Verfolgungswahn, das verfolgt mich so durch die Angst." (Depressivparanoides pragmatophores Syndrom).

Sie war wegen ihrer Polyarthritis auch zeitweise im Krankenhaus gewesen, fühlte sich dann wieder in der Familie allein und verlassen. *(Und Ihre Diebstähle?)* — „Ich nahm es vielleicht aus Verzweiflung über meine Krankheit, der Grund ist, weil ich nicht arbeite, weil mich die Arbeit immer befriedigt hat und der Haushalt nicht." „Ich war seelisch schon sehr angegriffen."

Es handelt sich hier um eine psychosomatische Krankheit, eine progressive chronische Arthritis, deren Vorgeschichte und Verlauf deutlich durch eine fixierte Identifikation mit der neurotischen Mutter und durch Schockerlebnisse markiert ist. Der erste Ausbruch der Erkrankung fällt zusammen mit dem Selbstmord der Mutter und führt zu einer guten Kompensation. Depression und Migräne werden durch die Flucht in die Arbeit aufgefangen, die Polyarthritis hält sich in erträglichen Grenzen. Der zweite Ausbruch der Erkrankung fällt zusammen mit dem Wegfall dieser Kompensationsmöglichkeiten in der Ehe und als Mutter und ist gekennzeichnet durch einen Symptomwandel in Richtung Depression und Totalinvalidität. Dieses Geschehen erfolgte in zwei Schüben: Akute Exazerbationen der Polyarthritis und depressive Syndrome mit Migräne traten zum Teil synchron auf, zum Teil alternierend. Die Delinquenz inserierte an den Umschlagspunkten zwischen vergeblichen Rekompensationsversuchen und neuerliche depressiver Dekompensation. Fragt man nach dem psychodynamischen Grundkonflikt (BECK), so manifestierte sich dieser offenbar schon in der frühen Kindheit in der Identifikation mit der Mutter und der damit verknüpften Weigerung, die weibliche Rolle im Haushalt, Familie und Wochenbett zu übernehmen, die Frage verweist also zurück auf eine frühkindliche Ablehnung dieser Rollen schon in der Phantasie. Die A.O. identifizierte sich wahrscheinlich schon früh mit der Mutter, die klagte, so viele Kinder zu haben und fixierte diese Identifizierung in einer ablehnenden Haltung auch gegenüber der Sexualität überhaupt. Dieser Grundkonflikt wurde durch den Tod der Mutter zwar angerührt, aber gleich wieder bewältigt. Sexuelle Beziehungen wurden wie unliebsame Konflikte behandelt und rasch abgetan. In einem masochistischen

Dienen und ständiger Arbeit in einem Betrieb war die neurotisch fixierte Haltung männlichen Protestes wie in einer pseudostabilen Gleichgewichtslage aufgehoben. Eine durch Schwängerung und Geburt erzwungene Ehe ergab in dieser sexualneurotischen Bedingungskonstellation den Aktualkonflikt. Sie war plötzlich an ein Kind gefesselt, das sie haßte, an einen Mann, mit dem sie nur notgedrungen recht und schlecht sich verstand, und an eine Hausarbeit, in die sie sich nicht fügen konnte. Dieser Aktualkonflikt traf ins Zentrum des Grundkonfliktes und führte in den Syndromsequenzen über Depressionen zu Selbstmordtendenzen, Aktivierung der Migräne und Exazerbation der chronischen Polyneuritis zur Delinquenz. Dies in zwei Stufen je über ein paranoid-depressiv-hypochondrisches pragmatophores Syndrom.

Das Gleichgewicht, das vermittels der Rolle „Arbeitstier" vom 19. bis zum 32. Lebensjahr mit geringen Schwankungen anhielt, war schon das Ergebnis einer Reduktion der Mannigfaltigkeit des Zusammenwirkens verschiedener Systeme. Die Systeme Liebe, Haushalt, Geselligkeit, Familie, Sexualität waren durch die neurotische Flucht in die Arbeit ausgeschaltet, was blieb, waren nur Leistungswerte und Werte der persönlichen Anerkennung durch andere, also ein durch ständige Induktion aufrechterhaltenes Selbstkonzept.

Der Zusammenbruch dieser „inneren Haltung" (ZUTT) durch die Konfrontierung mit Aufgaben, die sich aus einer Ehe mit einem Kind ergaben, führte zu der in den beschriebenen Syndromsequenzen verlaufenden Dekompensation. Die Ladendiebstähle haben in diesen Sequenzen den Stellenwert untauglicher Rekompensationsversuche der verlorenen Leistungswerte. Sie stehen genau an der Stelle, wo werthafte Bindungen der Kindesliebe, Gattenliebe, Liebe zur Häuslichkeit und Liebe zu eigenen weiblichen Rolle einfach fehlen, so daß aus der untergründigen Destruktivität destruktive Impulse gegen das

Kind freigesetzt und sofort wieder suizidal oder psychosomatisch kanalisiert werden. Denn die einzige vorgeprägte Kanalisierungsmöglichkeit von Aggressionen durch Arbeit war blockiert. So kam es schließlich bei der Rückkoppelung des Aktualkonfliktes an den Grundkonflikt zu einem destruktiven Stehlen „im Übersprung".

Die spezifischen Weiterverarbeitungen des infantilen Primärkonfliktes lassen sich bei der Unterbegabung und angesichts des organischen Rorschach-Syndroms bei derartigen Fällen naturgemäß nicht lückenlos freilegen. Die Abwehrformationen im männlichen Protest und die Ablehnung der weiblichen Rolle sind immerhin deutlich genug erkennbar. Die psychosomatische Krankheit Polyarthritis ist hier mit der psychosomatischen Krankheit Migräne in Koaktion. Bei Migräne wird unterdrückte oder verdrängte Feindseligkeit angenommen (ALEXANDER), ferner Antriebe im Sinne von Ehrgeiz und Empfindsamkeit, exzessive Konkurrenzhaltung und Starre, bei Polyarthritis Agressionen übergeführt in Muskeltätigkeit bei schwerer Arbeit. Im vorliegenden Zusammenhang ist hervorzuheben, daß eine Kompensation neurotischer Grundkonflikte durch schwere Arbeit und Ausschluß von Sexualität, Kinderliebe, natürlicher Geselligkeit, von Vorlieben für irgendwelche Hobbys einer Systemverarmung entspricht, die alle symballistischen Vermittlerstrukturen in Mitleidenschaft ziehen mußte. Damit sind Strukturen, die sonst nur eine gewisse Stabilität erreichen, wenn sie vielfache Wechselwirkungen einschließen, auf wenige Wechselwirkungen reduziert, wodurch das Ich in seiner natürlichen Elastizität auf infantile synechetische Systeme und Strukturverbände zurückgeworfen und einer gewissen Erstarrung preisgegeben wurde. Diese primitiven synechetischen, auf einer frühen Kindheitsstufe funktionell eingeschränkten Verbände werden nun durch die Rückkoppelung des Aktualkonfliktes an den infantilen Grundkonflikt wieder freigesetzt und binden die im Syndromwandel ent-

bundenen aggressiven Tendenzen in ihre oral-geltungssüchtigen und kaptativen Handlungsschemata, die als Matrizen die Verdrängung unverändert überstanden haben. Es kommt also zu einem Syndromwandel auch im Bereich dieser verdrängten Ichzustände, eine Bestätigung des durch FEDERN erbrachten Nachweises, daß es auch verdrängte Ichzustände phasenspezifischer Natur gibt. An die Stelle der Verdrängung durch körperliche Arbeit tritt in einem Mechanismus der Verschiebung die Verdrängung durch Diebstahl im depressiven Strukturwandel. Das depressiv-paranoide pragmatophore Syndrom (die Angst als „Verfolger") ist auch bei diesem Fall deutlich ausgeprägt.

Stellenwert psychosomatischer Syndrome

Geht man von den schon im Ersten Teil herausgestellten Betrachtungsweisen aus, so ergibt sich an diesem Modellfall folgendes. Die Systeme persönliche Werte, Entwicklung, Reifung, Erleben und biologische Strukturen zeigen, wenn man das Auftreten delinquenten Verhaltens als Zeitmarke verwendet, die charakteristischen Zeichen eines kriminogenen Strukturwandels: Einen Zusammenbruch der Wertwelt des männlichen Protestes, ein Versagen der psychischen Entwicklung in Richtung auf Mutterschaft, einen Einschnitt des biologischen Geschehens durch Eheleben und Laktation, und eine mißglückte Umstellung im Bereich des Erlebens auf die vielfältigen Aufgaben des Familienlebens. Die Delinquenz selbst ist biochronologisch durch den Umschlag eines depressiven Syndroms in einen agitierten Angstzustand und durch die positive Rückkoppelung des Aktualkonfliktes an den neurotischen Grundkonflikt charakterisiert, also durch ein depressiv-dysphorisches pragmatophores Syndrom. Das Instruktive dieses Modellfalls liegt, wie sich also zeigt, darin, daß man sich die psychosomatischen Erkrankungen und Syndrome ohne Weiteres auch wegdenken könnte, ohne daß sich am Wesentlichen des Syndromwandels etwas ändern würde. Die psychosomatischen Syndrome sind gleichsam nur zusätzliche bunte Markierungen für den Unkundigen, die die dynamischen Strukturgesetzlichkeiten gleichsam illustrieren und anschaulicher machen (Markierungen für die gestaffelten Konflikte).

Dies führt zu folgender Arbeitshypothese; Wenn es richtig ist, daß die von uns postulierten und sowohl durch die moderne Biologie (MONOD, JACOB) als auch durch die psychiatrische Klinik (BLEULER) und die Psychoanalyse (FEDERN) bestätigten mesitetischen Strukturen, die bei Schizophrenie im Sinne von Schaltschwäche verändert sind, als übergeordnete Superstrukturen auf den elementaren Strukturen der Regulatorproteine und der Kanalsysteme der Nervenzellmembranen beruhen, müssen auch diese durch kriminogenen Strukturwandel und seine Prodrome in Mitleidenschaft gezogen sein. Trifft dies zu, spricht das biosynchrone Mitbetroffensein psychosomatischer Vorgänge, z.B. bei Polyarthritis progressiva chronica, für die Auffassung, daß unter gewissen konstitutionellen und konstellativen Voraussetzungen bei Polyarthritis die Rhythmien der Makromoleküle und ihre Neigung zu Komplexbildungen mit leichtem, wahrscheinlich in seiner Struktur verändertem Immunglobin beeinflußt werden. Sei es vom kriminogenen Strukturwandel beziehungsweise seinen unterschwelligen, normalpsychologisch emotionellen Entsprechungen selbst oder von den mitbetroffenen elementaren Vorgängen im Bereich der Regulatorproteine im Sinne koordinierter Phasenbeziehungen (Aufzwingung eines anderen Rhythmus).

Das würde bedeuten, daß psychosomatische Erkrankungen wie experimentelle Indikatoren oder Verstärker jener Systemveränderungen und -interferenzen zu werten sind, die den Gegenstand kriminogenetischer Forschung abgeben. Sieht man von dieser Hypothese zunächst einmal ab, so kann man zusammenfassend folgendes sagen. Die Rückkoppelung an den Grundkonflikt in der Aktualgenese delinquenten Verhaltens funktioniert dadurch, daß sie das System Ergebnisse früherer Aktivitäten, z.B. verdrängter Ichzustände, in den Aktualkonflikt einbezieht und dadurch dem System des Lernens und der Lernfähigkeit entzieht. Das System, dessen Koordination aus einem Netz von Regulationskreisen (Botschaften und Rückkoppelungen) besteht, die den Organismus integrieren, ist durch die (neurotisch-psychosomatische) Reduktion möglicher dynamischer Gleichgewichte und verfügbarer Symbole an bestimmten Umschlagstellen anfällig geworden für kriminogenen Strukturwandel.

Strukturanalyse einer Depression bei Colitis ulcerosa

Der folgende Modellfall wurde über ein Jahr lang in stundenlangen Gesprächen betreut und analysiert. Die Aufzeichnungen beruhen auf einem großen gegenseitigen Vertrauensverhältnis von Patient und Arzt. Die Bearbeitung des Materials erfolgte erst Jahre später, nachdem sich eine genügende Distanz zu der Fülle von Ereignissen ergeben hatte, die zutage gefördert worden waren. Auch die Mutter wurde exploriert und die wesentlichen Bezugspersonen wurden untersucht. So gelang es, den Fall in einer von der Geburt an überschaubaren Weise zur Darstellung zu bringen. Schon bei früheren Modellfällen zeigte sich, daß eine Strukturanalyse nicht möglich ist, indem man einfach die Persönlichkeit zu beschreiben und ihren Typus herauszuarbeiten versucht. Es ist notwendig, jeweils unendliche Umwege zu verfolgen, die über das soziale Verhalten und die Lebensgeschichtlichkeit führen. So hat z.B. die schizophrene Patientin schon als Kind gefühlt, daß sie anders ist, nicht recht lieben kann, „weil sie ja eine andere ist", und hat ihr Leben lang darum gerungen, dieses Selbstwertgefühl zu gewinnen. Dieser diachrone Zug blieb derselbe durch alle Lebensphasen hindurch, er war aber gebunden und unfrei durch seine Verkettung mit zwei verdrängten pathologischen Ich-zuständen, die sie durch ihr ganzes Leben begleiteten und die jeweiligen Reifephasen pathorhythmisch bestimmten. Obwohl wie mit Ketten an ihren Grundkonflikt und ihre Schaltschwäche (BLEULER) gefesselt, ließ sie nicht ab von ihrem Ringen um den Willen zum Sinn (FRANKL) und bewahrte ihn bis ins reifere Alter, durch ihre psychotische Angst und ihre Kontaktstörung hindurch, so daß man den Eindruck gewinnt, hier steht ein Mensch ganz außerhalb seines Sozialverhaltens und seiner psychotischen Abwandlung unantastbar in seiner Conditio humana. Diese bei allen Modellfällen wiederkehrende Distanziertheit zu sich selbst hat uns dazu gezwungen, einen Weg zu beschreiten, der außerhalb der Korrelation Subjekt-Objekt in den natürlichen und sozialen Systemen verläuft, den Weg der Symbolfunktion in der Struktur.

Diese Struktur läßt erkennen, wie sehr wir uns in der soziohistorischen Welt auf einem ständigen Umweg befinden, der Mensch ist, wie MERLEAU-PONTY es formuliert hat, exzentrisch zu sich selbst, und das Soziale findet sein Zentrum nur in ihm. PLESSNER sprach von der exzentrischen Positionalität des Menschen, der sich selber setzt und damit als Ich konstituiert in einer Organisationsform, die intentional-kommunikativ ist.

Diese eigentümliche Form des Inserierens im Sein mit ihren kulturellen Transformationen der Natur soll in den Perspektiven von Sequenz und Simultaneität des Diachronen und seinen Interferenzen mit dem Kreativen und Einmaligen an diesem Modellfall transparent gemacht werden.

Vorausgeschickt wird nur ein kurzes Resümee des Tatherganges: Ohne erkennbares Motiv und ohne sichtbaren Anlaß hat ein junger unverheirateter Mann von 39 Jahren sein um 19 Jahre jüngeres Mädchen mit einer Schere durch Stiche in den Bauch (perforierend) und in den Hals lebensgefährlich verletzt. Es wurde die Diagnose Schizophrenie gestellt und der Täter exkul-

piert. Etwa ein Jahr später erfolgte wiederum mit einer Schere ein Selbstmordversuch durch Stich in die Halsgegend.

Kinderpsychiatrische Vorgeschichte

Die Eltern hatten erst zwei Monate vor der Geburt geheiratet, das Kind war unerwünscht, es erfolgte eine trockene Geburt mit einigen Komplikationen. Die Eltern standen damals in finanzieller Bedrängnis und gingen beide der Arbeit nach. Das Geburtsgewicht war $4^1/_2$ kg, die Größe 52 cm. Das Kind lehnte die Mutterbrust von Anfang an ab, war später ein schlechter Esser, es mußte ihm alles durchpassiert und faschiert[18] werden. Nach Berichten der Mutter und Großmutter wurden ihm bei Tisch Märchengeschichten erzählt oder vorgelesen, wobei er dann wenigstens zum Essen zu bringen war. Er selbst erinnerte sich, daß ihm die Großeltern immer Essen aufgedrängt hatten, bei denen er von seinem zweieinhalbten bis zu seinem viereinhalbten Lebensjahr war, und daß er später bei seinen Eltern bis zum sechsten Lebensjahr wegen des Essens oft geschlagen worden war. Seine Mutter sei nie wirklich zärtlich gewesen, wohl aber seine beiden Großmütter. Die Mutter interpretiert es so, daß er Zärtlichkeiten abgelehnt hätte. Bei den Großeltern fühlte er sich sehr geborgen, wurde aber von anderen Kindern wegen Kinderkrankheiten hermetisch isoliert, so daß er mit fünf Jahren erstmals mit anderen Kindern spielte. Seine Spielsachen waren immer neu. Mit fünf Jahren wurde er von einem Hund gebissen, man konnte die Bißstellen der einzelnen Zähne sehen, er hatte daraufhin eine Woche lang jeden Tag erbrochen.

In der Schulzeit hatte er immer Freunde, meist irgendwie kompliziertere oder selbst leicht abnorme Kinder, in der Regel war der Partner die Führerpersönlichkeit. Seine Träume waren in der Regel Fluchtträume. Er wollte flüchten, sah eine Straßenbahn, die aber plötzlich nicht fuhr. „Es hat mich im Traum wahrscheinlich immer wer bedroht, es ist mir jemand nachgelaufen." Mit anderen Buben hat er nie gerauft, er war schnellfüßig und ergriff auch vor Schwächeren die Flucht. Ein Angsttraum im achten Lebensjahr: „Es kommt ein Mann herein, der ein typischer Einbrecher ist, er hatte eine abgetragene lange Lederjacke, und eine Ledermütze mit Schild, der ist auf meine Mutter zugegangen und hat meiner Mutter mit einem Messer den Bauch aufgeschnitten. Die Mutter ist gestanden und er hat mit dem Messer auf dem Bauch so zick zack gemacht. Dann bin ich erwacht und das hat mich mit wahnsinnigen Angstgefühlen erfüllt."

Er war immer sehr sensibel, hatte aber bei den Großeltern und später bei den Eltern, die miteinander harmonierten, ein großes Gefühl der Geborgenheit.

---

[18] Österr. für „Fleisch durch den Fleischwolf drehen".

In der Schule war er oft der Beste, kein Streber, aber sehr gewissenhaft. Er fühlte sich nur wohl, wenn Ordnung war. Er hatte sehr leicht unter „Trennschmerz" gelitten, wie er das bei der Exploration nannte. Wahrscheinlich empfand er diesen Trennschmerz schon, als er mit zweieinhalb Jahren zu den Großeltern kam. Sicher jedenfalls, als er mit viereinhalb Jahren wieder zurück zu den Eltern kam, dann wieder, als er mit elf Jahren in ein Kinderlandverschickungsheim kam, er mußte dort vorzeitig herausgenommen werden. Auch als er mit fünfzehn Jahren zu einem Schikurs ging, hatte er „entsetzlich gelitten", während die anderen alle lustig gewesen waren. Mit zwölf Jahren Todesangst bei Ausbombung. Dieser Zustand zog sich über Monate hin. Besonders konfliktreich war die Pubertät. Es kam zu einem Konkurrenzkonflikt mit seinem Vater, den er von klein auf physisch sehr gefürchtet hatte, und dem er sich von dieser Zeit an überlegen fühlte. Der Vater habe ihm gesagt, durch Onanie werde er sich ein Rückenmarksleiden zuziehen. Deshalb litt er an schweren Angstzuständen und versuchte durch Sport und häufiges Badengehen, dem entgegenzuwirken. Es entstanden schwere Schuldgefühle. Er war einer der besten Schwimmer und sein Baden hatte den Charakter eines Waschzwanges. Die erste Pollution mit 15 Jahren, der erste intime Verkehr mit 20 Jahren. Mit 17 und 18 Jahren litt er unter der Vorstellung, daß seine Nase zu groß sei, einer der Freunde hatte eine diesbezügliche Bemerkung gemacht, denn er hielt immer sehr viel darauf, was man ihm sagte, sich selbst zu entscheiden, fiel ihm von jeher schwer. Die vermeintlich zu große Nase wurde für ihn zu einer Art Schuldsignal, obwohl den Mädchen diesbezüglich nie etwas aufgefallen war. Es waren das die ersten Depressionen, er blieb traurig, und trug sich in den Pubertätsjahren mit den Gedanken einer kosmetischen Operation. Als er aber dann den ersten intimen Kontakt mit Mädchen hatte, verschwand diese larvierte Depression.

An seinen Freunden hing er sehr, manche hatte er von klein auf bis ins mittlere Alter. Seine später oft zutagetretende Schwäche, sich nicht entscheiden zu können und die Dinge treiben zu lassen, erläuterte er damit, er sei als Kind sehr ängstlich und es sei alles so vorprogrammiert gewesen, daß er gar keine Entscheidungsmöglichkeiten hatte. Hinsichtlich seiner pedantischen Gründlichkeit sei er seinem Vater, im Ganzen aber dem Vater der Mutter mehr ähnlich gewesen, der ein sehr weicher gütiger Typ war. Über seine Fluchttendenz, die jede Aggression überwog, z.B. gegenüber Schulkameraden, äußerte er: „Ich hab mich nicht entschließen können, hinzuschlagen." Seine Großmutter war eine dominierende Frau, seine Mutter gab ihn nie in einen Kindergarten, weil die Großmutter dagegen war. In der Pubertät ergab sich ein Konflikt mit dem Vater, der dagegen war, daß er ein Gymnasium besuche, um anschließend ein Universitätsstudium aufzunehmen. Dieser wollte, daß er rasch verdiene und eine Handelsschule besuche. Das geschah auch, doch hatte er den Wunsch, zu studieren, nie aufgegeben. Er ging auch nicht, wie sein Vater wollte, in ein Büro, sondern wurde, einer zufälligen Anregung folgend, Croupier, mit dem Gedanken, Geld zu verdienen und sich das Studium eines Tages bezahlen zu können.

Kinderpsychiatrischer Befund

Es handelt sich um ein Kind mit postnataler Störung der Mutter-Kind-Beziehungen, die sich daraus ergaben, daß es der Mutter nur unvollkommen gelang, ihre ablehnende Haltung zu verdrängen. Dazu kommt wahrscheinlich ein genetischer Faktor im Sinne einer Konstitutionsschwäche des Saugtriebes. Aus dieser Konstellation ergab sich die Ablehnung der Mutterbrust, die fehlende Zärtlichkeit zwischen Mutter und Kind und die Entwicklung der Eßschwierigkeiten, die aber nie zu einer Anorexie führten. Ein bewußtes Festhaltenwollen des Kindseins war in keiner Entwicklungsphase zu beobachten. Psychopathologisch spielten Angst und Trennschmerz eine große Rolle, wurden aber durch ein starkes Geborgenheitsgefühl bei Eltern und Großeltern ausgeglichen. Es handelte sich um ein intelligentes stilles Kind, ohne die Zeichen einer schizophrenen Schaltschwäche, vielmehr mit den Strukturen sensitiver Ordnungsliebe. Es bestand eine Anfälligkeit gegen „Trennschmerz". Das Kind litt unter den bei Eßschwierigkeiten so häufigen Erziehungsfehlern (Zwang, Schlagen). Es bestanden das ganze Leben hindurch anhaltende Freundschaften mit starken Bindungen, wobei meist der Partner die Führerrolle innehatte. In der Schule dank seiner Begabung und Ordnungsliebe (verfeinertes Pflichtgefühl) beliebt und oft der Beste, ohne Streber zu sein. Die Vorpubertätsjahre wurden als ausgesprochene Glücksphase erlebt (12. bis 14. Lebensjahr).

Jugendpsychiatrische Vorgeschichte

Die Eßschwierigkeiten waren etwa mit dem 10. Lebensjahr ganz abgeklungen. Als Kind hat er beide Eltern gefürchtet, besonders der Vater erschien ihm körperlich unerhört stark. Mit 18 Jahren Auftreten von Depressionen, unregelmäßig, in der Regel etwa dreimal im Jahr. Er blieb oft einfach im Bett liegen oder legte sich wieder nieder, konnte wochenlang nichts unternehmen, litt an starken Angstträumen. Es waren das Jahre eines schweren inneren Konfliktes, er wollte studieren, mußte aber zugleich das Geld dazu verdienen, es bestanden starke Spannungen gegenüber dem Vater, die Mutter war jetzt weicher wie früher, aber auch nie ausgesprochen zärtlich. In dieser Zeit auch verstärkte Fluchtträume. Er konnte aber das Handelsstudium dank seiner Intelligenz spielend erledigen, war auch nie „eigentlich melancholisch", wie es nennt, sondern nur angstvoll gehemmt.

Eine besonders starke Depression trat beim letzten gemeinsamen Urlaub mit den Eltern auf, als er 22 Jahre alt war und der Vater ihm den Umgang mit einem Mädchen verbot.

Mit 22 Jahren verließ er Aquitanien und ging nach Seeland als Croupier, um sich Geld für sein Studium zu verdienen. Es kam in Seeland zu schweren Depressionen, die er wieder als Trennschmerz bezeichnete, welche erst nach den ersten sechs Monaten wieder abklangen. Noch in diesem Depressionszustand äußerte er einem Direktor gegenüber, der die jungen Croupiers aus Aquitanien besuchte, alle seine Bedenken und kritischen Einwände in der Überzeugung, daß ohnedies alles verloren sei und er wieder in seine Heimat zurückkehren könne. Zu seinem Erstaunen aber imponierte das sowohl dem Direktor als auch seinen Kollegen und er nahm in den folgenden Jahren unter seinen Kameraden eine ausgesprochene Führerstellung ein. Es gelang ihm in Seeland eine vollkommene Anpassung. Er hatte in den ersten Jahren viele Beziehungen zu Mädchen, ohne diese wirklich zu lieben. Wenn ihm etwas nicht mehr paßte an ihnen, gab er ihnen einfach in aller Freundlichkeit den Abschied.

Colitis ulcerosa und Migräne

P. KERSTEN, wie wir unseren Modellfall nennen wollen, hat sich dann mit 24 Jahren in ein Mädchen wirklich verliebt. Diese Beziehungen dauerten vier Jahre, er harmonierte mit ihr, weil sie frisch und einfach war, sehr gut, auch sexuell, aber nicht intellektuell. Sie war ihm zu einfach, wußte nicht, wer die Griechen und die Römer waren und es zeigten sich auch keine Tendenzen, daß sich in dieser Richtung etwas ändern würde. Er dachte, das könne keine gute Ehe werden. In Wirklichkeit hatte er natürlich Angst vor dem Gefühl, wie er selbst später erkannte. Er begann, sich innerlich von dem Mädchen zu distanzieren. „Die Kolitis trat auf, wie ich begonnen habe, mich gedanklich von dem Mädchen zu distanzieren. Ich habe sie geliebt, denn sie war ein sehr frischer, guter und netter Mensch, es war aber sehr schwer, mit ihr über Probleme zu reden, sie war nicht sehr gebildet." Gleichzeitig mit der Kolitis traten halbseitige Migränezustände auf.

Hier ist einzuschalten, daß sein Tagesrhythmus ursprünglich so war, daß er früh aufstand, sich in der Frühe wohlfühlte und gleich mit Elan in die Alltagsarbeit stürzte. Nachdem ihm aber der Vater das Studium verweigert hatte und er nach Absolvierung einer Handelsschule Croupier geworden war, was ihn an sich gar nicht befriedigte, begann sich sein Tagesrhythmus zu verändern. Es war das die Zeit, in der er etwa dreimal im Jahr depressive Zustände hatte. Er war damals überhaupt in der Frühe gedrückt, hatte eine sehr lange Anlaufzeit, und wollte morgens gar nicht, daß man ihn ansprach. Er war allerdings bis zwei Uhr nachts auf, während er früher schon um zehn Uhr schlafen gegangen war, schlief in dieser Zeit bis halb zehn und schaltete auch nachmittags einen Schlaf ein. Er schlief also in dieser Zeit mehr (neurotische Flucht in den Schlaf) und schnitt sich mit der Schere jeden Tag ein Oropax zurecht, das er in die Ohren steckte, um beim Schlafen nicht gestört zu werden. In der Frühe fühlte er sich dann deprimiert, gehemmt, oft war es so, „daß ich das ganze Weltbild noch einmal ordnen mußte".

Mit der Kolitis, die zugleich mit dem sich entwickelnden „Trennschmerz" auftrat, war auch die Migräne synchronisiert, aber so, daß die Migräne nur morgens einige Stunden und nur jeden zweiten Tag auftrat. Nach ihrem Abklingen etwa zu Mittag war sie von einer Euphorie gefolgt, die sich in erhöhtem Tatendrang äußerte. Der Schmerz war immer einseitig und besonders stark in der Augengegend. Die Kolitis war auch an den migränefreien Tagen da. Einige Monate nach Auftreten der Kolitis starb sein Vater plötzlich an Leukämie. Als er kurz vorher die Nachricht erhalten hatte, daß dessen Zustand hoffnungslos war, reagierte er mit Erbrechen. Die Trennung von dem Mädchen verlängerte sich dadurch, daß die Mutter in sehr aggressiver Weise gegen das Mädchen Stellung nahm, als es ihn nach seiner Rückkehr nach Aquitanien besuchte. Aus Mitleid nahm er die Beziehungen für einige Zeit wieder auf. Nach der Trennung klangen Migräne und Kolitis zwar ab, aber nicht ganz, zwei- bis dreimal im Jahr eine Migräneanfall und leichte Schwankungen mit nur ganz geringfügigen Beschwerden im Sinne der Kolitis. Seine Rückkehr nach Aquitanien war in gewissem Sinne eine Regression. Er lebte jetzt wieder bei seiner Mutter, war wieder als Croupier tätig und plante zur Sicherung seiner Existenz mit zwei Freunden die Gründung einer Pension, um sich dann das Studium leisten zu können. Die Entwicklung dieses Planes geschah mit großer Gründlichkeit und beanspruchte einige Jahre. Er war in diesen Jahren praktisch wieder vollkommen gesund. Er und seine Freunde reisten auch ins Ausland und studierten die modernsten Einrichtungen, z.B. schalldichte Wände usw., und die Pension wurde tatsächlich ein allen modernen Ansprüchen genügendes Etablissement.

Im letzten Moment aber, er war damals 34 Jahre, ergaben sich Schwierigkeiten. Die Konzession wurde nicht erteilt, die Verzögerung führte zu finanziellen Engpässen. In diesem Moment traten wieder Depressionen, Migräne und Kolitis auf, letztere führte auch zu einer Einweisung in ein Krankenhaus, wo die Diagnose Colitis ulcerosa verifiziert wurde. In dieser Zeit suchte sie wieder die Einsamkeit, ging allein in den Wald, war depressiv verstimmt. An den Tagen, wo er keine Migräne hatte, fiel ihm aber das Aufstehen nicht schwer. Als nach einem Jahr die Konzession erteilt wurde, klang die Depression sofort ab, die Kolitis einen Monat später, drei Monate später die Migräne. Es vergingen dann einige beschwerdefreie Jahre, und er konnte mit Jurastudium beginnen. Er hatte als Croupier Erfolg gehabt, war vom Spieltisch weg in die Direktion avanciert. Er hatte eine gute Stellung in Aussicht, sein Studium wurde protegiert, man räumte ihm sogar ein Zimmer für sein Studium ein. In dieser Zeit hatte er einen Freund, der Kompagnon in seiner Pension war und einen anderen Freund (Hadrian), der für ihn eine Art Über-Ich darstellte. Er bewunderte ihn sehr, weil er dem Croupierberuf den Rücken gekehrt hatte, um Kernphysik zu studieren und danach sogar eine Assistentenstelle erhielt. Er übersah aber, daß dieser Freund diese Assistentenstelle wieder aufgab und eine Reifenhandlung eröffnete. Dieser Freund war zum zweiten Mal verheiratet.

Grundkonflikt und Primärkonflikt

Überblickt man den Lebenslauf bis hierher, so lassen sich Grundkonflikt und Primärkonflikt deutlich gegeneinander abheben. Der Grundkonflikt ist gespannt zwischen oral sicherndem Besitzstreben und angstvollem Festhalten an bergenden Liebesbedingungen. Er geht bis in die frühesten Kindesjahre zurück.

Von ihm abgehoben ist der (bewußte) Primärkonflikt als ein Wertkonflikt der Gefährdung des geistigen Selbstkonzepts, durch die gefürchtete Vaterfigur charakterisiert, und durch das durch den Vater an die Selbstverwirklichung festgenagelte Schuldgefühl. Dieser Primärkonflikt entspringt in den Pubertätsjahren.

Grundkonflikt und Primärkonflikt sind gebunden an ein ungebrochenes geistiges Selbstkonzept und eine konstitutionelle „Eunomie" ($\dot{\eta}$ $\varepsilon\dot{v}vo\iota\alpha$, gute bürgerliche Ordnung). Diese Struktur des Endon ist mit dem Typus melancholicus im Sinne von TELLENBACH verwandt, aber doch wohl nicht ganz identisch. Aus diesen Bedingungskonstellationen folgt ein gleichsam chronifizierter Aktualkonflikt zwischen der Tendenz des „Ausweichens" (sich den Dingen und Ereignissen nicht zu stellen) und der Wahrhaftigkeit zum eigenen Sein (Aufrechterhaltung des geistigen Selbstkonzepts). Dieser gleichsam chronifizierte Aktualkonflikt bedingt eine Gefährdung, in Situationen abzuleiten oder sich Situationen aufzubauen, die der Realität nicht entsprechen.

Rollenübertragung (Rollentranskription) und Rollentausch

Es war schon von Rollenverschiebung die Rede (Schwesternrolle→Mutterrolle) und von Rollenspaltung (bei Schizophrenie). Hier begegnet einem nun das merkwürdige Phänomen von interfamiliärer Rollenübertragung zum Teil spiegelbildlicher und identifikatorischer Art. Übertragung ist gegeben, wenn unverarbeitete affektive Einstellungen zu Schlüsselfiguren der ontogenetischen Frühzeit nach dem Prinzip der Ähnlichkeit oder der Reziprozität auf Personen der gegenwärtigen Situation übertragen werden. Diese Übertragungsvorgänge müssen hier kurz skizziert werden, weil sie und die regressiven und infantilen Identifikationen mit dem Mädchen für das Verständnis der Dynamik, die zur Tat hinführt, unentbehrlich ist.

Kersten suchte in der Familie Lind als nunmehriger Student der Jurisprudenz das nachzuholen, was er in seiner eigenen Familie versäumt hatte, nämlich Sohn in einer Familie zu sein, die es schätzt, daß man Akademiker wird. Die Beziehung zu den Eltern war ihm wichtiger als die Beziehung zu dem Mädchen. Die Beziehung bestand über längere Zeit, ohne daß er das Mädchen wirklich liebte, mit dem er sich aber weitgehend identifizierte. Er fühlte sich bei den Eltern dieses Mädchens sehr geborgen, diese betrachteten es als selbstverständlich, daß ihre Tochter studierte. Sehr wahrscheinlich erblickte Frau Lind in Herrn Kersten im Grunde einen Mann, der potentiell geeignet war, ihr Liebhaber zu werden. Kersten aber übertrug auf Frau Lind eher die Rolle seiner Mutter, genauer gesagt sogar die seiner zärtlichen Großmutter. Vater Lind hingegen hatte alle Eigenschaften, die er sich bei seinem eigenen Vater, den er physisch immer fürchten mußte, gewünscht hätte. Er spielte in der Familie nicht die Rolle eines Vaters, sondern war praktisch ohne Bedeutung. Er ließ sich von seiner Frau vor seinen Kollegen blamieren und schlecht behandeln, obwohl er als Jurist in einem angesehenen Amt eine beachtliche Stellung einnahm.

Nunmehr traten zwei Krisen, die unabhängig voneinander schwelten, in Interferenz. Das begann erst im zweiten Jahr der Beziehungen. Damals legte sich Vater Lind eine Freundin zu, und die Tochter Astrid begann sich von ihrer Mutter zu emanzipieren. Dadurch geriet Frau Lind in eine gewisse Isolierung, um so mehr, als sie auf Kersten eine Rolle übertrug, die von ihm nicht angenommen wurde. Dieser Krise in der Familie Lind war eine Reifungskrise bei Kersten gleichsam synchronisiert. Wohl standen die Dinge für ihn äußerlich gesehen gut, die Pension florierte, das Spielkasino sah man gern, daß er studierte, und hatte eine Stellung für ihn in der Direktion in Aussicht gestellt, aber strukturdynamisch gesehen bedeutete sein Eintritt in die Familie Lind eine neurotische Regression. Ohne selbst davon zu wissen, hatte sich der 37jährige, aber viel jünger und doch durchaus seriös wirkende junge Mann gleichsam in seine Jugendzeit zurückgeschraubt, genausoviel, als seine neue Freundin jünger war, nämlich um etwa zwanzig Jahre. Was ihm in der eigenen Familie nicht gewährt worden war, versuchte er jetzt in seinem neurotischen Drang nach Geborgenheit in einer fremden Familie nachzuholen. Zwar löste er sich damit irgendwie doch

196

von seiner Mutter, bei der immer noch zu wohnen er mit Recht als „abnorm" empfand. Zugleich aber begab er sich damit in einen Strudel von Ereignissen, der ihn über seinen Primärkonflikt bis auf den Grundkonflikt seines Lebens hinabzog.

Wohl versuchte er sich aus diesem Geschehen zu befreien, Zufall, Schicksal, und innere Hemmungen führten aber dazu, daß er schließlich in Angst und Depression in ein Wahnsyndrom geworfen wurde.

Die Ereignisse waren auf das Wesentliche reduziert folgende: Das erste Jahr verlief noch ohne besondere Spannungen. Die Identifikation mit seiner jungen Partnerin hatte schon wesentliche Fortschritte gemacht. Die Rollen waren teilweise vertauscht. Sie hatte in gewisser Weise, wenigstens im Bereich der Sexualität, die männliche Rolle übernommen. Die Beziehung war ihm eher unangenehm, weil sie beispielsweise verlangte, von ihm geschlagen zu werden. Erstaunlich waren die Eßschwierigkeiten auf ihrer Seite. Es gab jedesmal Szenen, wenn sie gemeinsam ein Restaurant besuchten, weil sie zu weinen begann, wenn der Kellner eine Speise brachte, die sie nicht essen konnte. Nachdem sie ihm in der ersten intimen Nacht Virginität vorgetäuscht hatte, was gleichfalls zu einer Familienszene führte, glaubte er nunmehr, daß sie ihm einen Diabetes verheimlichte. Ausweichen vor den Dingen auf seiner Seite und ein bedenkenloser Hang zu Unwahrheit auf ihrer Seite ergaben bald ein undurchdringliches Netz interpersonaler Verflechtungen. Er reagierte vor allem ihr gegenüber immer wieder mit Mitleid, betrachtete sie als armes Mädchen, das sitzengeblieben war, während sie sich überall als Kind gebärdete, vor ihrer Mutter sich dirigieren ließ, ihr jede Einzelheit berichtete, und viele Damen ihres Bekanntenkreises mit Mama titulierte.

Ohne auf die bunten und zum Teil unwahrscheinlichen Verhaltensweisen einzugehen, ist als wesentlich hervorzuheben, daß das Mädchen gewisse Züge widerspiegelte, die ihm auf einer ontogenetischen Frühstufe selbst eigen waren, und daß sie zugleich durch ihre Aktivitäten seine Hemmungen auf die mannigfachste Weise auflöste und seine Aktivitäten belebte.

Schon zu Ende der ersten Jahres war zu Weihnachten ein Italiener aufgetaucht, der einige Tage in der Familie Lind lebte, was sich vor Weihnachten des zweiten Jahres wiederholte. Diesmal nahm Kersten großen Anstoß, da er die Familie wegen eines Italieners einige Tage nicht besuchen durfte. Das war die Zeit, als Herr Lind mit einer anderen Frau liiert war und Frau Lind in Kersten anscheinend einen potentiellen Liebhaber erwartete, was dieser aber gar nicht ahnte. Diese Situation führte schon zu Weihnachten zu einer Verstimmung und zu Beginn des folgenden Jahres zu schweren Konflikten. Frau Lind begann Herrn Kersten Szenen zu machen, ihn für ihre Tochter als nicht standesgemäß zu bezeichnen, weshalb dieser einige Male bereit war, die Familie endgültig zu verlassen. Daraufhin aber lief Astrid ihren Eltern davon und Herr Kersten mußte sie bei seinem Freund Hadrian unterbringen, der Assistent in einem physikalischen Institut war.

Die folgenden Monate waren charakterisiert durch die eigentümliche Taktik von Frau Lind, Herrn Kersten Szenen zu machen, ihn am Telefon zu beschimpfen und dann wieder um Entschuldigung zu bitten und Versöhnungsbriefe zu schreiben. Das versetzte nun Herrn Kersten in den Zustand völliger Wehrlosigkeit, weil ihm damit selbst die Entscheidung zugeschoben war, er aber ein Typ war, der Entscheidungen endlos hiausschob oder einfach das tat, was man ihm sagte. Frau Lind unternahm auch zweimal Selbstmordversuche und wurde mit der Diagnose vegetative Dystonie in ein psychiatrisches Krankenhaus eingewiesen. Ihr hysterisches Verhalten erregte das Mitleid des Herrn Kersten und er brachte ihr Blumen ins Krankenhaus.

Ebenso schwankend war das Verhalten von Frau Lind gegenüber ihrer Tochter, einmal fiel sie ihr um den Hals, dann brüllte sie sie wieder an. Diese war öfter von der Familie fortgelaufen und wohnte einmal sogar einige Monate in der Familie Hadrian.

In dieser Zeit traten bei Kersten Depressionen und Migränezustände auf, nicht aber Kolitis. Es bestand zwischen den Zuständen von Frau Lind, die man als hysterische Auftritte bezeichnen kann, und seinen Depressionszuständen ein destruktiver interpersonaler Shift, so daß man ihr Verhalten ihm gegenüber als einen destruktiven Tropismus bezeichnen kann. Astrid nahm nun in der Familie Hadrian die Stellung einer Tochter ein, sagte zur Mutter des Hadrian Mutter, und wurde von Herrn Hadrian genauso neutral behandelt wie von ihrem Vater. Herr Lind zog zu einem Freund und reichte eine Scheidungsklage ein. Mutter Lind war eine zeitlang völlig isoliert. Herr Lind besuchte oft die Familie Hadrian und verstand sich sehr gut mit dessen Mutter. Kersten war wieder einige Zeit später in die Familie Lind zurückgekehrt, aber es gelang ihm nicht mehr ganz, die Rolle eines Sohnes zu spielen. Auch Astrid kehrte wieder heim, und ebenso Herr Lind, nachdem er die Scheidungsklage wieder zurückgezogen hatte. Nach starker Bewegung gelangte so die Rollenszenerie wieder in eine Art labile Gleichgewichtslage. Kersten wollte seine Beziehungen zu Astrid lösen, was aber durch einen Zufall verhindert wurde. Ein wesentlicher Punkt ist hier noch hervorzuheben. Die Mutter von Kersten hatte eine besondere Zuneigung zu Astrid, welche Mutter zu ihr sagte. Es bestand also ein vollkommener Rollentausch zwischen Kersten und Astrid. Zugleich bestand eine Komplementarität seiner Situation gegenüber der in seiner ersten Liebe. Damals hatter er das Mädchen wirklich geliebt, während es von seiner Mutter abgelehnt worden war.

Der Zufall
in den Bedingungskonstellationen

Aus den zahlreichen Szenen muß die folgende, weil sie für das Verständnis der später auftretenden Wahnsyndrome von Bedeutung ist, herausgehoben werden. Der durch das Hin und Her, durch Depressionen und Migräneanfälle stark abgekämpfte Kersten, der dennoch seinen Beruf durchgehalten und auch an der Universität seine Prüfungen bestanden hatte, wollte sich wenigstens vorübergehend aus seiner Rolle in der Familie Lind zurückziehen. Er hatte eine Stelle als Croupier in einer entfernten Provinz Aquitaniens angenommen, ging aber im Grunde nur ungern. Mit Astrid hatte er schon seit Wochen nicht gesprochen und sich bei Anrufen verleugnen lassen. Er rief seinen Freund Hadrian an, ihn zur Bahn zu bringen. Dieser hatte in einem VW-Bus Astrid bei sich, die damals gerade bei ihm wohnte. Er wollte die beiden versöhnen, Kersten blieb aber zugeknöpft und redete fast nichts, als sie erst noch in ein Kaffeehaus gingen. Auf der Fahrt zum Bahnhof, Astrid und Kersten saßen vorne neben Hadrian, öffnete sich plötzlich die Wagentüre, und infolge der Zentrifugalkraft wurde er durch Astrids Gewicht aus dem Wagen geschleudert. Sein erster Gedanken war: Gottseidank, nun muß ich nicht nach Feldbach. Er hatte sich einen Torsionsbruch des Sprunggelenks zugezogen, mußte deshalb einige Wochen im Krankenhaus und dreizehn Wochen im Gipsverband verbringen. Diese Szene wurde später von ihm in einem Wahnsyndrom paranoid verarbeitet. Der Unfall hatte zunächst die Folge, daß die geplante Distanzierung von seinem Mädchen mißlang.

Ihre Symbolstruktur: die fundierende funktionale Grundgesetzlichkeit der menschlichen Handlung

Man spricht von Symbolhandlung, wenn die Tat nicht eigentlich dem direkten Sachverhalt entspringt, sondern einem anderen, ,,z.B. wenn jemand einen ihm nicht gehörenden Gegenstand zerstört, weil sich an diesen eine Menge unangenehmer Erinnerungen knüpfen'' (GRUHLE). Man könnte also meinen, Symbolhandlungen seien anders strukturiert als gewöhnliche Handlungen. Nun ist es aber so, daß jede Handlung auf eine andere, ,,bedeutendere'', hinweist oder hinzielt, mag sie sonst noch so sehr mit den übrigen Verhaltensweisen und dem Bild, das wir uns von einer Persönlichkeit gemacht haben, harmonieren.
Der Unterschied zwischen dem, was man bisher als Symbolhandlung bezeichnet hat, und den übrigen Handlungen liegt sonach nicht in der Tatsache oder dem Ausmaß ihres Symbolgehalts beschlossen, sondern beruht auf der Fähigkeit oder Bereitschaft des Beobachters, symbolische Beziehungen wahrzunehmen oder zu vernachlässigen. Wenn jemand eine Bachfuge spielt oder Schelling liest, so verweist dieses Tun auf eine Vorliebe für Musik oder für die Beschäftigung mit dem Tiefsten der menschlichen Natur, seinem transzendentalen Verhältnis zur Unendlichkeit, und selbst wie jemand frühstückt oder badet verweist auf individuelle motorische oder geschmackliche Vorlieben, Gewohnheiten und Werthierarchien, also auf höherstrukturierte innere (Gedanken) und äußere (Taten) Handlungen.

An unserem Modellfall Kersten konnte in einer sich über mehr als ein Jahr erstreckenden Untersuchung unter Einbeziehung der wichtigsten Bezugspersonen eine Fülle von Handlungen, Reaktionsweisen, Gewohnheiten, Lernprozessen, Konditionierungen, Wechselbeziehungen, Szenen, Bedingungszusammenhängen und Symbolgehalten herausgearbeitet werden, deren übersichtliche Ordnung erkennen läßt, daß jede einzelne Handlung, und mag sie noch so unbedeutend sein, auf eine bedeutendere Handlung hinweist. Jede Handlung ist wie in ein vierdimensionales Netzwerk von Raum und Zeit, dessen Teile sich ständig gegeneinander verschieben, eingebettet, sie steht in Beziehung zu bestimmten früheren Handlungen in ,,Gegenwart'' (jüngster Vergangenheit) und Kindheit, und zu Handlungen, die erst in der Phantasie, im Entwurf gegeben sind. Zu dieser intrapersonalen tritt noch die interpersonale Verknüpfung. Jede Handlung verweist oder wird verwiesen auf/durch Handlungen von Bezugspersonen, die diese früher einmal (z.B. in der Kindheit des Täters) oder in jüngster Vergangenheit gesetzt haben, eben zu setzen im Begriffe sind oder zu setzen gedenken.
Dieser Verweisungszusammenhang (HUSSERL) ist stets ein eminent symbolischer, insofern jede ,,bedeutende'' Handlung auf

eine noch bedeutendere verweist, also eine vertikale Struktur emotionaler Intentionalität im Sinne von „Bedeutung" erkennen läßt. Wir sprechen deshalb von der Symbolstruktur der menschlichen Handlung als ihrer funktionalen Grundgesetzlichkeit. GOETHE sagte einmal: „Genau aber genommen, so ist nichts theatralisch, als was für die Augen zugleich symbolisch ist: Nur eine wichtige Handlung, die auf eine noch wichtigere deutet". Und am 26. Juli 1826 zu Eckermann zur Frage, wie ein Stück beschaffen sein müsse, um theatralisch zu sein: „Es muß symbolisch sein. Das heißt jede Handlung muß an sich bedeutend sein und auf eine noch wichtigere hinzielen." Versteht man unter dem „Theatralischen" nichts weiter als die Übersetzung naturgegebener Strukturgesetzlichkeiten in den Bereich der Kunst, dann ergibt sich, daß gewisse Grundgesetzlichkeiten dem menschlichen Handeln im Leben und seiner Widerspiegelung in der Kunst gemeinsam sind. Der vorliegende Modellfall ist nur besonders geeignet, zu zeigen, wie jede Handlung für das Individuum und seine Umgebung in irgendeiner Weise bedeutungstragend ist und auf andere Handlungen verweist, mögen diese in der eigenen Phantasie liegen, schon durch irgend ein Tun gestaltet sein oder in den Intentionen und im Tun eines Anderen. Geht man die früheren Modellfälle durch, so läßt sich zwanglos aufweisen, daß auch dort jede beobachtete Handlung diese Symbolstruktur aufweist.

Die Bedingungskonstellationen des Tatgeschehens

Nachdem sein Vater verhindert hatte, daß er ein Universitätsstudium in Angriff nahm, hatte sich Kersten nach langen, sich über Jahre hinziehende Maßnahmen, wozu auch sein Beruf als Croupier und seine Gründung einer Pension gehörten, das Studium endlich so weit „gesichert", daß er nun damit beginnen konnte. Dem ging unmittelbar eine Regression voran, er hatte sich in der Familie Lind nach Art eines Sohnes eingenistet, die Beziehungen zu den Eltern waren ihm wichtiger, weil sie für ihn Elternfiguren waren, die das gutzumachen bereit waren, was seine Eltern versäumt hatten, nämlich durch Verständnis für das akademische Studium dieses „zu ermöglichen". Auf

solche verbale und haltungsmäßige Unterstützungen war er infolge seiner Schwäche, Entscheidungen zu treffen, konditioniert. In dieser Position ging es zwei Jahre gut, aber kaum hatte er mit dem Jurastudium begonnen, traten schon Schwierigkeiten auf. Es kam zu den Konflikten mit Mutter Lind und in Verbindung damit etwa zehn Monate vor der Tat zu einem interpersonalen Shift, wobei Frau Lind hysterisch-depressive Phasen entwickelte, Kersten ein Wiederaufleben seiner Migräneanfälle und seiner Depressionen. Der Versuch, sich von dem Mädchen, mit dem er sich weitgehend identifiziert hatte, zu lösen, scheiterte zunächst an seiner Ruhigstellung durch den Autounfall, und er wurde mehr und mehr neuerdings an dieses Mädchen gebunden, das in dieser Beziehung eine zunehmende Aktivität entwickelte. In die Symbolsprache seiner damaligen existentiellen Positionalität übersetzt würde das heißen, sie stellte sich seinen Fluchttendenzen entgegen. Die Entwicklungen, die nun folgen, sind dadurch gekennzeichnet, daß sein Konflikt mit den Eltern Lind nie ganz bereinigt wurde, um so mehr, als Herr Lind ihn einmal bei der Direktion des Kasinos protegiert hatte. Als er in den letzten drei Monaten vor der Tat wegen seiner Depressionen nicht mehr studieren konnte, was für ihn neben der Tätigkeit als Croupier und als Leiter einer Pension ohnedies eine Belastung bedeutete, sah er sich auf einen Grundkonflikt, auf das, was sich bei ihm von kleinauf als „Trennschmerz" manifestiert hatte, zurückgeworfen: Die Angst und den Schmerz von dem Gegenstand seiner Liebe, auf der jetzigen Stufe also seinem Ideal, Akademiker zu werden getrennt zu sein. Zugleich ergab sich, wie im folgenden noch zu zeigen ist, eine Rückkoppelung an den Primärkonflikt, die Angst, vor der „physischen" Kraft des Vaters. Er begann zu fürchten, daß Herr Lind, auf den er ja die Vaterrolle übertragen hatte, ihn bei der Direktion des Kasinos schädigen könnte. Entscheidend aber war schließlich, daß diese Interferenzen und Wertkonflikte plötzlich mit einem neuerlichen Trennschmerz biologisch synchronisiert wurden, nämlich durch die Aufdeckung der Affäre Hadrian. Sein Freund kam plötzlich wegen Drogenhandels in Untersuchungshaft. Dadurch kam es bei Kersten zu jenen Pathorhythmien, an denen sich schließlich das Wahnsyndrom entzündete, welches unmittelbar zur Tat hinführte.

Die Tathandlung

Depressionen und verstärkte Migräneanfälle in größerer Häufigkeit bestanden bereits seit dem Hin und Her des Konfliktes mit Frau Lind, also schon zehn Monate vor der Tat. Die Kolitis trat aber erst drei Monate nach der Tat in Erscheinung. Die Migräne hörte etwa vier Wochen vor der Tat wieder auf. In dieser Zeit kam es zu einem Syndromwandel in Richtung auf paranoid-depressive Wahnsyndrome, die phobisch mit Selbstvorwürfen und sensitiven Grübeleien begannen und in einen ausgesprochenen Verfolgungswahn überleiteten. Nachdem die Geborgenheit in der Familie Lind durch das Verhalten der Eltern in

Frage gestellt war, war die eigene Bindung an das Mädchen immer unangenehmer geworden. Es bestand eine Fülle von körperlichen und seelischen Gründen. Auf die Festnahme seines Vorbildes und Freundes wegen Drogenhandels reagierte er zunächst damit, daß er dessen Familie aufsuchte, um sie zu trösten. Bald darauf, offenbar aus Unvermögen gegenüber der plötzlich über ihn hereingebrochenen Konfliktkumulation, verkündete er in der Direktion des Kasinos, wo sein Freund Hadrian unbeliebt war, dieser sei sein Freund gewesen. Gleich darauf meinte er aber nun, er habe sich durch dieses Vorgehen nur verdächtig gemacht, selbst von dem Drogenhandel gewußt zu haben und entwickelte nun die Idee, man könnte meinen, er habe Hadrian „verraten". Innerlich ließ er tatsächlich seinen Freund fallen und entwickelte entsprechende Schuldkomplexe, die dadurch verstärkt wurden, daß ihn sein Alter Ego Astrid immer wieder darauf hinwies, er habe Hadrian fallen lassen.

Er glaubte auch, daß man im Kasino Bemerkungen über ihn mache („wie weit haben Sie es gebracht, man hört ja schöne Sachen von Ihnen") und daß man mit einem Lächeln und einem gewissen Unterton mit ihm spreche. Plötzlich erzählte er Frau Lind, daß er trinke — er trank täglich eine Flasche Bier und ein Achtel Wein — „um reinen Tisch zu machen". Er erzählte auch, daß man im Kasino über ihn spreche, daß durch die Angelegenheit Hadrian auch die Familie Lind in die Affäre hineingezogen werden könnte und daß er bereit sei, sich von Astrid vorübergehend zu trennen. Er „spürte", daß man ihn doch mit der Rauschgiftangelegenheit in Zusammenhang brachte, und als ihm eines Tages in der Direktion im Magen übel wurde und er einen Kollegen bat, ihm zu helfen, dachte er, man könne es so auslegen, daß er unter Rauschgifteinwirkung gestanden habe. Man werde das in der Direktion ausnützen, um ihn aus seiner Position herauszudrängen. Schließlich hatte er das Gefühl, Herr Lind intrigiere im Kasino gegen ihn.

Dieses Wahnsyndrom entwickelte sich 14 Tage vor der Tat schleichend und nahm acht Tage vor der Tat stärkere Ausmaße an. Er hörte anläßlich der Fahrt mit seinem neuen Wagen ein Klappern, stieg aus und fand auf der Straße die Klinge eines Tafelmessers. Er dachte, es könne ihm jemand aufgelauert haben. Als dann ein Plättchen seines Zweitschlüssels zum Wagen fehlte und ihm Astrid mitteilte, jemand habe sich einen Scherz erlaubt und bei der Firma X. unter dem Namen Lind einen Nachschlüssel anfertigen lassen, erlebte er fünfmal, daß in seinem Wagen, als er ihn wieder bestieg, Licht brannte. Er meinte, er werde verfolgt, das geschehe absichtlich, und verarbeitete nun auch seinen Unfall wahnhaft: Hadrian habe ihn absichtlich herausfallen lassen, daher eine Bemerkung, das Schloß sei jetzt schon repariert, oder Astrid, die ihn ja tatsächlich durch ihre Zentrifugalkraft hinauswarf, habe das absichtlich getan.

Es entstand nun in ihm das Bedürfnis, mit Frau Lind, die immer noch die Mutter in seiner Rollentranskription verkörperte, sich auszusprechen. Er ging auch zu seinem Hausarzt, der die Vorstellung bekam, daß er an Verfolgungswahn leide, und ihn an einen Nervenarzt verwies. Dieser vertröstete ihn aber auf die nächste Woche, er ging nun zu einem Priester, mit dem aus innerer Angst entspringenden Vorbringen, er möchte Priester werden. Dabei war sein Leitgedanke, er möchte Schutz in der Kirche finden. Nach einigen vergeblichen Versuchen kam es zu einer „Aussprache" bei Frau Lind am Tag vor der Tat. Er hatte aber das Gefühl, es laufe ein Tonband ab, auch fiel ihm auf, daß Herr Lind mit den Fingern auf den Tisch klopfte und er gewann den Eindruck, das geschehe nur, um zu demonstrieren, daß er geisteskrank sein könnte. Er verließ also rasch wieder diesen Ort und fühlte sich vom Kasino aus und von Herrn Lind verfolgt, er befürchtete eine körperliche Attacke. Schon in der vorherigen Woche war er schlaflos und hatte den Eindruck, daß Astrid ihm Aufputschmittel ins Essen gebe. Er war müde, appetitlos, litt unter Angst. Am Tag vor der Tat legte er sich schon früh schlafen. Er wurde nachts mehrmals von Astrid angerufen, seine Mutter sagte allerdings, daß er schlafe. Am Morgen der Tat rief Astrid wieder an, und obwohl er sie bat, nicht zu kommen, da er sich krank fühle und Ruhe brauche, erschien sie schon am frühen Vormittag in seiner Wohnung. Beide gingen anschließend Einkäufe machen. Kersten machte ihr bei dieser Gelegenheit, obwohl er nie daran gedacht hatte, sie zu heiraten, einen Heiratsantrag, den sie mit den Worten quittierte: „No ja, so heiraten wir halt, mein Studium mache ich aber erst zu Ende". Er machte ihr noch ein kostbares Geschenk, das sie auch kaum beachtete. Dann ging sie mit ihm in die Wohnung hinauf, wo es zu Zärtlichkeiten kam. Er betastete ihre Brüste, hatte eine Erektion, es kam aber zu keinem Verkehr. In dieser Situation, „ich habe sie geliebt, auf der anderen Seite hab ich aber auch vor ihr Angst gehabt, habe mich von ihr verfolgt gefühlt," sprang er plötzlich von der Couch auf, ging zum Schreibtisch und ergriff dort seine Schere. (*Haben Sie sie damals als Feind erlebt?*) „Sie war gerade aus dem Bett aufgesprungen, ich würde fast meinen, sie war damals auf der Flucht vor mir, und dann erst attackierte ich sie mit der Schere". Vielleicht sei es die zusätzliche Komponente gewesen, so meinte er rückblickend, daß sie weder auf sein Angebot, zu heiraten, noch auf sein Geschenk, dessen Wert sie sicher als bewußt erlebt habe, geantwortet hatte. Anfangs habe er gar nicht gewußt, daß er sie gestochen habe. An den Versuch, ihr die Augen einzudrücken, erinnerte er sich überhaupt nicht. Es sei ihm aber bewußt geworden, daß er eine Handlung gesetzt habe, „die über den Rahmen des Zumutbaren hinausgegangen ist." Er habe daraufhin einen Selbstmordversuch unternommen und die ihm zugänglichen Medikamente eingenommen. Daß er etwas Furchtbares gemacht habe, sei ihm erst bewußt geworden, als er sie auf der Bahre liegen sah. In der Klinik habe er einen rauschartigen Zustand erlebt. Drei Wochen nach der Tat wurde das Wahnsyndrom, welches rasch abklang, durch die Kolitis abgelöst, welche aber nur einige Wochen gedauert habe.

Der Selbstmordversuch (SMV)

Der folgende Selbstmordversuch folgte ein Jahr nach der Tat. Zwischen ihm und der Tat liegt die Untersuchung. Diese hatte den Charakter eines therapeutischen Gesprächs angenommen, das den Patienten in seinem Streben nach Selbstreflexion (Verbalisieren) und damit nach Selbstverständnis unterstützen sollte. Sein Selbstkonzept als kognitive Einstellung war dadurch entscheidend beeinflußt worden. Diese Gespräche waren vor dem SMV 14 Tage lang unterbrochen worden. Er hatte damals das Gefühl, „irrsinnig frei" zu sein und fühlte sich sehr erleichtert. In diesem Augenblick kam es synchron mit einem Eingriff von seiten einer außenstehenden Instanz zu einer Entlastungsdepression. Kersten hatte sich zunehmend befreit gefühlt, als auf einmal seiner Mutter gegenüber von einer offiziellen Seite der Vorwurf erhoben wurde, Kersten habe doch wohl vom Drogenhandel Hadrians gewußt. Gerade in diesem Augenblick befand er sich im vollen Bewußtsein der Ereignisse und der Zusammenhänge, die zu seiner Tat geführt hatten, und damit zugleich in einer gewissen Krise, die auf eine bevorstehende Heilung hinwies. Gerade in diese Krise hinein platzte nun gleichsam die wiederaufgebrachte Hadrian-Affäre mit dem an ihn herangetragenen Verdacht, den seine Mutter ihm sofort überbracht hatte, den Verdacht, seinen Freund verraten zu haben.

Damit waren Grundkonflikt (bedrohte Verwirklichung seiner Liebe, also in diesem Stadium seines Berufsideals durch eventuelle gerichtliche Bestrafung), Primärkonflikt (Angst vor der Vaterfigur) und die gesamte ins Bewußtsein gehobene Bedingungskonstellation der Tat wie mit einem Schlag wieder an einen neuen Aktualkonflikt gekoppelt, um so mehr, als der Verdacht jetzt von einer maßgeblichen Stelle expressis verbis und nicht bloß in vagen Andeutungen ausgesprochen wurde. Es ist bemerkenswert, daß der Selbstmordversuch, zu dem es in der weiteren Folge kam, fast gleichzeitig mit einem Selbstmordversuch Hadrians erfolgte, der in einer Anstalt untergebracht war, ohne daß beide voneinander wußten. Diese biosynchrone Pathorhythmie ist allerdings nicht verwunderlich, hatte doch der Patient eine Aussprache mit der Frau Hadrians herbeigeführt und daraus den Eindruck gewonnen, als ob sie von ihm tatsächlich eine solche Meinung, nämlich, seinen Freund verraten zu haben, hätte. Alle Beeinträchtigungsideen aus der Zeit vor seiner Tat wurden wieder lebendig, es erschütterte ihn, daß man glaubte, er sei am Drogenhandel beteiligt gewesen, es traten Angstzustände auf, auch eine gewisse Wut, daß Hadrian ihn in diese Lage gebracht hatte — und bei Wut geriet er ja immer in Angst (Angst vor Aggression).

Am Tag des Selbstmordversuchs besuchte ihn seine Tante. Er sagte ihr, er fühle sich krank, sie aber erwiderte, daß er sich das nur einrede und sich zusammenreißen müsse. „Ich war unendlich unglücklich, daß sie nicht begriffen hat, daß ich krank bin, es war eine immense Traurigkeit und eine pessimistische Lebens-

haltung." Er fühlte sich müde, hätte am liebsten gar nicht gesprochen.

Schon in der vorangegangenen Woche hatte er angefangen, eine Beziehung zu seiner ersten Tat herzustellen und sich in ein starkes Schuldgefühl hineinzusteigern. Die Depression steigerte sich, er hatte Schuldgefühle wegen seiner Tat, fühlte sich auf einmal wieder ein bißchen verfolgt, glaubte plötzlich, von einer Geheimorganisation verfolgt zu werden und daß der behandelnde Arzt mit ihr in Verbindung stünde. Als er zum Ausprobieren von Hausschuhen mehrmals von einem Laden in einen anderen geschickt wurde, glaubte er an Bosheitsakte, er hatte den Gedanken, „ich werde gesucht", hatte das Gefühl, daß seine Bettdecke „absichtlich elektrisch aufgeladen sei", war ganz verzweifelt, wußte nicht, was er machen solle, meinte, Astrid ruiniere absichtlich sein Leben. Alle diese Syndrome traten erst auf, nachdem ihm seine Mutter mitgeteilt hatte, man sei an einflußreicher Stelle der Meinung, daß er am Drogenhandel beteiligt gewesen wäre. Am Tag vor der Tat bei einem Spaziergang mit seiner Mutter konnte er kaum ein Wort hervorbringen. Anschließend weinte er vor seinem behandelnden Arzt, er sei ein schlechter Mensch. Eigentlich habe er gar nicht direkt an einen Selbstmordversuch gedacht. „So ganz richtig sterben wollte ich auch nicht, eigentlich wollte ich nicht in so eine Art, ... ein Gottesurteil hab ich mir vorgestellt, wenn ich mich mit der Schere verletze und komme durch, so ist es gesühnt, daß ich die Astrid verletzt habe. Darum habe ich auch die Schere gewählt." Zur Zeit dieses Selbstmordversuchs lag ein Messer am Tisch. Er aber durchwühlte erst seinen Koffer, bis er die Schere fand, die ihm die Mutter gebracht hatte. Den Stich gegen seine Halsschlagader vollführte er erst, nachdem er sich überzeugt hatte, daß im Nebenzimmer Menschen anwesend waren. Die Verletzung ging nur bis in das Unterhautzellgewebe, er sprang sofort auf, lief ins Nebenzimmer und sagte, er habe einen Selbstmordversuch unternommen.
(Wenn nicht der Verdacht, daß Sie von der Hadrian-Sache wußten, wieder lautgeworden wäre, hätten Sie es dann auch gemacht?) „Dann hätte ich es sicher nicht gemacht. Ich habe auch Angst gehabt, daß mir Astrid nach dem Leben trachtet."

Bei der Tat bedeutete die Schere, mit der er sich früher sein Oropax zurechtzuschneiden pflegte, gegenüber der sich ihm aufdrängenden Astrid: „ich will Ruhe haben", auf höherer Integrationsebene wohl auch: „ich will hemmende Bindungen aus fixierten früheren Situationen durchschneiden," beim Selbstmordversuch dagegen war die Schere das Symbol seiner schweren Selbstvorwürfe. Diese Selbstvorwürfe waren, wie aus einem Bericht bei einer Jahre später erfolgten Nachuntersuchung zu entnehmen ist, sehr ernst. Erst als ihn das den Hals herablaufende Blut an eine Kindheitserinnerung mahnte, wie er beim Schlachten eines Huhnes zuschaute, stellte er, mit dem Gedanken, nein, so will ich nicht sterben, die Stiche ein.

Trennschmerzdepression
Die Diagnose ulzeröse Kolitis wurde durch Biopsie und klinische Beobachtung gesichert. Greift man das diachrone, durch alle Reifungs- und Entwicklungsphasen hindurchgehende Merkmal heraus, so ist es der Trennschmerz. Diese Bezeichnung stammt vom Patienten selbst. Auf diesen Trennschmerz, die Chorismalgie, antwortete der Patient mit Angstdepressionen im Alter von $2^1/_2$ Jahren, als er von den Eltern, mit $4^1/_2$ Jahren, als er von der Großmutter getrennt wurde, mit 10 Jahren, als er auf eine Schitour ging, mit 20 Jahren, als er nicht studieren konnte und mit 22 Jahren, nachdem er seine Heimat verlassen hatte. Als er mit 28 Jahren zu der Überzeugung kam, die Ehe mit dem Mädchen, das er schon seit vier Jahren liebte, könne keine gute werden und er sich innerlich von ihr zu distanzieren begann, trat dieser Trennschmerz erstmals in Verbindung mit Kolitis auf. Von da ab war jeder tiefergreifende Zustand von Bedrohung und Hilflosigkeit, ausgenommen zur Tatzeit und zur Zeit des Selbstmordversuchs, wo es zu Wahnsyndromen kam, von Kolitis begleitet: Die große finanzielle Krise im Alter von 33 Jahren, als das Gelingen des Pensionsbetriebes und damit die Sicherung seines Studiums gefährdet war, und beim Verlust seiner sozialen Geborgenheit nach der Tat und nach dem Selbstmordversuch. Die Kolitis konnte auch alternierend oder synchron mit Migräne auftauchen. Da die Depressionen im allgemeinen wenig mit Traurigkeit, vielmehr hingegen mit Erwartungsangst und Schmerz, mit einer Unfähigkeit, sich loszulösen und kognitiv-emotional zu lernen, ja mit Verzweiflung zu tun hatten und dementsprechend durch eine auffallend elastische Verknüpfung mit dem Wechsel der äußeren Situationen ausgezeichnet waren, ergab sich die An-

nahme, daß hier mehr oder weniger spezifische Bedingungskonstellationen und eine besondere Form depressiven Geschehens vorlag, das sich von anderen Formen abhebt.

Die Depressionen waren ein ständiges „Be-kümmert-Werden", sie tendierten weder zu Vitalisierung noch zu neurotischer Verarbeitung, sondern schienen auf einen kognitiven Defekt des Lernvermögens zu verweisen. Das eigentümliche Phänomen der Übertragung der Mutterrolle auf Frau Lind und der Identifikation mit Astrid und damit mit einer fremden Familie ließ daran denken, daß hier elementarste Formen der Identifizierung im Sinne des unmittelbarsten physischen Kontaktes mit der eigenen Mutter schon primär gestört waren und in Form von Abwehrmechanismen und Reifungskrisen wiederbelebt wurden. Da sich nosologisch keine Hinweise auf eine Beziehung zu endogenen Psychosen ergaben, gingen wir von der Annahme aus, daß Trennschmerz und Kolitis zusammengehören und durch besondere Struktureigentümlichkeiten charakterisiert sind.

Die Homogenität der exogenen Schädigungen bzw. Situationen, die krankheitsauslösend waren, legte es nahe, daran zu denken, daß an diesem Modellfall die nach STENSTEDT (1952) sonst so schwierige Frage, wissenschaftlich die Bedeutung exogener Momente zu beweisen, gelöst werden kann.

Wenn man sich in der Literatur umsieht, so wird man davon ausgehen, daß nur gründliche Analysen jedes einzelnen Falles darüber Aufschluß geben können, ob die Auslösung der Kolitis an bestimmte situative Konstellationen gebunden ist oder nicht. Die übliche klinische Methode allein führt hier nicht weiter. Wenn daher SPIEGELBERG betonte, daß es ihm bei seiner Untersuchung an 16 Fällen von Colitis ulcerosa auf psychoanalytische Feinheiten gerade nicht ankomme, und dennoch vermeint, die Behauptung, die Colitis ulcerosa sei regelhaft durch grobe Frustrationen oder situative Zusammenbrüche ausgelöst, praktisch widerlegt zu haben, so ist dem entgegenzuhalten, daß am vorliegenden Modell diese Zusammenhänge nur dank pragmatographisch-chronobiologischer Analysen, die sich über ein ganzes Jahr erstreckten, überhaupt aufgedeckt werden konnten. Sie wären bei Anwendung der üblichen klinischen Methoden der Beobachtung entgangen. Denn auch das nachträgliche Auftreten der Kolitis nach der Tat und nach dem Selbstmordversuch, die beide in ein Wahnsyndrom eingebettet waren, ist ja mit Trennschmerz (Bedrohung der sozialen Stellung) synchronisiert. Auch ist an unserem Modellfall die ganze Lebensgeschichte dieses Trennschmerzes bis in die Kindheit zurückzuverfolgen und so als führendes Leitsymptom nachweisbar.

Nun gibt es eine Untersuchung des amerikanischen Psychoanalytikers ENGEL über die biologischen und psychologischen Eigentümlichkeiten der Patienten mit Colitis ulcerosa, durchgeführt an einem Kollektiv von 50 Fällen, die über Jahre studiert wurden. ENGEL stellte fest, daß die Krankheit dann ausbricht, wenn sich der Patient im Zustand einer Hoffnungs- und Hilflosigkeit befindet, wenn ihm die reelle oder eingegebene Trennung von einer geliebten Person, einem geliebten Objekt, einem Ideal oder einem Besitz droht. Die Persönlichkeit des Kolitiskranken wird als emotional labil, gelegentlich infantil geschildert. Oft besteht eine abnorme Bindung an die Mutter. ENGEL postulierte zusätzlich einen das Kolon als Erfolgsorgan bestimmenden genetischen Faktor.

Diese Untersuchungen bestätigen unseren Befund, daß es sich bei der Kolitisdepression um eine Depression sui generis handelt, die von neurotischen, endogenen, hypochondrischen und einfachen reaktiven Depressionen hinsichtlich ihrer Bedingungskonstellation und ihrer Genese abgegrenzt werden kann. Dabei lassen wir es noch offen, ob sich hinter dem von ENGEL postulierten genetischen Faktor nicht ein ontogenetischer verbirgt. Die Untersuchungen ENGELs bestätigen auch die hier angewandte Methode, Bedingungskon-

stellationen im Sinne von HELMCHEN u. TELLENBACH zuerst an Modellfällen herauszuarbeiten, bevor man an Reihenuntersuchungen herangeht. Denn bei der Kriminalität variieren die Konstellationen in einem Ausmaß, der sie einer statistischen Erfassung entzieht. Wir sprechen also von Trennschmerz bzw. von Chorismalgie.

Pathorhythmie

Nach den Forschungen von SPITZ ist die Beziehung zwischen Mutter und Kind eine primär rein triebhafte. Wo sie normal ist, gibt es keine Störung. Von unserem Modellfall wissen wir, daß er seiner Mutter als Kind unwillkommen war, daß er die Mutterbrust vom ersten Moment an ablehnte und daß er von seiner Mutter nie zärtlich liebkost und gestreichelt wurde. Das verweist nicht auf angeborene Faktoren, über die wir beim heutigen Stand unseres Wissens noch nichts aussagen können, sondern auf die Rolle, die ein Kind im seelischen Haushalt seiner Mutter spielte. Diese Rolle ist durch die Kindheitserlebnisse der Mutter, durch ihre persönliche Lebensgeschichte bestimmt (SPITZ). Die Befriedigungen der Mutter in den Beziehungen zum Kinde sind durch die Komponenten ihrer Persönlichkeit bedingt, struktural gesehen also durch die Veränderungen, die sich an diesen Komponenten bis zum Augenblick der Geburt vollzogen haben.

Die Wechselbeziehungen zwischen zwei ungleichen Partnern, von denen der eine noch kein Ich besitzt, sind in stetem Wechsel begriffen, wobei der Mutter die dominierende aktive Rolle gegenüber dem Entgegenkommen des Kindes entspricht. Die zirkulären Wechselwirkungen waren bei dem vorliegenden Modellfall als „ungeeignete Mutter-Kind-Beziehungen" im Sinne von SPITZ charakterisiert. Die Mutter verhielt sich so, daß sie dem Kind ungeeignete Beziehungen bot, die zu „psychotoxischen Störungen" führten. Es ist anzunehmen, daß keine unverhüllte Ablehnung des Kindes, sondern nur eine primäre ängstlich übertriebene Besorgnis vorlag. Bei dieser

Fehlhaltung, die auf eine unbewußte Feindseligkeit von seiten der Mutter, also auf einem verdrängten destruktiven Tropismus hinweist, die ein Schuldgefühl hervorruft, kommt es dazu, daß aus Überbesorgtheit zu häufig gefüttert wird, was oft zu einer Dreimonatskolik des Säuglings führt. Wir wissen nicht, ob in unserem Fall eine Dreimonatskolik und später ein Fehlen oder eine mangelhafte Ausprägung der Achtmonatsangst bestand, halten es aber für wahrscheinlich und sind der Auffassung, daß die Eßschwierigkeiten als ein fixierter Abwehrmechanismus gegenüber einer fortdauernden Tendenz zu Überbesorgtheit und Überfütterung zu werten sind.

Wenn diese Auffassung richtig ist, wäre schon das Ablehnen der Mutterbrust als erste Trennschmerzreaktion bei der Umstellung von Nabel auf Mund zu bewerten. Wesentlich ist aber, daß sich Hinweise auf die Ontogenese der späteren Schwierigkeiten ergeben, sich zu entscheiden, sich aus einer Situation zu lösen, affektive Bedeutungszusammenhänge zu erfassen, insbesondere auch auf die große Schwierigkeit, Spannungszustände verbal oder verhaltensmäßig abzuführen. In den ersten Lebenswochen findet nämlich jede Spannung ihre Abfuhr in der oralen Aktivität und unmittelbar nach der Geburt wird sogar jede Reizung an beliebigen Körperstellen mit dem Saugreflex beantwortet.

Eine weitere Störungsquelle ist hier zu nennen. Wenn sich Kersten von seiner Mutter nie geherzt und liebkost wußte, so ist anzunehmen, daß schon in den ersten Lebensmonaten die für den Säugling so wichtigen Körperkontakte, die zahllosen Hautkontakte, die er für seine Spannungsabfuhr benötigte (Übertragung von Wärmereizen usw.), mangelhaft waren. Das ist lerntheoretisch von großer Bedeutung, denn es ergibt sich hieraus, daß Kersten die rasche und zwanglose Abfuhr von Spannungen einfach nie richtig gelernt hat. Denn diese Spannungszustände eines Säuglings sind nichts anderes als die Vorläufer der Affekte, die sich erst entwickeln werden, wenn sich ein Ich gebildet hat. Wir verstehen von hier aus, daß diese sich nicht richtig entwickeln konnten, so daß Kersten bis zum fünften Lebensjahr keine Kontakte zu anderen Kindern hatte und in der Schule aus Angst vor seinem eigenen Affekt nicht zurückschlagen konnte, weil er an einem pathologischen Umschlag von Wut in Angst zu leiden hatte.

Wir verstehen ferner die Angst vor der physischen Kraft seines Vaters als Ausdruck einer fixierten Reifungsstörung, die später auf andere Vaterfiguren übertragen wurde; auch daß er so schlecht verbalisieren kann und auf Mitteilungen, die ihn zutiefst betroffen machen, noch heute keine Antwort findet.

Es handelt sich da um neurotische Hemmungen aufgrund einer ontogenetisch fundierten Störung im Bereich der normalen Affektabfuhr. Verständlich wird auch, daß sich diese gestörte Affektabfuhr in Krisenmomenten, die an den primären Trennschmerz gemahnen, eine psychosomatische Abfuhr in Kolitis oder Migräne finden kann. Affektabfuhr und „Abführen" des Stuhles weisen sprachlich auch im Griechischen ($\delta\iota\alpha\chi\dot\omega\varrho\iota\sigma\iota\varsigma$ = Trennung, $\delta\iota\alpha\chi\dot\omega\varrho\eta\sigma\iota\varsigma$ = Stuhlgang) auf enge ontogenetische Beziehungen hin. Die Retardierung der Gesamtentwicklung, Kersten wirkt noch mit 40 Jahren wie ein — allerdings seriöser — Student, und seine Regression in den Rollenübertragungen deuten darauf hin, daß sich bei ihm Psychisches und Somatisches teilweise nur unvollkommen differenziert haben. Er hat ja auch, um studieren zu können, eine zeitlang Croupier „gespielt" — und die Zeit mit ihm. Als er mit 28 Jahren von der Unheilbarkeit des Leidens seines Vaters Kenntnis erhielt, reagierte er wie als kleines Kind (nach dem Hundebiß) mit Erbrechen. Wir werden also die angeborene Konstitution woanders zu suchen haben und die wesentlichen Faktoren der Trennschmerzdisposition in den primären Störungen der Mutter-Kind-Beziehungen und der sich daraus ergebenden Entwicklungs-Reifungs-Vorgänge erkennen. Es erhebt sich

204

hier die Frage, ob nicht diese kognitiven und affektiven Störungen in bestimmten Situationen eine Wahnbereitschaft bedingen können. Zu erinnern ist hier an den Befund von DANIELS, der in einem Drittel der Fälle von Colitis ulcerosa „Schizophrenie" feststellen zu können glaubte, die wir hingegen als Wahnsyndrome ohne Persönlichkeitsdissoziation interpretieren.

Die Störung der Lernfähigkeit bezieht sich nur auf das Lernen affektiver Signale und situationsgemäßer Aggression. Gestört ist also beispielsweise die affektive Erwartungsreaktion. Die Signale der Mutter waren anscheinend nicht konsequent, so daß sich Kersten bei der Übertragung der Mutterrolle auf Frau Lind durch deren inkonsequente Signale nicht hinreichend abgestoßen, sondern beinahe irgendwie angezogen fühlen konnte.

Was nun die Depressionen betrifft, so stehen diese in diametralem Gegensatz zur endogenen Depression, wo das Bedrücktsein nicht als Erlebtes aus Erlebtem hervorgeht. Nicht die gestörte Ordnung, sondern die Trennung, die schon vorher gefürchtet, ständig vergegenwärtigt und als solche bewußt erlebt den Mittelpunkt von Angst ausmacht, ist hier bestimmend. Es fehlt das, was TELLENBACH als Inkludenz beschrieben hat.[19] Die Rhythmik war im vorliegenden Fall immer unauffällig, ursprünglich morgens am frischesten, zu Zeiten seiner Kasinotätigkeit war es bald umgekehrt, er war morgens am unbeweglichsten, was aber durchaus einer normalen Umstellung entspricht. Seine Rhythmen waren immer ausgesprochen milieuabhängig, zu erinnern ist hier an seine beiden „Glücksphasen" vom 12. bis 15. und vom 22. bis 26. Lebensjahr. Die erste Kolitis anläßlich der beschlossenen Trennung von seinem geliebten Mädchen hatte als Prodrom Herzschmerzen, die als vegetative Störung diagnostiziert wurden. Der Symbolgehalt seiner psychosomatischen Erkrankungen ist nicht zu übersehen. Die ersten Depressionen traten auf, als er durch den Vater in die Schwierigkeit gedrängt wurde, zugleich zu verdie-

nen und zu studieren, und an dieser Situation scheiterte. Seine affektiven Störungen sind unter anderem daran abzulesen, daß er bei Astrid blieb, obwohl ihm zwei ihrer Freundinnen besser gefielen und obwohl Astrid Mundgeruch hatte und an Diabetes mellitus litt, sie war ihm sogar durch ihren Diabetes „besonders sympathisch", obwohl ihn dieser anfangs sehr gestört hatte. Bemerkenswert ist auch, daß er ihr gegenüber eine Aversion gegen das Küssen behielt, auch nachdem sie den Mundgeruch vollkommen behoben hatte. Solche Einzelheiten lassen erkennen, daß es nicht bloß eine Projektion und Identifikation war, die ihn an Astrid fesselte, auch nicht bloß die Familiengeborgenheit und die Sympathien für eine akademische Laufbahn, die ihm dort entgegenstrahlten, sondern in tieferer Schicht eine pervertierende kommunikative Störung in jenen zirkulären Resonanzprozessen, die in den Mutter-Kind-Beziehungen fundiert sind („Eingestimmt"-Werden).

Plötzliche Umschläge und Aversionen sind also nicht endogen, auch nicht einfach neurotisch-reaktiv zu lesen, sondern beruhen auf Konditionierungen und zirkulären Lernprozessen.

Auch der Croupierberuf ist, wie alle Handlungen, mehrschichtig symbolisch bestimmt. Nicht nur Selbstmordhandlungen haben häufig einen Glücksspielcharakter (STENGEL), auch die Zuwendung zu seinem Beruf als Croupier war eigentlich ein Glücksspiel, in dem er sich gleichsam spiegeln konnte. Denn das, was ihn fesselte, waren die Mienen und Reaktionen der Menschen nach Verlust und Gewinn. In Wahrheit war er selbst der große Spieler mit dem großen Einsatz, er spielte mit nichts weniger als seiner eigenen Zeit. Dieses Spiel mit der Zeit, dem *temps perdu,* symbolisiert zugleich seine eigene Reifungs- und Entwicklungsstörung, auf die noch näher einzugehen ist. Sein Beruf hatte also in gewissem Sinne einen narzisti-

---

[19] Ebenso fehlt das Gefühl des Zurückbleibens hinter den eigenen Anforderungen („Remanenz").

schen Charakter. Alle seine Reifungsschritte, von der Geburt bis auf den heutigen Tag, wurden durch die Trennungsangst überschattet, er konnte sie daher nicht richtig vollziehen, blieb irgendwo „infantil", ungereift, hatte sich nie wirklich von der vorangegangenen Reifungsstufe gelöst. Von hier aus gesehen sind die Trennschmerzreaktionen (Chorismalgien) auf einer gleichsam biologischen oder mehr unbewußten Stufe durch den schmerzhaften Vorgang nichtglückenden Reifens und dementsprechend gehemmter Entwicklungsschritte unterbaut. Von Angst ist dieser Schmerz nicht scharf zu trennen, Angst vor der eigenen Wut, Angst vor dem eigenen Gefühl der Liebe, das zu einer Ehe „ausreifen" sollte, vor der Rolle des „gereiften" Mannes, aber auch Angst, sich von den eigenen liebgewordenen Bequemlichkeiten zu trennen, Angst vor allem vor ausweitendem Reifen und sich den Ereignissen und den Menschen zu stellen. So erklärt sich seine Neigung, vor Entscheidungen auszuweichen. Die Depressionen und die Kolitis sind also als Symptome Signale für dynamische Veränderungen, die sich nicht vollziehen können. Daher auch die Häufigkeit der Worte „peinlich" und „unangenehm", mit denen Kersten seine eigenen, ihm selbst oft unverständlichen Reaktionen begründet.

Bei einer Nachuntersuchung, drei Jahre später, ergab sich, daß seit dem Berufswechsel bzw. der Aufgabe des Croupierberufs und der Anstellung bei einer angesehenen internationalen Firma die Kolitis vollkommen abgeklungen ist. Rückblickend konnte festgestellt werden, daß ihr Auftreten bzw. ihre Exazerbationen immer in solche Phasen fielen, die durch akut werdenden Trennschmerz markiert waren. Das vollkommene Abklingen der Kolitis, seit er den Croupierberuf aufgegeben hat, weist darauf hin, daß dieser Beruf für ihn ja nur Verdienstmöglichkeit bedeutete, um studieren zu können, also gleichsam das Symbol für Trennschmerz war. Auf Grund seiner jüngsten beruflichen Erfolge hat er die Idee, um jeden Preis zu Ende zu studie-

ren, fallen gelassen. Er ist innerlich gereift und frei von Hemmungen und von Angst. Sein seelisches Leiden, denn er hat die ganze Zeit unter all den Dingen schwer gelitten, habe, wie er sich ausdrückt, auf ihn die Wirkung einer Katharsis gehabt. Er fühle sich jetzt frei, auch von Schuld, seit er Astrid verheiratet weiß.

Ergänzend ist noch auf die Migräne einzugehen. Sie symbolisiert mehr die mentalen Operationen und ihre Konflikte. Kersten ist mehr Denker als Tatmensch. Nach ALEXANDER zeigt der Migränekranke eine verzögerte Entwicklung, eine auf unerledigten Reifungsschritten beruhende Abhängigkeitsbindung an seine Mutter, er ist eher ehrgeizig, zurückhaltend, würdevoll, empfindsam, aber intelektuell sehr gut entwickelt, perfektionistisch. Die auslösenden Faktoren sind unterdrückte Feindseligkeitsantriebe. Alle diese Merkmale treffen auf unseren Modellfall zu. BING u. PETTE nahmen als letzte Ursache der Migräne eine erblich verankerte dienzephale Regulationsstörung an.

Wie die Katamnese einige Jahre später ergab, ist mit der geglückten Nachreifung und den mit ihr verknüpften Entwicklungsschritten auf ein gefestigtes Selbstkonzept zu auch die Migräne auf ihre konstitutionellen Grenzen zurückgefallen. Sie tritt so gut wie ausschließlich in Koppelung mit klimatischen Schwankungen auf, etwa mit Föhn, und zeigt keinerlei neurotische Aufschaukelungen mehr. Kersten berichtete sogar, daß er dann, wenn die Migräne auf einen Tag fällt, wo er an einer Sitzung teilzunehmen hat, eine viel stärkere Überzeugungskraft und Durchschlagskraft ausstrahle, wie er meint, deshalb, weil ihm an solchen Tagen jedes gesprochene Wort wehtut und er sich deshalb jedes besonders überlegt und nur wenig spricht. Es sei aber noch nie vorgekommen, daß er wegen seiner Migräne absagt.

Nosologie

In gewissem Sinne sind die Depressionen bei diesem Modellfall reaktiver Natur. Nachdem es sich aber um Reaktionen auf konstellative Gestaltungen des Erlebens handelt, müssen diese einbezogen und näher analysiert werden. Gegenüber dem ersten Organisator der Psyche, dem ersten Lächeln, ist der zweite, die Achtmonatsangst, nach SPITZ noch viel verletzlicher, weil hier nicht mehr die phylogenetisch vorgezeichnete Reifung, sondern die ontogenetische psychische Entwicklung beherrschend ist. Die kritischen Perioden und Organisatoren bzw. die Entwicklungsphasen (ERIKSON) des späteren Lebens, wie Pubertät, Verselbständigung im Beruf, Phase der endgültigen Partnerwahl, Phase der vollen Kraft (GUARDINI), erfordern immer wieder eine harmonisierende Interferenz zwischen den Integrationsmustern der biologischen Reifung und denen der psychischen Entwicklung. Reifung und Entwicklung unterliegen den Gesetzen des Magneteffektes (VON HOLST), nämlich dem Bestreben eines Automatismus, einem anderen seinen Takt und eine ganz bestimmte gegenseitige Phasenbeziehung aufzuzwingen. Bei einer ungestörten Entwicklung und genetisch intakter Reifung erfolgt diese gegenseitige Abstimmung in komplexen Kreisprozessen vollkommen reibungslos, so daß man von dem Ineinandergreifen der zahllosen Idiorhythmien gar nichts bemerken kann.

Nun hängt aber das Gelingen jeder neuen Entwicklungsphase von dem geglückten Ablauf der vorangegangenen ab, und jede Reifungsphase stellt der Entwicklung auch eine spezifische Aufgabe. SPITZ spricht von einer Kette von Induktionen, die über die Stationen der psychischen Entwicklung hinweg — von Ödipuskomplex, Pubertät bis zum Klimakterium und zur Schrumpfreifung des hohen Alters — wirksam sind und in die sich auch die Entwicklungsphänomene des ersten und zweiten Lebensjahres und die vielen kleineren Entwicklungsphasen zwischen den großen Reifungsschritten einordnen lassen. Eine entscheidende Induktion geht von dem Organisator aus, der den Erwerb der Sprache mit der semantischen Kommunikation durch sprachliche Symbole bewirkt. Dieser Spracherwerb „markiert" den Beginn mentaler Operationen von unbegrenztem „Komplexitätsgrad" (SPITZ) und verdeckt naturgemäß weitgehend jene Grundstörungen, auf die es hier ankommt. Wir erkennen aber daran, daß diese Störungen, markiert durch das Leitsymptom des Trennschmerzes, immer gerade in kritischen Perioden auftraten, im Kindesalter, in der Pubertät, bei entscheidenden Entwicklungsschritten der Verselbständigung im Beruf und der tieferen Bindung in der Liebe, in der Krise der Bedrohung des Lebensideals durch eine Finanzkrise und der eigenen Existenz durch eine Phase neurotischer Regression, sowie an dem Fehlen endogener und anderer exogener Faktoren, daß es diese Reifungs- und Entwicklungsvorgänge selbst sind, deren Interaktionen im Sinne einer Idiopathorhythmie gestört sind.

Die in der frühen Kindheit aufgetretenen Störungen der Oralität legten eine abweichende Grundlage für den Ausbau der nächsten Phasen. Das Kind blieb bis zum fünften Lebensjahr isoliert, es entwickelte in der Schule keine normalen Aggressionen, erlebte in der Pubertät eine schwere Vaterkrise, und blieb auch im späteren Leben, bei bester Anpassung in den Zwischenzeiten, immer anfällig gegenüber der Notwendigkeit, sich einer neuen Situation auf neuer psychischer Entwicklungsebene zu stellen. Diese Tendenz, Entscheidungen auszuweichen, beruht sonach auf einer Störung in den Sequenzen von Induktionen, die die Entwicklungsstufen und Reifungsstufen in zeitlicher Abfolge und synchroner Verschlingung bestimmen und an bestimmten Kulminationspunkten zu einer neuen psychophysischen Organisation höherer Stufe integriert werden.

Wir sprechen deshalb von einer Reifungs-Entwicklungs-Pathorhythmie (REP). Nosologisch liegt sonach im vorliegenden Fall der Trennschmerzdepression eine Störung im Ablauf der die seelische Entwicklung und biologische Reifung des Individuums bestimmenden Induktionsketten zugrunde. Diese Störung hat zu Fixierungen geführt, die das entwicklungsgemäße Ablösen oder elastische Absichern von tieferen Bindungen, ja selbst ihr Ausreifenlassen in kritischen Perioden verhindern und dann zu Abwehrmechanismen im Sinne von Rollenübertragung oder Identifikation führen. Infolge einer mangelhaften Differenzierung zwischen Soma und Psyche kommt es in solchen Situationen nicht nur zu Depressionen, sondern auch zu psychosomatischen Krankheiten: Migräne und Colitis ulcerosa. Nachdem es bei dem gegenwärtigen Stand unseres Wissens nicht möglich ist, eine Grenze zwischen biologischen und psychischen Prozessen zu ziehen, nehmen wir als genetischen Faktor im Sinne der Ergänzungsreihen eine Integrationsschwäche an, die an einem Punkt inseriert, wo biologische Reifung und psychische Entwicklung noch nicht voneinander geschieden sind. Zusätzlich wird man mit ENGEL auch einen genetischen Faktor annehmen dürfen, der die Organwahl (Kolon) bestimmt.

Der Modellfall Kersten läßt den Stufenbau der Ermöglichungsgründe und Bedingungskonstellationen vom Syndromwandel bis in die Schichten der Symbolsprache hinein verfolgen. Die Tatsache, daß jede destruktive Handlung auf einen gehemmten oder mißglückten Integrationsprozeß verweist, der die Koaktion von (biologischem) Reifen und (seelisch-gestigen) Entwickeln betrifft, besagt, daß jede Resozialisierung Ansatzstelle und Strukturierung dieser notwendigen Integrationsprozesse erkannt haben muß. Dabei werden meist im Hintergrund wirksame primär kreative Tendenzen zur Überwindung von Reifungs- und Entwicklungshemmungen erkennbar. Wesentlich ist sonach das Erkennen der hintergründigen Dynamik, des „Funktionswandels" im Sinne von CON-RAD.

Wahn

Sowohl die Tat, also die lebensgefährliche Verletzung seines Mädchens, als auch der Selbstmordversuch ein Jahr später erfolgten synchron mit einem Wahnsyndrom,

das struktural in beiden Fällen im wesentlichen gleich war und der Tat um 14 Tage voranging. Der Wahn hatte einen ausgesprochen phobischen Charakter und es ließ sich unmittelbar beobachten bzw. den Selbstbeobachtungen des Täters entnehmen, wie er aus dem Zusammenwirken von Angstzuständen, Befürchtungen, depressiven Verstimmungen und destruktiven Tropismen katathym aus dem Projektionsdruck von belastenden Erlebnissen entsprang.

Der Wahn ist paralogisch-unorganisiert, er ist ausgezeichnet durch Juxtaposition, d.h. reale und Wahnwelt stehen nebeneinander, und besonders charakterisiert durch eine Entzügelung des impressiven Wahrnehmungsmodus im Sinne von JANZARIK. Es kommt zu wahnhaften Interpretationen, zu Erinnerungsfälschungen und es manifestiert sich ein rein paranoides Syndrom im Sinne von BERNER. Ein Achsensyndrom im Sinne einer Schizophrenie, einer Zykloidie oder eines organischen Syndroms ist nicht nachweisbar.

Vor der Tat bestand ein tatsächliches Erleben, vom Schicksal und von dem Mädchen, die ihm wirklich nachlief, „verfolgt" zu werden. Aber zu diesen tatsächlichen Bezügen traten noch mnestische Wahnbildungen, wahnhafte Projektionen und Wahneinfälle hinzu. Die ganze Wahnbildung läßt sich dynamisch verfolgen und befindet sich in einem akuten Stadium im Sinne eines Status nascendi, wobei Schuldgefühle gegenüber einem Freund, der sein Ideal-Ich verkörperte, Unfähigkeit, sich von seiner Regression in die Familie Lind zu lösen, und die schon erwähnten destruktiven Tropismen von seiten des Mädchens in die Bedingungskonstellation eingingen. Erlebnisse wurden sensitiv und paranoid verarbeitet, schließlich wurden Wahrnehmungen wahnhaft verfälscht, so daß man sagen kann, daß die gesamten Konflikte einer kritischen Reifungsphase und eines Situationsgefüges mit seiner Konfliktkumulation in die Bedingungskonstellation dieses Wahnsyndroms einbezogen werden müssen.

Als Achsensyndrom fungiert die fixierte Pathorhythmie zwischen Reifung und Entwicklung und die mit ihr korrelierte Trennschmerzdepression. Auf diesem Achsensyndrom können offenbar in Konfliktsituationen Wahnsyndrome erwachsen. Das lassen Untersuchungen von DANIELS erkennen, der in einem Drittel seiner Colitisfälle solche Wahnsyndrome beobachten konnte. Es kann aber auch ausschließlich bei Depressionen bleiben, wie aus den Befunden von SPIEGELBERG zu entnehmen ist, der bei einem Drittel seiner Fälle solche Depressionen gefunden hat.

Kriminalität

Das Delikt, die Tat, entspringt aus einem Wahnsyndrom. Kersten glaubte sich zuletzt von Vater Lind, aber auch von Astrid „verfolgt", er glaubte, diese wollten ihn ruinieren. Er hatte ein schweres Krankheitsgefühl und fühlte sich durch die ganze Familie Lind bedroht. In gewissem Sinne hat dieser Wahn einen psychologisch verständlichen Hintergrund, da Kersten in seiner psychischen Entwicklung durch seine Regression in die Familie Lind mit den damit verbundenen Rollenübertragungen und Identifizierungen tatsächlich bedroht war. Der Wahn war also letzten Endes eine unmittelbare Projektion einer inneren Not und einer wiederbelebten Angst aus dem Grundkonflikt.

Zur Tatzeit war auch ein allgemeiner Erschöpfungszustand und ein unmittelbarer destruktiver Tropismus von seiten des Mädchens wirksam, das den entscheidungsschwachen Kersten nicht nur in seinen Schuldgefühlen gegenüber seinem Freund Hadrian immer wieder bestärkte, sondern auch seine krankhafte Ruhebedürftigkeit mißachtete und ihn schließlich sogar zu sexuellen Intimitäten animierte. Unmittelbar vor dem Geschlechtsverkehr, zu dem es aber nicht mehr kam, wurde die Tat als destruktive Übersprungreaktion gesetzt, ohne vorangegangenen Streit oder ein für die Umgebung wahrnehmbares Motiv. Er sprang plötzlich auf, ergriff seine Schere und stach auf den Bauch des Mädchens ein.

Die Tat wird durch den Selbstmordversuch ein gutes Jahr später noch näher illustriert, die Bedingungskonstellation wird geradezu experimentell, wenigstens zum Teil, genau kopiert. Wieder erscheint in der Bedingungskonstellation die tatsächliche Verdächtigung, er habe seinen Freund nicht nur im Stich gelassen, sondern auch um dessen Drogenhandel gewußt. An diesen Faktor knüpfte sich diesmal allerdings kein sensitiver Beziehungswahn, doch kam es zu anderen wahnhaften Beziehungssetzungen und Wahnsyndromen. In beiden Fällen ist die Schere das Instrument der Tat, wodurch deren Symbolgehalt dokumentiert wird. Diese Schere hatte ihm jahrelang dazu gedient, sich das Oropax zuzuschneiden, mit dem er sich die Ohren verstopfte, um ungestört schlafen zu können. Schlaf war aber bei ihm gleichbedeutend mit Flucht, er hat in einigen Lebensperioden überdurchschnittlich viel geschlafen. Das Bedürfnis, Ruhe zu haben, von der ganzen Familie Lind, insbesondere von Astrid, von den tatsächlichen Anschuldigungen bzw. den wahnhaften Schuldwahn betreffend seinen Freund, dieser Symbolgehalt der Handlung liegt offen zutage. Auffallend ist auch der Hinweis dieser Handlung auf seinen großen Angsttraum aus seinem achten Lebensjahr. Damals träumte er, ein fremder Mann habe seiner stehenden Mutter im Zick-zack mit einem Messer den Bauch aufgeschlitzt. Bei der Tat hatte er seinem Mädchen mit der Schere schwere perforierende Bauchverletzungen zugefügt. In seinem Wahnsyndrom wurden also Fixierungen an eine nicht phasenspezifisch gelöste Entwicklungsperiode plötzlich freigesetzt. Die undurchdringliche Aggressionsschranke war plötzlich durchbrochen, und die nie verarbeitete verdrängte Angst vor der physischen Gewalt des Vaters, die Angst, von dieser Gewalt zermalmt zu werden, wurde in wahnhafter Weise auf den vollkommen harmlosen Herrn Lind projiziert. Das Achsensyndrom des Wahnes ist also die Fixierung einer Pathorhythmie zwischen biologischer Reifung und psychologischer Entwicklung. Auch der Tropismus von seiten des Mädchens gehört in die Bedingungskonstellation dieses Wahnsyndroms. Ohne ihn wäre die Tat nicht zustande gekommen.

Im Sinne unserer Theorie der Kriminalität zeigt dieser Modellfall das Zusammenwirken von Konflikten aus vier verschiedenen Systembereichen: Dem Konflikt in der Familie Lind, dem Konflikt mit dem Mädchen, von dem er sich nicht lösen konnte, dem Konflikt, der aus der Straffälligkeit seines Freundes und seinem daran geknüpften Schuldgefühl entsprang, und der biologisch-psychologischen Entwicklungs- und Reifungskrise. Das depressiv-phobisch gesteuerte paranoide Wahnsyndrom repräsentiert das pragmatophore Syndrom. Die Rückkoppelung des Aktualkonfliktes an die verdrängte Angst des Grundkonfliktes wird durch die Bedingungskonstellation des Wahnsyndroms freigesetzt.

Die zugrunde liegende Pathorhythmie, zugleich das Achsensyndrom der Trennschmerzdepression bei dieser Kolitis, betrifft die Interferenzen zwischen den phasischen Vorgängen biologischer Reifung und den zahllosen, sich in komplexen Differenzierungen verästelnden Schritten psychischer Entwicklung. Diese Pathorhythmie reicht mit ihren Wurzeln hinein bis in die Zeichen und Signale, die das Kind während der ersten Lebensmonate von seiner Mutter aufgenommen hat, ja tiefer bis in die ablehnende Haltung dieser Mutter vor der Geburt, wenn sie auch die entscheidenden Zuflüsse erst in späteren Kindheitsphasen empfangen hat. Die Rückkoppelung des Aktualkonfliktes an den Grundkonflikt läßt sich an diesem Modellfall in ihren diachron und synchron gestaffelten Auffächerungen rings um das Trennschmerzleitmotiv verfolgen: anhand der Abwehrmechanismen auf Über-Ich-Ebene in Gestalt der Identifikation mit dem Freund Hadrian, auf der in der Regression erreichten ontogenetischen Frühstufe in

Gestalt der Rollenidentifikation mit den Erbstörungen und Infantilismen des Mädchens, und auf der Ebene der angezielten Situation (Studium) anhand der Verschiebung der Elternrollen auf die Eltern des Mädchens, ein Rollenspiel, an dem alle diese Personen durch Übernahme komplementärer Rollenbruchstücke teilgenommen haben. Von den Reaktionen des genetischen Kode und frühkindlichen „Prägungen" über phasenspezifische Ich-Zustände, Erlebnisreaktionen und Wahnsyndrome bis zu den Übertragungsvorgängen im Rollenspiel und zum noologischen Strukturwandel im Selbstkonzept sind an diesem Modellfall alle wesentlichen Aktstufen von „Reaktion" in ihren psychosomatisch markierten Interaktionen mit gestuften Konflikten transparent.

Zusammenfassung

Die Colitis ulcerosa ist ätiologisch wahrscheinlich auf einen Autoimmunprozeß zurückzuführen, wie sich aus der zytotoxischen Wirkung der Lymphozyten gegenüber normalem Kolonepithel entnehmen läßt. Diese zellständigen immunologischen Prozesse können auch durch Fremdallergene aus Nahrungsmitteln oder durch Inhalationsallergene ersetzt werden. Ob von hier eine Ergänzungsreihe bis zu den psychotoxischen Einwirkungen des Säuglingsalters reicht. bleibt dahingestellt.

Das Leitsymptom bei Colitis ulcerosa ist der Trennschmerz (Chorismalgie). Die Kolitis exazerbiert ausschließlich an solchen Punkten der Lebensgeschichte, wo ein Trennschmerz belebt wird (ENGEL).

Die Kolitis kann durch Depressionen ersetzt werden oder mit ihnen gleichzeitig auftreten. Diese sind spezifische Reaktionen auf den Trennschmerz. Auch ein Alternieren oder Synchronisierung mit Migräne kommt vor. Das hier vorgelegte Ergebnis wurde unabhängig von der Arbeit von ENGEL gewonnen.

In schweren bedrängenden Konfliktsituationen kann sich auf dem Boden der depressiv-sensitiven Reagibilität ein Wahnsyndrom vom Charakter eines Angstparanoids oder eines sensitiven Beziehungswahns entwickeln.

Die Delinquenz (Gewalttat) fällt mit diesem Syndrom zusammen. Das Wahnsyndrom steht im Zentrum der kriminogenen Bedingunskonstellation.

Nach KELLY (1955) geht Bedrohung einer Person von einer anderen aus, wenn diese andere Person als Gegenüber in eine Rolle gerät, die der eigenen in der Vergangenheit gleicht, von der eine damals relevante Person fortstrebte. In diese Rolle geriet das Opfer Astrid.

Die paranoid-depressiven Syndrome entsprechen im vorliegenden Fall bzw. fungieren als pragmatophores Syndrom.

Auf der Entwicklungsstufe der Selbstverwirklichung nach der Pubertät kam es, gebahnt durch eine vom Vater induzierte Pubertätskrise (Angst), zu einem Entwicklungsungleichgewicht: Er konnte (durfte) nicht studieren. Dadurch war auch die nächste Organisationsstufe der endgültigen Partnerwahl modifiziert. Das Ichsystem des Selbstkonzepts geriet aus dem Gleichgewicht.

Als dann 17 Jahre später die Möglichkeit des Studiums bestand, erfolgte eine Regression bis zu dem Punkt, an dem das Selbstkonzept durch Studieren seine größte Befriedigung gefunden hätte. Es kam zu den Rollenübertragungen und Identifikationen in der Regression. An dieser Stelle der Verwirklichung des Selbstkonzepts (bzw. des gescheiterten Selbstkonzepts) hatte der Primärkonflikt mit dem Vater zu einer Fixierung geführt.

Die Tat inseriert an der Stelle, wo Handlung nicht mehr durch Kommunikation, und sei es nur in ihrer ursprünglichsten Form der Nein-Geste (SPITZ), ersetzt werden kann. Es ist dies eine Strukturgesetzlichkeit, die sich an delinquenten Handlungen nachweisen läßt, aber allgemein für menschliches Handeln gilt.

Man kann sonach die Tat auch als einen Abwehrmechanismus der Identifikation mit dem Mädchen auffassen, die durch einen destruktiven Tropismus zum „Angreifer" geworden war.

Ein Funktionswandel im Bereich synechetischer oder metaboler Vermittlerstrukturen wirkt sich zunächst nur an den lebensgeschichtlich markierten Fixierungspunkten aus (FENICHEL), auf die das Individuum im Konflikt regrediert. Das spricht für die Auffassung, daß im retikulären System Reaktionsbereitschaften für Konfliktreaktionen gespeichert werden, die im Zustand eines Aktualkonflikts zusätzliche Energiepotentiale zur Verfügung stellen.

Die Strukturgesetzlichkeit
der Rückkoppelung an den Primärkonflikt

Das schon an früheren Modellfällen nachgewiesene Phänomen der Rückkoppelung des Aktualkonfliktes an den Grundkonflikt oder den Primärkonflikt ist am vorliegenden Fall besonders exakt ablesbar, weil hier der Primärkonflikt vom Grundkonflikt scharf abgehoben werden konnte. In der Idendifikation mit dem Mädchen erfolgte eine Rückkoppelung an den (oralen) Grundkonflikt, in der Regression in die

Familie Lind eine Rückkoppelung an den Primärkonflikt.

Der Fall illustriert sonach, daß die für die frühkindlichen Phasen von SPITZ nachgewiesenen Entwicklungsgesetzlichkeiten, wonach der Konflikt die eigentliche Ansatzstelle der Fixierung ist, zu der eine spätere Regression im allgemeinen zurückgehen wird, auch für Primärkonflikte der Pubertätszeit und für Regressionen im späteren Lebensalter auf den Grundkonflikt (in unserer Terminologie) Gültigkeit hat.

Die Fixierungsstelle markiert jenen Punkt, an dem eine Entwicklungstendenz (reifungsgemäße Aktivität, Impuls) das Maximum des ihr zugänglichen Energiepotentials erreicht hat.

Alterskriminalität

Hier wäre es am Platze, ein Kollektiv von Hunderten von Hirnverletzten aus dem Weltkrieg und von Altersdelinquenten einander gegenüberzustellen. Bei ersteren ist immer wieder erstaunlich, wie gering selbst erhebliche Abbausyndrome eingestuft werden, weil man die Anpassung auf niedrigerem Niveau mit dem der Primärpersönlichkeit gleichsetzt, wohl deshalb, weil die differenzierten Methoden, die seit den Forschungen von BONHOEFFER, STERTZ, WIECK u.a. zur Verfügung stehen, nicht annähernd hinreichend berücksichtigt werden. Aus Raumgründen verzichten wir auf eine solche Gegenüberstellung und können uns auch bei der Besprechung der Alterskriminalität, die durch BÜRGER-PRINZ und RASCH eine vorbildliche Darstellung erfahren hat, kurz fassen.

Delinquenz, die im Alter zwischen 55 und 75 Jahren erstmals auftritt, ist nach unseren Erfahrungen regelmäßig mit biologischen Rutschungen (E. KRETSCHMER) erheblicher Art, oft mit eindeutigen organischen Psychosyndromen korreliert. Die Alterskriminalität gehört nicht ausschließlich in die zerebrale Pathologie, sie hat auch mit dem Altern als solchem zu tun, mit den sozialen und interpersonalen Umstellungen und den Reifungsvorgängen dieser Lebensstufe, was auch daran zu erkennen ist, daß in dieser Periode chronische Rückfallsdelinquenz ganz von selbst abklingen kann. Hier sind wohl die autoprotektiven Mechanismen mitverantwortlich zu machen, von denen SCHULTE gezeigt hat, daß sie im Alter oft zu einer Besserung von Neurosen und Psychopathien führen. Die durch Veränderungen im Triebhaushalt bewirkte Reizschutzlosigkeit läßt derartige Persönlichkeiten in der gewohnten beruflichen Tätigkeit oft gar nicht auffällig werden, doch sind alle diese Veränderungen, auch die Lockerung des heterosexuellen Partnerverhältnisses, geeignet, im Zusammenhang mit Konflikten oder relativer Leistungsüberforderung zu einem kriminogenen Strukturwandel zu führen, der von BÜRGER-PRINZ, SCRINZI, WINZENRIED u.a. eingehend dargestellt wurde.

Depressive Syndrome

Damit kommen wir zu den Vorarbeiten, die den hier vorgelegten Untersuchungen zugrunde liegen. Angeregt wurden sie vor allem durch die bahnbrechenden Veröffentlichungen WEITBRECHTS über die endoreaktiven Dysthymien. Je genauer man sich in die depressiven Syndrome vertieft, desto deutlicher wird, daß sie ähnlich den paranoiden in irgendeiner Form, und sei es auch nur nach Art eines Durchgangssyndroms im Sinne von WIECK, offen, larviert oder nur als *forme fruste* in der Vorgeschichte eines delinquenten Verhaltens kaum je wirklich fehlen. Diese Wandelbarkeit und Mannigfaltigkeit macht dieses Syndrom zum prädestinierten Ausgangspunkt chronobiologischer Untersuchungen über menschliche Handlungsabläufe im allgemeinen und an Delinquenten. Die Mannigfaltigkeit reicht von der larvierten Depression WALCHERS und den depressiven Äquivalenten im Sinne von LOPEZ IBOR über die depressiven Neurosen und Psychopathien bis zu den hypochondri-

schen, involutiven, organischen und schizophrenen Depressionen und über die reaktiven Depressionen und endoreaktiven Dysthymien bis zu den Melancholien, den bipolaren Psychosen, den Zykloidien und sonstigen phasischen Psychosen, zu den Hintergrunddepressionen, Untergrunddepressionen (K. SCHNEIDER) und zur Schwermut (GUARDINI, VON GEBSATTL). SPIEGELBERG konnte zeigen, daß bei Verstimmung überhaupt, bei Manie, endogener Depression und Involutionsdepression *syndrome shift*, also ein Wechsel psychopathologischer Syndrome untereinander oder mit somatischen Syndromen, mehr als zufällig gehäuft vorkommt, und daß kasuistische und korrelationsstatistische Beobachtungen darauf hinweisen, daß es sich nicht nur um ein psychosomatisch-psychiatrisches, sondern um ein allgemein biologisch-medizinisches Phänomen handelt. Bei der ersten oder zweiten Krankheit eines Syndromwandels kommt es nach GROEN zu einer „Einbeziehung" des Zentralnervensystems in den Krankheitsprozeß. GROEN formuliert als Arbeitshypothese, daß Syndromwechsel eine spezielle Manifestation der generellen Tätigkeit des Zentralnervensystems sei, eine Reaktionsform, einen Output durch einen anderen zu ersetzen, sofern die Situationen irgendwie verändert werden. Nach SPIEGELBERG zeigen endogen-psychotische, auch schizophrene Verstimmungen eine relativ hohe Korrelation zu *syndrome shift*.
Bevor wir auf die eigenen Voruntersuchungen eingehen, soll noch in einer Gegenüberstellung darauf hingewiesen werden, worin sich die Fälle, die der Kliniker im allgemeinen nicht zu Gesicht bekommt, von den klassischen Fällen unterscheiden. Als erstes folgt ein klassischer Fall:

B.R., 1802/49, Bauersfrau, 44 Jahre alt. Die Beobachtung stammt aus dem Jahre 1954 und wurde schon 1967 in extenso veröffentlicht. Als sie 2 $\frac{1}{2}$ Jahre alt war, starb ihre Mutter. Sie erinnert sich noch daran, damals Leiche und Sarg angeschaut zu haben. Sie hatte dann in der Kindheit merkwürdige Träume, sah oft, wenn es finster war, Särge und Leichen. Sie heiratete mit 27 Jahren, und erkrankte mit 39 Jahren erstmals an Melancholie. Ihr Mann war im Zweiten

Weltkrieg eingerückt und sie hatte die ganze Zeit über die Bauernarbeit alleine verrichtet. Als ihr Mann 1947 atrophisch heimkehrte, mußte sie ihn noch zwei Jahre zusätzlich pflegen. Erst als er wieder arbeitsfähig war und im Anschluß an die Geburt eines Kindes, welches häufig krank war, trat die erste endogene Depression im Sinne einer Entlastungsmelancholie mit somatoreaktiver Auslösung (Laktation) auf. Der weitere Lebenslauf konnte bis zum 56. Lebensjahr verfolgt werden. Es kam in dieser Zeit insgesamt zu fünf Einweisungen ins psychiatrische Krankenhaus, aber wenigstens zu sechs oder sieben längerdauernden depressiven Phasen.

Nach der zweiten Phase, die wieder mit E-Schock zu einer Remission gebracht wurde, bestanden weiterhin vegetative Beschwerden, Schweißausbrüche, es kam auch zweimal zu Selbstmordversuchen, einmal wurden epileptiforme Anfälle beobachtet. Sie war in dieser Zeit strenger zu ihren Kindern als sonst, bekämpfte ihre Leistungsschwäche bei der Arbeit.

In diesen Zeitraum fallen vier Brandstiftungen, alle begangen nach Prodromen von Schlaflosigkeit und Unfähigkeit zu essen jeweils in den Morgenstunden zwischen sechs und acht Uhr, und in unmittelbarer Folge nach einem plötzlich auftretenden „Drang nach Feuer" („Ich habe unbedingt Feuer sehen müssen"). Ohne hier auf den Symbolgehalt des Dranggefühls und der Tathandlungen einzugehen, ist zu berichten, daß sie sich erinnerte, plötzlich die Zündhölzer in der Hand gehabt zu haben und das Anwesen des gegenüber wohnenden Schmiedes angezündet zu haben. Anschließend ging sie in den Keller, um Rüben zu holen. Es war ihr dabei, als wäre nichts gewesen. Als sie wieder heraufkam, sah sie schon den Rauch. Später erschienen ihr diese Handlungen vollkommen unerklärlich und sie fühlte sich unschuldig.

Solche Fälle bekommt der Kliniker zu sehen, weil der Krankheitsverlauf ein klassischer ist. Die meisten Fälle, etwa im Verhältnis von 4:1, sehen aber ganz anders aus.

O.Kl., 41 Jahre, früherer Postbeamter, Mitinhaber eines Textilgeschäftes mit einer Belegschaft von 12 Mann. Aus seiner Ehe ein Sohn, an dem er sehr hing, der ihm aber von seiner Gattin nach der Scheidung zwei Jahre vorenthalten wurde, ein Jahr hatte er ihn überhaupt nicht mehr gesehen. Die Scheidung war erfolgt, weil die Mutter den Sohn maßlos verwöhnte. „Dem Kind wurden zwanzig verschiedene Speisen zur Auswahl hingestellt, ich konnte es einfach nicht fassen." Vor allem aber deshalb, weil Frau und Schwiegermutter sich gegen ihn vereinten, ihm sogar das tägliche Baden verbieten wollten. Eine grobe, vollständig unmotivierte, durch das Götz-Zitat gekrönte Beschimpfung durch die Frau auf offener Straße und vor seinem Sohn war der letzte Anlaß, der diesen weichen und gewissenhaften Menschen zur Scheidung trieb.

Die Bedingungskonstellation der Tat, Zertrümme-

rung einer großen, sehr kostbaren Maschine, an der er als Geschäftsmitinhaber zu 30% beteiligt war, war folgende:

Er hatte seinen Sohn schon ein Jahr nicht mehr gesehen und gedacht, dieser möge ihn gar nicht mehr. Wenigstens hatte es seine geschiedene Frau so darzustellen versucht, als sie dem weinenden Kind die Hörmuschel reichte, wenn er anrief. Zu Weihnachten raffte er sich dann auf, seiner Frau mit gerichtlichen Schritten zu drohen, worauf es zu einigen Zusammenkünften mit seinem Sohn kam, die ihn aufs Höchste beglückten. Er erkannte, wie sehr sein nun schon 8jähriges Kind, welches bei den Sängerknaben war, an ihm hing, und machte sich Vorwürfe, kostbare Jahre väterlichen Zusammenseins aus eigener Schuld versäumt zu haben.

Mit diesen Selbstvorwürfen synchronisiert, teilweise ihnen auch voraneilend, bestanden schon seit Herbst desselben Jahres Geschäftsschwierigkeiten und ein interpersonaler Shift seiner Neigung zu Selbstvorwürfen mit den Eigensinnigkeiten seiner an Magenulkus leidenden Vorgesetzten. Er hatte zu jener Zeit einen Zuschneider kündigen müssen, durch dessen schlechte Leistungen das ganze Geschäft einen schweren Rückschlag erlitten hatte, so daß er erkennen mußte, daß er seinem Sohn zu Weihnachten weder eine Eisenbahn noch einen Anzug werde kaufen können. Er machte sich schwere Vorwürfe, daß er seine Vorgesetzte nicht schon früher auf die Unfähigkeit dieses Zuschneiders aufmerksam gemacht hatte. Diese schon ältere und verwitwete Frau litt seit diesem Herbst wieder verstärkt an ihren Ulkusbeschwerden. Im kritischen Zeitpunkt vor Weihnachten war sie wegen ihres Leidens bettlägerig und nicht arbeitsfähig.

Am Tag vor der Tat kam es zu Interferenzen zwischen seinem Vaterkonflikt *(temps perdu)* und dem geschäftlichen Konflikt sowie zwischen seinem Selbstvorwürfen und den psychischen Begleiterscheinungen des Ulkus seiner Partnerin. Das Streben des Ich nach Unabhängigkeit und Aktivität und die aus der inneren Konfliktsituation der Ulkuskranken entspringenden Schuldgefühle wegen übermäßig starker Abhängigkeitswünsche sowie die daraus sich ergebende Überkompensation im Sinne eines Oralsadismus hinderte diese Frau, die inneren Konflikte ihres Besitz- und Geltungsstrebens mit Vernunft und innerer Abstandnahme zu bewältigen.

So kam es zu zwei Szenen, die eine mit seinem Sohn am Tag vor der Tat, die andere unmittelbar vor der Tat mit seiner Geschäftspartnerin. Sein Sohn hatte ihm am Telefon gesagt: „Papschi, ich brauche Dich dringend, ich will dem Eislaufverein beitreten." Noch am selben Tag hatten sie sich getroffen und der Vater war glücklich über die Freude seines Sohnes, der einen Probelauf gut bestanden hatte und aufgenommen worden war. Er war innerlich zu Tränen gerührt, machte sich Vorwürfe, zwei Jahre versäumt zu haben und war die ganze Nacht vor Freude schlaflos.

Am zweiten Tag ergab sich die dringende Notwendigkeit, noch nach Geschäftsschluß das Geschäft aufzusuchen und dort zu arbeiten, weil er sonst mit den Auslieferungen vor Weihnachten nicht mehr fertig geworden wäre. In seiner Gewissenhaftigkeit als Typus melancholicus im Sinne von TELLENBACH brauchte er die Genehmigung seiner Geschäftspartnerin, konnte sie aber telefonisch nicht erreichen und rief sie daher im Geschäft wieder an. Sie aber verweigerte die Erlaubnis, trug ihm auf, nach Hause zu gehen, und behauptete, sie komme morgen selbst ins Geschäft, was angesichts ihres körperlichen Zustandes, sie war blaß und konnte sich kaum aus dem Bett erheben, nach der Auffassung des O.Kl. reiner Wahnsinn gewesen wäre. In diesem Gewissenskonflikt und labilisiert durch die Vorwürfe, die er sich wegen seiner Versäumnisse gegenüber Sohn und Geschäft machte, rief er ins Telefon: „Ich hol mir meine 30 Prozent", ergriff einen Hammer und zertrümmerte die kostbare Maschine, die einen Wert repräsentierte, den aufzubringen er ein Jahr hätte arbeiten müssen. Nach der Tat weinte er drei Tage ununterbrochen. Als er dann zu einer Zusammenkunft mit seiner Geschäftspartnerin in einem Cafè erschien, war eine Aussprache nicht möglich, weil er sofort in lautes Schluchzen ausbrach. Sie hatte ihm verziehen, nahm ihn wieder auf, er arbeitete die ersten Tage noch in untergeordneter Stellung, ohne Anordnungen zu treffen, danach durfte er wieder seine leitende Stellung einnehmen.

Das ist nur eine von den Tausenden von Varianten, die der Kliniker nie zu Gesicht bekommt. Denn obwohl es sich hier um einen reinen Typus melancholicus handelt, trat nie eine Melancholie auf sondern hielt sich im Rahmen einer depressiven Reaktion. So wie umgekehrt der vorige Fall, die brandstiftende Bäuerin, eine harte und karge Natur war, keinerlei Züge vom Typus melancholicus und doch eine ganze Reihe von Melancholien durchgemacht hatte.

Eigene Untersuchungen

Über diese Untersuchungen wurde schon 1971 in Stockholm und 1972 in Frankfurt berichtet. BÜRGER-PRINZ hat in einer Arbeit über Psychiatrie und Strafrecht schon 1942 gemeint, daß jedes Verbrechen eine Geschichte habe in sich selbst, wie es wurde, was es war. Er forderte eine Herauslösung des verbrecherischen Geschehens aus den charakterlichen und sonstigen Vorbedingungen und seine Betrachtung nach Art eines typischen menschlichen Verhaltens, dessen Ablauf, Zielsetzung, Ausbreitung und innere Dynamik

analysiert werden sollten. „Wenn man solche anscheinend sehr verschiedenen Verhaltens- und Handlungsweisen miteinander vergleicht, so wird man auf Gesetze stoßen, die sich abstrahieren lassen, und die trotz der so weit ab von allem Normalen liegenden Inhalte, an denen sie sich auswirken, durchaus allgemeine Gesetze menschlicher Handlungsweisen sind."
Von dieser Idee BÜRGER-PRINZ sind alle hier vorgelegten Untersuchungen getragen. Es zeigt sich, daß diese Gesetzlichkeiten tatsächlich existieren und daß man nur die Bedingungskonstellationen herausnehmen und durch andere ersetzen muß, um die allgemeinen Gesetze menschlicher Handlungsweisen in der Hand zu haben. Denn die Gesetzlichkeiten, die hier aufgezeigt werden konnten, sind solche, die ganz allgemein anthropologisch der Vitalkategorie des Verhaltens im Sinne von GEBSATTEL zugrunde liegen. Also der Fundierung menschlichen Handelns in der Kommunikation mit der Welt, mit Objekten, mit den Mitmenschen, mit dem Selbstsein, mit der Gesellschaft. Der scheinbare Widerspruch, daß delinquentes Handeln durch seine anthropologische Fundierung an das herangerückt wird, was wir als „normal" bezeichnen, während es auf der anderen Seite durch seine im pragmatophoren Syndrom zutagetretenden Bedingungskonstellationen und darüber hinaus durch die potentielle Dynamik in den Mittlerstrukturen überhaupt in die Nähe des Wahns gerückt wird, wird aber letzten Endes zum Ausdruck der regulierenden Funktion der Gegensätze, der Enantiodromie in der Dynamik des mobilen Gleichgewichts, von der wir ausgegangen sind.
Wir beschränken uns auf eine Betrachtung der depressiven Strukturen, die sich durch alle Bereiche erlebnisreaktiver und objektiv psychologischer Reaktionen, also bis in biologische Reaktionen hinein verfolgen lassen, und fragen, welche Dynamik sich an ihnen entfaltet, wenn es zu kriminellen Handlungen kommt. Depressive Strukturen als solche sind nicht kriminogen. Sie besagen gerade entgegengesetzt, daß eine

Persönlichkeit ihre ambivalente Regung und ihre Aggressionen erfolgreich abwehrt. Aus dem intersubjektiven Konflikt ist ein intrasubjektiver geworden. Vorwurf und Aggression, der Zeiger der Schuld im Sinne von SCHEID, richten sich gegen das eigene Selbst.

Ursachen des Umschlages in Aggression (Angriff nach außen)
Wir greifen aus der Fülle der Depressionen drei psychopathologisch wohl charakterisierte Formen heraus: Die phasischen endogenen Depressionen, die zyklischen, also bipolaren Formen und die neurotischen Depressionen. Unberücksichtigt bleiben die schizophrenen Depressionen, die organisch begründbaren Depressionen, auch die Untergrund- und Hintergrunddepressionen sowie die larvierten Formen. Dagegen sind hypochondrische und Spätdepressionen in unserem Material enthalten, allerdings nur vereinzelt, je ein bzw. zwei Fälle. Anders ist es mit den endoreaktiven Dysthymien bzw. den Diskordanzmelancholien. Sie lassen sich, wenn man längere Verläufe berücksichtigt, von anderen endogenen Depressionen nicht scharf abgrenzen. Aus einem großen Material von Fällen, die für verschiedene Strafgerichte begutachtet wurden, wurden nur jene herausgegriffen, die hinsichtlich Lebens- und Krankheitsverlauf hinreichend überschaubar waren und den diagnostischen Voraussetzungen entsprachen.
Es sind insgesamt 77 Fälle, 25 endogene Depressionen, davon 15 männlich und 10 weiblich, dazu noch 5 juvenile Zyklothymien im Sinne von STUTTE, alle männlich, und 47 neurotische Depressionen, davon 26 männlich und 21 weiblich. In allen diesen Fällen wurden der Lebenslauf mit Konflikt- und Krisenzeiten, der Krankheitsverlauf, der Syndromwandel, die Aggressionsgeschichte und die Kriminalitätskurve vermerkt und in ihren gegenseitigen Beziehungen registriert.
Bei den endogenen Depressionen handelt es sich überwiegend um phasische Melan-

cholien, in wenigen Fällen auch um bipolare, also manisch-depressive Psychosen und um juvenile Zyklothymien. Besonders registriert wurden die mischbildhaften Zustandsbilder im Sinne simultankontradiktorischer oder schnell wechselnder Antriebsstimmungslagen. Fälle mit Beimenung schizophrener Symptomatik wurden nicht berücksichtigt.
Betrachtet man die Kurven, die bei den endogenen Depressionen den Phasenablauf des Krankheitsgeschehens darstellen, so zeigt sich, daß die Zeiträume bzw. Zeitpunkte kriminellen Verhaltens nicht bei den ersten, sondern erst bei späteren Phasen mit dem psychotischen Geschehen zusammenfallen, worauf schon RASCH, SCHULTE u.a. hingewiesen haben. Sie fallen aber beinahe ebenso häufig in Zeiträume scheinbar freier Intervalle. Erforscht man diese Intervalle genauer und analysiert man auch jene Abschnitte der Krankheitsphasen, in die das kriminelle Verhalten fällt, so ergibt sich folgendes.
1. Die Phase ist nicht wirklich abgeklungen, die Tat fällt vielmehr in die Zeit eines mischbildhaften bzw. symptomarmen Stadiums der endogenen Depression, wobei Manisches und Depressives ineinander verkeilt sind oder ein Oszillieren entgegengesetzter Allgemeingefühle zu beobachten ist. Die Tat fällt also in den Zeitpunkt eines Syndromwandels, wobei häufig äußere Belastungen und Störsituationen in dieses abgewandelte psychotische Geschehen hereinspielen. Die Taten selbst sind zusätzlich noch vielfach dadurch charakterisiert, daß sie bestimmte biologische Punkte markieren, etwa Brandstiftungen, die immer in den Morgenstunden begangen werden usw.
2. In anderen Fällen sehen wir, daß die kriminelle Handlung unmittelbar in die Zeit eines Phasenumschlags fällt. Das trifft z.B. bei einigen bipolaren Psychosen zu.

Ein Beispiel: In der Kindheit fünfzigmal Fortlaufen, in der Nachpubertät Einsetzen einer depressiven Phase mit Übergang in kurzfristig wechselnde submanische und depressive Schwankungen. Die Tat,

Verlassen des durchaus günstigen Arbeitsplatzes unter Mitnahme eines ansehnlichen Geldbetrages aus der Kasse, wird in dem Augenblick gesetzt, als eine submanisch gefärbte rosige Stimmungslage, indem es sich plötzlich wie ein grauer Vorhang herabsenkte, ins Depressive umschlug.

3. Wir heben noch einen dritten Typus hervor. Er ist zahlenmäßig der häufigste, denn er spielt in der Regel auch bei 1 und 2 herein. Die Tat fällt in eine Zeit, in der das psychotische Geschehen in eine neurotische Symptomatik umschlägt bzw. in der eine neurotische Substruktur zum Tragen kommt. PETRILLOWITSCH hat dieses breite nosographische Grenzgebiet zwischen zyklothymem Formenkreis und Neurose besonders hervorgehoben. Im Ablauf einer temporären Umstrukturierung der Psychose bzw. des endogenen Krankheitsprozesses kommt es bei diesen Fällen zu einer Aktivierung frühkindlicher Konstellationen mit Reaktionsmustern, die in der Pubertätszeit pathogen waren. Der Tat entsprechen reaktivierte Reaktionsmuster aus der früheren Lebensgeschichte auf höherem Niveau und auf veränderter Aktstufe.

Gemeinsam ist allen diesen Fällen, und das gilt für alle phasischen Psychosen, die wir beobachten konnten, daß das kriminelle Verhalten in den Zeitpunkt eines Syndromwandels fällt, eines Shift vom Manischen ins Depressive, vom Depressiven ins Neurotische oder im Sinne eines chronifizierten Wechsels zweier Syndrome. Wir sprachen deshalb von kriminogenem Strukturwandel (1967). Das besagt: Kriminalität tritt nur an bestimmten Punkten der Entwicklung depressiver Strukturen auf, und zwar dort, wo es zu einem Funktionswandel zwischen biologisch bzw. teleologisch determinierten Reaktionen bzw. dieser Reaktionen und erlebnisreaktiv konditionierter Verhaltensmuster kommt. Anders ausgedrückt, kriminelles Verhalten ist an bestimmte vitale Punkte in ihrer Koinzidentialkorrespondenz mit lebensgeschichtlich markierten Konditionierungen geknüpft.

Aggressionsursachen
bei neurotischen Depressionen
Unser Material umfaßt hier 47 Fälle, wir heben einige Typen hervor.
1. Wir sehen eine depressive Struktur im Durchgang durch eine spezifische Störsituation, z.B. drohender Verlust eines geliebten Menschen. Die rein depressive bzw. depressiv-hysterische usw. Fehlhaltung führt dann in einer Krisenzeit, z.B. in der verlängerten Pubertät, beim Passieren einer solchen Störsituation zur Entladung unbewußter, aber lebensgeschichtlich präformierter Aggressionsbereitschaften. Der Erlebnisreaktion kann auch eine latente depressive Entwicklung vorangehen, die dann in der Störsituation in das Aggressionsverhalten umschlägt.

Ein nach dem Tod seines Vaters schon seit Jahren latent depressiver 15jähriger Jugendlicher in einem abgelegenen Dorf reagierte auf die Nachricht, daß eine ihm an Haltung und Reifung weit überlegene 19jährige das Dorf am nächsten Tag endgültig verlassen werde, anläßlich eines ländlichen Beisammenseins beim Auslösen der Maisernte im Familien- und Nachbarkreis auf die Weise, daß er diesem Mädchen „mit seinem Gewehr einen Denkzettel verpaßte". Er schoß und traf das Mädchen ins Herz, welche auf der Stelle tot war. Der Junge zeigte eine spezifische Entschlußlosigkeit und Auslieferung des Ich an Gegenstände oder Sachen.

Es ist in diesem und analogen Fällen so, als würde ein Gewehr, ein Revolver, ein Selbstbedienungsladen personifiziert in Aktion treten und dem Subjekt Wahl und Entscheidung aus der Hand nehmen. Die Tat ist gleichsam ein Übersprung auf das Unbewußte und zugleich Destruktive, dessen Wünsche plötzlich wie aus einer verschlossenen Schachtel hervorspringen. Fast stets findet man Vorgestalten der Tat, aus denen sich die Geschichte der latenten Aggression ablesen läßt.
Bei einem anderen Typus wird die neurotisch-depressive Persönlichkeit von der engeren Umgebung, häufiger vom eigenen Selbst, in der Regel von beiden, also aus eigener Reaktionsbereitschaft und Entscheidung immer mehr an die Wand manövriert, in einen Winkel ihres Daseins, in die Situation des Mit-dem-Rücken-ge-

gen-die-Wand, oder, was fast dasselbe ist: Mit-dem-Kopf-gegen-die-Wand.

Schrittweise wird so eine Determinationsstufe erreicht, auf welcher eine destruktive Tat entspringt bzw. möglich wird. Diese Menschen gleichen einem an sich nur auf Flucht bedachtem Tier, das in die Enge getrieben plötzlich zum Angriff übergeht. Nur werden hier die depressiven Strukturen vom Individuum selbst zur Fehlhaltung und bis zur Ausweglosigkeit ausgebaut. Der Ehemann erschlägt seine Partnerin, der Mann seinen Leidenskumpan, der Jüngling bestiehlt seinen Freund. Dieser Umschlag ins Aggressive ist unmittelbarer Ausdruck des Syndromwandels bzw. des Umschlags der Hemmung. Eine schleichende Form dieses Syndromwandels kennzeichnet die gewöhnlichen Formen des Kindesmordes. In anderen Fällen beobachtet man merkwürdige Projektionsmechanismen: Der eigene Zustand wird in das Kind oder in die Kinder projiziert und zugleich somatisiert. Die Kinder seien unheilbar krank, müssen von ihrem Siechtum befreit werden. So kommt es dazu, daß Mütter ihre schon heranwachsenden und durchaus gesunden Kinder töten oder in einem erweiterten Selbstmordversuch zu töten versuchen. Dabei sieht man die Verbindung eines Shift des Depressiven ins Somatische mit einem transpersonalen Shift. In die Kategorie des transpersonalen Shift, der auch kombiniert mit anderen Formen vorkommt, gehören gewisse Fälle gemeinsamen Selbstmords bei Heranwachsenden, nicht aber die analogen Fälle im höheren Lebensalter.

3. Ein dritter Typ, vielfach kombiniert mit den beiden ersten, ist gekennzeichnet durch die zunehmende Vitalisierung der depressiven Symptomatik. Derartige Fälle sind aus der kriminalpsychiatrischen Literatur bekannt. Das kriminelle Geschehen ist in den hierher gehörigen vier Fällen unseres Materials im obigen Sinne an einem Umschlag der neurotischen Entwicklung in ein psychotisches Syndrom gekennzeichnet, d.h. in ein depressives Syndrom mit sonst nur bei endogenen Depressionen zu beobachtenden Strukturen und Intensitäten.

Wir sehen also durch alle Depressionen hindurchgehend eine unmittelbare Beziehung der Kriminogenese zum Syndromwandel im Bereich der depressiven Strukturen. Dieser Syndromwandel ist bei den endogenen Depressionen und in modifizierter Form bei den neurotischen Depressionen gleichsam der vitale Punkt, den das Individuum passieren muß. Dieser Punkt ist in einer Art Koinzidentialkorrespondenz an das gleichzeitige Auftreten bestimmter Störsituationen geknüpft. Kriminalität ist also hier in einem vertieften und speziellen Sinn Konfliktkriminalität. Wir wählen absichtlich diesen von uns schon 1936 geprägten Begriff, der aber jetzt mehr auf den inneren Konflikt abzielt.

Die Übereinstimmungen in diesem Grundzug: Konfliktkriminalität mit Syndromwandel im Bereich depressiver Strukturen weisen darauf hin, daß wir hier auf biologische bzw. lebensgeschichtliche Gesetzmäßigkeiten menschlichen Handelns gestoßen sind. Die Vorgänge sind im einzelnen viel komplizierter als es hier dargestellt werden konnte. Es hat sich gezeigt, daß bei den monophasischen und bei den bipolaren Diskordanzmelancholien bzw. phasischen Psychosen in näher bestimmbaren Umschlagsphasen, also im Syndromwandel, aktuelle Konflikte Eingang finden und dazu führen, daß neuropsychologische Vorgänge, wie bedingte Reflexe, sog. Erwartungswellen (GREY), sich unmittelbar in destruktive Handlungsabläufe umsetzen.

Dasselbe zeigte sich bei den neurotischen Depressionen. Der konkrete Konflikt greift mit zunehmender Einengung der Variationsbreite der Bewußtseinsfelder und möglichen Gleichgewichte immer mehr auf intermodale Reaktionsweisen aus der Frühgeschichte der Neurose zurück, bis es zur reaktiven Aggression kommt. Dieses Zurückschalten auf Reaktionen, die in der Kindheit oder Jugend konditioniert, also gelernt wurden, auf Affekte, deren Ursprung und Struktur unbewußt ist, erinnert an die Aktivierung von Genmustern. Dieser Weg führt von einer globalen Erfassung bei der psychopathologischen Beurteilung zu einer sorgfältigen Einzelbeurteilung der Symptome und zu einer Syndromzuteilung aufgrund empirisch beobachteter Merkmalskombinationen (HEIMANN).

Ergebnisse

Die hier vorgelegten Ergebnisse sind ein allererster Anfang und bringen nichts Endgültiges. Sie sind bezogen auf eine theoretische Wissenschaft, die stark genug ist, ihre praktische Anwendbarkeit zunächst auszuklammern und damit die ausschließliche Bemühung um Objektivität abzuschirmen. Delinquenz läßt sich in ihren Entstehungsbedingungen weder mit Persönlichkeitstypen noch mit Umweltbedingungen in gesetzmäßige Zusammenhänge bringen. Entscheidend sind nicht die äußeren, sondern die inneren Konflikte, nicht die bewußten, sondern die außerbewußten und vorbewußten inneren Ablaufsformen und ihre Interferenzen und wie sie erlebt werden: die Bedeutung (*meaning*), von der sie vor aller Reflexion getragen werden.

Die Elemente, die als Bedeutungsträger relevant sind, sind die Gefühle: Gefühl als Ichzustand und als Stiftung von Bedeutung. Gefühle und Emotionen, als das Flüchtigste, Vergänglichste und doch stets *in being,* nicht Triebe, die immer schon entweder „durchgeistigt" oder durch Dekompensationen „ausgefällt" sind wie der Niederschlag aus einer Lösung, sind die Elemente, aus deren pausenlosen Interaktionen sich jene Ganzheiten, auch die der Gesamtpersönlichkeit, immer erst aufbauen, deren vorschnelle Verabsolutierung als Typus, Charakter oder „Persönlichkeit" nichts anderes ist als der allzuoft beschrittene Irrweg. Die Funktion der Emotionen ist die unaufhörlich notwendige Umorganisation (LEEPER 1948). Die

erste Grundlagenwissenschaft auf die wir angewiesen sind, ist sonach die „Emotionspsychologie" (E.H. BOTTENBERG). Diese Emotionen sind auf das engste verknüpft mit der pausenlosen Tätigkeit der Nervenzellen selbst. Diese ist nicht, wie man bisher meinte, beschränkt auf die Funktion von Bahnen und Dendriten, Synapsen und anderen materiellen Substraten, sie entfaltet sich vielmehr in ihrer ganzen schöpferischen Tätigkeit erst in den gestaltenbildenden Eurhythmien und Interferenzen (rhythmischen Koaktionen), wobei zu berücksichtigen ist, daß selbst die kleinsten Neuronengruppen in Koaktion „Gestalten" (VON HOLST) hervorbringen. Dieser ständige Wechsel in der Verknüpfung verschiedener Systemzustände in zeitlicher Aufeinanderfolge oder Gleichzeitigkeit, in räumlichen kristallgitterhaften Anordnungen, ist vergleichbar der „Sym-Phonie" eines Orchesters, das auch ohne Dirigent spielen kann.

Die Einbindung der Wahrnehmungsprozesse in formale personale Trägerstrukturen, die den biographischen Niederschlag der charakteristischen wechselseitigen Wahrnehmungsvermittlung von personinternen Bedürfnissen sowie Werthaltungen und Umweltrealität darstellen und einen Funktionsspielraum abstecken, in dem Wahrnehmung sich in einer konkreten Anpassungssituation vollzieht und eine Kontrolle über die vorhandenen Bedürfnisse und Strebungen ausübt (kognitive Kontrollprinzipien), diese „Einbindung" (BOTTENBERG) erfolgt durch das, was wir als symballistische Strukturen und ihre Mittlerstrukturen, die „archimedischen" Strukturen, kennengelernt haben.

Die symballistischen Strukturen erstrekken sich auf eine Vielzahl weitverzweigter organismischer propriozeptiver und neuronal-hormonaler Prozesse (RMP im OsGOODschen Sinn), sie beinhalten das semantische Differential (das operative Arrangement). Dieses Differential wird im kriminogenen Strukturwandel in spezifischer Weise deformiert: Es kommt zur Fixierung und Verstärkung durch Superposition einer denotativen (extensionalen) Bedeutung bei Reduktion und Dekompensation konnotativer (informativer) Bedeutungsmöglichkeiten. Diese Reduktion ist durch Verweisungs- und Wesenszusammenhänge verknüpft mit Tatsachen, die aus der experimentellen Verhaltensphysiologie am Nervensystem bekannt wurden, nämlich mit der Reduktion mobiler Gleichgewichte im Sinne der Rhythmusforschungen von VON HOLST, SOLLBERGER, u.a. Und sie ist verwandt, wenn nicht struktural teilweise identisch mit anderen Tatsachen, die wir der Fortführung der JASPERSSchen Pathopsychologie seit CONRAD verdanken, nämlich mit den Phänomenen der „Entzügelung des impressiven Wahrnehmungsmodus" (JANZARIK), der durch den Wegfall von übergeordneten Gerichtetheiten eine vermehrte Reizoffenheit, erhöhte Sensibilität für Anmutungserlebnisse, Emotionalisierung, Physiognomisierung und Bedeutsamwerden des Alltäglichen bei der Genese endogener Psychosen eine Rolle spielt.

Damit ist der emotionspsychologische Ansatz unserer Untersuchungen zugleich in der Chronobiologie und in der Pathopsychologie verankert. Emotionspsychologie, Rhythmusforschung am Nervensystem und Pathopsychologie erweisen sich als die drei Grundlagenforschungen, von denen jeder Versuch auszugehen hat, zu Gesetzmäßigkeiten vorzustoßen, die allen menschlichen Handlungsweisen gemeinsam sind.

Methodik

Unsere Methodik ist eine stochastische (die Elemente berücksichtigende). Nachdem es wohl die Emotionspsychologie und ebenso die experimentelle Rhythmusforschung an Nervenzellen, nicht aber der heutige Stand der Psychopathologie erlaubt, Meßinstrumente anzuwenden, weil sie hier bisher fehlen (HEIMANN), das Forschungsziel aber nur interdisziplinär auf diesen drei Grundlagenforschungen aufbauend erreicht werden kann, besteht die erste Aufgabe dahin, eine Methode auszuarbeiten, die solche Messungen gestattet. Die hier vorgelegten Untersuchungen sind, von diesem Aspekt aus gesehen, als Grundlegung einer Methode anzusehen, die der Psychopathologie Meßinstrumente an die Hand gibt. Die entsprechende Veröffentlichung ist vorbereitet. Analog wie der Traum logischen Zusammenhang als Gleichzeitigkeit wiedergibt — „... sooft er zwei Elemente nahe beieinander zeigt, bürgt er für einen besonders innigen Zusammenhang zwischen ihren Entsprechenden in den Traumgedanken" (FREUD) —, gibt die Aktualgenese menschlicher Handlungsweisen ihre inneren Strukturzusammenhänge als Gleichzeitigkeit von Ereignissen (z.B. Störungen) in verschiedenen Systemen wieder, deren Interferenzen an bestimmte Gesetzmäßigkeiten gebunden sind.

Welche Interferenzen wirksam sind, ergibt sich aus der Analyse der aktuellen Beziehungsstruktur, der Positionalität (FRIJDA, 1953) bzw. der „Lagebefindlichkeit" (GOTTSCHALDT). Für Analysen der aktuellen Beziehungsstruktur, die den auf Sinnerfüllung abzielenden genetischen Prozessen (Aktualgenese; SANDER, 1927) und ihrer emotionalen Dynamik beim Zustandekommen menschlicher Handlungsweisen zugrunde liegt, eignet sich besonders die wissenschaftlich zu einer „pragmatographischen Analyse" erweiterte gerichtspsychiatrische Untersuchung von Delinquenten. Die hier vorgelegten Analysen basieren auf jahrzehntelangen Studien und wurden an Modellfällen exemplifiziert. Sie lassen sich an Alltagsbeobachtungen bestätigen.

Kriminogener Syndromwandel

Zu den ersten Ergebnissen führte die Beobachtung, daß depressive Syndrome bei Delinquenz häufig sind. Auszählungen ergaben, daß bei endogenen Depressionen (monophasischen Melancholien) Delinquenz regelmäßig im Bereich eines ganz umschriebenen Strukturwandels auftritt, nämlich dort, wo die depressive Phase abklingt, und entweder, was in der Regel nicht vor der zweiten oder dritten Phase eintritt, in die Dynamik eines neurotischen Geschehens hinübergeführt, das das breite nosologische Grenzgebiet zwischen zyklothymem Formenkreis und Neurose (PETRILOWITSCH) einschließt und auch psychosomatische Störungen betrifft, oder in einen Zustand ständiger Überlagerungen, die zwar nicht den Charakter der Bipolarität aufweisen müssen, aber durch eine ständige Verschiebung der Intensitäten (BÜRGER-PRINZ) charakterisiert sind. Man kann diese Zustände als mischbildhaft (KRAEPELIN), als Mischaffekte (LANGE, 1928) bezeichnen. Sie sind durch eine simultan-kontradiktorische Antriebs-Stimmungslage charakterisiert. In beiden Fällen sprechen wir von Pathorhythmien.

In der Regel handelt es sich um einen Syndromwandel von einem weniger aktiven zu einem aktiveren Zustand, was auch für den Übergang von einem relativ inaktiven euphorischen (submanischen) Zustand bei juveniler Zyklothymie (STUTTE) zu einem leicht agitiert-depressiven Zustand zutrifft.

Die Vierphasenpathorhythmie

Wir verstehen unter Pathorhythmien (Idiorhythmien) intra- oder/und interpersonale „schwingende" Interferenzen (negativ rückgekoppelte gleitende Koaktionen) zwischen biologisch-noologischen und psychologisch-neurologischen Systemen. Dieselben Interferenzen gibt es auch zwischen Personen, Gruppen und Institutionen, wobei diese wie Individuen funktionieren.

Delinquentes Verhalten entspringt ähnlich dem rituellen in der Regel einem verzweifelten Versuch, den Kontakt mit dem Sein, oder, was dasselbe ist, dem Bedeuten, dem Sinn, nicht zu verlieren. Es hat zur Voraussetzung eine Pathorhythmie aufgrund einer Synchronisation von Störungen aus verschiedenen Systembereichen. Zu den Störungen gleitender Koordinationen in verschiedenen Grenzbereichen gegen psychotisches, hirnorganisch oder reifungsbiologisch fundiertes Geschehen und aus dem Bereich der Ich-Abwehrtendenzen, die fixiert oder auf wenige Gleichgewichtsmöglichkeiten reduziert und ihrer Plastizität beraubt sind, schließlich auch aus dem Bereich der Komplex- und Gestaltqualitäten, insbesondere des Rollengleichgewichts in Familie und Gruppe, tritt schließlich ein Aktualkonflikt. Dieser Aktualkonflikt gewinnt eine Art Auslöserwirkung (LORENZ), wobei es zu Bildabhängigkeit und Anfälligkeit gegenüber destruktiven Einfällen kommt (gestörte Synthesis des Bewußtseins; HUSSERL). Damit erst wird die Störung bisher tragender „sozialer Strukturen" (MÜLLER-SUUR) manifest.

Es ist also nicht einfach so, daß Delinquenz — abgesehen von den kriminogenen „Bedingungskonstellationen" (HELMCHEN) — beim Durchgang durch ein Störfeld („Versuchung", „Versagung") zustandekommt. Dieser nur scheinbar einfache Mechanismus kommt erst beim Rückfall zum Tragen und involviert eine vorgängige Vierphasen-Pathorhythmie in der Vorgeschichte. Es werden vielmehr Störungen synchronisiert und superponiert, die in drei bis vier verschiedenen Systemen ihre jeweils besondere Entstehungsgeschichte haben. Damit ist zum Ausdruck gebracht, daß es vor aller „Tathandlung" zu Koaktionen von gestörten Polymeren aus verschiedenen Systemen kommt, die normalerweise einer Selbstregelung oder Selbstkorrektur unterliegen, bevor sie in geistige und reflexive Internalisierungen münden. Der Zeitpunkt der Tat ist markiert durch das Hinzutreten eines Aktualkonfliktes in der objektiven Realität oder in der Phantasie oder/und durch einen Strukturwandel (Funktionswandel).

Diese Vierphaseninterferenz entspricht einer allgemeinen Gesetzlichkeit menschlichen Handelns überhaupt, das letztlich immer Verhaltensänderung durch Strukturwandel ist. Hier hat die differentielle Analyse einzusetzen, z.B. mit der Feststellung, daß der Zwangsneurotiker dadurch ausgezeichnet ist, daß er sich eine dieser vier Gleichgewichtsstörungen selber schafft. Er entwickelt gleichsam eine besondere Form eines pragmatophoren Syndroms ohne Zündschnur, ein pragmatophobes Syndrom.

Hinsichtlich der Bedingungskonstellationen, die kriminogen sind, ist folgendes zu sagen. Man findet bei Gammlern emotionale Vernachlässigung in der Kindheit, Orientierungsstörung der Eltern, Fehlen von Aggressionen in den Flegeljahren, dabei zwar Inspirationsfähigkeit aber zugleich Festhalten an persönlicher Unbestimmtheit (SLUGA u. SPIEL). Bei rückfälligen Haltlosen findet man immer wieder zerrissene Bindungen zu entscheidenden Bezugspersonen in der Kindheitsentwicklung (STURUP; H.A. WIDMER). Die umfassendsten Forschungen über kriminogene Bedingungskonstellationen verdanken wir E. und TH. GLUECK. Aber alle diese Forschungen sagen nichts aus über die Dynamik der kriminogenen Aktualgenese.

Potentiell kriminogener Syndromwandel

Jeder psychopathologisch registrierbare Syndromwandel kann in entsprechender Bedingungskonstellation kriminogen wirken. Man kann hier von „Fensterwirkung" sprechen. Der Syndromwandel gibt, wie durch ein Fenster, die Möglichkeit für den kriminogenen Strukturwandel frei.

Hierher gehören die schon erwähnten Umschläge bei phasischen Psychosen, das Abwechseln von zwei psychischen Syndromen bei Neurosen und die psychosomatischen Formen von *syndrome shift*. Dasselbe gilt auch für die symptomatischen Psychosen, wo der Übergang aus der Normallage zu einem Durchgangssyndrom bei entsprechender Konfliktlage einen kriminogenen Strukturwandel freisetzen kann.

Es gilt ferner für die Syndromsequenzen bei epileptischen, insbesondere psychomotorischen Anfällen und ebenso bei synkopalen, pyknoleptischen und anderen Anfallsformen. Man findet z.B. bei Epileptikern submanische Einschlüsse und Übergänge in kurze Dämmerzustände, die in Verbindung mit einem unbewußten Grundkonflikt zum kriminogenen Strukturwandel führen.

Auch bei hysterischen Strukturen ist der Strukturwandel und das ihnen inhärente phasische Moment (LOPEZ IBOR; SPIEGELBERG) von Bedeutung für das Auftreten kriminogener Pathorhythmien.

Bei Schizophrenien und ihren Vorstadien im Sinne von ARIETI in Gestalt einer Fixierung in einem modifizierten zweiten Stadium, mit Verzerrungen des Selbstkonzepts und Entwicklung pathogenetischer Ideen, ist pathorhythmisches Geschehen viel verbreiteter und einschneidender, als man nach den klinischen Beschreibungen annehmen möchte. Die Interferenzen zwischen archaischer Ichaktivität und objektlibidinöser Entwicklungslinie des Ichs (FEDERN u. POHLEN) lassen sich bei einer Kerngruppe jugendlicher und heranwachsender Rückfallsdelinquenten in ihrer Phasenabhängigkeit von äußeren Störsyndromen und deren Auslöserfunktion (LORENZ) verfolgen und pragmatographisch aufzeichnen. Ein komplexer Strukturwandel ist auch die Pubertät, die Involution, ja jeder biologische Reifungsschritt, der mit psychischen Ent-Wicklungen verknüpft ist.

Im wesentlichen lassen sich die bisher besprochenen Phasengesetzlichkeiten nahtlos bis in Wahnsyndrome und schizophrene Psychosen hinein verfolgen, woraus sich ableiten läßt, daß es sich hier um dynamische Grundgesetzlichkeiten und Strukturelemente handelt, die, in jeweils anderer Bedingungskonstellation und anderen energetischen Quantitäten, allen menschlichen Handlungsweisen, auch den unsinnigen Handlungen Schizophrener im Sinne von CONRAD, gemeinsam sind. Also um allgemeine Gesetzlichkeiten menschlicher Handlungsweisen überhaupt im Sinne von BÜRGER-PRINZ.

Dementsprechend gelten diese Phasengesetzlichkeiten auch für die Ortriogenese des Ichs, seinen täglichen Auf-und-Abbau zwischen Schlafen und Wachen und für andere circadiane Rhythmen. Es gibt einen (hypnogenen) kriminogenen Strukturwandel bei verlangsamtem Übergang vom Schlafen zum Wachen (Schlaftrunkenheit). Diese gegebenenfalls delinquenten Handlungen im Halbschlaf lassen sich von nichtdelinquenten Handlungen im Schlaf, die Träume begleiten, nicht streng trennen (Verbrechen in Schlaftrunkenheit; G. SCHMIDT). Daß Schlafstörungen bei endogenen Psychosen und im Verlauf einer Kriminogenese selten ganz fehlen, ist hier anzumerken.

Nicht umsonst geht fast jeder Syndromwandel bei phasischen Psychosen und Schizophrenie und oft der kriminogene Strukturwandel mit einem pathologischen Funktionswandel dieser Idiorhythmie der Ich-Systeme einher, nämlich mit Schlafstörungen.

Das pragmatophore Syndrom und die archimedischen Mittlerstrukturen

Die Analyse der Dynamik des kriminogenen Strukturwandels führte zu dem Ergebnis, daß delinquente (schöpferische) Handlungsweisen nicht linear, entsprechend einer pathologischen (genialen) Entwicklung, die bis zu einer bestimmten Determinationsstufe führt, aber auch nicht einfach durch einen Widerstreit von Strebungen oder Motiven zustandekommen, sondern aufgrund einer Pathorhythmie (bzw. Idiorhythmie), die entsprechend dem polymeren Aufbau menschlicher Organisation aus Interferenzen zwischen verschiedenen systemimmanenten gestörten (bzw. kreativen) Strukturabwandlungen entspringt.

Wenn diese Interferenzen Störungen der Entwicklungs- und Reifungsprozesse betreffen und mit einer Reduktion der Vielfalt möglicher dynamischer Gleichgewichte verbunden sind, z.B. infolge Reifungsstörung in der Pubertät oder vitaler Rutschung (KRETSCHMER) in der Involution, dann kommt es gesetzmäßig zu einer Erhöhung der Möglichkeiten zu delinquentem Verhalten (Fensterwirkung).

Systematische Untersuchungen solcher Fensterwirkungen an einem großen Material führten zu der Entdeckung, daß jeder delinquenten Handlung ein Syndrom unmittelbar vorangeht, das gleichsam die Energie liefert, die sich in ihr entlädt. Wir bezeichnen dieses Syndrom als pragmatophores Syndrom. Es trägt die Handlung gleichsam in die Realität hinein und ist einer pathopsychologischen Phänomenologie zugänglich.

Dieses pragmatophore Syndrom (P.S.) ist relativ flüchtig. Es klingt unmittelbar oder bald nach der Tat wieder ab, besteht aber in der Regel schon Tage, ja Wochen vor der Tat und kann in extremen Fällen sogar Jahre vor der Tat ablaufen, z.B. bei Schizophrenien oder typisch bei Rückfallsdelinquenz. Hier und bei Erstdelinquenz kommt es zum Aufschub im sprachlichen Raum (Wortvorstellungen) des Vorbewußten und zur Bahnung in der Wiederholung. Die Intensität des P.S. ist sehr wechselnd. Nicht selten führt es dazu, daß sich der präsumptive Täter zu einem Arzt oder an eine psychiatrische Klinik begibt, aber dort abgewiesen wird.

Psychopathologisch handelt es sich in der Regel um paranoid-depressive Mischsyndrome oder Mischzustände, auch um dysphorisch-neurasthenische Verstimmungszustände oder um larviert depressive bzw. leicht submanische Bilder. Diese Bilder werden mitunter nachträglich als Schizophrenien oder endogene Depressionen verkannt, wie z.B. bei Kolitis ulcerosa, noch häufiger überhaupt nicht registriert. In manchen Fällen folgt der Tat noch ein zweiter Syndromwandel, gleichsam ein zweites pragmatophores Syndrom (z.B. hysterisches Verdrängungsdelir) als Reaktion auf die Tat. Das pragmatophore Syndrom entlädt sich in einer delinquenten Handlung oder einem pragmatischen Entlastungsmechanismus (PEM).

Die Struktur des pragmatophoren Syndroms

Die Struktur dieses Syndroms ist als die eines Zwischen- oder Übergangsstadiums zwischen zwei stabileren Zuständen durch eine gewisse Flüchtigkeit ausgezeichnet. Seine Analyse im Kontext der Positionalität der Täterpersönlichkeit und des sozialen Feldes, der aktuellen Konflikte und der infantilen Vorgeschichte läßt erkennen, daß der Entwicklungspsychologie und dem spezifisch menschlichen Sozialphänomen der Erziehung (e.f.: *educational factor*) bzw. dem Lernen in ihren Konfrontationen mit erblichen Merkmalen (dem Nervensystem) die Schlüsselstellung für das Verständnis der soziologischen und psychologischen Zusammenhänge zukommt. Die Struktur des pragmatophoren Syndroms entspricht der Konfliktkonstellation, mit der es chronobiologisch verknüpft ist. Der erlebte Konflikt ist polymer. Er entspringt aus der Interferenz von Partialkonflikten, wie der Trieb aus den Partialtrieben.

Das pragmatophore Syndrom besteht in einer positiven Rückkoppelung eines Aktualkonfliktes an den Grundkonflikt (BECK) oder einen Primärkonflikt. Dabei liegt eine struktural weitgehende Übereinstimmung im Aufbau zwischen Aktualkonflikt und Grundkonflikt vor. Die im Moment der Tat erfolgende positive Rückkoppelung, etwa der Aktualangst an die Angst des Grundkonfliktes, bedeutet eine Vergegenwärtigung von etwas Vergangenem, nicht Wiederholung. Es erfolgt eine Einbeziehung früherer Aktivität in das System im Rahmen eines Geschehens. Es handelt sich um ein Geschehen der Zeitlosigkeit im Jetzt und Hier (zeitlose Gegenwart). Diese Rückkoppelung an das „Einst", dessen Doppelsinn von Vergangenheit und Zukunft seine „Ladung" mit „potentieller Gegenwart" (THOMAS MANN) signalisiert, führt zu Kulissenbildungen, in denen Vorstellungen und Erinnerungen vertauschbar sind, wie Rückkoppelung und Teleonomie (Koppelung an zukünftiges, Aktivierungsmuster). In der Regel geht dem pragmatophoren Syndrom eine Bahnung voraus, die aus keiner Quantität hervorgeht, sondern „aus der reinen Verzeitlichung durch das,

was sie an die Verräumlichung bindet" (DERRIDA): Periodizität in einem stochastischen Prozeß.

Die Tatsache, daß jeder delinquenten Handlung ein pragmatophores Syndrom in Verbindung mit einer Vierphasenpathorhythmie vorangeht, führt zu der Schlußfolgerung, daß sich in der Tathandlung zwei genetische Prozesse wie in einem Knotenpunkt vereinigen: Die positive Rückkoppelung im Sinne des pragmatophoren Syndroms und die Vierphasenpathorhythmie. Letztere ist dynamisch gesehen als Superposition oder Magneteffekt aufzufassen, also als eine Verstärkerwirkung, die darauf beruht, daß mehrere Rhythmen in eine synchrone Pathorhythmie hineingezwungen werden. Das Ergebnis ist ein erheblicher Anstieg des energetischen Potentials. Aber erst die Verbindung zweier phasenspezifischer Ich-Zustände in der Rückkoppelung des Aktualkonflikts an den Grundkonflikt bewirkt jene Aufgipfelung dynamischer Energetik, die unvorstellbare Ausmaße erreichen kann und am pragmatischen Entlastungsmechanismus meßbar ist.

Das pragmatophore Syndrom besagt, daß beim Übergang aus einer relativen Stabilität zur Tatbereitschaft, also von einem Ausgangszustand zu einem Endzustand, in dem entsprechenden Übergangszustand ein gewaltiger Anstieg energetischer Potentiale erfolgen kann. Dieses Phänomen hat seine Analogie im Verhalten von Bindungen und Lösungen kovalenter und nonkovalenter Bindungen in der Molekularbiologie (MONOD) und findet seine Bestätigung im neueren Versuchen der Experimentalpsychologie mit elektroenzephalographischen Methoden und in den elektroenzephalographischen Untersuchungen an endogenen und symptomatischen Psychosen, die gezeigt haben, daß der Ursprung der Dynamik im Strukturwandel gelegen ist (BERNER u. Mitarb., PENIN). Es ergab sich ferner der Befund, daß pragmatophore Syndrome und Vierphasenpathorhythmien, wie schon erwähnt, sich ins psychotische Geschehen hinein, insbesondere bei Schizophrenie, verfolgen lassen. Daß das pragmatophore Syndrom in der Regel ein pathopsychologisch beschreibbares paranoiddepressives oder submanisch-dysphorisches Mischsyndrom und ein Signal für das Vorliegen eines pathorhythmischen Geschehens darstellt, verweist sonach auf strukturale Beziehungen zwischen Kriminalität, Pathorhythmie und Wahn. Delinquenz reicht näher an psychotisches Geschehen heran, als man bisher gedacht hat. Das gilt in doppeltem Sinne für die Rückfallsdelinquenz. Es liegt an der mischbildhaften Struktur des pragmatophoren Syndroms, daß es bei Schizophrenien und phasischen Psychosen mehr neuroseartig strukturiert ist und dabei das Muster des Grundkonflikts zeigt.

Rückfallsdelinquenz

Rückfallsdelinquenz unterscheidet sich von der bisher vorzugsweise berücksichtigten reinen Konfliktkriminalität dadurch, daß die Pathorhythmien und die positiven Rückkoppelungen schon in der Kindheit und im Jugendalter konstelliert und fixiert wurden. Es genügt daher oft der bloße Durchgang durch ein kriminogenes Störfeld, um nach Art eines erworbenen Auslösermechanismus (EAM: LORENZ; PLOOG) Delinquenz auszulösen. Man sieht aber gelegentlich auch bei Rückfallsdelinquenz die gleichen pragmatophoren Syndrome und Vierphasenpathorhythmien im Aktualkonflikt, wie beim Erstdelikt. In der Regel liegt das pragmatophore Syndrom aber weit zurück und verschmilzt mit den konditionierenden Faktoren, die in Kindheit und Pubertätsjahren prägende Kraft gewonnen haben. Dabei erfolgen diese Prägungen durch Konditionierung und durch „Lernen". Von diesem „Lernen" von Delinquenz im Sinne der Lerntheorie führt eine Ergänzungsreihe über komplexe Konditionierungen, Kommunikationsstörungen, Defizienz sozialer Strukturen bis zu einer Variante schizoider Persönlichkeiten (im Sinne von ARIETI) mit hypoma-

nisch-expansiven Abwehrstrukturen und blanden Größenideen, die eine Kerngruppe der früher im Sinne von K. SCHNEIDER als gemütlos und hyperthymisch bezeichneten delinquenten Psychopathen bilden.

Unter den Mechanismen, die bei Rückfallsdelinquenz zum tragen kommen, sind besonders hervorzuheben plötzliche Verstimmungszustände als Ausdruck einer pathorhythmischen positiven Rückkoppelung an einen Grundkonflikt. Das Problem des Rückfalls liegt heute nicht mehr bei den Bedingungskonstellationen, sondern in der Entflechtung gestufter Konditionierungen und Lernprozesse. Wo diese erst in den Pubertätsjahren wirksam wurden, sind ihre Mechanismen noch einigermaßen überschaubar. Oft reichen sie aber bis in die früheste Kindheit zurück und ihre Entflechtung erfordert dann kinderpsychiatrische Erfahrung und eine Übersicht über Verläufe, die sich über das ganze Leben erstrecken.

Zu berücksichtigen ist, daß die Gesetzlichkeiten nicht das Faktum der Delinquenz selbst, sondern nur die Möglichkeiten seiner Realisierung betreffen (Fensterwirkungen).

Konsequenzen

Der Nachweis eines pragmatophoren Syndroms bei jeder delinquenten Handlung, in der Aktualgenese der Erstdelikte und in der Ontogenese bei Rückfallsdelikten, besagt, daß es ganz allgemein Mittlerstrukturen gibt, archimedische Strukturen, wie wir sie nennen wollen, von deren steuernden, aktivierenden oder blockierenden Funktionen menschliches Verhalten getragen wird. Für die klinische Psychiatrie ergeben sich gewisse Konsequenzen im Hinblick auf die Theorie der Schizophrenie. Die Befunde sprechen für die von E. BLEULER (1930) und P. FEDERN (1956), ähnlich auch K. SCHNEIDER (1957) entwickelten Auffassungen. Wenn E. BLEULER (1930) die Grundstörung der Schizophrenie in einer Schaltschwäche erkannt hat, dann bedeutet der Nachweis von Mittlerstrukturen eine wertvolle Stütze für seine Auffassung. Denn nicht das psychische Gebilde erscheint uns als das Bewegliche, sondern seine Innervation. Mittlerstrukturen, das eigentlich Bewegliche und Bewegende (archimedische Strukturen), sind also, wenn man will, dasselbe wie Innervation, sie sind selbst keine psychischen Gebilde, aber sie schalten solche Gebilde ein oder aus. Man legt derzeit das Hauptgewicht der Forschung auf die Analyse von Transmittersubstanzen und anatomischen Strukturen. Unser Ansatz geht tiefer. Es gibt nicht nur Kontakte von Nervenbahnen, sondern auch Kontakte in Form von Rhythmen, die Impulse der Nervenzellen zu raumzeitlichen Gestalten und Koaktionen auf höherer Ebene integrieren. Diese Koaktionen sind einer molekularbiologisch-membranologisch - experimentalphysiologischen Methodik zugänglich.

Zur Dynamik der Mittlerstrukturen

Bei jedem Menschen ist ein ständiger Zustrom von Ordnung notwendig, ohne den sich seine personale Organisation auflösen würde. Bei delinquenten Persönlichkeiten ist dieser Zustrom von außen durch erworbene Pathorhythmien gedrosselt. Verzweifelt strebt er nun, seine Stabilität wiederherzustellen, aber die Zahl der möglichen dynamischen Gleichgewichte ist reduziert. Eine kriminogene Bedingungskonstellation und eine positive Rückkoppelung treten hinzu, und die Möglichkeit zu delinquenten Verhalten ist gegeben. Nach Auffassung der psychoanalytischen Theorie in bezug auf Besetzungen (Kathexis) gibt es zwei Energiearten, eine frei bewegliche, die von den Primärprozessen verwendet wird und dabei zu den Mechanismen der Verdichtung, Verschiebung, Symbolisierung usw. führt, und eine gebundene Energie, vergleichbar der tonischen Muskelinnervation, der in den kontrollierenden Ichstrukturen und im zielgerichteten Verhal-

ten ein definitiver und instrumentaler Charakter zugeschrieben wird (D. RAPAPORT). Dabei wird Energie als ein materielles Fluidum aufgefaßt, das in verschiedenen Arten vorkommt. Analog spricht JANZARIK von einer dynamischen Sphäre und von einem dynamischen Pegel, als ob Dynamik sich von Struktur (Funktion) oder Strukturwandel abgrenzen ließe. Wenn demgegenüber HÄFNER die Kohärenz zwischen Struktur und Dynamik stärker betont hat, so blieb doch die Frage offen welche Beziehung zwischen Energetik und Struktur nun eigentlich vorliegen soll.

Hier setzten unsere Untersuchungen ein. Sie zeigten, daß eine Gesetzlichkeit, die die Molekularbiologie aufgedeckt hat, nämlich der Anstieg des Energiepotentials beim Übergang einer kovalenten oder nonkovalenten Bindung in eine andere (MONOD), also in dem entsprechenden Zwischenstadium, auch im psychologischen und pathopsychologischen Bereich, ihre Gültigkeit hat. Auch bei den Psychosen hat sich gezeigt, daß der Potentialanstieg an den Syndromwandel geknüpft ist (BERNER u. Mitarb.). Steigerung der Energetik und Strukturwandel gehören also unmittelbar zusammen. So wie in der Molekularbiologie die kovalenten Bindungen, ausgezeichnet durch ein gemeinsames Elektron, im Zwischenstadium zwischen Ausgangs- und Endstadium einen besonders starken Anstieg der Energetik erkennen lassen, während es bei nonkovalenten Bindungen nur geringer Energiemengen bedarf, unterscheiden wir nach unserer Hypothese auch im psychopathologischen Bereich zwei grundsätzlich verschiedene Bindungsformen: die synechetischen Bindungen, die ihre Dynamik aus den Interferenzen der beiden Ichformen, dem Ur-Ich und dem Objekt-Ich im Sinne von FEDERN und POHLEN entwickeln und zur Festigung tendieren, und die symballistischen Bindungen, die im Vergleich zu ersteren flüchtig sind und zu ihrer Verfestigung einer großen Zahl gleichzeitiger und wohl aufeinander abgestimmter Einzelbindungen bedürfen, und die Wahrnehmungsprozesse und kognitiven Vorgänge, aber auch die Emotionen regulieren. Diese sind, wie das Bewußtsein nach Freud, der Oberfläche zugewendet. Und entsprechend diesen beiden Bindungsarten unterscheiden wir auch zweierlei Mittlerstrukturen, die synechetischen und symballistischen (metabolen). Die synechetischen Strukturen werden von den symballistischen ständig informiert, so daß sie sich an Situationen, die durch die Umwelt gegeben sind, anpassen können. Beide Arten dieser Elementarstrukturen sind über jede Ichgrenze hinaus in ständiger Wechselwirkung. Die Entstehung der synechetischen Strukturen ist in jenen feinen und feinsten emotionalen und affektiven Austauschvorgängen gegeben, die die Beziehung zwischen Mutter und Kind in den ersten Lebensmonaten beherrschen und an der Formung der im genetischen Code in den Grundzügen festgelegten Ichentwicklung entscheidend beteiligt sind. Die Darstellung dieser Prozesse ist durch R. SPITZ bis in alle Einzelheiten der Dynamik ausgeschöpft worden. Eine Stütze für diese Hypothese ergibt sich aus den Forschungen von JACOB betreffend die Regulatorproteine. Diese symballistischen Vermittlerstrukturen bewerkstelligen im Gegensatz zu den synechetischen ihre bindenden und lösenden Funktionen analog den nonkovalenten Bindungen fast ohne Energieaufwand.

Im Bereiche der chemischen Aktivitäten der Zelle ist eine Integration nur möglich, wenn die strengen Vorschriften des genetischen Programms durch die Anpassungsfähigkeit der über die Natur des Milieus gesammelten Informationen korrigiert werden. Das bedeutet, daß die Ausführungsorgane, um gelenkt zu werden, an Erkennungsorgane gekoppelt sein müssen. Diese Rolle kommt bestimmten Proteinen, den Regulatorproteinen, zu. Diese sind fähig, sich selektiv und reversibel nicht nur mit einem einzigen, sondern mit zwei, drei oder mehreren Molekülen zu verbinden, die chemisch in Natur und Struktur verschieden untereinander keinerlei chemische Reaktivität zeigen. Sie stellen sozusagen Strukturen mit zwei Köpfen dar, der erste erlaubt dem Protein eine besondere chemische Verbindung zu erkennen und so eine bestimmte Funktion durchzuführen, der zweite kann eine vollkommen verschiedene Verbindung fixieren, die die Proteinstruktur beeinflußt und dadurch die Eigenschaften des anderen Kopfes verändert.

Man darf sonach hypothetisch annehmen, daß die pragmatophoren Vermittlerstrukturen im Syndromwandel zugleich eine Verbindung zwischen vier verschiedenen Systemen im Sinne einer Pathorhythmie (bzw. Eurhythmie) herstellen und die Rückkoppelung des Aktualkonfliktes an den Grundkonflikt vollziehen (bzw. der Aktualsituation an die Urgeborgenheit oder an eine schöpferische „Organelle" der Kindheit).

Beim Zustandekommen von Delinquenz handelt es sich um eine besondere Form positiver Rückkoppelung mit Verstärkerwirkung und Magneteffekt in bezug auf lebensgeschichtlich gewordene Pathorhythmien. Die Tat selbst ist dann die adäquate Reaktion auf die innere Situation im Netzgefüge der Syndromsequenzen.

Diese Syndromsequenzen entsprechen wenigstens teilweise den gestuften Konfliktsequenzen. Alle diese Syndrome sind „Niederschriften", Symbolisierungen im Sinne eines individuellen Code, deren Entzifferung erst in den Anfängen steht. Die Entzifferung dieser Niederschriften bietet sich an als ein Weg, jene Gestalten herauszupräparieren, die dem Ehepaar GLUECK vorschwebten, Gestalten, die durch das Wegdenken des „Besonderen" mit seiner Fülle von Einzelheiten und Reduktion auf das rein Qualitative es erlauben werden, mathematische Methoden zur Anwendung zu bringen. Die Anzahl der möglichen Reaktionen, die beim Menschen derart umfangreich ist, daß man nach einer Bemerkung von JACOB von jenem berühmten, den Philosophen so teuren, freien Willen sprechen kann, ist dadurch immerhin so einschneidend reduziert, daß Diagnose und Prognose grundsätzlich möglich ist.

Das zwischen jedem Organismus und seine Umwelt eingeschobene Symbolsystem und seine Filterwirkung ist in diese Reduktion gleichfalls eingeschlossen und daher in seiner integrierenden Wirkung einer Analyse zugänglich.

Der Taten doppelten Gestalt im Sinne von SCHILLER liegt ein doppelter Gestaltwandel zugrunde, ein strukturaler und ein symbolischer, eine pragmatophor abgewandelte „Differenz in der Arbeit der Kräfte" (NIETZSCHE). Wir würden sagen, eine doppelte Vertikalität von „Bedeutung".

Destruktive Tropismen

Innere Haltungen, auf denen sich ein delinquentes Verhalten unmittelbar oder über sog. Vorsatzbildung aufbauen kann, haben in der Kriminogenese eine besondere Bedeutung auch dann, wenn sie von Beziehungspersonen ausgehen. Wir bezeichnen diese von den Beziehungspersonen oder Gruppen und Institutionen auf den Delinquenten gerichteten Wirkungen als destruktive Tropismen. So kann sich z. B. der Verfolgungswahn einer Beziehungsperson auf den präsumptiven Täter in Gestalt eines destruktiven Tropismus auswirken. Die sozialen Strukturen des Menschen sind auf ständige Anleihen von außen, das ist bei der sozialen Ordnung in Familie, Gruppe, Gesellschaft und Institution, angewiesen.

Von den vier Systemen der Vier-Phasen-pathorhythmien bzw. Eurhythmien stehen wenigstens zwei in ständiger chronobiologischer Interferenz mit den entsprechenden Systemen von Gruppenpartnern und Gruppen, sie sind ständige Empfänger kreativer oder positiver Tropismen, die von Bezugspersonen und Repräsentanten der Gesellschaft und ihren Nomien ausgeht. Den gleichen Weg benützen die destruktiven Tropismen, die aus den Anomien der Gesellschaft entspringen, aus der „Bewegtheit" eines als Aufstieg ausgelegten „Absturzes" (HEIDEGGER).

Anthropologie der menschlichen Handlung

Eine an Delinquenten erarbeitete Grundlagenwissenschaft von den menschlichen Handlungsweisen und ihren Gesetzlichkeiten kann dazu beitragen, die Fundierung einer Anthropologie vorzubereiten, die, von philosophischen Vorurteilen und Überheblichkeiten frei, einer neuen Philosophie den Weg ebnet. Die Weiterverfolgung des hier beschriebenen Weges mit den Methoden der Emotionspsychologie und biochronologisch erweiterten Pathopsychologie hat von der Neuropsychologie im Sinne von BENEDETTI neue Anregungen zu erwarten. Im Mittelpunkt dieser Anthropologie steht das Phänomen der permanenten Selbstproduktion (Autopoiesis) und Selbstorganisation bei zunehmender Komplexität mit den aus ihr emergierenden komplementären, widerspruchsvollen und ungewissen Wechselbeziehungen (Negentropie). MORIN spricht von einer biokulturellen Onto-Epigenese. Insbesondere V. FRANKL und R. ROGERS haben diesem Prinzip in ihrer Psychotherapie Rechnung getragen.

Die Schlüsselstellung der Entwicklungspsychologie

Neben dem biochronologischen Ansatz bietet sich für die künftige Forschung an erster Stelle der entwicklungspsychologische als erfolgversprechend an, um so mehr, als er das psychologische Erbe der menschlichen Spezies und das soziale Verhalten der Erwachsenen in der Gruppendynamik oder dem Gesellschaftsleben im allgemeinen mitbeinhaltet, ja die Quelle verifizierbarer Information ist und die Verhaltensweisen Erwachsener durch frühere Verhaltensweisen determiniert sind (PIAGET).

Indem sich nach R. SPITZ die in Sinuswellen fortschreitende Entwicklung psychischer und physischer Fähigkeiten in Kindheit und Jugendalter zu einer neuen psychophysischen Organisation höherer Stufe integriert, der dann ein weiterer Differenzierungsgrad mit einer neuen Integration folgt usw., führt ungestörte Entwicklung zu höherer Differenzierung und weiterreichender Integration als gestörte Entwicklung. Die ungeheure Bedeutung des Erziehungsfaktors *(educational factor)*, schon dann, wenn er sich darauf beschränkt, die Entwicklung dieses Integrationsprozesses nicht zu stören, ist kaum zu ermessen. Die kollektiven Regeln, die aus einer langen gegenseitigen Erziehung der Kinder untereinander als erstrebtes Gleichgewicht erwachsen, welches den „Alter"[20] und das „Ego" zugleich verpflichtet und einschränkt, in Wechselwirkung mit den Interferenzen zwischen „Autoritätsmoral" und „Moral der gegenseitigen Achtung" (Solidarität unter Gleichen; PIAGET) und die Wechselwirkung beider mit den Verhaltensweisen der Eltern oder Bezugspersonen, lassen Zonen und Entwicklungsphasen erhöhter Konfliktbereitschaft aufbrechen, „kritische Perioden", die als „Knotenpunkte" die Ansatzstellen für chronobiologische Forschungen markieren.

In diesem Prozeß wird auch die Zahl möglicher Befriedigungen, und das ist die Zahl möglicher mobiler Gleichgewichte, vermehrt. Gestörte Entwicklungen — und solche liegen bei Rückfallsdelinquenten so gut wie ausnahmslos vor — bedeuten sonach insuffiziente Integration und Reduktion der Vielfalt möglicher Gleichgewichte.

Hieraus resultiert die Vorrangigkeit des entwicklungspsychologischen Ansatzes im Sinne von R. SPITZ. Nun betreffen diese Forschungen, das ist zuzugeben, nur die Integrationsstufen des Kindes, ja des Kleinkindes, und es ist zweifellos so, daß gewisse Fähigkeiten nur auf diesen Entwicklungsstufen erworben werden können. Bedenkt man indessen, daß schon bei den Säugetieren die Starrheit des Programms der Vererbung in zunehmendem Maße nachläßt und mit dem Gehirn die Fähigkeit zur Integration zunimmt, dann fällt schwer ins Gewicht, daß unsere Kenntnisse des Nervensystems etwa dem Wissen entsprechen, das man zu Anfang unseres Jahrhunderts von der Vererbung hatte.

Wir gehen deshalb von der Arbeitshypothese aus, daß das von R. SPITZ entwickelte Konzept der Interaktionen von Reifung und psychischer Entwicklung, das zunächst für die großen Schritte der Kindheitsentwicklung empirisch verifiziert wurde, in gleichsam auf differenziertere und kleinere Schritte beschränkter Form auch für den Erwachsenen gilt, der nach dieser Hypothese allerdings nie ein Erwachsener wird, sondern immer ein Erwachsender bleibt.

Bei diesem „Erwachsenden" sind wiederholte positive Rückkoppelungen an frühere Phasen, etwa im Sinne einer zweiten Pubertät, oder eine neue Integration aufgrund der Lösung einer Fixierung, eine neue Eingliederung untergeordneter Strukturen in ein bestimmtes „Integron" (JACOB), vor allem aber auf Grund der zunehmenden Wichtigkeit „des offenen Teils" des genetischen Programms, neue Eurhythmien und Idiorhythmien der Systeme und neue Integrationen im geistigen (noologischen) Bereich möglich, die auf das biologische Reifungsgeschehen zurückwirken.

Wenn es in den Zellen Mitochondrien gibt, jene Organellen, die in den komplexen Zellen Energie produzieren und eine eigene Nukleinsäuresequenz haben, die von den Chromosomen der Zelle unabhängig ist, bei denen es sich aller Wahrscheinlichkeit nach um Überreste von Bakterien handelt, die sich einst mit einem anderen Organismus verbunden hatten, dann könnte man in den geistigen Systemen analoge Energiequellen erwarten, die in den Organismus gleichsam implantiert worden sind.

Tatsächlich kennen wir auf geistiger Ebene ein ähnliches Phänomen. Auch da gibt es „Organellen", die von einem anderen Organismus in die elementare Organisation eingefügt worden sind, deren Energieproduktion die von uns herausgestellte Ener-

---

[20] alter = der Andere, Partner

getik des Strukturwandels an Tiefen- und Breitenwirkung ganz in den Schatten stellen kann. Wir meinen die *êtres vivants* von PASCAL, die Ideen, deren Einpflanzung in den noch kindlichen Organismus bisher eine Angelegenheit jeder Kultur gewesen ist. Über Funktion und Struktur dieser Organellen im einzelnen Organismus wissen wir nahezu nichts, aber wir kennen die Systeme der Werte und wissen über ihre Beeinflußbarkeit durch Erweiterung des Selbstverständnisses (C.R. ROGERS) und der Fähigkeit zur Selbstdistanzierung (Logotherapie; FRANKL). Es gibt hier psychotherapeutische Ansätze, deren Bedeutung für die Resozialisierung bisher noch nicht genügend erkannt ist. Kommunikation ist nichts, wenn das menschliche Urbedürfnis nach Transzendenz unbefriedigt bleibt.

Die Grenzen zwischen Ich und Über-Ich und überhaupt die Grenzen zwischen Systemen (von Ordnungen) lassen sich unter normalen Verhältnissen nicht erkennen. Daß sie erst hervortreten, wenn beide oder mehrere Instanzen gegensätzlich sind, macht gerade die delinquente Persönlichkeit zu einem geeigneten Studienobjekt über Systeminterferenzen. An der delinquenten Persönlichkeit vollzieht sich die Regression auf verhängnisvolle Fixierungsstellen, offenbart sich die Unfähigkeit, auf Befriedigungen zu verzichten (weil die Zahl ihrer Möglichkeiten so extrem reduziert ist), manifestiert sich die durch die Evolution ausgelesene Aggressivität im Sinne von K. LORENZ, weil ihre Interferenzen auf eine abnorm reduzierte Zahl von Bedürfnissen angewiesen und durch Konditionierung einem Magneteffekt unterworfen sind.

Überall geht es hier um Phänomene, die erst durch die Forschungen von R. SPITZ und durch die Rhythmusforschungen von VON HOLST, SOLLBERGER u.a. sichtbar bzw. messbar geworden sind, nämlich um die Phänomene selektiver Gleichgewichtsstörungen und Pathorhythmien einer Entwicklung, die auf höheren Stufen der Differenzierung, nämlich mit dem 20. Lebensjahr, noch nicht abgeschlossen ist.

Delinquenz und Psychose

Die Strukturgesetzlichkeiten menschlicher Handlungsweisen, die hier aufgewiesen wurden, sind in zweifacher Hinsicht merkwürdig. Einmal dadurch, daß sie durch ein psychotisches Geschehen nicht aufgehoben werden, sondern, wenn auch in abgewandelter Bedingungskonstellation, auch im „pathologischen Funktionswandel" (K. CONRAD) ihre Energetik und ihre strukturale Eigenart durchhalten. Zum anderen sind sie dadurch merkwürdig, und das ist wohl nur die Kehrseite, daß sie im pragmatophoren Syndrom und im Strukturwandel überhaupt symptomatologisch einen psychoseähnlichen bis ausgeprägt psychotischen Charakter aufweisen. Sie gehören fast durchgehend dem neurotisch-psychotischen Grenzbereich an.

Strukturwandel in seinen Ergänzungsreihen vom Syndromwandel *(syndrome shift;* LOPEZ-IBOR; SPIEGELBERG) bis zu den Emotionen wird so zu einem System von Indikatoren für das ungestörte oder gestörte Auftreten von Organisatoren, für die dynamische Synchronisierung von Entwicklungsschritten mit Reifungsvorgängen bzw. mit kritischen Perioden. Konzept und Theorie der kritischen Perioden in der Entwicklung im Sinne von SCOTT u. MARSTON (1950) und von R. SPITZ wurden von uns modifiziert auf das Erwachsenenalter übertragen, das Gleichgewichtsstörungen in der Entwicklung kennt, die den Ursprung für Fixierungen abgeben können.

Der führenden Rolle der Emotion für die Bildung des Organisators oder der Idee für die Integration geistiger Strukturen entspricht die führende Rolle des Syndromwandels für das Versagen von Integrationen im Bereich der sozialen Strukturen (MÜLLER-SUUR), sich manifestierend in einer kritischen Periode, die eine Verbindung eines defizienten Entwicklungselements mit einem dekompensierten Reifungselement markiert.

Die ganze Fülle von Pathorhythmien, die bei gestörter Entwicklung in Gang gesetzt werden können, sind die der Ungleichzeitigkeit von Reifung und Entwicklung, die sich auch im späteren Leben als bevorzugte Schrittmacher pathologischer Zustände und in entsprechender Bedingungskonstellation auch delinquenten Verhaltens erweisen.

Ein Verständnis dieser Prozesse vermittelt uns nur die Entwicklungspsychologie, denn nur sie ermöglicht eine Aussage über das, was für das Subjekt, also hier für den Delinquenten, Realitätswert gewinnt. Seine psychische Realität ist die Phantasie mit ihren symbolischen Matrizen, die einem gestörten Gleichgewicht entstammen. Die biologistische Auffassung, Reifungsstörungen und Entwicklungsdysharmonien seien nichts andres als Varianten von psychopathischen Frühmanifestationen, ist durch die Forschung längst widerlegt.

Zusammenfassung

Im wesentlichen handelt es sich bei pragmatophoren Syndromen und allgemeiner bei Vermittlerstrukturen oder archimedischen Strukturen überhaupt um hochdifferenzierte Formen jener zwischen Reiz und Reaktion vermittelnden Glieder, die schon HULL 1930 angenommen hat, nämlich um emotional überformte Hinweisreize für folgende Reaktionen in einem *representational mediation process* (RMP, Mediatisierung) mit ihren semantischen Differentialen (SD). Diese Vermittlerstrukturen (pragmatophore Syndrome) führen im kriminogenen Strukturwandel zu synechetischen Rückkoppelungsvorgängen, die in ihren Interferenzen mit einer symballistischen „Entzügelung des Wahrnehmungsprozesses" jene Bedeutung *(meaning)* tragenden „Gestalten" hervorbringen, die E. und Th. GLUECK postuliert haben.

Die Person, handelnd auf eine Situation entworfen, sieht sich konfrontiert mit einer Konstanten, die vom Physischen bis zum „Gleichgewicht als moralische Aufgabe" (P. SCHILDER) reicht. Die dynamische Vermittlung der internen handlungsrelevanten Prozesse und ihre Ausarbeitung an den Realitätscharakteren zu sozialen Strukturen in einer eurhythmischen und idiorhythmischen Koordination betrifft einen Funktionszusammenhang, der im synechetischen und im symballistischen System der archimedischen Strukturen (Vermittlerstrukturen) seine elementaren Voraussetzungen hat. Nosologie und Ätiologie psychischer Störungen, insbesondere der endogenen Psychosen, können über ihre Strukturen und Varianten Aufschlüsse erteilen, die die kriminologische Forschung mit neuen Impulsen erfüllen werden.

Die reiz- und reaktionsvermittelnden Glieder stoßen in der Positionalität eines Delinquenten, die Vorentscheidungen mit umschließt, auf eine stark reduzierte Zahl von Gleichgewichtsmöglichkeiten, und das auch in der Dimension der sozialen Strukturen, von denen seine Handlungsweisen unmittelbar getragen werden.

Dadurch sind auch Informationen, die die symballistischen Strukturen den synechetischen Strukturen des Ichs vermitteln, stark vermindert, und das Bild, das sie vermitteln, ist im Sinne des impressiven Wahrnehmungsmodus verzerrt. Der positive Rückkoppelungsvorgang, der die Tat in Gang setzt, wird in den Sequenzen eines Mediatisierungsprozesses über das semantische Differential von Mittlerstrukturen gesteuert, deren Stufenbau bis zu den Regulatorproteinen hinabreicht. Dadurch kommt es zu einer Verbindung von zwei Ichzuständen, dem des Aktualkonfliktes und dem des Grundkonfliktes. Pragmatophores Syndrom und Regulatorprotein wären nach dieser Arbeitshypothese nur die Endpunkte einer elementaren Ergänzungsreihe.

Mit anderen Worten: die Funktion des Regulatorproteins ist die Elementarform der Funktion pragmatophorer Syndrome. In höheren Differenzierungsbereichen des Psychischen ist der pathologische Funktionswandel dieser Erscheinungsformen, dieser Mitterlstrukturen am deutlichsten ausgeprägt im Syndromwandel der endo-

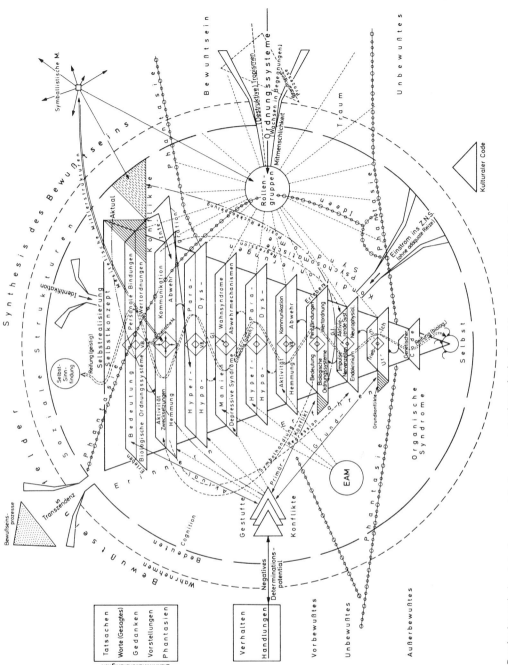

Psychodynamisches Interferenzmodell einer neuen Anthropologie (Graphik von Architekt Dr. F. PREY)

231

genen Psychosen und der psychosomatischen Krankheiten.

Im pragmatischen Entlastungsmechanismus (PEM) vollzieht sich die Auffächerung lebensgeschichtlich gewordener Symbolgestalten in Verhaltensweisen und Syndromsequenzen. Die Relation pragmatophores Syndrom — delinquente Handlungsabläufe faßt, wie eine Serie von Blitzlichtaufnahmen, die vertikal durchgehende Funktion von Bedeutung in einem beweglichen Bild zusammen, das das Anlegen von Parametern (Wahrnehmungsniveau, Projektionsniveau, Integrationsniveau) gestattet und damit eine graphische Darstellung von Enkodierung und Dekodierung durch Bedeutung im Mediatisierungsprozeß (RMP) ermöglicht.

Die Ontogenese psychischer Strukturen läßt sich grundsätzlich als elementare Wechselwirkungen analysieren.

Psychodynamisches Interferenzmodell

(Siehe Abbildung)

Dieses Modell zunehmender, informationsgesteuerter und ihre Komplexität steigernder Ordnung im Sinne permanenter Reorganisation stellt Strukturen und offene Ordnungssysteme heraus, deren Interaktionen die Energetik freisetzen, von der menschliche Selbstorganisation in Denken, Verhalten und Handeln getragen ist. An ihm läßt sich die Dynamik delinquenten, psychotischen oder kreativen Verhaltens ablesen, wenn die gestuften Konflikte oder Rückkoppelungen, die psychosomatischen Syndromsequenzen, Aktualkonflikt und Grundkonflikt, die pathopsychologischen Syndrome bis zu den Emotionen lebensgeschichtlich verfolgt und schematisch eingetragen werden.

Als diachrone Achse sind in aufsteigender Differenzierung die Interferenzen zwischen den beiden Entwicklungslinien des Ich (FREUD, FEDERN) eingezeichnet. Diese Achse ist eingehüllt zu denken in den darstellenden Vermittlungsprozeß (R.M.P.) vermittelnder Glieder zwischen Reiz und Reaktion, also in einen Lernprozeß mit Hinweisreizen (HULL) eines Stufensystems von Bedeutungsvertikalität (OSGOOD). Um diese Achse schlingt sich die aufsteigende Spirale einer Interferenzsphäre zwischen biologischer Reifung und seelischer Entwicklung (PIAGET, R. SPITZ). Den Querschnitten in der Pyramide entsprechen die synchronen, aber zugleich diachron aufsteigenden Eurhythmien und Pathorhythmien, von denen besonders die Vierphasenpathorhythmien näher analysiert wurden. Der über der Mitte befindliche Querschnitt mit den psychotischen Syndromen bedeutet zunächst eine in der Pubertät zu passierende Gefährdungszone.

Anthropologische Vorbemerkung

Als Grundprinzip, das alle Systeme durchdringt, wird die Kraft angenommen, die Welt zu verändern, ein Vorgang, der schon in den kognitiven Prozessen, ja schon im Wahrnehmen (äußerer Kreise) seinen Anfang nimmt, wobei unter den Reizen eine Auslese und eine gewisse Ordnung vorgenommen wird. Dieses Prinzip beherrscht zumindest jene Phänomene, die wir als Leben bezeichnen und ist schon im molekularen Bereich durch die Erkenntnisvorgänge der Regulatorproteine repräsentiert. Wir betrachten nun den Menschen als einen ständig werdenden (nie Erwachsenen, sondern bis zuletzt Erwachsenden), setzen also die Interferenzen zwischen Entwicklung und Reifung nicht nur potentiell, sondern real als ein nie aussetzendes, von der Geburt bis zum Tod reichendes Geschehen an, das ständig von zwei Epizentren gespeist und gesteuert wird: vom genetischen Code und vom kulturalen Code (Kultur). Es geht um das Werden, das der Mensch „ist", um die „Physis" der Griechen. Der Zustrom an dynamischer Rhythmik aus dem Epizentrum Kultur, in dem das durch die Pyramide symbolisierte Individuum gleichsam wie in einer Sphäre schwebt, erfolgt als ein ständiger Zustrom von Ordnungen oder teilweise auch in Gestalt für die Kriminogenese bedeutsamer destruktiver Tropismen (im Bild rechts). Dieser kulturale Code bestimmt und modifiziert über die eigene Rolle und über das interpersonale Rollenspiel schon vom ersten Lebensjahr an das Verhalten des Individuums. Dabei geht es ständig um Interferenzen und komplexe Beziehungen zwischen diesem kulturalen Code und dem genetischen Code. Dieser besteht nur zum Teil aus solchen Informationen, deren Durchführung so streng fixiert ist, wie etwa der Aufbau des Gehirns, während ein anderer Teil dem Individuum eine gewisse Freiheit in der Reaktion beläßt, indem er nur Strukturen und Funktionen vorschreibt oder nur Potentialitäten, Normen und Rahmen.

Das Zurücktreten genetisch bedingter Programme gegenüber organisierenden strategischen, heuristischen und innovatorischen Kompetenzen und Kompetenzzentren für Verhalten und Handeln beruht beim Menschen nicht auf einem Fehlen von Instinkten, wie man bisher vielfach angenommen hat. Vielmehr haben Untersuchungen von EIBL-EIBESFELDT sowie von MEHLER gezeigt, daß es bis zum Alter von drei bis vier Jahren eine vorkulturelle, also angeborene Grundlage an Verhaltensweisen, Erkenntnissen und Kommunikationen gibt, so daß man nach MORIN annehmen kann, daß diese genetischen Botschaften nicht verschwunden, sondern durch das gleichzeitige Auftreten der Kompetenzen und kulturellen Informationen verdrängt wurden. Nach ALDAIR GOMEZ (zitiert nach MORIN) kann man annehmen, daß die instinktmäßigen Botschaften durch zufällige Neuronenverknüpfungen und kulturelle Informationen unaufhörlich in winzige Teile zerhackt werden, daß also die reichen Instinkte des Menschen unaufhörlich zertrümmert werden.

Wir konnten bei Untersuchungen an Delinquenten immer wieder das merkwürdige Auftreten von Handlungsbruchstücken instinkthaften Charakters feststellen, ohne uns dieses Phänomen erklären zu können. Diese Theorie der Instinktzertrümmerung als ein permanenter Vorgang von Reorganisation auf der Stufe hochkomplexer Cerebralisation scheint uns eine sehr brauchbare Erklärung anzubieten.

Um dem Wellencharakter, der nicht nur die physikalische Welt beherrscht, sondern entsprechend unserem chronobiologisch-rhythmologischen Denkansatz auch die Resonanzen im Bereich psychischer Dynamik steuert, sich zu veranschaulichen, muß man sich vorstellen, daß die Ordnungssysteme des Erlebens der personalen Bindungen, der biologischen und physiologischen Prozesse und der Werte in ständigen Wechselwirkungen von Koaktion, Superposition, Magnetwirkung (E. VON HOLST) und Behauptungstendenz stehen, wobei durch das Zusammenwirken verschiedener Ordnungssysteme ständig neue Gestalten und Strukturen entstehen. Die Hyperkomplexität des menschlichen Gehirns bedingt, daß Ungleichgewicht das Primäre ist, der Ausgleich in der Richtung auf mobiles Gleichgewicht ist ständig abhängig von der zunehmenden Programmierungsfähigkeit der Kompetenzen und von der Intaktheit der Mittlerstrukturen. Wir haben das Vorhandensein solcher Mittlerstrukturen, wir bezeichneten sie als archimedische Strukturen (AS), auf Grund unserer Beobachtungen postuliert und durch Hinweise auf molekularbiologische und psychopathologische Ergebnisse neuerer Forschungen als Realität nachzuweisen versucht. Es sind das Strukturen, die zwischen einzelnen Bindungen und offenen Systemen, also auch zwischen Wahrnehmungen, Emotionen und Ich-Zuständen vermitteln und Analogien mit den Regulatorproteinen (JACOB) erkennen lassen. Störungen im Bereich der Mittlerstrukturen entsprechen Schaltstörungen im Sinne von E. BLEULER (1930). Ausgehend von der Vorstellung, daß die Interferenzen zwischen allen offenen Systemen ihre eigenen rhythmischen Koaktionen haben und dabei Gesetzen folgen, die E. VON HOLST,

SOLLBERGER u.a. nachgewiesen haben, betrachten wir die ständigen Impulse der Nervenzellen des Gehirns als jene Grundrhythmen, die in den verschiedenen Regionen und in verschiedenen Interferenzen weit über das hinausgehen, was man als synaptisches Geschehen verstehen kann (Induktion usw.)

Um diesem rhythmischen Ansatzpunkt zu entsprechen, ist es erforderlich, das Modell durch die Phantasie des Betrachters zu beleben. Man imaginiere, daß sich die die dynamischen Interferenzen des Individuums symbolisierende Pyramide entsprechend den Rhythmen des REM-Schlafes einstülpt, so daß die Spitze mit dem Ur-Ich und den phasenspezifischen Ich-Zuständen aus der frühen Kindheit und mit dem Bereich ständig lebendig werdender Instinkte auf einmal eintaucht in die Sphäre der sozialen Ordnungen und (geistigen) Differenzierung der Kompetenzen, während der basale Bereich des aktualen Erlebens, die personalen Beziehungen und synchronen Erfahrungen in die biologischen Tiefen der Informationen des genetischen Code versinken. Am Morgen taucht dann das Ich wieder aus dieser Versenkung auf (Ortriogenese des Ich, FEDERN), es beginnt wieder unter der „Aufsicht" der Kompetenzen das rhythmische Wechselspiel zwischen Entwicklung und Reifung, personaler Bindung und Wertordnung, psychischem Erleben und biologischer Ordnung und der Integrationsprozeß mit den Interferenzen der beiden Entwicklungslinien aufsteigender Ichdifferenzierung. Darauf, daß diese Vorgänge in rhythmischer Abfolge in den Primärprozeß des Traums eingetaucht werden, beruht wohl ein großer Teil dessen, was man als schöpferisch (kreativ) bezeichnet, wie auch auf den Störungen dieses circadianen Rhythmus, wenigstens teilweise, jene gestörte Dynamik zurückzuführen ist, die auf einen psychotischen Strukturwandel hinsteuert (dynamische Entgleisung", JANZARIK). Nun muß man weiter imaginieren, daß diese Pyramide mit anderen Pyramiden (Individuen) und Gruppen von

solchen in Kommunikation steht und schließlich, daß unsere auf der Spitze stehende Pyramide, entsprechend der chthonisch-kulturalen Doppelnatur des Menschen, in eine zweite, größere, auf ihrer Basis aufruhende Pyramide eingeschlossen ist. In dieser (im Modell aus Raumgründen nicht eingezeichneten) größeren Pyramide, deren Spitze hoch über der Abbildung zu denken ist, ist das „Bewußtsein" in der Spitze angesiedelt, „wobei dann in einem Vorgang geistigen Reifens wir uns immer weiter in dieser Pyramide zu ihrer völlig in die Breite gehenden Basis hin niederlassen — und dabei immer weiter einbezogen werden in die von Zeit und Raum unabhängigen Gegebenheiten des Irdischen." Dieses von RILKE entlehnte Bild veranschaulicht in Ergänzung unseres Modells am besten diesen ständigen Umschlag oder Strukturwandel des mehr oder weniger noch unreflektiert aufsteigenden Erlebens und Erfahrens in das reflektierte und besonnene Erleben („Besinnung", STÖRRING) bewußter Weltoffenheit, ein ständiger Umschlagsprozeß, der mit dem aufsteigenden Prozeß von Entwicklung und Reifung in Interferenz steht. So wie sich der durch die destruktiven Tropismen einer entgleisten sozialen Ordnung verkrüppelte oder cerebral erkrankte alternde Mensch in seine engere Umgebung (nicht selten wahnhaft) „hineinformuliert", um ein Wort von BÜRGER-PRINZ zu gebrauchen, so, das ist eben ganz anders, läßt sich der natürlich (also in seiner Kultur) alternde cerebral gesunde Mensch in Gelassenheit auf die gestufte Realität nieder. Es geht also hier um eine Fähigkeit oder Befähigung, sich in solche Breite, Weite und Tiefe „niederzulassen". Man kann sich vorstellen, wie die in den Pyramidenquerschnitten symbolisierten, sich ständig wandelnden und ineinander übergehenden Vierphasenidiorhythmien und -pathorhythmien in der kleinen Pyramide ständig zu ihrer Basis aufsteigen und sich, transformiert in Ordnungssysteme reflektierender Besinnung, als Gestalten und Strukturen, die zuletzt auf Vorgänge geistigen Reifens beruhen, nach einem Umschlag oder Umsprung in die Spitze der äußeren, größeren Pyramide wieder niederlassen „in die Gegebenheiten des Irdischen", also in die Bereiche gestufter Realität (Basis der äußeren Pyramide). In diesem Umschlagsprozeß oder Umsprung kann jene gleichsam herbsttägige Klarheit des Erkennens erreicht werden, die nur dem Alter eigen ist. Aber auch dieser Umschlagsprozeß ist ein dauernder und kann schon in der Jugend erreicht werden, wie auch die spielerische Phantasie der Jugend bis ins höchste Alter wirksam bleibt.

Kriminogenese

Der tiefste Grund von Delinquenz ist gekränkte Liebe. Diese Erfahrung besagt, daß Liebe sehr verschiedenes bedeuten kann: Bindungen an eine Person, an einen Wert, an eine Idee, an eine (schlechte) Gewohnheit, an einen Fetisch, an eine Landschaft, eine Gruppe usw., auch an ein Fluchtmittel, z.B. Alkohol. Dieser Zusammenhang wird durch einen Pentameter von HORAZ (Ode III/9) veranschaulicht:

Tecum vivere amem, tecum obeam libens.
Mit dir wünschte ich mir zu leben, mit dir stürbe ich gern.

Es kommt also darauf an, das jeweilige „tecum", jene Beziehung, die den entscheidenden Knotenpunkt verkörpert, und ihre Dynamik, aufzuspüren. An einem Beispiel soll das Interferenzmodell näher erörtert werden. Eine siebzigjährige, heitere, tätige Bauersfrau erschlägt eines Tages ihre etwas jüngere Stiefschwester, mit der sie seit 17 Jahren in guter Nachbarschaft lebt und an die sie ihren Hof vermietet hat, mit der stumpfen Seite einer Hacke, geht wieder etwa zweihundert Meter heim, setzt sich vor ihr Haus, stopft ihre Strümpfe und erzählt den Vorbeikommenden, ihre Schwester sei mit der Hacke erschlagen worden. In den folgenden Tagen zunehmende Veränderung, drei Tage nach der Tat, anschließend an einen Erregungszustand, Selbstmordversuch, sie wird stark unterkühlt im Wald aufgefunden. Jetzt erst wurde sie als Täterin erkannt, man nahm einen motivierten Mord an, und sie erhielt acht Jahre Freiheitsstrafe. Zwei psychiatrische Gutachten hatten nur geringe die Zurechnungsfähigkeit nicht ausschließende Demenzzeichen festgestellt.

Vier Jahre später ergibt eine eingehende Untersuchung: die Frau hatte schon sechs Monate vor der Tat Sorge und Kummer wegen ihrer Tochter, die sich nach einer Kropfoperation nicht erholte und Zeichen einer Depression mit Selbstmordgedanken bot. Die Täterin selbst war durch schwere Arbeit überfordert, sie versorgte die fünf Kinder der erkrankten Tochter und auch deren Bauernwirtschaft neben der eigenen. Bei zunehmender Appetitlosigkeit und Schlaflosigkeit hatte sie bis zur Tatzeit 20 kg abgenommen, dazu war auch eine Depression (interpersonaler shift?) gekommen mit dem hypochondrischen Wahn, die Tochter werde nie mehr gesund werden und die fünf Kinder würden allein dastehen. Dennoch bewältigte sie die ganze Arbeit und die bäuerliche Umgebung merkte „nichts", obwohl sie wegen Gallenbeschwerden, Schlaflosigkeit, cerebralen Durchblutungsstörungen und (nicht erkannter) Depression bei einem Arzt schon seit einem Jahr in Behandlung stand. Mit 20 J. Meningitis angeblich ohne Folgeerscheinungen.

Wir stellten eine Vierphasenpathorhythmie fest (synchron): Störungen der personalen Bindung zur Tochter, Störung der biologischen Ordnungssysteme (Schlaf, Appetit), Störung der Wertordnung (Gefährdung der Kontinuität des bäuerlichen Lebens und der Familie) und Störung der Aktivität (Überarbeitung). Wir sehen, wie die Hyperaktivität der Arbeitsüberlastung mit einer depressiven Reagibilität (schweigend zu leiden) in Interferenz tritt und zu einer hypochondrischen Depression führt. Daraus ergab sich ein langsam sich einschleichender Aktualkonflikt (wie werde ich das leisten).

Nun kommen wir zu dem, was wir als Fensterwirkung bezeichnet haben. Diese alte Frau hatte schon zweimal vor der Tat und einmal nach der Tat im Krankenhaus Schwächeanfälle infolge cerebraler Durchblutungsstörungen. Einmal mußte sie sich im Kleefeld bei der Arbeit eine Zeitlang hinlegen, ein ander Mal fiel sie nach einem Marsch zur Schneiderin bei großer Hitze nach ihrer Rückkehr vom Sessel, im Krankenhaus erhob sie sich, ging einige Schritte und stürzte bewußtlos mit blauem Gesicht zusammen. Im letzteren Fall bestand vollkommene Amnesie. Die neurologische Untersuchung ergab eine Sinktendenz im Bereich des linken Armes und ein Schwanken in Rombergstellung, der Rorschachversuch ein organisches Rorschachsyndrom im Sinne von PIOTROWSKI. Keine groben Demenzzeichen.

Beurteilung: das depressive Syndrom nach der Erkrankung der Tochter hatte also offenbar eine organische Komponente („Achsensyndrom"), die Frau stand schon seit Monaten hart an der Grenze einer cerebralen Dekompensation, zur Zeit der Tat kam es, vielleicht ausgelöst durch ein an sich ungewöhnliches Austrinken einer halben Flasche Bier und andere unbekannte Faktoren, auf Grund der organischen Hirnschädigung zu einem affektivmotorischen, nur partiell auch amnestischen, nämlich die Ichhaftigkeit des Erlebens betreffenden Durchgangssyndrom (WIECK) nach Art eines kurzdauernden geordneten Dämmerzustandes. Dieses Syndrom entwickelte nun jene „Fensterwirkung", die eine positive Rückkoppelung des Aktualkonflikts an den Grundkonflikt freisetzte und damit über das pragmatophore Syndrom zur Tat führte. Wahrscheinlich sind alle derartigen Prozesse oder Ereignisse zumindest an gewissen Knotenpunkten, grundsätzlich reversibel, ja sogar der Handlungsablauf selbst.

Der Grundkonflikt: die Täterin hat mit einem Jahr ihre Mutter verloren. Sie kam als Kleinkind zur Stiefmutter, von der auch die Stiefschwester (die Ermordete) stammt. Sie fühlte sich als Kind (und war es wohl auch) dieser und einer anderen Stiefschwester gegenüber zurückgesetzt. Dieser neurotische „Grundkonflikt" (BECK) war allerdings vollkommen integriert bzw. verdrängt. Erst in dem hypochondrisch-depressiven Syndrom flackerte er wieder auf.

Pragmatophores Syndrom: die Täterin entwickelte im letzten Halbjahr vor der Tat im Rahmen ihres depressiven Syndroms, das wohl zugleich auf einem interpersonellen shift mit der Depression ihrer Tochter wie auf einer beginnenden cerebralen Dekompensation aufruhte, einen paranoiden Strukturwandel: die Stiefschwester sei schuld an der Krankheit der Tochter, weil sie zur Operation riet, der Stiefschwester gehe es besser, weil sie eine größere Pension habe. Vielleicht auf Grund der Tatsache, daß bei ihr ein Cerebralschaden vorlag (organisches Rorschachsyndrom), wurde die Fixierung dieses paranoiden Strukturwandels begünstigt. Dieser stand allerdings nicht im Vordergrund, war bland und verwaschen, wie das bei pragmatophoren Syndromen die Regel ist, und fiel der Umgebung nicht besonders auf. Pragmatophore Syndrome bewegen sich gleichsam im Bereich leichterer Interferenzen zwischen dem Hyper, Hypo, Para und Dys im Sinne von KÜHNE, können also als dynamische Unruhe mit Auflockerung des normalen Wahrnehmungszusammenhangs im Sinne von JANZARIK charakterisiert werden.

Die „Fensterwirkung" gab nun die positive Rückkoppelung der im pragmatophoren Syndrom gegen die Schwester gerichteten paranoiden Einstellung in ihrer Interferenz mit dem Aktualkonflikt (Angst vor eigenem Versagen und vor Unheilbarkeit der Tochter) über gestufte Vierphasenkonflikte (im Bild links) zum Grundkonflikt (im Bild links unten) frei. Es handelt sich also um eine gestufte Konfliktmetamorphose, signalisiert durch den kriminogenen Strukturwandel im pragmatophoren Syndrom. Dieser Weg zum Grundkonflikt mit seinen Bereitschaften zu unkontrollierten Instinkthandlungen („Handlungsbruchstücken") war früher durch ordnende und integrierende negative Rückkoppelungen verlegt. Durch Schlaflosigkeit, Abmagerung und depressiven Strukturwandel und die damit verbundenen Störungen der biologischen Ordnungssysteme und der mitmenschlichen Kommunikation war auch die Instinktzertrümmerung alteriert, es konnten Bruchstücke instinkthaft gesteuerter Handlungsmuster („Primärvorgang") dank der zusätzlichen Fensterwirkung zum Tragen kommen. Verständlich, daß die Täterin ihrer eigenen Tat fremd gegenüberstand, war doch diese ausgesprochen ichfern. Auch hatten ihre eigenen Angaben, wonach sie sich an alles bis zur Tat selbst gut erinnern kann, dann aber sei auf einmal in ihrem „Hirnkastel alles rennat worden", das Durchgangssyndrom treffend charakterisiert. Auch bei dem Zustand drei Tage nach der Tat, als es im Anschluß an einen Erregungszustand zu dem Selbstmordversuch kam, war die Dynamik vorwiegend durch den hypochondrischen Wahn, die Tochter zu verlieren, bestimmt, und nur am Rande durch den Tod der Stiefschwester.

Parallel mit der positiven Rückkoppelung des Aktualkonfliktes an den Grundkonflikt, und das ist für die Frage der dynamischen Psychosengenese von Bedeutung, verläuft, wie man an dem Modell ablesen kann, die positive Rückkoppelung der aktuell gestörten Lebensordnung über gestufte psychosomatische Syndromsequenzen (Schlafstörungen, Appetitlosigkeit, Abmagerung, depressive Syndrome) zu einem hypochondrischen Wahn mit paranoiden Strukturen und zu jenen Basisstrukturen im Sinne von KÜHNE, die noch unmittelbar und unausweichlich vom genetischen Code abhängig sind.

So, wie delinquente Handlungen und Haltungen von einer Unruhe der Dynamik im Sinne eines Zwischenstadiums zwischen mehreren Bindungsformen zu einem stabileren Zustand der Konfiguration hinstreben, so oder analog sind auch psychotische oder neurotische Zustände geknüpft an einen Strukturwandel, der ihnen vorangeht (z.B. in Gestalt eines Tremas nach CONRAD), wobei gegenüber den früher labileren Strukturen stabilere, wenn auch abweichende Konfigurationen (z.B. Wahnsyndrome oder Defektsyndrome) erreicht werden.

Psychodynamisches Interferenzmodell und universalgenetische Psychosenkonzeption

Unsere Studien zur Kriminogenese haben deutlich gemacht, daß jede soziologische, kriminologische oder psychologische Methode, die nicht den gesamten Funktionszusammenhang des Gehirns in seiner Komplexität und in seinen Interferenzen mit dem kulturalen Code (Kultur) neuropsychologisch und pathopsychologisch im Griff hat, zum Scheitern verurteilt ist. Anders ausgedrückt, daß die Parameter einer neuropsychologisch unterbauten Emotionspsychologie und einer emotionspsychologisch und klinisch fundierten Pathopsychologie unentbehrlich sind, wo wissenschaftlich Kriminologie oder Soziologie betrieben wird. Aus unseren Untersuchungen läßt sich die Frage ableiten, ob nicht die dynamisch-psychosomatischen Grundgesetzlichkeiten menschlichen Handelns, die wir im Strukturwandel der Vierphasenpathorhythmien und des pragmatopheren Syndroms sowie der positiven Rückkoppelung des Aktualkonfliktes über gestufte Konflikte und Syndromsequenzen an den Grundkonflikt kennengelernt haben, zugleich, wenn auch in modifizierten Formen, Grundgesetzlichkeiten sind, die einer multifaktoriellen Psychosengenese zugrunde liegen. Wir denken hier an die universalgenetische Psychosenkonzeption von WEITBRECHT, CONRAD,

237

JANZARIK und insbesondere von RENNERT und KÜHNE. Ein normaffektives Verhalten im Sinne von KÜHNE entspricht in unserem Modell einer Eurhythmie oder Idiorhythmie im synchronen Vierphasenrhythmus von Aktivität, Hemmung, Kommunikation und Abwehr. Zum Unterschied von der positiven Rückkoppelung an den Primärkonflikt der Pubertät oder den Grundkonflikt im Sinne von BECK haben wir es wahrscheinlich bei den Psychosen und Neurosen mit Dekompensationen negativer Rückkoppelungen zu tun bzw. mit positiven Rückkoppelungen an abnorme Basissyndrome oder Basisstrukturen, wobei wir uns hier auf das Hineingeraten in die Psychosen beschränken und den weiteren Verlauf zunächst ausklammern. Die These von JANZARIK, daß in den endogenen Psychosen — wir würden hinzufügen, bei allen Psychosen überhaupt — primär die seelische Dynamik tangiert wird, konnten wir durchgehend bestätigen. Den seelischen Dauerbelastungen der beginnenden endoreaktiven Dysthymien im Sinne von WEITBRECHT und dem Trema bei Schizophrenien im Sinne von CONRAD sind psychosomatische und pathopsychologische Syndromsequenzen synchronisiert und diachronisiert, die in gleicher oder leichter abgewandelter Form, wenn auch vor allem in anderen „Bedingungskonstellationen" (HELMCHEN), im Hinblick auf die Gesamtpersönlichkeit bei jeder Kriminologenese zu beobachten sind. Allerdings fehlt bei den Psychosen oft ein intensiv dynamisch bearbeiteter Aktualkonflikt. Das paranoid-depressiv-submanisch-dysphorische pragmatophore Syndrom beim kriminogenen Strukturwandel und die pragmatischen Entlastungsmechanismen entsprechen weitgehend, wenn auch keineswegs ganz, dem, was JANZARIK als dynamische Unstetigkeit, dynamische Expansion oder auch dynamische Entgleisung bezeichnet hat, wenngleich hier anzumerken ist, daß alle diese psychodynamischen Forschungen, mit wenigen Ausnahmen aus neuester Zeit, den rhythmologisch-chronobiologischen Denkansatz vermissen lassen, der

den Ausgangspunkt der hier vorgelegten Untersuchungen abgegeben hat. Dieser Art zu sehen kann man nur mit dem von uns geprägten Begriff der Pathorhythmien gerecht werden, der es erlaubt, das Synchrone im Geschehen verschiedener offener Systeme und den diachronen Strukturwandel in der Zeit zu erfassen und zugleich die Verknüpfung dieses Geschehens mit dem Prozeß der positiven Rückkoppelungen an einen neurotischen Grundkonflikt oder einen verdrängten phasenspezifischen frühkindlichen Ich-Zustand oder an den Primärkonflikt der Pubertät oder an eine pathologisch abgewandelte biologische Basisstruktur im Sinne von KÜHNE.

Hier sehen wir Anküpfungspunkte an die Forschungen von KÜHNE, der unter Basissyndromen die wahrscheinlichen Angriffsebenen der stammhirnaffinen Substanzen versteht (in unserem Modell Endokrinium, Neurophysiologie aktivierende Systeme).

Neben dieser Rückkoppelung über gestufte Syndromsequenzen (im Modell unter psychosomatische Syndrome) läßt das Modell jede andere multifaktorielle Psychosengenese offen, vom Versagen der personalen Beziehungen und des Ordnungszustroms vom kulturalen Code über sich vitalisierende Erlebnisreaktionen bis zum überwiegend genetisch bedingten Zusammenbruch der Ich-Strukturen bei manchen Schizophrenien.

Obwohl das hier vorgelegte Modell auf möglichst vollständige Lebenslängsschnitte angewiesen ist, gelingt es doch bei hinreichenden Aktenunterlagen (z.B. Berichte des Jugendamtes) in manchen Fällen schon nach einer mehrstündigen Untersuchung, den psychodynamischen Ablauf, einige Erfahrung mit der Methode vorausgesetzt, zu rekonstruieren. Dabei fällt immer wieder auf, daß die Psychosengenese mit dieser Methode sich regelmäßig als überdeterminiert bzw. multifaktoriell bedingt erweist, also charakterisiert durch das, was wir bei der Kriminogenese als Knotenpunkte bezeichnet haben. Gestufte Konflikte und gestaffelte Syndromsequenzen, erstere auch unbewußt oder vorbewußt, scheinen dabei in gleitender Ko-aktion zu stehen und in das „normalaffektive Verhalten" menschlichen Ungleichgewichts tief hineinzureichen.

Daß der Mensch auch in der Psychose, wenngleich auf anderen Ebenen, ein stetig Handelnder ist, geht aus keiner Untersuchung so klar hervor, wie aus den Analysen zur beginnenden Schizophrenie von K. CONRAD, obwohl CONRAD diesem Problem nur am Rande Beachtung geschenkt hat.

In diesem Zusammenhang ist auf einen Punkt zu verweisen, der für das Verständnis des Modells wesentlich ist. In der traditionellen Auffassung in der klassischen Psychiatrie werden die Wahrnehmungsprozesse immer noch viel zu eng an das sensorische System und dessen autochthone Struktur gebunden behandelt, worauf neuerdings E.H. BOTTENBERG mit Recht hingewiesen hat. Wie wir gesehen haben, ist das Individuum primär als handelnd auf eine Situation hin entworfen (P. SCHILDER). Diese steuernde Funktion erfolgt durch die Mittlerstrukturen (archimedische Strukturen, AS), indem durch eine dynamische Vermittlung „die internen handlungsrelevanten Prozesse der Person (wie Bedürfnisse und Triebe[21]), aber auch Attitüden und Werthaltungen entstammende ‚Ansprüche') an den sachlichen wie sozialen Realitätscharakteren, die im sensorischen Geschehen radikal zugänglich sind, ausgearbeitet und zu der Vereinbarung" gebracht werden (Kompromiß), „die optimalen Handlungsfortschritt gewährleistet" (BOTTENBERG). Nach den Ergebnissen der Emotionspsychologie ist die derart definierte Wahrnehmung gegenüber der traditionellen, zu engen Definition in doppelter Hinsicht ausgeweitet. Einmal horizontal zu einem weiten Variationsspektrum, indem sie Prozesse des unmittelbaren Merkens und Behaltens als den momentanen Reizeffekt überdauerndes „Echo" und in lockerer Bindung langfristige Speicherungs- und Produktionsprozesse funktional zwingend mit einbezieht. Zum anderen ist sie auch

vertikal ausgeweitet, denn die so definierte Wahrnehmung durchgreift gegenüber dem Reizanlaß freizügige Vorstellungs- und Denk- sowie Sprachprozesse, „die sie aufbaut und von denen sie rückwirkend geformt und gesteuert wird. Dabei ist diese funktionale Vertikalität der Wahrnehmung differenziert, indem einzelne Funktionskennzeichen durchgängig sind, andere hingegen dem kognitiven Niveau entsprechend Abwandlungen erfahren."

Diese wörtlich der Emotionspsychologie von BOTTENBERG entnommenen Ausführungen lassen erkennen, daß schon in diesen Wahrnehmungsbereichen der Begriff von Mittlerstrukturen, die selbst analog den Regulatorproteinen im Sinne JACOBs etwas „erkennen" und die richtigen Verbindungen herstellen können, unentbehrlich ist. Wenn schon auf molekularem Gebiet solche Mittlerstrukturen nachgewiesen sind, so müssen sie, das ist unsere Schlußfolgerung und Arbeitshypothese, erst recht in der Psychodynamik unentbehrlich sein.

Es sind sonach im Bereich der vertikalen Ausweitung von Wahrnehmung einzelne Funktionskennzeichen durchgängig, andere hingegen erfahren dem kognitiven Niveau entsprechende Abwandlungen.

Alle diese Wahrnehmungsprozesse dieses dreidimensionalen Variationsspektrums sind nun in einem weiten Funktionsspektrum „in formale personale Trägerstrukturen eingebunden, die den biographischen Niederschlag der charakteristischen wechselseitigen Wahrnehmungsvermittlung von personinternen Bedürfnissen sowie Werthaltungen und Umweltrealität darstellen und einen Funktionsspielraum abstecken, in dem Wahrnehmung sich in einer konkreten Anpassungssituation vollzieht und eine Kontrolle über die vorhandenen Bedürfnisse, Strebungen u.ä. ausübt (kognitive Kontrollprinzipien; speziell auf emotionale Vorgänge angewandt von JACOBSON, 1963)". Dieser Definition von BOTTENBERG ist noch hinzufügen, daß

---

[21] Wir würden sagen „Antriebe".

diese Wahrnehmungsprozesse durch konkrete Gefühlsgrößen beeinflußt werden, wobei die genauen Modalitäten infolge vielfältiger sachlicher und methodischer Bedingtheit noch wenig bekannt sind. Andererseits treten emotionale Vorgänge auch als allgemeine grundlegende psychische Größe auf, wobei Gefühl in seiner Rolle als Stiftung von Bedeutung und als ursprüngliche Einschätzung einer Situation auf ihre Handlungsentsprechung erscheint, indem die Handlung unmittelbar als fördernd oder hemmend eingeschätzt wird.

Die grundlegende Bedeutung der emotions-psychologischen Forschungen für eine Anthropologie der menschlichen Handlung und für eine dynamische Erfassung der Psychosengenese ist bis heute noch viel zu wenig erkannt worden.

Man hat sich oft damit begnügt, sich seine eigene Psychologie zurechtzuzimmern, ohne auf die Ergebnisse und die Problementwicklungen der Emotionspsychologie einzugehen. Auch in der Psychose ist der Mensch ein unentwegt Handelnder.

Bedenkt man das stetige Ungleichgewicht menschlicher Existenz, so bietet sich in Anbetracht der Komplexität der Prozesse schon im Wahrnehmungsbereich folgende Arbeitshypothese an: Je mehr ein Aktualkonflikt schleichend an das Individuum herantritt und je weniger ihm mit spontanen Aktivitäten begegnet wird oder werden kann, desto mehr verschiebt sich der Schwerpunkt der Interferenzwirkungen ihrer Potentialität nach vom Handeln auf das Erleiden, von psychisch gestuften Konflikten auf biologisch gestufte Reaktionsweisen, das ist auf somatische Syndromsequenzen. Und hier, in diesem Bereich biologisch gestufter Syndromsequenzen, liegen die verschlüsselten Signale für jene Formen des pathopsychologischen Syndromwandels, der die Dynamik der Psychosengenese freigibt.

In diesen psychosomatischen und pathopsychologischen Syndromsequenzen dürfte also — und das macht das Problem der Psychosengenese so kompliziert — der

eigentliche „Ort" der Erregungsbildung, nämlich eine saltatorische positive Rückkoppelung an eine abnormaffektive Basisstruktur im Sinne von KÜHNE verborgen sein bzw. entspringen. Wenn an die Stelle einer direkten positiven Rückkoppelung des Aktualkonfliktes an den Grundkonflikt eine saltatorische positive Rückkoppelung über solche Syndromsequenzen zu einer affektabnormen Basisstruktur tritt, dann wird die Bahn für eine Psychosengenese (potentiell) frei. Die Analyse der Interferenzen derartig gestufter Syndromsequenzen mit der gestuften Realität, insbesondere mit der biologisch und epidemiologisch erfaßbaren Realität, könnte zu einer universalen Konzeption von Krankheit überhaupt führen (z.B. psychische Faktoren in der Cancerogenese im Sinne von OPPOLZER, mündliche Mitteilung).

Kriminologischer Ausblick

Das wichtigste Problem, das hier noch einer Lösung harrt, ist die Frage, wie es zur Fixierung delinquenten Verhaltens kommt. Es scheint im allgemeinen so zu sein, daß in den Pubertätsjahren und in den nachfolgenden Jahren körperlicher Reifung die entscheidenden Weichenstellungen erfolgen, sowohl in der Richtung konservierender negativer Rückkoppelungen zwischen den Wahrnehmungsprozessen in obigem Sinn und den personalen Trägerstrukturen, deren entscheidende Ausgestaltung in diese Lebensperiode fällt, als auch im Sinne einer Grundstrukturierung sozialer Strukturen im Sinne von MÜLLER-SUUR, die sich aus den Konzepten zur Verwirklichung des Selbst entwickeln. Die Hauptfrage konzentriert sich sonach weniger auf die Entstehung, als auf die Fixierung delinquenter Verhaltensmuster und auf die Bedingungskonstellationen eines solchen Strukturwandels. Die Entwicklung sozialer Strukturen ist ja, wie

MÜLLER-SUUR gezeigt hat, auf die Entwicklung von Selbstkonzepten angewiesen, die der vorgegebenen Möglichkeit des Menschseins, nämlich einer untergründigen Destruktivität, entgegenwirken. Dabei kommt eine besondere Bedeutung der Dynamik jener Teilkomponente der Kontrollinstanzen bei Wertverwirklichungsprozessen zu, die als negatives Determinationspotential bezeichnet wird und als Nichtschuldigwerdenwollen definiert werden kann (MÜLLER-SUUR). Diese Tendenz kontrolliert die Wirkung der gewählten Mittel zur Erreichung des Zweckes und ebenso die Tendenz, den Zweck zu erreichen. Eine umfassende Kenntnis von den Umwandlungsprozessen, die zu einem unkontrolliert wirkenden Determinationspotential führen oder überhaupt die Entwicklung negativer Determinationspotentiale auf einer neuen Entwicklungsstufe verhindern sowie von den Bedingunskonstellationen, die ein vorhandenes negatives Determinationspotential blockieren oder sein Fehlen kompensieren können, in ihren Interaktionen mit den Idiorhythmien und Pathorhythmien von Reifung und Entwicklung und den interpersonalen Beziehungen in Familie und Gruppe einschließlich der destruktiven Tropismen, steht noch aus und ist doch eine unabdingbare Voraussetzung für die Beurteilung und Behandlung jugendlicher Delinquenter. Diese ganze Dynamik und ihre Synchronisation mit kritischen Perioden und Organisatoren, das Ausweichen auf unreife, weniger integrierte Reaktionen, Verhaltensfixierungen und Ungleichgewichte zwischen den verschiedenen Sektoren der Entwicklung, die Herausarbeitung von Indikatoren oder Syndromen, die eine bestimmte Dynamik oder ihre Entgleisung kennzeichnen, markieren hier ein weites und großenteils noch unbearbeitetes Arbeitsfeld. Über das Problem der Fixierung delinquenter Handlungsbereitschaften werden wir auf Grund neuer Untersuchungen an anderer Stelle berichten.

Eidopoietisches Lernsystem

In einer abschließenden Theorie soll versucht werden, das archimedische System als epizentrisches zerebrales Schaltsystem in den Sequenzen und Kreisprozessen eines universalen eidopoietischen Lernsystems darzustellen. Es hat sich gezeigt, daß synchrone Vierphasenneurhythmien und -idiorhythmien in symmetrischen und komplementären Kommunikationen und Interaktionen mit diachronen Sequenzen von Rollenkonstellationen, die in sich durch negative Rückkoppelungen stabilisiert sind, in ständiger Resonanz mit aktuellen Konflikten und Verhaltensmustern der Grundgeborgenheit und ihrer kalibrierten Stufenfunktionen ein einziges kommunikativ-ichhaft durchformtes Modulationssystem des Verhaltens bilden. Das solchermaßen an äußeren Abläufen und Beziehungen zu inneren Konflikten, also zu äußeren und inneren Bedingungskonstellationen mit ihren positiven und negativen Rückkoppelungen, symmetrischen und komplementären Rolleninteraktionen vollzogene Durchanalysieren von Handlungen bezeichneten wir als Pragmatographie bzw. als chronobiologisch ausgerichtete Analyse der Vitalkategorie menschlichen Verhaltens. Die Erfassung der Zustandsbilder in ihrem Wechsel erfolgte mit den Begriffen der Psychopathologie und in Anlehnung an das Persönlichkeitsmodell von FREUD. Die Registrierung menschlicher Handlungsabläufe als interpersonale Interferenzen führte zu einer membranologisch-rhythmologischen Betrachtungsweise, die den Umschlag, Umsprung, Übergang, Symptomwandel, Syndromwandel, Shift, kurz jede Form von Interaktion, Interferenz, Kommunikation und Zwischenstadium in den Mittelpunkt der Betrachtungsweise rückte. Eine Art Leitmotiv bildeten die interpersonalen Beziehungen, die beim Menschen so stark entwickelt sind, daß sie über den Tod hinaus wirksam bleiben und vielfach erst dann ihre ganze Wirkungsmacht entfalten.

Handlungsabläufe erwiesen sich bei kriminogenen Prozessen als Interaktionen biologischer, psychischer, neurophysiologischer und psychosomatischer Feedback-Systeme. Am Anfang solcher Prozesse stand regelmäßig eine Reduktion der Vielfalt möglicher dynamischer Gleichgewichte. Nicht die Zahl qualitativ verschiedener Kräfte, aber die Mannigfaltigkeit ihres Zusammenwirkens, die bei kreativen Handlungen vermehrt ist, war herabgesetzt. Dieses Phänomen zeigte sich nicht bloß im Bereich eines einzigen Systems, etwa des Wertsystems, des Systems personaler Beziehungen, des Rollenspiels in Familie oder Berufsgruppe, sondern im Bereich mehrerer Systeme und das unabhängig voneinander. In der Regel waren drei oder vier Systeme gleichzeitig betroffen. Fast ausnahmslos war eines der offenen biologischen Systeme beteiligt.

Die Gemeinsamkeit dieser Einzelstörungen lag nicht in einer Krankheit oder einem pathologischen Syndrom, sondern im Phänomen der Interferenz, eines Syndrom- oder Symptomwandels mit einem chronopathischen Durchgang des Erlebens durch eine biologisch oder soziologisch umschriebene Störzone (Fensterwirkung).

Zwischen diesen Einzelstörungen in verschiedenen Systemen kam es dann unter dem Einfluß eines Aktualkonflikts zu Interferenzen bzw. Koaktionen (Verstärkerwirkungen, Magneteffekte), die wir als Vierphasenpathorhythmien bezeichnet haben. Alle Feedbacksysteme sind schwingungsfähig, und diese Vierphasenpathorhythmien signalisieren ein solches Schwingen (ASHBY, WIENER, SOLLBERGER). Durch diese Pathorhythmien werden die Reaktionsmöglichkeiten eines Individuums eingeengt, womit eine der Voraussetzungen für delinquentes Verhalten gegeben ist.

Bis hierher war unsere Analyse auf den synchronen Gesichtspunkt konzentriert mit der Feststellung, daß aus Eurhythmien, Idiorhythmien, kurz aus nicht schwingenden Feedback-Systemen schwingende Systeme geworden sind. Schwingen bedeutet gestörten Rhythmus, Pathorhythmie.

Nun hat dieses Geschehen auch einen diachronen Aspekt. Es zeigte sich eine weitere Gesetzmäßigkeit. Die zur delinquenten Tat hinführende Kriminogenese, der kriminogene Strukturwandel, ist durch eine positive Rückkoppelung eines Aktualkonfliktes an den Grundkonflikt (frühe Kindheit) oder einen Primärkonflikt (Pubertätsphase) gekennzeichnet und manifestiert sich in einem pathopsychologisch faßbaren pragmatophoren Syndrom. Dies bedeutet, nachdem der Aktualkonflikt immer in einer Gruppe, beispielsweise der Familie, der Sexualpartnerschaft, der Berufsgruppe usw., sich ereignet, daß diese Rückkoppelung eine Interaktion darstellt, in der diese Aktualgruppe oder eine Institution an eine Primärgruppe rückgekoppelt wird, also etwa an die Gruppe der frühkindlichen Familie oder der Familiensituation zur Pubertätszeit. Es bestehen also Sequenzen wechselnder Rollengleichgewichte, äquilibriert in negativen Rückkoppelungen bis zurück in die Kindheitssituation, deren Störung als positive Rückkoppelung in Erscheinung tritt. Dabei kommt es jeweils zu Übertragungen von Rollen aus früheren phasenspezifischen Konstellationen auf Rollenpartner aus der Aktualsituation.

Dieser Übertragungsvorgang ist faßbar, wenn man aus dem Lebenslauf des Handelnden die Symbolgestalten und ihre Entwicklungen herausarbeitet. Die Abbilder oder Symbole und die Abfolgen symbolischer Verhaltensweisen sind uns ja schon aus der Tierpsychologie bekannt und einer tiefenpsychologischen Betrachtungsweise in der menschlichen Entwicklung und Reifung leicht zugänglich. Unter Übertragung wird mit GREENSON die Erfahrung von Gefühlen, Trieben, Einstellungen, Phantasien und Abwehr gegenüber einer Person der Gegenwart verstanden, die dieser Person nicht eigentlich gelten, sondern eine Wiederholung, eine Verschiebung von

Reaktionen darstellen, die den Beziehungen zu entscheidenden Personen der frühen Kindheit entstammen. Übertragung ist nach GREENSON eine Wiederbelebung der Vergangenheit, ein Mißverständnis der Gegenwart in Begriffen der Vergangenheit. Solche Übertragungsvorgänge fehlen niemals. Sie sind in kriminogenen Handlungen bzw. Verhaltensweisen ebenso nachweisbar wie bei kreativen. In einer delinquenten Handlung kommt es zu einem Übertragungsumsprung, einem *transfer by turnover*. Man könnte hier auch von einem Rollenübertragungsvorgang sprechen.

Diese Sequenzen von Rollenübertragungen, von denen das menschliche Handeln getragen wird, bilden zusammen mit den Vierphaseneurhythmien und ihren Störungen, mit den gestuften Konflikten und den Sequenzen von Syndromwandel und personalen Interferenzen, ein System, das man als Modulationssystem bezeichnen kann.

Aktivierung (*arousal*) ist nach CLARIDGE ein allgemeines, psychophysiologisch funktionelles Konzept, das zwei aufeinander bezogene Aktivierungsmechanismen umfaßt. Ein tonisches Aktivierungssystem, welches für die Aufrechterhaltung des Aktivierungsniveaus eines Individuums verantwortlich und von exterozeptiven und interozeptiven Stimuli abhängig ist. Wir haben als exterozeptive Stimuli in der Kriminogenese die destruktiven Tropismen kennengelernt. Als zweiter Aktivierungsmechanismus ist ein Aktivierungsmodulationssystem anzunehmen, welches zwei Funktionen hat, nämlich a) die direkte Kontrolle durch inhibitorische Wirkungen auf das Aktivierungsniveau des tonischen Aktivierungssystems, und b) eine integrierende Wirkung auf den Stimulus-Input in beiden Systemen durch Erleichterung bzw. Unterdrückung eintreffender Informationen. Unter normalen Bedingungen besteht ein Gleichgewicht zwischen diesen beiden Systemen durch eine negative Rückkoppelung. *Arousal* ist das physiologische Korrelat zur emotionalen Intensität. Unsere Analysen sind sonach aufzufassen als eine chronobiologische Untersuchung der Gleichgewichtsfunktionen zwischen diesen beiden Systemen und als eine psychopathologische Beschreibung der emotionalen Korrelate des Aktivierungsmodulationssystems im kriminogenetischen Prozeß.

Vereinfacht man den Grundprozeß menschlicher Vitalkategorie, der durch die Phantasie ja kaum nachzuvollziehen ist, weil er den pausenlosen situativen Rollenwechsel des Individuums und seiner Partner, der lebenden aber auch der schon gestorbenen, in ihren diachronen Metamorphosen umfaßt, auf ein einfaches Grundschema, dann ergibt sich, daß die aktuellen Rollen, die der arbeitende, in einer Familie lebende, von Ideen getragene Mensch in all diesen Phasen und Dimensionen spielt, in ständiger negativer Rückkoppelung mit den Rollen steht, die ihm als Kind begegnet und die er als Kind in seiner Phantasie, seiner Familie, seinen Spielen praktiziert hat. Es ist also eine stetige Rückkoppelung an die Grundgeborgenheiten oder Grundentborgenheiten früherer phasenspezifischer Situationen. An die Stelle genetisch geprägter Verhaltensmuster sind beim Menschen Vorratsmuster getreten, die er seit seiner Kindheit erworben hat. Diese konkrete Situation des handelnden Menschen entspricht also nicht dem Modell verständlicher Motivationen, „begreiflicher" Affektstauungen oder böser Absichten, wie man es so gerne und so eifrig an die Realität heranträgt, sondern vielmehr der einer Marionettenfigur, die von den Fäden und vom Schnürboden keine Ahnung hat und auch ihre Zuschauer durch Anmut und Natürlichkeit, wie Kleist gezeigt hat, von diesen Mechanismen ablenkt. Damit soll nichts gegen Verantwortlichkeit, Zurechnungsfähigkeit und Schuld gesagt sein. Am Schnürboden betätigen sich ja nicht nur die Rollenpartner und die konditionierenden Mechanismen des Individuums, sondern auch das eigene Ich des Handelnden, nur daß das Individuum mit seinen vorbewußten und außerbewußten Strukturen gar nicht weiß und wissen kann, wie das ineinandergreift. Diese dynamischen Gesetzmäßigkeiten aus der Vitalkategorie menschlichen Verhaltens verweisen auf elementare Systeme. Es soll nun noch geprüft werden, ob sich diese elementaren Systeme in einer Theorie zusammenfassen lassen. Einer wahren Theorie nahezukommen und ihre exakte Anwendung in den Griff zu bekommen, sind aber, wie WHITEHEAD bemerkt hat, zwei verschiedene Dinge, wie uns die Wissenschaftsgeschichte lehrt. Alles, was von Bedeutung ist, wurde schon vorher von jemand ausgesprochen, der es nicht entdeckt hat. So wie man sich eine antike Gazellenjagd nicht ohne die Mittlerfiguren oder Mittlerstrukturen des Wagenlenkers und des Jagdleoparden vorstellen kann, so kann man sich auch das Funktionieren all der von uns registrierten Interaktionen, Interferenzen, Wechselwirkungen und Rückkoppelungen nicht vorstellen ohne ein Vermittlersystem, ohne ein archimedisches System, wie wir es genannt haben, das eingebettet ist in Sequenzen von übergeordneten und untergeordneten Vermittlersystemen und Lernsystemen. Wir sind zu der Auffassung gekommen, daß es im wesentlichen drei derartige Mittlerstrukturen im engeren psychischen und psychobiologischen Bereich gibt, Mittlerstrukturen, die den Aufbau der Ichfunktionen im engeren Sinn bewirken und stabilisieren, Regulatorstrukturen, die zwischen Wahrnehmungen, Gedankenassoziationen und Bewußtseinszuständen vermitteln, und zwischen beiden eine dritte Gruppe von „mesitetischen" Mittlerstrukturen, die zwischen dem Wahrnehmungs- und dem Bewußtseinsbereich und den Ichstrukturen im engeren Sinn vermitteln und vorwiegend die kognitiven bzw. emotionalen Prozesse steuern. Ein solches System ist nur denkbar in Interaktion mit neurophysiologischen und molekularen Systemen und mit Systemen, die bis in die noologischen Sphären hineinreichen. Einige dieser Systeme sollen hier kurz skizziert werden.

Der molekulare Bereich

Es handelt sich im folgenden um Analogien, doch sind wir mit MORIN der Auffassung, daß das analogische Denken in der heutigen Wissenschaft vernachlässigt wird. Die von uns gefundenen Steigerungen der Energiepotentiale im Syndromwandel haben ihre Analogie in dem sog. aktivierten oder Übergangszustand kovalenter Reaktionen mit stark erhöhter potentieller Energie. Sie entsprechen einem Strukturwandel, den wir als enechetisch, d.h. die Ichstrukturen selbst betreffend, bezeichnet haben. Demgegenüber haben die Wahrnehmungs- und Bewußtseinsvorgänge mit ihren zahlreichen und unterschiedlichen Wechselwirkungen und ihrem geringen Energieverbrauch ihre Entsprechung in der Energetik nonkovalenter Bindungen. Auch im molekularen Bereich gibt es spezifische Regulatorstrukturen, von JACOB als Regulatorproteine beschrieben. Diese Proteine befreien mit ihren Interaktionen das System von seinen thermodynamischen Einschränkungen, es handelt sich um Erkennungsorgane, die fähig sind, selektiv und reversibel sich nicht nur mit einem einzigen, sondern mit zwei, drei und mehreren Molekülen zu verbinden und vollkommen verschiedene Verbindungen zu fixieren. Diese Proteine pendeln zwischen Aktivität und Inaktivität und spielen eine Kupplungsrolle. Sie „entscheiden" zwischen verschiedenen Funktionen der Zelle. Die strengen Vorschriften des genetischen Code werden so schon im molekularen Bereich durch die Anpassungsfähigkeit und Interaktionen eines Kupplungssystems korrigiert und eingeschränkt.

Die Kanalsysteme
der Nervenzellmembranen

Eine weitere Stufe von Vermittlerstrukturen betreffen die Vorgänge des Nervensignals. Es handelt sich um rhythmisch funktionierende und auswählende, schaltende Mittlerstrukturen. Nach neueren Forschungen bilden sich die grundlegenden Bausteine, Strukturen und Funktionen spontan. So entwickeln sich auch Membranen spontan aus Lipiden, in die spontan Proteine eindringen und sie mit chemischen Funktionen versehen. Im Bereich zellulärer Membranen aggregieren elektrisch geladene Moleküle und bilden eine Pore, die es bestimmten Ionen erlaubt, durch die Membran zu fließen. Diese molekularen Kanäle sind nicht permanent, sondern nur vorübergehende Strukturen: Bildung des Kanals (Aufbau aus kanalbildenden Molekülen) und Schließung des Kanals (Zerfall des Kanals in einzelne Moleküle im Bereich der Nervenzellmembran) bilden eine molekulare Maschinerie elektrisch geladener Membranproteine und positiv geladener Protamine. Es ist durch sorgfältige Balancierung dieser beiden Kanalsysteme unter Korrektur experimenteller Bedingungen gelungen, das künstlich hergestellte System im gleichen regelmäßigen Rhythmus schlagen zu lassen, wie es von Herz- und Gehirnzellen her bekannt ist (BAUMANN). Diese molekularen Vorgänge des Nervensignals sind schon vor allen synaptischen Ansätzen ein Hinweis auf die Existenz von rhythmisch funktionierenden und auswählenden (schaltenden) Mittlerstrukturen. Zusammen mit den Phänomenen der Regulatorproteine und der energetischen Potentialveränderungen bei der Umwandlung gebundener Energie in Aktivierungsenergie in den sog. Zwischenzuständen, also in den aktivierten oder Übergangszuständen, geben sie uns eine Vorstellung von dem, was wir auch im psychopathologischen Bereich überhaupt (Syndromwandel) und im Bereich des menschlichen Handelns als Strukturgesetzlichkeiten der Vitalkategorie und in ihr emergierender Mittlerstrukturen verstehen dürfen. Diese Mittlerstrukturen unseres psychischen, neuropsychologischen und psychosomatischen Bereichs, deren Störungen psychopathologisch faßbar sind, emergieren, so nehmen wir an, aus den neurophysiologischen Rhythmen durch ein Umschlagen von Quantität in Qualität, wie es HEGEL postu-

liert und VON HOLST experimentell nachgewiesen hat. Es ergeben sich hier Beziehungen zu jenen Phänomenen, die die neuere Anthropologie mit MORIN als Hyperkomplexität beschrieben hat, sowie zu dem Phänomen permanenter Selbstproduktion, deren Gesetzmäßigkeiten seit den Entdeckungen von HODGIN und HUXLEY durch Synthesen einer Zellfunktion (Herstellung künstlicher Zellmembranen) derzeit den Gegenstand intensiver Forschungen bilden. Das Nervensystem wird von BAUMANN als komplexes Netzwerk von kabelförmigen Zellen bezeichnet, in dem alle Informationen von der externen Welt oder von einer Quelle innerhalb des Organismus entlang den Membranen des Nervenzellennetzwerks in Form von elektrischen Signalen von variierender Frequenz übertragen werden. Die lokalen energieverbrauchenden Prozesse bestehen in einer Folge eines abrupten Öffnens und Schließens von zwei Typen von molekularen Kanälen, die Bestandteile einer lokalen elektrischen Schaltung sind.

Diese Existenz molekularer und membranologisch beschreibbarer Schaltsysteme und Übergangsstrukturen stützt die hier vorgetragene Theorie, wonach es auf der Ebene entsprechend höherer Komplexität, nämlich der Ebene des Psychischen, gleichfalls solche Systeme gibt, deren Funktionen wir als Mittlerstrukturen und Schaltfunktionen eines archimedischen Systems beschrieben haben.

Die Anwendbarkeit dieser Theorie
in der Psychiatrie

Wenn es ein solches Schaltsystem gibt, mit synechetischen, symballistischen und mesitetischen Mittlerstrukturen, dann ist zu erwarten, daß es gerade diese Systeme sind, die bei den psychotischen Abwandlungen psychischen Geschehens, sei es primär, sei es unmittelbar, gestört sind. Grob schematisch und vereinfacht ließe sich sagen, daß bei den schizophrenen Psychosen die synechetischen, bei den symptomatischen Psychosen primär die symballistischen und bei den zahlreichen Mischsyndromen und Mischformen sowie bei den phasischen Psychosen primär die mesitetischen Strukturen bzw. Mittlerstrukturen und Funktionen gestört sind. Über den Wahrheitsgehalt dieser Theorie werden künftige Forschungen zu entscheiden haben. Tatsächlich ist dieser Theorie schon E. BLEULER sehr nahe gekommen, ohne allerdings die Bedeutung seiner eigenen Gedanken zu entdecken und eine präzise Anwendung zu versuchen. In seinem Referat auf der Basler Tagung südwestdeutscher Psychiater im Jahre 1929 sagte BLEULER folgendes:

„Welches die richtigen Assoziationen sind, d.h., was mit der Realität zusammenhängt, das hat die Erfahrung bestimmt. Diese ist niedergelegt in unseren (assoziativ gemäß der Erfahrung verbundenen) Erinnerungsbildern; deren Gesamtheit bestimmt also den Weg des richtigen Denkens .... Es bedarf also keiner Seele hinter der Seele, die das Denken leitet: die Oberleitung wird intellektuell .... durch die gewordene Gesamtheit, der durch die Erfahrung gewonnenen Vorstellungen besorgt. Analog in der abstrahierten Thymopsyche, da müssen die verschiedenen Triebe, bildlich als physikalische Energien gedacht, in einem Parallelogramm der Kräfte zu einer Resultante zusammenfließen können, in welcher die (biologisch) wichtigste die Führung bekommt. Diese verbindende Funktion ist nun in der Schizophrenie sowohl in bezug auf die Triebe wie auf die Assoziationen, das Denken, gelockert („Schaltschwäche"). (Das soll nicht als Theorie, sondern rein als Ausdruck einer Beobachtungstatsache aufgefaßt sein). Dadurch verlieren Triebe und Assoziationsvorstellungen ihre Oberleitung und ihre normalen Zusammenhänge. Weil sich alle eigentlich schizophrenen psychischen Störungen auf diese Schaltschwäche zurückführen lassen, betrachten wir sie bis auf weiteres als Grundstörung, als primärstes bekanntes Symptom neben akuten exogenen Erscheinungen, die uns meist nicht als spezifisch vorkommen." BLEULER fügte noch hinzu: „Obwohl offenbar zur Auf-

rechterhaltung der normalen Integrationen und Assoziationen eine gewisse Kraft oder Spannung gehört, ist die Schaltschwäche wahrscheinlich nicht bloß als einfaches Minus aufzufassen, sondern als eine Gleichgewichtsstörung zwischen zwei antagonistisch regulierenden Tendenzen, von denen die eine für gemeinsame Funktion, die andere für die Möglichkeit der Einzelfunktion sorgt. Auf die Natur der Assoziations- und Integrationsstörung als Abweichung von einem Gleichgewicht deutet auch der wichtige Umstand, daß im Schlaf und bei abgelenkter Aufmerksamkeit die (für unser Wissen) gleiche Schaltschwäche zu beobachten ist. Die spezifisch schizophrenen Symptome überhaupt scheinen keine Ausfallssymptome, sondern eine Art Gleichgewichtsstörungen zu sein."

Nachdem wir aufgrund unserer Untersuchungen zu der hier vorgelegten Theorie gekommen sind, wurden wir erst mit diesem Passus aus der Zeitschrift für die gesamte Neurologie und Psychiatrie aus dem Jahre 1930 von E. BLEULER bekannt, aus dem zu ersehen ist, wie nahe BLEULER dieser Theorie gekommen ist, ohne sie allerdings als Theorie zu erkennen bzw. zu entdecken.

Aber nicht nur der beste klinische Kenner der Schizophrenie unseres Jahrhunderts, sondern auch einer der besten Kenner der Schizophrenie unter den Psychoanalytikern kam dieser Theorie ganz nahe, nämlich P. FEDERN (1956). P. FEDERN machte die Annahme, daß die Unsicherheit in bezug auf die Unterscheidung von Wirklichkeit und Gedachtem auf krankhafter Schwäche der Ichgrenzbesetzung beruht. Er betrachtete das als Grundsymptom, aus dem abzuleiten ist, daß bei diesen Kranken Gedanken für Tatsachen gehalten und mit ihnen vermischt werden, daß Gedanken, Worte und Tatsachen nicht unterschieden werden können, weil es zu Vermengungen mit Einbildungen, zur Vermengung von Sprach-Wirklichkeit und Gedanken kommt. Auch diese Auffassung von einer Schwäche der Ichgrenzbesetzung kommt unserer Theorie ganz nahe, blieb aber ebenso wie die BLEULERS (1930) vollkommen unbeachtet. Der Koreferent BLEULERS, MAYER-GROSS, (1930) hat die Bedeutung der von BLEULER vorgetragenen Auffassung, die allerdings in seinem Vortrag nur so beiläufig eingestreut war, gar nicht erkannt.

Nach unserer Theorie wäre es sonach die Funktion bzw. die Struktur der Sequenzen aneinandergeschalteter Mittlersysteme, die wir als universales Lernsystem auffassen, die selbst primär oder sekundär in einem ihrer Teilsysteme gestört ist, wenn es zu psychotischen Abwandlungen des psychischen Geschehens kommt. Damit ergeben sich für die weitere Forschung Perspektiven, die über rein chemische oder rein ichpsychologische Spekulationen hinausreichen und auf die Bedeutung der Verhaltensforschung, der Erforschung der Vitalkategorie menschlichen Verhaltens im Handeln selbst und auf die Erforschung von Strukturwandel jeglicher Art verweisen.

Psycholinguistische Parameter (Supprian)

Es ergab sich im Laufe unserer Untersuchungen, daß die schizophren abgewandelten Geschehensabläufe die strengste „Bewährungsprobe" für das abgeben, was beim Syndromwandel der phasischen Psychosen verhältnismäßig leicht nachzuweisen ist. Es sei deshalb abschließend auf eine psycholinguistische Untersuchung von SUPPRIAN verwiesen, der Schizophrenie und Sprache bei Hölderlin im Lebenslängsschnitt analysiert hat. Metaphorisierung der dichterischen Sprache und wahnhafter Bedeutungswandel der schizophrenen Sprache in ihren Abwandlungen führte SUPPRIAN zu der Auffassung von nicht-erlebnishaften, nicht-persönlich gebundenen „strukturgebenden Strukturen". Der Vorgang des Ordnungsverlustes im formalen Bereich in der fortschreitenden Reihe der Gedichtjahrgänge ermöglichte es, Zeitpunkte zu bestimmen, an denen der Veränderungsprozeß der Sprache mit lokal erhöhter Geschwindigkeit ablief.

Diese Punkte wurden mit den Marken A, B, C, E, und D bezeichnet, wobei D die große Psychose markiert. Bei B und C handelt es sich um schizophrene Depressionen mit Sprachänderungssprung. Wir heben nur einen derartigen Sprung besonders hervor.

Bei dem Sprung Marke B hat Hölderlin, damals Schüler des Tübinger Stifts, mit befremdlicher Dissonanz zu seinem sonstigen sanften Wesen auf offener Straße einem Schullehrer den Hut vom Kopf geschlagen, weil dieser ihm den Gruß schuldig geblieben war. SUPPRIAN vermutet mit Recht, daß hier schon etwas Paranoides im Spiel gewesen sein könnte. Wenn man bedenkt, daß in dieser Untersuchung die Koppelung von Zeitgestaltanalysen mit biographischen Daten nicht, wie bei unserer Untersuchung, das Ziel war, so ist dieses biographische Detail mit sozusagen schizophrener Mikrosymtomatik eine schöne Bestätigung unserer Ergebnisse, wonach gerade bei einem Umschlag oder Umsprung, im vorliegenden Fall gemessen am Sprachänderungssprung, ein Anstieg energetischer Potentiale, wie er auch von BERNER, PENIN u.a. nachgewiesen wurde, in Form einer biologischen Fensterwirkung delinquente Verhaltensmuster freisetzen kann.

Die Sprache als Gruppenmechanismus (GM) in ihrer Bedingtheit durch Intelligenz erweist sich hier als ein feiner Indikator für Veränderungen im Bereich der archimedischen Strukturen (AS), wobei Prozesse sprunghaften Gleichgewichtsverlustes (Schaltstörungen) ähnlich, wenn auch in anderer Richtung signalisiert werden, wie die gleichfalls sprunghaft-progressive Gleichgewichtszunahme der Integrationsprozesse in kritischen Perioden im Sinne von R. SPITZ und Koaktionslagen in der sprachlichen Entwicklung des Kindes. Hier ergeben sich Ansatzpunkte für eine beständige Verfeinerung der verwendeten Kausalitätsformen durch Mehrvariablenanalyse. Damit wird der Reduktion auf das Phänomen die Spezifität auf höherer Stufe und das Moment der Kausalität mit Rückwirkungen hinzugefügt, das heißt, es wird nach der Entstehungsgeschichte der Phänomene gefragt und damit in den Phänomenen die im Handeln und Produzieren bestehende Hauptfunktion (Vitalkategorie) des Menschen befragt.

Wir haben diesen Weg der Deduktion durch Konstruktion, also in Richtung auf „Erklärungen" (JASPERS) beschritten, indem wir den Transformationen der Erscheinungen in den Netz- und Gruppenstrukturen nachgegangen und so auf Regelungen durch kognitive Funktionen (feedbacks) und Schleifensysteme gestoßen sind. Dabei erwies sich das Spezifische des geistigen Faktors, also der noologischen Struktur, gegenüber der einseitigen Reduktion auf physiologische oder soziologische Zustände und die zeitlich-integrative Unterordnung des Lernens unter die Entwicklung.

Psychotische Abwandlung des Verhaltens als unmittelbare funktionell-strukturale Störung des Systems archimedischer Strukturen

Vergleicht man die molekularbiologischen Ergebnisse bei den Regulatorproteinen und den kovalenten und nonkovalenten Bindungen mit ihrer Energetik der Zwischenstadien, und die Ergebnisse der Membranologie seit HUXLEY und HODGKINS, insbesondere auch die supramolekularen Strukturen (BAUMANN u. MUELLER), mit unseren Ergebnissen über die pragmatophoren Syndrome, der Energetik des Symptomwandels in den Syndromsequenzen der Vierphasenpathorhythmien und Rollenabwandlungen sowie mit den neuen Ansätzen der Psycholinguistik, dann wird deutlich, daß es sich hier um Systemverbände handelt, die tiefer als jede Analogie auf organische Sachzusammenhänge zerebraler Komplexität verweisen. Es geht hier um die Funktionszusammenhänge jenes hyperkomplexen Systems, als das sich das menschliche Zentralnervensystem ausweist, indem es geringeren Zwängen unterliegt und größere organisatorische Möglichkeiten freigibt sowie eine größere Wandlungsfähigkeit aufweist als jedes andere System. Aus diesem Vergleich resultiert eine Sicht, die über ein linear-monokausales Denken in Nervenbahnen und Kausalketten hinausreicht und die poly-

zentrische Organisation des Gehirns als das eines Systems erkennen läßt, dessen Interferenzen und Interaktionen nicht als die eines Organs, sondern als eines strukturgebenden Systemverbandes zu verstehen sind. Schon in seinem Werden, als das eines Systems von ins Innere verlagerten Oberflächen, seine „entepipoletische" (d.h. innere Oberflächen in Funktion setzende und strukturierende) Grundfunktion vorwegnehmend, erweist sich dieser Systemverband als ein solcher von Mittlerstrukturen und von Signalfunktionen. Die Grundfunktion dieses Systems ist also eine Regulatorfunktion, im Gröbsten in Gestalt von Bahnen und Synapsen, im Feinsten und Wesentlichen in Gestalt von Membransystemen und Oszillatoren, die auf andere Systeme und Umweltsysteme eingestellt sind. Diese Funktionssequenzen reichen hinab bis in die molekularen Bereiche, beherrschen die neuropsychologischen Dimensionen und emergieren durch Metamorphosen in die höheren psychischen und noologischen Bereiche.

Welche Funktionen werden nun, so fragt man sich, durch dieses System der Vermittlungen, der Übergänge, Systemverknüpfungen und strukturalen Bindungen geregelt? Offenbar kann es sich bei diesem System nur um das der Vitalkategorie menschlichen Verhaltens im Sinne von GEBSATTEL selbst handeln, also um das System, das menschliches Verhalten in permanenter Selbstreproduktion (Autopoiesis) reguliert und zugleich das umfassende, auf die Methode von Erfolg und Wirkung angewiesene Lernsystem verkörpert.

In diesem umfassenden Bereich, der das menschliche Handeln betrifft, bezeichneten wir das entsprechende Subsystem als archimedisches System, weil es die unendliche Zahl von Punkten ausmacht, von denen aus das Ganze bewegt wird. Es ließ sich zeigen, daß die Ebene der allgemeinen Koordination von Handlungen tiefer liegt, als die Sprache, nämlich im Bereich der Quellen „logisch-mathematischer Strukturen" (PIAGET), in einem Bereich, wo sich

Handlungsmuster ausbilden, die schon am Ausgangspunkt sich zu Schachtelstrukturen, Ordnungs- und Entspannungsstrukturen koordinieren und schon einen logischen Charakter aufweisen, eine Tatsache, die forensisch immer wieder verkannt und als Willenshandlung bzw. als „Absicht" und Plan interpretiert wird.

In dieser Tiefendimension menschlichen Verhaltens erfolgt allerdings auch die Bindung logischer Denkoperationen an die Internalisierungs- und Regelungsmechanismen der Handlung, womit schon der Ausgangspunkt späterer Gedankenoperationen erreicht ist. Die dauerhafte Verbindung konkreter Operationen (direkt auf die Objektwelt bezogen) und der materiellen Handlung liegt auf einer der Aussagelogik zugänglichen Ebene, also auf einer anderen Ebene als delinquente Handlungen einschließlich derjenigen des reinen Berufsverbrechertums und der Wirtschaftskriminalität (MERGEN).

Diese Situation erfordert eine vorrangige Berücksichtigung der der Sprache vorangehenden sensomotorischen Intelligenz und ihrer langwierigen Konstruktionsprozesse, an denen die genetischen Informationen, die Konditionierungen, die selbstregulierenden Prozesse, die Kommunikationsabläufe, um nur einiges zu nennen, beteiligt sind. Dieser Weg führt nun, wie wir zu zeigen versuchten, über eine Aufschlüsselung der Symbole auf der Ebene der Ähnlichkeit (Analogie, Nachahmung) und auf der Ebene der artikulierten Sprache. Hier sind wir derzeit von einer interdisziplinär fundierten Verknüpfung dieser Phänomene mit der Ebene der auslösenden Mechanismen im Sinne der Ethologie (AAM, EAM) noch weit entfernt. Immerhin konnte nachgewiesen werden, daß erworbene Muster in Gestalt eines intra- oder interindividuellen „Signalcodes" in jeder Kriminogenese eine erhebliche Rolle spielen.

Im Bereich der zu einem archimedischen System zusammengeschlossenen Mittlerstrukturen, die psychobiologisch und pathopsychologisch, d.h. ohne oder mit „Schwingungen" zwischen den verschiedenen Zusammenhangsbereichen biologischer, werthierarchischer, mnestischer, kommunikativer usw. Ordnungen, Bindungen und Lösungen bewirkt, ist die Unterscheidung psychotischer und nichtpsychotischer, bzw. psychotisch und nichtpsychotisch gesteuerter Verhaltensstrukturen von einschneidender Bedeutung. Unsere Untersuchungen und ihre interdisziplinäre Überprüfung führten uns zu der Auffassung, daß die Theorie einer Psychosengenese, aufgrund einer Funktionsstörung des archimedischen Systems in seinen spezifischen Strukturen selbst und nicht bloß in Gestalt quantitativer Interaktionen oder synchroner Pathorhythmien der Wahrheit derzeit am nächsten kommt. Diese Theorie besagt, daß die Mittlerstrukturen und Regulatorfunktionen des archimedischen Systems in ihren Funktionen auf mannigfache Weise gestört werden können. Aber sie sind nur dann, wenn eine psychotische Symptomatik vorliegt, in ihren synechetischen, mesitetischen und symballistischen Funktionsbereichen selbst bzw. unmittelbar, also in ihrer strukturalen Funktion an sich, betroffen. Auf eine einfache Formel gebracht: Bei nichtpsychotischen Syndromen liegt eine Störung in den Systemen psychobiologischer, psychischer oder biologischer Ordnungen und/oder ihren Pathorhythmien, also in ihrem Zusammenspiel. Bei den Psychosen besteht neben den Störungen in diesem Zusammenspiel (Chronopathie) oder ohne sie ein neurophysiologisch-psychobiologischer Funktionswandel im Bereich der Mittlerstrukturen, also im Bereich der archimedischen Systemverbände des universalen Lern- und Selbstgestaltungssystems (Regulatordimension) selbst. Aus interdisziplinärer Sicht kommt derzeit eine universalgenetische Psychosentheorie der Wahrheit wahrscheinlich am nächsten, wenn sie die Grundgesetzlichkeiten menschlichen Verhaltens im Bereich elementarer Interaktionen und stochastischer Mechanismen, die sich einer Analyse chronobiologischer Pathorhythmien erschließen und dem Zusammenwirken von Enzymen (Biokatalysatoren), Genen und Membranen entsprechen, berücksichtigt bzw. in den Griff bekommt. Die rhythmischen Vorgänge in den Membranen der Nervenzellen, betreffend die beiden Kanalsysteme und ihre Interaktionen mit den Impulsen der Nervenzellen selbst, bringen offenbar jene „Gestalten" hervor bzw. jene Metastrukturen, deren Funktionswandel den psychotischen Verhaltenswandel bedingt. Das Merkwürdige ist ja, daß dieselben Regulatorstrukturen, die den Aktivitäten der Vitalkategorie menschlichen Verhaltens zugrunde liegen und bei delinquentem Verhalten die Interaktionen zwischen pathorhythmisch veränderten Systemen steuern bzw. in Koaktion bringen, bei psychotischen Abwandlungen in ihren ureigensten Strukturen selbst, also in ihrer Regulatorfunktion als solcher, rhythmisch abgewandelt sind.

Es wurde schon die Marke B in der sprachlinguistischen Untersuchung der Gedichte Hölderlins durch SUPPRIAN erwähnt, mit der eigenartigen delinquenten Entgleisung dieses so sanftmütigen Dichters gegenüber einem Schullehrer gerade im Zeitpunkt eines beschleunigten grammatischen Strukturwandels. Dieser Sprung im sprachlichen Umbauprozeß in den Gedichtfolgen Hölderlins ist an dieser Marke im Gedicht „Die Bücher der Zeiten" aufweisbar. Wie SUPPRIAN zeigen konnte, ist nun die neunte Strophe dieses Gedichts unterbrochen durch die Worte: „Eine Pause im Gefühl." Die Rhythmusstörung im Bereich synechetisch-mesitetischer Mittlerstrukturen, oder, um mit FEDERN zu sprechen, an den Ichgrenzen, könnte nicht präziser zum Ausdruck gebracht werden, als durch diesen Satz, über den SUPPRIAN, mit Recht bemerkte: „Das ist schizophrenes Erleben (oder Nicht-Erleben?) par excellence".

Dem sei eine andere Beobachtung bei einem sechzigjährigen angesehenen, soliden, glücklich verheirateten Kunstphotographen gegenübergestellt, der sich nach Flucht aus seiner Heimat wieder selbständig gemacht hatte und im Begriff war, ein neues Geschäft aufzubauen. Dieser hatte sich in einem Selbstbedienungsladen eine Taschenlampe mit Batterie und andere Gegenstände genommen und auf die Frage der Verkäuferin, ob er bezahlen wolle geantwortet, er suche noch einige Fassungen. Anschließend verließ er den Laden, wobei er von der Inhaberin wegen Diebstahls angehalten wurde. Die Untersuchung ergab neben einer leichten, sehr wechselnden „Hirnleistungsschwäche" eine Minderdurchblutung des Gehirns, einen interpersonalen Shift bei neurotischer Depression der Ehefrau und eine schon länger dauernde körperliche Überbeanspruchung mit Müdigkeitserscheinungen durch ungewohnte körperliche Arbeit, eine sehr gute Intelligenz und eine große Charakterfestigkeit. Erst eine lange und gezielte Untersuchung deckte auf, daß seltene aspontane Durchgangssyndrome, im Sinne von WIECK, vorlagen. Ein solches Syndrom war im konkreten Fall zur Tatzeit durch eine komplexe Bedingungskonstellation in ein kurzes motorisch-amnestisches Syndrom umgeschlagen. Der hochintelligente Patient beschrieb seine Durchgangssyndrome folgendermaßen: „Die Gedanken sind wie stehengeblieben. Ich kann nicht weiter, alles steht, ich kann auch nicht sehen, nicht hören. Wenn ich dieses Gefühl habe, daß auf einmal alles steht, dieses Nichtsgefühl, habe ich das Gefühl von Hitze im Kopf." Eine Unterbrechung der Funktion der symballistischen, intermodalen Mittlerstrukturen könnte nicht anschaulicher beschrieben werden. Solche Selbstdarstellungen werden naturgemäß einmalig bleiben, denn nur bei leichten und vorübergehenden Störungen ist eine Selbstwahrnehmung überhaupt möglich, und nur bei großer Intelligenz und Reflexionsbegabung ist eine Verbalisierung denkbar.

Die weitgehende Identität von Lernsystem in unserem, weiteren Sinn und Vitalkategorie menschlichen Verhaltens verweist auf die Sonderstellung des Bastelns, überhaupt des neugierigen Probierens, das schon bei höheren Tieren auffällt und die besondere ontogenetische und phylogenetische Wurzelnähe dieser Verhaltensform erkennen läßt. Gerade diese Wurzelnähe der Vitalkategorie menschlichen Verhaltens läßt es verständlich erscheinen, daß man an die Stelle delinquenter Handlungen ebenso gut Berufswahl, kreative Handlungen, Partnerwahl, kurz jede beliebige Verhaltensweise setzen kann. Die Strukturgesetzlichkeiten, denen ihre Ablaufsformen und Gestalten unterworfen sind, letzten Endes also ihre Ursprungslosigkeit, bleiben ja dieselben, was variiert, sind die Bedingungskonstellationen, die Inhalte, die Ziele und die vermittelnden Wertstrukturen. GEHLEN ist mit seiner Anthropologie diesen bedeutsamen Zusammenhängen sehr nahe gekommen, am nächsten aber BÜRGER-PRINZ, der das Emporwachsen biologisch vorgegebener Momente zur Bedeutung eines entscheidenden Störfaktors in Krisenzeiten und ähnliche dynamische Zusammenhänge schon längst erkannt hatte und eine Abkehr von einer zu statischen Auffassung der abnormen Persönlichkeit forderte. Die Psychopathologie allein ist ebenso wie die Soziologie mit ihren Konzepten von Status- und Rollensätzen (*roleset*) nicht in der Lage, ein Handlungsgeschehen begrifflich einzufangen und zu beschreiben. Beide zusammen liefern die ganze Fülle an Modulationen und Varianten jener Signale, die es gestatten, lebensgeschichtliche und verhaltenspsychologische Abläufe und ihre energetischen und dynamischen Parameter in ihren synchronen und diachronen Interaktionen und Sequenzen auf ihre denotativen und konnotativen Bedeutungen hin zu analysieren. Die Vitalkategorie menschlichen Verhaltens und das Lernsystem verkörpern zugleich den Grundprozeß permanenter Selbstproduktion oder Autopoiesis (MATURANA), die in der Anthropologie MORINS eine dominierende Stellung einnimmt. Nur der mittlere Bereich, der es gestattet, diese Dynamik an den Signalen psychologischer, psychopathologischer, psychotischer und psychosomatischer Strukturabwandlungen (Syndromwandel) abzulesen, bildete den Gegenstand der hier vorgelegten Untersuchungen.

In diesem Bereich haben sich zwei Formen des Funktionswandels unterscheiden lassen. Die erste Form wurde als Pathorhythmie bezeichnet, welche die verschiedenen biologischen, psychischen und noologischen Systeme und ihre Verknüpfung durch Koaktion, Interferenz oder Magneteffekt, betrifft. Die zweite Form betrifft die Regulatorstrukturen selbst, also das, was wir als archimedisches System bezeichnet haben. Diese Störungen bezeichnen wir als Strukturchronopathien. Diese Abwandlungen sind nach unserer Auffassung die neurophysiologischen Repräsentanzen des psychotischen Strukturwandels. Bei katathymen Wahnsyndromen wird man an einen sekundären, bei schizophrenen Achsensyndromen an einen primären psychotischen Strukturwandel im Sinne einer Strukturchronopathie denken. Damit wäre das gegeben, was JANZARIK als dynamische Entgleisung beschrieben bzw. was RENNERT als einheitliches pathogenetisches System bei Psychosen gefordert hat, also Psychose als universelles Entgleisungsgeschehen (KÜHNE). Dieser Auffassung kommt die Hypothese einer gestörten Synapsentransmission und beeinträchtigter Informationsprozesse neuerer Untersuchungen, die PLAUM in einer Übersicht zusammengefaßt hat, recht nahe. Das zwischen den verschiedenen biologischen, psychischen und noologischen Systemen vermittelnde archimedische System von strukturgebenden Regulatorstrukturen hätte sonach seine neurophysiologische Repräsentanz in den Interaktionen zwischen den rhythmischen Kanalsystemen der Nervenzellmembranen, der rhythmischen Tätigkeit der Impulse der Nervenzellen selbst und den rhythmischen Interaktionen im Bereich der Dendriten mit ihren Synapsen.

„Auf welches Instrument sind wir gespannt, und welcher Künstler hält uns in der Hand?" Analog, wie die Schwingungen der verschiedenen Instrumente eines Orchesters Töne und diese in ihren Interaktionen wieder Melodien und Sätze entstehen lassen, emergieren aus den Interferenzen zwischen den verschiedenen Systemen im neurophysiologischen Bereich dynamischen Geschehens die Elemente und die Strukturen seelischer und geistiger Existenz. Von den letzteren, den noologischen, geht die „entscheidende", rückwirkende Kausalität aus, die Gesamtsteuerung. Dabei reicht die Dynamik des Abwehrmechanismus im Sinne FREUDS tief in das psychotische Geschehen hinein. Auf der anderen Seite ist auch das normale psychische Geschehen von den gleichen Idiorhythmien getragen, die im psychotischen

Geschehen systemspezifisch abgewandelt sind.

Innerhalb des gesamten Interaktionsraumes zwischen genetischem System, Gehirn, soziokulturellem System und Ökosystem kommt dem Gehirn die zentrale Bedeutung zu, es bildet gleichsam eine Drehscheibe und ist das organisatorische Epizentrum, das die Zusammenhänge vermittelt. Hier treffen wir uns mit der Anthropologie von MORIN. Jede Einheit menschlichen Verhaltens oder Handelns ist gleichzeitig genetisch-zerebral-sozial-kulturell-ökosystemisch.

Die differentielle Vererbung von Verhalten läßt sich nur an Handlungsbruchstücken, also an motorischen, affektiven und denktechnischen Ablaufsformen aufweisen, die als Bestandteile von Handlungen nachweisbar sind, aber auch als reine Mechanismen ablaufen können. Hierher gehören der Gang, gewisse Bewegungen bei alltäglichen Verrichtungen, die Art, affektiv zu reagieren, affektive Regungen zu zeigen oder zu unterdrücken (STUMPFL, 1939). Im Handlungsablauf selbst, also im Bereich der menschlichen Vitalkategorie, herrschen ganz andere Gesetzlichkeiten, die wir in unseren Untersuchungen analysiert haben. Eine stochastische Analyse solcher erblicher Denk- und Verhaltensmechanismen und ihres Einbaus in die Vitalkategorie steht noch aus.

Sozialprognostik läßt sich derzeit nur mit einer einzelfallzentrierten Analyse (SKINNER) und als Pragmatographie betreiben, d.h. aufgrund von Aufzeichnungen von Handlungsabläufen und Verhaltensweisen, die auf die Parameter des gesamten Lebenslaufs projiziert wurden. Aus diesen Projektionsvorgängen resultieren die Bedingungskonstellationen. Jede Struktur, z.B. Schwachsinn oder Angstneurose, ebenso etwa die Chromosomenstruktur XYY, ist polyvalent, d.h. es hängt von der Bedingungskonstellation ab, in der sie auftritt, auch von den Rollensequenzen, ob sie kriminogen oder im Gegenteil sozial integrierend wirkt, ob sie einem destruktiven oder einem konstruktiven Funktionszusammenhang angehört. Der feinste Indikator zur Frage nichtpsychotische oder psychotische, einschließlich situationspsychotische Steuerung einer Handlungssequenz ist das pragmatophore Syndrom.

Der Nachweis, daß jedem akuten Wechsel im Bereich der Vitalkategorie menschlichen Verhaltens, also jeder menschlichen Handlung ein pragmatophores Syndrom zugeordnet ist, das psychopathologisch nachweisbar und mit einem elektroenzephalographischen Ausschlag korreliert ist, weist der Pathopsychologie neue Aufgaben im Gesamtbereich der Verhaltensforschung am Menschen zu. Die dynamischen Strukturen des pragmatophoren Syndroms erweisen sich als selbstgestaltende Funktion der Vitalkategorie menschlichen Verhaltens.

Die pragmatophore Dynamik der cerebralen Systeme

E. PERRET hat hervorgehoben, daß die Motivation, wir würden also sagen die Bedingungskonstellationen des Verhaltens betreffende neuropsychologische Untersuchungen am Menschen fast vollständig fehlen. Es soll versucht werden, eine Modellvorstellung vom menschlichen Gehirn zu skizzieren, die zunächst einmal eine sachgemäße Fragestellung vorbereiten kann. Wenn eine von jeher hyperthymische und als Geschäftsfrau skrupellose Persönlichkeit unmittelbar im Anschluß an die operative Entfernung eines malignen Lymphosarkoms im präcentralen Stirnhirnbereich ein manisches Bild bietet mit kritiklosen Plänen, in Nizza Baugründe aufzukaufen, und wenn diese Kranke in der geschlossenen Anstalt, wenn sie sich unbeobachtet glaubt, skrupellos auf Schränke klettert, fremde Koffer ausräumt, den Inhalt verzehrt, aber sonst keine gröberen Defektsyndrome bietet, so wird man fragen, welche Bedeutung die vor der Erkrankung gegebenen Aktivitätsmuster (Skrupellosigkeit) hatten und welche Steuerungssysteme in dieser Region betroffen, aktiviert oder durch Funktionswandel verändert wurden. Wenn sich die Grundgesetzlichkeiten menschlichen Handelns in Konfliktsituationen letzten Endes auf komplexe Aktivitäten von Nervenzellverbänden und ihre Interaktionen mit ebensolchen Vorgängen bei anderen Individuen zurückführen lassen, dann ist zu erwarten, daß diese in ihrem Gestaltwandel genetisch gesteuerten Strukturen in der Morphologie des Gehirns ihren Niederschlag gefunden haben, oder, was dasselbe ist, das menschliche Gehirn, als Produkt des genetischen Code (des „Verhaltens" der Gene), muß in den Grundkategorien oder Grundgesetzlichkeiten menschlichen Handelns seinen funktionell-dynamischen Ausdruck finden.

Betrachtet man den Bau des menschlichen Gehirns in großen Zügen und vor allem im Hinblick darauf, was ihn von dem beim Tier unterscheidet, dann stößt man auf zwei große Systemzusammenhänge.

Der eine Systemzusammenhang betrifft den menschlichen Neuerwerb, die Hirnrinde. An diesem Cortex interessiert in diesem Zusammenhang, daß er in seiner Funktion durch zwei Prinzipien bestimmt wird. Das eine Prinzip besteht darin, daß, während beim Tier jedes primäre corticale Projektionsgebiet, zum Beispiel das visuelle, vorwiegend mit dem limbischen System, weniger aber mit anderen Projektionssystemen assoziiert ist, beim Menschen sogenannte intermodale Assoziationen möglich sind, das heißt, es gibt einen Transfer einer auf z.B. visuellem Gebiet erlernten Diskrimination auf ein anderes sensorisches Gebiet, dank der erst beim Menschen ausgeprägten Vermittlerstruktur des Gyrus angularis. Diese Verbindungen hat schon PAWLOW intuitiv erkannt, und sie sind eine Voraussetzung für die Entwicklung eigentlicher Symbole (V. BERTALLANFFY) in Gestalt der Sprache. Die anatomischen Voraussetzungen der sogenannten intermodalen Assoziationen, also eines Transfers zwischen verschiedenen sensorischen Rindenfeldern, wurden von ECONOMO, HORN und GESCHWIND nachge-

wiesen. In diesem Systemzusammenhang gehören auch die Projektionsfelder für Geruch und Geschmack, die Gleichgewichtssysteme und die motorischen Projektionsfelder. Dieser synchrone Systemverband entspricht, wenn man berücksichtigt, daß wir von den einfachsten Bedingungen bei delinquentem Verhalten ausgegangen sind, auf einer dimensionalontologisch veränderten Ebene in etwa den Vierphasenidiorhythmien des aktuellen Erlebens. Das zweite Prinzip dieses Systemverbandes besteht in seiner Rückkoppelung an gestufte Aktivierungsstrukturen. Damit sind wir schon beim *zweiten Systemzusammenhang*, der die Aktivierung in ihren verschiedenen Kreisprozessen und Stufenfunktionen betrifft. Dieser Systemverband reicht von der phylogenetisch alten retikulären Formation über gewisse Anteile des Thalamus, über das limbische System bis in jenes Subsystem des Riechhirns, das phylogenetisch alte Rindengebiete im frontalen Bereich und im Bereich des Mandelkerns umfaßt, also bis in die Regionen des Stirnhirns hinauf. Alle diese Systeme gelten als Grundlage der Emotionen, denen unsere ganzen Untersuchungen vorwiegend gewidmet waren, und sie sind in gewissen Anteilen auch Bereiche der Steuerung von Sozialverhalten.

In dieser Sicht gewinnt man über die Funktion der verschiedenen Hirnsysteme eine Modellvorstellung, die auffallende Ähnlichkeiten mit den Vorstellungen aufweist, die wir auf Grund von Analysen der Vitalkategorie menschlichen Verhaltens gewonnen haben. Erst durch die Aktivierung von seiten dieses diachronen Systemverbandes wird die Aufmerksamkeit auf einen äußeren oder inneren Reiz gelenkt, und es kommt zu spezifischen Aktivierungen in den verschiedenen Cortexbereichen, wo daraufhin für jede Wahrnehmungs- und Verhaltenskonstellation verschiedene Aktivitätsmuster entwickelt werden, die für das Lernen eine wichtige Rolle spielen. In unserem Fall des cerebralen Lymphosarkoms wird man also fragen, welche Aktivierungssysteme enthemmt, welche Lernprozesse gelöscht und welche höheren Steuerungssysteme unterbrochen bzw. gestört worden sind, damit eine schon vor der Erkrankung bestehende Aktivierungslage abgelöst von ihren sozialen Strukturen ins Manische entgleisen konnte.

Diese kurze Skizze läßt erkennen, daß die Aktualgenese der Handlungen des Menschen in Konfliktsituationen der verschiedenen Etappen seiner Ontogenese und die phylogenetische Entwicklung des Gehirns in den Mannigfaltigkeiten seiner heutigen Formung und Funktionsgestalten dimensionalontologisch zwar verschieden sind, aber hinsichtlich der Interaktion zwischen Er-leben und Re-agieren, also in den kalibrierenden Stufenfunktionen biologischer Interferenzwirkungen, eine chronobiologische Isomorphie erkennen lassen, derzufolge die Idiorhythmien (Pathorhythmien) den intermodalen Assoziationen und die Rückkoppelung an die Grundgeborgenheit (Grundkonflikt) den Vorgängen des Arousal (Aktivierung) analog sind.

Erster Entwurf einer immanenten Theorie der menschlichen Handlungen

Verhalten und Handeln in ihrer Abhängigkeit von der Struktur des bewußten Seins und seinen Infrastrukturen in den Bewußtseinsfeldern erweist sich als abhängig von Erfahrung. Der synchronischen Modalität der gelebten Erfahrung in ihrer Synthesis (Simultaneität) steht die transaktuelle Modalität oder diachronische gegenüber, die die Abfolge der Ereignisse unter historischen Formen des Ichs synthetisiert. Dementsprechend hat H. EY zwischen Bewußtseinsfeld im Sinne der Anordnung des Imaginären mit den Integrationsstufen vom Lustprinzip zum Realitätsprinzip als der Struktur des bewußten Seins, die „niemals etwas anderes als die Ordnung" ist, und dem Ich als der dynamischen Struktur, die die einer Entwicklung ist, unterschieden. Nach H. EY ist die Organisation des bewußten Seins jene des

„Milieus", das es dem Menschen erlaubt, seine eigene Erfahrung und seine eigene Geschichte zu bilden. Diese Organisation ist im wesentlichen eine zeitliche.

Diese Zeitlichkeit läßt sich, wie wir zu zeigen versuchten, dadurch fassen, daß man die verschiedenen Systeme in den einzelnen Individuen und in den Gruppen getrennt verfolgt hinsichtlich ihrer funktionellen Abläufe, ihrer Inhalte und ihrer Reifungsprozesse, und dieser Längsschnittbetrachtung differentieller Art eine Querschnittsbetrachtung gegenüberstellt, die von den Gleichzeitigkeitsrelationen ausgeht. Synchrone Ereignisse wurden von uns als Knotenpunkte bezeichnet. Wenn es gilt, die Bedingungskonstellationen gewisser Synchronizitäten zu untersuchen, wenn etwa der Tod einer sehr nahen übergeordneten Beziehungspersönlichkeit über eine größere räumliche Entfernung hinweg vom Partner im Traum „erlebt" bzw. bildhaft gestaltet wird, so spricht das dafür, daß die Systeme des Primärprozesses (Unbewußten) den Partnerverlust im Sinne eines Umschlags in eine Pathorhythmie auf eine Weise registrieren, die keineswegs rätselhafter oder wunderbarer ist als das, was man beispielsweise in der Kriminogenese von Jugendlichen beobachten kann.

Der von uns analysierten ontogenetischen Rückkoppelung der Aktualkonflikte des Erlebens und seiner Rollengleichgewichte an Primärkonflikt, Grundkonflikt, und Grundgeborgenheit im Kindesalter entspricht eine analoge Rückkoppelung der intermodalen Assoziationsprozesse sensomotorischer Rindenareale des Gehirns an die Aktivierungssysteme phylogenetisch alter Strukturen der Formatio reticularis, des Hypothalamus, des limbischen Systems und des Riechhirns; dem archimedischen Reaktionssystem unter anderem die schaltenden und funktionswandelnden Strukturen des Gyrus angularis, des Hippocampus, der Sprachwindungen und so weiter. Die Interferenzen dieser Systeme untereinander und mit dem Symbolsystem der Sprache ergeben Vorratsmuster und Verhaltensmuster, deren Einsatz oder Synthesen auf noologische Systeme angewiesen sind, die in den genetisch festgelegten Organisationen des Gehirns als der Wahrnehmung vorgegebene Organisationsstrukturen (MEHLER) bzw. als primordiale Kompetenzen verankert sind. Aus diesen primordialen Kompetenzen erfolgt in soziokulturaler Resonanz mit Semantemen, das ist mit Sequenzen von Bildern und Bedeutungsfragmenten im Sinne von MORIN und in Interferenz mit der Autopoiesis, also der permanenten Reorganisation (Maturana, Atlan) in einer multidimensionalen Metamorphose, der Aufbau von Organisationsstrukturen des Denkens und der Sprache, das ist der noopoietischen Kompetenzen. Aus diesen Organisationsstrukturen und ihrer Rückkoppelung an die genetisch festgelegten Organisationen des Gehirns schöpfen die Kompetenzzentren des Verhaltens und Handelns ihren aktualgenetischen Einsatz. Erst damit sind wir an der Zäsur angelangt, auf die abschließend noch verwiesen sei. In das ganze Geschehen psychodynamischer Systeme tritt noch etwas völlig Neues ein: Der Entschluß. Der Entschluß, einschließlich der ihm vorangehenden „Vorsetzung" (PFÄNDER), ist vergleichbar einem Blitzschlag, der all diese Interferenzen wie Eisenfeilspäne auf einen einzigen Punkt hin orientiert. Von den kollektiven Gefühlslagen der Gruppe an sind die Trennlinien zwischen Gefühl und Antrieb unscharf, erhöhte Aktivierung, die vorwiegend von bestimmten qualitativen Erregungskomponenten aus dem inneren Milieu begleitet wird, erlebt das Subjekt als Trieb, derselbe Arousal-Zustand kann unter bestimmten kognitiven Bedingungen als Emotion erlebt werden oder als Veränderung der Bewußtseinslage. Es geht um Schwerpunktbildungen, um Äquilibrien und nuancierte Differenzierungen spezifischer Begleitkonstellationen, um mannigfaltige „Spezifikationen" und „Ramifikationen" im Sinne von GOETHE. Mit dem Entschluß erfolgt eine neue Schwerpunktverlagerung in ein noolo-

gisch strukturiertes Feld der Willensvorgänge und der Selbstaktualisierung durch Integration eines Selbstkonzepts. Der, der das Unsichtbare nicht sieht, kann nicht sehen. Wie in der Physik, so ist auch in der Psychiatrie eine der wesentlichen Voraussetzungen wissenschaftlichen Fortschritts, Strukturen und dynamische Vorgänge „sichtbar" zu machen. Etwa durch Elektro-Encephalographie, oder durch psycholinguistische Analysen, oder, wie hier, durch eine systematische Analyse von Begleiterscheinungen des Verhaltenswechsels (Strukturmaches) mit den Methoden der Psychopathologie, der Psychosomatik und der Pragmatographie. Immer wieder zeigen sich bei diesem Vorgehen eigentümliche Verflechtungen zwischen durchgängiger Identität und vollständiger Verschiedenheit, das heißt Analogien (Identitäten in der Verschiedenheit). Mit dem vollständig Neuen, in dem das Strahlenbündel divergenter Phänomene zusammenläuft, mit Entschluß und Willensakt eine Tat zu setzen oder nicht zu setzen, sind wir wieder am Ausgangspunkt unserer Überlegungen angelangt. Die strafrechtswissenschaftliche Praxis hat eine Technik entwickelt, die es erlaubt, die topischen Gegebenheiten des Entschlusses präzis herauszuarbeiten. Mit dieser von den Juristen geleisteten topischen und chronologischen Bestimmung von Entschluß und Tat gewinnt die Erforschung der inneren und äußeren Bedingungskonstellationen und der psychischen Prozesse erst ihren Kristallisationspunkt und die Ansätze für ihre chronobiologischen Parameter.

Gleichgewicht ist immer ein auf Gegenseitigkeit (Interferenz) beruhender Zustand. Zwischen stets mit phylogenetisch alten Struktursystemen rückgekoppelter Antriebssteigerung (Arousal) und kognitiven Systemen intermodaler Assoziationen, also zwischen Emotionen aufsteigender „Bedeutung" in paläoencephalen Stufensystemen und kognitiver Sinnverwirklichung in noologischen Systemen einen habituellen Gleichgewichtszustand zu erreichen, ist in höchstem Maße Aufgabe von

„Lernen", Lernen nicht in dem eingeengten und inadäquaten Begriff der behaviouristischen Lerntheorie, sondern im Sinn einer imanenten Theorie der menschlichen Handlungen, die in den noopoietischen Kompetenzen und damit den Organisationsstrukturen des Denkens und der Sprache die archimedische Schlüsselstellung freilegt, aus der menschliches Verhalten entspringt. Dabei erweist sich P. SCHILDERS „Gleichgewicht als moralische Aufgabe" schrittweise als ein Erlernen von seinsmäßigem Wachsen (Physis) in Gestalt eines Werdens in Richtung auf Einheit und Dauer des Gleichgewichts.

Literatur

ALEXANDER, F.: Psychosomatische Medizin. Grundlagen und Anwendungsgebiete. Berlin-New York: de Gruyter 1971.

ANGST, J.: Zur Ätiologie und Nosologie endogener depressiver Psychosen. Berlin-Heidelberg-New York: Springer 1966.

ARIETI, J.: The Origins and Development of the Psychopathology of Schizophrenia. In: Die Entstehung der Schizophrenie. Bern-Stuttgart-Wien: Huber 1971.

ARGELANDER, H.: Das Erstinterview in der Psychotherapie Darmstadt: Wissenschaftl. Buchgesellschaft 1970.

ARNOLD, O.H.: Experimentelle Psychosen und Schizophrenien. In: Schizophrenie und Zyklothymie. Stuttgart: Thieme 1969.

ASCHOFF, J.: Circadian Clocks. Amsterdam: North Holland Publ. 1965.

ASHBY, W. ROSS: An Introduction to Cybernetics. London: Chapman and Hall 1956.

AUERSPERG, A.P.: Der Begriff der Reaktion in Neurologie und Psychiatrie. In: Viktor v. Waizsäcker, Arzt im Irrsal der Zeit. Göttingen: Vandenhoeck u. Ruprecht 1956.

VON BAEYER, W.: Zur Psychopathologie der endogenen Psychosen. Nervenarzt **24**, 316 (1953).

BALINT, M., ORNSTEIN, P., BALINT, E.: Fokaltherapie. Frankfurt: Suhrkamp 1973.

BATESON, G.: Culture Contact and Schismogenesis. Man **35**, 178 (1935).

BATTEGAY, R.: Der Menscch in der Gruppe, 3 Bde. Bern-Stuttgart-Wien: Huber 1970.

BAUMANN, G., MUELLER, P.J.: Supramolecular Structure 2, 5/6 (1974, im Druck).

BECK, D.: Psychodynamische Aspekte des Symptomwandels. Z. Psychother. med. Psychol. **23**, 3 (1973).

BENEDETTI, G.: Psychogenese und biologische Entwicklung. Fortschr. Neurol. Psychiat. **39**, 1 (1971).

BENEDETTI, G.: Ich-Strukturierung und Psychodynamik in der Schizophrenie. In: Die Entstehung der Schizophrenie. Bern-Stuttgart-Wien: Huber 1971.

BERNER, P.: Das paranoische Syndrom. Berlin-Heidelberg-New York: Springer 1965.

BERNER, P. u. Mitarb.: Aktuelle Probleme der Wahnforschung. Nervenarzt **42**, 10 (1971).

BERNER, P.: Paranoide Syndrome. In: Psychiatrie der Gegenwart, Bd. II/1, 2. Aufl. Berlin-Heidelberg-New York: Springer 1972.

BERZE, J.: Über das Primärsymptom der Paranoia. Halle: Marhold 1903.

DE BOOR, W.: Über motivisch unklare Delikte. Berlin-Göttingen-Heidelberg: Springer 1959.

DE BOOR, W.: Bewußtsein und Bewußtseinsstörungen. Berlin-Heidelberg-New York: Springer 1966.

BINDER, H.: Die psychopathischen Dauerzustände und die abnormen seelischen Reaktionen und Entwicklungen. In: Psychiatrie der Gegenwart, Bd. II. Berlin-Göttingen-Heidelberg: Springer 1960.

BLEULER, E.: Affektivität, Suggestibilität und Paranoia, II. Aufl. Halle: Marhold 1926.

BLEULER, E.: Primäre und sekundäre Symptome der Schizophrenie. Z. ges. Neurol. Psychiat. **124**, 607 (1930).

BLEULER, M.: Endokrinologische Psychiatrie. Stuttgart: Thieme 1954.

BLEULER, M.: Die schizophrenen Geistesstörungen im Lichte langjähriger Kranken- und Familiengeschichten. Stuttgart: Thieme 1972.

BLÖSCHL, L.: Grundlagen und Methoden der Verhaltenstherapie, II. Aufl. Bern-Stuttgart-Wien: Huber 1972.

BOETERS, U.: Die oneiroiden Emotionspsychosen. Klinische Studie als Beitrag zur Differentialdiagnose atypischer Psychosen. Basel-München-Paris-London-New York-Sydney: Karger 1971.

BÖKER, W., HÄFNER, H.: Gewalttaten Geistesgestörter. Eine psychiatrisch-epidemiologische Untersuchung in der Bundesrepublik Deutschland. Berlin-Heidelberg-New York: Springer 1973.

BONHOEFFER, D.: Ethik. München: Kaiser 1966.

BONHOEFFER, K.: Die exogenen Reaktionstypen. Arch. Psychiat. Nervenkr. **58**, 58 (1914).

BOTTENBERG, E.H.: Emotionspsychologie. Ein Beitrag zur empirischen Dimensionierung emotionaler Vorgänge. München: Goldmann 1972.

BÜHLER, C., HETZER, H.: Kleinkindertests. Leipzig: Barth 1932.

BÜHLER, CH.: Werte in der Psychotherapie. Handb. Neurosenlehre u. Psychotherapie, Bd. V. München-Berlin: Urban & Schwarzenberg 1961.

BÜRGER-PRINZ, H.: Psychiatrie und Strafrecht. Mschr. Kriminalbiol. Strafrechtsref. **33**, 45 (1942).

BÜRGER-PRINZ, H.: Probleme der phasischen Psychosen. Stuttgart: Enke 1961.

BÜRGER-PRINZ, H., RASCH, W.: Krankhafte sexuelle Verhaltensweisen. In: Zurechnungsfähigkeit bei Sittlichkeitsverbrechen. Stuttgart: Enke 1963.

BURCHARD, J.D., TYLER, V.O.: The Modification of Delinquent Behavior through Operant Conditioning. Behav. Res. Ther. **2** (1965).

BURCHARD, J.M.: Untersuchungen zur Struktur symptomatischer Psychosen. Stuttgart: Enke 1965.

BÜRGER-PRINZ, H., LEWRENZ, H.: Die Alterskriminalität. Stuttgart: Enke 1961.

CASSIRER, E.: An essay on man. An introduction to a philosophy of human culture. New Haven: Yale Univ. Press 1944.

DE CHARDIN, T.: Die Zukunft des Menschen. Olten und Freiburg im Breisgau: Walter 1963.

CONRAD, K.: Die symptomatischen Psychosen. Psychiatrie der Gegenwart, Bd. II. Berlin-Göttingen-Heidelberg: Springer 1960.

CONRAD, K.: Die beginnende Schizophrenie. Versuch einer Gestaltanalyse des Wahns II. Aufl. Stuttgart: Thieme 1966.

CRAIG, W.: Appetites and aversions as constituants of instincts. Biol. Bul. **34**, 91 (1918).

DERRIDA, J.: Freud und der Schauplatz der Schrift. In: Die Schrift und die Differenz. Frankfurt a. Main: Suhrkamp 1972.

DIETRICH, H.: Paranoide Entwicklungen, Querulantenwahn, Eifersuchtswahn. In: Handwörterbuch der Rechtsmedizin (Hrsg. Eisen, G.), Bd. II, S. 201–210. Stuttgart: Enke 1974.

DOSTOJEWSKIJ, F.M.: RASKOLNIKOFF — Schuld und Sühne. München: Goldmann 1957.

ECONOMO, C., HORN, L.: Überwindungsrelief, Masse und Rindenarchitektonik der Supratemporalfläche, ihre individuellen und ihre Seitenunterschiede. Z. Neurol. Psychiat. **130**, 678 (1930).

ECKERMANN, J.P.: Gespräche mit Goethe in den letzten Jahren seines Lebens. Zürich: Artemis Verlag 1948.

EIBL-EIBESFELD, J.: Liebe und Haß. Zur Naturgeschichte elementarer Verhaltensweisen. München: Piper 1970.

ELIADE, M.: Mythen, Träume und Mysterien. Salzburg: Otto Müller 1961.

ELIADE, M.: Kosmos und Geschichte. Düsseldorf: Eugen Diederichs 1966.

ENGEL, G.L.: Biologic and psychologic features of the ulcerative colitis patient. Gastroenterology **40**, 313 (1961).

ERIKSON, E.: Childhood and society. New York: Norton 1950.

ERNST, K.: Die Prognose der Neurosen. Berlin-Göttingen-Heidelberg: Springer 1959.

EY, H.: La conscience. Paris: Presses Universitaires de France 1963.

EYSENCK, G.B., EYSENCK, H.J.: Crime and personality: an empirical study of the three-factor theory. Brit. J. Crim. **10** (1970).

FEDERN, P.: Ich-Psychologie und die Psychosen. Bern-Stuttgart: Huber 1956.

FELDMAN, F.D., CANTOR, D., SOLL, S., BACHRACH, W.: Psychiatric study of a consecutive series of 34 patients with ulcerative colitis. Brit. med. J. 1967 II, 14.

FERGUSON, A.: An essay on the history of civil society. Edinburgh: University Press 1966.

FRANKL, V.E.: Theorie und Therapie der Neurosen. Wien-Innsbruck: Urban & Schwarzenberg 1956.

FRANKL, V.E.: Der Wille zum Sinn. Ausgewählte Vorträge über Logotherapie. Bern-Stuttgart-Wien: Huber 1972.

FREUD, S.: Studienausgabe. Frankfurt am Main: Fischer 1969.

GAGNÉ, R.M.: Die Bedingungen des menschlichen Lernens. Hannover 1969.

GATZUK, L.: Reflexologie und Psychopathologie. In: Abh. aus der Neurologie, Psychiatrie, Psychologie und ihrer Grenzgebiete. Heft **61**. I. Internat. Tagung angew. Psychopathologie und Psychologie, Wien 1930. Berlin: Karger 1931.

GASTAUT, H.: Etiology, pathology and pathogenesis of temporal lobe epilepsy. Washington: Internat. Colloq. 1957.

GAUPP, R.: Der Fall Wagner, eine Katamnese, zugleich ein Beitrag zur Lehre von der Paranoia. Z. Neurol. Psychiat. **60**, 312 (1920).

VON GEBSATTEL, V.E.: Die Sinnstruktur der ärztlichen Handlung. Studium Gen. **6**, Heft **8**, 461–471 (1953).

GELDER, M.: Can behavior therapy contribute to the treatment of delinquency? Brit. J. of Crimin. (1965).

GLUECK, SH., GLUECK, E.: Ventures in Criminology. London 1964.

GOLDSTEIN, K., RIESE, W.: Über induzierte Veränderungen des Tonus (Halsreflexe, Labyrinthreflexe und ähnliche Erscheinungen). Klin. Wschr. **192**, 1201 (1923).

GÖPPINGER, H.E.: Kriminologie. München: Beck 1973.

GREY, W.: Slow potential waves in human brain associated with expectancy, attention and decision. Arch. gen. Psychiat. **206** (1964).

GROSS, G.: Prodrome und Vorpostensyndrome schizophrener Erkrankungen. In: Schizophrenie und Zyclothymie. Ergebnisse u. Probleme. Stuttgart: Thieme 1969.

GUARDINI, R.: Vom Sinn der Schwermut. Graz-Wien-München: Stiasny 1951.

GUARDINI, R.: Die Lebensalter. Ihre ethische und pädagogische Bedeutung. Würzburg: Werkbund 1965.

HÄFNER, H.: s. BÖKER.

HALLER, O.: Zur Problematik der psychomotorischen Anfälle. Nervenarzt **41**, 421 (1970).

HARTMANN, H.: Grundlagen der Psychoanalyse. Leipzig: Thieme 1927.

HARTMANN, K.: Theoretische und empirische Beiträge zur Verwahrlosungsforschung. In: Monogr. aus dem Gesamtgeb. der Psychiatrie, Bd. 1. Berlin-Heidelberg-New York: Springer 1970.

HEIMANN, H.: Typologische und statistische Erfassung depressiver Syndrome. In: Das depressive Syndrom. Internat. Sympos. Berlin 1968. München-Berlin-Wien: Urban & Schwarzenberg 1969.

HEISENBERG, W.: Schritte über Grenzen. Gesammelte Reden und Aufsätze. München: Piper 1971.

HELMCHEN, H.: Bedingungskonstellationen paranoid-halluzinatorischer Syndrome. Berlin-Heidelberg-New York: Springer 1968.

HIRSCHMANN, J.: Zur Kriminologie der akuten Alkoholpsychosen. In: Kriminalbiologische Gegenwartsfragen. Stuttgart: Enke 1964.

HOCHE, A.: Die Bedeutung der Symptomenkomplexe in der Psychiatrie. Z. Neurol. **12**, 540 (1912).

VON HOLST, E.: Zur Verhaltensphysiologie bei Tieren und Menschen, 2 Bde. München: Piper 1969/70.

JACOB, J.: La logique du vivant. Une histoire de l'hérédité. Paris: Editions Gallimard 1970.

JAKOBSON, R.: Kindersprache, Aphasie und allgemeine Lautgesetze. Frankfurt am Main: Suhrkamp 1972.

JANZARIK, W.: Dynamische Grundkonstellationen in endogenen Psychosen. Ein Beitrag zur Differentialtypologie der Wahnphänomene. Berlin-Göttingen-Heidelberg: Springer 1959.

JANZARIK, W.: Schizophrene Verläufe. Eine strukturdynamische Interpretation. Berlin-Heidelberg-New York: Springer 1968.

JASPERS, K.: Allgemeine Psychopathologie, 6. Aufl. Berlin-Göttingen-Heidelberg: Springer 1953.

JOVANOVIC U.J.: Schlafforschung und ihre klinischen Aspekte. Nervenarzt **41**, 5 (1970).

KALLMANN, F.J.: The Genetics of Schizophrenia. New York: J.J. Augustin Publisher 1938.

KANNER, L.: Child Psychiatry. Springfield Ill.: Ch. C. Thomas 1960.

KATSCHNIG, H., STEINERT, H.: Über die soziale Konstruktion der Psychopathie. In: Geist und Psyche, HANS STROTZKA Neurose, Charakter und soziale Umwelt. München: Kindler Verlag 1973.

KIERKEGAARD, S.: Die Krankheit zum Tode. Jena: Eugen Diederichs 1962.

KIERKEGAARD, S.: Der Begriff der Angst. Düsseldorf: Eugen Diederichs 1958.

KISKER, K.: Dialogik der Verrücktheit. Ein Versuch an den Grenzen der Anthropologie. Den Haag: Martinus Nijhoff 1970.

KLATT, F.: Rainer Maria Rilke. Wien: Amandus 1948.

KLEIN, M.: Das Seelenleben des Kleinkindes und andere Beiträge zur Psychoanalyse. Stuttgart: Ernst Klett 1962.

KNIPPERS, R.: Molekulare Genetik. Einführungen zur Molekularbiologie. Stuttgart: Thieme 1971.

KOHUT, H.: Narzißmus. Eine Theorie der psychoanalytischen Behandlung narzißtischer Persönlichkeitsstörungen. Frankfurt am Main: Suhrkamp 1973.

KRETSCHMER, E.: Der sensitive Beziehungswahn. Beitrag zur Paranoiafrage und zur psychiatrischen Charakterlehre, III. Aufl. Berlin-Göttingen-Heidelberg: Springer 1950.

KRETSCHMER, E.: Die Pubertätskrisen. In: Kretschmer, E.: Psychotherapeutische Studien. Stuttgart: Thieme 1949.

KÜHNE, G.E.: Über Strömungen in der psychiatrischen Krankheitslehre. Wiss. Z. Univ. Hall, XVI'67 M, H.5, 813–825.

KÜHNE, G.E., GRÜNES, J.Ü., PELLICEIDNI, R.: Zur Verlaufstypologie psychopathologischer Basissyndrome im Blickwinkel der universalgenetischen Psychosenkonzeption. Wiss. Z. Univ. Halle XXI'72 M, H.4.5.95-114 (1971).

LANGE, J.: Verbrechen als Schicksal. Studien an kriminellen Zwillingen. Leipzig: Thieme 1929.

LANGE, J.: Die endogenen und reaktiven Gemütserkrankungen und die mansich-depressive Konstitution. In: Handb. Geisteskrankheiten (Hrsg. Bumke, O.) Berlin: Springer 1928.

LANGE, J.: Zirkuläres Irresein. In: Handb. d. Erbkrankheiten. Leipzig: Thieme 1942.

LANGE, R.: Das Rätsel Kriminalität. Was wissen wir vom Verbrechen? Frankfurt am Main-Berlin: Metzner 1970.

LAWSON WILKINS: The diagnosis and treatment of endocrine disorders in childhood and adulescence. Springfiled Ill. C.Thomas 1957.

LEONHARD, K.: Die atypischen Psychosen in Kleist's Lehre von den endogenen Psychosen. In: Psychiatrie der Gegenwart, Bd. II. Klinische Psychiatrie. Berlin-Göttingen-Heidelberg: Springer 1960

LÉVI-STRAUSS, C.: La pensée sauvage. Paris: Librairie Plon 1962.

LIDZ, TH.: Das menschliche Leben. Die Persönlichkeitsentwicklung im Lebenszyklus. Frankfurt am Main: Suhrkamp 1970.

LOPEZ-IBOR, J.J.: Depressive Äquivalente. In: Das depressive Syndrom. Internat. Sympos. Berlin 1968. München: Urban & Schwarzenberg 1969.

LORENZ, K.: Über die angeborenen Formen möglicher Erfahrung. Z. Tierpsychol. **5**, 235 (1943).

LORENZ, K.: Das sogenannte Böse. Zur Naturgeschichte der Aggression. Wien: Borotha-Schoeler Verlag 1963.

LORENZ, K.: Phylogenetische Anpassung und adaptive Modifikation des Verhaltens. Z. Tierpsychol. **18**, 139 (1961).

MANNHEIM, H.: Comparative Criminology. A text book. In two volumes. London: Routledge and Kegan 1965.

MATURANA, H.R., VARELA, F.: Autopoietic Systems. Faculté de Ciencias: Santiago, 1972.

MATUSSEK, P.: Wahrnehmung, Halluzination und Wahn. In: Psychiatrie der Gegenwart, Bd. I/2. Berlin-Göttingen-Heidelberg: Springer 1963.

MATUSSEK, P.: Untersuchungen über die Wahnwahrnehmung. Schweiz. Arch. Neurol. Psychiat. **71**, 189 (1953).

MERGEN, A.: Krankheit und Verbrechen. München: Goldmann 1972.

MERGEN, A.: Wirtschaftsverbrechen und Wirtschaftsverbrecher. In: Aktuelle Beiträge zur Wirtschaftskriminalität: Frankfurt a.Main: Schimmelpfeng 1974.

MERLEAU-PONTY, M.: Signes. France: Gallimard 1960.

MERTON, R.K.: Social Theory and social Structure. The free Press. New York: Collier Macmillan Publishers London 1968.

MISCHEL, W.: Preference for delayed reinforcement and social responsibility. J. of abnorm. soc. Psychol. **62** (1961).

MONOD, J.: Le hasard et la nécessité. Paris: Editions du Seuil 1970.

MORIN, E.: Le paradigme perdu: La nature humaine. Paris: Editions du Seuil 1973.

MÜLLER-SUUR, H.: Die Wertaspekte im Perversionsbegriff. Fortschr. Neurol. Psychiat. **42**, 4 (1974).

NISSEN, G.: Depressive Syndrome im Kindes- und Jugendalter. Monogr. aus d. Gesamtgebiet Psychiatrie, Bd. IV. Berlin-Heidelberg-New York: Springer 1971.

NOWAKOWSKI, F.: Vom Schuldstrafrecht zum Maßnahmenrecht. In: Kriminologische Gegenwartsfragen. Stuttgart: Enke 1972.

PANSE, F.: Angst und Schreck. Stuttgart: Thieme 1952.

PAKESCH, E.: Die Familie als Patient. Internat. Sympos., Graz 1973. Graz: Akademische Verlagsstalt 1974.

PAWLOW, J.P.: Gesammelte Werke. Berlin: Akademieverlag 1953.

PAULEIKHOFF, B.: Seelische Störungen in der Schwangerschaft und nach der Geburt. Stuttgart: Enke 1964.

PENIN, H.: Das EEG der symptomatischen Psychosen. Nervenarzt **52**, 5 (1971).

PERRET, E.: Gehirn und Verhalten. Neuropsychologie des Menschen. Bern-Stuttgart-Wien: Huber 1973.

PETERS, U.H.: Das pseudopsychopathische Affektsyndrom der Temporallappenepileptik. Nervenarzt **40**, 2 (1969).

PETRILLOWITSCH, N., BAER, R.: Zyklothymie (1964–1969). Fortschr. Neurol. Psychiat. **38**, 12 (1970).

PIAGET, J.: Das moralische Urteil beim Kinde. Zürich: Rascher 1954.

PIAGET, J.: Theorien und Methoden der modernen Erziehung. Wien-München-Zürich: Molden 1972.

PIAGET, J.: Erkenntnistheorie der Wissenschaften vom Menschen. Frankfurt-Berlin-Wien: Ullstein 1973.

PLAUM, E.: Experimentalpsychologisch fundierte Theorien der kognitiven Störungen bei Schizophrenen. Fortschritte Neurologie-Psychiatrie, **43**, 1, 1, 1975.

PLESSNER, H.: Philosophische Anthropologie. Lachen und Weinen. Frankfurt: Fischer 1970.

PLOOG, D.: Verhaltensbiologische Hypothesen zur Entstehung endogener Psychosen. In: Schizophrenie und Zyklothymie, Ergebnisse und Probleme (Hrsg. HUBER, G.). Stuttgart: Thieme 1969.

PLOOG, D.: Verhaltensforschung und Psychiatrie. In: Psychiatrie der Gegenwart, Bd. I, 1 b. Berlin-Göttingen-Heidelberg-New York: Springer 1964.

POHLEN, M.: Schizophrene Psychosen. Ein Beitrag zur Strukturlehre des Ichs. Bern-Stuttgart-Wien: Huber 1969.

POHLEN, M.: Gruppenanalyse. Eine methodenkritische Studie und empirische Untersuchung im klinischen Feld. Göttingen: Van den Hoeck und Ruprecht 1972.

PONTALIS, J.B.: Aprés Freud. Paris 1965, 1968.

PORTMANN, A.: Biologische Fragmente zu einer Lehre vom Menschen. Basel: Benno Schwabe 1951.

RABE, F.: Hysterische Anfälle bei Epilepsie. Nervenarzt **37**, 4 (1966).

RADBRUCH, G.: Der Handlungsbegriff in seiner Bedeutung für das Strafrechtssystem. Berlin 1904.

RAPAPORT, D.: Die Struktur der psychoanalytischen Theorie. Stuttgart: Klett 1970.

RENNERT, H.: Die Universalgenese der endogenen Psychosen. Fortschr. Neurol. Psychiat. **33**, 5 (1965).

RETTERSTØL, N.: Paranoid and paranoiac psychoses. Oslo: Universitetsforlaget 1966.

RICOER, P.: Philosophie de la volonté, 2 Bde. Paris 1949, 1960.

RILKE, R.M.: Zitiert nach F. KLATT.

ROGERS, C.R.: The interpersonal relationship: the core of guidance. Harward Educ. Review **42**, 416 (1972).

ROGERS, C.R.: The therapeutic conditions antecedent to change: A theoretic view. In: ROGERS, C.R., GENDIN, G.T., KIESLER, D.V., TRUAX, C.B.: The therapeutic relationship and its impact. A study of psychotherapy with schizophrenia. New York: Madison 1967.

ROME, H.P.: Das depressive Syndrom — seine sozialpsychiatrischen Implikationen. In: Die larvierte Depression. Internat. Sympos. St. Moritz (Hrsg. KIELHOLZ, P.). Bern-Stuttgart-Wien: Huber 1973.

260

SANDER, F.: Über Gestaltqualitäten. Ber. 8. Internat. Kongr. Psychol., Groningen 1926/27.

SANDER, F., VOLKELT, H.: Ganzheitspsychologie. Grundlagen, Ergebnisse, Anwendungen. München: C.H. Beck 1962.

SANDER, F.: Funktionale Struktur, Erlebnisganzheit und Gestalt. Arch. ges. Psychol. **85**, 237 (1932).

SCHARFETTER, CH.: Symbiontische Psychosen. Studie über schizophrenieartige „induzierte Psychosen". Bern-Stuttgart-Wien: Huber 1970.

SCHEID, K.F.: Die Psychologie des erworbenen Schwachsinns. Zbl. Neurol. Psychiat. **67**, 1 (1933).

SCHILDER, P.: Über Gleichgewichtsstörungen. Jahrb. Psychiat. Neurol. **45**, 2 (1927).

SCHINDLER, R.: Über gesetzmäßige Beziehungen von Erlebnisinhalt zu Erlebnisform in der Schizophrenie. Wien: Z. Nervenheilk. Grenzg. X. 2. 1954.

SCHINDLER, S.: Aggressionshandlungen Jugendlicher. Wien-München: Österr. Bundesverlag für Unterricht, Wissenschaft und Kunst 1969.

SCHMIDT, G.: Die Krankheit zum Tode. Goethes Todesneurose. Stuttgart: Enke 1968.

SCHMIDT, G.: Verbrechen in Schlaftrunkenheit. Z. ges. Neurol. Psychiat. **176**, 208 (1943).

SCHMIDT, G.: Der Stehltrieb oder die Kleptomanie. Zbl. ges. Neurol. Psychiat. **92**, 1 (1939).

SCHNEIDER, H.J.: Prognostische Beurteilung des Rechtsbrechers. Die ausländische Forschung. UNDEUTSCH (Hrsg.). Handbuch der Psychologie, 11. Bd. Forensische Psychologie, S. 397 (1967).

SCHNEIDER, H.J.: Kriminologie. Standpunkte und Probleme. Berlin-New York: de Gruyter 1974.

SCHNEIDER, K.: Klinische Psychopathologie. Stuttgart: Thieme 1959.

SCHNEIDER, K.: Beiträge zur Psychiatrie. Pathopsychologie der Gefühle und Triebe im Grundriß. Wiesbaden: Thieme 1946.

SCHNEIDER, K.: Über Schwachsinnige und die Strukturanalyse ihrer Psychosen. Dtsch. med. Wochenschr. **74**, 1 (1949).

SCHULTE, W.: Zum Problem der protrahierten melancholischen Phasen. In: Melancholie in Forschung, Klinik und Behandlung. (Hrsg. SCHULTE, W., MENDE, W.). Stuttgart: Thieme 1969.

SCHUR, E.M.: Our Criminal Society. The social and legal sources of crime in America. Englewood Cliffs, N.J.: Prentice-Hall, 1969.

SELBACH, H.: Psychogene Anfälle beim Epileptiker. Nervenarzt **37**, 4 (1966).

SKINNER, B.F.: Science and Human Behavior. New York: Macmillan & Co, 1953.

SLUGA, W., SPIEL, W.: Die Gammler. Eine sozialpsychologische Studie. Nervenarzt **39**, 260 (1968).

SOLLBERGER, A.: Biologische Rhythmen in der Medizin. Hyppokrates **34**, 629 (1963).

SOLLBERGER, A.: Biologische Rhythmusforschung. In: Biologische Anthropologie, I. Teil. Stuttgart: Thieme 1972.

SOLLEY, C.M., MURPHY, G.: Development of the perfectual world. New York 1960.

SPEMANN, H.: Experimentelle Beiträge zu einer Theorie der Entwicklung. Berlin: Springer 1936.

SPERRY, R.W.: Mechanisms of neural maturation. In: Handbook of experimental psychology. New York: Stevens 1951.

SPIEGELBERG, U.: **Zur Psychosomatik der Syndrom-Wechsels**. Z. Psychother. med. Psychol. **16**, 1 (1966).

SPIEGELBERG, U.: Sozial- und Erlebnisfeld bei Neurosen und Psychosen. (Klinisch-statistische Untersuchung) Z. Psychother. med. Psychol. **20**, 5 (1970).

SPIEGELBERG, U.: Zyklothymie, Neurose und psychosomatische Störung. In: Vitalität. Festschr. für H. BÜRGER-PRINZ. Stuttgart: Enke 1968.

SPIEGELBERG, U.: Colitis ulcerosa in psychiatrisch-neurologischer Sicht. Stuttgart: Enke 1965.

SPIEL, W.: siehe SLUGA.

SPITZ, R.A.: Eine genetische Feldtheorie. Frankfurt: Fischer 1972.

SPITZ, R.A.: Die Entstehung der ersten Objektbeziehungen. Direkte Beobachtungen an Säuglingen während des ersten Lebensjahres. Stuttgart: Klett 1957.

STENGEL, E.: Selbstmord und Selbstmordversuch. Stuttgart: Fischer 1969.

STÖRRING, G.E., SUCHENWIRTH, R., VÖLKEL, H.: Emotionalität und cycloide Psychosen. In: Psychopathologie der sogenannten Randpsychosen. Z. Psychiat. Neur. Med. psychol. 178 (1964).

STÖRRING, G.E.: Zyklothymie, Emotionspsychosen, Schizophrenie. Eine differentialdiagnostische Studie. In: Schizophrenie und Zyklothymie, Ergebnisse und Probleme (Hrsg. HUBER, G.). Stuttgart: Thieme 1969.

STUART, R.B.: Assessment and change of the communicational patterns of juvenile delinquence and their parents. In: RUBIN, FENSTERHAM, LAZARUS, FRANKS (Eds.): Advances in Behavior Therapy. New York, London: Academic Press 1971.

STÜRUP, G.K.: Forvaringsanstalten i Herstedvester. Kbenhavn 1959.

STUMPFL, F.J.: Erbanlage und Verbrechen. Psychiatrische und charakterologische Sippenuntersuchung. Berlin: Springer 1933.

STUMPFL, F.J.: Die Ursprünge des Verbrechens, dargestellt am Lebenslauf von Zwillingen. Leipzig: Thieme 1936.

STUMPFL, F.J.: Über die Herkunft des Landfahrertums in Tirol. Z. menschl. Vererb.-Konstit.-Lehre. **29**, 665 (1950).

STUMPFL, F.J.: Motiv und Schuld. Wien: Deuticke 1961.

STUMPFL, F.J.: Psychiatrische Gesichtspunkte zur Beurteilung der Schuldfähigkeit bei Neurosen. In: Handbuch der Neurosenlehre und Psychotherapie. München: Urban & Schwarzenberg 1961.

STUMPFL, F.J.: Brandstiftung bei Melancholie. Zum Problem des kriminogenen Strukturwandels. Wien. med. Wschr. **117**, 1 (1967).

STUMPFL, F.J.: Depressive Strukturen und Krimino-
genese im Jugendalter. In: Depressive States in
Childhood and Adulescence. Union of European
Pedopsychiatrists, Stockholm 1971. Stockholm:
Almqvist & Wiksell 1972.

STUMPFL, F.J.: Heredität und Neurose. In: Handb.
der Neurosenlehre und Psychotherapie, II. Bd.
München-Berlin: Urban & Schwarzenberg 1959.

STUMPFL, F.J.: Kriminalbiologie und Kriminal-
anthropologie. Handwörterb. Kriminol. 2. Aufl.
Bd. I. Berlin 1965.

TELLENBACH, H.: Melancholie. Zur Problemge-
schichte, Typologie, Pathogenese und Klinik.
Berlin-Göttingen-Heidelberg: Springer 1961.

TÉLLEZ, A.: Die epileptische Wesensänderung. Nervenarzt 38, 2 (1967).

TINBERGEN, N.: Instinktlehre. Vergleichende Erforschung angeborenen Verhaltens. Berlin-Ham-
burg: Paul Parey 1956.

VON UEXKÜLL, TH.: Grundfragen der psychosomatischen Medizin. Hamburg: Rowohlt 1963.

WADDINGTON, C.H.: Organizers and Genes. Cam-
bridge: University Press 1940.

WAHL, F.: Die Philosophie diesseits und jenseits des
Strukturalismus. In: Einführung in den Strukturalismus (Hrsg. von WAHL, FRANCOIS). Frankfurt: Suhrkamp 1973.

WALCHER, W.: Die larvierte Depression. Wien: Verlag Brüder Hollinek 1969.

WALTER, W.G.: The convergence and interactions of
visual, auditory, and tactile responses in human
nonspecific cortex. Ann. N.Y. Acad. Sci. 112, 320
(1964).

WATZLAWICK, P., BEAVON, J.H., JACKSON, D.D.:
Menschliche Kommunikation. Formen, Störungen, Paradoxien. Stuttgart-Wien-Bern: Huber
1972.

WEITBRECHT, H.J.: Zur Typologie depressiver Psychosen. Fortschr. Neurol. Psychiat. 20, 247
(1952).

WIECK, H.W.: Zur Klinik der sogenannten symptomatischen Psychosen. Med. Wochenschr. 81,
1345 (1956).

WOLPE, J.: Praxis der Verhaltenstherapie. Übersetzt
von ULRICH ALLINGER, KARL LUDWIG HOLTZ,
Bern-Stuttgart-Wien: Huber 1974.

ZUTT, J.: Die innere Haltung. Mschr. Psychiat. 73
(1929).

**Weitere wesentliche Arbeiten findet man in folgenden
Tagungsberichten und Sammelwerken:**

Das depressive Syndrom. Internat. Sympos. Berlin v.
16. u. 17. Sept. 1968. (Hrsg. von HIPPIUS-SEL-
BACH). München-Berlin-Wien: Urban & Schwarzenberg 1968.

Schizophrenie und Zyklothymie. Ergebnisse u. Probleme (Hrsg. HUBER, G.). Stuttgart: Thieme 1969.

Melancholie in Forschung, Klinik u. Behandlung
(Hrsg. SCHULTE, MENDE). Stuttgart: Thieme
1969.

Probleme der Provokation depressiver Psychosen.
Internat. Sympos. Graz, 16. u. 17.IV.1971. Wien:
Hollinen 1971.

Depressive Zustände. Erkennung, Bewertung, Behandlung. (Hrsg. KIELHOLZ). Bern-Stuttgart-
Wien: Huber 1971.

Die larvierte Depression (Hrsg. KIELHOLZ). Bern-
Stuttgart-Wien: Huber 1973.

Biologie und Verhalten. Ein Reader zur sowjetischen
Psychphysiologie. Bern-Stuttgart-Wien: Huber
1971.

GUTTMANN, G.: Einführung in die Neuropsychologie. Bern-Stuttgart-Wien: Huber 1972.

VON GEBSATTEL, V.E.: Prolegomena einer medizini-
schen Anthropologie. Ausgewählte Aufsätze.
Berlin-Göttingen-Heidelberg: Springer 1954.

EY, H.: Der Abbau des Bewußtseinsfeldes beim
Phänomen Schlaf-Traum und seine Beziehungen
zur Psychopathologie. Nervenarzt 38, 237 (1967).

Sachverzeichnis

Die im Sachverzeichnis erscheinenden Buchstaben „ff." bedeuten, daß das betr. Wort mindestens auf den beiden folgenden Seiten, evtl. bis zur vierten folgenden Seite auftritt

A

Abasie 92
Abbau 15
„Abkürzungswege" 30
Ablaufschablonen 86
Abnormisierung 30
Abwehrfunktionssysteme 42, 62
Abwehrmechanismen, phasen-
spezifische 62
— und Kriminogenese 54, 55
Achsensyndrome 142
Adualismus 75
„Affekthandlung" 28
affektives Verhalten 8
Affektivität 53
Affektkrisen 27
Affektsystem 9
Affektverbrechen 18
Aggression 18, 55, 56, 60, 68,
71, 110
— und Angst 71
Aggressionsdruck 131
Aggressionstrieb 10
Aggressivität 229
— als psychosomat. Syndrom
105
Aktion (action research) 23
Aktionsplan 147
Aktivierende Systeme 238
Aktivierung 24
— (Aronsal) 243
Aktivierungsenergie 138
Aktivierungsfaktor, involutiver
99
Aktivierungsmechanismen 243
Aktivierungsmuster 223
Aktivitätsmuster der Gene 52,
69
Aktivitätsniveau 33, 36, 37, 40,
41
Aktphänomenologie Husserls 15
Aktsynthesen 79
Aktualgenese 36, 72, 73
— menschlicher Handlungswei-
sen 219
—, Kriminogene 221
aktualgenetische Gestaltung suk-
zessiver Handlungen 37
aktualgenetisches Modell 140
aktualgenetische Syndrome 158

Aktualkonflikt 190, 220
Akzelerierung 27
Alterskriminalität 211
Altersparanoid 157
Ambivalenzkonflikt 124
Anakyklosis 79
Analogien und Identitäten 139
Anamkastischer Abwehrmecha-
nismus bei Schizophrenie 176
angeborener Auslösemechanis-
mus 124, 129, 131, 132
Angst 68, 153, 154
Angstreaktionen, Konditionier-
te 17, 56
Anisorropie 20
—, polymere 20, 22
Anlage und Umwelt, Ergän-
zungsreihen zwischen 23
Anomie 160
Anpassung 9
Anthropologie 80
Appetenzverhalten 86
Arbeit, schöpferische 87
Archetypische Elemente 78
— —, Modelle 78
Archetypischer Akt 78
Archetypus (Eliade) 79
archimedische Mittelstruktu-
ren 222
— Strukturen 224, 230, 238
Arousal 243
Arthritis, chronische progressi-
ve 188, 189, 190
Arzt, Stellung des 3
Assoziationen, intermodale 70
Asthmaanfälle 92
Astrozytom 15, 72
Asynchronien 27
Aufschub 91
— im sprachlichen Raum 222
Ausdruckshandlungen, phyloge-
netisch vorgeprägte 29
aushalten des Widerspruchs 21
Auslöserfunktion 221
Auslösemechanismen 8, 15,
106, 108, 109, 125
Auslösung, somatoreaktive 62
Ausrottung der eigenen Familie
110
Austauschprozesse, intersubjek-
tive 42

Autismus 53
autokinetisches Phänomen 32,
33
Automatismen 16
Autopoiesis 227

B

Bahnung 81, 90, 223
— direkte und indirekte 83
— in der Wiederholung 222
—, indirekte 84
Basisstrukturen 240
Bedeutungsprozesse 140
Bedeutungsurteil 60
Bedeutungsverleihung 141
Bedeutungswandel 82
Bedingungskonstellationen 117,
148, 166, 199, 220, 221
Begegnung
— als Ereignis 11
—, positive, negative 12
— als Erkenntnisprinzip 12
Begegnungsgeschichte 13, 21
beginnende Schizophrenie 133
Behandlung 61
Belastungsgrenzen 25
Belohnung, verzögerte 30
Belohnungsbedingungen 31
Berufungswahn 145
Besinnung 234
Besitzthematik 63, 64
— bei Schizophrenie 175
Bewährungshilfe 66
Bewegliches und Bewegendes
225
Bewußtsein 18
Bewußtseinsbegriff 69
Bewußtseinskoeffizient 69
Bildabhängigkeit
Bindungsformen im psycho(pa-
tho)logischen Bereich 225,
226
Biochronologie 96
biochronologische Methode 80
„biologisch" 50
„Biologische Fenster" 47, 58
— Reaktion 49, 52
— Strukturen 71
Biologismus 85

H. v. Hentig

Der Gangster

Eine kriminalpsychologische Studie
VIII, 245 Seiten. 1959
DM 33,—; US $14.20   ISBN 3-540-02425-5

H. v. Hentig

Das Verbrechen

Band 1
Der kriminelle Mensch
im Kräftespiel von Zeit und Raum
VIII, 442 Seiten. 1961
Geb. DM 72,—; US $31.00   ISBN 3-540-02697-5

Band 2
Der Delinquent im Griff der Umweltkräfte
VIII, 524 Seiten. 1962
Geb. DM 83,—; US $35.70   ISBN 3-540-02853-6

Band 3
Anlagekomponenten im Getriebe des Delikts
VIII, 523 Seiten. 1963
Geb. DM 83,—; US $35.70   ISBN 3-540-03004-2

H. v. Hentig

Der Desperado

Ein Beitrag zur Psychologie des regressiven Menschen
VIII, 236 Seiten. 1956
DM 33,—; US $14.20   ISBN 3-540-02051-9

J. Zutt

Freiheitsverlust und Freiheitsentziehung

Schicksale sogenannter Geisteskranker
Mit einem Nachtrag „Freiheitsverzicht und Freiheits-
gewinn". V, 117 Seiten. 1970
Geb. DM 34,—; US $14.70   ISBN 3-540-05040-X

E. Bleuler

Lehrbuch der Psychiatrie

13. neubearbeitete Auflage von M. Bleuler
Unter Mitwirkung von J. Angst, K. Ernst, R. Hess,
W. Mende, H. Reisner, S. Scheidegger
150 Abbildungen. XIX, 717 Seiten. 1975
Geb. DM 88,—; US $37.90   ISBN 3-540-07217-9

Springer-Verlag
Berlin
Heidelberg
New York

Preisänderungen vorbehalten

Handbuch der forensischen Psychiatrie

In zwei Bänden, die nur zusammen abgegeben werden
Herausgeber: H. Göppinger, H. Witter

Band 1
Teil A: **Die rechtlichen Grundlagen**
Teil B: **Die psychiatrischen Grundlagen**

Band 2
Teil C: **Die forensischen Aufgaben der Psychiatrie**
Teil D: **Der Sachverständige: Gutachten und Verfahren**
23 Abbildungen. XXXIV, XVI, 1693 Seiten. 1972
Geb. DM 470,—; US $202.10   ISBN 3-540-05810-9

Lehrbuch der speziellen Kinder- und Jugendpsychiatrie

Von H. Harbauer, R. Lempp, G. Nissen, P. Strunk
2. überarbeitete Auflage
43 Abbildungen. XIV, 474 Seiten. 1974
Geb. DM 98,—; US $42.20   ISBN 3-540-06798-1

K. Jaspers

Allgemeine Psychopathologie

9. unveränderte Auflage
3 Abb. XVI, 748 Seiten. 1973
Geb. DM 58,—; US $25.00   ISBN 3-540-03340-8

W. Böker, H. Häfner

Gewalttaten Geistesgestörter

Eine psychiatrisch-epidemiologische Untersuchung in
der Bundesrepublik Deutschland
In Zusammarbeit mit H. Immich, C. Köhler, A. Schmitt,
G. Wagner, J. Werner
3 Abbildungen. 101 Tabellen. XV, 296 Seiten. 1973
Geb. DM 96,—; US $41.30   ISBN 3-540-06225-4

W. v. Baeyer, H. Häfner, K. P. Kisker

Psychiatrie der Verfolgten

Psychopathologische und gutachterliche Erfahrungen
an Opfern der nationalsozialistischen Verfolgung und
vergleichbarer Extrembelastung
71 Tabellen. XII, 397 Seiten. 1964
Geb. DM 105,—; US $45.20   ISBN 3-540-03094-8

Springer-Verlag
Berlin
Heidelberg
New York

Preisänderungen vorbehalten